Introdução à

# SOCIOLOGIA

Introdução à

# SOCIOLOGIA

2ª EDIÇÃO

Reinaldo Dias

Respeite o direito autoral

© 2010 by Reinaldo Dias
Todos os direitos reservados. Nenhuma parte desta publicação poderá ser reproduzida ou transmitida de qualquer modo ou por qualquer outro meio, eletrônico ou mecânico, incluindo fotocópia, gravação ou qualquer outro tipo de sistema de armazenamento e transmissão de informação, sem prévia autorização, por escrito, da Pearson Education do Brasil.

*Diretor editorial:* Roger Trimer
*Gerente editorial:* Sabrina Cairo
*Supervisor de produção editorial:* Marcelo Françozo
*Editora:* Thelma Babaoka
*Preparação:* Renata Siqueira Campos
*Revisão:* Érica Alvim e Opportunity Translations
*Ilustrações:* Eduardo Borges
*Capa:* Alexandre Mieda
*Projeto gráfico e editoração eletrônica:* Figurativa Arte Projeto Editorial Ltda.

**Dados Internacionais de Catalogação na Publicação (CIP)**
**(Câmara Brasileira do Livro, SP, Brasil)**

Dias, Reinaldo
    Introdução à sociologia / Reinaldo Dias. --
2. ed. -- São Paulo : Pearson Prentice Hall, 2010.

    Bibliografia
    ISBN 978-85-7605-368-2

    1. Sociologia 2. Sociologia - História
I. Título.

09-06830                                           CDD-301

**Índice para catálogo sistemático:**

1. Sociologia    301

6ª reimpressão – abril 2015
Direitos exclusivos para a língua portuguesa cedidos à
Pearson Education do Brasil Ltda.,
uma empresa do grupo Pearson Education
Rua Nelson Francisco, 26
CEP 02712-100 – São Paulo – SP – Brasil
Tel.: (11) 2178-8686    Fax: (11) 2178-8688
e-mail: vendas@pearson.com

À memória de meu filho Rodrigo, que nos deixou aos dezenove anos de idade. Faço minhas todas as palavras de Karl Marx:

*"Bacon diz que os grandes homens têm relações tão diversas com a natureza e com o mundo, têm tantos objetivos a reter-lhes a atenção, que lhes é fácil esquecer a dor de qualquer perda. Pois bem: não sou um desses grandes homens. A morte de meu filho me abalou profundamente o coração e a cabeça. E continuo a sentir-lhe a falta com a mesma intensidade que no primeiro dia."*

# Sumário

Apresentação .................................................................................................... xiii

**Parte I**  O estudo da sociedade e da vida social ................................................. 1

Capítulo 1   A perspectiva sociológica ................................................................ 3
   1.1   O que é sociologia ................................................................................ 4
   1.2   A imaginação sociológica ..................................................................... 8
   1.3   A visão sistêmica .................................................................................. 9
   1.4   De problemas pessoais a estruturas sociais (a explicação sociológica do suicídio) ....... 11
   1.5   Os fundamentos da ação social ........................................................... 14

Capítulo 2   A questão social e a necessidade de uma ciência social ................. 19
   2.1   A Revolução Industrial e as mudanças na sociedade ............................ 20
   2.2   Características fundamentais das novas formas de organização ........... 22
   2.3   A questão social .................................................................................. 24
   2.4   O desenvolvimento da sociologia ........................................................ 27
   2.5   O papel do positivismo ........................................................................ 29
   2.6   As bases de constituição da sociologia moderna ................................. 31
   2.7   A sociologia no Brasil .......................................................................... 37

Capítulo 3   A sociologia e a busca da verdade ................................................. 43
   3.1   As fontes da verdade ........................................................................... 44
   3.2   Pensamento científico e não científico: o senso crítico e o senso comum ........ 45
   3.3   Características do conhecimento científico ......................................... 46
   3.4   O método científico de investigação ................................................... 47
   3.5   A sociologia como ciência .................................................................. 52

**Parte II**  O indivíduo e a sociedade .................................................................. 59

Capítulo 4   A cultura e a sociedade .................................................................. 61
   4.1   Introdução ........................................................................................... 62

| | | |
|---|---|---|
| 4.2 | As origens da cultura | 63 |
| 4.3 | Conceito de cultura | 66 |
| 4.4 | Cultura de massas | 70 |
| 4.5 | Cultura popular | 71 |
| 4.6 | Folclore | 72 |
| 4.7 | Características da cultura | 73 |
| 4.8 | Elementos culturais | 74 |
| 4.9 | Etnocentrismo e relatividade cultural | 79 |
| 4.10 | Contracultura | 81 |
| 4.11 | Estrutura da cultura | 82 |
| 4.12 | Transmissão de cultura | 84 |
| 4.13 | Identidade cultural | 86 |

## Capítulo 5   Globalização e diversidade cultural ............... 91

| | | |
|---|---|---|
| 5.1 | O significado do termo 'globalização' | 92 |
| 5.2 | Homogeneização ou fragmentação: uma falsa questão | 92 |
| 5.3 | As diversas faces da cultura global | 95 |
| 5.4 | A construção de uma nova diversidade cultural | 97 |
| 5.5 | O sistema de referências global | 98 |
| 5.6 | A apropriação diferenciada da cultura global | 99 |
| 5.7 | Globalização e localização como processo | 102 |

## Capítulo 6   O processo de socialização ............... 107

| | | |
|---|---|---|
| 6.1 | O ser humano como ser social | 108 |
| 6.2 | O indivíduo e as interações sociais | 109 |
| 6.3 | Interação e identidade social | 110 |
| 6.4 | Os processos sociais básicos | 111 |
| 6.5 | Socialização e construção da identidade pessoal | 115 |
| 6.6 | Personalidade e socialização | 117 |
| 6.7 | Posição, papel social e status | 119 |
| 6.8 | Símbolos sociais e heróis | 126 |
| 6.9 | Os principais agentes de socialização | 127 |
| 6.10 | O papel dos meios de comunicação de massa | 128 |

## Capítulo 7   Desvio social, crime e controle social ............... 131

| | | |
|---|---|---|
| 7.1 | Sociedade e controle social | 132 |
| 7.2 | Normas e costumes | 134 |
| 7.3 | O controle social | 139 |
| 7.4 | Desvio social | 141 |
| 7.5 | Anomia | 144 |

## Capítulo 8   Sociedade e estrutura social ............... 147

| | | |
|---|---|---|
| 8.1 | Conceito de estrutura social | 148 |
| 8.2 | Conceito de sociedade | 148 |

8.3 Sociedade tradicional e sociedade industrial .................................................................. 151
8.4 Cultura, sociedade e civilização ........................................................................................ 151
8.5 Sociedade política (o Estado) e sociedade civil ............................................................ 152
8.6 Organizações não governamentais (ONGs) ................................................................. 156

### Capítulo 9  Grupos sociais e organizações ........................................................... 161
9.1 A importância dos grupos sociais .................................................................................... 162
9.2 Agregações, categorias e grupos .................................................................................... 162
9.3 Grupos pessoais e grupos externos ................................................................................ 164
9.4 Grupos de referência e estereótipos ............................................................................... 166
9.5 Grupos primários e secundários ...................................................................................... 168
9.6 Comunidade e sociedade .................................................................................................. 170
9.7 Grupos de interesse e lobby ............................................................................................. 171
9.8 Organizações formais ......................................................................................................... 173
9.9 Grupos informais .................................................................................................................. 179

## Parte III  A desigualdade social ................................................................... 185

### Capítulo 10  A estratificação social ............................................................................ 187
10.1 A desigualdade social ....................................................................................................... 188
10.2 O conceito de estratificação social ................................................................................ 189
10.3 A estratificação social em Karl Marx .............................................................................. 189
10.4 A estratificação social em Max Weber .......................................................................... 191
10.5 Os estamentos ...................................................................................................................... 192
10.6 As castas sociais .................................................................................................................. 193

### Capítulo 11  Desigualdade social no mundo e no Brasil ................................. 197
11.1 A desigualdade mundial ................................................................................................... 198
11.2 A construção da desigualdade mundial: o colonialismo e o imperialismo ........ 199
11.3 As diversas formas de dependência nos dias de hoje ............................................ 202
11.4 Desigualdade na América Latina ................................................................................... 203
11.5 Desigualdade social no Brasil ......................................................................................... 204

### Capítulo 12  Desigualdade de raça e de etnia ..................................................... 209
12.1 Os conceitos de raça e etnia ........................................................................................... 210
12.2 Os grupos minoritários ....................................................................................................... 211
12.3 O preconceito e a discriminação .................................................................................... 212
12.4 Formas de perseguição étnica e racial ......................................................................... 214
12.5 Formas de integração ........................................................................................................ 216

### Capítulo 13  Desigualdade de gênero e de idade ............................................. 221
13.1 Conceituando gênero e sexo ........................................................................................... 222
13.2 A desigualdade de gênero — masculino e feminino ............................................... 222
13.3 A perspectiva feminina global ......................................................................................... 227
13.4 O idoso e a desigualdade social .................................................................................... 229

## Parte IV  Instituições sociais ................................................................. 235

### Capítulo 14  As instituições sociais ............................................................ 237
14.1  A importância das instituições sociais ............................................................. 238
14.2  Conceito de instituição social ......................................................................... 238
14.3  O processo de institucionalização .................................................................. 240
14.4  Os símbolos institucionais ............................................................................. 241
14.5  Características das instituições ...................................................................... 241
14.6  Funções básicas das instituições .................................................................... 243

### Capítulo 15  A família ................................................................................. 247
15.1  A estrutura familiar ....................................................................................... 248
15.2  Endogamia e exogamia ................................................................................. 249
15.3  As funções da família .................................................................................... 250
15.4  Relações familiares ....................................................................................... 251
15.5  Família, parentesco e sociedade .................................................................... 252

### Capítulo 16  A religião ................................................................................. 257
16.1  A importância da religião .............................................................................. 258
16.2  A tendência à secularização .......................................................................... 258
16.3  As funções da religião ................................................................................... 260
16.4  Modalidades de organização religiosa ........................................................... 264
16.5  As religiões no Brasil ..................................................................................... 266

### Capítulo 17  A educação ............................................................................. 273
17.1  A educação como instituição ........................................................................ 274
17.2  Funções das instituições educacionais ........................................................... 275
17.3  A educação no Brasil .................................................................................... 280

### Capítulo 18  As instituições políticas ........................................................... 283
18.1  A estrutura da instituição política .................................................................. 284
18.2  O conceito de poder ..................................................................................... 285
18.3  Os principais componentes do poder ............................................................ 285
18.4  O conceito de dominação e seus tipos .......................................................... 288
18.5  As elites ........................................................................................................ 290
18.6  As instituições políticas ................................................................................. 290
18.7  A globalização e a função social do Estado ................................................... 293
18.8  Globalização e o Estado-nação ..................................................................... 295

### Capítulo 19  Economia e trabalho ............................................................... 299
19.1  A instituição econômica ............................................................................... 300
19.2  Tipos de sistemas econômicos ...................................................................... 301
19.3  O significado do trabalho ............................................................................. 303
19.4  Diferenças entre as divisões técnica e social do trabalho ............................... 306
19.5  A construção da identidade operária ............................................................ 306

| | 19.6 | Os reflexos da divisão técnica do trabalho na sociedade industrial | 309 |
| --- | --- | --- | --- |
| | 19.7 | O novo tipo de trabalhador | 311 |
| | 19.8 | As novas realidades e as empresas | 312 |

**Parte V** Dinâmica e mudança social ............................................................. 317

### Capítulo 20   População, urbanização e meio ambiente ............................... 319

| 20.1 | A população como um problema social | 320 |
| --- | --- | --- |
| 20.2 | O problema populacional no Brasil | 322 |
| 20.3 | Malthus e o crescimento populacional | 324 |
| 20.4 | As migrações | 325 |
| 20.5 | O surgimento do problema ambiental | 328 |
| 20.6 | A cidadania e o meio ambiente | 330 |

### Capítulo 21   Comportamento coletivo e movimentos sociais ......................... 335

| 21.1 | O comportamento coletivo | 336 |
| --- | --- | --- |
| 21.2 | O público | 337 |
| 21.3 | A multidão | 338 |
| 21.4 | Os movimentos sociais | 341 |
| 21.5 | Princípios dos movimentos sociais | 341 |
| 21.6 | Alguns tipos de movimentos sociais | 342 |

### Capítulo 22   A mudança social ................................................................. 345

| 22.1 | Conceituando mudança social | 346 |
| --- | --- | --- |
| 22.2 | Natureza da mudança social | 347 |
| 22.3 | A mudança social e a mudança cultural | 348 |
| 22.4 | Causas da mudança social | 348 |
| 22.5 | Teorias da mudança social | 352 |
| 22.6 | Mudança social e os problemas sociais | 353 |
| 22.7 | A evolução social | 354 |

Glossário ............................................................................................................. 357

Bibliografia .......................................................................................................... 371

Biografia ............................................................................................................. 375

Índice remissivo .................................................................................................... 377

Índice onomástico ................................................................................................ 385

# Apresentação

Escrever um livro de sociologia no momento em que estão ocorrendo as mais profundas mudanças experimentadas pela humanidade ao longo de toda sua história não é tarefa das mais fáceis, principalmente se pretendêssemos transformá-lo em um compêndio do conhecimento sociológico. Felizmente, não foi esse o nosso objetivo.

Ao contrário, buscamos produzir um texto bastante introdutório, que seja útil e esteja em sintonia com a realidade de estudantes e professores; para tal, foi preciso dotá-lo da flexibilidade necessária para que se adaptasse aos mais diversos ambientes sociais. E é nesse sentido que o livro atenderá plenamente às expectativas, pois os conceitos básicos discutidos ao longo do texto podem ser enriquecidos com o estudo da comunidade em que os leitores vivem ou ainda com outros livros, jornais e revistas que retratam o cotidiano e que fornecerão inúmeros exemplos de casos concretos que facilitarão o aprendizado.

Nosso objetivo explícito neste livro é fornecer aos estudantes universitários, e inclusive aos do ensino médio, o instrumental mínimo necessário para que possam compreender o ambiente social que os envolve e a função social da carreira que escolheram. Para tanto, é necessário contextualizar seu dia a dia, inseri-los no cotidiano da realidade social em que vivem sob uma outra perspectiva — a de estudá-la de um ponto de vista científico, para compreendê-la e, na medida do possível, transformá-la.

Em função desse objetivo e do público diversificado que se pretende atingir, buscamos ao máximo utilizar uma linguagem didática, voltada para as mais diferentes áreas, obtendo-se um texto de fácil leitura, tanto para sociólogos como para (e principalmente) não sociólogos.

Procuramos fazer com que a exposição do tema em cada capítulo fosse o mais breve possível para facilitar a compreensão, principalmente por parte daqueles que estudam sociologia pela primeira vez. Tornamos o texto bastante dinâmico, evitando muitas citações bibliográficas em seu interior e nas notas de rodapé, privilegiando, assim, o fundamental, que é a citação dos clássicos das ciências sociais. A maioria dos conceitos abordados foi ilustrada com exemplos, casos concretos que os situam no contexto mundial atual e, particularmente, em sintonia com a realidade brasileira.

Os destaques e as omissões de alguns pensadores que contribuíram para a consolidação da sociologia como ciência são o resultado da opção do autor deste texto, que, de qualquer modo, não poderia tratar de todos os autores, nem mesmo da maioria, pelo pouco espaço que se tem em um livro didático. O critério de escolha deste ou daquele autor baseou-se na contribuição que poderia oferecer não só para as ciências sociais de um modo geral, mas para a compreensão de outras disciplinas. Um outro motivo foi sua condição de clássico, tornando-se necessário para o aluno/leitor um mínimo entendimento de suas propostas, dada sua importância para o conhecimento de um modo geral; é o caso de autores como Karl Marx, Émile Durkheim e Max Weber, cujas contribuições para o entendimento dos processos sociais extrapolam, em muito, os limites da sociologia.

No final de cada capítulo, temos um resumo do que foi abordado e um conjunto de perguntas a ele relacionado. As perguntas devem ser entendidas como um roteiro para o estudo do capítulo: elas contribuem para organizar o raciocínio e para consolidar o que foi aprendido. O resumo apresenta as linhas gerais do capítulo e alguns pontos que julgamos fundamentais serem retidos para que se continue a leitura sem dificuldades.

Para complementar a aprendizagem, o livro conta com o apoio da Sala Virtual (sv.pearson.com.br), em que professores e estudantes podem acessar materiais adicionais que auxiliarão a exposição das aulas e o aprendizado.

## Para professores

- Apresentações em PowerPoint para utilização em sala de aula.
- Manual do professor.

*Esse material é de uso exclusivo para professores e está protegido por senha. Para ter acesso a eles, os professores que adotam o livro devem entrar em contato com seu representante Pearson ou enviar e-mail para universitarios@pearson.com.br.*

## Para estudantes

- Links úteis.
- Atividades complementares.

Em suma, buscamos adequar as exigências contidas em ementas e conteúdos programáticos que os professores estão obrigados a cumprir com as novas exigências de um mundo em transformação, que requer de todos posturas condizentes com essas novas realidades. E, para conhecê-las, nada melhor que discuti-las a partir de um roteiro proposto por este livro, que tem como premissa a racionalidade do método científico.

*Reinaldo Dias*

# O estudo da sociedade e da vida social

**CAPÍTULO 1**  A PERSPECTIVA SOCIOLÓGICA

**CAPÍTULO 2**  A QUESTÃO SOCIAL E A NECESSIDADE DE UMA CIÊNCIA SOCIAL

**CAPÍTULO 3**  A SOCIOLOGIA E A BUSCA DA VERDADE

# CAPÍTULO 1

# A perspectiva sociológica

## APRESENTAÇÃO

Neste capítulo veremos o objeto de estudo da sociologia e como deve ser a forma de pensar dos sociólogos na abordagem dos problemas sociais, sejam quais forem as suas dimensões. Veremos também como as estruturas sociais condicionam e determinam as ações individuais e como a ação recíproca entre diferentes indivíduos constitui-se em uma base de análise social.

## TÓPICOS PRINCIPAIS

1.1 O que é sociologia
1.2 A imaginação sociológica
1.3 A visão sistêmica
1.4 De problemas pessoais a estruturas sociais (a explicação sociológica do suicídio)
1.5 Os fundamentos da ação social

## OBJETIVOS DE APRENDIZAGEM

Compreender:

- o papel da sociologia e seu significado.
- o campo específico da sociologia.
- o mecanismo do pensamento sociológico.
- que os fenômenos sociais estão inter-relacionados.
- o que são fatos sociais e sua força coercitiva.
- como ocorrem as ações sociais e seus diferentes tipos.

A sociologia é uma disciplina relativamente nova, que surgiu com o objetivo de sistematizar o estudo dos fenômenos sociais, identificando suas causas e apontando formas de solucioná-los quando se constituíssem em problemas para a sociedade. Desse modo, foi sendo construído, ao longo dos anos, um modo de pensar que estabelece naturalmente a ligação entre os diferentes indivíduos que formam as sociedades humanas, visualizando, assim, as estruturas sociais em que vivem. Os sociólogos, ou aqueles que utilizam a forma de pensar destes, buscam compreender as diferentes interações entre as pessoas, para que possam estabelecer relações de causa e efeito dos diferentes fenômenos sociais e, assim, indicar para as organizações públicas e privadas maneiras de atender às necessidades dos indivíduos, buscar os seus direitos, estabelecer os seus deveres ou o que quer que seja para que a humanidade como um todo avance em busca de melhor qualidade de vida.

## 1.1 O que é sociologia

Podemos estabelecer, com bastante tranquilidade, o surgimento da sociologia no século XIX como decorrência da necessidade dos homens de compreender os inúmeros problemas sociais que estavam aparecendo, em proporções nunca vistas, em razão da industrialização iniciada no século XVIII. Partindo de uma realidade rural, em que as funções e relações sociais apresentavam pouca complexidade, as sociedades europeias (primeiramente a inglesa) depararam, no século XIX, com estruturas sociais mais complexas, que se desenvolveram em torno da nova realidade industrial. Como veremos adiante, os problemas advindos dessa súbita mudança avolumaram-se, constituindo-se em assunto abordado nos meios intelectuais, os quais passaram a formular várias hipóteses para explicar a situação (veja Figura 1.1).

No entanto, as disciplinas existentes apresentavam instrumental insuficiente para explicar os novos fenômenos sociais. Surge daí a necessidade de uma nova ciência, para, utilizando-se do instrumental das ciências naturais e exatas, tentar explicar a realidade. Constitui-se assim a sociologia, em seu início, com o objetivo específico de estudar sistematicamente o comportamento social dos grupos e as interações humanas, bem como os fatos sociais que geram e sua inter-relação.

A sociologia consolidou-se ao longo do tempo como um dos ramos das ciências humanas, pois surgiram inúmeras ciências para estudar cada dimensão do social, aprofundando o conhecimento específico de determinadas relações sociais. No entanto, a sociologia permanece como a única que tem como tema central de estudo as interações sociais propriamente ditas.

Outras disciplinas podem estudar aspectos sociais da vida do homem; entretanto, nenhuma apresenta como tema particular e específico o fato social no seu todo (veja Figura 1.2). Para o sociólogo, o fato social é estudado não porque é econômico, jurídico, político, turístico, educacional ou religioso, mas porque todos ao mesmo tempo são 'sociais', independentemente da especificidade de cada um, embora esta permita que possam ser abordados por disciplinas específicas.

A vida dos seres humanos apresenta, assim, várias dimensões: econômica, jurídica, política, moral, religiosa etc., que ocorrem e se desenvolvem durante a existência social do homem, ou seja, quando os seres humanos estão interagindo uns com os outros. São essas interações, independentemente do aspecto que possam assumir, que são o objeto central de estudo da sociologia.

Logo, a sociologia estuda a dimensão social da conduta humana, as relações sociais que a ela estão associadas. Para o sociólogo e para todos aqueles que pensam sociologicamente, o comportamento humano é ordenado, padronizado e estruturado socialmente e, assim, passível de um estudo sistemático. Ao compreendermos que podemos entender a sociologia como um estilo de pensar, estaremos adquirindo uma visão sistêmica de enxergar a realidade social. Veremos que todas as interações estão relacionadas, de uma forma ou de outra, entre si, e que quando isolamos um conjunto delas em particular, o fazemos por dois motivos:

**Figura 1.1**  Problemas advindos de estruturas sociais mais complexas

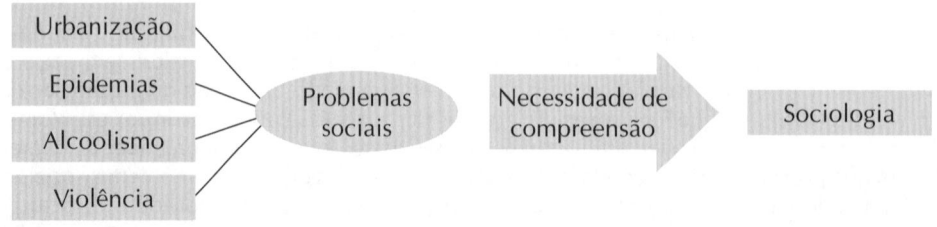

**Figura 1.2** Aspectos sociais abordados pela sociologia

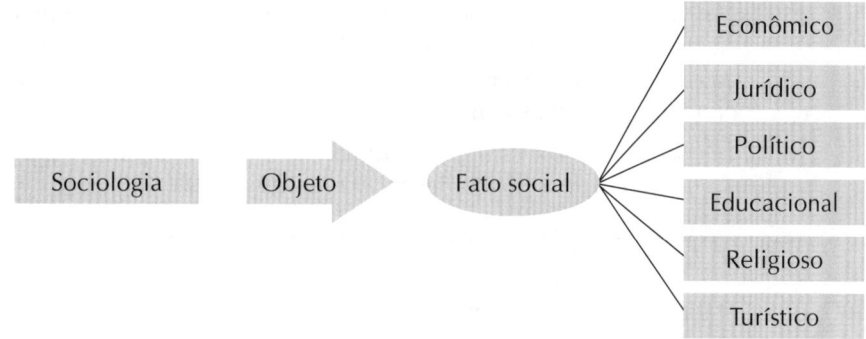

- Para estudar isoladamente um grupo de interações específicas que constituem uma dimensão do social, como os fatos econômicos, jurídicos, educacionais, turísticos, religiosos e assim por diante.

- Para estabelecer os limites dos relacionamentos sociais que compõem a nossa existência, constituindo-se uma rede social da qual fazemos parte.

O entendimento dessa realidade para aqueles que apresentam o modo de pensar sociológico permite compreender os fenômenos em sua totalidade, estabelecendo ligações de fatos cotidianos com a evolução da sociedade como um todo.

Constitui um exemplo desse modo de pensar o estabelecimento de uma relação entre a abertura de espaços de sociabilidade com a terceira revolução científico-tecnológica e o aumento da violência.

Nas grandes cidades estão sendo abertos novos espaços de sociabilidade, onde as pessoas de várias faixas de idade e com diferentes motivações se encontram para se conhecer e estabelecer relações sociais. São padarias que abrem espaços para café ou sopa noturna; cafés em locadoras de DVD; espaços de conversação e cafés em livrarias etc.; ou seja, espaços que apresentam a característica de receber um público diferenciado, o qual muitas vezes não se conhecia entre si e que passou a se relacionar, em um primeiro momento, por meio do espaço virtual (a internet), participando de grupos de interesse específicos, e que, para estabelecer o contato inicial, necessita de um lugar seguro.

Esses novos espaços, que substituem, de certo modo, os espaços públicos tradicionais, são criados para oferecer, além de segurança, meios de as pessoas estarem frente à frente, estabelecendo relações amistosas, conhecendo-se e desenvolvendo afinidades em função de um interesse comum, que pode ser uma coleção qualquer, um determinado tipo de jogo interativo, uma característica comum etc. (veja Figura 1.3).

Desse modo, podemos explicar o surgimento de novos espaços de sociabilidade, que substituem os tradicionais (praças, parques e jardins), em vista do aumento da violência, que faz com que as pessoas evitem os espaços públicos, e também da terceira revolução científico-tecnológica, que aproxima, via Internet,

**Figura 1.3** Aspectos sociais abordados pela sociologia

| ANTIGOS ESPAÇOS DE SOCIABILIDADE | NOVOS ESPAÇOS DE SOCIABILIDADE |
|---|---|
| • Praças<br>• Parques<br>• Jardins | • Shopping Centers<br>• Cafeterias<br>• Livrarias |

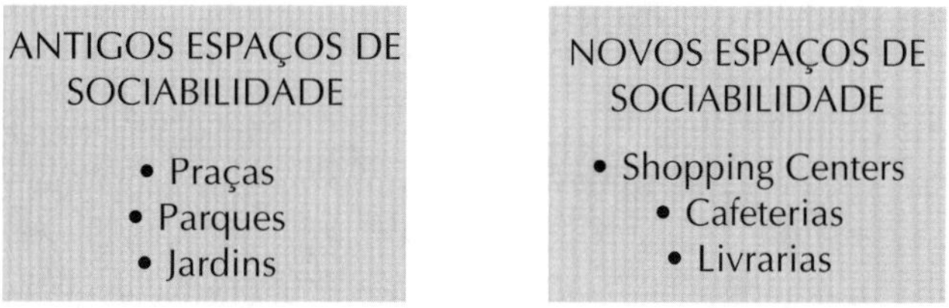

pessoas com interesses comuns, e que em determinado momento necessitam ter um contato social direto.

Muitos sociólogos definiram a sociologia e, no entanto, analisando essas muitas definições, Rumney e Maier (1966, p. 20) encontraram bastante convergência entre elas no que diz respeito a seu campo de estudo e a seus deveres como disciplina. As principais definições analisadas por esses autores foram:

> "Sociologia é o estudo das interações e inter-relações humanas, suas condições e circunstâncias." (M. Ginsberg)
>
> "O assunto da sociologia é a interação dos espíritos humanos." (L. T. Hobhouse)
>
> "É a ciência do comportamento coletivo." (R. E. Park e E. W. Burgess)
>
> "É a ciência da sociedade ou dos fenômenos sociais." (Ward)
>
> "A sociologia geral é, em conjunto, a teoria da vida humana em grupo."(Tönnies)
>
> "É uma ciência social especial que se concentra no comportamento inter-humano, nos processos de socialização, na associação e dissociação como tais." (Von Wiese)
>
> "Sociologia é a ciência geral e coordenadora por ser a ciência social fundamental. Longe de ser apenas a soma das ciências sociais, ela é antes a sua base comum." (Giddings)
>
> "A sociologia pergunta o que acontece com os homens e quais as regras de seu comportamento, não no que se refere ao desenvolvimento perceptível de suas existências individuais como um todo, porém, na medida em que formam grupos e são influenciados, devido às interações, por sua vida grupal." (Simmel)
>
> "A sociologia busca descobrir os princípios de coesão e ordem dentro da estrutura social, os modos pelos quais esta se radica e cresce em um dado ambiente, o equilíbrio instável da estrutura mutável e do ambiente transformável, as tendências principais da mudança incessante, as forças que determinam sua direção em dado momento, as harmonias e conflitos, os ajustamentos e desajustamentos no íntimo da estrutura conforme se revelam à luz dos desejos humanos, e, assim, a aplicação prática dos meios aos fins nas atividades criadoras do homem social." (MacIver)

Como observaram Rumney e Maier (1966, p. 21), as diferenças entre as várias definições encontradas são, essencialmente, variações de ênfase. O substrato comum a todas elas é a ideia de que a sociologia se ocupa das relações humanas, do comportamento do homem com seus semelhantes.

> A **sociologia** é o estudo das relações humanas.

Em resumo, podemos definir inicialmente sociologia como o estudo sistemático do comportamento social, dos grupos e das interações humanas (veja Figura 1.4). Preocupa-se, particularmente, em explicar como as atitudes e os comportamentos das pessoas são influenciados pela sociedade mais geral e pelos diferentes grupos humanos em particular, e, em uma perspectiva mais ampla, qual é a dinâmica social que mantém as sociedades estáveis ou provoca a mudança social. A visão sociológica compreende observar além das aparências das ações humanas e das organizações.

**Figura 1.4**     Esquema de definição da sociologia

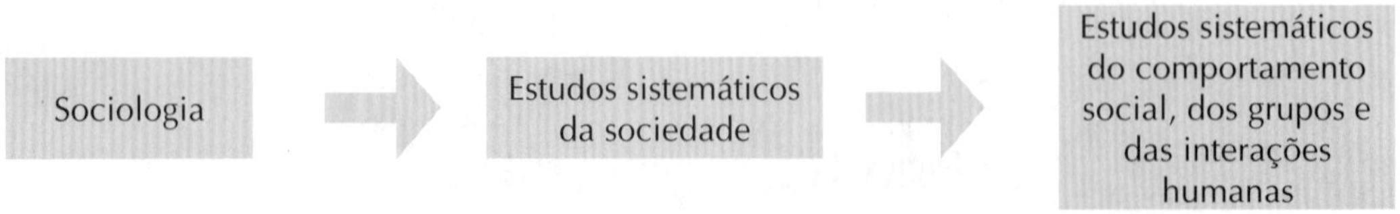

Sociologia → Estudos sistemáticos da sociedade → Estudos sistemáticos do comportamento social, dos grupos e das interações humanas

> A **sociologia** é o estudo científico da sociedade.

O estudo da sociologia também pode ser compreendido como o estudo científico da sociedade e sua influência sobre o comportamento humano. Para este estudo, os sociólogos utilizam métodos científicos para a abordagem dos diversos fenômenos sociais existentes nas diferentes sociedades humanas.

Dentro dessa perspectiva, um dos principais objetivos está em identificar aquilo que não está evidente, não parece claro, e quais os padrões e as influências do comportamento social.

Um exemplo prático é o que aconteceu na França e, de um modo geral, em toda a Europa, no verão de 2003. Milhares de pessoas morreram em razão do aumento excessivo da temperatura. Para as pessoas de um modo geral, o motivo principal das mortes está na elevação da temperatura e na ausência de condições da saúde pública em enfrentá-la. Embora essas explicações possam estar corretas, são insuficientes para a compreensão do fenômeno. As pesquisas realizadas demonstraram que a maior parte das mortes era de pessoas idosas, que viviam isoladas e que muitas vezes não tinham condições de recorrer a alguém solicitando auxílio. Para aquele que apresenta o pensar sociológico, uma análise do fenômeno social — caracterizado pelo aumento excessivo de mortes causadas pelo calor — revela que as sociedades europeias apresentam um alto percentual de pessoas idosas e que o sistema de saúde na realidade não está em condições de atender a essa parcela da sociedade, que se tornou bastante significativa nos últimos anos. Novas necessidades sociais surgiram na sociedade francesa e não foram identificadas pelos serviços públicos, mas tornaram-se transparentes pela situação criada em virtude do aumento da temperatura. Ou seja, o problema não é tanto o aumento do calor, mas o envelhecimento significativo da sociedade e a falta de mecanismos para o atendimento dessa nova realidade social. Um problema que provavelmente seria enfrentado ao longo dos próximos anos e que, devido ao fenômeno climático, precipitou-se, gerando problemas sociais e políticos para a sociedade francesa.

No exemplo citado, o fenômeno das mortes durante o aumento da temperatura poderá ser explicado pela sociologia como produto do aumento da expectativa de vida das populações, gerando necessidades no sistema de saúde e criando situações novas que não estavam sendo devidamente enfrentadas pela sociedade. O isolamento social das pessoas de mais idade, por exemplo, deve gerar no sistema público a necessidade de criação de espaços de sociabilidade, para que os idosos aumentem sua interação social. O fenômeno climático precipitou o surgimento de um problema social, cuja origem é uma mudança da estrutura da sociedade francesa, e que não foi ainda suficientemente compreendido pelos cientistas sociais, que consequentemente não geraram explicações que poderiam ser absorvidas pela burocracia estatal, que poderia atuar criando estruturas específicas de atendimento a essa categoria social.

As pessoas mais idosas, por sua vez, provavelmente não encontraram meios de organização que levassem às autoridades suas demandas, transformando-se em nova força social. No Brasil, por exemplo, os aposentados criaram várias associações em muitas cidades, onde obtiveram várias prerrogativas; há até um partido constituído para atender a essa categoria específica.

É claro que o problema social, quando devidamente estudado, apresenta uma complexidade muito maior: estabelecemos as relações possíveis a partir de informações dispersas somente a título de exemplo de como funciona o modo de pensar dos sociólogos.

Concluindo, podemos afirmar que, na realidade, o único ponto de concordância entre as diversas correntes da sociologia é que esta, fundamentalmente, dedica-se ao 'estudo das relações e interações humanas', sendo este, portanto, o conteúdo essencial da disciplina.

À questão 'O que é sociologia?' há, portanto, várias respostas possíveis; entretanto, todas elas terão um conteúdo comum, que é o estudo das interações sociais.

Os sociólogos, de modo geral, examinam as forças sociais e observam as tendências e os padrões que podem ser generalizados. A essa habilidade para ver a conexão entre as dificuldades particulares dos indivíduos e os problemas sociais, o sociólogo Charles Wright Mills chamou de 'imaginação sociológica'.

## 1.2 A imaginação sociológica

A habilidade que os sociólogos desenvolvem para ver a conexão entre a vida cotidiana dos indivíduos e os problemas sociais, Charles Wright Mills (1916-1962) denominou 'imaginação sociológica' (veja Figura 1.5). Esta pode ser caracterizada como um tipo incomum de pensamento criativo, que consegue estabelecer relações entre um indivíduo e a sociedade mais ampla. Um elemento fundamental para obter a imaginação sociológica é desenvolver a habilidade para ver sua própria sociedade (ou seu grupo social) como um estranho o faria, procurando, assim, diminuir sua própria influência (carregada de valores culturais obtidos ao longo de sua vida) na análise.

Nas palavras de Mills (1972, p. 17): "Ter consciência da ideia da estrutura social e utilizá-la com sensibilidade é ser capaz de identificar as ligações entre uma grande variedade de ambientes de pequena escala. Ser capaz de usar isso é possuir a imaginação sociológica".

Aquele que possui a imaginação sociológica está capacitado a compreender o cenário histórico mais amplo, seu significado para a vida particular de cada um e para a carreira de numerosos indivíduos. Torna-lhe possível compreender também como os indivíduos, envolvidos com as atribuições da vida diária, adquirem frequentemente uma consciência falsa de suas posições sociais.

Para Mills (1972, p. 12), "o primeiro fruto dessa imaginação — e a primeira lição da ciência social que a incorpora — é a ideia de que o indivíduo só pode compreender sua própria experiência e avaliar seu próprio destino localizando-se dentro de seu período; só pode conhecer suas possibilidades na vida tornando-se cônscio das possibilidades de todas as pessoas, nas mesmas circunstâncias que ele". É assim que a imaginação sociológica possibilita compreender a história e a biografia e as relações entre ambas, dentro da sociedade (veja Figura 1.6). Para Mills (1972, p. 12), "nenhum estudo social que não volte ao problema da biografia, da história e de suas interligações dentro de uma sociedade completou a sua jornada intelectual". E todos os analistas sociais clássicos, quer tenha sido o objeto do exame uma grande potência ou uma passageira moda literária, uma família, uma prisão ou um credo, formularam repetida e coerentemente três séries de perguntas (veja Quadro 1.1), que são feitas, segundo Mills, "por qualquer espírito que possua uma imaginação sociológica".

> **Charles Wright Mills**, sociólogo norte-americano, nasceu em Waco, Texas, em 28 de agosto de 1916, e morreu em Nyack, Nova York, num acidente automobilístico, em 20 de março de 1962, com 46 anos. Considerado um intelectual radical, publicou vários trabalhos sobre a estratificação social nos EUA. Entre suas principais obras estão: *The new men of power and America's labor leaders* (1948), *White collar and the American middle classes* (1951), *The power elite* (1956) e *The sociological imagination* (1959).

**QUADRO 1.1** Perguntas básicas formuladas por aqueles que apresentam a imaginação sociológica, segundo C. Wright Mills

1. Qual a estrutura dessa sociedade como um todo? Quais seus componentes essenciais, e como se correlacionam? Como difere de outras variedades de ordem social? Dentro dela, qual o sentido de qualquer característica particular para sua continuação e para sua transformação?

2. Qual a posição dessa sociedade na história humana? Qual a mecânica que a faz modificar? Qual é seu lugar no desenvolvimento da humanidade como um todo, e que sentido tem para esse desenvolvimento? Como qualquer característica particular que examinemos afeta o período histórico em que existe, e como é afetada por ele? E esse período — quais suas características essenciais? Como difere de outros períodos? Quais seus processos característicos de fazer a história?

3. Que variedades de homens predominam nessa sociedade e nesse período? E que variedades irão predominar? De que forma são selecionadas, formadas, liberadas e reprimidas, tornadas sensíveis ou impermeáveis? Que tipos de "natureza humana" se revelam na conduta e caráter que observamos nessa sociedade, nesse período? E qual é o sentido que para a "natureza humana" tem cada uma das características da sociedade que examinamos?

*Fonte*: MILLS, C. W. *A imaginação sociológica*, 3 ed. Rio de Janeiro: Zahar, 1972, p.13.

**Figura 1.5**    O sociólogo e a imaginação sociológica

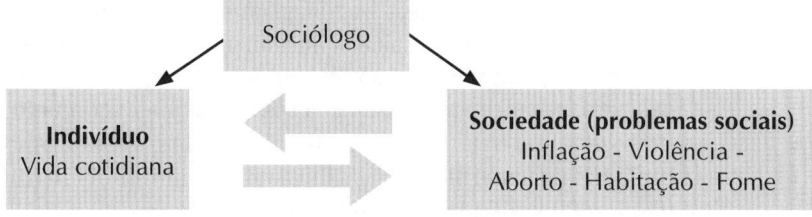

**Figura 1.6**    A imaginação sociológica

## 1.3 A visão sistêmica

O conceito de imaginação sociológica proposto por Mills faz parte de um contexto de abordagem sistêmica dos problemas sociais. Ter uma 'visão sistêmica' é identificar as ligações dos fenômenos particulares, de um ponto de vista microssociológico, ao sistema social como um todo. Em suma, estabelecer ligações entre as ações sociais e o sistema de relações sociais que forma a sociedade mais geral.

Um exemplo de visão sistêmica é o professor em sala de aula compreender que seu papel não se esgota na relação professor–aluno, e sim está inserido em um contexto mais amplo, em que um número indeterminado de relações semelhantes forma um sistema de relações que integram o sistema educacional, e este, por sua vez, apresenta seu conjunto de interações integrado ao sistema de relações que formam a sociedade brasileira (veja Figura 1.7). O professor que não tem visão sistêmica considera que seu papel se esgota na sala de aula; aquele que possui tal visão compreende que as relações que estabelece com os alunos no ambiente escolar fazem parte de um todo complexo de relações que integram uma sociedade, a qual apresenta determinados valores sustentados pelo conjunto de relações existentes, das quais as que estabelece se integram no todo como uma de suas partes constitutivas.

**Figura 1.7**    A visão sistêmica da sociedade

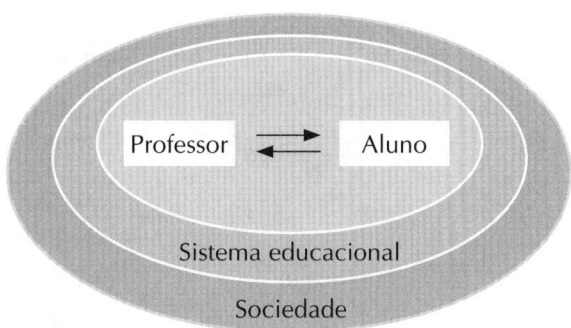

## 1.3.1 A abordagem sistêmica dos fenômenos sociais

Podemos definir 'sistema' como um conjunto de elementos interligados que sofrem influência recíproca. Há uma interdependência entre as partes de um sistema, de tal modo que a alteração em uma de suas partes provoca efeitos nas outras, podendo modificar todo o conjunto. Compreendido desse modo, as sociedades humanas formam um sistema social no qual o conjunto de relações entre as pessoas formam um todo, cujas partes apresentam uma interdependência recíproca e qualquer alteração provocará algum tipo de modificação no todo, que, em um primeiro momento, pode ser imperceptível.

Em sociedades humanas que apresentam um maior grau de complexidade, podemos identificar subsistemas, que formam um conjunto interligado com o sistema mais geral. Para a sociologia, a possibilidade de identificação de subsistemas menores é bastante útil como procedimento metodológico no estudo das sociedades, pois facilita o entendimento das partes pelo pesquisador, que desse modo poderá tornar-se cada vez mais especializado no estudo desse setor. Muitas vezes, novas disciplinas surgem em virtude da importância desses subsistemas. Entre os mais importantes subsistemas, podemos citar os econômicos, os políticos, os religiosos, os educacionais e os turísticos. Podemos ainda dividir cada um desses subsistemas em outros subsistemas para facilitar sua compreensão (veja Figura 1.8).

De acordo com o ponto de vista de um pesquisador, a sociedade pode ser dividida em inúmeros sistemas, que estarão interligados. Assim, uma manifestação política pode provocar mudanças econômicas; ou uma ação econômica pode provocar problemas no sistema educacional.

Assim como os advogados dedicam-se ao estudo do subsistema jurídico, os economistas, do econômico e assim por diante, um sociólogo pode dedicar-se a estudar o subsistema turístico, o educacional ou o político etc. (veja Figura 1.9). O que cada profissional deve compreender é que cada subsistema está em permanente interação com outros e que, em seu conjunto, formam a sociedade maior, onde os subconjuntos estão inseridos. Os sistemas sociais constituem-se em sistemas abertos e permanentemente sofrem influências externas, sejam estas de outros sistemas sociais, sejam do meio ambiente.

A visão sistêmica pode ser definida como a capacidade que o pesquisador adquire de compreender que cada ação social não está isolada na sociedade, faz parte de um todo interligado, assim interferindo e sofrendo interferências. Sob esse aspecto, muitas ações que não podem ser compreendidas por si mesmas podem ser explicadas pelo papel que desempenham no todo ou pelas influências que recebem.

**Figura 1.8** Os subsistemas que compõem a sociedade

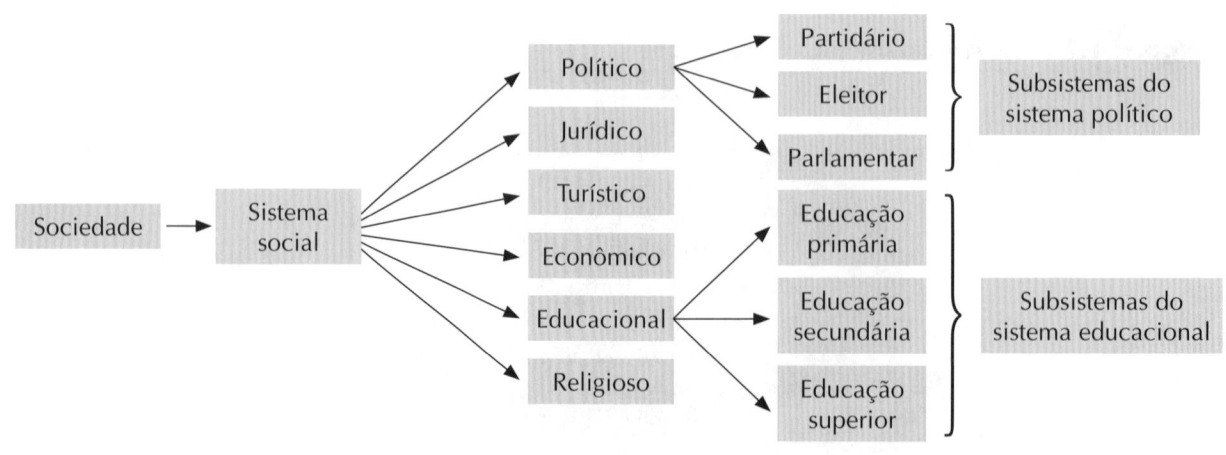

## Figura 1.9 Esquema da sociedade composto por vários sistemas

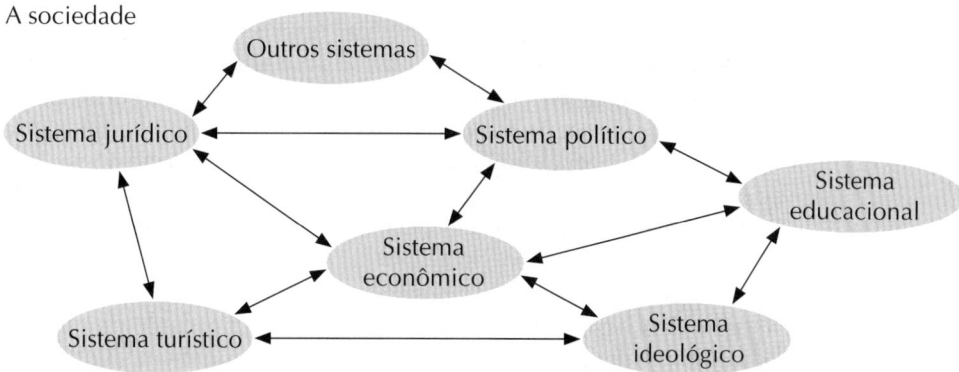

Por outro lado, o indivíduo que possui uma visão sistêmica compreenderá que suas ações cotidianas refletem o todo, de algum modo, ou são por ele influenciadas.

A visão sistêmica constitui-se em uma abordagem holística das ações humanas. O pensamento holístico não só procura compreender as ações sociais inseridas em um todo mais complexo — no caso, a sociedade —, mas prioriza o "entendimento integral dos fenômenos, em oposição aos procedimentos analíticos em que seus componentes são tomados isoladamente" (Houaiss, 2001).

Tanto a visão sistêmica como a holística estabelecem conexões entre o todo e as partes. Diferenciam-se no estabelecimento de prioridades, pois a abordagem holística prioriza a análise a partir da sociedade mais geral, e não de um contexto particular ou mesmo de uma relação social específica. Já a abordagem sistêmica pode partir do indivíduo e estabelecer as conexões com o sistema em que está integrado. No entanto, as duas abordagens dão importância ao todo em relação às partes e muitas vezes são utilizadas como sinônimos.

De todo modo, tanto uma como outra são imprescindíveis para a compreensão da realidade, principalmente neste início do século XXI, em que cada vez mais fortemente se demonstram as interconexões entre diferentes disciplinas. O direito com a biologia cria um novo campo de estudo, o direito ambiental; a física e a biologia, a biofísica; há o desenvolvimento de computadores biológicos etc.

## 1.4 De problemas pessoais a estruturas sociais (a explicação sociológica do suicídio)

Foi Émile Durkheim quem desenvolveu o método de análise utilizado pelas ciências sociais, por meio do estudo sistemático de um ato social aparentemente simples e que as pessoas explicam de um modo geral como um comportamento estritamente pessoal. O suicídio é um ato em que as pessoas e o próprio noticiário tendem a focar na pessoa em particular que o cometeu, não buscam sua relação com outros fatos sociais, preocupando-se mais com os motivos pessoais que a levaram a isso. Assim, focam a explicação no indivíduo, e não buscam as razões sociais que o levaram ao ato.

O sociólogo francês Durkheim, em um estudo clássico, ilustrou o tipo de abordagem adequado dentro da perspectiva sociológica. Durkheim usou o método sociológico para testar as muitas explicações alternativas de suicídio que estavam sendo debatidas na ocasião. Examinando todas as variáveis pertinentes, Durkheim chegou a uma conclusão e formulou uma explicação efetiva. Sua análise revelou que variações nas taxas de suicídio entre grupos diferentes não podiam ser explicadas por enfermidade mental, fundo étnico ou racial, ou até mesmo pelo clima — ele concluiu que havia algo sobre o próprio grupo em si que encorajaria ou desencorajaria o suicídio. Chegou a identificar quatro tipos diferentes de suicídio, todos mantendo uma relação entre o indivíduo e o grupo social (veja Figura 1.10).

O primeiro deles, o 'suicídio egoísta', acontece sob condições de isolamento excessivo, quando a pessoa é separada do grupo que poderia ter obtido sua lealdade e participação. Um exemplo é quando o indivíduo é posto à margem de seu grupo de parentesco e que, por qualquer motivo, não consegue ser aceito novamente, mantendo-se em ostracismo — para uma pessoa nessas condições poderá não fazer nenhum sentido viver fora do grupo.

O segundo, o 'suicídio altruístico', em contraste, acontece sob condições de apego excessivo, quando os indivíduos se identificam tão de perto com um grupo ou comunidade que suas próprias vidas não têm nenhum valor independente. São exemplos desse tipo de suicídio o fenômeno dos pilotos japoneses — os camicases — na Segunda Guerra Mundial, que se jogavam com seus aviões nos navios norte-americanos, e o fenômeno dos terroristas suicidas no Oriente Médio.

Terroristas suicidas perpetraram um dos maiores ataques contra os Estados Unidos, em setembro de 2001. Um grupo de homens pertencentes à rede Al-Qaeda, de fundamentalistas islâmicos, sequestrou quatro aviões de companhias norte-americanas e lançaram dois deles contra o World Trade Center, destruindo-o completamente e matando milhares de pessoas, e um outro contra o Pentágono, sede do poder militar norte-americano.

Esses atentados suicidas podem ser considerados os maiores que já ocorreram até então no mundo, e só foram possíveis pela profunda identificação dos seus autores com as ideias do grupo do qual faziam parte, grupo este que se caracteriza pela interpretação rigorosa, radical e deturpada do livro sagrado do islamismo, o *Alcorão*.

O terceiro tipo, o 'suicídio anômico', acontece debaixo de condições de anomia, ou ausência de normas, quando os valores tradicionais e as diretrizes para o comportamento desmoronaram, constituindo-se em momentos de desorganização social. Um exemplo é o suicídio cometido por jovens adolescentes que têm suas famílias desfeitas abruptamente pela separação dos pais.

No Japão, no dia 17 de janeiro de 1995, houve um grande terremoto e as vidas das pessoas foram completamente alteradas pelo fenômeno físico, implicando mudanças nas relações sociais e quebras de valores. O estado de anomia que se criou levou muitas pessoas ao suicídio — pessoas que sentiam falta de privacidade com o consequente aumento do estresse, como afirmou um morador: "Quanto mais pensamos no nosso futuro, mais ficamos preocupados. Sem emprego, sem casa e sem dinheiro".[1]

Os suicídios cometidos pelos jovens índios de tribos mato-grossenses são um outro exemplo de suicídio anômico. Os índios possuem valores e normas que são seguidos há séculos; com o contato com os homens brancos, perdem a referência nos valores, nas normas e nos costumes tradicionais e ao mesmo tempo não incor-

**Figura 1.10**   Os quatro tipos de suicídio, segundo Durkheim

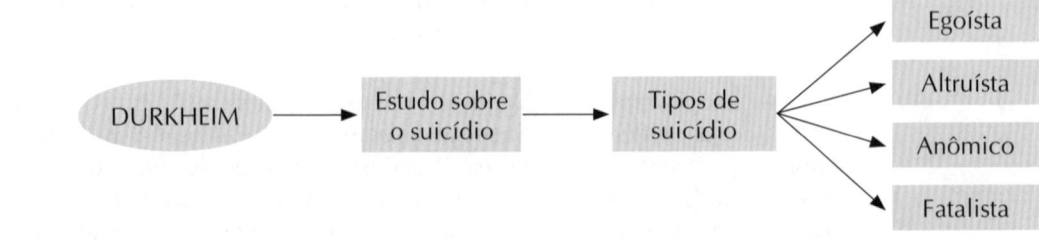

poram, em prazo curto, a cultura dos brancos. Assim, durante um determinado tempo, os índios ficam sem entender direito quais as normas que deverão ser seguidas. Os suicídios ocorrem em maior número com os adolescentes da tribo, pois é justamente o período em que fazem maior contato com a cultura do branco, perdendo a referência nos valores tradicionais da tribo que foram transmitidos no convívio familiar (veja Quadro 1.2).

O quarto tipo é o 'suicídio fatalista', que provavelmente acontece em sociedades e grupos sociais nos quais ocorre um alto grau de controle sobre as emoções e motivações de seus membros, que são levados a tomar atitudes que em outras circunstâncias não o fariam. O exemplo são os suicídios coletivos cometidos por membros de seitas religiosas. O caso mais conhecido foi o do pastor americano Jim Jones e sua seita, O Templo do Povo. Mais de 900 pessoas morreram ao ingerirem suco de laranja com cianureto, no dia 18 de novembro de 1978, na Guiana. Em 1994, a seita Ordem do Templo Solar, fundada por um médico suíço, levou 48 pessoas à morte no mesmo dia em lugares diferentes. A seita pregava a iminência do apocalipse com a entrada da humanidade na era de Aquário.

Podemos observar que, em cada caso, Durkheim explicou as taxas de suicídio em termos das características dos grupos e das comunidades nas quais as pessoas viviam, não em termos de fatores psicológicos ou biológicos. Ele demonstrou que explicar padrões de comportamento social em termos de motivos individuais se assemelha a tentar entender o corpo humano descrevendo células individuais. A sociedade é mais que a soma de seus membros individuais. Durkheim escolheu o suicídio como tema porque ilustra como forças sociais são fatos sociais, e como essas forças influenciam um modo de comportamento que a maioria de nós considera intensamente particular. Durkheim provou que forças sociais influenciam cada comportamento, consolidando, a partir daí, este como um princípio básico da sociologia.

Para Émile Durkheim (1973, p. 391), o objeto de estudo da sociologia são os fatos sociais, que "apresentam características muito especiais: consistem em maneiras de agir, pensar e sentir exteriores ao indivíduo, e dotadas de um poder coercitivo em virtude do qual se lhe impõem" (veja Figura 1.11). Sejam elas crenças e práticas constituídas (regras jurídicas ou morais, dogmas religiosos, sistemas financeiros etc.) ou correntes sociais, que são manifestações (de entusiasmo, de indignação, de piedade etc.) que "chegam a cada um de nós do exterior e que são

**QUADRO 1.2** Suicídio indígena

No ano de 1995 foi de 52 o número de índios guaranis-kaiowás que cometeram suicídio. Segundo dados da Funai, foi um dos anos mais críticos de autoextermínio entre os kaiowás. De 1982 a 1995 foram 233 suicídios.

Estudo do antropólogo Antonio Brand aponta que a sucessão de suicídios é resultado do processo de confinamento aos quais os índios foram induzidos. Segundo ele, a superpopulação indígena nessas áreas obriga os índios a trabalhar como boias-frias em fazendas e usinas de açúcar e álcool em troca de salários baixos e jornadas de trabalho de até seis meses sem interrupção.

"Eles não são boias-frias e estão perdendo a identidade indígena, uma das causas dos suicídios, ao lado da miséria nas aldeias", afirma o antropólogo.

Fonte: "Sobe para 52 o número de suicídios de Kaiowás". Folha de S.Paulo, 12 dez. 1995.

**Figura 1.11** O objeto de estudo da sociologia, segundo Durkheim

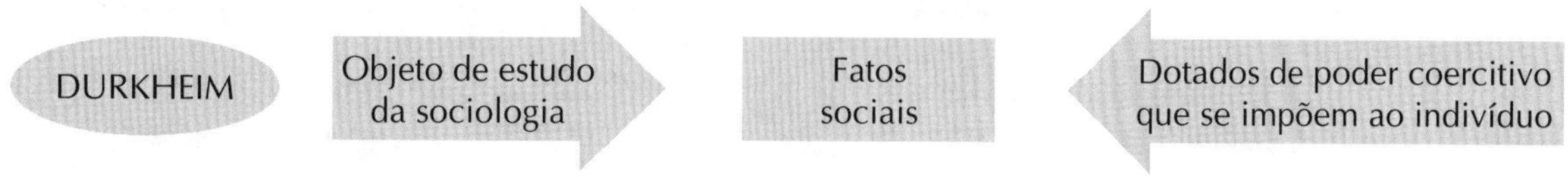

DURKHEIM → Objeto de estudo da sociologia → Fatos sociais ← Dotados de poder coercitivo que se impõem ao indivíduo

susceptíveis de nos arrastar, mesmo contra a nossa vontade", o que poderia nos levar a uma ilusão que nos faria acreditar termos sido nós que elaboramos aquilo que se nos impôs do exterior. Essas manifestações, que podem ser passageiras e que são susceptíveis de nos conduzir a ações que poderiam contrariar nossa própria natureza, apresentam um princípio que "aplica-se também aos movimentos de opinião mais duradouros que se produzem incessantemente à nossa volta, mesmo em círculos mais restritos, sobre questões religiosas, políticas, literárias, artísticas etc." (1973, p. 392).

Desse modo, para Durkheim, o fenômeno social constitui-se do fato social, que pode ser religioso, político, literário, artístisco etc. e que é externo ao indivíduo e determinador de suas ações. A sociedade, que é externa aos indivíduos, determina as interações sociais (veja Figura 1.12).

Assim, para Durkheim, a sociedade e os grupos sociais exercem um coerção sobre os indivíduos, fazendo-os assumir papéis relacionados com um fenômeno em particular. Ao assumir o papel de torcedor de um determinado time, por exemplo, o indivíduo toma atitudes que no seu dia a dia não assumiria. Tais atitudes apresentam, portanto, maneiras de agir, pensar e sentir que são exteriores ao indivíduo e que se lhe impõem, pois são dotadas de um poder coercitivo específico. Da mesma forma, todas as interações que ocorrem no campo esportivo compõem-se de ações provocadas pelo poder coercitivo de um tipo de fato social particular, que denominamos esportivo. Em outras palavras, os técnicos, os dirigentes, os jogadores e os torcedores assumem um comportamento que lhes é impingido pelo poder coercitivo que exerce o fato esportivo enquanto fato social, atitudes essas que são diferentes daquelas que assumem quando integram outros tipos de fenômenos sociais, como a religião, a política, o sistema financeiro etc., no qual assumem posturas que se identificam com cada tipo em particular.

## 1.5 Os fundamentos da ação social

Enquanto Durkheim prioriza a sociedade na análise dos fenômenos sociais, considerando-a externa aos indivíduos e determinadora de suas ações, Max Weber prioriza o papel dos atores e as suas ações individuais reciprocamente referidas. A sociedade, para Weber, deve ser compreendida a partir desse conjunto de interações sociais.

A sociologia, para Weber (1991, p. 3), significa: "uma ciência que pretende compreender interpretativamente a ação social e assim explicá-la causalmente em seu curso e em seus efeitos".

A 'ação social' toma o significado de uma ação que, quanto ao sentido visado pelo indivíduo, tem como referência o comportamento de outros, orientando-se por estes em seu curso (veja Figura 1.13). Como exemplo: o simples ato de comprar sapatos é realizado tendo como referência um conjunto de opiniões de outras pessoas, entre as quais o vendedor, a namorada, a mãe, os amigos e assim por diante.

Desse modo, a ação social — aí incluídas a omissão ou a tolerância — orienta-se pelo comportamento de outros, seja este passado, presente ou esperado como futuro. Os 'outros' podem ser indivíduos e conhecidos ou uma multiplicidade de pessoas completamente desconhecidas. Por outro lado, "nem todo tipo de contato entre pessoas tem caráter social, senão apenas um comportamento que, quanto ao

**Figura 1.12**     Fatos sociais determinam as interações sociais, segundo Durkheim

Fenômenos sociais === Fatos sociais === Determinam as interações sociais

## Figura 1.13 — O objeto de estudo da sociologia, segundo Weber

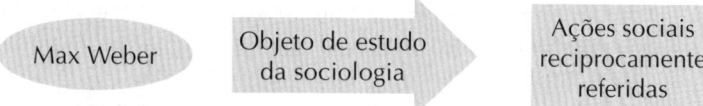

sentido, se orienta pelo comportamento de outra pessoa" (Weber, 1991, p. 14). O autor fornece um exemplo do que afirma ao explanar sobre o choque entre dois ciclistas, que, quando ocorre, trata-se de um acontecimento do mesmo caráter de um fenômeno natural, e, ao contrário, tratar-se-ia de um fenômeno social, constituindo-se de ações sociais, as tentativas de desvio de ambos, o xingamento, ou uma discussão pacífica após o choque. Fica estabelecida uma relação social entre ambos.

Nessa interpretação, a interação torcedor e jogador constitui-se em um fenômeno social, pois seus agentes têm um ao outro como referência para seus atos. Do mesmo modo, podem ser tratadas todas as interações existentes no âmbito do esporte, que, no geral, tomam o comportamento do jogador como referência, orientando seus atos a partir desse parâmetro.

Uma vez estabelecida a definição de ação social, podem-se encontrar seus diferentes tipos agrupando-os de acordo com o modo pelo qual os indivíduos orientam suas ações. E, segundo Weber (1991, p. 15), a ação social pode ser determinada de quatro modos: racional referente a fins; racional referente a valores; afetivo, especialmente emocional; tradicional (veja Figura 1.14).

A 'ação social racional referente aos fins' é determinada pelo cálculo racional que estabelece os fins e organiza os meios necessários. Por exemplo: ao fazer a aquisição de um aparelho de televisão, o comprador levará em conta o custo, se o tamanho do aparelho é adequado para o alojamento onde ficará instalado, se é colorido, e assim por diante. Um jovem escolherá uma namorada levando em consideração se ela é comunicativa, se está vestida adequadamente, seu nível de escolaridade etc. O torcedor decidirá se irá ao campo levando em consideração as acomodações, o preço, as facilidades de acesso etc.

A 'ação social referente a valores' é determinada pela importância do valor, não sendo considerado o êxito que se possa obter assumindo-se esse valor. É uma ação social valorizada socialmente, e é relevante a opinião do grupo social ao qual o indivíduo pertence. Por exemplo: na aquisição de um aparelho de televisão, o comprador dará importância à marca, os outros fatores que determinam a escolha serão secundários. A namorada será escolhida tendo em conta os valores que predominam na sociedade da qual faz parte, que terão papel preponderante na escolha, ficando os demais em um segundo plano. Se a beleza feminina é o valor fundamental, este será o critério predominante na ação; se há uma valorização do papel da mulher como dona de casa, a beleza ficará em um plano secundário.

## Figura 1.14 — A ação social, segundo Weber

A escolha de assistir ou não ao jogo no campo de futebol ou em casa, por parte do torcedor, levará em consideração os valores do grupo social ao qual pertence. Por exemplo: pode ser de fundamental importância para seu grupo social a ida ao campo, constituindo-se em um motivo de aumentar os contatos sociais e valorizar sua presença nos grupos durante a semana, pois será portador de imagens que não foram mostradas pelos meios de comunicação.

A 'ação social de modo afetivo' é aquela que é determinada pelos afetos ou estados emocionais, a relação entre os indivíduos se expressa em termos de lealdade e antagonismo. Por exemplo: o comprador adquirirá o modelo de televisor de que mais goste, ou não comprará um determinado modelo em hipótese nenhuma. A namorada será escolhida ou rejeitada de modo emocional, incluídas aí manifestações de paixão ou rancor.

A escolha da ida ao campo de futebol será motivada pela emoção, pelos sentimentos etc. Poderá ir porque foi humilhado em um jogo anterior com o mesmo time e quer se vingar; ou por ser o time que desperta suas mais fortes emoções; ou porque está um dia muito bonito para ir ao campo etc.

A 'ação social de modo tradicional' é aquela determinada pelas tradições, pelos costumes arraigados. Por exemplo: poderá adquirir um televisor da mesma marca da que foi o dos seus pais ou de sua família. A namorada poderá ser escolhida baseada em uma tradição familiar de se escolherem "moças de família", estereótipo passado de pai para filho.

A ida ao campo, nesse caso, será decidida em função dos costumes e das tradições adquiridas. Poderá não faltar a jogos com determinado time. Vai sempre ao campo porque é tradição de pai para filho etc.

Está claro que as ações sociais não são determinadas, de modo geral, por um único tipo. No caso da escolha da namorada, o jovem pode levar em consideração tanto a tradição (a moça de família), como os valores predominantes na sociedade em que vive (bonita, magra etc). Do mesmo modo, as diversas ações sociais que ocorrem em qualquer âmbito podem ser determinadas por vários tipos. A ida a um campo de futebol pode ser motivada pelo dia bonito, por ser um jogo em que não pode faltar por envolver um time adversário específico, pelo baixo preço dos ingressos naquele dia etc.

A ação social, para Weber, é um componente universal e específico na vida social e fundamental para a organização da sociedade humana.

## RESUMO DO CAPÍTULO

Neste capítulo aprendemos que há diversas visões de qual seja o objeto de estudo da sociologia; no entanto, há uma concordância entre a maioria dos sociólogos de que o estudo das relações e interações humanas constitui-se no conteúdo essencial da disciplina. Que os sociólogos adotam um modo de pensar que relaciona o particular com o geral, considerando o processo histórico em que se deu o estabelecimento das estruturas sociais. A essa forma de pensar, C. Wright Mills chamou de 'imaginação sociológica' e se aproxima da abordagem sistêmica dos fenômenos sociais, que considera que os diversos elementos interligados sofrem influência recíproca. O pesquisador que tem uma visão sistêmica adquire a capacidade de compreender que cada ação social não está isolada da sociedade, mas faz parte de um todo interligado, no qual sofre influências e influencia, ao mesmo tempo.

Vimos como Durkheim demonstrou que problemas aparentemente individuais, como o suicídio, têm uma motivação que pode ser explicada a partir da análise da estrutura social,

pois esta possui um poder coercitivo que se impõe sobre as vontades individuais. E, em um sentido oposto, como Weber prioriza as ações interpessoais para compreender a sociedade, considerando-as como um componente universal e particular da vida social, fundamental para conhecer o funcionamento das sociedades humanas.

## PERGUNTAS

1. Por que surgiu a sociologia no século XIX?
2. Como poderíamos definir sociologia, tendo como base o comportamento e os grupos sociais?
3. E a definição da sociologia tendo como base a sociedade poderia ser feita de que modo?
4. Qual o conteúdo essencial de todas as definições do que é sociologia e o seu objeto de estudo?
5. O que é a imaginação sociológica?
6. O que é uma visão sistêmica?
7. O que é um sistema? E um subsistema? Exemplifique.
8. O que é uma abordagem holística das ações humanas?
9. O que é um suicídio egoísta? Um altruístico? Um anômico? E um fatalista?
10. O que são fatos sociais para Durkheim?
11. O que são ações sociais para Weber?
12. Quais são os tipos ideais de ação social que Weber identificou?

## Nota

1  *Fonte*: "Suicídio e estresse fazem vítimas do terremoto pedir auxílio psicológico", *Folha de S.Paulo*, 28 jan. 1995.

# CAPÍTULO 2
# A questão social e a necessidade de uma ciência social

## APRESENTAÇÃO

Este capítulo está dedicado ao histórico do surgimento da sociologia. Mostra como as ciências que existiam até então não conseguiam explicar os grandes problemas sociais que estavam surgindo em virtude do avanço da industrialização; quais foram as características das novas relações de produção que alteraram a vida social, provocando o surgimento de numerosos problemas; como a sociologia se desenvolveu em seu início; quais são seus principais representantes e quais foram suas contribuições mais relevantes. Traz também um breve histórico dos mais importantes sociólogos brasileiros.

## TÓPICOS PRINCIPAIS

2.1 A Revolução Industrial e as mudanças na sociedade
2.2 Características fundamentais das novas formas de organização
2.3 A questão social
2.4 O desenvolvimento da sociologia
2.5 O papel do positivismo
2.6 As bases de constituição da sociologia moderna
2.7 A sociologia no Brasil

### OBJETIVOS DE APRENDIZAGEM

Compreender:

- a importância da Revolução Industrial na vida social.
- como a dimensão da questão social colocou a sociedade em um plano de análise.
- o processo de surgimento e desenvolvimento da sociologia.
- o significado do positivismo para as ciências sociais.
- a importância do papel desempenhado por Marx, Durkheim e Weber.
- a importância de dois sociólogos brasileiros: Gilberto Freyre e Florestan Fernandes.

A sociologia surgiu como decorrência de um processo histórico que culminou com a Revolução Industrial que se iniciou na Inglaterra e a Revolução Francesa de 1789. Esses dois acontecimentos geraram problemas sociais que os pensadores da época não conseguiam explicar; foi necessário que surgisse uma nova abordagem dessas questões que envolvesse o método científico já desenvolvido nas demais ciências. Assim, com o social tornando-se um problema de dimensões nunca vistas, estavam dadas as condições que fizeram que se gerasse a necessidade de criar uma nova disciplina científica.

## 2.1 A Revolução Industrial e as mudanças na sociedade

Considerando-se as grandes mudanças que ocorreram na história da humanidade, aquelas que aconteceram no século XVIII — e que se estenderam ao século XIX — só foram superadas pelas grandes transformações do final do século XX. As mudanças provocadas pela revolução científico-tecnológica, que denominamos Revolução Industrial, marcaram profundamente a organização social, alterando-a por completo, criando novas formas de organização e causando modificações culturais duradouras que perduram até os dias atuais (veja Figura 2.1).

Em um prazo relativamente curto, a humanidade presenciou uma das maiores transformações em sua história: "em cerca de cem anos, a Europa de sítios, rendeiros e artesãos tornou-se uma Europa de cidades abertamente industriais. Os utensílios manuais e os dispositivos mecânicos simples foram substituídos por máquinas; a lojinha do artífice, pela fábrica. O vapor e a eletricidade suplantaram as fontes tradicionais de energia — água, vento e músculo. Os aldeãos, como suas antigas ocupações se tornavam supérfluas, emigravam para as minas e para as cidades fabris, tornando-se os operários da nova era, enquanto uma classe profissional de empreiteiros, financeiros e empresários, cientistas, inventores e engenheiros se salientava e se expandia rapidamente. Era a revolução industrial" (Henderson, 1979, p. 7).

Do ponto de vista da organização da sociedade, o homem se deparou com novos problemas, que não poderiam ser solucionados pela antiga forma de ver o mundo. A realidade social sofreu transformações, que exigiam uma nova forma de pensar, bem como novas teorias que buscassem soluções para os problemas que surgiram em função do avanço industrial. É nesse contexto que surgem as ciências sociais e, em primeiro lugar, a sociologia.

### A Revolução Industrial

Denominamos Revolução Industrial o período em que um conjunto de invenções e inovações relacionadas entre si permitiram alcançar uma enorme aceleração da produção de bens e assegurar um crescimento que foi se tornando rapidamente independente da agricultura. Esse fenômeno, também conhecido como Primeira Revolução Industrial, iniciou-se na Inglaterra, no século XVIII, entre os anos de 1760 e 1820, quando se afirmou e converteu-se em fato irreversível, posteriormente se estendendo a outros países da Europa e aos Estados Unidos (veja Figura 2.2). Nesse período se intensificou a transformação da economia inglesa, que passou de predominantemente agrária a uma economia industrial, caracterizada pela produção em larga escala e pela generalização do uso da máquina para reduzir tempo e custos de produção.

As modificações sociais desse período só são comparáveis às que aconteceram durante a revolução agrícola ocorrida de 5 mil a 8 mil anos atrás.[1] Nesse período, conhecido como 'primeira revolução científico-tecnológica', os homens deixaram de ser nômades — caçadores e coletores de sementes e frutos — e se fixaram em locais onde constituíram as primeiras aglomerações urbanas. Isso foi possível por-

> Há muita discussão entre as datas-limite da **Revolução Industrial**; outros autores optam por situá-la entre os anos de 1780 e 1840, havendo outras interpretações que giram em torno dessas duas periodizações.

> O avanço da **Revolução Industrial** para os demais países europeus e para os Estados Unidos da América, na segunda metade do século XIX e até aproximadamente 1914, é conhecido por Segunda Revolução Industrial, apresentando características que a diferenciam do primeiro período.

**Figura 2.1** Transformações na organização social decorrentes da Revolução Industrial

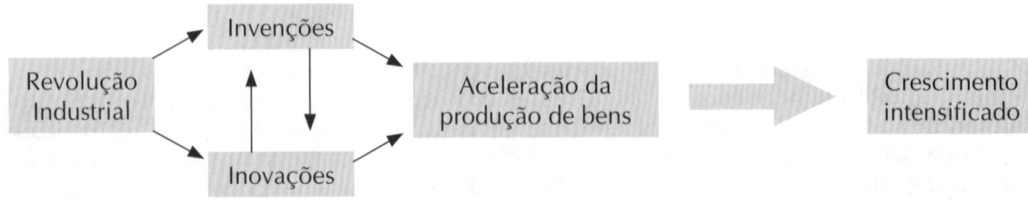

**Figura 2.2** A Revolução Industrial

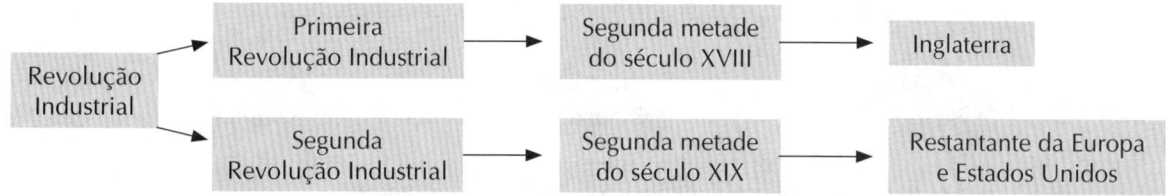

que animais foram domesticados e houve uma melhoria na qualidade das sementes, propiciando colheitas mais abundantes e um excedente que possibilitou que muitas pessoas deixassem de ser caçadores ou coletores, criando-se, assim, novos ofícios e novas necessidades, os quais possibilitaram um avanço importante da organização social como um todo. Os avanços que aconteceram nesta primeira revolução científico-tecnológica só foram equiparados quando da ocorrência da segunda, também conhecida como Revolução Industrial (veja Figura 2.3).

A Revolução Industrial inglesa deve sua ascensão inicial à indústria algodoeira, que multiplicou extraordinariamente a produção de tecidos com a introdução de teares mecânicos. Mas foi a siderurgia que, ao revolucionar sua tecnologia de produção, gerou um impacto ainda mais decisivo, pois repercutiu em todo o desenvolvimento industrial posterior, tornando-o possível. Com efeito, uma série de aperfeiçoamentos em fornos e sistemas de fundição permitiu obter ferro de alta qualidade, capaz de substituir vantajosamente outros materiais para melhorar muitas técnicas existentes e construir novas máquinas. Somente o ferro permitiu o desenvolvimento das ferrovias, que vieram somar-se às importantes transformações no sistema de transporte, as quais já haviam começado a aparecer, como técnicas modernas de pavimentação de estradas e abertura de redes de canais. A diminuição do tempo de deslocamento e o intercâmbio, que assim se tornou possível, iniciou a ruptura das relações de dependência entre os núcleos urbanos e os rurais, próprias da sociedade agrícola anterior.

Com a Revolução Industrial houve um enorme crescimento da economia inglesa, o que provocou um aumento da necessidade de matérias-primas para as indústrias, que a Inglaterra não tinha e que era obrigada a buscar no mercado externo, e a necessidade de ampliar o mercado consumidor de seus produtos. Em decorrência desses dois fatores, tornou-se inevitável um aumento do controle das colônias, além de um crescimento da disputa com outras potências da época pela obtenção e manutenção dos mercados (veja Figura 2.4).

De acordo com Marx e Engels (1977), a grande indústria criou um mercado mundial que acelerou o desenvolvimento do comércio, da navegação e dos meios de transporte por terra, particularmente as ferrovias. Esse desenvolvimento, por sua vez, influenciou a expansão industrial.

Durante o período da Revolução Industrial, a Inglaterra dependia cada vez mais do comércio externo para escoar sua produção — esta, na realidade, era a condição

**Figura 2.3** As revoluções científico-tecnológicas

| Primeira revolução científico-tecnológica | Revolução agrícola que ocorreu por volta de 8 ou 10 mil anos atrás no continente europeu |
|---|---|
| Segunda revolução científico-tecnológica | Revolução Industrial no século XVIII (Inglaterra) e século XIX (demais países europeus e Estados Unidos) |
| Terceira revolução científico-tecnológica | Revolução do conhecimento no final do século XX e em curso no início do século XXI |

**Figura 2.4**     Transformação econômica criada pela Revolução Industrial

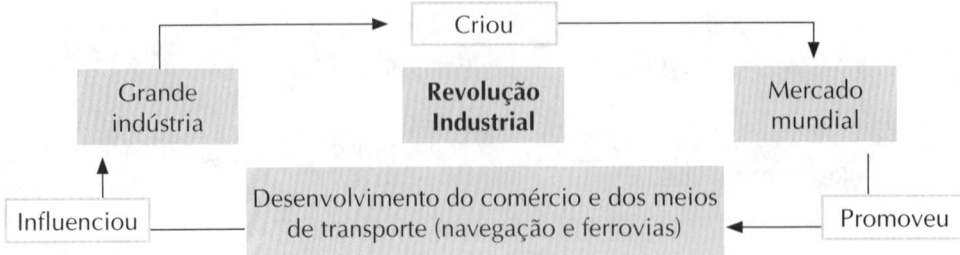

preponderante para a continuidade da Revolução Industrial. A expansão do comércio externo era feita com tecidos e escravos capturados na África e direcionados para os centros produtores de matéria-prima de que as indústrias necessitavam.

## 2.2 Características fundamentais das novas formas de organização

É importante compreender as novas formas de organização social que surgiram em decorrência da industrialização, pois, em um curto espaço de tempo, firmaram-se e modificaram o modo de vida de grandes contingentes humanos. As mudanças que se deram naquele período, e seus reflexos na sociedade, podem ser comparadas ao que está acontecendo no momento atual — final do século XX e início do século XXI —, em que outra grande transformação científico-tecnológica está ocorrendo e influenciando profundamente a vida das pessoas, que, por estarem vivendo-a, ainda não conseguem, em sua maioria, perceber a dimensão dessas alterações.

Tentar compreender o que se deu na vida social do século XIX em função das modificações introduzidas pela Revolução Industrial contribuirá, certamente, para entender o que acontece nos dias de hoje.

As mudanças que ocorreram no século XVIII — e que se estenderam ao século XIX — caracterizam o que convencionamos chamar de Revolução Industrial (veja Figura 2.5). Esse processo apresenta uma série de traços, ou tendências gerais, que o diferencia claramente do sistema anterior de artesanato e de trabalho doméstico. Entre os mais importantes, podemos citar: a substituição progressiva do trabalho humano por máquinas; a 'divisão do trabalho' e a necessidade de sua coordenação; as mudanças culturais no trabalho; a produção maciça de bens; o surgimento de novas funções (empresários e operários); entre outros.

**Figura 2.5**     A Revolução Industrial e suas consequências

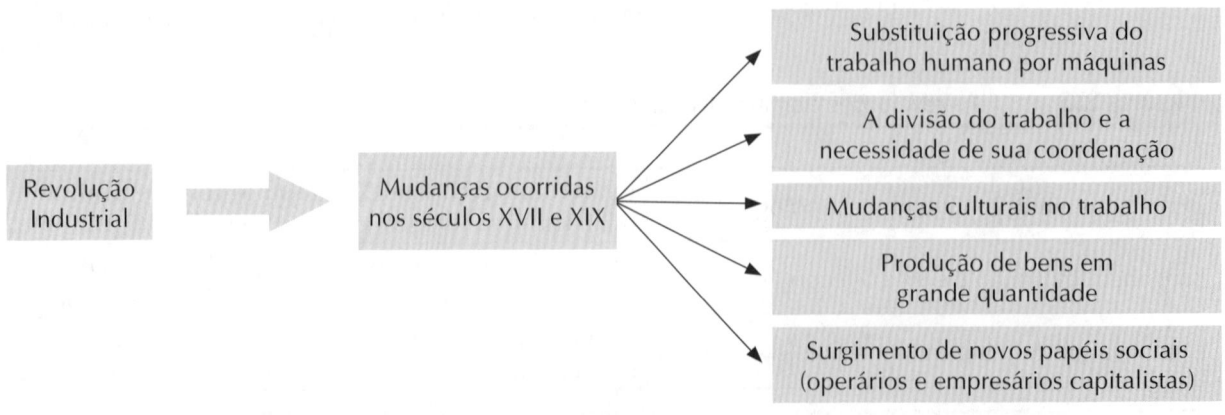

a) Substituição progressiva do trabalho humano por máquinas
A máquina assume funções antes desempenhadas pelo homem, multiplicando a capacidade deste e executando com vantagem tarefas que antes eram exercidas por muitos indivíduos. Um menor número de trabalhadores produz uma quantidade maior de produtos do que um número muito maior de indivíduos no sistema artesanal ou doméstico.

b) A 'divisão do trabalho' e a necessidade de sua coordenação
O trabalhador industrial — operário — especializa-se em áreas de trabalho cada vez mais limitadas, sofrendo, ao mesmo tempo, um empobrecimento na sua qualificação em comparação com o artesão, que realizava todo o processo produtivo, pois somente tem de executar tarefas muito parciais. A introdução da máquina no processo industrial durante o século XVIII impulsionou a organização racional das tarefas produtivas, em primeiro lugar, ordenando a divisão do trabalho. Adam Smith, em sua obra *A riqueza das nações* (1776), apresentou um exemplo de divisão do trabalho em uma fábrica que se tornou clássico. Descreve como operários realizam até 18 operações distintas com um fio metálico do qual devem produzir um alfinete, gerando, ao final do dia, até 4.800 unidades. E compara com um operário isolado, que não conseguiria produzir 20 unidades em um mesmo dia (veja Figura 2.6).
Com o exemplo, fica claro que o aumento da produtividade se originou da organização do trabalho, e não do aumento da habilidade individual. Como consequência, há um empobrecimento intelectual do operário, por realizar tarefas cada vez mais repetitivas e altamente especializadas — o que, por outro lado, facilita a introdução no trabalho industrial de mulheres e crianças.

c) Mudanças culturais no trabalho
Com a transição dos modos de vida e de trabalho motivada pela Revolução Industrial, o problema técnico organizacional, de especialização e divisão do trabalho estava intimamente ligado a outro: o da gestão do fator humano.
Os novos trabalhadores das indústrias ainda mantinham os hábitos adquiridos no trabalho agrícola e no trabalho em ambientes domésticos. Os industriais tiveram de impor uma disciplina desconhecida por aqueles trabalhadores rurais e domésticos. Estes, em lugar do autocontrole característico dos modos anteriores de trabalho, tinham de se sujeitar à supervisão e ao controle externo exercido pelos empresários, de forma direta ou por meio de capatazes, especialmente contratados com esse objetivo.
Essa mudança na forma de trabalho, comum dentro de uma fábrica, vinha acompanhada de uma profunda mudança também no modo de vida, que, de primordialmente rural, passou a ser urbano. No ambiente rural, de um jeito ou de outro, o indivíduo conseguia sua alimentação por meio de pequenas áreas de cultivo, animais domésticos etc. No ambiente urbano, as dificuldades para a obtenção do alimento e de moradia eram maiores, e de qualquer modo deveria ser intermediada pelo ganho obtido no trabalho fabril. A falta de higiene e serviços — saúde, educação, assistência social — era característica marcante das moradias operárias.

**Figura 2.6** A produção de alfinetes no século XVIII, de acordo com Adam Smith (1776)

| 1 operário | Sem divisão do trabalho | Produzia 20 unidades/dia |
|---|---|---|
| 18 operários | Com divisão do trabalho | Produziam 4.800 unidades/dia Ou seja, 226 unidades por operário |
| MÉTODO ARTESANAL = Um trabalhador produz 20 unidades de alfinete por dia | | |
| MÉTODO INDUSTRIAL = Um trabalhador produz 226 unidades de alfinete por dia | | |

Com a divisão e especialização do trabalho e o consequente empobrecimento intelectual do trabalhador, crianças e mulheres sem nenhum preparo poderiam ser empregadas com salários inferiores aos dos homens. Nas indústrias têxteis que predominavam, mais que conhecimentos especializados, exigia-se do operário atenção e velocidade. Para isso, não era necessário pessoal qualificado, como ocorria nos grêmios, onde se passavam vários anos para que os aprendizes se transformassem em mestres de ofício.

Sendo assim, o fator 'disciplina' assume um papel fundamental na nova organização da empresa, não só pelo aspecto cultural — com a necessidade de desenvolvimento de novos hábitos —, mas pelo fato de que, para incrementar a produtividade, há necessidade de harmonização e articulação dos indivíduos isolados.

A divisão do trabalho se efetua também entre o empresário — proprietário dos meios de produção — e o operário. O industrial tem a propriedade da fábrica, supervisiona o trabalhador e acompanha o ritmo de trabalho da máquina, introduz a disciplina. Os operários, por sua vez, apresentavam grande dificuldade de adaptação ao novo sistema disciplinar, que contrariava frontalmente a antiga tradição de liberdade criativa do artesanato.

d) Produção de bens em grande quantidade

A intensa mecanização possibilita maior velocidade na geração de produtos, que apresentam uma homogeneização maior. Isso faz com que os produtos se tornem cada vez mais baratos, possibilitando que agora possam ser vendidos em maiores quantidades. A produção maciça de bens em grandes quantidades e a baixo custo unitário não significa uma diminuição da qualidade, pois a padronização, com a utilização de instrumentos cada vez mais precisos, permite reduzir as variações em termos de qualidade do produto final.

e) Surgem novos papéis sociais

Com o advento da Revolução Industrial surgem novos papéis sociais, principalmente o de empresário capitalista e o de operário. O empresário industrial é detentor dos instrumentos de produção: máquinas, equipamentos, local de trabalho. E o operário é portador da força de trabalho, fator essencial para a produção industrial. Essa interdependência entre o empresário e o operário será fator fundamental de distinção da nova sociedade que se inicia. Marx, por exemplo, caracteriza esses dois grupos sociais como classes fundamentais da sociedade capitalista.

Com a consolidação industrial se configura um 'mercado de trabalho' em que, diferentemente do sistema artesanal, no qual se vendiam produtos, vende-se agora 'capacidade de trabalho'; quando os fabricantes locais se convertem na única fonte de emprego, cria-se uma dependência do trabalhador perante o empresário. Por outro lado, ocorre um empobrecimento das tarefas realizadas pelo operário, que são cada vez mais especializadas, o que acarreta uma piora da qualidade de vida. Nessa etapa, que podemos chamar de 'primeira industrialização', a situação dos operários, particularmente das mulheres e crianças, era miserável. A jornada de trabalho era de 14 a 16 horas por dia, com tarefas repetitivas, em uma atmosfera onde predominava o ruído, a fumaça e um meio ambiente bastante insalubre.

É nesse contexto que a questão social vem à tona com toda a força, fazendo surgir a necessidade de uma ciência social que explicasse o que estava ocorrendo no campo das relações humanas.

## 2.3 A questão social

Do ponto de vista social ocorreu uma grande concentração humana nas cidades inglesas, em razão das profundas transformações que estavam ocorrendo nos campos. Desde o século XVII, a agricultura na Inglaterra vinha passando por uma profunda reestruturação. O processo, conhecido como *enclosures,* ou cercamentos, buscava maior produtividade no campo, tendo o lucro como objetivo principal. Em linhas gerais, o cercamento é a substituição do sistema de exploração agrícola de subsistência, típico do regime feudal, pela exploração em larga escala para atender às exigências das indústrias. Os cercamentos, de modo geral, tinham como objetivo a substituição da agricultura pela criação de carneiros, a fim de fornecer lã para a indústria.

O sistema de *enclosures* levou uma grande massa de camponeses à miséria, sendo estes forçados a abandonar suas terras em busca de trabalho nas cidades, que estavam em franco crescimento. A situação decorre do fato de que, "no sistema comunal, as terras, tanto as do senhor quanto as do arrendatário, não são contínuas e sim divididas em parcelas distribuídas pelos dois ou três campos de cultivo, os quais permanecem abertos. O cercamento vai consistir, precisamente, na reunião em um só bloco das várias parcelas pertencentes a cada um, seguida do seu cercamento, transformando-o em campo fechado. Cessam, então, os 'direitos comuns', que beneficiavam a todos, e o senhor, possuidor de um ou dois terços das parcelas, estende suas propriedades sobre as 'terras comuns' (bosques, prados, pastagens, pântanos), forçando a maior parte dos camponeses a abandonar ou vender as terras que ocupam" (Santos, 1965, p. 25).

Como consequência dessas mudanças no campo, as cidades cresceram enormemente, em decorrência do afluxo das massas de camponeses atraídos para o trabalho nas fábricas, formando o proletariado industrial. As cidades também atraíram a indústria e aumentou substancialmente o processo de urbanização. Entre 1790 e 1841, Londres passou de 1 milhão de habitantes a quase 2,5 milhões.

O rápido processo de urbanização provocou a degradação do espaço urbano anterior, do meio ambiente, e a destruição dos valores tradicionais (veja Figura 2.7). As condições de habitabilidade se agravaram com o surgimento de novos problemas, como contaminação do ar e da água e acúmulo sem igual de detritos humanos e industriais, entre outros.

Além disso, ocorria uma monstruosa exploração do homem pelo homem nas fábricas, onde se trabalhava em jornadas de mais de 16 horas por dia e crianças e mulheres eram empregadas por salários ultrajantes e viviam em precárias condições (em sua maioria aglomeradas em casas sujas, em péssimo estado, superlotadas e sem a mínima infraestrutura, como água e esgoto, que eram jogados na rua, a céu aberto. Veja Figura 2.8).

Essa condição urbana provocava problemas sociais gravíssimos advindos da rápida urbanização: doenças, ausência de moradia, prostituição, alcoolismo, suicídios, surtos de violência, epidemias de tifo, cólera, entre outros. Um dos surtos de violência mais significativos foi provocado pela mobilização dos trabalhadores, dos quais as máquinas estavam tirando empregos e deveriam, segundo eles, ser destruídas: esse movimento entrou na história como o Movimento dos Luditas (veja Quadro 2.1).

**Figura 2.7** O rápido processo de urbanização e suas consequências

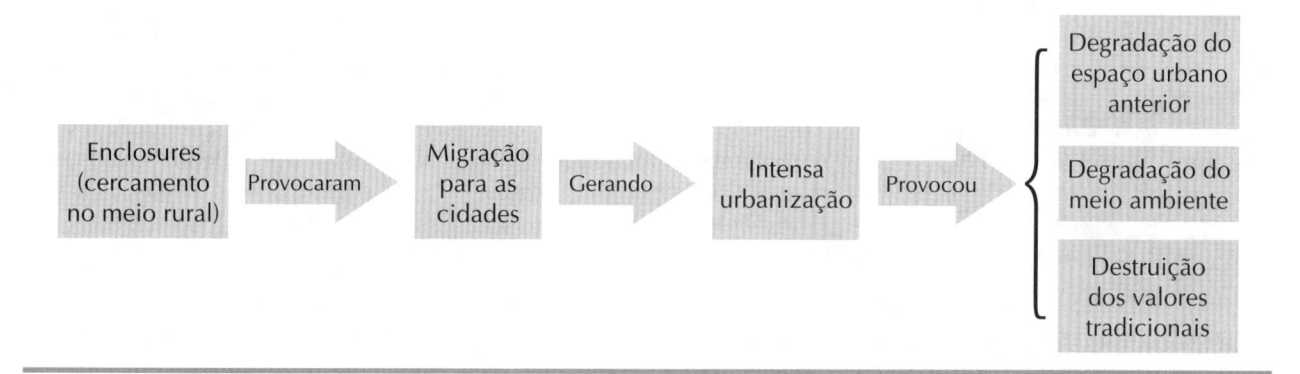

Enclosures (cercamento no meio rural) → Provocaram → Migração para as cidades → Gerando → Intensa urbanização → Provocou → {Degradação do espaço urbano anterior; Degradação do meio ambiente; Destruição dos valores tradicionais}

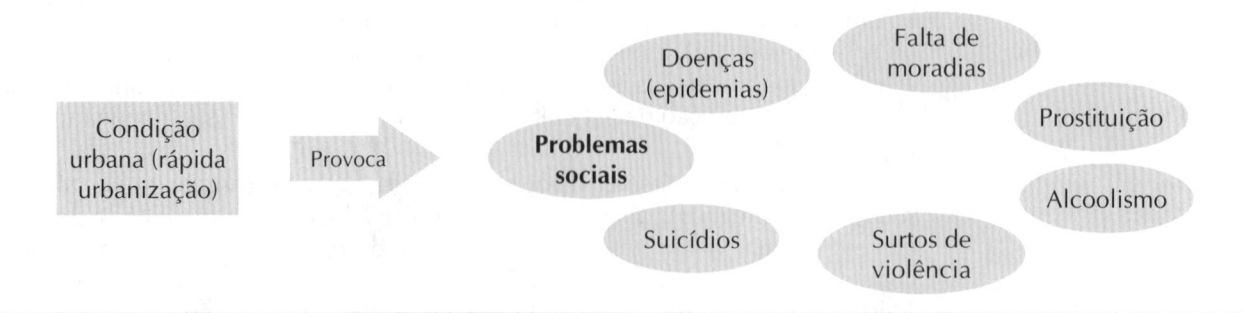

**Figura 2.8**    Os problemas sociais decorrentes da rápida urbanização

Condição urbana (rápida urbanização) → Provoca → Problemas sociais: Doenças (epidemias), Falta de moradias, Prostituição, Alcoolismo, Surtos de violência, Suicídios

Acrescente-se a tudo isso a concentração de máquinas, terras e ferramentas sob o controle de poucos indivíduos, e fica bastante claro por que emergiu com bastante intensidade a 'questão social'.

Em torno de 1850, embora um número significativo dos habitantes da Inglaterra mantivesse suas ocupações tradicionais, usando técnicas e métodos de organização antiquados, em sua maioria tiveram seu meio de vida mudado radicalmente pela Revolução Industrial e seus desdobramentos em outros campos — como o crescimento da população[2] e seu deslocamento do campo para a cidade; a melhoria do sistema de transporte, que ampliou o mercado interno para muitos produtos que até então eram vendidos apenas localmente; "e pela expansão do comércio exterior que ampliou a variedade de artigos no mercado inglês e criou um grau sem precedentes de dependência do mercado mundial" (Deane, 1975, p. 293).

Essa profundidade das transformações em curso colocava, para os filósofos da época, a sociedade em um plano de análise; ou seja, por se constituir em um problema, tornava-se objeto de estudo.

**QUADRO 2.1**    Os luditas

Os luditas é como passaram a ser conhecidos os participantes de um movimento popular que surgiu na Grã-Bretanha, entre 1811-1818, dedicado à destruição das máquinas e a protestos contra a tecnologia.

No ano de 1812, Mr. Smith, um dono de uma tecelagem no distrito de Huddersfield, no leste da Inglaterra, recebeu uma estranha carta assinada por um tal de "general Ludd". Continha pesadas ameaças. Sua fábrica em breve seria invadida e as máquinas destruídas caso ele não se desfizesse delas. Um incêndio devoraria o edifício e até sua casa, se ele tentasse reagir. O nome Ludd era conhecido nos meios fabris desde que um maluco chamado Ned Ludd, uns 30 anos antes, em 1779, invadira uma oficina para desengonçar as máquinas a marteladas.

Uns meses antes, nos finais de 1811, uma onda de assaltos aos estabelecimentos mecânicos espalhara-se pela região de Nottinghamshire, uma antiga área ligada à criação de ovelhas e que desde o século XVII vira crescer por lá, espalhadas, pequenas empresas de fiação e tecelagem. A Revolução Industrial, com a rápida disseminação da máquina a vapor, como era de esperar, provocou ali uma radical mutação socioeconômica. Por todo lado, novos teares e máquinas tricotadeiras embaladas pela nova tecnologia da energia a vapor substituíram os antigos procedimentos das rocas de fiar. As reações não demoraram.

*A carta do general Ludd*

"Possuímos informações de que você é um dos proprietários que têm esses detestáveis teares mecânicos e meus homens me encarregaram de escrever-lhe, fazendo uma advertência para que você se desfaça deles... atente para que se eles não forem despachados até o final da próxima semana enviarei um dos meus lugar-tenentes com uns 300 homens para destruí-los, e, além disso, tome nota de que se você nos causar problemas, aumentaremos o seu infortúnio, queimando o seu edifício, reduzindo-o a cinzas; se você tiver o atrevimento de disparar contra os meus homens, eles têm ordem de assassiná-lo e de queimar a sua casa. Assim você terá a bondade de informar aos seus vizinhos de que esperem o mesmo destino se os seus tricotadores não forem rapidamente desativados."

Ass.: General Ludd, março de 1812

Os luditas foram mais além dos quebra-quebras. Se bem que no seu princípio houve incursões antimáquinas espontâneas, tal como se deu em março de 1811, em Arnold, um lugarejo de Nottingham, onde um bando devastou 60 teares sob o aplauso de uma multidão de desempregados, em Yorkshire, Leicestershire e em Derbyshire, regiões vizinhas, não se tratava mais de explosões irracionais, esparsas e desordenadas. Nos momentos seguintes, nunca tendo um líder só, foram pequenos grupos organizados e disciplinados, atuando segundo um plano, que entraram em atividade. Estima-se que seu número oscilou de 3 a 8 mil integrantes, dependendo do distrito.

Liderados pelos assim apontados "homens de maus desígnios", usando máscaras ou escurecendo o rosto, os esquadrões luditas, armados com martelos, achas, lanças e pistolas, aproveitando-se para deslocarem-se à noite, vagavam de um distrito ao outro demolindo tudo o que encontravam, apavorando os donos das fábricas. O comandante da operação chamava-se de 'General Ludd', com poder de vida e morte sobre os companheiros. Em Nottingham revelou-se um tipo enorme, Enoch Taylor, um ferreiro que levava ao ombro uma poderosa maça de ferro batizada com o seu nome mesmo: Enoch. Bastava uma martelada daquelas para que a porta do estabelecimento viesse abaixo, enquanto mais uma outra aplicada em um engenho qualquer reduzia-o a um monte de ferro inútil.

Em 1812, o Parlamento inglês aprova a *Frame Braking Act*, que estabeleceu a pena de morte para quem destruísse máquinas.

Uns sete anos depois dos amotinamentos luditas, por volta de 1818-1819, as coisas voltaram a se acalmar. A insurgência sofreria um rude golpe com a mobilização do exército e dos corpos auxiliares e com os enforcamentos coletivos aos quais as autoridades submeteram os insurretos, como se deu em York, onde um dos líderes, George Mellor, subiu ao patíbulo com 13 companheiros. Repressão que atingiu sua culminância nos massacres de Perterloo (uma paródia jocosa de Waterloo, porque se deu no comando-geral do generalíssimo Duque de Wellington, o vencedor de Napoleão), quando 15 manifestantes foram mortos pelas tropas nas redondezas de Manchester. No dia 16 de agosto de 1819, no parque de Saint-Peter, uma multidão de umas 50 mil pessoas, reunidas em um protesto, foi exposta a uma brutal carga de cavalaria que chocou a Grã-Bretanha inteira. A partir daí o movimento foi perdendo força.

A palavra ludita passou a ser associada a todo aquele que tem medo da tecnologia, de novas tecnologias; atualmente se utiliza o termo 'neoludita' para aqueles que são contra o avanço tecnológico.

*Fonte:* Adaptado de SCHILLING, Voltaire. *O ludismo: A rebelião contra o futuro.* Disponível em: http://educaterra.terra.com.br. Acesso em: 8 out. 2003.

## 2.4 O desenvolvimento da sociologia

O surgimento da sociologia ocorre em um contexto histórico específico, que coincide com a desagregação da sociedade feudal e a consequente consolidação da sociedade capitalista. Sua criação não é obra de um só homem; representa o resultado de um processo histórico, intelectual e científico que teve como apogeu o século XVIII.

São os acontecimentos desencadeados pelas duas revoluções desse século — a Revolução Francesa e a Revolução Industrial — que possibilitam o aparecimento da sociologia.

No plano da realidade social, a introdução da máquina a vapor na indústria e o aperfeiçoamento dos métodos produtivos trouxeram a Revolução Industrial, que significou o triunfo da indústria (veja Figura 2.9). Como consequência dessa revolução houve mudanças profundas no campo social. As cidades cresceram enormemente com o afluxo de massas camponesas atraídas para o trabalho nas fábricas, surgindo uma nova classe social — o proletariado industrial.

**Figura 2.9** Os prós da Revolução Industrial

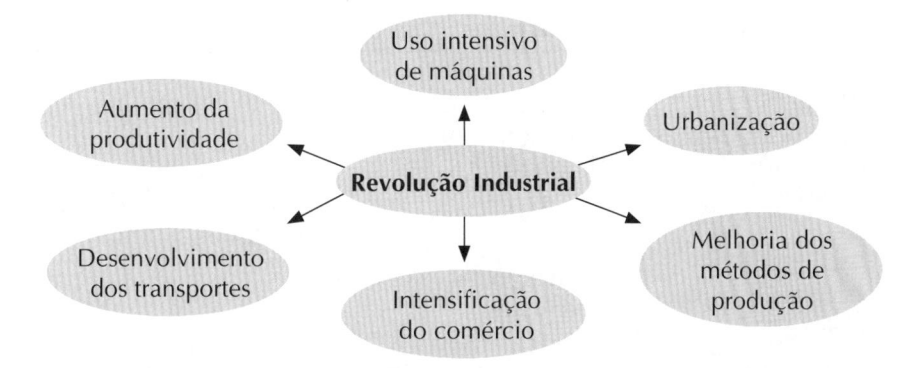

Os problemas decorrentes desse rápido processo de urbanização e de concentração de máquinas, terras e ferramentas sob controle do empresário capitalista fazem surgir com bastante força a 'questão social'.

A sociologia surgiu em grande medida em decorrência dos abalos na sociedade provocados pela Revolução Industrial.

Uma outra circunstância que contribuiu para o surgimento da sociologia foi a evolução dos modos do pensamento e que, somada aos problemas advindos da rápida industrialização, possibilitou seu aparecimento.

No século XVII ocorreu um notável avanço no modo de pensar, com o uso sistemático da razão — o livre exame da realidade —, característica marcante dos pensadores conhecidos como 'racionalistas'. Tal avanço se completa no século XVIII, com os 'iluministas', que não buscavam apenas transformar as velhas formas de conhecimento, mas utilizavam a razão para criticar com veemência a sociedade (veja Figura 2.10). Os iluministas atacaram os fundamentos da sociedade feudal, os privilégios dos nobres e as restrições que estes impunham aos interesses econômicos e políticos da burguesia.

Combinando o uso da razão e da observação, os iluministas analisaram vários aspectos da sociedade. Seu objetivo ao analisarem as instituições da época era demonstrar que elas eram irracionais e injustas e que impediam a liberdade do homem. Se impediam a liberdade do homem, deveriam ser eliminadas. Esse pensamento revolucionário dos iluministas levou-os a ter um importante papel na Revolução Francesa de 1789.

Essa evolução do pensamento humano, levando-o a utilizar a razão para um livre exame da realidade, inclusive a social, somando-se os problemas originados pela Revolução Industrial, foram as duas principais circunstâncias que possibilitaram o surgimento da sociologia, que em seu início preocupou-se em 'organizar' a sociedade (veja Figura 2.11).

**Figura 2.10**  Características da Revolução Francesa — o iluminismo

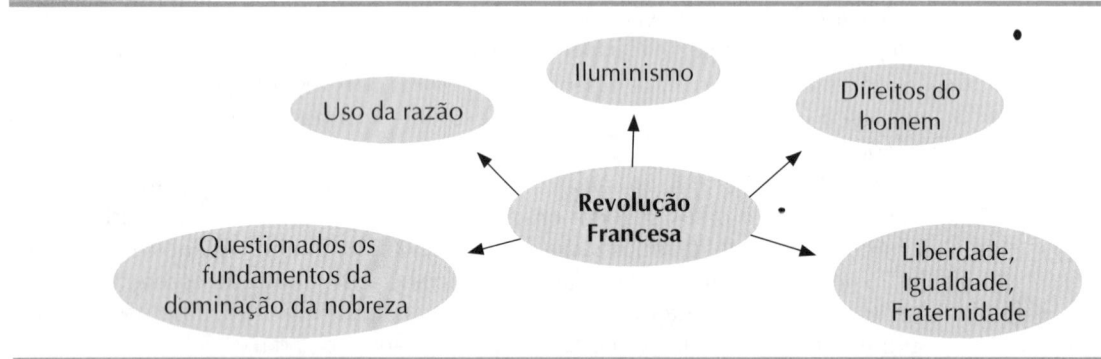

**Figura 2.11**  A organização da sociedade

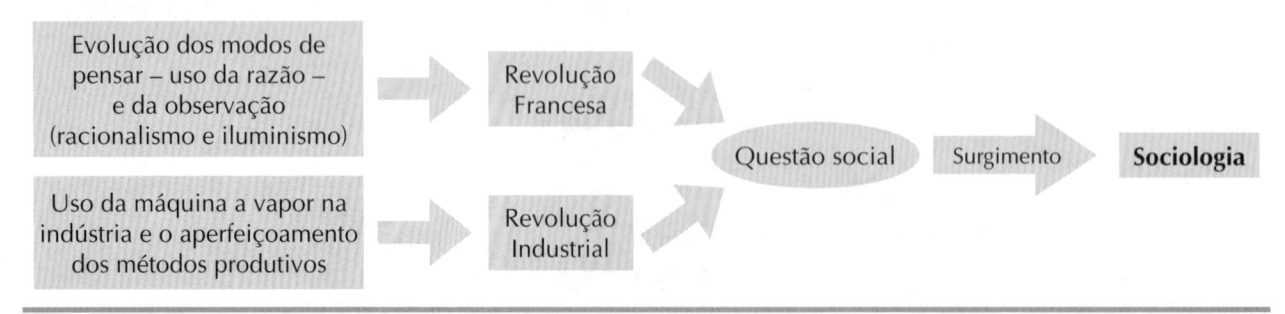

## 2.5 O papel do positivismo

Do ponto de vista intelectual surgiu uma reação conservadora às transformações desencadeadas pela Revolução Francesa e pela Industrial. Como vimos, essas transformações provocaram profundas alterações na sociedade, novas situações que não eram 'explicadas' pelos filósofos da época, como o aumento da urbanização, do número de suicídios, das epidemias e outras.

Esses conservadores inicialmente construíram suas obras contra a herança iluminista. Não procuravam justificar a nova sociedade por suas realizações políticas e econômicas; ao contrário, a inspiração do pensamento conservador era a sociedade feudal, com sua estabilidade e acentuada hierarquia social. Consideravam os iluministas 'aniquiladores' da propriedade, da autoridade e da religião.

A sociedade moderna, na visão conservadora, estava em franco declínio. Não viam nenhum progresso em uma sociedade urbanizada, na indústria, na tecnologia, na ciência e no igualitarismo. Lamentavam o enfraquecimento da família e da religião. Consideravam que a sociedade moderna era dominada pelo caos social, pela desorganização e pela anarquia.

Preocupados com a ordem, a estabilidade e a coesão social, enfatizariam a importância da autoridade, da hierarquia, da tradição e dos valores morais para a conservação da vida social. Ao estudarem as instituições — como a família, a religião, o grupo social —, preocupavam-se com a contribuição que poderiam prestar para a manutenção da ordem social (veja Figura 2.12).

As ideias dos conservadores constituíram-se em uma referência para os pioneiros da sociologia, particularmente os 'positivistas', interessados na preservação da nova ordem econômica e política que estava sendo implantada.

Os positivistas foram bastante influenciados pelas ideias dos conservadores, pois também consideravam que na sociedade francesa pós-revolucionária reinava um clima de 'desordem' e 'anarquia', visto que todas as relações sociais tinham se tornado instáveis, e o problema a ser enfrentado era o de restabelecer a ordem.

A motivação da obra de Auguste Comte, o fundador da doutrina positivista (veja Quadro 2.2), repousa nesse estado de 'anarquia' e de 'desordem' de sua época histórica. Segundo ele, as sociedades europeias se encontravam em estado de caos social. Para que houvesse coesão e equilíbrio na sociedade, seria necessário restabelecer a ordem nas ideias e nos conhecimentos, criando um conjunto de crenças comuns a todos os homens, a que deu o nome de 'filosofia positiva'.

Para Comte, a filosofia iluminista somente criticava, abordava os aspectos negativos; em oposição a ela, o espírito positivo não possuía caráter destrutivo, preocupando-se apenas em organizar a sociedade (veja Figura 2.13).

**Figura 2.12** A reação conservadora no início do século XIX

Reação conservadora (início do século XIX) → Preocupava-se com:
- Ordem
- Estabilidade e
- Coesão social

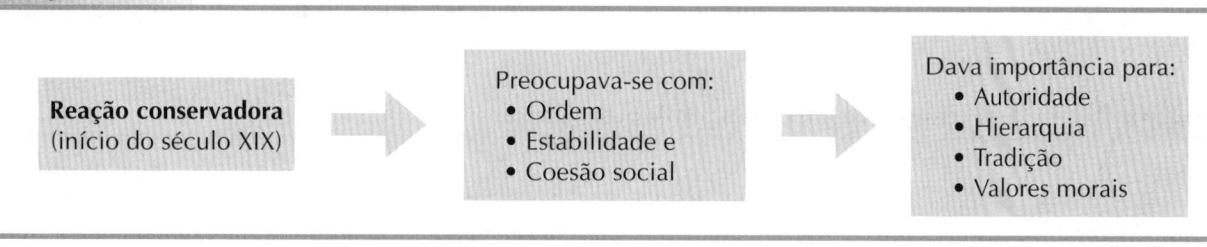

→ Dava importância para:
- Autoridade
- Hierarquia
- Tradição
- Valores morais

**Figura 2.13** O positivismo de Auguste Comte (1798-1857)

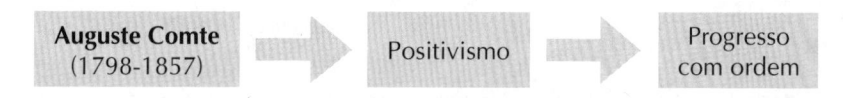

Auguste Comte (1798-1857) → Positivismo → Progresso com ordem

Capítulo 2 – A questão social e a necessidade de uma ciência social

## QUADRO 2.2 — Auguste Comte

Filósofo e matemático francês, Auguste Comte (1798-1857) foi o fundador do positivismo. Fez seus primeiros estudos no Liceu de Montpellier, ingressando depois na Escola Politécnica de Paris, de onde foi expulso em 1816 por ter-se rebelado contra um professor.

A partir de 1846, toda a sua vida e obra passaram a ter um sentido religioso. Ao se dedicar mais às questões espirituais, afastou-se do magistério.

O pensamento de Comte influenciou as teorias existentes, provocando grandes mudanças. Teve grande influência quer como filósofo social, quer como reformador social. Morreu em Paris, em 5 de setembro de 1857.

Suas principais obras foram: *Curso de filosofia positiva*, 6 tomos (1830-1842); *Discurso sobre o espírito positivo* (1844); *Sistema de política positiva*, 4 tomos (1851-1854); *Síntese subjetiva* (1856).

Comte considerava o período de apogeu do racionalismo como o "momento em que o espírito da filosofia positiva começou a pronunciar-se no mundo, em oposição evidente ao espírito teológico e metafísico" (Comte, 1973, p. 14). Considerava também que nas quatro categorias de fenômenos naturais — os astronômicos, os físicos, os químicos e os fisiológicos — havia uma lacuna essencial relativa aos fenômenos sociais. E, ainda em seu tempo (século XIX), utilizava-se os métodos teológicos ou metafísicos como meio de investigação e argumentação para o estudo dos fenômenos sociais. Dizia que, para constituir a filosofia positiva, era necessário preencher essa lacuna e fundar a física social. Sendo assim, considerava ser este o primeiro objetivo de seu *Curso de filosofia positiva*.

Para Comte, a filosofia positiva se encontra dividida em cinco ciências fundamentais: a astronomia, a física, a química, a fisiologia e, enfim, a física social. "A primeira considera os fenômenos mais gerais, mais simples, mais abstratos e mais afastados da humanidade, e que influenciam todos os outros sem serem influenciados por estes. Os fenômenos considerados pela última são, ao contrário, os mais particulares, mais complicados, mais concretos e mais diretamente interessantes ao homem; dependem, mais ou menos, de todos os precedentes, sem exercer sobre eles influência alguma" (Comte, 1973, p. 39).

A essa nova ciência, Comte denominou, em um primeiro momento, 'física social', para posteriormente chamá-la 'sociologia', palavra por ele criada (veja Figura 2.14).

O estado positivo caracteriza-se, segundo Comte, pela subordinação da imaginação e da argumentação à observação. Cada proposição enunciada de maneira positiva deve corresponder a um fato, seja particular, seja universal. Deve haver, por parte do cientista social, a busca constante de leis imutáveis nos fenômenos sociais, à semelhança do que ocorre com os fenômenos físicos.

A principal obra de Comte é o *Curso de filosofia positiva*, publicado em seis volumes, durante 1830 e 1842. Formulou a teoria dos três estágios pelos quais se desenvolveria o conhecimento humano: o teológico, o metafísico e o positivo ou empírico. Afirmava que a verdadeira ciência só seria possível quando se atingisse

**Figura 2.14** — A criação da sociologia por Auguste Comte

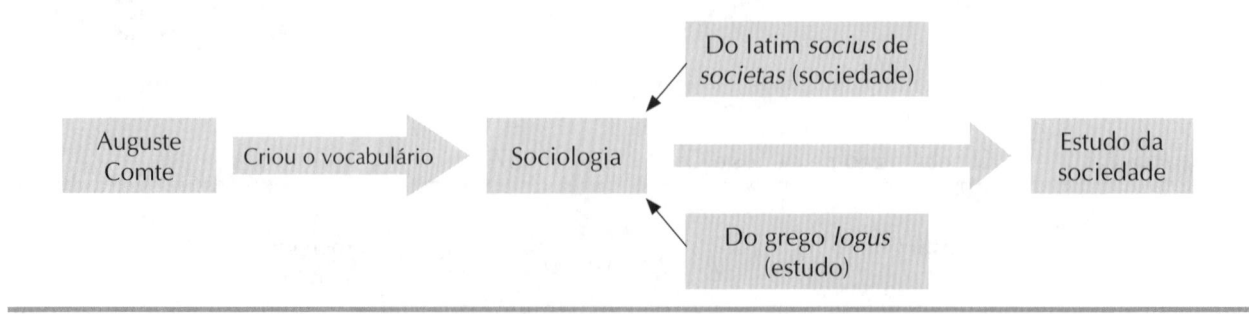

Auguste Comte → Criou o vocabulário → Sociologia → Estudo da sociedade

- Do latim *socius* de *societas* (sociedade)
- Do grego *logus* (estudo)

30  Introdução à sociologia

o terceiro estágio, o positivo. Os fenômenos sociais, como os fenômenos físicos, poderiam ser estudados objetivamente pelo emprego do método positivo (veja Figura 2.15).

O positivismo teve grande importância na evolução das ideias no Brasil. Vários dos mais destacados propagandistas republicanos eram positivistas e, nos primeiros dias que se seguiram à queda do Império, ocuparam posições importantes na administração pública. Podemos afirmar que toda a preparação teórica de implantação da República foi feita sob o patrocínio do positivismo. A influência da doutrina de Comte ficou marcada definitivamente na bandeira brasileira pelo lema 'Ordem e Progresso' (veja Figura 2.16).

Comte estabeleceu as bases iniciais do que seria uma ciência social, contribuindo de modo importante para que se constituísse um novo campo de pesquisa científica que se ocupasse dos fenômenos sociais. Outros filósofos ampliaram a metodologia da pesquisa social e estabeleceram regras metodológicas que são seguidas por aqueles que desejam se aprofundar nesses estudos.

## 2.6 As bases de constituição da sociologia moderna

Muitos foram os cientistas sociais que contribuíram para a construção teórica da sociologia. No entanto, há três que podem ser considerados os mais importantes e são tidos como clássicos — pela elaboração teórica ampla — e que com o passar do tempo não perdem sua atualidade. São eles: Émile Durkheim, Karl Marx e Max Weber.

### Durkheim e o método

Considerado por muitos o verdadeiro fundador da sociologia como ciência independente das demais ciências sociais, um dos méritos mais importantes de Durkheim (1858-1917) foi o esforço empreendido por ele para conferir à sociologia o *status* de disciplina científica. Criou a chamada Escola Objetiva Francesa, que agrupava intelectuais em torno da revista *Année Sociologique*, por ele fundada.

Estudou na École Normale Supérieure de Paris, tendo-se doutorado em filosofia.

Muito influenciado pelas obras de Auguste Comte e Herbert Spencer, logo depois de formado, começou a dar aulas na Universidade de Bordéus, onde ocupou

**Figura 2.15** Os estágios de desenvolvimento do conhecimento humano

Auguste Comte → Estágios de desenvolvimento do conhecimento humano → 
- Teológico
- Metafísico
- Positivo (ou empírico)

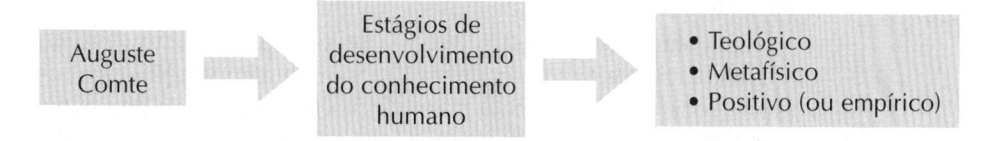

**Figura 2.16** Slogan positivista na bandeira do Brasil

a primeira cátedra de sociologia criada na França (1887). Aí permaneceu até 1902, quando foi convidado a lecionar sociologia e pedagogia na Sorbonne.

Seu livro *As regras do método sociológico* surge em 1895 e deu uma formidável contribuição à sociologia, ao indicar como deveria se dar a abordagem dos problemas sociais, estabelecendo as regras a serem seguidas na análise de tais problemas.

Utilizou sua metodologia em outro estudo, publicado em 1897, *O suicídio*, no qual, em vez de especular sobre as causas do suicídio, planejou o esquema da pesquisa, coletou os dados necessários sobre as pessoas que se suicidaram, e desses dados construiu sua teoria do suicídio.

Um dos aspectos mais polêmicos, na época, de sua metodologia foi afirmar que os fatos sociais deviam ser considerados como 'coisas', no sentido de serem individualizados e, portanto, observáveis. Somente assim procedendo, o cientista social poderia abordar os problemas sociais, do mesmo modo que eram observados os problemas físicos e químicos nas ciências exatas.

Suas principais obras foram: *A divisão do trabalho social* (1893), *As regras do método sociológico* (1895), *O suicídio* (1897), *As formas elementares da vida religiosa* (1912).

## O papel de Marx

Enquanto a preocupação principal do positivismo foi com a manutenção e a preservação da nova sociedade capitalista, o marxismo procurará fazer uma crítica radical a esse tipo de ordem social, colocando em evidência seus antagonismos e suas contradições.

A elaboração mais significativa do conhecimento sociológico crítico foi feita pelo marxismo. Deve-se a Marx e a Engels a formação e o desenvolvimento desse pensamento sociológico crítico radical da sociedade capitalista.

Na concepção de Marx e de Engels, o estudo da sociedade deveria partir de sua base material, e a investigação de qualquer fenômeno social, da estrutura econômica da sociedade, que constituía a verdadeira base da história humana.

Desenvolveram a teoria de que os fatos econômicos são a base sobre a qual se apoiavam os outros níveis da realidade, como a política, a cultura, a arte e a religião. E, ainda, de que o conhecimento da realidade social deve se converter em um instrumento político, capaz de orientar os grupos e as classes sociais para a transformação da sociedade.

Dentro dessa perspectiva, a função da sociologia não era a de solucionar os 'problemas sociais', com o propósito de restabelecer a ordem social, como julgavam os positivistas — ela deveria contribuir para a realização de mudanças radicais na sociedade.

Enquanto a sociologia positivista preocupou-se com os problemas da manutenção da ordem existente, concentrando sua atenção, principalmente, na estabilidade social, o pensamento marxista privilegiou, para o desenvolvimento de sua teoria, as situações de conflito existentes na sociedade industrial. Para os marxistas, a luta de classes, e não a 'harmonia' social, constitui a realidade mais evidente da sociedade capitalista.

A obra de Marx é fundamental para a compreensão do funcionamento da sociedade capitalista, e tanto recorrem a ela seus simpatizantes como seus críticos; isto porque Marx estudou o capitalismo em seus estágios iniciais, nos quais eram nítidas as posições ocupadas pelos capitalistas e pelos operários e onde a exploração social do trabalho assalariado ocorria de forma brutal.

Karl Marx nasceu na Alemanha, em 5 de maio de 1818, em uma família de classe média, sendo seu pai um advogado bem conceituado.

Um fato ocorrido quando dos seus 17 anos, no ginásio da cidade onde nasceu, Trèves, demonstra o que seria a vida futura do jovem Marx. Seu professor mandou-o dissertar sobre o tema: 'Reflexões de um jovem a propósito da escolha de uma profissão'.

"Em sua dissertação, Karl desenvolveu duas ideias que deveriam acompanhá--lo por toda a vida. A primeira era a ideia de que o homem feliz é aquele que faz os outros felizes; a melhor profissão, portanto, deve ser a que proporciona ao homem a oportunidade de trabalhar pela felicidade do maior número de pessoas, isto é, pela humanidade. A segunda era a ideia de que existem sempre obstáculos e dificuldades que fazem com que a vida das pessoas se desenvolva em parte sem que elas tenham condições para determiná-la."[3]

A obra de Marx, embora não diretamente relacionada com os estudos acadêmicos de ciências sociais, teve enorme importância para a sociologia. Trouxe para esta a teoria da luta dos contrários, o 'método dialético', assim definido por Engels: "a dialética considera as coisas e os conceitos no seu encadeamento; suas relações mútuas, sua ação recíproca e as decorrentes modificações mútuas, seu nascimento, seu desenvolvimento, sua decadência".[4]

Marx soube reconhecer na dialética o único método científico de pesquisa da verdade. Sua dialética diferia das interpretações que a precederam, como ele mesmo afirmava em seu método dialético: o movimento do pensamento não é senão o reflexo do movimento real, transportado e transposto para o cérebro do homem (conforme Marx, 1974, p. 16 e Konder, 1976). Para Marx era o mundo real, o âmbito da economia, das relações de produção que determinavam o que pensava o homem, e não o contrário. Foi muito criticado por outros autores por isso, pois consideravam sua teoria determinista do ponto de vista econômico. E, na realidade, o determinismo econômico marcou as diversas correntes do marxismo que proliferaram ao longo do século XX.

O método dialético proposto por Marx possui quatro características fundamentais: tudo se relaciona (lei da ação recíproca e da conexão universal); tudo se transforma (lei da transformação universal e do desenvolvimento incessante); mudança qualitativa; e luta dos contrários.

Já no fim da vida, Marx mantinha-se atualizado e aborrecia-se com as deficiências dos socialistas, que se diziam seus seguidores. Sabendo das tolices que eram ditas ou praticadas em seu nome, pilheriou com Engels, afirmando: "O que é certo é que eu — Marx — não sou marxista".[5]

Faleceu em 14 de março de 1883.

Suas principais obras são: *Manuscritos econômico-filosóficos* (1844), *A ideologia alemã* (1845), *A miséria da filosofia* (1847), *Manifesto comunista* (1848), *O 18 Brumário de Luís Bonaparte* (1852), *ep* (1857) e a sua maior obra, *O capital* (1867).

## Max Weber

Considerado um dos mais importantes pensadores do século XX, Max Weber (1864-1920), como sociólogo, foi professor de economia nas universidades de Freiburg e Heidelberg. Participou da comissão que redigiu a Constituição da República de Weimar. Foi durante muito tempo diretor da revista *Arquivo de Ciências Sociais e Política Social* e colaborador do *Jornal de Frankfurt*.

Desenvolveu estudo comparado da história, da economia e da história das doutrinas religiosas, sendo por isso considerado o fundador da disciplina 'sociologia da religião'.

Deu inúmeras contribuições à sociologia, formulando conceitos e desenvolvendo tipologias. Entre suas contribuições mais importantes encontram-se os estudos sobre a burocracia, sobre os sistemas de estratificação social e sobre a questão da autoridade; o desenvolvimento de uma rica metodologia para os estudos da sociedade e de um instrumento de análise dos acontecimentos ou situações concretas que exigia conceitos precisos e claramente definidos, a que chamou 'tipo ideal' — contribuição esta muito importante nesse campo. São famosas suas teses a respeito das relações do capitalismo com o protestantismo.

Suas obras principais são: *A ética protestante e o espírito do capitalismo* (1905) e *Economia e sociedade* (publicação póstuma de 1922).

Morreu em Munique, a 14 de junho de 1920.

### 2.6.1 Outras contribuições

*Herbert Spencer* (1820-1903). A sociologia surgiu como uma disciplina autônoma por meio das obras do inglês Herbert Spencer, que empreendeu a criação de uma ciência global da sociedade.

Em 1876, na Inglaterra, Spencer publicou *Princípios de sociologia*. Aplicou a teoria da evolução orgânica à sociedade humana, desenvolvendo a teoria da 'evolução social', que foi muito bem aceita durante um certo tempo. Essa teoria comparava a sociedade com um organismo humano.

Desenvolveu também um vasto trabalho, *Filosofia sintética* (1860), no qual aplica os princípios do processo evolutivo para todos os campos do conhecimento — foi, na verdade, uma tentativa de estruturação, em um sistema coerente, de toda a produção científica e filosófica de seu tempo, centrada na ideia da evolução. A doutrina de Spencer expressa-se e se identifica com o princípio segundo o qual a evolução se processa do mais simples para o mais complexo, do mais homogêneo para o mais heterogêneo e do mais desorganizado para o mais organizado.

Na sua aplicação em sociologia, Spencer parte da definição da sociedade como um organismo. Por analogia destaca processos de crescimento expressos por meio de diferenciações estruturais e funcionais. Mostra a importância dos processos de interdependência das partes, bem como da existência de unidades nos organismos (células) e nas sociedades (indivíduos).

O organicismo de Spencer exerceu enorme influência nos estudos sociais do século XIX, tendo sido retomado posteriormente por outros autores.

Suas obras principais no âmbito dos estudos da sociedade foram: *Princípios de sociologia* (1876-1896) e *O estudo da sociedade* (1873).

*Ferdinand Tönnies* (1855-1936). Sociólogo alemão. Foi demitido da Universidade de Kiel, na Alemanha, por denunciar publicamente o nazismo e o antissemitismo em 1933.

A contribuição de Ferdinand Tönnies foi marcante: ele concebia a sociedade e as relações sociais como frutos da vontade humana, representada em interações. Os atos individuais se desenvolvem e permitem o aparecimento de uma vontade coletiva. A esse autor se deve uma tipologia importante de 'comunidade' e 'sociedade', estabelecendo uma distinção aparentemente simples, mas que forneceu importantes elementos para os estudos comparativos.

Desenvolveu os estudos da sociologia e, do ponto de vista metodológico, dividiu-a em três partes:

a) Sociologia pura ou teórica — sistema integrado de conceitos básicos.

b) Sociologia aplicada — seria uma disciplina dedutiva, que, fazendo uso da sociologia teórica, tem como finalidade entender a origem e o desenvolvimento das sociedades modernas.

c) Sociologia empírica ou sociografia — seria a descrição dos dados observados em um contexto social.

A tipologia que estabeleceu entre 'comunidade' e 'sociedade' foi, e continua sendo, referência importante nos estudos dos grupos sociais.

### 2.6.2 Diferentes perspectivas sociológicas: os principais paradigmas teóricos gerais

Há inúmeras correntes que adotam perspectivas diferentes na abordagem das questões sociais, e nem sempre a fronteira entre as disciplinas é facilmente identificada. No campo das ciências sociais, em particular da sociologia, podem ser identificadas atualmente três principais perspectivas teóricas: a funcionalista, a do conflito social e a do interacionismo simbólico.

a) A abordagem funcionalista

O funcionalismo é uma corrente de pensamento que considera que uma sociedade é uma totalidade orgânica, na qual os diferentes elementos se explicam pela função que preenchem, pelo papel que desempenham e pelo modo como estão ligados uns aos outros no interior desse todo. Dito de outro modo, podemos afirmar que o funcionalismo estuda os fenômenos sociais a partir das funções que desempenham na sociedade. O funcionalismo pressupõe que o sistema social de uma sociedade como um todo é composto de partes inter-relacionadas e interdependentes, com cada uma preenchendo uma função necessária para a vida social.

Tem origem no organicismo biológico de Herbert Spencer, que entendia que os organismos sociais, quanto mais crescem, mais se tornam complexos, ficando as respectivas partes mutuamente dependentes. Utilizou os termos 'estrutura', 'órgãos' e 'funções' para explicar o funcionamento da sociedade com base nas teorias evolucionistas.

Posteriormente, a aplicação do conceito de 'função' no domínio das ciências sociais recebeu um grande impulso, a partir dos trabalhos de Bronislaw Malinowski (1884-1942) e Alfred Reginald Radcliffe-Brown (1881-1955). Para Malinowski (1997), em cada tipo de cultura, cada costume, cada objeto material, cada ideia e cada crença preenchem uma certa função vital, têm uma tarefa a cumprir, representando uma parte insubstituível do todo orgânico. Para ele, dizer 'função' significa satisfação de uma necessidade, e o todo social é visto como uma totalidade orgânica, sendo que cada elemento tem uma tarefa a desempenhar.

Já para Radcliffe-Brown (1973), a função social de um uso particular é a contribuição que ele traz à vida social tida como o conjunto do funcionamento do sistema social. Considera que os componentes ou unidades da estrutura social são pessoas que ocupam uma posição na estrutura social, que se inter-relacionam em um imenso número de interações e ações em um processo social. O sistema social aqui é entendido como unidade funcional, e a estrutura social é o acordo entre as pessoas, que têm entre si relações institucionalmente controladas e definidas.

Um outro autor, Robert Merton, considera que "O conceito de função tem em conta o ponto de vista do observador e não forçosamente o do participante. Por função social, referimo-nos às consequências objetivas e observáveis... e não às intenções subjetivas. E não distinguir entre consequências sociológicas e objetivas e intenções subjetivas conduz inevitavelmente a lançar a confusão na análise funcional" (Merton, 1965). É aqui que Merton introduz a noção de 'função manifesta', que é o modo como uma instituição ou uma ação social são percebidas objetivamente, e de 'função latente', que é a função verdadeira e não é imediatamente percebida pelo observador. As instituições educacionais, por exemplo, podem ter como função manifesta transmitir às futuras gerações o conhecimento acumulado, contribuindo para o processo de socialização; no entanto, sua função latente pode ser a de manter a coesão da sociedade, ou seja, tem uma importante função de controle social, reproduzindo os valores aceitos e que invariavelmente não podem ser questionados.

b) A perspectiva do conflito social

Uma perspectiva muito utilizada pelos cientistas sociais parte do pressuposto de que o conflito, e não a estabilidade ou a evolução, é o processo social mais importante. A ideia de que uma sociedade é constituída de elementos sociais em conflito não é nova, podendo ser encontrada na antiguidade greco-romana. Os antigos filósofos identificaram que muitas mudanças foram o resultado da atuação de forças opostas; o bem e o mal, o feio e o bonito, o verdadeiro e o falso etc., e que essas forças antagônicas provocavam o surgimento de novas formas. Essa concepção que entende que, por meio do conflito, se obtém algo novo, passou a ser conhecida como processo dialético (*Class and class conflict in industrial society*, 1959).

Do ponto de vista contemporâneo, Karl Marx é considerado o pai do modelo de conflito e de mudança social. O sociólogo anglo-germânico Ralph Dahrendorf é conhecido como um dos cientistas sociais mais identificados com este modelo; em 1959, publicou um trabalho considerado clássico, *Class and class conflict in industrial society*, em que resumiu os temas e debates nesse campo e sugeriu a possibilidade de uma sociedade que incorporasse o conflito e a mudança como pontos centrais de seu desenvolvimento.[6] A partir desses estudos, o modelo atual que incorpora a perspectiva do conflito social como algo positivo no desenvolvimento social apresenta as seguintes premissas:

- uma sociedade pode ser concebida como integrada por categorias ou grupos de pessoas cujos interesses são bastante diversos entre si;
- todos os membros da sociedade tentam impor seus próprios interesses, em competição com outros, ou conservar seus próprios interesses resistindo aos esforços competitivos dos demais;
- uma sociedade organizada dessa maneira convive constantemente com o conflito, pois seus componentes estarão sempre buscando obter novas vantagens ou conservar seus próprios interesses, ou seja, o conflito é onipresente;
- em decorrência do processo dialético de interesses em competição e em conflito surge um contínuo processo de mudança. Portanto, as sociedades não estão em equilíbrio, mas estão em contínuo processo de mudança.

A teoria do conflito ao longo do século XX esteve fortemente identificada com a teoria marxista, e introduziu uma série de novos conceitos e novos objetos de estudo para as ciências sociais. Suas diferentes abordagens contribuíram e contribuem significativamente para o avanço da teoria social. Entre suas mais significativas abordagens estão aquelas da Escola de Frankfurt (teoria crítica), a teoria de dependência, a teoria do imperialismo, entre outras.

c) O paradigma do Interacionismo simbólico

É uma denominação criada por Herbert Blumer (1900-1987) em 1937. Considerada uma corrente microssociológica, teve origem nos Estados Unidos. George Herbert Mead (1863-1931) é uma das principais figuras dessa corrente teórica e considerado o seu fundador.

Esta abordagem privilegia a ação como interação comunicativa, como processo interpessoal e também autorreflexivo. Quando surgiu, apresentou-se como uma alternativa ao paradigma funcionalista dominante na sociologia norte-americana. O interacionismo simbólico busca explicar as interações que ocorrem entre os indivíduos e nos grupos sociais, adotando uma perspectiva de explicação com base histórica ou evolucionária.

De acordo com Blumer, as principais premissas do interacionismo simbólico são:

1. As pessoas atuam sobre os objetos de seu mundo e interatuam com outras pessoas a partir dos significados que os elementos, os objetos e as pessoas possuem para elas, ou seja, a partir dos símbolos. Tais elementos, segundo Blumer (1980), abrangem tudo o que é possível às pessoas observar em seu universo — objetos físicos, como árvores ou cadeiras; outras pessoas, como mães ou balconistas de loja; categorias de seres humanos, como amigos e inimigos; instituições, como escolas ou o governo; ideais norteadores, como independência individual ou honestidade; atividades alheias, como ordens ou solicitações de outrem —, além das situações com que o indivíduo se depara no dia a dia (p. 119).
2. Os significados de tais elementos são produto da interação social, que se converte em essencial tanto na constituição do indivíduo como na produção

social de sentido. Os elementos desencadeiam o significado, e este é o indicador social que intervém na construção da conduta.
3. As pessoas selecionam, organizam, reproduzem e transformam os significados nos processos interpretativos em função de suas expectativas e propósitos.

Em resumo, para Blumer as premissas básicas do interacionismo simbólico são: o comportamento humano fundamenta-se nos significados do mundo; a fonte dos significados é a interação social; e a utilização dos significados ocorre por meio de um processo de interpretação.

O interacionismo simbólico, portanto, concebe o social como produto da interação simbólica de indivíduos e entende que a conduta humana é o resultado dessa interação, da troca de significados no cotidiano. Enfatiza o papel crítico da linguagem, no desenvolvimento e manutenção da sociedade e na construção das atividades mentais dos indivíduos. Destaca as relações existentes entre as atividades mentais individuais e o processo social de comunicação.

Para o interacionismo simbólico, a linguagem é um grande sistema de símbolos, é um instrumento de construção das realidades sociais, que possibilita a troca de experiências; por meio da linguagem as coisas e os objetos passam a ter significado, e sua natureza está dada pelo significado que tenha para o sujeito que leve em consideração essa coisa ou objeto.

Considerando as diversas contribuições, os pressupostos essenciais desse paradigma são:
1. A sociedade pode ser entendida como um sistema de significados. Para o indivíduo, a participação nos significados compartilhados, que estão vinculados aos símbolos de uma linguagem, é uma atividade interpessoal, e da qual surgem expectativas estáveis e perfeitamente entendidas pelos membros do grupo social, que guiam as pessoas, fazendo-as adotar comportamentos previsíveis.
2. Considerando-se o comportamento, tanto as realidades sociais como as físicas são construções de significados, já definidas, como consequência da participação das pessoas, tanto individual como coletivamente, na interação simbólica; assim, suas interpretações da realidade passam a ser socialmente compartilhadas e individualmente internalizadas.
3. Os laços que unem as pessoas, as ideias que têm de outras e suas crenças sobre si mesmas são construções pessoais de significados que surgem da interação simbólica; portanto, as crenças subjetivas que as pessoas tenham sobre as outras e de si mesmas são os fatos mais importantes da vida social.
4. O comportamento individual, em uma situação concreta de ação, está guiado pelas normas de cortesia e os significados que as pessoas vinculam a essa situação; portanto, o comportamento não é a resposta automática aos estímulos de origem externa, mas um produto das construções subjetivas sobre si mesmos, sobre outros e sobre as exigências sociais das situações.

## 2.7 A sociologia no Brasil

Da mesma forma que ocorreu em termos mundiais, no Brasil existiram muitos sociólogos que contribuíram para o avanço da análise da realidade social. No entanto, dois deles se destacam como referências fundamentais no campo da sociologia — Gilberto Freyre e Florestan Fernandes. Utilizando abordagens distintas, e muitas vezes radicalmente opostas, Florestan adota a perspectiva marxista e Freyre é considerado conservador. Os dois, no entanto, deram contribuições para a abordagem dos fenômenos sociais brasileiros que não podem ser desconsideradas por qualquer corrente teórica.

## Gilberto Freyre

O sociólogo Gilberto Freyre adotou uma perspectiva nos seus trabalhos em que o indivíduo, suas particularidades, suas intimidades e seu modo de pensar predominam em relação aos fatos mais marcantes da história; um tipo de abordagem que podemos denominar 'sociologia do cotidiano' e que ele mesmo a denominava 'sociologia existencial'.

Nasceu em 1900, no Recife (PE), completou o curso secundário no Colégio Americano Gilreath, também no Recife, daí seguindo para Waco, Texas (EUA), onde se bacharelou em Artes Liberais, na Universidade de Baylor. Em seguida, na Universidade de Colúmbia, em Nova York, estudou Ciências Políticas, curso concluído em 1922 com a tese: "A vida social no Brasil na metade do século XIX". Ministrou aulas nas universidades de Stanford, Michigan, Indiana e Virgínia.

Voltou a Pernambuco em 1923, onde dirigiu por algum tempo o jornal *A Província*. Foi o criador da cátedra de sociologia na Escola Normal, do Recife, em 1928. Lecionou na escola de Direito do Recife. Elegeu-se, em 1946, deputado federal constituinte pelo Estado de Pernambuco.

Muitas de suas ideias defendidas em seus mais de 60 livros e muitos artigos de jornais estão hoje incorporadas à vida brasileira. Ganhou inúmeros prêmios internacionais e foram-lhe oferecidas cátedras em várias universidades do mundo, das quais recusou todas, preferindo permanecer em Pernambuco. Entre os livros de sua autoria que tiveram numerosas edições em outras línguas, destacam-se *Sobrados e mocambos* (1936) e *Ordem e progresso* (1959).

Seus três principais livros — *Casa grande & senzala*, *Sobrados e mocambos* e *Ordem e progresso* — formam uma trilogia.

O primeiro deles, *Casa grande & senzala*, é um estudo da colonização portuguesa, no qual Freyre procura descrever a formação da família e do patriarcado brasileiro, bem como a importância da miscigenação racial como traço cultural. Identificou que havia sempre um motivo econômico por trás das relações raciais, que no Brasil estiveram sempre condicionadas pela monocultura latifundiária. A cultura do açúcar exigiu um grande número de escravos, estando, dessa forma, diretamente ligada à implementação da escravatura. A partir daí foram estabelecidas e consolidadas relações entre brancos e negros baseadas na formação patriarcal, representada pela casa-grande e sua senzala de escravos. A casa-grande, completada pela senzala, é o núcleo de um sistema econômico que influenciou profundamente a vida brasileira por muitos anos.

O livro que dá continuidade a esse, *Sobrados e mocambos*, apresenta a decadência do patriarcado rural e o surgimento e crescimento das elites urbanas. A obra mostra a europeização das elites brasileiras, constatada pela preferência dos homens pelas francesas em detrimento das mulatas; pelo piano substituindo os instrumentos de percussão na sala de estar; pelo aparecimento das carruagens, dos bancos, dos cafés, dos hotéis e das lojas maçônicas. Destaca que o legado do romantismo entra com toda a força no meio intelectual brasileiro. Forma-se, assim, uma 'civilização brasileira', que se expressa nas pequenas coisas: nas saias, nos talheres, nas cartolas, nos hábitos amorosos, na organização das praças, jardins e ruas. As casas-grandes se transformam em sobrados europeus — evidência de uma alteração radical nas relações de poder.[7]

No terceiro livro que completa a trilogia, *Ordem e progresso*, Freyre apresenta a derrocada definitiva do patriarcado, que desmorona com o surgimento do trabalho livre. Aborda o Brasil republicano, imediatamente após a monarquia e a escravatura. O livro procura mostrar a presença de um brasileiro de tipo novo, marcado pela industrialização nascente, com forte presença de imigrantes, e pela urbanização.

Morreu em Recife, no dia 18 de julho de 1987.

## Florestan Fernandes

> *"Afirmo que iniciei a minha aprendizagem sociológica aos seis anos, quando precisei ganhar a vida como se fosse adulto e penetrei, pelas vias da experiência concreta, no conhecimento do que é a convivência humana e a sociedade"* (Florestan Fernandes).

Como expoente da sociologia crítica no Brasil, Florestan Fernandes (1920-1995) se destacou na elaboração teórica. Considerado como fundador e principal representante dessa corrente no país, é considerado o mais importante sociólogo brasileiro.

Nasceu em São Paulo, em 22 de julho de 1920. Filho de imigrante portuguesa, analfabeta e empregada doméstica, na infância morou em quartos de empregada e pensões. Aos seis anos, começou a trabalhar como engraxate, ajudante de barbeiro, carregador e balconista de bar. Não pôde completar o curso primário por ter de trabalhar desde muito cedo. Cursou Madureza e, em seguida, estudou ciências sociais na Faculdade de Filosofia, Ciências e Letras da USP. Tornou-se professor da mesma faculdade, onde lecionou até 1969 — quando foi aposentado compulsoriamente pelo regime militar. Deixou o país e lecionou nas universidades de Colúmbia (EUA), Toronto (Canadá) e Yale (EUA). Ao retornar ao Brasil, em fins de 1972, incorpora-se gradativamente ao meio acadêmico e passa a lecionar na Pontifícia Universidade Católica de São Paulo (PUC-SP).

Seu trabalho de professor é reconhecido internacionalmente. Foi responsável pela criação de vários grupos de pesquisadores que vieram a reformular a sociologia no Brasil, conferindo-lhe um rigor que jamais tivera. Publicou mais de 50 trabalhos acadêmicos no Brasil e no Exterior, contribuindo para transformar as ciências sociais no país e estabelecendo um novo estilo de pensamento.

Em todo o seu trabalho, a reflexão principal é sobre a desigualdade social, procurando identificar as contradições da sociedade de classes e o papel da sociologia diante dessa realidade.

Florestan esteve ligado ao Partido dos Trabalhadores (PT) desde sua fundação. Filiado ao partido, exerceu dois mandatos de deputado federal (1987-1991 e 1991-1995).

Realizou, ao longo de suas obras, várias pesquisas sobre temas, alguns, até então pouco estudados, como a situação do negro no país ("A integração do negro na sociedade de classes", de 1965, e "O negro no mundo dos brancos", de 1970), a ideologia dos operários brasileiros e a vida social nas tribos indígenas ("A organização social dos tupinambás", de 1949). No livro *A revolução burguesa no Brasil* (1975), fez um retrato da burguesia brasileira, mostrando os esforços que essa classe social realizou em sua resistência à mudança social. No livro *Circuito fechado*, publicado em 1976, expõe sua crítica ao governo militar, a qual aprofunda no trabalho de 1982, a *Ditadura em questão*. No ano de 1973 publicou o livro *Capitalismo dependente e classes sociais na América Latina*, no qual analisa a estrutura social latino-americana e suas relações de dependência externa.

Além das obras citadas, podem ser destacadas outras, como: *Fundamentos empíricos da explicação sociológica* (1959), *Ensaios de sociologia geral e aplicada* (1960), *A sociologia numa era de revolução social* (1963), *Elementos de sociologia teórica* (1970), *Mudanças sociais no Brasil* (1974), *A sociologia no Brasil* (1977), *A natureza sociológica da sociologia* (1980), *Poder e contra-poder na América Latina* (1981).

Faleceu em São Paulo, no dia 10 de agosto de 1995.

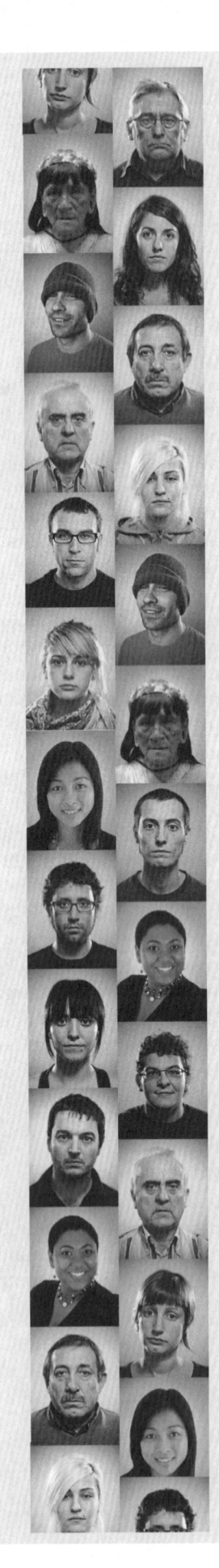

## RESUMO DO CAPÍTULO

Vimos que as mudanças provocadas pela Revolução Industrial foram tão profundas que colocaram a sociedade em um plano de análise, surgindo daí a necessidade de se criar uma nova ciência que a explicasse. Coube a Comte estabelecer as bases iniciais da nova ciência, a qual denominou 'sociologia', utilizando a abordagem da doutrina que criou: o positivismo.

Comte deu à sociologia importante contribuição para que se constituísse um novo campo de pesquisas científicas que se ocupasse dos fenômenos sociais. Outros intelectuais ampliaram a metodologia da pesquisa social e estabeleceram os parâmetros que são seguidos por aqueles que estudam esse campo. Entre esses intelectuais destacam-se Marx, Durkheim e Weber.

Durkheim, considerado o fundador da sociologia como ciência independente das demais ciências sociais, deu grande contribuição à criação de um método científico próprio dessa disciplina em seu livro *As regras do método sociológico*, no qual estabeleceu que os fatos sociais deveriam ser individualizados e observados como se fossem 'coisas'.

Já Marx contribuiu consideravelmente para a constituição de uma sociologia crítica. Para ele, o estudo da sociedade deveria partir de sua base material — a estrutura econômica da sociedade —, na qual se estabelecem as interações sociais, no âmbito das relações sociais de produção.

Com Weber, a sociologia se viu enriquecida de conceitos e tipologias encontrados em estudos sobre a burocracia, os sistemas de estratificação social, as relações de dominação, o poder, entre outros. Desenvolveu inúmeros tipos ideais que facilitam a compreensão dos principais conceitos em sociologia.

Completamos o capítulo com uma visão do trabalho dos dois maiores sociólogos brasileiros: Gilberto Freyre e Florestan Fernandes, que utilizando abordagens distintas e muitas vezes radicalmente opostas, contribuíram para a compreensão da realidade social brasileira.

## PERGUNTAS

1. O que é a Revolução Industrial?
2. Quais foram as principais mudanças provocadas, inicialmente, pela Revolução Industrial?
3. O que a Revolução Industrial provocou na economia inglesa?
4. Quais foram as mais importantes mudanças provocadas pela Revolução Industrial em relação ao período anterior?
5. Quais foram as mudanças culturais que a Revolução Industrial provocou no âmbito do trabalho?
6. Quais os principais problemas que caracterizam a questão social no período da Revolução Industrial inglesa?
7. O que eram os luditas?
8. Por que havia necessidade do surgimento de uma disciplina que abordasse o social?
9. O que é o positivismo?
10. Qual a ideia de ciência social preconizada por Comte?
11. Por que Durkheim é importante para a sociologia, superando de algum modo o papel desempenhado por Comte?
12. Qual a principal contribuição de Marx para a sociologia?
13. Por que colocamos Gilberto Freyre e Florestan Fernandes em campos opostos, do ponto de vista de análise sociológica?

# Notas

1 Segundo WALLERSTEIN, 1982.
2 Em 1770 a população da Inglaterra e do País de Gales tinha começado a crescer, mas provavelmente não era muito superior a 7 milhões. Em 1851, estava próxima de 18 milhões. Em Deane, 1975, p. 293.
3 Cf. KONDER, 1976, p. 21.
4 Cf. ENGELS, 1970.
5 Cf. KONDER, 1976, p. 183.
6 Edição brasileira: DAHRENDORF, Ralph. *As classes e seus conflitos na sociedade industrial*. Tradução de José Viegas. Brasília: Editora UNB, 1982.
7 Adaptado de CASTELLO, José. "Ele foi o introdutor da imaginação sociológica". *Estado de S. Paulo*, 12 mar. 2000.

# CAPÍTULO 3

# A sociologia e a busca da verdade

## APRESENTAÇÃO

É neste capítulo que discutiremos o método de abordagem da sociologia, como uma disciplina científica; o que é o pensamento científico quando comparado ao pensamento comum; os diferentes tipos de pesquisa social e os métodos que podem ser adotados como instrumento de análise da realidade. Discutiremos também a questão da neutralidade e da objetividade da ciência. E, no final do capítulo, outras contribuições teóricas relevantes serão apresentadas.

## TÓPICOS PRINCIPAIS

3.1 As fontes da verdade
3.2 Pensamento científico e não científico: o senso crítico e o senso comum
3.3 Características do conhecimento científico
3.4 O método científico de investigação
3.5 A sociologia como ciência

## OBJETIVOS DE APRENDIZAGEM

Compreender:

- que existem diferentes formas de abordar a realidade social.
- a importância de desenvolver o senso crítico na análise científica.
- como se desenvolve a pesquisa social passo a passo.
- os diferentes métodos de investigação social e sua inter--relação.
- o papel do funcionalismo como corrente de pensamento.
- que a neutralidade é uma ilusão em pesquisa social.
- que a objetividade em pesquisa social deve estar sempre presente.

## 3.1 As fontes da verdade

Ao longo da história da humanidade, os seres humanos buscaram orientação de diversos modos como fonte de verdade para explicação dos fatos ou da realidade. Há muitas fontes de verdade possíveis nas quais os indivíduos se baseiam para compreender os fenômenos que os rodeiam e que são anteriores ao método científico. Entre estas, podemos citar (Horton e Hunt, 1980): a intuição, a autoridade, a tradição, o bom-senso e, finalmente, a ciência (veja Figura 3.1).

### A intuição

Podemos definir intuição como a capacidade de perceber, discernir ou pressentir uma explicação, independentemente de qualquer raciocínio ou análise. A intuição pode ser responsável pela elaboração de hipóteses que posteriormente poderão ser comprovadas ou não. Como fonte de conhecimentos, no entanto, a intuição não é satisfatória, principalmente pela sua dificuldade de ser testada.

### A autoridade

Há autoridades de diferentes tipos. A autoridade sagrada repousa sobre a fé de que uma certa tradição ou documento — a *Bíblia*, o *Alcorão*, os *Vedas* — é de origem divina. Ou pode ser a autoridade que é atribuída a determinados grupos ou instituições — padres, pastores, curandeiros, igrejas — por estarem constantemente recebendo orientações divinas.

A autoridade pode vir da percepção humana. Pode ser autoridade alguém que acumulou conhecimento confiável em determinada área. Muitas vezes, as autoridades extrapolam seu campo de conhecimento específico e procuram opinar sobre diversos assuntos. Um médico, por exemplo, pode vir a opinar sobre problemas de administração. Um técnico de futebol, sobre política etc.

### A tradição

É uma das fontes da verdade que transmitem mais tranquilidade, pois nela está acumulada, pretensamente, a sabedoria das pessoas mais velhas, dos conhecimentos que deram certo no passado. O antigo é reconhecido como o correto na explicação dos fatos, simplesmente porque explicava e atendia às necessidades das pessoas no passado.

**Figura 3.1** As principais fontes da verdade

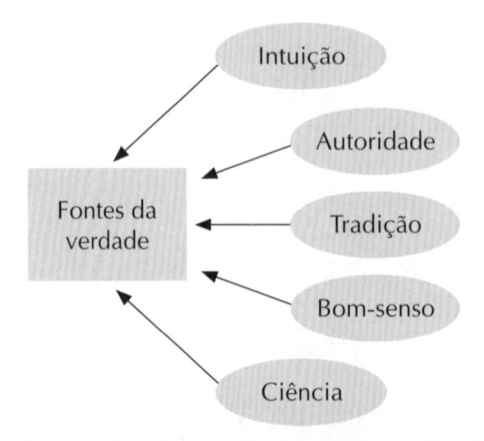

## O bom-senso

São verdades aceitas sem nenhuma abordagem crítica, baseadas no senso comum, e que o bom senso generaliza, difundindo-se com certa facilidade. O bom senso estabelece relações entre fatos sem que se busque identificar as causas reais que os provocaram. O bom-senso muitas vezes se identifica com a tradição.

## A ciência

Há aproximadamente 300 anos que o método científico tornou-se o modo mais importante de se obterem respostas sobre o mundo natural. A ciência passou a ser fonte de conhecimento sobre o mundo social em períodos mais recentes, e, no entanto, mesmo sendo utilizada por um breve período, a humanidade aprendeu mais a respeito do mundo do que tinha sido aprendido nos 10 mil anos anteriores.

## 3.2 Pensamento científico e não científico: o senso crítico e o senso comum

Existe uma profunda distinção entre o conhecimento científico e a opinião manifestada pelas pessoas comuns sobre os diferentes fenômenos sociais.

Qualquer indivíduo pode falar, por exemplo, da criminalidade, mas somente aqueles que empregam métodos científicos estarão aptos a encontrar a origem real do fenômeno. É claro que no conjunto de opiniões emitidas por um grande número de pessoas haverá aquelas que se identificarão com a resposta encontrada pelo cientista. No entanto, somente aquele que emprega o método científico terá certeza de que encontrou a resposta adequada para determinado fenômeno social.

Uma opinião, portanto, pode estar certa, mas é uma certeza espontânea, esporádica, e provavelmente quem a emite não saberá fornecer explicações satisfatórias que a justifiquem. A ciência demonstra os motivos de sua certeza, procura as causas, e suas conclusões poderão ser generalizadas para fenômenos semelhantes.

A ciência pressupõe um conjunto de verdades metódica e sistematicamente organizadas. Como consequência, podemos definir ciência como um conjunto sistematizado de conhecimentos sobre o mundo em que vivemos. Toda e qualquer ciência tem um campo específico, um objeto determinado, e a partir das regularidades observadas na manifestação dos fenômenos, busca compreender a realidade.

**Senso comum:** os problemas são abordados sem profundidade, baseados na primeira impressão.

O senso comum é como as pessoas, de modo geral, abordam um problema, um fato social, fazendo-o sem nenhuma profundidade, baseando-se na primeira impressão que têm sobre o fenômeno. Surge daí um conjunto de crenças que as pessoas passam a ter em comum, sem ter sido feita nenhuma abordagem sistemática e organizada de verificação da realidade.

Algumas frases costumeiras que indicam manifestações de senso comum são: 'as mães sempre estão certas'; 'todas as mulheres são más motoristas'; 'todo político é corrupto'. São frases que emitem juízos de valor e nas quais muitas pessoas se baseiam, provocando ações que poderão estar incorretas, pois partiram de uma premissa não comprovada.

**Senso crítico:** os problemas são abordados de forma metódica e organizada.

O senso crítico é desenvolvido pelas pessoas que abordam os problemas de forma metódica e organizada e que não se satisfazem com a primeira impressão que causa determinado fenômeno. Utilizam o método científico para analisar os fatos sociais, que podem ser motivados por fatores absolutamente contrários àqueles que o senso comum induz.

Utilizando-se o senso crítico, pode-se compreender que mães, mulheres de um modo geral e políticos são conjuntos diversos de pessoas que apresentam algo em comum; no entanto, são formados de indivíduos que passaram por diferentes processos de socialização e poderão dar respostas totalmente diferentes perante os mesmos problemas, bem como apresentar comportamentos radicalmente contrários diante das mesmas realidades. Se há traços comuns nos grupos de mães, mulheres e políticos, esses dizem respeito ao meio social em que se desenvolveram, e não a uma característica que é inerente à sua condição. Embora todas as mães do mundo desenvolvam traços comuns de comportamento pelo papel social que desempenham, haverá muitos mais traços discordantes. Da mesma forma, as mulheres e os políticos.

Em resumo, as pessoas que não estão acostumadas com a pesquisa e a utilização de métodos científicos apresentam o 'senso comum' como forma de manifestar opiniões, que são baseadas nas aparências e nas primeiras impressões. Os sociólogos desenvolvem o hábito, em seu cotidiano, de buscar a verdade por trás das aparências e para tanto utilizam-se do 'senso crítico', que se fundamenta na recusa sistemática de emitir juízos de valor sobre os fatos sociais. Um exemplo de como atua o sociólogo podemos ver no "Caso para estudo", no fim do capítulo.

## 3.3 Características do conhecimento científico

**Conhecimento científico:** lida com a regularidade dos fenômenos sociais.

O conhecimento científico diferencia-se daquele que não o é primeiro por lidar com regularidades, ou seja, a cada fenômeno observado devem as mesmas causas sucederem os mesmos efeitos. Os fenômenos devem apresentar regularidades que, ao serem observadas e constatadas, conduzem à construção de teorias que podem ser testadas e observadas por outros pesquisadores, constituindo-se, dessa forma, um conjunto de informações comprovadas por meio da observação ou experimentação sistemática.

Os diversos fenômenos sociais que constituem o conteúdo das diferentes sociedades humanas possuem regularidades que, embora mais difíceis de serem observadas do que os fenômenos físicos e naturais, podem ser estudadas cientificamente, comportando generalizações, teorias e princípios.

A construção do conhecimento científico exige um estudo objetivo, rigorosamente baseado em dados reais e concretos, obtidos por meio de métodos científicos.

Os sociólogos, na sua incessante busca da verdade, utilizam o método científico para compreender os fenômenos sociais observados. Há várias interpretações de como se processa a investigação científica, particularmente, em ciências sociais; aqui apresentamos tão somente uma das muitas formulações de como realizá-la.

De modo geral, os passos a serem seguidos em uma pesquisa social são, conforme Figura 3.2:

a) Definir claramente o problema a ser investigado — efetuar um levantamento bibliográfico.

b) Formular uma hipótese que possa ser testada.

c) Escolher o tipo de pesquisa que será adotado.

d) Efetuar o levantamento de dados.

e) Analisar e discutir os resultados.

f) Obter uma conclusão.

**Figura 3.2** Passos a serem seguidos na pesquisa social

Definir o problema. Levantamento bibliográfico → Formular hipótese → Escolha do tipo de pesquisa a ser adotado → Fazer o levantamento de dados → Análise e discussão dos resultados → Conclusão com resultados

O primeiro passo de uma investigação científica é decidir qual o 'tipo de problema a ser investigado'. Todo sociólogo tem sua área particular, ou mais de uma, de interesse na sociologia. Podemos incluir, entre outros fenômenos: o esporte, o crime, a família, a saúde, a estratificação social, o turismo, a demografia, a urbanização, a administração, o direito etc. Dependendo do interesse particular do profissional, um assunto ou tópico poderá ser escolhido. Se há um interesse na sociologia da religião, por exemplo, pode-se decidir realizar um estudo sobre a ascensão das igrejas evangélicas na periferia da cidade de São Paulo. Se o interesse é a sociologia da administração, pode-se realizar um estudo da cultura organizacional existente em uma determinada empresa.

Definido o problema, deve-se fazer uma revisão da literatura, um levantamento bibliográfico. Antes que o pesquisador inicie sua pesquisa, um certo tempo deve ser gasto com a leitura de outros trabalhos sobre o mesmo assunto. Revistas científicas, livros, dissertações de mestrado, trabalhos de conclusão de curso, além de jornais e revistas semanais e diários são importantes para a correta identificação dos objetivos da pesquisa, bem como para se certificar de que sua realização se constituirá numa real contribuição ao conhecimento científico como um todo.

Um segundo passo é a 'formulação de questões'. É aqui que se estabelece a 'hipótese ou conjunto de hipóteses', que são proposições que se fazem antecipadamente sem nenhum fundamento e que se deverão provar verdadeiras ou falsas por meio da pesquisa.

No terceiro passo da investigação científica, o sociólogo 'seleciona um tipo de pesquisa' que será utilizado: bibliográfica, descritiva ou experimental. O tipo de pesquisa a ser adotado, de um modo geral, está diretamente relacionado com o tipo de questão que foi formulada. Os métodos ou as técnicas de pesquisa serão abordados mais adiante.

O quarto passo é o 'levantamento dos dados' a serem analisados. Organizá-los de maneira que possam ser utilizados facilmente na etapa seguinte da pesquisa.

Chega-se ao quinto passo, que é a 'análise dos dados' obtidos e que foram ordenados na etapa anterior.

O último passo na investigação científica é a 'apresentação dos resultados obtidos'.

## 3.4 O método científico de investigação

Para ter credibilidade como ciência, a sociologia não pode se ater a comentários pessoais baseados no senso comum. É necessário estar sempre presente o 'método científico'. Em linhas gerais, há algumas regras básicas que sempre devem ser levadas em consideração em qualquer pesquisa.

- O pesquisador deve confiar nas evidências coletadas por meio da observação sistemática; há necessidade de provas. Nas conversas cotidianas, acreditamos de modo geral em boatos e crenças, porque parecem por demais óbvios, ou até mesmo lógicos. Para a ciência há necessidade de evidência empírica ou factual.

- O pesquisador das ciências sociais deve se preocupar com minimizar o erro e o preconceito; para isso, deve utilizar uma variedade de técnicas ordenadas. O cientista social deve ser rigoroso na adoção destas estratégias, para que seu procedimento seja científico.

- A sociologia, pela própria natureza de seu objeto de estudo, atinge o público com mais facilidade que outras ciências, pois aborda questões que envolvem seu cotidiano, acontecendo, assim, um número maior de discussões abertas que possibilitam um maior exame da pesquisa, tornando-se — quando bem compreendido — um mecanismo de autocorreção. Desse modo, as conclusões em sociologia nunca podem ser consideradas finais e absolutas, mas sempre estarão abertas a questionamentos, testes e revisões. Nenhuma nova teoria ou descoberta, mesmo de grande repercussão, é aceita acriticamente.

- No cotidiano, frequentemente utilizamos um único fato, para expor um ponto de vista ou emitir uma opinião, sendo que esse único caso pode ser exceção à regra. Os cientistas sociais, por sua vez, estudam profundamente vários casos particulares, comparando-os, para chegar a generalizações.
- A sociologia busca relacionar os fatos uns aos outros e a princípios subjacentes para produzir uma teoria; os sociólogos não só procuram descrições, mas também explicações. A teoria ajuda os sociólogos a predizer, entender e explicar os acontecimentos.

### Os tipos de pesquisa

Embora existam diferentes classificações de tipo de pesquisa, podemos reuni-las, de modo geral, em três grandes grupos: a pesquisa bibliográfica, a descritiva e a experimental (Traldi e Dias, 1998, p. 41) (veja Figura 3.3).

a) A pesquisa bibliográfica busca explicar um problema com base em contribuições teóricas publicadas em documentos (livros, revistas, jornais etc.), e não por intermédio de relatos de pessoas ou experimentos. Pode ser realizada de forma independente ou estar inserida (levantamento bibliográfico) nos demais tipos de pesquisa.

b) A pesquisa descritiva tem como objetivo descrever as características de determinado fenômeno ou população, correlacionar fatos ou fenômenos (variáveis) sem, no entanto, manipulá-los. Implica observação, registro e análise do objeto que está sendo estudado, podendo ser classificada quanto às características do estudo em: exploratória, descritiva, pesquisa de opinião, pesquisa de motivação, estudo de caso e pesquisa documental.

c) Pesquisa experimental é aquela em que o pesquisador manipula uma ou mais variáveis, ou seja, ele interfere na realidade estudada manipulando as variáveis para observar e analisar o que acontece. Seu objetivo é estudar as causas que determinam o fenômeno e o modo como são produzidas.

Embora haja muitos métodos possíveis de serem empregados na investigação social, podemos considerar alguns como os mais importantes. São eles: histórico; comparativo; estudo de caso ou monográfico; e estatístico ou matemático. Antes de abordá-los, deve ficar bem claro que, ao analisá-los separadamente, estamos fazendo-o apenas didaticamente, pois na realidade sempre buscamos empregá-los conjuntamente. O que ocorre muitas vezes é que em determinada pesquisa há um predomínio de um ou outro método (veja Figura 3.4).

**Figura 3.3**      Classificação de tipo de pesquisa

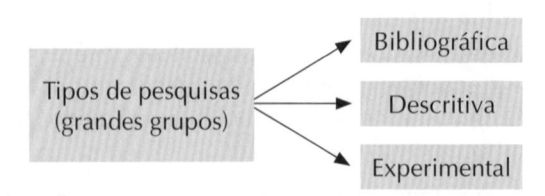

Tipos de pesquisas (grandes grupos) → Bibliográfica / Descritiva / Experimental

**Figura 3.4**   Métodos de pesquisa social

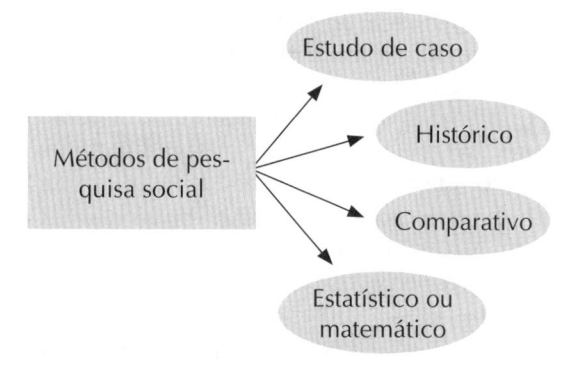

```
                        ┌─► Estudo de caso
Métodos de pes- ────────┼─► Histórico
quisa social            ├─► Comparativo
                        └─► Estatístico ou
                            matemático
```

## O método histórico

Este método parte do princípio de que os atuais modos de vida social, as instituições e os costumes têm origem no passado, e é importante pesquisar suas raízes para compreender sua natureza e função atuais.

Um exemplo: se formos estudar a origem do termo 'favela', vamos verificar que teve origem na Guerra de Canudos, em fins do século XIX. Era o nome de um morro, da favela, que ficava junto à povoação que ergueram os seguidores de Antônio Conselheiro. Derrotados pelo Exército brasileiro, muitos fugiram para o Rio de Janeiro, indo morar nos morros que associaram ao local de onde se originaram, daí resultando o termo atual, que designa habitações precárias em zonas de difícil acesso.

As festas juninas, por sua vez, têm sua origem no folclore francês, acrescidas de manifestações típicas da cultura portuguesa. A quadrilha, por exemplo, é inspirada na contradança francesa. Foi introduzida no Brasil no início do século XIX, com a vinda da corte real portuguesa, que trouxe muitos artistas franceses. A quadrilha constituía-se, na época, em costume que a partir da França espalhou-se pela Europa, sendo executada com direção de mestres franceses. A atual quadrilha caipira apresenta muitas ordens de origem francesa, como o 'anarriê' (*en arriére*, que significa 'para trás') ou o 'trefuá' (*autre fois*, 'outra vez').[1]

## O método comparativo

Seu objetivo é procurar comparar vários tipos de grupos, comunidades, instituições ou fenômenos sociais, a fim de identificar semelhanças ou diferenças nos procedimentos. Do mesmo modo que no método anterior, pode-se obter generalizações que poderão ser utilizadas no estudo de outros casos semelhantes.

Como o método comparativo sempre envolve a comparação de diferentes culturas, tem a vantagem em relação aos outros métodos de permitir aos pesquisadores a identificação de traços culturais gerais e universais, contribuindo para a diminuição do etnocentrismo. O problema principal na pesquisa comparativa de diferentes culturas são as definições. O pesquisador não pode assumir que o mesmo comportamento significa a mesma coisa para pessoas de diferentes culturas, e sempre haverá o risco de que os investigadores estejam assumindo uma visão etnocêntrica em relação à sociedade ou ao grupo observado.

Podemos realizar um estudo de duas ou mais ONGs ambientalistas, identificando as semelhanças de atuação das organizações e de seus membros. A partir dessas semelhanças, podemos efetuar generalizações, considerando-as como características de qualquer ONG ambientalista — de uma região, de um Estado etc. —, o que é comum na atuação e nos procedimentos das duas ou mais organizações.

## O método do estudo de caso ou monográfico

É o que pode ser empregado no estudo específico de um grupo, comunidade, instituição ou movimento social. Parte-se do pressuposto de que qualquer caso estudado pode ser representativo de muitos, possibilitando, portanto, generalizações.

Como exemplo, podemos realizar um estudo de uma entidade ambientalista para verificar seu funcionamento, como desenvolvem suas atividades, como se dão as interações sociais entre seus membros. Em decorrência desse nosso estudo chegaremos a algumas conclusões sobre o significado e o funcionamento de uma organização não governamental ambientalista, resultados estes que poderão ser generalizados, ou não, para o conjunto das ONGs de uma região, de uma cidade, do País ou mesmo de outros países.

## O método estatístico ou matemático

Também conhecido como 'quantitativo', constitui na utilização de procedimentos estatísticos ou matemáticos para medir os fenômenos sociais. As técnicas de amostragem e grupo de controle são partes fundamentais desse método (veja Quadro 3.1). O método estatístico reduz os fenômenos a termos quantitativos, que, manipulados estatisticamente, permitem comprovar suas relações e obter generalizações sobre sua natureza.

**QUADRO 3.1** A pesquisa e o grupo de controle

A preferência masculina por mulheres de cintura fina não é uma característica universal ditada pela evolução biológica, mas sim um traço da cultura ocidental.

Dois cientistas decidiram testar essa hipótese estudando uma tribo isolada, não afetada pelos meios de comunicação, que difundem os valores da cultura ocidental.

Douglas W. Yu, do Imperial College em Silwood Park, de Ascot, Reino Unido, e Glenn H. Shepard Jr., da Universidade da Califórnia em Berkeley, Estados Unidos, foram achar essa tribo em uma reserva indígena no sudoeste do Peru. E relataram os resultados na edição de 26 de novembro de 1999, da revista científica Nature.

Trata-se da aldeia Yomybato, dos índios matsigenka, onde cerca de 300 deles têm raros contatos com visitantes (pesquisadores e funcionários do governo).

Yu e Shepard mostraram a homens da tribo — de 13 a 60 anos — seis figuras de mulher — magras, com peso normal e obesas — com dois tipos de cintura — fina e larga —, que eles chamam de 'relação cintura para quadril' baixa e alta.

Foram feitas três perguntas: "Qual mulher era mais atraente?", "Qual aparentava melhor saúde ou teria algum distúrbio?" e "Qual o índio escolheria para casar?".

Como experimento-controle para checar os dados obtidos, as mesmas figuras foram usadas entre homens americanos e de outras tribos peruanas com maior contato com a cultura ocidental.

Os índios mais isolados preferiram aquela mulher acima do peso e com cintura larga, em todos os critérios — saúde, 'atratividade' e preferência para casar.

Os americanos preferiram a mulher com peso normal e de cintura fina. As mulheres de cintura fina sempre tiveram notas maiores dentro de suas classes de peso (abaixo, normal ou acima).

Entre as outras tribos — matsigenkas vivendo fora da reserva e outros com misturas étnicas—, quanto maior o grau de contato, mais as preferências se assemelharam às dos americanos.

Curiosamente, um grupo matsigenka vivendo fora da reserva, em Shipetiari, prefere mulheres obesas e acha que as de cintura larga têm melhor saúde. Mas, apesar de considerá-las mais sadias, os índios já estão achando as de cintura fina mais atraentes e desejáveis como esposas, sinal de que a 'ocidentalização' já está fazendo efeito.

Yu e Shepard afirmam que é preciso fazer com urgência estudos semelhantes em outras tribos isoladas para detectar esse tipo de variação cultural — antes que a ocidentalização chegue.

*Fonte*: BONALUME NETO, Ricardo. "Ideal de cultura fina é cultural, diz estudo". *Folha de S.Paulo*, 26 nov. 1999, p. 1-19, fornecido pela *Folhapress*.

Parte importante nesse método é a determinação da amostragem. Trata-se de escolha de uma parte do todo que se quer analisar. O cuidado que se deve ter é que, na escolha da parte, devem estar inclusas todas as características do todo em análise.

Em um estudo de mães adolescentes no Brasil, por exemplo, não podemos, evidentemente, entrevistar a todas existentes. Dessa maneira, recorremos a um grupo de amostragem que seja representativo desse todo. Será definido um número pequeno de mães, que torne possível a realização de entrevistas. Para que o resultado chegue o mais próximo possível da realidade, o grupo de amostragem deve conter todas as características encontradas em mães adolescentes em todo o Brasil — mães solteiras; que trabalham ou não; do Norte, Sul, Leste, Oeste; de cidades médias, pequenas e grandes; de todas as raças; de famílias com alto ou baixo poder aquisitivo etc.

Este tipo de pesquisa tem como vantagem principal a frieza e a credibilidade dos números. Além do que o investigador, com um investimento relativamente pequeno de tempo, pode envolver centenas e até mesmo milhares de pessoas com um número significativo de perguntas — nos casos de pesquisas de opinião. A padronização que se obtém com essas pesquisas pode ser considerada sua principal fraqueza, pois frequentemente se reduzem as atitudes, as crenças e as experiências pessoais a um denominador comum obtido por uma projeção estatística.

O uso do método estatístico ou matemático nas ciências sociais pode, muitas vezes, causar distorções na análise, por adotar procedimentos rigorosamente exatos, trazendo para os estudos sociais uma precisão que ele não tem e provavelmente nunca terá. Essa impossibilidade de exatidão nas conclusões dos estudos relacionados às interações sociais pode, muitas vezes, frustrar os que associam a ciência social como uma ciência idêntica às outras. O que na realidade pode ser apresentado como negativo é o que as ciências sociais têm de mais positivo, e onde repousam a riqueza e a diversidade dessa ciência nova. Daí deriva sua característica principal: justamente por lidar com problemas humanos, ela não apresenta fatos consumados; há sempre presente uma certa dose de imprevisibilidade derivada de seu objeto de estudo — o homem e suas interações com outros indivíduos (veja Figura 3.5).

Embora muitas vezes possamos prever o comportamento humano com boa margem de acerto, a imprevisibilidade está sempre presente. As pesquisas de opinião pública, particularmente as relativas às eleições, são um bom exemplo: apesar

**Figura 3.5**     A imprevisibilidade das ciências sociais

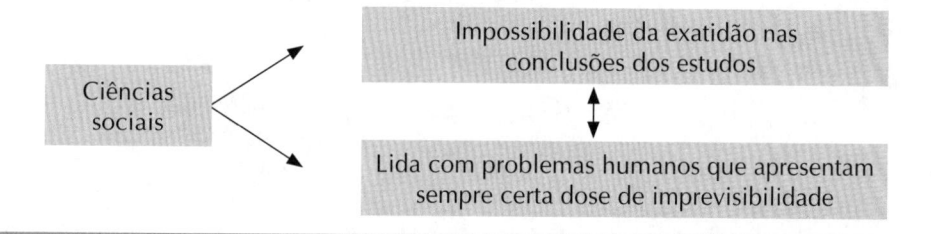

Ciências sociais → Impossibilidade da exatidão nas conclusões dos estudos ↕ Lida com problemas humanos que apresentam sempre certa dose de imprevisibilidade

de a maioria demonstrar uma tendência que no final se mostra acertada, muitas delas incorrem em erros que não podem ser explicados por falhas de cálculo ou de escolha de amostragem, encontrando-se, como origem da diferença do resultado, a modificação imprevisível de comportamento da opinião pública motivada por fatos que não podem ser percebidos pela análise puramente matemática.

Seja qual for o método principal empregado, a determinação do objeto a ser estudado é fundamental, e para tanto devemos circunscrevê-lo e tratá-lo como uma unidade perfeitamente identificada dentro de determinada realidade social.

No seu trabalho *As regras do método sociológico*, Durkheim estabelece uma metodologia para facilitar o trabalho do cientista social na determinação de seu objeto de estudo ao associar os fatos sociais a 'coisas', no sentido de constituírem uma unidade perfeitamente determinada e exteriores ao indivíduo.

A compreensão do que seja um fato social é fundamental para diferenciar o objeto de estudo do cientista social daquele que se identifica com outras áreas do conhecimento.

### A sociologia compreensiva de Weber

Além dos métodos mencionados anteriormente, que se encontram dentro da perspectiva estritamente científica ou empírica, outros sociólogos, dentre os quais se destaca Max Weber, defendem outro tipo de abordagem dos fenômenos sociais, baseados na compreensão do significado mais profundo dos atos sociais (veja Figura 3.6). Esses sociólogos sustentam que os fatos observados, embora se tenha tido toda cautela na coleta de dados, são pouco significativos se não forem avaliados com o objetivo de descobrir seu significado mais profundo. O observador deve tentar compreender o que o comportamento dos indivíduos ou dos grupos significa para eles.

Na realidade, o que ocorre com frequência é a utilização dos diferentes métodos na pesquisa social, ao mesmo tempo, para uma abordagem mais efetiva dos fenômenos sociais. Podemos considerá-los todos como instrumentos válidos de abordagem sociológica e que, na medida do possível, devem ser utilizados concomitantemente.

## 3.5 A sociologia como ciência

Por tratar das interações e das relações humanas, a sociologia traz um fato novo para o campo científico, que é o papel do observador, nesse caso, o cientista social. A sociologia, diferentemente das outras ciências, tem como parte integrante do seu objeto de estudo o próprio observador. Pois este, ao mesmo tempo em que observa o fenômeno, sofre influências e influencia seu objeto de estudo. Essa realidade traz para as ciências sociais a discussão sobre a objetividade do trabalho científico (vejaFigura 3.7).

**Figura 3.6** A sociologia compreensiva de Max Weber

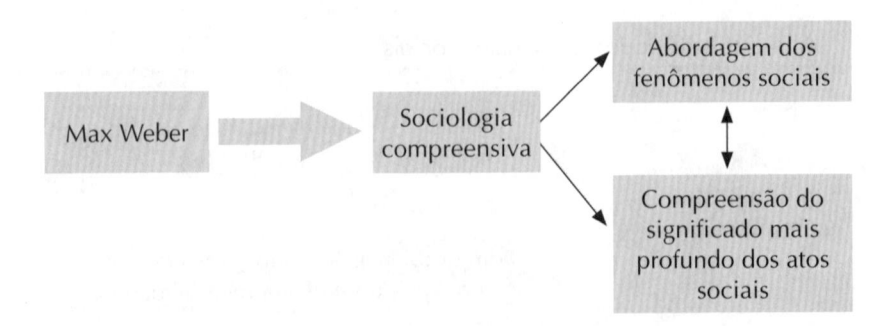

**Figura 3.7**     A objetividade do trabalho científico

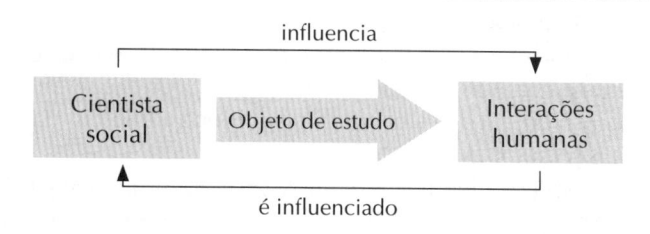

```
                    influencia
                  ┌──────────────┐
                  │              ▼
         ┌─────────────┐          ┌─────────────┐
         │  Cientista  │ Objeto   │ Interações  │
         │   social    │ de estudo│  humanas    │
         └─────────────┘          └─────────────┘
                  ▲              │
                  └──────────────┘
                   é influenciado
```

O cientista que estuda um fenômeno não pode interferir no objeto de estudo, caso contrário seus resultados não serão válidos, estarão viciados pela sua intervenção. Ocorre que, no estudo dos fenômenos sociais, há uma dificuldade muito maior de se permanecer neutro, pois, sendo o cientista social um ser humano, influencia e é influenciado.

O que caracteriza as ciências sociais, em contraste com as ciências físicas, é a circunstância em que nelas o assunto ou objeto de que tratam se confunde com o próprio ser humano. O ser humano é, ao mesmo tempo, ator e espectador. Os fatos sociais que são seu objeto de estudo foram originados por ação humana e ao mesmo tempo é ele — como ser humano — quem observa e tece considerações sobre o fato, para constituir com ele o conhecimento e a ciência. Em outras palavras, o homem tem um duplo papel nas ciências sociais — o que não ocorre nas ciências físicas (veja Figura 3.8). "O homem é simultaneamente objeto e sujeito do conhecimento: objeto, como participante dos fatos que são 'objeto' de conhecimento ou das ciências sociais; sujeito do conhecimento como indivíduo observador e analista daqueles fatos" (Prado, 1957, p. 13).

Portanto, a sociologia como disciplina científica deve possuir seus próprios meios de investigação — considerando esta dualidade do observador —, bem como atingir a maior objetividade possível em todos os casos estudados.

Dentro de certos limites são utilizadas medidas quantitativas na interpretação de fenômenos sociais. Dois outros métodos básicos — a observação e a comparação — são largamente utilizados, tanto pela sociologia como por outras ciências.

Não é só a utilização de um grupo particular de técnicas e pesquisas que determina se a sociologia é ou não uma ciência. A observação objetiva, seguida de interpretação cuidadosa dos fatos observados, é o processo científico fundamental de qualquer ciência; mantendo esse tipo de abordagem dos fenômenos sociais, a sociologia tornar-se-á cada vez mais respeitada como importante ramo do saber científico.

Quando afirmamos que a observação científica deve ser 'objetiva', significa que, tanto quanto seja humanamente possível, ela não deve ser afetada pela própria crença, por emoções, hábitos, preferências, desejos ou valores do observador. Em outras palavras: 'objetividade significa ver e aceitar os fatos como são, e não como desejaríamos que fossem'. Para o sociólogo, esse é um dos procedimentos mais

**Figura 3.8**     O duplo papel do homem nas ciências sociais

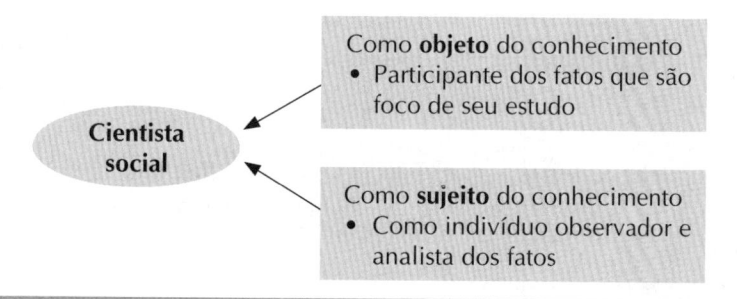

```
                              ┌─────────────────────────────────┐
                              │ Como objeto do conhecimento     │
                              │ • Participante dos fatos que são│
                              │   foco de seu estudo            │
         ┌───────────┐       └─────────────────────────────────┘
         │ Cientista │──────┤
         │  social   │       ┌─────────────────────────────────┐
         └───────────┘       │ Como sujeito do conhecimento    │
                              │ • Como indivíduo observador e   │
                              │   analista dos fatos            │
                              └─────────────────────────────────┘
```

difíceis, pois é muito complicado assumir uma posição de neutralidade perante problemas sociais que estão sendo estudados. Não podemos confundir, no entanto, neutralidade com objetividade.

A objetividade é absolutamente necessária ao se estudarem os fenômenos sociais, entendê-los do modo como são. Ao obtermos o conhecimento acerca de nosso objeto de estudo é que se coloca a questão da ética científica — e que muitos sociólogos não aceitam.

Muitos cientistas sociais consideram que essa neutralidade ética da ciência nada mais é do que um modo de controle externo da ciência e da tecnologia científica pelos que detêm o poder político.

Derivam dessa característica da sociologia — particularmente daqueles que não aceitam essa neutralidade ética — muitos quadros para movimentos reformistas ou revolucionários em todo o mundo, e também o fato de os sociólogos constituírem-se em uma das categorias mais perseguidas em regimes ditatoriais ou em qualquer estrutura institucional autoritária (veja Figura 3.9).

Essa característica da pesquisa sociológica e da condição do sociólogo foi muito bem expressa por Florestan Fernandes (1976, p. 179), que afirmou que: "O sociólogo não possui um laboratório. Por isso, ele enfrenta muitas dificuldades, que não existem (ou aparecem com intensidade desprezível) nas ciências nas quais é possível pôr em prática a investigação experimental. A maior parte dessas dificuldades surge de um fato simples: o sociólogo está sujeito às normas e aos critérios experimentais do saber científico, mas ele não dispõe dos meios e das facilidades experimentais de descoberta e de verificação da verdade. Esse 'limite abstrato' é, com frequência, negligenciado pelos que estudam a formação e a evolução da sociologia como ciência. No entanto, ele deveria estar sempre presente, dos levantamentos iniciais às interpretações finais: é que ele explica os 'porquês' dos avanços ou recuos dos sociólogos na investigação da realidade. O ponto de vista científico enlaça o sociólogo a uma verdadeira condição humana, da qual ele não pode escapar sem 'trair' as normas e os critérios científicos de observação e de interpretação da vida em sociedade. Quando ele ignora essa condição humana — ou se subtrai a ela por omissão — sua contribuição sociológica poderá ser o que se quiser, menos uma sociologia científica.

Para dizer tudo com poucas palavras: as normas e os critérios científico-experimentais de verdade e de verificação da verdade põem o sociólogo em relação de tensão com a sociedade.

Os sociólogos, pelo fato de terem como seu objeto de estudo a sociedade e de utilizarem os métodos científicos que darão objetividade à sua pesquisa, encontram no estudo da realidade concreta fatos sociais que influenciarão sua conduta, modificando consequentemente seus valores e interferindo em sua capacidade de análise. Assim, a neutralidade em relação ao objeto de estudo é uma impossibili-

**Figura 3.9** Características do cientista social

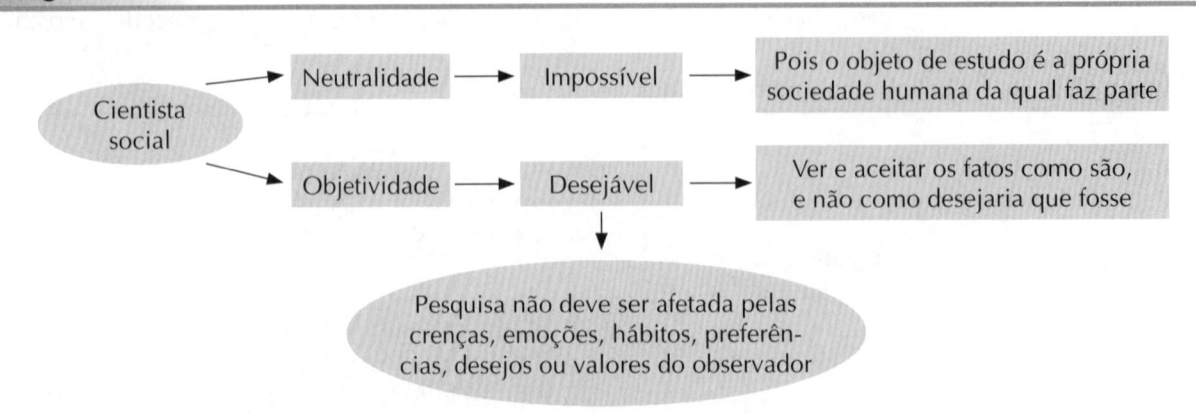

Cientista social → Neutralidade → Impossível → Pois o objeto de estudo é a própria sociedade humana da qual faz parte

Cientista social → Objetividade → Desejável → Ver e aceitar os fatos como são, e não como desejaria que fosse
↓
Pesquisa não deve ser afetada pelas crenças, emoções, hábitos, preferências, desejos ou valores do observador

dade real para o sociólogo, pois, ao mesmo tempo em que estuda determinado fato social, na realidade faz parte desse fato social, é observador e ao mesmo tempo participante do fato observado. Levar a neutralidade às últimas consequências é ignorar esta sua condição humana e, portanto, render-se a forças sociais e políticas que poderão fazer uso de sua pesquisa em detrimento de outros seres humanos.

Florestan Fernandes (1976, p. 129) se expressou com muita clareza sobre o significado da neutralidade para o cientista social:

*"A suposta neutralidade ética constitui uma capitulação às forças irracionais, que combatem a ciência e a tecnologia científica e as submetem ao seu irracionalismo. O primeiro ato de autonomia intelectual do sociólogo desenha-se nesse plano de autoafirmação como e enquanto cientista: a ciência o compromete eticamente tanto com os seus critérios de verdade (e de verificação da verdade), quanto com as transformações do mundo que possam resultar das aplicações de suas descobertas."*

Dois intelectuais brasileiros — Caio Prado Jr. e Florestan Fernandes — identificaram a dupla condição do cientista social, como ser humano e como cientista, o que implica duplo compromisso, com a humanidade e com a ética científica. Essa dupla condição, embora apareça em outras ciências, é muito mais presente nas ciências humanas, pois o objeto de estudo é o social, o homem e suas interações, o que pressupõe inclusão do próprio pesquisador como objeto de análise, como parte integrante do objeto que está estudando. Para obter resultados cientificamente válidos, o cientista social não pode ignorar essa condição e ao mesmo tempo não pode permitir que seu julgamento de valor, seus hábitos e seus costumes interfiram nas suas conclusões, impedindo-o de obter dados aceitáveis do objeto de pesquisa.

Quando foi perguntado ao cientista social e antropólogo Clifford Geertz "até que ponto a sociedade a que se pertence e aquela na qual se faz o trabalho de campo influem no trabalho dos antropólogos?", sua resposta indicou, claramente, a necessidade de busca da objetividade. Afirmou que:

"Não há dúvida quanto a isso, todos nós somos, como se diz hoje, 'observadores situados'. A única coisa que se pode fazer a respeito é ter a maior consciência possível desse fato e pensar nisso, não assumir que o modo como vemos as coisas é o modo como as coisas simplesmente são, mas entender. Sim, obviamente, um antropólogo norte-americano ou um brasileiro ou um francês verão as coisas de uma maneira algo diferente, e uma das razões é o contexto cultural do qual eles vêm, do qual extraem suas percepções e seus princípios. Não há nada de errado nisso, é inevitável, o erro ocorre quando as pessoas não se conscientizam disso e simplesmente assumem que qualquer sensação que têm não precisa ser confrontada com a realidade. Claro, não há nada semelhante a um observador totalmente neutro e abstrato. Isso não é tão fatal quanto pode soar, só significa que é preciso pensar sobre de onde as pessoas vêm, onde elas estão trabalhando etc."[2]

Não podemos esquecer que um dos cuidados que o cientista social deve ter para que proceda com a maior objetividade possível na análise de dados sociais é a utilização metódica de técnicas de pesquisa social, que são os instrumentos metodológicos de que dispõe para a abordagem dos fatos sociais.

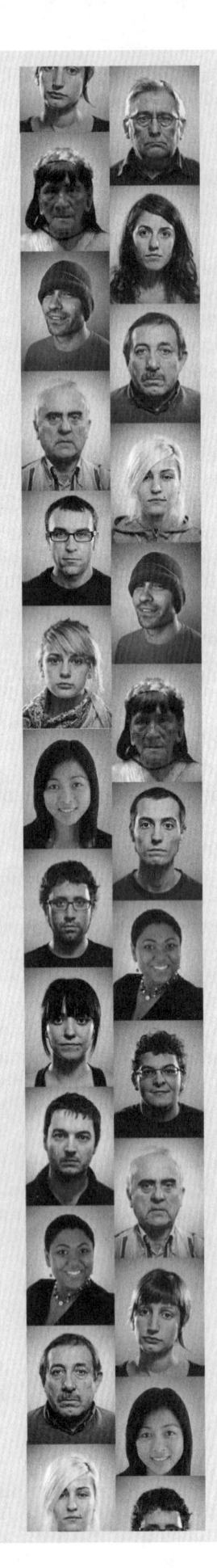

## RESUMO DO CAPÍTULO

O fechamento da primeira parte deste livro é feito com este capítulo, que procura estabelecer as bases pelas quais a sociologia é aceita como uma disciplina científica. Em um primeiro momento, vimos que há várias fontes da verdade, mas que a ciência é que produziu os melhores resultados para a humanidade até agora, que o senso comum é o modo de as pessoas abordarem os problemas superficialmente, e o senso crítico é aquele desenvolvido pelas pessoas que abordam a realidade social de forma metódica e organizada, não se satisfazendo com a primeira impressão.

Vimos também que o conhecimento científico lida com regularidades que podem ser verificadas e nas quais se pode processar a investigação científica, por meio de passos rigorosamente seguidos, que podem ser utilizados diferentes métodos na pesquisa, entre eles o método histórico, o de estudo de caso, o comparativo e o estatístico, e que Weber defende que os fenômenos sociais devem ser compreendidos no significado mais profundo dos seus atos sociais.

Que a ciência social difere das outras ciências, porque a neutralidade é inconcebível, pois o objeto de estudo do pesquisador confunde-se com este. O sociólogo, na medida em que seu objeto de estudo são os seres humanos, e ele mesmo faz parte desse conjunto, é ao mesmo tempo pesquisador e pesquisado. E dessa condição os cientistas sociais devem estar sempre se lembrando, pois, caso contrário, sua pesquisa correrá o risco de incorrer em erros. Assim, defende-se a objetividade em ciência social, que é a abordagem dos fenômenos sociais, da forma como eles se apresentam, e não como desejaríamos que fossem, distanciando-nos o máximo possível do objeto de estudo.

## PERGUNTAS

1. Quais são as fontes da verdade e suas características?
2. O que é senso comum?
3. O que é senso crítico?
4. Quais são os passos a serem seguidos em uma pesquisa social?
5. Quais são as regras básicas a serem levadas em consideração em qualquer pesquisa científica em ciências sociais?
6. O que é método histórico? Exemplifique.
7. Como é o método de estudo de caso ou monográfico? Exemplifique.
8. Descreva o método comparativo e dê exemplos.
9. Quais as vantagens e as desvantagens na utilização do método estatístico?
10. O que é um grupo de controle?
11. O que é a sociologia compreensiva de Weber?
12. Qual a diferença entre uma ciência social e uma ciência exata ou natural?
13. O que significa afirmarmos que a observação científica é objetiva?
14. Por que a neutralidade é em ciências sociais considerada por muitos como impossível?

## CASO PARA ESTUDO

**O senso crítico e a dança da umbigada**

Em uma região do interior do Estado de São Paulo, há uma festa ancestral que corre o risco de acabar. Também chamada de caiumba, o batuque de umbigada é uma dança que veio com os escravos bantos trazidos para São Paulo, onde trabalharam na cultura de cana e café. Originalmente, em Angola, a umbigada faz parte de rituais de casamento e fertilidade. Nos municípios de Tietê, Piracicaba e Capivari estão os últimos grupos de batuqueiros, sexagenários que se reúnem umas poucas vezes por ano para tocar, cantar e dançar.

A canção da umbigada chama-se moda. Com refrões e versos muitas vezes improvisados, as modas comentam os acontecimentos das comunidades. Não há instrumentos melódicos ou harmônicos.

Os músicos tocam o tambu, um tambor escavado em um tronco, inteiriço; o quinjengue, outro tambor, mais agudo, que 'comenta' a marcação do tempo do tambu e fica nele apoiado; as matracas, paus batidos no corpo do tambu, na extremidade oposta àquela em que é preso o couro; e os guaiás, chocalhos de metal em forma de dois cones unidos pelas bases. O tecido rítmico é espesso, denso, de alto grau de sofisticação.

Por que o batuque está em vias de acabar, por que se perde uma tradição importante na vida das comunidades?

Um indicador do que houve pode ser encontrado em um texto sociológico publicado por Antonio Candido, em 1947 (veja texto a seguir). A origem do texto foi um convite da Prefeitura de Tietê ao professor Roger Bastide para assistir a um batuque de umbigada. Antonio Candido foi junto, acompanhado de alunos de sociologia e filosofia da USP (Universidade de São Paulo). A caravana chefiada por Bastide assistiu à festa e voltou para São Paulo. Antonio Candido ficou mais um pouco: "A fim de observar as reações despertadas pela festa na população local".

Falou com centenas de pessoas. Percebeu que a festa havia provocado uma crise. A festa, o batuque, era consentida — mas só quando realizada no mato, na roça, não dentro da cidade, e ainda mais patrocinada pela Prefeitura. Havia, na opinião dos moradores, principalmente os de classe média, coisa melhor "além dessa negrada" para ser mostrada aos professores da capital.

Em depoimento posterior, Antonio Candido esclareceu que a classe média é integrada pelo que já foi da alta e está em decadência ou do que veio de baixo e ascende. Em nenhum dos dois casos, essa camada da população queria ser confundida com aqueles festeiros negros. A impressão do turista seria de que aquilo representava a cidade. Precisava acabar.

De fato, no início dos anos 50, a polícia determinou que o batuque de umbigada era imoral e não podia mais ser realizado. Os participantes foram fotografados, fichados, alguns presos.

Há hoje grupos jovens que tentam fazer renascer o batuque de umbigada. Tentam puxar da memória dos velhos os cantos, as danças — são duas filas, uma de frente para outra, que se mexem ao ritmo da música, fazem floreios, aproximam-se e tocam as barrigas.

**Texto de Antonio Candido, publicado em 1947**
*É preciso notar que, atualmente, poucas vezes se realizam batuques na cidade de Tietê e nunca no centro da cidade, tendo sido esta a primeira vez que as autoridades não só deram permissão para tal, como compareceram, que neles tomam parte sobretudo negros; que, ao tempo da pesquisa, o vigário local se esforçava por impedir as danças afro-brasileiras, consideradas por ele ocasião de escândalo e imoralidades; finalmente, que notamos, desde o momento em que se realizava o batuque, movimentos de desagrado por parte de vários tieteenses, seja por motivos morais, seja por orgulho local, ferido pela possibilidade de os visitantes menosprezarem uma cidade "em que se dança batuque".*

*Durante as horas que este durou (das oito da noite às oito da manhã), foi possível sentir entre o grande número de pessoas presentes — pessoas gradas, gente média e miúda — sentimentos diversos e contraditórios. Imaginei então que a realização da festa, mais a circunstância excepcional da presença de um grupo de universitários, deveria ter provocado uma sacudidela na vida local; e, tendo-se tornado objeto de debates por vezes acalorados, seria excelente oportunidade para uma rápida sondagem sociológica — espécie de instantâneo, tomado em um momento relativamente crítico. Na vida mais ou menos rotinizada das pequenas cidades, um acontecimento qualquer — jogo de futebol, roubo, visita oficial etc. — provoca verdadeiros movimentos de opinião, durante os quais podemos desvendar certos mecanismos menos aparentes do comportamento.*

*Desde o instante da realização do batuque, podia-se perceber (e a investigação confirmou em seguida) que a pequena crise por ele provocada envolvia movimentos no orgulho local e na consciência de status. Daí a ideia de aproveitar a oportunidade e tentar uma análise da opinião pública de Tietê, em face da perturbação trazida pelo batuque e a presença dos pesquisadores. Análise necessariamente rápida, porque se tratava de focalizar pequena parcela de tempo, tanto quanto durasse a fase aguda da perturbação. A dificuldade inicial consistia, precisamente, em determinar a duração deste (digamos) momento social: a face aguda da pequena crise na consciência coletiva.*

*(...) De outro lado, a repulsa assumia, igualmente, motivos variados: humilhação ("Será que não há em Tietê outra coisa para mostrar além dessa negrada?"), revolta ("É o cúmulo explorar esses pobres negros, fazendo-os de palhaços."), sentimento de insegurança ("Daqui a pouco os rapazes de família vão cair no batuque."), preconceito moral ("Onde já se viu arranjar oportunidade para negro dar umbigada? Daqui a pouco vamos ter negrinhas defloradas."), preconceito religioso.*

(Extraído do texto "Opinião e classes sociais em Tietê", publicado em 1947 na Revista Didática e Científica.)

Adaptado de: DIAS, Mauro. "A resistência do batuque de umbigada". *O Estado de S. Paulo*, 5 out. 2003. Caderno Cultura, p. D-14.

## QUESTÕES PARA DISCUSSÃO

1. Por que a dança da umbigada está acabando?
2. Por que alguns acontecimentos provocam movimentos de opinião em pequenas cidades e oferecem uma ótima oportunidade para estudar o comportamento das pessoas?
3. Quais os sentimentos que emergem, em relação a manifestações populares, da parte de pessoas que pertenceram à classe alta e por aqueles que ascenderam recentemente a ela?
4. Hoje, as festas populares mudaram o significado para as pessoas das camadas mais altas da sociedade? Ou poderão mudar em função das modificações do significado dessas festas, com o crescimento do turismo?
5. Em sua região, você seria capaz de identificar outras festas que correm o mesmo risco de desaparecimento que a dança da umbigada? Poderia adotar o mesmo procedimento de Antonio Candido para efetuar uma rápida análise do acontecimento?

## Notas

1 Informações extraídas de artigo da *Folha de S.Paulo*, "Festa é herança de folclore francês", 17 jun.1994, p. A-1.
2 Entrevista de Clifford Geertz, antropólogo norte-americano, publicada em: AIELLO, Victor, TSU, "A mitologia de um antropólogo". *Folha de S.Paulo*, 18 fev. 2001. Caderno Mais!, p. 7.

# PARTE II

# O indivíduo e a sociedade

**CAPÍTULO 4**   A CULTURA E A SOCIEDADE

**CAPÍTULO 5**   GLOBALIZAÇÃO E DIVERSIDADE CULTURAL

**CAPÍTULO 6**   O PROCESSO DE SOCIALIZAÇÃO

**CAPÍTULO 7**   DESVIO SOCIAL, CRIME E CONTROLE SOCIAL

**CAPÍTULO 8**   SOCIEDADE E ESTRUTURA SOCIAL

**CAPÍTULO 9**   GRUPOS SOCIAIS E ORGANIZAÇÕES

# CAPÍTULO 4

# A cultura e a sociedade

## APRESENTAÇÃO

Um dos mais extensos capítulos, este, sobre a cultura, procura inserir o ser humano no contexto de um meio ambiente duplamente qualificado: natural e cultural. Mostra como se formou a cultura humana, sua diversidade e suas características fundamentais; como as futuras gerações se apropriam da cultura, como a transformam e se identificam com ela. Busca inserir o estudo da cultura no contexto de um processo de interações sociais globais, que traz a diversidade e a dificuldade de convivência intercultural, por um lado, e a perspectiva de entendimentos entre diferentes grupos sociais, com a valorização das diferenças, por outro.

## TÓPICOS PRINCIPAIS

- 4.1 Introdução
- 4.2 As origens da cultura
- 4.3 Conceito de cultura
- 4.4 Cultura de massas
- 4.5 Cultura popular
- 4.6 Folclore
- 4.7 Características da cultura
- 4.8 Elementos culturais
- 4.9 Etnocentrismo e relatividade cultural
- 4.10 Contracultura
- 4.11 Estrutura da cultura
- 4.12 Transmissão de cultura
- 4.13 Identidade cultural

## OBJETIVOS DE APRENDIZAGEM

Compreender:

- o significado da cultura.
- o processo de construção histórica e social da cultura.
- o que é cultura de massas, popular e das elites.
- os diversos elementos que estruturam uma cultura.
- a relação entre indivíduos de diferentes culturas.
- a diversidade cultural como fonte de riqueza da humanidade.
- como se dá o processo de construção da identidade cultural.
- a herança social como forma de continuidade da cultura.
- a necessidade de meios formais de transmissão cultural no mundo atual.

## 4.1 Introdução

A palavra 'cultura' tem para o senso comum o significado de um acúmulo de conhecimentos, de saber. É culto o indivíduo que sabe as coisas. Ter cultura é ter conhecimento acumulado. É comum a afirmação de que 'fulano' é um homem culto, no sentido de ter cultura; ou de que os moradores da roça são pessoas sem cultura; ou de que os índios apresentam uma cultura inferior à dos brancos. Todas essas afirmações são falsas do ponto de vista científico e, ao adotar-se uma postura crítica, será facilmente demonstrado que não apresentam nenhum valor do ponto de vista da busca da verdade.

Todos os seres humanos possuem cultura, e esta não pode ser melhor ou inferior a uma outra — serão somente diferentes (veja Figura 4.1). Assim, afirmar que uma pessoa tem mais cultura do que outra é um juízo de valor emitido a partir do referencial de determinada cultura.

Da mesma forma, a afirmação de que o pessoal da roça não tem cultura é uma observação fortemente etnocêntrica, feita a partir dos valores de uma determinada cultura (no caso, a cultura urbana). As pessoas que vivem no meio rural possuem um tipo de cultura próprio e identificado com as necessidades do meio ambiente em que vivem — acumularam, geração após geração, o conhecimento do solo, do clima, dos vegetais, das pragas, de plantações e de atividades diversas — e que configuram uma determinada relação do homem com o meio, tornando-o apto a enfrentar problemas que pessoas de outros grupos sociais não conseguiriam ou teriam muita dificuldade.

A afirmação de que os índios têm cultura inferior à dos brancos, da mesma forma, é destituída de sentido, pois possuem unicamente uma cultura diferente, que enveredou por caminhos diversos daqueles pelos quais nossos ancestrais optaram. Na nossa cultura podemos ter aspectos que desenvolvemos mais, como a tecnologia; mas, do ponto de vista geral, são culturas distintas, nem pior nem melhor que as outras.

> O **conhecimento** de outras culturas aumenta a tolerância de umas em relação às outras.

O entendimento do significado da cultura, da relatividade dos hábitos, costumes e valores e de sua transitoriedade poderá tornar o ser humano mais tolerante, pois aquilo que julgamos certo ou errado, justo ou injusto, bom ou ruim pode ter diferentes significados em outros lugares, e em um outro momento. O árabe muçulmano que comete suicídio em um carro-bomba, acreditando que irá para o paraíso, certamente não tomaria essa atitude se tivesse sido criado em uma cultura como a brasileira.

Ao compreendermos que nossos atos e nossas atitudes estão relacionados com a cultura da qual fazemos parte, poderemos aumentar nossa tolerância com as pessoas que são por nós consideradas diferentes. E, ao mesmo tempo, iremos observando que em diferentes culturas há valores mais amplos que vão gradativamente predominando e que, provavelmente, passarão a se constituir em valores universais adotados por toda a raça humana, por exemplo os direitos humanos, a qualidade de vida, o respeito ao meio ambiente, entre outros.

**Figura 4.1**  Características da cultura

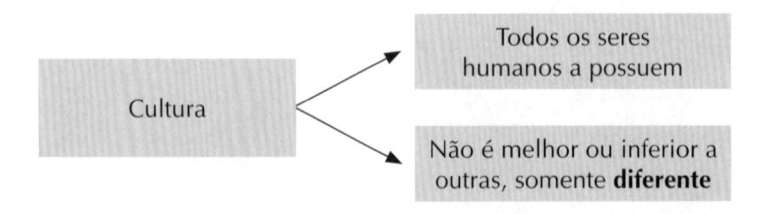

Cultura
→ Todos os seres humanos a possuem
→ Não é melhor ou inferior a outras, somente **diferente**

## 4.2 As origens da cultura

Há milhares de anos, a espécie humana não se diferenciava dos outros animais. Não utilizava instrumentos nem agasalhos e não apresentava formas de organização além das que sua condição biológica exigia. Podia, por exemplo, reunir-se com outros de sua espécie para caçar ou defender-se de animais maiores. Agia por instinto, e suas necessidades se restringiam àquelas determinadas pela sua biologia, como necessidade de comer, de se reproduzir, de se defender, de se proteger do tempo etc.

No entanto, com o passar dos anos, o animal humano foi se diferenciando profundamente dos outros animais: embora menor e pouco dotado em tamanho e força, ia se transformando, gradativamente, em um dos maiores predadores de outros seres. Aprendeu a utilizar roupas,[1] instrumentos e a criar inovações que o tornavam capaz de enfrentar qualquer animal.

Sua capacidade de adaptação, por outro lado, não o prendia a nenhum nicho ecológico, tornando-o um ser com condições de habitar qualquer lugar, independentemente do clima. Diferentemente de outros animais, conseguia transmitir às novas gerações tudo aquilo que descobria. Quando uma geração aprendia a dominar o fogo, por exemplo, repassava o aprendido à geração seguinte, perpetuando, desse modo, o conhecimento adquirido. O mesmo se repetia em relação a outras descobertas e procedimentos, que, em geral, eram utilizados para que o homem resistisse ao meio ambiente, que lhe era hostil.

E assim a espécie humana não só sobreviveu como tornou-se, aos poucos, a espécie dominante dos lugares que ocupava. O importante, como afirma Laraia (1997, p. 39), é que o fez com um "equipamento físico muito pobre. Incapaz de correr como um antílope; sem a força de um tigre; sem a acuidade visual de um lince ou as dimensões de um elefante; mas, ao contrário de todos eles, dotado de um instrumental extraorgânico de adaptação, que ampliou a força de seus braços, a sua velocidade, a sua acuidade visual e auditiva etc." E, o que é mais importante, é que essas modificações ocorreram sem que houvesse quase nenhuma alteração física — o ser humano de 10 mil anos atrás não é muito diferente anatomicamente do atual.

Ao resistir aos outros predadores, foi, gradativamente, aprendendo que como indivíduo isolado não teria maiores condições de sobrevivência. Passou a caçar em grupo, tornando-se essa prática a essência de sua existência. A partir do momento que os indivíduos entenderam que agrupados conseguiam alcançar objetivos comuns, surgiu a necessidade de melhor organização dessas atividades, com a criação de funções e tarefas e o sequenciamento destas, provocando um melhor rendimento. A capacidade de intervenção do homem na natureza aumentou, e pouco a pouco foi diminuindo sua dependência aos limites impostos pelo instinto biológico (veja Figura 4.2).

Esses atos, procedimentos e criações que foram desenvolvidos pelo homem e que não estavam relacionados com o instinto natural é o que denominamos 'cultura' (veja Figura 4.3). E o meio cultural assim formado socializa as novas gerações,

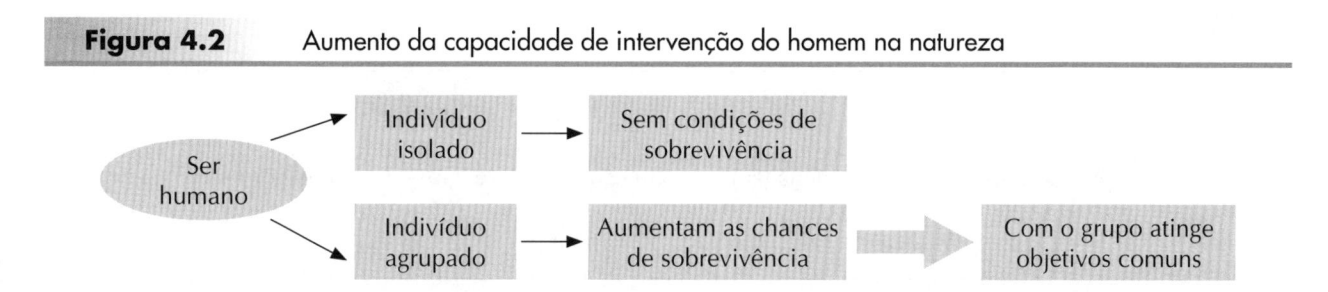

**Figura 4.2** Aumento da capacidade de intervenção do homem na natureza

**Figura 4.3**  A intervenção humana na natureza

Natureza → Com a intervenção humana → Cultura

tornando o ser humano "um herdeiro de um longo processo acumulativo, que reflete o conhecimento e a experiência adquiridos pelas numerosas gerações que o antecederam. A manipulação adequada e criativa desse patrimônio cultural permite as inovações e as invenções" (Laraia, 1997, p. 46).

Assim a cultura deve ser compreendida, como algo inerente aos seres humanos. Não há cultura fora dos humanos. O conceito de cultura, portanto, contrapõe-se a uma existência não cultural, natural, em que prevalecem os instintos básicos do ser humano como animal. Toda criação humana, material ou não material, é cultura (veja Figura 4.4); onde não há criação ou intervenção humana, temos somente a natureza, e não cultura. Em decorrência disso podemos falar em meio ambiente natural e cultural.

O homem, ao se distanciar do instinto biológico, passando a criar novas maneiras de organização, novos objetos, novos materiais, dá origem a um novo ambiente, próprio para sua existência, diferente do ambiente natural, e que passamos a chamar de 'ambiente cultural'.

O ambiente cultural do homem inclui as vilas, as aldeias, as cidades, os animais domésticos, as plantações, os novos relacionamentos entre os indivíduos, a linguagem, as crenças, as religiões, a música, a tecnologia etc. (veja Figura 4.5). Essa cultura humana, que compreende tudo o que foi criado pelo homem, seja tangível ou não tangível, apresenta singularidades que podem variar de região para região, em cada localidade, e dentro mesmo das cidades ocorrem variações.

Ao observarmos a cultura humana, iremos perceber que existem traços perfeitamente identificáveis que são comuns a vários indivíduos, formando, portanto, grupos com uma certa homogeneidade: língua, hábitos, costumes, instrumentos, alimentação etc., e que, de um modo geral, estão agrupados geograficamente. A esses conjuntos com traços comuns perfeitamente discerníveis denominamos 'subculturas'.

Podemos afirmar, com bastante segurança, que a cultura humana é formada de um número indeterminado de subculturas, que podem ser estudadas como unidades bem caracterizadas. Assim, podemos falar da cultura francesa, da indiana,

**Figura 4.4**  Definição de cultura

Cultura → Toda criação humana, material ou imaterial

**Figura 4.5**  O ambiente cultural humano

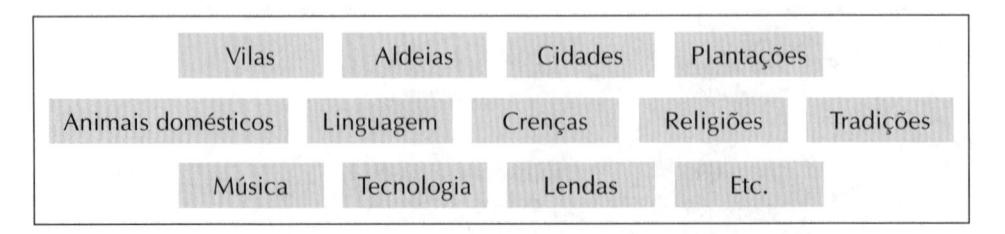

Vilas | Aldeias | Cidades | Plantações
Animais domésticos | Linguagem | Crenças | Religiões | Tradições
Música | Tecnologia | Lendas | Etc.

da curda, da paquistanesa, da brasileira etc., que são subculturas da cultura humana mais geral.

Dentro de cada subcultura, por sua vez, iremos encontrar inúmeras e indeterminadas outras culturas, por exemplo, na cultura brasileira iremos encontrar as subculturas feminina, masculina, baiana, xavante, caipira, gaúcha etc. (veja Figura 4.6).

Podemos continuar de uma maneira quase infinita identificando subculturas — que na realidade são culturas que apresentam traços perfeitamente discerníveis dentro de uma cultura mais geral — até chegarmos às organizações, que são grupos sociais formados por pessoas com objetivos perfeitamente definidos e são criados para cumprir atividades determinadas. Estas também podem ser consideradas subculturas de uma cultura mais geral. Por exemplo, uma organização empresarial apresenta traços perfeitamente discerníveis, que irão identificá-la como uma cultura específica; as pessoas que a integram apresentam um linguajar, hábitos e costumes próprios e que são diferentes dos do restante da sociedade; assim, ela é uma subcultura de uma cultura mais geral, que pode ser a brasileira, ou da região onde está inserida, como São Paulo.

Uma empresa multinacional como a Bosch, por exemplo, tem uma subcultura organizacional que a identifica com a cultura da organização alemã Bosch. No entanto, a cultura dos seus funcionários no Brasil, embora apresente uma identidade com a cultura organizacional da matriz alemã, deverá apresentar traços que a distinguem, formando uma cultura organizacional da Bosch no Brasil.

Podemos repetir o exemplo para todas as organizações existentes e iremos identificar traços que as diferenciam como grupo social do restante da sociedade. Desse modo, podemos falar de culturas organizacionais que existem em organizações, como o Exército, as empresas, os clubes, as escolas, as prefeituras, as fundações, as igrejas etc. (veja Figura 4.7).

Há um número enorme de grupos existentes na sociedade que constituem também subculturas de outras culturas.

Um caso exemplar é a subcultura formada pelos descendentes dos imigrantes japoneses no Brasil. Aqui no País são identificados como japoneses e assumem essa identidade de tal modo que se sentem estrangeiros no País, pois se identificam com o Japão, terra originária de seus pais. Quando migram para o Japão sofrem discriminação e são chamados de brasileiros, pois apresentam traços culturais distintivos, que os tornam únicos. Assim, descobrem que formam uma cultura absolutamente diferente no mundo e, sem dúvida, são subcultura da cultura japonesa, e subcultura da cultura brasileira (veja Figura 4.8). No entanto, formam na realidade uma outra cultura, única do ponto de vista global.

Em resumo, podemos afirmar que a concepção de cultura pressupõe a existência de culturas, pois cada grupo social apresentará diferenças, adquiridas e consolidadas pela sua maior convivência em relação aos demais.

**Figura 4.6**  As diferentes subculturas da cultura brasileira

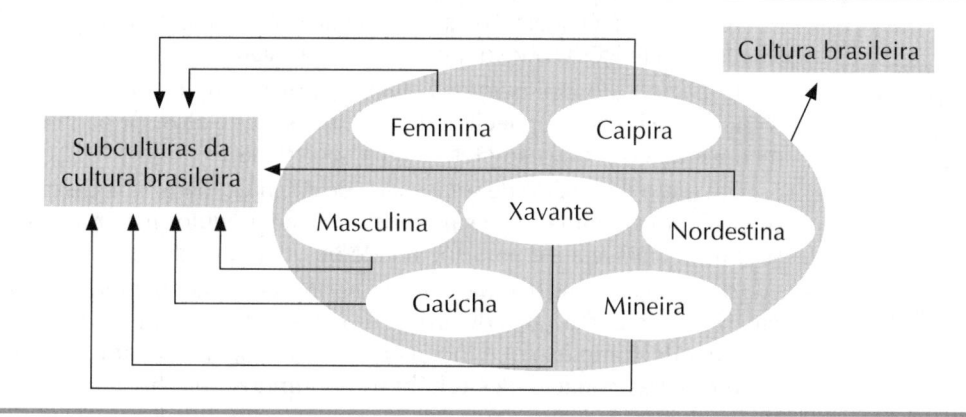

**Figura 4.7**  As diferentes organizações da cultura organizacional

Cultura organizacional
- Empresas
- Exército
- Clube
- Escola
- Prefeituras
- Fundações
- Igrejas
- ONGs
- Hospitais
- Cooperativas

**Figura 4.8**  A cultura nipo-brasileira

Cultura brasileira — Cultura nipo-brasileira — Cultura japonesa

**Cultura nipo-brasileira**
Subcultura da cultura brasileira e subcultura da cultura japonesa

## 4.3 Conceito de cultura

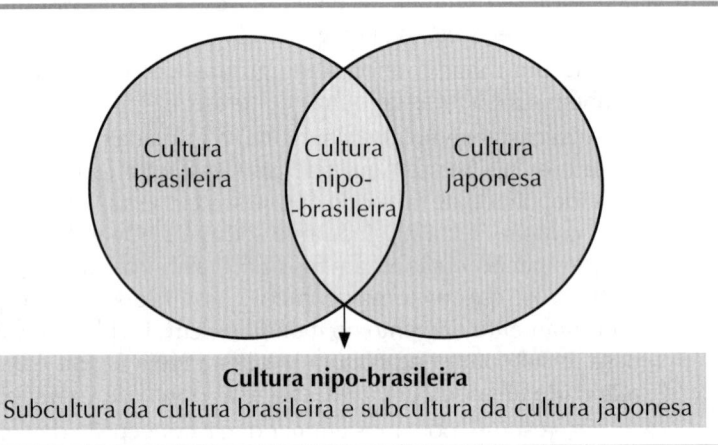

**Conceito de cultura, por Edward B. Tylor, 1871.**
Cultura é aquele todo complexo que inclui conhecimento, crença, arte, moral, direito, costume e outras capacidades e hábitos adquiridos pelo homem como membro da sociedade.

A partir da sociologia e da antropologia, historicamente tem aparecido uma diversidade de definições sobre o que seja cultura. Algumas delas podem ser destacadas.

O *Dicionário de sociologia Globo*, por exemplo, define cultura como um "Sistema de ideias, conhecimentos, técnicas e artefatos, de padrões de comportamento e atitudes que caracteriza uma sociedade".[2]

Em outro dicionário de sociologia, de Allan G. Johnson, é definida como sendo o "conjunto acumulado de símbolos, ideias e produtos materiais associados a um sistema social, seja ele uma sociedade ou uma família".[3]

A definição considerada a mais importante, e na qual muitas outras se basearam, é a formulada por Edward B. Tylor, em 1871, que afirmou que "cultura é aquele todo complexo que inclui conhecimento, crença, arte, moral, direito, costume e outras capacidades e hábitos adquiridos pelo homem como membro da sociedade" (veja Figura 4.9.).

66  Introdução à sociologia

**Figura 4.9** Definições de cultura

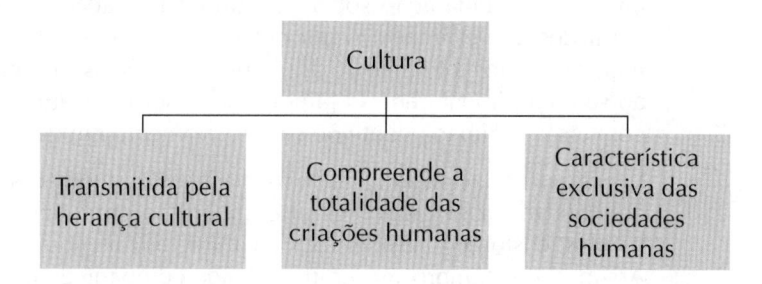

```
                    Cultura
        ┌──────────────┼──────────────┐
   Transmitida pela  Compreende a  Característica
   herança cultural  totalidade das  exclusiva das
                     criações humanas  sociedades
                                       humanas
```

Em 1941, Bronislaw Malinowski (1997), em seu ensaio intitulado "Uma teoria científica da cultura", afirma que "a cultura consiste no conjunto integral dos instrumentos e bens de consumo, nos códigos constitucionais dos vários grupos da sociedade, nas ideias e artes, nas crenças e costumes humanos".

Poderíamos relacionar um número enorme de contribuições de outros autores, e que, no entanto, convergem para três aspectos essenciais (Dias, 2000, p. 50):

1. É transmitida pela herança social.
   O indivíduo aprende cultura no grupo social, e não por herança biológica. Cada geração transmite às gerações seguintes a cultura do grupo, por meio do processo de socialização.

2. Compreende a totalidade das criações humanas.
   A cultura abrange tudo o que foi criado pela humanidade, tanto do ponto de vista material como não material. Inclui ideias, valores, manifestações artísticas de todo tipo, crenças, instituições sociais, conhecimentos científicos e técnicos, instrumentos de trabalho, tipos de vestuário, alimentação, construções etc.

3. É uma característica exclusiva das sociedades humanas.
   Como compreende a totalidade das criações humanas, é uma característica exclusiva dos seres humanos. Os animais são incapazes de criar cultura.

Podemos acrescentar, ainda, outros traços que permitem caracterizar melhor o que é cultura (veja Figura 4.10):

a) Ela se manifesta por meio de tudo aquilo que produz o ser humano para satisfazer às suas necessidades e viver em sociedade. A fim de satisfazer as necessidades de alimentação, criam-se animais domésticos, plantam-se sementes, produzem-se utensílios (garfo, faca, prato); a necessidade de abrigo traduz-se na produção de vestimentas, casas etc.

**Figura 4.10** Características que compõem a cultura

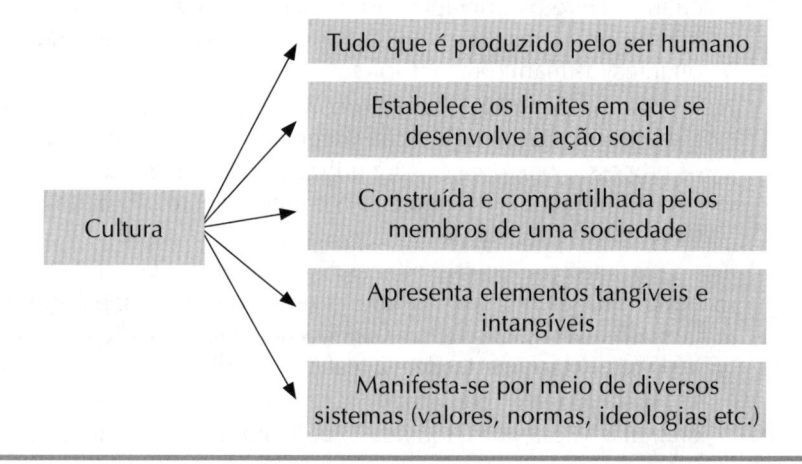

```
              ┌─→ Tudo que é produzido pelo ser humano
              │
              ├─→ Estabelece os limites em que se
              │   desenvolve a ação social
              │
   Cultura ───┼─→ Construída e compartilhada pelos
              │   membros de uma sociedade
              │
              ├─→ Apresenta elementos tangíveis e
              │   intangíveis
              │
              └─→ Manifesta-se por meio de diversos
                  sistemas (valores, normas, ideologias etc.)
```

b) É a cultura que estabelece os limites no qual se desenvolve toda a ação social. Assim, podemos afirmar que, para cada tipo de cultura, pode-se desenvolver uma determinada ação social relacionada. A ação social é sempre gerada a partir dos limites impostos por determinada cultura. Uma sociedade pode ser mais ou menos tolerante ao adultério. As pessoas são mais ou menos efusivas ao se cumprimentarem. O almoço pode ser uma situação em que as pessoas conversam animadamente ou ser um momento em que impera o silêncio etc.

c) A cultura é construída e compartilhada pelos membros de uma determinada coletividade. Um grupo social compartilha entre seus membros os mesmos hábitos, costumes, atitudes etc. que caracterizam aquela cultura em particular. Assim, cada membro vai ser identificado como integrante de tal ou qual cultura pelos traços que apresenta e que constituem um conjunto culturalmente identificado. São compartilhados, de um modo geral, os hábitos de vestir, a alimentação, as normas de cortesia, o significado dos gestos etc.

d) Toda cultura apresenta elementos tangíveis e não tangíveis. Os elementos tangíveis são mais fáceis de serem identificados, como a tecnologia, as ferramentas, os instrumentos de trabalho, as máquinas, as construções etc. Os elementos não tangíveis podem não ser percebidos de imediato, pois se constituem, na mente dos indivíduos, como os valores, a ideologia, as crenças, os mitos, os símbolos, as normas ritualizadas nos costumes etc.

e) A cultura se manifesta por meio de diversos sistemas (valores, normas, ideologias etc.) que influenciam decisivamente a personalidade do indivíduo, determinando seu comportamento, sua forma de pensar, de sentir e de atuar no sistema social ao qual pertence.

Podemos definir cultura, ainda, como toda conduta que é aprendida e seus resultados, cujos elementos são compartilhados e transmitidos pelos homens que compõem uma determinada sociedade. Na conduta se inclui tudo aquilo que o homem aprende e produz por meio de suas atividades, incluindo-se aspectos sociais, psicológicos e físicos.

Os resultados da conduta se manifestam, primeiramente, pelos traços não materiais que se expressam em tudo aquilo que o homem aprende pela socialização, resultando nos valores, nas atitudes, nas formas de pensar, sentir e agir. E, em segundo lugar, pelos traços materiais, que são os objetos que o homem constrói e que se manifestam pela tecnologia, infraestrutura, invenções etc. Desse modo, também, podemos, de um modo simplificado, definir cultura como o conjunto de traços materiais e não materiais que caracterizam e identificam uma sociedade.

Conhecemos uma cultura pelas suas manifestações concretas, examinando os elementos culturais existentes dentro de um território ocupado por determinada comunidade cultural — uma localidade, uma região ou um país, por exemplo. Há alguns elementos observáveis que facilitam o conhecimento de uma determinada cultura. Entre os principais estão as relações entre as pessoas, a vida material, o idioma e suas variações, a visão estética, a religião, se a identidade cultural é forte ou fraca, as manifestações folclóricas e assim por diante.

A 'vida material' se refere, de modo geral, à produção necessária para garantir a sobrevivência, ou seja, as ferramentas, o conhecimento, as técnicas, os métodos, os processos que uma cultura utiliza para produzir bens e serviços e sua distribuição e consumo. A economia e o conhecimento são partes essenciais da vida material de uma comunidade.

As 'interações sociais' estabelecem os papéis que a população assume e os padrões de autoridade e responsabilidade. Esses são confirmados pelas instituições da sociedade, que os reafirmam. As instituições educacionais, as tradições e as manifestações sociais (festas e celebrações) tendem a reafirmar os diferentes papéis existentes na sociedade.

A 'linguagem' como parte da cultura é considerada não somente no sentido oral, mas se estende à totalidade da comunicação simbólica, na qual se incluem a fala, os gestos, as expressões e outros mecanismos de manifestação do indivíduo. Os diferentes idiomas do mundo não se traduzem literalmente entre si — um símbolo na língua japonesa não encontra total correspondência no alfabeto por nós utilizado, por exemplo. Uma determinada palavra, dependendo da região em que é utilizada, poderá ter diferentes significados. A mesma cultura apresenta variações de linguagem que indicam a existência de subculturas, que serão mais corretamente caracterizadas observando-se outros elementos. Os nordestinos, no Brasil, apresentam um sotaque regional bastante característico, sendo esse o aspecto perceptível que identifica uma cultura bastante rica, no que diz respeito a outros elementos, como a culinária, as vestimentas, a vida material, a estética etc.

A linguagem representa um dos aspectos de uma subcultura; por outro lado, podemos afirmar que as diferentes línguas faladas representam culturas diferentes, ou seja, são o aspecto mais visível das diferenças culturais entre diferentes grupos sociais. Nesse aspecto, podemos identificar em solo brasileiro um número significativo de línguas faladas, que, portanto, representam culturas diferentes (veja Quadro 4.1), e o número de falantes de uma língua pode expressar a vitalidade de uma cultura.

### QUADRO 4.1 — O desaparecimento das línguas no mundo

Metade das cerca de 7.000 línguas faladas hoje em todo o mundo deve sumir até o final do século, em alguns casos à velocidade aproximada de uma extinção a cada 14 dias. A estimativa catastrófica é resultado de uma investigação financiada pela National Geographic Society, que apontou as cinco regiões do planeta onde há mais línguas ameaçadas de extinção.

"As línguas estão passando por uma crise global de extinção, que excede enormemente o ritmo das extinções de espécies", declarou o lingüista David Harrison, do Instituto Línguas Vivas.

Ele e seu colega Gregory Anderson viajaram pelo mundo inteiro ao longo de quatro anos para entrevistar e gravar os últimos falantes de algumas das línguas mais ameaçadas. Após o levantamento (os dados completos estão em www.languagehotspots.org) eles perceberam que as regiões mais críticas são Sibéria oriental, norte da Austrália, centro da América do Sul, Oklahoma e litoral noroeste do Pacífico nos EUA e Canadá. "Estamos vendo na frente dos nossos olhos a erosão da base do conhecimento humano", disse Harrison.

O sumiço das línguas têm ocorrido tanto por morte das pequenas populações que ainda as falam quanto pelo simples desuso das línguas. Elas não são passadas para as novas gerações, que falam apenas a língua mais comum no país, como português, no Brasil, e toda a cultura daquele povo acaba ficando restrita aos mais velhos da tribo. Quando eles morrerem, o conhecimento dessa população morrerá junto.

"Oitenta por cento das espécies do mundo ainda não foram descobertas pela ciência, mas não significa que elas sejam desconhecidas dos humanos", lembra Harrison. Com a perda da língua, diz ele, estão sendo jogados fora séculos de descobertas feitas pela humanidade.

O país mais crítico é a Austrália. Das 231 línguas aborígenes existentes, 153 estão em risco muito alto. No norte do país os pesquisadores acharam um único falante de amurdag, língua já considerada extinta. "Esta é provavelmente uma língua que não vai voltar, mas pelo menos fizemos uma gravação dela", conta Anderson.

No caso do Brasil, pelo levantamento feito pela National Geographic, as línguas de povos que vivem em Rondônia apresentam um nível de risco muito alto de sumir, enquanto as línguas faladas por populações indígenas do centro-sul estão em alto risco. Linguistas que estudam o problema no país, no entanto, acreditam que a situação aqui é bem pior que a demonstrada por Harrison e Anderson.

A dupla considera, por exemplo, que o wayoró é falado por cerca de 80 pessoas em Rondônia. Segundo Denny Moore, do Museu Emílio Goeldi, são menos de dez os falantes.

Outros povos nem chegaram a figurar entre os de língua mais ameaçada pelos americanos. Um caso é dos canauê, também de Rondônia, cuja língua é falada por oito pessoas.

Algumas línguas indígenas estão literalmente à beira da extinção no Brasil porque as poucas pessoas que as falam simplesmente não têm para quem transmitir o conhecimento. No Paraná há só um falante da língua do povo xetá.

"E ele é um solteirão, que dificilmente vai passar sua cultura para frente", conta Aryon Rodrigues, do Laboratório de Línguas Indígenas da Universidade de Brasília.

Segundo o pesquisador, o caso se repete na região de Altamira, no Pará, onde somente uma mulher xipaia fala a língua de seu povo. No mesmo local, entre os curuaia, vivem somente dois falantes. "A situação aqui é muito ruim", diz.

*Fonte*: GIRARDI, Giovana. "Metade das línguas do mundo corre risco de sumir, aponta estudo". *Folha de S.Paulo*, Caderno Ciência e Saúde, 20 set. 2007, fornecido pela *Folhapress*.

A 'estética' revela os conceitos de beleza e sua expressão, que são apreciados em determinada cultura, e inclui todo tipo de artes e as manifestações da cultura expressas pelas diferentes camadas sociais em uma determinada sociedade. Os valores estéticos de uma sociedade aparecem nos desenhos, nos estilos, nas cores, expressões, símbolos, movimentos, emoções, e posturas valorizadas e preferidas em uma cultura particular. Do mesmo modo, os símbolos que uma pessoa utiliza para comunicar sua posição social variam em cada cultura e podem ser: a posse de carros de determinado tipo, uso de variadas roupas, apreciação de determinado tipo de bebida e assim por diante.

A 'religião' influencia na percepção que uma cultura possui sobre a vida, seu significado e seu conceito. As tradições religiosas podem inibir o desenvolvimento de determinadas estruturas organizacionais. A religião também influencia o desempenho dos papéis sociais do homem e da mulher, o desenvolvimento de instituições sociais e os rituais que cercam os mais importantes momentos da vida. Afeta o modo de vida de muitas outras maneiras: estabelece relações de autoridade, os deveres dos indivíduos e as responsabilidades, entre outras.

Os 'hábitos alimentares' estão entre os elementos mais significativos na constituição de uma cultura. A necessidade fisiológica diária de nutrição existe para todo membro de qualquer cultura ou sociedade. A obtenção, a preparação e o consumo de alimentos estão inter-relacionados com muitos outros elementos universais de uma cultura, como as cerimônias, festas, tradições e a divisão do trabalho. O consumo de alimentos é culturalmente determinado. Em muitas culturas não se come carne de porco, em outras não se consome carne de vaca. Nas diversas culturas brasileiras predominam traços distintos: os cariocas cultuam a feijoada; os gaúchos, o churrasco; no Nordeste, diversos pratos são feitos utilizando-se carne de bode; no Amazonas há pratos de peixe de diversos tipos etc. (veja Figura 4.11).

## 4.4 Cultura de massas

**Massa:** Aglomerado heterogêneo de indivíduos que são tratados de forma homogênea pelos meios de comunicação.

Antes de mais nada, devemos tentar definir o que seja a 'massa' no sentido aqui adotado. No texto, 'massa' será um aglomerado heterogêneo de indivíduos, que são tratados de forma homogênea pelos meios de comunicação. Na massa estão tanto operários como funcionários públicos, pequeno-burgueses, profissionais liberais, assalariados, ou seja, um conjunto indefinido de pessoas, que pode ser alvo de propaganda de algum tipo.

Assim definida, 'massa' é um termo relacionado com o processo de industrialização, em que as diversas unidades produzem para a 'massa', conjunto indistinto de consumidores de bens de consumo. A cultura de massa, portanto, é um produto típico da era industrial.

**Figura 4.11** Principais elementos identificadores da cultura

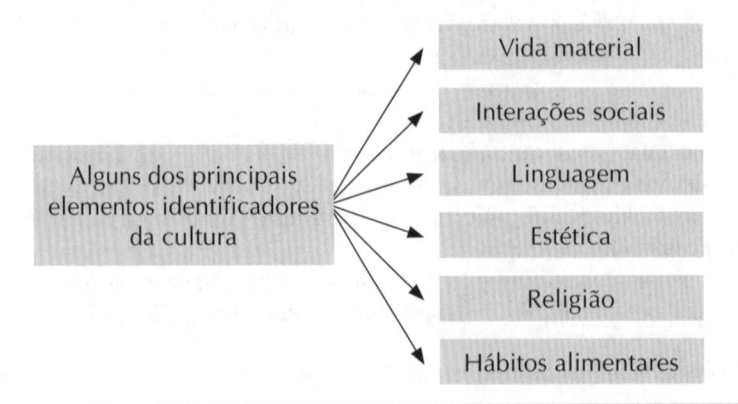

Alguns dos principais elementos identificadores da cultura:
- Vida material
- Interações sociais
- Linguagem
- Estética
- Religião
- Hábitos alimentares

Introdução à sociologia

Um produto típico da cultura de massa se caracteriza pelo fato de não ser feito por aqueles que o consomem. A cultura de massa, que é gerada pela indústria cultural, encontrou condições de existir a partir da Revolução Industrial, no século XVIII (veja Figura 4.12). No entanto, esta não é por si só a condição suficiente para a sua existência. Foi necessário o surgimento "de uma economia de mercado, isto é, de uma economia baseada no consumo de bens, enfim, a ocorrência de uma sociedade de consumo, só verificada no século XIX em sua segunda metade" (Coelho, 1980, p. 10).

"A indústria cultural, os meios de comunicação de massa e a cultura de massa surgem como funções do fenômeno da industrialização. (...) A cultura feita em série, industrialmente, para o grande número, passa a ser vista não como instrumento de crítica e de conhecimento, mas como produto trocável por dinheiro e que deve ser consumido como se consome qualquer outra coisa. (...) Uma cultura perecível como qualquer peça de vestuário. Uma cultura que não vale mais como algo a ser usado pelo indivíduo ou grupo que a produziu e que funciona, quase exclusivamente, como valor de troca (por dinheiro) para quem a produz" (Coelho, 1980, p. 10-11).

A cultura de massas é o produto da indústria cultural (TVs, rádios, jornais, revistas). "Com seus produtos a indústria cultural pratica o reforço das normas sociais, repetidas até a exaustão sem discussão. Em consequência, uma outra função: a de promover o conformismo social. E a esses aspectos centrais do funcionamento da indústria cultural viriam somar-se outros, consequência ou subprodutos dos primeiros: a indústria cultural fabrica produtos cuja finalidade é a de serem trocados por moeda; promove a deturpação e a degradação do gosto popular; simplifica ao máximo seus produtos, de modo a obter uma atitude sempre passiva do consumidor; assume uma atitude paternalista, dirigindo o consumidor ao invés de colocar-se à sua disposição" (Coelho, 1980, p. 26).

A cultura de massa não ocupa o lugar da cultura superior (ou das elites) ou da cultura popular, apenas cria para si uma terceira faixa, que complementa e vitaliza os processos das culturas tradicionais (exemplos nas contribuições da cultura de massa para a pintura, TV, cinema, teatro e literatura).

## 4.5 Cultura popular

Definir o que seja 'cultura popular' é uma tarefa difícil em um mundo em que a comunicação torna-se cada vez mais intensa, difundindo-se com bastante facilidade entre diferentes grupos sociais em todo o mundo.

Teremos de recorrer um pouco à origem da expressão. Originalmente, a expressão 'cultura popular' surge na Idade Média, na Europa, em oposição à cultura oficial, dominante ou das elites. A cultura popular passa a expressar uma visão de mundo diferente daquela oficial, representada pela nobreza e pelo clero. Assim, inicialmente, a cultura popular era não religiosa em virtude do papel cultural dominante da Igreja no período feudal. Desenvolve-se a princípio no ambiente das ruas e das praças da Idade Média, o ambiente público no qual se expressa o povo, diferente do ambiente palaciano em que convivem as elites. Sua lógica inicial se dirige para a inversão dos valores, das hierarquias, das normas e dos tabus religiosos, políticos e morais estabelecidos, opondo-se, assim, aos dogmas e à seriedade da cultura oficial (veja Figura 4.13).

**Figura 4.12**  O surgimento da cultura de massa

**Indústria cultural** (TVs, rádios, jornais, revistas etc.) → Gera → Produtos típicos da cultura de massas

### Figura 4.13 — Cultura popular *versus* cultura das elites

**Cultura popular** ⇔ Em oposição a ⇒ **Cultura oficial, dominante ou das elites**

Muitos autores, como Peter Burke, consideram a cultura popular como a cultura não oficial, das classes subordinadas.

Efetivamente, com a derrocada das elites dominantes na Idade Média e a ascensão da burguesia, a cultura da nação manteve de um outro modo a polaridade anterior, identificando-se uma cultura popular e cultura dominante.

Marilena Chauí (1986, p. 25) define cultura popular como "um conjunto disperso de práticas, representações e formas de consciência que possuem lógica própria (o jogo interno do conformismo, do inconformismo e da resistência), distinguindo-se da cultura dominante exatamente por essa lógica de práticas, representações e formas de consciência".

Nessa linha podemos identificar a cultura popular com distintos modos de expressão que ocorrem na sociedade e que se manifestam por meio da arte, do folclore, da religião etc. O sincretismo religioso, por exemplo, é uma manifestação que constitui uma maneira de expressão da cultura popular; foi o modo encontrado no Brasil pelos escravos de continuarem cultuando suas divindades, pela fusão com o catolicismo, reinterpretando alguns de seus elementos, como os santos da Igreja Católica que estão associados a divindades dos cultos afro. Uma característica da cultura popular é a de que ela, de um modo geral, é consumida por aqueles que a produzem.

> A **cultura popular** é consumida por aqueles que a produzem.

Com a facilidade de acesso aos meios de comunicação de massa, muitas manifestações da cultura popular transformaram-se em 'cultura de massas' com sua exploração pela indústria cultural. As músicas que são tocadas em rádios de todo o mundo, produzidas pela indústria cultural, na maioria das vezes têm origens na cultura popular de algum país ou região. São exemplos disso o rap e o reggae, que se originaram na Jamaica e hoje estão sendo consumidos no mundo todo.

## 4.6 Folclore

A palavra 'folclore' tem origem inglesa, *folk-lore*, e literalmente quer dizer 'o saber do povo'. No entanto, o folclore sempre é definido como uma manifestação que representa o passado, como um 'conjunto das tradições, dos conhecimentos ou das crenças populares expressas em provérbios, contos e canções'.

Todas as definições de folclore caracterizam-no como uma representação do passado (as tradições), uma forma de mostrar aquilo que os antepassados faziam, trajavam, dançavam, cantavam etc. Trata-se de uma apropriação social, no presente, de uma manifestação da cultura popular do passado. No entanto, devemos entender que as manifestações folclóricas não se cristalizam no passado, mas sofrem modificações ao longo do tempo e sobrevivem, graças a adaptações diversas.

Assim, o folclore deve ser compreendido como uma manifestação no presente de uma tradição, que, no entanto, não é exatamente igual àquela da qual se originou nem seu significado, necessariamente, será o mesmo. O importante é que se trata de uma manifestação da cultura popular, e sua continuidade reflete o cumprimento de uma função necessária para a população que a exprime (a manifestação folclórica). Muitas vezes, a manifestação folclórica pode ser a mesma que existe há muito tempo; entretanto, a função social que exerce hoje pode não ser a mesma, foi reinterpretada pela população que a mantém, principalmente por cumprir um papel de fortalecimento da identidade cultural.

A autenticidade do fato folclórico, embora esteja diretamente relacionada com o tradicional, deve ser considerada dentro do processo dinâmico pelo qual é construído (o fato folclórico), que com o decorrer do tempo vai incorporando novas características, sem desfigurá-lo. Assim compreendido, o fato folclórico autêntico não é o 'engessado' no tempo. O autêntico fato folclórico sofre mutações em função de novas realidades; embora tenha como referência o passado, articula-se com o presente e cumpre uma função social em cada momento histórico.[4]

Um exemplo é o ressurgimento dos grupos de maracatu na Bahia, que mantêm os elementos centrais da tradição, mas que, no entanto, envolvem-se cada vez mais com os festejos do carnaval, transformando-se em atração turística. Portanto, o renascimento dos grupos de maracatu deu-se incorporando uma nova realidade, que é o turismo como fonte de renda para os municípios, e as autoridades locais incentivam o retorno dessa manifestação porque ela atrai mais turistas. Outras manifestações folclóricas estão ressurgindo em todo o Brasil no mesmo contexto de incremento do turismo.

## 4.7 Características da cultura

Nas páginas anteriores indicamos várias características da cultura de modo disperso ao longo do texto. Iremos reuni-las para facilitar a compreensão de sua importância em cinco pontos que julgamos essenciais:

1. 'A cultura é transmissível pela herança social, e não pela herança biológica.' As pessoas adquirem cultura ao longo do tempo por meio de sua participação em um ou em vários grupos em um processo conhecido como 'socialização'. Ela é sempre compartilhada: quem possui uma determinada cultura a transmite aos outros membros do grupo. O indivíduo adquire cultura por meio da interação com outras pessoas, e a consolida exercitando-a com os outros.

2. 'A cultura compreende a totalidade das criações humanas.' Inclui ideias, valores, manifestações artísticas de todo tipo, crenças, instituições sociais, conhecimentos científicos e técnicos, instrumentos de trabalho, tipos de vestuário, alimentação, construções, animais domésticos, plantas desenvolvidas e aperfeiçoadas pelo homem etc.

3. 'É uma característica exclusiva das sociedades humanas.' Os animais irracionais são incapazes de criar cultura. Ao considerarmos como uma característica básica da cultura humana o fato de ela ser transmissível, podemos encontrar em alguns animais (chimpanzés e orangotangos, por exemplo) certos rudimentos dessa capacidade, o que poderia indicar um processo evolutivo desses animais para uma condição que se aproxima dos primórdios da evolução do ser humano.

4. 'Interfere na forma como a pessoa vê o mundo, como percebe as coisas.' Cada indivíduo foi criado em uma cultura determinada e os valores que adquiriu fazem-no emitir juízos de valor sobre as coisas; sendo assim, o mundo é visto de diferentes maneiras pelas sociedades humanas. Um indivíduo interpretará determinado fato ou acontecimento de um modo em um determinado espaço de tempo; e com o passar dos anos a interpretação poderá sofrer modificações pelo fato de o processo de socialização do indivíduo ter avançado ou sofrido alterações. Essa percepção o indivíduo tem quando lê um livro quando jovem e faz a leitura do mesmo texto quando adulto, e sente que entende coisas no texto que não compreendia quando mais novo.
Podemos afirmar que o indivíduo vê através da cultura na qual foi socializado. Uma atitude qualquer pode ser repugnante para uma pessoa de determinada cultura e, no entanto, ser considerada positiva em outra.

5. 'É também um mecanismo de adaptação.' A cultura está baseada na capacidade

de mudança ou evolução do ser humano. A sobrevivência das comunidades humanas está diretamente relacionada com a cultura. O ser humano consegue sobreviver quando é capaz de superar as dificuldades impostas pela natureza, ou seja, modifica as condições que esta impõe, faz cultura. Na realidade podemos agregar que as dificuldades não são impostas só pela natureza (o meio ambiente natural); o meio cultural também coloca inúmeros obstáculos que o homem tem de superar e assim vai criando e desenvolvendo a própria cultura humana (veja Figura 4.14).

Assim compreendida a cultura em linhas gerais, concluímos que todos os grupos humanos apresentam algum tipo de cultura, que é a condição de sua sobrevivência, primeiro para superar as dificuldades impostas pelo meio ambiente natural e, posteriormente, também pelo meio ambiente cultural.

## 4.8 Elementos culturais

Em diferentes sociedades, a cultura estrutura-se formando sistemas complexos que apresentam um conjunto de elementos interdependentes que se inter-relacionam. Esses elementos culturais articulados podem ser decompostos em partes menores para facilitar sua compreensão e, consequentemente, seu estudo. Dos diversos elementos que podem ser considerados, aqueles que mais contribuem para a compreensão da estrutura de uma cultura são os traços culturais, os complexos culturais, as subculturas e os padrões culturais (veja Figura 4.15).

### Traço cultural

É um elemento simples e unitário, que pode distinguir uma determinada cultura. Não existe isolado, mas encontra-se ligado de múltiplas formas a outros traços

**Figura 4.14**  Características essenciais de uma cultura

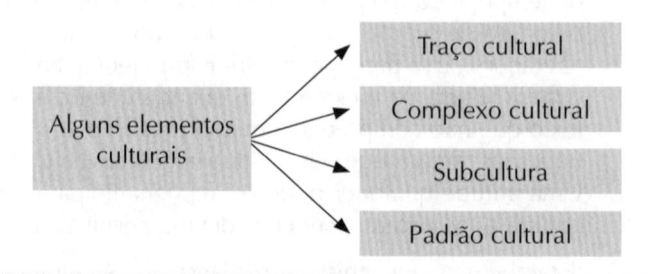

**Figura 4.15**  Principais elementos que caracterizam uma cultura

culturais que, em seu conjunto, irão formar o complexo cultural. Pode ser uma expressão linguística, um objeto, uma vestimenta, um ornamento ou outros elementos simples.

Veja estes exemplos de traços culturais:

- A expressão linguística 'uai' identifica no Brasil a cultura caipira, assim como 'tchê' caracteriza a cultura gaúcha.
- O chapéu de couro identifica a cultura rural nordestina.
- O saiote escocês, denominado *kilt*, caracteriza a cultura originária da Escócia.
- A utilização de sapato branco identifica a cultura dos profissionais da área da saúde.

Devemos entender que a definição aqui exposta é útil na medida em que facilita a compreensão de que a cultura é formada por vários elementos identificáveis. Na prática torna-se difícil estabelecer um traço cultural, pois sempre será possível estabelecermos subunidades, devendo-se utilizar o conceito com uma certa flexibilidade, relacionando-o sempre dentro do contexto do estudo que está sendo feito.

### Complexo cultural

Ao se combinarem traços culturais, teremos um complexo cultural de uma determinada cultura. Modificando-se um ou mais traços, caracterizar-se-á como um complexo cultural de outra cultura. Por exemplo:

- O carnaval paulista e o carioca apresentam fantasias, serpentinas, pandeiro e samba. Já o carnaval pernambucano substitui o samba pelo frevo. O frevo é um traço cultural identificador do carnaval especificamente pernambucano.
- O Natal constitui um complexo cultural identificador dos povos cristãos e é formado por inúmeros traços culturais, como o pinheiro, o Papai Noel, o presépio, os presentes etc.
- Se reunirmos bandeirolas, quentão, pipoca e chapéu de palha, teremos uma festa junina, identificada com a cultura caipira.
- Uma empresa é um complexo cultural, assim como uma universidade, uma escola, um hospital etc.

### Subcultura

Nas páginas anteriores já conceituamos subcultura, que deve ser compreendida como um conjunto perfeitamente discernível (identificável) em termos culturais. Uma subcultura constitui um segmento da sociedade que compartilha um padrão de normas, valores e costumes que diferem da sociedade maior em que está incluída. Os membros de uma subcultura podem participar de uma cultura dominante e, ao mesmo tempo, apresentar hábitos, costumes e comportamentos que podem ser diferentes.

Sociedades complexas contêm várias subculturas étnicas, regionais e ocupacionais, com as quais as pessoas se identificam e das quais assumem valores e normas.

No Brasil temos a cultura brasileira dominante, que se constituiu a partir da portuguesa. Pela assimilação de diversos traços de outras culturas, em especial de inúmeras culturas indígenas e negras africanas, tornou-se uma subcultura da cultura portuguesa, ou seja, uma nova cultura perfeitamente identificável e com características próprias, e que hoje apresenta inúmeras outras subculturas, como a carioca, a paulista, a caipira, a nordestina, a gaúcha, a manauara etc.

Uma subcultura provavelmente desenvolverá um idioma próprio ou especializado que a distingue da sociedade mais ampla. Um exemplo de linguagem de subcultura é a utilizada pelos médicos para esconder informações de seus pacientes ou para enfatizar seu *status* superior. Cariocas, paulistas, nordestinos e gaúchos apresentam diferenças linguísticas óbvias que os identificam claramente como integrantes de cada uma dessas culturas.

No entanto, no interior de cada uma delas há infinitas diferenças que ainda podem ser identificadas, como a diferença de linguagem. As pessoas da região da cidade de Piracicaba, no Estado de São Paulo, apresentam um modo de falar bastante característico, diferente da linguagem utilizada pela maioria da população da capital do Estado.

Uma subcultura passa a existir dentro de uma sociedade qualquer quando um grupo de pessoas desenvolveu um conjunto de variações nas normas culturais e nos valores mais gerais, o qual fez essas pessoas se diferenciarem dos outros membros de sua cultura. As subculturas podem se desenvolver por vários motivos: podem surgir em torno de uma identidade étnica (os ciganos) ou geográfica (os cariocas); racial (os negros); de ocupação (os médicos); de interesses especiais (a juventude); ou mesmo de preferências sexuais (homossexuais).

No Brasil existem muitas regiões colonizadas por imigrantes que apresentam subculturas bastante diferenciadas da cultura brasileira mais geral. Em Santa Catarina há colonização açoriana no litoral, alemã no interior e, em algumas localidades, forte presença de imigração italiana. Em São Paulo há a presença de imigração italiana na capital e no interior; japonesa em muitas partes do Estado e na capital. No Espírito Santo, a migração de pomerânios — uma etnia alemã — marcou sua presença etc. (veja Figura 4.16).

Já os índios brasileiros não constituem uma única cultura; daí a utilização da expressão 'cultura indígena' ser inadequada, pois trata-se de 'culturas indígenas', no plural, e o termo 'indígena' se refere aos antigos habitantes que aqui se encon-

**Figura 4.16** Regiões colonizadas por imigrantes

travam antes da vinda dos europeus. Assim, podemos encontrar, ainda hoje, as culturas xavante, ianomâmi, xerente, terena etc. (veja Figura 4.17). Muitos desses grupos estão tentando reavivar suas próprias culturas, como uma forma de se fortalecerem, em uma sociedade que não os reconhece como completamente iguais — são índios —, e sua completa assimilação demoraria gerações. A busca de fortalecimento da identidade cultural e de resgate das tradições, ao mesmo tempo que fortalece a autoestima dos povos indígenas, fortalece a cultura brasileira mais geral, que, em vez de assimilar completamente (no sentido de destruir), incorpora outras culturas, que se mantêm como subculturas, em uma sociedade multicultural. Há, assim, um enriquecimento da cultura brasileira, em vez de seu engessamento.

Essa diferença entre enriquecer e engessar é importante, pois, como vimos anteriormente, a cultura humana está em constante mutação, visto que deve sempre enfrentar novos desafios para continuar subsistindo. A linguagem é só uma expressão da cultura, um dos seus elementos. Mas é um elemento indicador do que acontece com a estrutura da cultura como um todo. A proibição, pura e simples, do uso de termos e expressões linguísticas estrangeiras, por exemplo, é uma forma de impedir a evolução da própria cultura, principalmente em um momento de profunda interação global.

Se formos identificar cada manifestação cultural existente no Brasil, encontraremos traços da cultura de outros países que foram incorporados, reinterpretados e que passaram a fazer parte da cultura brasileira, não mais se identificando com aquela que os originou. O carnaval, por exemplo, tem raízes europeias, com componentes africanos, e o consideramos autenticamente nacional.

Em resumo, podemos afirmar que uma subcultura constitui-se em um padrão de vida que apresenta aspectos importantes, distintos da cultura principal, mas que tem continuidades fundamentais com essa mesma cultura dominante.

Em sociedades complexas há subculturas que se tornam tão importantes que possuem seus próprios veículos de comunicação: jornais, rádios e canais de televisão. A importância da cultura judaica na Argentina, por exemplo, faz que, naquele país, haja uma TV judaica, a primeira do mundo fora de Israel, com programação 24 horas por dia e transmitida quase que exclusivamente em hebraico.

No Brasil, a subcultura japonesa possui seus próprios jornais há muito tempo. Há inclusive programas de rádio e de TV em língua japonesa.

Em nosso País subsistem ainda mais de 370 mil pessoas que falam o nheengatu, que era a língua mais utilizada no Brasil até o século XVIII (veja Quadro 4.2 e Figura 4.18).

Por outro lado, podemos ter inúmeras culturas organizacionais que são, na realidade, subculturas organizacionais. Cada empresa possui sua própria subcultura organizacional, com traços que a caracterizam e a identificam. Grandes segmentos organizacionais apresentam cultura semelhante, como as empresas do setor químico, do setor metalúrgico, do setor petrolífero, do comércio etc. Mas as empresas públicas apresentam culturas organizacionais bastante diferentes das empresas privadas.

**Figura 4.17**  As diversas culturas indígenas

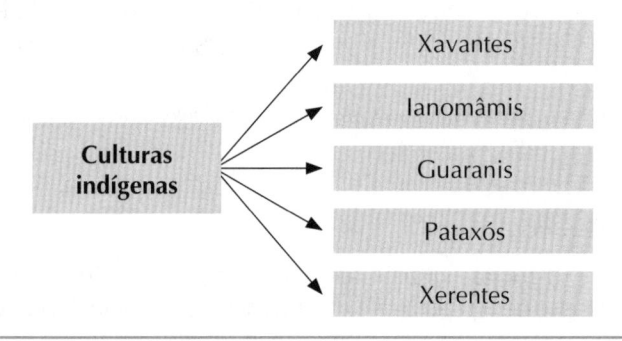

Culturas indígenas → Xavantes, Ianomâmis, Guaranis, Pataxós, Xerentes

**Figura 4.18**  Mapa da região onde três línguas indígenas são oficiais além do português

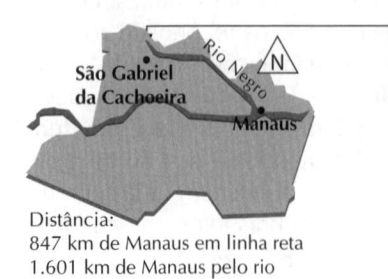

A Lei nº 145/2002, aprovada em 22/11/2002, oficializou, além do português, outras três línguas indígenas como oficiais no município: nheengatu, tukano e baniwa.

Distância:
847 km de Manaus em linha reta
1.601 km de Manaus pelo rio

**QUADRO 4.2**  A língua quéchua dos índios peruanos tende ao desaparecimento

Ninguém se arriscaria a dizer que o quéchua, uma língua indígena falada por cerca de 8 milhões de pessoas no Peru e em outros três países, corre o risco de sumir do mapa.

Mas é exatamente essa a previsão de um modelo matemático desenvolvido por uma dupla de pesquisadores americanos, que pode ajudar a entender como as línguas morrem -e o que pode ser feito para salvá-las.

'O que nosso modelo mostra é que você tem de fazer algo. Se você deixa as línguas se virarem sozinhas, uma delas quase certamente vai suplantar a outra', resume o matemático Steven Strogatz, da Universidade Cornell, no Estado de Nova York.

O modelo dos pesquisadores usa basicamente duas variáveis: a população falante de cada uma das línguas que coexistem dentro de um território e o status atribuído a elas.

O resultado alarmante é que, mesmo que uma língua ainda tenha um número razoável de falantes e pareça saudável, o declínio é inevitável caso seu status seja mais baixo que o do idioma que compete com ela.

Parece estranho que uma dupla como Abrams e Strogatz tenha decidido se embrenhar num problema ao mesmo tempo linguístico e social -o desaparecimento de 90% das 5.000 línguas faladas hoje no planeta, na próxima geração.

'Na verdade, o interesse por línguas de Danny [Abrams] é a alma do trabalho', conta Strogatz, 44. 'Ele decidiu estudar quéchua e se viu embrenhado na questão do declínio dessa língua.'

A coisa ficou séria quando Abrams, durante uma viagem ao Peru, resolveu encarar o problema cientificamente. Como o declínio do quéchua ao longo dos tempos não tinha sido documentado, ele resolveu conseguir dados aproximados visitando igrejas das cidades peruanas e perguntando ao vigário de cada uma quando tinha sido a última vez que uma missa tinha sido celebrada na língua dos índios peruanos.

Unindo a estimativa conseguida com esses registros às estatísticas confiáveis documentando o declínio de duas línguas do Reino Unido, o galês e o gaélico escocês, os pesquisadores aplicaram seu modelo.

'É claro que ele é apenas aproximado, porque nós consideramos que as populações que falam as duas línguas estão em contato completo, e que ninguém é bilíngue', diz Abrams, 25.

Feitas as contas, a dupla verificou que a força do número de falantes de cada uma das línguas competidoras (espanhol no caso do quéchua, inglês para o galês e o gaélico) parecia ser mais ou menos igual para todas as regiões estudadas.

Aparentemente, o que está fazendo diferença é o status -definido como qualquer vantagem social ou econômica que alguém venha a obter por deixar a língua materna e adotar outra.

No caso do quéchua, em que muitos netos não são mais capazes de conversar com os avós, o modelo prevê o status mais baixo, e a possível extinção, até 2030. 'O modelo tem um poder preditivo -se nada mudar, é claro.'

E quanto a línguas como o espanhol falado nos EUA, que cresce cada vez mais graças à imigração? 'Eu cresci no Texas e acho que posso falar com conhecimento de causa', afirma Abrams. 'Ali, as pessoas falam muito espanhol, e isso mascara a falta de status da língua. Mas a tendência dos filhos e netos é falar apenas inglês, exatamente por causa do status.'

*Fonte*: LOPES, Reinaldo José. "Língua de índios peruanos tende a sumir". *Folha de S.Paulo*, 21 ago. 2003, fornecido pela *Folhapress*.

### Padrão cultural

Algumas culturas dão maior importância que outras a determinados temas, a modos de agir ou a diferentes concepções, estabelecendo padrões de comportamento que deverão ser seguidos por todos os indivíduos de uma mesma cultura. Os ingleses, por exemplo, são conhecidos no mundo todo por sua 'pontualidade britânica'.

A maior parte de um grupo cultural orientará sua conduta, diante de determinada situação, pelo seu padrão cultural. As sociedades estabelecem consensos acerca de certos aspectos que passam a ser um padrão. Em nossa sociedade, por exemplo, temos um consenso de como devem ser cortados os cabelos masculinos — aqueles que o fazem de forma diferente são considerados esquisitos, porque não correspondem à expectativa, estão fora do padrão.

A importância de se levar em consideração os diferentes padrões culturais existentes no mercado global pode ser observada nas dificuldades encontradas pelas empresas que produzem brinquedos ao tentarem instituir 'produtos globais', que, portanto, apresentariam padrões globais para as crianças.

O estudo da sociedade brasileira é muito rico nessa fenomenologia cultural: se, por exemplo, aborda-se desde um ponto de vista dos símbolos, um mesmo fato ou objeto terá diversos significados, em função das 'culturas' específicas. Possuir um automóvel, por exemplo, para uma pessoa de uma certa classe social significará 'utilidade para o trabalho', enquanto para outro será um símbolo de 'prestígio'. A relação com a natureza para um grupo de empresários será uma estupenda oportunidade de propor negócios para usufruí-la como fator de produção, enquanto para um grupo indígena conservá-la incólume será garantia de sua realização pessoal.

## 4.9 Etnocentrismo e relatividade cultural

**Etnocentrismo:** é quando o indivíduo ou grupo social considera a sua própria cultura superior a outra, ou às demais.

Todas as culturas apresentam uma tendência de considerar seus hábitos, costumes e valores como sendo superiores ou melhores que os dos demais grupos sociais. O que os outros fazem é incorreto, não é civilizado, é atrasado, repugnante, ignorância, entre outras afirmações que caracterizam um prejulgamento. Essa tendência de os indivíduos de uma determinada sociedade considerarem sua própria cultura como superior às demais denominamos 'etnocentrismo'.

Originalmente, a palavra referia-se somente à identidade étnica, ao povo ou à raça. A identificação com alguma categoria étnica traduz a condição de que os valores assumidos são os melhores em relação aos outros. Desse modo, não são julgados apenas os valores dos outros, mas também os outros.

A generalização da palavra 'etnocentrismo' extrapolou o sentido exclusivamente de raça ou de etnia, passando a ser utilizada em relação a diferentes tipos de sociedades ou culturas, e ainda formando expressões que apresentam o mesmo conteúdo do termo original. Nesse sentido, a expressão 'etnocentrismo tropical' designa a tendência de os povos que vivem nos trópicos se considerarem melhor que outros; etnocentrismo urbano é a tendência de as pessoas que vivem nas cidades se considerarem melhor que as que vivem no meio rural.

Todos os povos manifestam seu etnocentrismo em maior ou menor grau, considerando seu padrão de vida melhor que o do outro. Os brasileiros, de modo geral, consideram repugnante o consumo de carne de cobra, de rato ou gafanhotos, pratos considerados iguarias em muitos lugares do mundo. De outro modo, os muçulmanos e os judeus não compreendem como existem pessoas que consomem a carne de um animal imundo como o porco.

Há muitos exemplos que ilustram a tendência de cada povo em considerar seu modo de vida como o mais adequado e correspondendo ao que há de mais avançado do ponto de vista da convivência social. Com a rápida expansão da economia europeia pelo mundo e a implantação de um modelo econômico bastante dinâmico — o capitalismo —, as nações ocidentais assumiram há anos o papel de civilizar o mundo, ou seja, impor sua cultura aos demais povos. Essa ação cultural traduziu-se, do ponto de vista político, em ações como o colonialismo, o imperialismo ou o neocolonialismo.

Por outro lado, ao longo do século XX proliferaram movimentos que se identificavam com grupos sociais que se julgavam superiores a outros, provocando o extermínio de milhões. Entre esses, os mais conhecidos são o nazismo e o fascismo.

Neste início do século XXI, há um grande aumento do intercâmbio entre diferentes culturas, facilitado pelo avanço das telecomunicações e dos meios de transporte, e as manifestações de etnocentrismo levadas ao extremo podem dificultar o relacionamento entre diferentes povos, gerando violência física e desejo de eliminação do outro. Preconceitos raciais, de classe ou de profissão, nacionalismo e intolerância religiosa são alguns exemplos de etnocentrismo (veja Figura 4.19).

Embora devamos ter como princípio importante no relacionamento com outras culturas o respeito a suas manifestações, isso não quer dizer que não possamos ter uma opinião e, muitas vezes, sermos frontalmente contrários a certas práticas. Pertencemos a uma determinada civilização, acreditamos na maior parte dos valores que nossos antepassados nos legaram e estamos em contínuo aperfeiçoamento para estender um conjunto de direitos ao maior número possível de indivíduos em nossa sociedade. Desse modo, mesmo mantendo o princípio de respeito às tradições culturais de outros povos, devemos entender que existem ações que são contrárias, do nosso ponto de vista cultural, ao desenvolvimento da humanidade rumo a padrões de relacionamento que se pautem pela igualdade de direitos.

Um dos aspectos no qual temos de avançar muito diz respeito aos direitos das mulheres serem idênticos aos dos homens, em quaisquer circunstâncias. Essa questão é importante porque se trata de um conjunto de seres humanos que constitui a maior parte da humanidade, e em muitas regiões as mulheres são tratadas ainda como seres inferiores, sem os mais elementares direitos da pessoa humana, como o direito de ir e vir, por exemplo (veja Quadro 4.3).

Mesmo o pesquisador mais experiente experimenta choque de cultura em contextos culturais pouco conhecidos. Não é procedimento fácil transplantar-se de uma só vez para outro contexto cultural e sentir-se bem durante todo o tempo. Qualquer ajuste leva tempo e paciência. O motivo é, sem dúvida, o etnocentrismo, que provavelmente todas as pessoas apresentam, em grau maior ou menor — esse sentimento de superioridade cultural, que se manifesta comparando sua cultura com a de outras pessoas. A nossa cultura se interioriza, toma parte de nós, de tal forma que supomos que o nosso próprio modo de fazer as coisas é o único correto. Ao tirarmos algum costume de seu contexto, ele parecerá estranho (veja Figura 4.20).

A expressão 'relatividade cultural', que é oposta ao etnocentrismo, refere-se à visão pela qual deve ser entendido o comportamento em termos de seu próprio contexto cultural. Ou seja, qualquer cultura deve ser analisada e compreendida

**Figura 4.19**  A diversidade cultural

| **QUADRO 4.3** | Deveres e punições |

**Como a lei limitou a vida das muçulmanas no Irã**

- Em público, as mulheres devem cobrir-se dos pés à cabeça, sob pena de chibata ou prisão. O rosto pode ficar à mostra.
- Não podem participar de atividades sociais com homens solteiros ou que não sejam parentes.
- Em edifícios públicos, usam entradas separadas das dos homens.
- Só podem viajar com autorização expressa do marido.
- Precisam de permissão do pai ou de outro homem responsável para se casar.
- Podem praticar alguns esportes, como futebol ou tênis, desde que vestidas com o xador, e nunca na presença de homens.
- Estão sujeitas ao apedrejamento em caso de adultério.
- Se doentes, têm de ser atendidas por outras mulheres.
- Mulheres divorciadas raramente ficam com os filhos.

*Fonte*: "Tortura cotidiana". *Revista Veja*, 10 out. 2001, p. 70.

| **Figura 4.20** | Etnocentrismo *versus* relatividade cultural |

Etnocentrismo ⟷ Oposição ⟷ Relatividade cultural

utilizando seus próprios valores e costumes para julgá-la. No Quadro 4.4, o comportamento do pai de uma menina que a casou com um cachorro somente pode ser explicado e compreendido conhecendo-se as crenças, os hábitos e os costumes do grupo social ao qual ele pertence.

O que o pai da menina fez não só foi aceito na sua cultura, como ele acreditou fortemente que sua atitude resultaria em benefícios para a criança. A tendência de outras culturas, outros povos, será ridicularizar o que foi feito, considerando-o sem nenhum sentido.

## 4.10 Contracultura

A contracultura é uma manifestação cultural de grupos que rejeitam as normas e os valores da sociedade, buscando estilos de vida alternativos. De modo geral estão orientados para mudar a cultura dominante, embora muitas vezes adotem posturas isolacionistas. São exemplos os grupos revolucionários, os antigos *hippies* etc. (veja Figura 4.21). Constitui-se uma subcultura da cultura mais geral, com a característica

| **QUADRO 4.4** | Outros costumes |

Uma menina indiana de 9 anos "casou-se" com um cachorro numa cerimônia acompanhada por mais de cem convidados numa vila no Estado de Bengala Ocidental (leste da Índia), a 60 km de Calcutá, como parte de um ritual destinado a evitar maus agouros. A garota teve de casar-se às pressas para quebrar um feitiço maléfico, de acordo com a crença de sua tribo, porque seus dentes apareceram primeiro na gengiva superior. Para a tribo Santhal, isso é considerado um feitiço maléfico.

O pai da menina, um pobre arrendatário de terras, não tinha dinheiro suficiente para pagar o casamento da filha com um garoto, então resolveu economizar transformando um cachorro vira-lata em noivo.

*Fonte*: "Indiana de 9 anos se casa com cão". *Folha de S.Paulo*, 20 jun. 2003, p. A-10.

**Figura 4.21**  Símbolo adotado pelo movimento *hippie* na década de 1960

diferencial em relação a outras subculturas de se opor fortemente à maioria dos costumes, das normas e dos valores da sociedade em que está inserida.

Na década de 1960, o movimento de contracultura *hippie* marcou fortemente a sociedade de muitos países, baseado no lema 'paz e amor': cultivava hábitos de isolamento cultural em relação aos padrões vigentes; grande tolerância no que se refere às parcerias sexuais; um certo culto ao viver ao ar livre, junto com a natureza; e uma visão de que os filhos deviam ser criados sem nenhum cerceamento à sua liberdade. Muitas vezes, esses elementos vinham misturados ao consumo de drogas e ao rock'n'roll. No entanto, a ideia de liberdade, amor e paz divulgada pelo movimento *hippie* disseminou-se na maior parte das sociedades, principalmente as desenvolvidas, e contribuiu bastante para as mobilizações realizadas nos Estados Unidos contra a Guerra do Vietnã.

## 4.11  Estrutura da cultura

Podemos identificar alguns elementos básicos na conformação de qualquer cultura que, embora possam apresentar conteúdos diferentes, são comuns a todas elas: as crenças, os valores, as normas, as sanções, os símbolos, o idioma e a tecnologia (veja Figura 4.22).

- Todas as culturas são fundamentadas em um conjunto de 'crenças', compartilhando conhecimentos e ideias sobre a natureza da vida. Os indianos que seguem o budismo, por exemplo, acreditam que sua alma reencarna em animais e objetos, por isso cultuam muitos animais, que creem ser antepassados reencarnados. Para um ocidental que segue a religião cristã, essa crença não tem nenhum significado.

- 'Valores' são concepções coletivas do que é considerado bom, desejável, certo, bonito, gostoso (ou ruim, indesejável, errado e feio) em uma determinada cultura. Valores influenciam o comportamento das pessoas e servem como um critério para avaliar as ações dos outros. Alguns valores encontrados na cultura

**Figura 4.22**  Elementos básicos da estrutura cultural

brasileira atual são o individualismo, o conforto material e a religiosidade. Os japoneses, por exemplo, apresentam o valor da lealdade familiar. Já os norte-americanos valorizam muito o individualismo. Inúmeras tribos brasileiras praticam o infanticídio, contrapondo-se a um valor fundamental da cultura brasileira, o direito à vida (veja Quadro 4.5).

- 'Normas' traduzem crenças e valores em regras específicas para o comportamento. Detalham aquilo que pode e que não pode ser feito. Podem ser 'codificadas no direito (formais) ou ritualizadas nos costumes (informais)'. Utilizar o cinto de segurança nos carros passou a ser uma norma (formal). As pessoas sentarem-se nas cadeiras, e não no chão, é uma norma (informal). As normas variam bastante em intensidade, indo desde as mais rigorosas, que regulam o comportamento nas religiões, até as que norteiam nossos hábitos cotidianos.

- As 'sanções' são as punições e recompensas que são utilizadas para fazer com que as normas sejam seguidas. Sanções formais são recompensas e punições oficiais e públicas; sanções informais são não oficiais, às vezes são sutis e até mesmo provocam reações inconscientes no comportamento cotidiano. Tanto as 'sanções positivas' — como um aumento de salário, uma medalha de honra ao mérito, uma palavra de gratidão, um tapinha nas costas ou um sorriso —, como as 'sanções negativas' — multas, ameaças, prisão, beliscão ou um olhar de desprezo — são utilizadas para fazer com que haja uma conformidade com as normas.

- 'Símbolos' são definidos como qualquer coisa que carrega um significado particular reconhecido pelas pessoas que compartilham uma determinada cultura. Um mesmo objeto pode simbolizar sentimentos diferentes em culturas diferentes. Um saiote (kilt) na cultura escocesa é símbolo de masculinidade; o mesmo saiote na cultura brasileira tem o significado oposto — feminilidade.

- O 'idioma' é um elemento-chave da cultura, como já foi visto quando observamos a importância da linguagem. Considerando que outros animais se comunicam por sinais (sons e gestos cujos significados são fixos), os humanos se comunicam por meio de símbolos (sons e gestos de cujo significado dependem compreensões compartilhadas). Podem ser combinadas palavras de modos diferentes para carregar um número ilimitado de mensagens, não só sobre o aqui e agora, mas também sobre o passado e o futuro. O idioma é um sistema de símbolos que permite que os membros de uma sociedade comuniquem-se uns com os outros.

**QUADRO 4.5** Infanticídio põe em xeque respeito à tradição indígena

No Xingu, Paltu Kamaiurá segura seu filho, Mayutá, que foi salvo da morte a que estava destinado por sua tribo; seu irmão gêmeo foi morto, como manda a tradição. Mayutá, índio de quase dois anos de idade, deveria estar morto por conta da tradição de sua etnia kamaiurá. Na lei de sua tribo, gêmeos devem ser mortos ao nascer porque são sinônimo de maldição. Paltu Kamaiurá, 37, enviou seu pai, pajé, às pressas para a casa da família de sua mulher, Yakuiap, ao saber que ela havia dado à luz gêmeos. Mas um deles já tinha sido morto pela família da mãe.

Paltu enfrentou discriminação da tribo, para a qual a criança amaldiçoaria a aldeia. Relutou, porém, em sair do parque do Xingu (MT), onde vive sua etnia e outras 13, muitas das quais praticam o infanticídio.

No ano passado, ele soube do trabalho da ONG Atini, que combate a prática, por meio de sua irmã Kamiru, que desenterrou o menino Amalé, condenado a morrer por ser filho de mãe solteira. Kamiru teve contato com a entidade em Brasília, ao buscar tratamento médico para o filho adotivo.

Paltu pediu ajuda à ONG para conscientizar os índios de sua aldeia. A entidade foi criada há cerca de dois anos pelos linguistas Márcia e Edson Suzuki, que em 2001 adotaram Hakani, 12. Devido à desnutrição em decorrência de hipotireoidismo congênito, que seus pais acreditavam ser uma maldição, Hakani, da etnia suruarrá, deveria morrer. Foi salva pelo irmão.

Ainda praticado por cerca de 20 etnias entre as mais de 200 do País, esse princípio tribal leva à morte não apenas gêmeos, mas também filhos de mães solteiras, crianças com problema mental ou físico, ou doença não identificada pela tribo.

*Fonte*: BONI, Ana Paula. "Infanticídio põe em xeque respeito à tradição indígena". *Folha de S.Paulo*, 6 abr. 2008, fornecido pela *Folhapress*.

- A 'tecnologia' estabelece um parâmetro para a cultura e não só influencia como as pessoas trabalham, mas também como elas socializam e pensam sobre o mundo. Para uma pessoa do mundo rural, uma cidade grande como São Paulo pode parecer tão fantástica como um parque de diversões para uma criança. Toda mudança tecnológica implica mudanças culturais.

## 4.12 Transmissão de cultura[5]

Os **meios de transmissão da cultura** podem ser formais e informais.

A transmissão da cultura é um importante aspecto do processo de socialização: refere-se aos meios como a geração mais antiga passa sua cultura para as gerações mais novas. Há diversos modos de esse patrimônio social ser transmitido.

A transmissão de cultura também pode referir-se à maneira pela qual ideias, atitudes e hábitos passam de uma pessoa ou de um grupo para outra pessoa ou grupo, sem levar em conta a idade que os indivíduos apresentam. Esse é um aspecto importante no estudo das culturas e de como ela se reproduz em um determinado meio social.

Podemos classificar os meios de transmissão como informais e formais.

### Meios informais de transmissão

Todos os grupos primários transmitem o 'patrimônio social' (valores, opiniões, costumes, códigos morais etc.) de um modo informal, pelo processo de intercâmbio cotidiano. Os grupos de amigos, a família — que são grupos primários modelos — fazem-no deste modo: pela convivência é passado aos outros, sejam filhos ou colegas do grupo, o que deve ser considerado como certo ou errado, bom ou ruim, feio ou bonito, e assim por diante, o comportamento adequado perante determinadas situações etc. (veja Figura 4.23).

Em sociedades mais complexas, onde crescem em importância os grupos secundários, que se formam com um fim determinado e nos quais as relações são formais e superficiais, assumem maior importância os meios de comunicação de massa como transmissores informais de cultura, como imprensa, rádio, teatro, cinema etc.

Embora os veículos de transmissão sejam altamente organizados, grande parte do material comunicado por eles é de natureza informal. O jornal fornece a milhões de leitores não somente novidades sobre os acontecimentos no mundo, mas lhes dá também ideias, opiniões, valores que a transmissão mais simples e mais lenta em grupos primários não poderia efetuar. Não apenas a rapidez e uniformidade dessas impressões são significativas, mas também novos valores e opiniões são divulgados pelo mundo afora: ideias e valores urbanos atingem as zonas rurais; as ideias revolucionárias de um país se espalham a outros países, mesmo sem plano deliberado.

A cultura universal não tornou o homem menos interessado em conversas, aventuras e devaneios acerca de um mundo maior e diferente. Assim, cinema e rádio estão constantemente inundando-nos com novas frases, novas ideias, novas canções, estampas de modas, reflexos de um comportamento antissocial ou, ao menos, divergente, destinados a influenciar ideias, atitudes e ações de milhões.

**Figura 4.23**    Transmissão informal de cultura

Família e grupos de amigos ⟶ Transmissão informal de cultura

## Meios formais de transmissão

Há muito tempo, a sociedade criou meios formais e bem organizados para transmitir sua cultura. Em comunidades primitivas, isso pode processar-se como a instrução ministrada pelos mais velhos e/ou médicos-feiticeiros aos novatos que estão por iniciar-se na sociedade dos homens.

Em matéria de habilidades mecânicas, as corporações de mestres de ofício incumbiram-se de transmitir o ofício aos aprendizes que trabalhavam sob sua direção.

Em sociedades mais complexas criam-se instituições educacionais, que ministram a educação formal com o objetivo de transmitir às novas gerações a cultura (valores, normas, hábitos, costumes etc.) em que vivem. São exemplos: escolas, universidades, pré-escolas etc. (veja Figura 4.24).

A escola contribui não somente com conhecimentos e habilidades formais; ela proporciona também um treino moral que reflete a cultura dominante. Na escola, não é menor do que na Igreja a tendência, consciente ou inconsciente, para a doutrinação. Assim, o Estado serve, muitas vezes, por meio de suas agências legais, para transmitir grande parte de valores culturais que garantam o comportamento político. No Quadro 4.6, é apresentado um exemplo de uma omissão intencional do Estado de um símbolo de resistência a injustiças que foi eliminado dos livros escolares, pois poderia se tornar um modelo de comportamento para as novas gerações; na história do Brasil, muitos outros nomes que poderiam transmitir os mesmos valores foram, muitas vezes, eliminados dos livros adotados oficialmente. Alguns desses muitos que poderiam se tornar modelos de audácia e coragem são, além de Cipriano Barata, Frei Caneca e Maria Quitéria, entre outros. Entre os movimentos que forneceram muitos exemplos de coragem e atos de heroísmo e que também foram eliminados dos livros escolares estão a Revolta dos Alfaiates na Bahia, a Revolta dos Negros Malês, os movimentos populares de Canudos e Contestado, entre muitos outros. Isso revela que a transmissão cultural formal (ou oficial) é seletiva — transmite-se aquilo que corresponde às necessidades daqueles que controlam o aparelho do Estado.

O Estado procura também transmitir, por meio de suas instituições correcionais e penais, o patrimônio moral aos criminosos e delinquentes a seu cuidado.

A Igreja tem, muitas vezes, desempenhado um papel nessa instrução formal, já que as organizações religiosas estão sempre interessadas em que seus componentes conservem rigorosamente o dogma e os costumes. Fundam-se escolas religiosas, difunde-se a doutrina fazendo uso dos meios de comunicação de massa. Aqui, deve-se compreender que a transmissão cultural será ainda mais seletiva, pois serão eliminadas todas as informações que possam contrariar os dogmas religiosos e se interpretam os fatos e acontecimentos de acordo com a doutrina oficial.

Na sociedade ocidental, em que o Estado chamou para si a maior parte da educação formal, o poder da organização política dominante para moldar a população aumentou enormemente. Enquanto as associações econômicas e eclesiásticas têm usado, durante muito tempo, a propaganda como um método formal, mais indireto de persuasão, o Estado possui, desde a Guerra Mundial, por meio de seu poder político de controlar inventos como o rádio e a imprensa, um meio eficiente para transmitir aos cidadãos as ideias e atitudes que agradem aos detentores do poder.

No que diz respeito às organizações, há transmissão formal e informal. Do ponto de vista informal, a cultura organizacional é transmitida pelo contato cotidiano dos novos empregados com os mais antigos. Nesse aspecto, a transmissão intencional

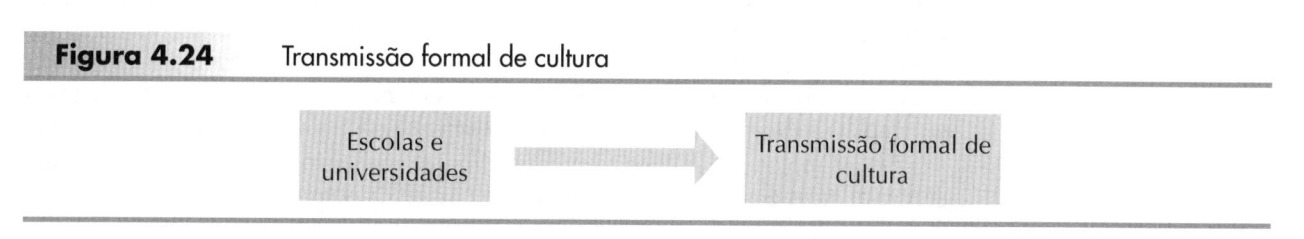

**Figura 4.24** Transmissão formal de cultura

Escolas e universidades ⟶ Transmissão formal de cultura

> **QUADRO 4.6** A história oficial
>
> Vários autores têm salientado a existência de uma história oficial, ou seja, uma história que fala, com entusiasmo, sobre certos fatos e vultos do agrado do sistema e governantes da época e, deliberadamente, se omite sobre acontecimentos de inegável importância e sobre pessoas merecedoras de referência especial.
>
> No Brasil, o registro é comum e facilmente verificável desde os primeiros tempos da colonização. Uma das vítimas desses historiadores oficiais foi Cipriano José Barata de Almeida.
>
> Poucos brasileiros fizeram tanto pela nossa Independência quanto esse baiano que, ainda no século XVIII, conheceria as amarguras do cárcere por sonhar com nossa liberdade política; que nas cortes de Lisboa, enfrentando deputados e galerias agressivas, defendia com incrível coragem e destemor a causa do Brasil; que se fez o mais legítimo jornalista liberal de seu tempo, enfrentando a ira dos poderosos e que, por isso, percorreu todos os cárceres militares do Rio de Janeiro, da Bahia e de Pernambuco, perdendo, nas prisões infectas, mais de dez anos de sua vida, toda voltada à causa da liberdade. Apesar de tudo isso, seu nome não é sequer mencionado nos compêndios escolares do oficialismo.
>
> Há um motivo forte para essa deliberada omissão: Cipriano Barata foi um liberal autêntico, prezando a liberdade acima de tudo. Combateu o absolutismo, enfrentou os poderosos, inclusive o imperador; jamais transigiu com os governantes ineptos e incapazes. Participou de todos os movimentos libertários ocorridos em seu tempo; desprezou as honrarias e não ocultava seus sentimentos federalistas e republicanos.
>
> Para se ter uma ideia de sua coragem e disposição de enfrentar os poderosos, basta dizer que, estando preso na fortaleza de Santa Cruz, no Rio de Janeiro, virou acintosamente as costas ao imperador quando este, em visita ao presídio, procurou-o na cela em que estava recolhido.
>
> Quem assim age e atua não pode merecer louvores dos poderosos e, fatalmente, será castigado pelos relatos oficiais.

*Fonte*: GARCIA, Paulo. *Cipriano Barata ou a liberdade acima de tudo*. Rio de Janeiro: Topbooks, 1997, p. 14-5.

— formal — da cultura organizacional assume um papel fundamental para a continuidade das atividades da organização, o que é feito por meio de cursos, palestras, publicação de jornais, estágios, treinamento etc.

## 4.13 Identidade cultural

Uma das mudanças mais significativas que estão acontecendo no mundo hoje é o crescimento da presença de culturas que antes se encontravam diluídas nos espaços culturais construídos pela constituição dos Estados-nação ao longo dos últimos 200 anos e que voltam a manifestar-se, buscando reconstruir uma identidade no espaço global em que seja respeitada sua presença e sua diferença em relação às demais culturas.

O retorno à cena de comunidades históricas, aparentemente, deve-se a dois fatores que possibilitam a expressão de culturas minoritárias.

O primeiro deles é o relativo enfraquecimento do Estado-nação, que não mais consegue controlar as manifestações das diferentes culturas dentro de seu espaço e sob sua alçada. Na realidade havia uma dominação de uma cultura sobre outras, pois na construção dos Estados-nação houve sempre o predomínio de uma comunidade cultural sobre as demais que se encontravam no espaço territorial em que se constituiu o Estado. A construção de uma identidade nacional se dava na medida em que o Estado-nação construído possibilitava a manifestação dessas culturas diferenciadas, acontecendo uma identificação da comunidade minoritária com o Estado, que lhe possibilitava manter-se como diferente. Na medida em que o Estado se enfraquece, perde essa capacidade de arbitrar os conflitos entre diferentes comunidades culturais, diferentes etnias, e estas não possuem outra saída a não ser reestruturar sua identidade em relação ao Estado nacional, exigindo maior autonomia, por exemplo, ou buscando a completa separação em relação a um Estado que não mais reconhecem como seu.

Os exemplos são muitos, e potencialmente mais explosivos, nos Estados que surgiram na esteira das lutas de libertação nacional contra o colonialismo, que não se constituíram de fato em Estados-nação na acepção da palavra, seja por não terem tido tempo de construir uma identidade nacional, seja porque as fronteiras não expressavam corretamente a divisão cultural existente nos espaços coloniais. Os hutus, por exemplo, são um povo que hoje está espalhado por três Estados africanos, Uganda, Burundi e Zaire, que foram construídos com base nas necessidades e nos interesses das nações colonizadoras, e não nos interesses dessa comunidade.

Um outro fator que deve ser considerado no reavivamento das comunidades é a potencialização de sua capacidade de expressão cultural em razão do crescimento dos meios de comunicação e da tecnologia. Uma cultura minoritária dispõe hoje de um grande potencial tecnológico, por meio do qual pode se expressar e se afirmar perante outras culturas. Jornais, rádios e estações de TV são hoje muito mais fáceis de serem obtidos e operados do que há alguns anos. A edição de livros, importante na manutenção e reprodução da história das comunidades, pode ser feita em qualquer tiragem a baixo custo. A informática permite a expressão cultural além das fronteiras do Estado-nação, aumentando muito as possibilidades de articulação das lideranças comunitárias.

Essa busca cada vez maior de identidade, em um mundo global multicultural, coloca-nos a necessidade de entender o que seja identidade cultural, identidade sociocultural ou identidade étnica (veja Figura 4.25).

A busca de uma identidade cultural é a busca da afirmação de uma diferença e de uma semelhança. Quando buscamos a identidade cultural, procuramos identificar aqueles que são iguais, que se identificam conosco; isso fortalece o sentimento de solidariedade grupal. No entanto, se somos iguais, é porque somos diferentes de outros; desse modo, a identidade tem esse aspecto, aparentemente contraditório, de necessitar estabelecer as diferenças em relação aos outros membros de outras comunidades. A guerra contra o Paraguai que o Brasil travou no século XIX colocou aos brasileiros a questão de 'nós' (os brasileiros) contra os 'outros' (os estrangeiros), servindo para consolidar a identidade cultural brasileira (veja Quadro 4.7).

A busca pela identidade em um mundo cada vez mais heterogêneo, em que cada vez mais se inter-relacionam culturas que não mantinham contato direto, pois tais relações eram intermediadas pelo Estado nacional, aumenta a necessidade de se inserir neste contexto global, e a busca de inserção é a busca por seus iguais, a busca de uma certa homogeneidade dentro da heterogeneidade.

A interdependência se torna cada vez maior entre as diversas culturas, as diferenças se explicitam, e torna-se necessário reaprender a conviver com a diversidade, que será a característica do mundo futuro, não a homogeneidade. O reconhecimento das diferenças fortalece a identidade própria, já que só existe a igualdade (cultural) havendo diversidade: caso contrário, não seria necessária a busca por identidade.

Nesse sentido, um aspecto importante da cidadania em um mundo globalizado é reconhecer o direito do outro de ser diferente, seja em termos étnicos, culturais, sexuais ou outros quaisquer. O respeito à identidade do outro possibilitará a convivência da diversidade, permitindo, por meio da difusão cultural, o enriquecimento de todas as culturas, modificando-as e aproximando-as.

**Figura 4.25** Busca de afirmação da identidade cultural

### QUADRO 4.7 — Identidade nacional e as guerras

As guerras são fatores importantes na criação de identidades nacionais. A do Paraguai teve sem dúvida esse efeito. Para muitos brasileiros, a ideia de pátria não tinha materialidade, mesmo após a independência. (...) existiam no máximo identidades regionais. A guerra veio alterar a situação. De repente havia um estrangeiro inimigo que, por oposição, gerava o sentimento de identidade brasileira. São abundantes as indicações do surgimento dessa nova identidade, mesmo que ainda em esboço. Podem-se mencionar a apresentação de milhares de voluntários no início da guerra, a valorização do hino e da bandeira, as canções e poesias populares. Caso marcante foi o de Jovita Feitosa, mulher que se vestiu de homem para ir à guerra a fim de vingar as mulheres brasileiras injuriadas pelos paraguaios.

*Fonte:* Extraído de CARVALHO, J. M. de. *Cidadania no Brasil:* o longo caminho. 3 ed. Rio de Janeiro: Civilização Brasileira, 2002.

## RESUMO DO CAPÍTULO

Este extenso capítulo procurou mostrar como as sociedades humanas foram ampliando cada vez mais seu controle sobre o meio ambiente natural, por meio da criação e da consolidação de um meio ambiente cultural, que se manteve transmitido de geração para geração. Mostra como a cultura é a responsável pela sobrevivência dos seres humanos e sua permanência como espécie dominante no planeta. Estabelece a diferença entre a cultura entendida pelo senso comum, como um acúmulo de conhecimentos, e a cultura do ponto de vista científico, considerada como tudo o que foi idealizado e construído pelo homem ao longo de sua existência, tanto pelo aspecto material quanto pelo não material.

Vimos que à cultura das elites — a oficial — contrapõe-se uma cultura popular, na qual se inclui o folclore, e que a cultura de massas está relacionada com o processo de industrialização e a indústria cultural.

Vimos que a cultura apresenta características que incluem sua transmissibilidade pela herança social, compreende a totalidade das criações humanas e é exclusiva das sociedades humanas. E entre seus elementos mais importantes estão o traço e o complexo cultural, a subcultura e o padrão cultural.

Foi abordada a questão de que todas as culturas apresentam um maior ou menor grau de etnocentrismo, ou seja, julgam-se melhores que as outras em vários aspectos; e que a relatividade cultural é o modo de compreendermos as diferentes culturas em seu próprio contexto, e não da maneira como as vemos, filtradas por nossos valores.

Também vimos que a estrutura da cultura é formada por alguns elementos básicos, como as crenças, os valores, as normas, as sanções, os símbolos, o idioma e a tecnologia, e que são transmitidos às novas gerações de modo formal e informal.

A questão da identidade cultural foi discutida como sendo um dos aspectos mais importantes do atual momento de facilidade de contatos interculturais, pois a construção identitária passa pela compreensão das diferenças em relação aos outros e pelas semelhanças em relação àqueles que fazem parte de seu grupo social.

## PERGUNTAS

1. O que é cultura do ponto de vista do senso comum?
2. Como definimos cultura do ponto de vista científico?

3. O que permitiu ao homem vencer os animais mais capacitados em vários aspectos biológicos?
4. O que são subculturas?
5. O que é um juízo de valor?
6. Como se transmite a cultura? Ela pode ser transmitida pela herança biológica?
7. Considerando as diversas criações humanas — na arte, no conhecimento, na tecnologia, na religião, nos hábitos e costumes etc. —, cultura compreende o quê?
8. Animais desenvolvem cultura? Qualquer que seja a resposta, por quê?
9. Para os animas desenvolverem cultura, seria necessário o quê?
10. O que é um traço cultural? Exemplifique.
11. Um traço cultural pode identificar uma cultura? Exemplifique.
12. Todo traço cultural identifica uma determinada cultura? Exemplifique.
13. O que é um complexo cultural? Exemplifique.
14. O que são subculturas? São culturas inferiores?
15. Pode haver culturas que não formam subculturas?
16. O que é um padrão cultural?
17. A cultura brasileira é subcultura de que culturas?
18. Podemos afirmar que o processo de socialização é um processo de aquisição de cultura?
19. Podemos afirmar que a cultura urbana é superior à cultura rural? Qualquer que seja a resposta, explique por quê.
20. O que é etnocentrismo?
21. O juízo de valor é uma manifestação etnocêntrica? Por quê?
22. O que são meios formais e meios informais de transmissão de cultura? Exemplifique.
23. Explique por que afirmamos que a "busca de uma identidade cultural é a busca de afirmação de uma diferença e de uma semelhança".
24. Por que é importante a diversidade cultural na afirmação de uma identidade cultural?
25. O que é contracultura?
26. Podemos afirmar que uma cultura é superior à outra?
27. E se afirmarmos que uma cultura é tecnologicamente superior à outra?
28. Ao afirmarmos que nossa religião é superior à outra, estamos manifestando etnocentrismo? Por quê?

# Notas

1 Os humanos começaram a utilizar vestimentas há 70 mil anos, segundo pesquisa concluída e publicada na revista *Current Biology*, edição de agosto de 2003. Fonte: "Homem iniciou uso de roupas há 70 mil anos". *Folha de S.Paulo*, 19 ago. 2003, p. A-14.
2 *Dicionário de sociologia Globo,* 1981. O verbete 'cultura' foi produzido por Emilio Willens.
3 *Dicionário de sociologia,* 1997.
4 Sobre a autenticidade e o fato folclórico, discutiu-se bastante no artigo publicado na *Revista Turismo e Desenvolvimento*, n. 1 (Dias, 2001).
5 Texto baseado em artigo de YOUNG, Kimball, publicado em CARVALHO, 1987, p. 138.

# CAPÍTULO 5

# Globalização e diversidade cultural

## APRESENTAÇÃO

Este capítulo é uma continuidade do anterior, pois tem a cultura como tema principal. Sua diferença com relação ao Capítulo 4 está fundamentalmente na abordagem preferencial do aspecto cultural na globalização. Discutiremos as visões opostas que existem em torno do problema da cultura em um ambiente globalizado e seus desdobramentos no plano local, mantendo-se o global como referência.

## TÓPICOS PRINCIPAIS

5.1  O significado do termo 'globalização'
5.2  Homogeneização ou fragmentação: uma falsa questão
5.3  As diversas faces da cultura global
5.4  A construção de uma nova diversidade cultural
5.5  O sistema de referências global
5.6  A apropriação diferenciada da cultura global
5.7  Globalização e localização como processo

## OBJETIVOS DE APRENDIZAGEM

Compreender:

- a complexidade cultural do processo de globalização.
- que a tendência homogeneizante não exclui a diversidade.
- que há um ressurgimento de identidades culturais locais.
- que as culturas globais não são assimiladas do mesmo modo nos locais.
- a existência de um processo de construção de uma nova diversidade.
- que há mitos, símbolos e padrões globais já estabelecidos.

## 5.1 O significado do termo 'globalização'

A palavra 'globalização' foi forjada na década de 1980, nos Estados Unidos, e seu significado busca interpretar, inicialmente, o processo de formação de uma economia global. Obtendo êxito na designação dessa nova realidade — que mostrava o aumento da interação das diversas partes do mundo, a facilidade de deslocamentos e de comunicação —, a palavra foi incorporada com bastante facilidade pelos meios de comunicação de massa e ao mesmo tempo também passou a ser utilizada pelos meios acadêmicos e intelectuais, que procuraram dotá-la de significado mais preciso. Por outro lado, o termo hoje é aplicado em outras dimensões que não só a econômica, como a 'globalização cultural', da qual há duas posições que se contrapõem: aqueles que defendem que está havendo uma homogeneização cultural global, com a extinção das particularidades culturais; e outros que, ao contrário, afirmam que está ocorrendo uma nova diversidade (veja Figura 5.1).

## 5.2 Homogeneização ou fragmentação: uma falsa questão[1]

Vários autores concordam que a "globalização não é um processo singular, mas um conjunto complexo de processos. E que estes operam de uma maneira contraditória ou antagônica" (Giddens, 2000, p. 23). A globalização não só retira poder ou influência das comunidades locais e nações para transferi-los para a arena global: também ocorre o efeito oposto. A globalização pressiona as realidades locais, criando novas pressões por maior autonomia local.

O fenômeno da globalização, no campo cultural, pode ser abordado de várias maneiras, destacando-se aquela que entende que nesse processo ocorre uma passagem de identidades culturais relacionadas com o território, para outras que apresentam um aspecto transnacional, não diretamente vinculadas a uma base territorial. Os jovens, por exemplo, tendem a construir suas identidades tendo como referências ídolos musicais, de cinema e esportivos não diretamente relacionados com a cultura nacional. Há uma produção cultural global que interage com as diversas culturas nacionais, modificando e ao mesmo tempo sendo modificada (veja Figura 5.2). Assim, a identidade nacional sofre uma transformação, ou seja, ela não se perde sendo substituída por outra transnacional. Há, na verdade, uma interação recíproca entre essas duas realidades.

De todo modo, quando se discutem as consequências culturais da globalização, partimos de dois cenários colocados em extremos opostos: da homogeneização e

**Figura 5.1** Algumas dimensões da globalização

**Figura 5.2** A globalização cultural

```
        Músicas        Costumes
            ↖         ↗
Literatura ← Globalização → Programas de TV
              cultural
            ↙         ↘
        Cinema    Hábitos alimentares
```

da fragmentação. Embora seja uma simplificação, é útil para a compreensão do processo, que ocorre mundialmente.

O cenário mais conhecido e divulgado representa a globalização como uma homogeneização cultural. Nesse cenário, as diferentes sociedades existentes no mundo estão sendo contagiadas por uma oferta de produtos culturais disponíveis globalmente: alimentação, músicas, ideias, instituições, brinquedos, vestimentas etc. Argumenta-se que em um mundo em que, nos mais distantes pontos do planeta, come-se McDonald's, usa-se roupas Benetton, assiste-se à MTV ou à CNN, fala-se de direitos humanos, trabalha-se em computadores IBM que utilizam produtos Microsoft, as características culturais específicas de cada região estão seriamente ameaçadas. Como essas ideias e mercadorias, em sua maioria, têm origem ocidental, a globalização é percebida como uma ocidentalização disfarçada, ou simplesmente como uma americanização do mundo.

Para a maioria dos povos que vive fora da Europa ou da América do Norte, a globalização tem a aparência de ocidentalização e, grande parte das vezes, de americanização, por serem os Estados Unidos agora a única superpotência, dominante em termos econômicos, culturais e militares. Além do mais, muitas das expressões culturais mais visíveis são americanas, como a Coca-Cola, o McDonald's e a rede de TV CNN (Giddens, 2000).

Na realidade, a produção cultural global não se restringe a exportar a cultura de um determinado país. Dentro da visão predominante de mercado que se acentua com a globalização econômica, aquilo que pode ser consumido globalmente pode se tornar um produto cultural global, não importando se a cultura que o gerou é brasileira, norte-americana, chinesa ou francesa. Desse modo, um conjunto musical espanhol identificado com a música cigana pode se tornar um produto cultural global, como foi o caso do grupo Gipsy Kings, no final do século XX. Uma música típica jamaicana pode, do mesmo modo, ser consumida da China à Polinésia, passando pela África e pela Rússia. A gastronomia também é globalizada, exportando-se para diferentes lugares os diferentes hábitos locais (veja Quadro 5.1). Estamos falando do aspecto mais visível dessa produção cultural global. Mas ela se aplica aos hábitos e costumes, ao vestuário e a todas as manifestações cotidianas. A televisão e o cinema têm um efeito de demonstração importantíssimo na modificação dos hábitos e costumes de diferentes povos.

Para o sociólogo francês Edgar Morin, a sociedade é inseparável da civilização[2] e "existe uma civilização mundial, saída da civilização ocidental, que desenvolve o jogo interativo da ciência, da técnica, da indústria e do capitalismo e que comporta um certo número de valores padronizados. Ao mesmo tempo em que comporta múltiplas culturas em seu seio, uma sociedade também gera uma cultura própria". Assim, considera a possibilidade de constituição de uma sociedade global que apresenta uma cultura planetária.

O outro cenário que se apresenta é o da fragmentação cultural e conflitos interculturais. Há autores como Drucker (1997), que defende que o tribalismo tornou-se um fenômeno mundial, manifestando-se na crescente ênfase na diversidade,

### QUADRO 5.1 — Hábitos diferentes de alimentação globalizados

O Centro de Pesquisa e Treinamento para Agricultura Sakon Nakshon, da Tailândia, está produzindo diferentes tipos de comida com insetos para exportação. Grilos crocantes para serem consumidos como aperitivo acompanhados de cerveja, ovos de formiga vermelha para salada e, como acompanhamento do prato principal, pupas de bicho-da-seda.

O hábito de comer insetos é mais frequente na região rural do nordeste do país e só agora, com a migração interna e a facilidade de comprar os bichinhos em lata, é que está se popularizando na capital, Bangcoc.

Embora seja estranho, comer insetos não faz mal à saúde. Os produtos da Sakon Nakshon podem ser incluídos até em uma dieta light, pois normalmente possuem poucos carboidratos e quantidades razoáveis de outros nutrientes, como fósforo, potássio e ferro.

Os insetos enlatados da Tailândia podem ser encomendados pela internet (www.dcothai.com/food/insects.htm). O preço da lata varia de US$ 3 a US$ 4.

*Fonte:* Adaptado de "Tailândia exporta insetos enlatados". *Folha de S.Paulo,* 24 ago. 2000. Caderno Equilíbrio, p. 9.

em vez da unidade (veja Figura 5.3). Ou como Ianni (1996, p. 33), para quem a globalização não tem nada a ver com homogeneização. E que, na realidade, "esse é um universo de diversidades, desigualdades, tensões e antagonismos (...). Trata-se de uma realidade nova, que integra, subsume e recria singularidades, particularidades, idiossincrasias, nacionalismos, provincianismos, etnicismos, identidades e fundamentalismos. (...) As identidades reais e ilusórias baralham-se, afirmam-se ou recriam-se. No âmbito da globalização, abrem-se outras condições de reprodução e reprodução material e espiritual".

Mas as duas proposições opostas (homogeneização e diversidade) não levam em consideração o fenômeno da transculturação, durante o qual a difusão de valores globais provoca reações nas comunidades locais — de rejeição, mas também de incorporação e reinterpretação de novos hábitos e costumes, transformações estas que estariam levando a uma evolução cultural de diversas populações, na qual a assimilação se constitui na forma de inserção dessas culturas no mundo globalizado. Desse modo, não ocorreria a destruição, mas uma aceleração de um processo de evolução no qual as culturas locais não perdem sua identidade, mas, ao contrário, mantêm-na e a consolidam quando confrontadas com outras consideradas exóticas ou estranhas. Esse processo aponta para a manutenção da diversidade cultural, sem descartar a possibilidade bastante concreta de desaparecimento de muitas culturas.

Nesse caminho, entende Giddens (2000, p. 23) que "A globalização é a razão do ressurgimento de identidades culturais locais em várias partes do mundo. Se alguém pergunta, por exemplo, por que os escoceses querem mais independência no Reino Unido, ou por que há um forte movimento separatista em Quebec, não poderá encontrar a resposta apenas na história cultural deles. Nacionalismos locais brotam como uma resposta a tendências globalizantes, à medida que o domínio de estados nacionais mais antigos enfraquece" (veja Figura 5.4).

Por outro lado, temos de considerar que, se associarmos o processo de globalização com a revolução científico-tecnológica atual, há uma crescente possibilidade de aumentar a capacidade de manifestação de grupos étnicos minoritários, que dispõem de instrumentos cada vez mais fáceis de serem manipulados e que permitem um melhor posicionamento do ponto de vista global. A mídia, de acesso cada

### Figura 5.3 — As duas faces da globalização

| As duas faces da globalização ||
|---|---|
| Homogeneização | Heterogeneização |

**Figura 5.4**  Os nacionalismos locais em resposta às tendências globalizantes

Globalização → Enfraquecimento dos Estados Nacionais → Nacionalismos → Quebec (Canadá) / Escócia (Reino Unido) / Bascos (Espanha)

vez mais fácil, e as facilidades de comunicação propiciadas pela internet possibilitam um aumento da capacidade de expressão de grupos, que poderiam, em outros tempos, isolar-se e serem arrasados pela cultura dominante.

## 5.3 As diversas faces da cultura global

É importante destacar que a influência ocorre das mais diversas maneiras. Muitas vezes assume o aspecto de resistência da cultura nacional ou local, fortalecendo suas características e procurando evitar o elemento cultural exógeno. Na França ocorre um fenômeno desse tipo, havendo muitas resistências àquilo que não é francês: devem os produtos culturais, para serem comercializados, incorporar algum aspecto da cultura local. Essa característica da cultura francesa está tão acentuada e enraizada em sua população que bonecas com desenho da bandeira norte-americana têm dificuldade de serem vendidas; há movimentos para inclusão de produtos locais franceses nos sanduíches do McDonald's; e a Disneylândia local só deixou de dar prejuízo quando foram modificados os seus brinquedos e adaptados ao gosto e aos heróis locais, identificados com a cultura francesa.

A rede de fast-food McDonald's adotou uma estratégia para se identificar com a cultura local sérvia quando da guerra liderada pelos Estados Unidos contra esse país (veja Quadro 5.2).

Em outras regiões, a influência se caracteriza pela urgência na identificação com uma cultura global, que no presente momento se relaciona com uma 'ocidentalização do mundo'. Em muitos países da Ásia, valores milenares foram abandonados para uma integração rápida à cultura ocidental. O mesmo exemplo da Disneylândia é sintomático; no Japão, esse parque de diversões é cópia fiel do existente nos Estados Unidos e desde o primeiro momento teve larga aceitação.

**QUADRO 5.2**  Marketing étnico do McDonald's

A rede de fast-food McDonald's emprega uma estratégia de "marketing étnico" para superar a hostilidade contra suas 15 lojas na Iugoslávia, afirma o diário *The Wall Street Journal*.

As lojas da rede na Iugoslávia fecharam as portas temporariamente durante os ataques da Otan (aliança militar ocidental, liderada pelos Estados Unidos) contra o país. Multidões furiosas atacaram os McDonald's por considerar a rede um ícone norte-americano.

Os ataques da Otan começaram em 24 de março de 1999 e se estenderam por 78 dias. As lojas reabriram em abril, ainda durante os ataques.

Para ajudar a superar a hostilidade da população, quando as lojas reabriram, a principal promoção foi o McCountry, que vinha com um hambúrguer de carne suína temperada com páprica, especialidades típicas sérvias.

Nas manifestações antiOtan, cheeseburgueres eram distribuídos gratuitamente. Para evocar a identidade e o orgulho sérvios, afirma o *Journal*, o McDonald's produziu pôsteres dos arcos dourados em forma de M, símbolo da rede, com um chapéu tradicional sérvio. Agora que o conflito está terminado, a rede está colhendo os frutos de sua estratégia. "As caixas registradoras estão trabalhando nos mesmos níveis do pré-guerra", diz o diário norte-americano.

*Fonte:* "McDonald's reconquista sérvios". *Folha de S.Paulo*, 12 set. 1999, p.1-23.

Não há uma assimilação passiva de influências globais e estrangeiras por parte das diferentes populações. Ou ocorre uma resistência ou há a incorporação contextualizada e local. Tomando-se um exemplo da etapa anterior do processo de globalização, o 'forró brasileiro', considerado prática musical identificada com as raízes populares nacionais, surgiu de evento criado por ingleses no século XIX, durante a construção de estradas de ferro no Brasil, quando em certo período se abriam os salões 'para todos' (*for all*); dessa atividade, não só a palavra foi assimilada como a atividade foi incorporada como prática cultural típica. Em períodos mais recentes estão a incorporação e a utilização de instrumentos eletrônicos na música sertaneja, popularizando-a por meio dos grandes veículos de comunicação de massa.

A resistência às influências estrangeiras ocorre das mais diversas maneiras. Muitas partem dos próprios governos locais, que procuram criar barreiras, como a censura à internet, a proibição do uso de antenas parabólicas, a proibição do uso de palavras estrangeiras nos anúncios etc. Outras resistências partem de movimentos sociais e de alguns setores da sociedade: surgem movimentos fundamentalistas que se apegam às tradições como resistência à globalização ocidentalizante.

Mas, de um modo geral, há uma predominância na incorporação e apropriação das influências estrangeiras nas vidas dos diferentes povos do mundo. Há um processo de adaptação no qual a mercadoria ou as ideias são incorporadas ao modo local. Não deixa de ser um produto ou ideia global, mas não é igual em todo lugar. O próprio produto McDonald's sofre adaptações em todo o mundo: na Índia, seu sanduíche mais famoso, o Big Mac, não utiliza carne de vaca; em Israel, a carne usada tem de ser *kosher*; e na Iugoslávia é fortemente temperado com páprica, entre outros exemplos (veja Figura 5.5). A boneca Barbie adapta-se às expectativas locais, identificando-se com as características étnicas de diferentes populações.

Por outro lado, está claro que muitos aspectos do produto ou da ideia são copiados e contribuem para a expansão de hábitos e costumes locais. Uma característica do sistema McDonald's é a racionalização, rapidez no atendimento e a padronização. Essas características são assimiladas e se multiplicam no mundo todo, mas para a comercialização de outros tipos de produtos, não necessariamente norte-americanos ou ocidentalizados. Isso acaba aumentando a diversidade gastronômica global, incluindo-se componentes étnicos dos mais diversos. No Brasil, por exemplo, a cadeia de lojas Habib's comercializa produtos da cultura árabe, com as mesmas técnicas de gestão introduzidas pelas cadeias de fast-food norte-americanas.

Na capital do Estado de São Paulo, em julho de 2003, havia mais restaurantes japoneses (600) do que churrascarias (500), fruto da transformação de restaurantes familiares que só existiam no bairro tipicamente japonês da Liberdade, para serviços mais profissionalizados e eficientes, com casas modernizadas e ambientes charmosos e elegantes, que certamente não serão encontrados da mesma forma no Japão, pois se tratam de adaptações locais a pratos culturalmente identificados. Por exemplo, muitas casas fazem diversas combinações nos pratos, neles introduzindo elementos da gastronomia de outros países e do Brasil.[3]

**Figura 5.5** As adaptações às influências de culturas estrangeiras

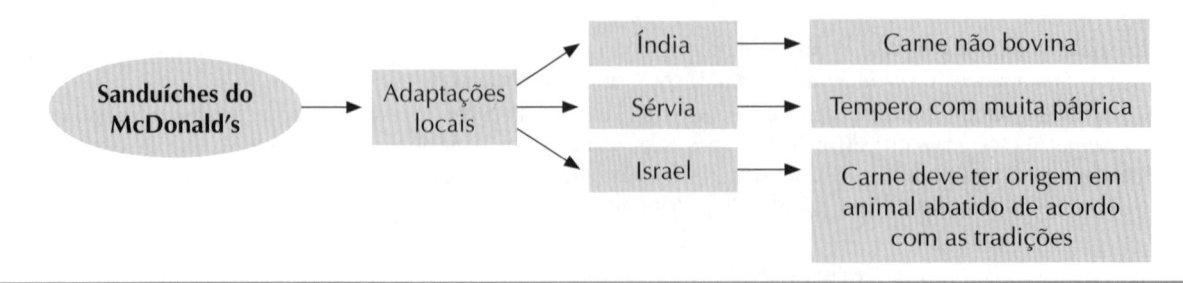

Sanduíches do McDonald's → Adaptações locais →
- Índia → Carne não bovina
- Sérvia → Tempero com muita páprica
- Israel → Carne deve ter origem em animal abatido de acordo com as tradições

A apropriação de produtos e ideias pode ser demonstrada em várias esferas, em que se aplica o mesmo princípio, ou seja, a intenção daqueles que produzem, tanto bens como ideias, são modificadas pelas pessoas que os consomem. Isso não significa que as pessoas não são modificadas profundamente pelas influências externas; elas são, mas isto não quer dizer que o resultado seja o mesmo em todo lugar, ou que seja previsível.

## 5.4 A construção de uma nova diversidade cultural

Com a globalização emergem novas maneiras de manifestação cultural, em um processo de transculturação. São criadas expressões culturais que não apresentam raízes históricas, mas são o resultado de interconexões culturais que são facilitadas pela expansão da tecnologia da informação e pela rede de computadores mundial.

Para Edgar Morin,[4] "existem múltiplas correntes transculturais que irrigam as culturas, ao mesmo tempo em que as superam, e que formam algo que quase chega a ser uma cultura planetária. Mestiçagens, hibridizações, personalidades biculturais (Rushdie, Arjun Appadura) ou cosmopolitas enriquecem essa via transcultural de maneira incessante" (veja Figura 5.6). Vai se constituindo e enriquecendo um folclore planetário, com as integrações e os encontros. Para ele, "no que diz respeito à arte, à música, à literatura e ao pensamento, a globalização cultural não é homogeneizadora. Ela é feita de grandes ondas transculturais que favorecem a expressão das originalidades nacionais em seu seio".

Em várias partes do chamado 'mundo dos países desenvolvidos', que receberam um grande número de imigrantes, há um processo de criação de novas comunidades que apresentam características que não as identificam exatamente com uma outra. Nos Estados Unidos há uma importante comunidade de afro-americanos, e a comunidade latino-americana se funde, trazendo influências de suas diversas comunidades de origem (equatorianos, mexicanos, guatemaltecos etc.) e que formam um agrupamento único não identificado com nenhum outro (veja Figura 5.7). Na Europa, os turcos incorporam hábitos e costumes dos alemães, tornando-os diferentes dos seus ancestrais. Os brasileiros de origem japonesa formam comunidades que passam a ser revitalizadas com o aumento do intercâmbio com o país de origem, sem, no entanto, perderem sua nova identidade e se reintegrarem, o mesmo ocorrendo com os descendentes de italianos, alemães, poloneses e muitos outros que formaram agrupamentos étnicos localizados no País.

Na realidade, essas comunidades aumentaram sua capacidade de expressão com a globalização, pois o Estado-nação provocava a homogeneização cultural a partir de um processo de dominação de uma cultura (regional ou etnicamente identificada).

**Figura 5.6** Algumas personalidades mundiais

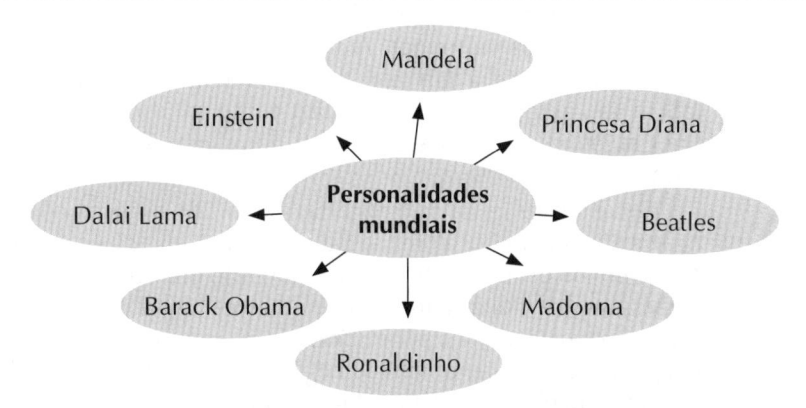

**Figura 5.7**    Comunidade latino-americana nos Estados Unidos

Estados Unidos — Norte-americanos

América Latina — Mexicanos, Salvadorenhos, Guatemaltecos, Porto-riquenhos, Equatorianos

Comunidade latino-americana nos Estados Unidos

Em muitos casos, o local por si mesmo vai perdendo importância, pois muitas comunidades transnacionais surgem, seja por interesses comuns, seja por profissões ou semelhanças culturais e sociais. São constituídas por homens de negócios, cientistas e, majoritariamente, formadas por migrantes, exilados e refugiados, que estabelecem comunicações de longa distância ou ligações econômicas, constituindo um intenso tráfego de registro de dados ou imagens e mercadorias indo e vindo.

O que se constata cada vez mais é que a imagem de um mundo constituído por culturas com limites claramente demarcados, e separadas, está rapidamente sendo substituída pela ideia de comunidades que se multiplicam, difundem-se, recriam-se a todo momento, em um fluxo constante e que apresenta como limite, unicamente, o planeta como um todo.

## 5.5 O sistema de referências global

A cultura global emergente consiste de categorias e padrões universais pelos quais as diferenças culturais se tornam mutuamente inteligíveis e compatíveis. As sociedades ao redor do mundo estão se tornando, em alguns aspectos, mais semelhantes umas às outras; em outros, mais diferentes. A emergência de uma cultura global vai aos poucos constituindo-se como um sistema de referências pelo qual as sociedades locais reinterpretam sua cultura, inserindo uma nova dinâmica na construção de novas diversidades. Nesse sentido, a estrutura cultural global organiza a diversidade em novas bases.

Podemos dizer que, enquanto as diferentes culturas continuam a ser relativamente diferentes e variadas, elas, na realidade, estão se tornando diferentes em muitos caminhos uniformes. A maioria das categorias e dos padrões globais que circulam hoje em dia tem origem ocidental, mas se propaga porque as pessoas, em todo lugar, apropriam-se e deles fazem uso para se expressar e alcançar seus próprios objetivos. No processo, as estruturas anteriormente hegemônicas são transformadas por si mesmas.

Certas ideias, estórias e histórias (incluindo diversas coisas, como a institucionalização dos direitos humanos, a morte de Lady Di, os mitos criados pela prática do futebol ou pelas imagens do cinema) estão disponíveis para um crescente número de pessoas em muitas partes do mundo (veja Figura 5.8). Elas são divulgadas principalmente pela mídia e por milhões de pessoas que se deslocam, como imigrantes, refugiados, turistas e homens de negócios. A mídia e os indivíduos que se deslocam forçam as pessoas a refletir sobre seu próprio modo de vida, comparando-o com

**Figura 5.8**     Fenômenos sociais globais disponíveis em várias partes do mundo

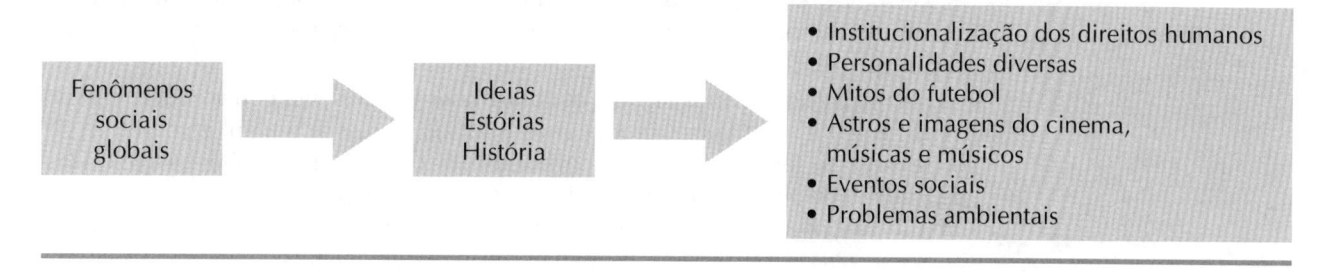

Fenômenos sociais globais → Ideias / Estórias / História →
- Institucionalização dos direitos humanos
- Personalidades diversas
- Mitos do futebol
- Astros e imagens do cinema, músicas e músicos
- Eventos sociais
- Problemas ambientais

outros, desenvolvendo cada vez mais a consciência de pertencer ao mundo, e não somente ao espaço local em que nasceu e cresceu. Isso implica reconhecer a existência de direitos que devem ser incorporados na sociedade local.

Esse processo tem o potencial de criar uma base comum, um entendimento de que algumas coisas são universais, devendo fazer parte da vida de muitos povos diferentes em torno do mundo. Muitas das estruturas e dos padrões que circulam hoje se originam no Ocidente, que se esforça substancialmente para assegurar e manter sua influência. Ocorre que, depois de uma apropriação bem-sucedida, a origem das ideias e dos conceitos não é tão importante, e estes passam a fazer parte da vida do outro, seja ele quem for. Por outro lado, as sociedades ocidentais estão passando, também, por um imenso processo de pluralização, tornando-se, cada vez mais, multiculturais, o que coloca em xeque identificar o que é ou não pertencente à cultura ocidental.

## 5.6 A apropriação diferenciada da cultura global

A globalização pela sua vertente econômica apresenta uma visão evidentemente homogeneizadora do ponto de vista cultural, pois suas mensagens direcionadas ao mercado de consumo tendem a uma unificação do marketing do ponto de vista mundial e seus símbolos tendem a ser os mesmos em escala global: a mesma música, as mesmas mensagens, os mesmos filmes, os mesmos outdoors etc. Na realidade, essa homogeneização é relativa e sofre interferências culturais das comunidades locais. Ocorre uma apropriação e consequente modificação das mensagens e de seus símbolos nos planos nacionais e locais.

Essa interação, e influência mútua entre a cultura global e a local, é permanente e não é estranha do ponto de vista histórico, pois, em outras fases do processo de globalização, isso já ocorreu. Em diversas comunidades, antigos produtos culturais globais foram incorporados e transformados, passando a integrar as tradições locais; isso se verifica em um conjunto bastante significativo de elementos, desde o vestuário, passando pela linguagem, alimentação, música etc. (veja Figura 5.9).

A globalização parece ser um processo irreversível que envolve a todos, que afeta negativamente a muitos, mas também favorece muitas atividades e grupos

**Figura 5.9**     A interação mútua entre a cultura global e a cultura local

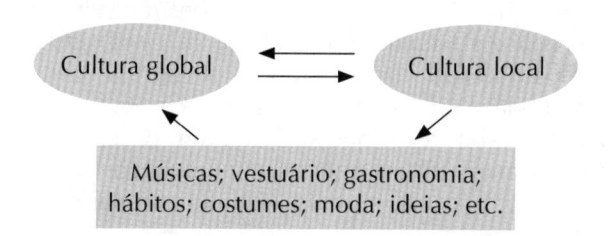

Cultura global ↔ Cultura local
Músicas; vestuário; gastronomia; hábitos; costumes; moda; ideias; etc.

sociais. Apresenta-se destruindo e reconstruindo formas de identidade cultural, estimulando uma cultura de consumo por todo o planeta, constituindo-se em um processo que tem múltiplos aspectos que muitas vezes se contradizem: liberalismo x protecionismo, globalização x regionalização, homogeneização x heterogeneização etc.

Ao longo dos últimos anos, a cultura global se apresenta como aquela que dá abrigo e guarida a diversos grupos sociais locais, que se articulam com outros, de outras regiões, tendo como único parâmetro de contato as referências estabelecidas pela cultural global. Assim, os povos indígenas se comunicam e se inter-relacionam em escala global, bem como as minorias étnicas, os grupos de interesse como os homossexuais etc.

O reconhecimento, o suporte financeiro ou econômico e os direitos políticos e sociais são reivindicados globalmente, tendo como suporte um número crescente de organizações transnacionais dedicadas à preservação dos direitos culturais de diferentes grupos. São inúmeras organizações não governamentais (ONGs) que mantêm uma rede de contatos, que ignoram os Estados nacionais e se articulam via rede mundial de computadores, constituindo, gradativamente, uma força transnacional que consolida a visão de uma cultura global como sistema de referências para as culturas locais, permitindo que atuem nos eventos globais de forma articulada, independentemente de suas características específicas.

> **Organizações não governamentais (ONGs) globais:** Constituem uma força transnacional que dá suporte e facilita a articulação dos grupos sociais locais.

Por outro lado, devemos compreender que o espectro de utilização do conceito de cultura é amplo. Há uma dependência do tempo e do espaço, para que essas identidades culturais sejam expressas de um modo forte ou fraco. No Brasil podemos ser paulistas; na Argentina seremos brasileiros; nos Estados Unidos, simplesmente latino-americanos. Mesmo em São Paulo podemos ajustar nossa identidade cultural dependendo de cada realidade — de acordo com nossa descendência, em determinadas épocas do ano, acentuamos um traço de nossa identidade. Desse modo, a cultura pode ser ajustada para os mais variados contextos, tornando-se flexível em função do tempo e do espaço.

Nas regiões Sul e Sudeste do Brasil, por exemplo, há uma presença marcante da colonização italiana, que, por sua vez, não foi homogênea. Os descendentes estão fortalecendo sua identidade com o incremento de festas gastronômicas, religiosas e musicais que se identificam com suas origens e, em muitos casos, não há uma homogeneidade nesta origem, pois a Itália é um país diversificado, e migraram para o Brasil diversos grupos socialmente diferentes, que se instalaram em várias regiões. Assim, as festas italianas poderão apresentar uma diversidade significativa, que refletirá a origem diversa dos migrantes e as diferentes assimilações que sofreram em cada região do País — novos grupos, que não se identificam com nenhum outro, embora possam ter uma história mais ou menos comum.

Trata-se de uma reconstrução da identidade dessas comunidades, pois cada uma decide quais aspectos devem permanecer e quais devem ser excluídos. Desse modo, a identidade é reconstruída em um caminho seletivo e, claro, está longe de ser autêntica de um ponto de vista histórico estrito. Os descendentes de japoneses no Brasil, por exemplo, viveram uma crise de identidade quando fizeram o que julgavam ser um retorno à terra de origem e descobriram que eram 'brasileiros no Japão' (veja Quadro 5.3).

Para forjar a identidade, uma das estratégias importantes desses grupos é se colocarem no mercado com produtos típicos e produzidos pela comunidade. Trata-se da valorização do lugar, das tradições reinventadas e dos costumes recriados. A identidade é definida conscientemente. Um exemplo é a apropriação, por parte dos índios pataxós, da tradição de serem os nativos que Cabral encontrou no Descobrimento. A partir dessa identificação, recriaram as tradições, incluindo suas antigas habitações, que se tornaram, de um momento para outro, autênticas. Organizaram formas de controlar o fluxo da produção de material de artesanato, com as características que consideram identificadas com a tradição (veja Figura 5.10).

### QUADRO 5.3 — Os japoneses brasileiros e a crise de identidade

Para o professor da Universidade Emory (Atlanta, EUA), Jeffrey Lesser, o slogan da Semp Toshiba, "Os nossos japoneses são mais criativos que os japoneses dos outros", mostra que a comunidade nipo-brasileira — estimada em 1,4 milhão de pessoas — soube negociar uma identidade positiva.

Segundo Lesser, "A propaganda revela um grupo de imigrantes que negociou muito bem os estereótipos sobre eles mesmos, sobretudo nas grandes cidades brasileiras, ligando o japonês a valores positivos, como tecnologia e qualidade. Ao mesmo tempo, é uma crítica ao Japão, que não teria a ginga brasileira. A imagem sugere que o nipo-brasileiro é o melhor dos dois mundos".

De acordo com o brasilianista, ao chegar ao Japão os sinais são invertidos: "Ninguém mais chama essas pessoas de japonês ou japinha. Eles são chamados de brasileiros, pela primeira vez na vida deles e todo o mundo está de acordo que eles são brasileiros".

Com a "brasilidade", afirma Lesser, a imagem de trabalhador dá lugar ao estereótipo do preguiçoso, entre outros.

Para o antropólogo da USP, Koichi Mori, "Aqui no Brasil, as pessoas imaginam que ele trabalhe demais. Lá, todo o mundo imagina que ele só queira festejar". Cada vez mais, a comunidade brasileira também é associada à prática de crimes. Para os estudiosos, essa imagem se deve à exploração da imprensa japonesa. "Estão sendo publicadas histórias de roubos de carros e outros crimes praticados por brasileiros, dentro da ideia de que os estrangeiros são responsáveis pelo aumento da violência."

O estranhamento com o Japão do cotidiano muitas vezes leva à busca de uma identidade brasileira em plena terra dos ancestrais. "O nikkei e o mestiço talvez emigrem, em parte, para buscar raízes japonesas, raízes étnicas. O que eles vão descobrindo, porém, não são as raízes japonesas, mas, na verdade, as raízes brasileiras", afirma Lesser. As lojas de produtos brasileiros estão abarrotadas de CDs de música brega, axé music e de duplas sertanejas.

Um artigo assinado pelo brasileiro Angelo Ishi mostra que os dekasseguis compõem hip-hop no estilo brasileiro para mostrar as dificuldades da vida dos imigrantes no Japão.

Até os concursos de beleza sofrem uma inversão. "Em São Paulo, em concurso de miss, a moça veste um quimono, em uma apresentação como uma japonesa imaginada, podemos dizer. No Japão, o que acontece? Primeiro, não tem mais Miss Nikkei, Miss Nipo-brasileira, o concurso é de Miss Brasil. E ela vai de biquíni, ela se comporta como uma brasileira imaginada", disse ele, que tem pesquisado a cidade de Oizumi, uma das maiores comunidades dekasseguis.

Nos últimos anos, tem sido cada vez mais difícil viver no Japão. O fim do boom econômico dos anos de 1980 — década em que teve início o fenômeno dos dekasseguis — deu lugar a períodos de crise e baixo crescimento. Além disso, os brasileiros — que formam o terceiro maior grupo de imigrantes, com cerca de 273 mil (14,5% dos estrangeiros) — sofrem cada vez mais a competição de outras nacionalidades.

"Os imigrantes chineses e filipinos têm aumentado bastante, pois aceitam trabalhar ganhando menos", afirma Akihito Tanaka, diretor-superintendente do Centro de Informação e Apoio ao Trabalhador no Exterior.

Os números do governo japonês confirmam a afirmação de Tanaka: entre 2001 e 2002, a imigração filipina teve um aumento de 9,1%, e a chinesa, de 11,3%.

No mesmo período, a população de imigrantes brasileiros aumentou apenas 0,9%.

Porém, com exceção de 1998, em nenhum ano a população brasileira diminuiu no Japão — sinal de que, mesmo com perspectivas menos favoráveis, alguns dekasseguis já não pensam em voltar.

"Muitos brasileiros vão ficar lá, principalmente pessoas que não têm bens no Brasil. É o caso de jovens solteiros de cidades médias e grandes", afirma Mori, que tem pesquisado os imigrantes okinawanos e seus descendentes no Brasil (leia glossário nesta página). Um dos grandes desafios para os que ficam é a dura legislação japonesa. Pela lei, nem mesmo os filhos de brasileiros são considerados cidadãos japoneses, o que limita as oportunidades de educação e emprego.

"O meu medo é que os brasileiros acabem apenas produzindo uma mão de obra braçal", afirma o antropólogo japonês.

**Pequeno glossário**

***Dekassegui:*** nipo-brasileiro no Japão, onde a palavra tem dois sentidos — o tradicional, que significa migrantes internos, e o moderno, em referência a qualquer pessoa de ascendência japonesa trabalhando no Japão, como brasileiros, bolivianos e peruanos.

***Nikkei:*** pessoa de ascendência japonesa.

***Issei:*** imigrante japonês.

***Nissei:*** filho de imigrantes.

***Sansei:*** neto de imigrantes.

*Fonte:* Adaptado de MAISONNAVE, Fabiano. "Dekassegui vive crise de identidade no Japão". *Folha de S.Paulo*, 10 ago. 2003, p. A-22, fornecido pela *Folhapress*.

**Figura 5.10** A tradição reinventada de Eric Hobsbawn

Tradição reinventada (Eric Hobsbawn) → Fortalece identidade cultural

## 5.7 Globalização e localização como processo

Como vimos, a globalização cultural é um processo altamente dialético, no qual globalização e localização, homogeneização e fragmentação, centralização e descentralização, conflito e assimilação não são opostos excludentes, mas lados inseparáveis de uma mesma moeda.

A mudança cultural não é somente uma história de perda e destruição, mas também de ganho e criatividade: como resultado do aumento das interconexões, velhas formas de diversidade podem desaparecer, mas, ao mesmo tempo, uma nova diversidade cultural passa a existir.

Certos conceitos e determinadas estruturas do mundo moderno estão sendo difundidos globalmente. Todo país tem seu hino nacional, sua burocracia e seu sistema escolar. As pessoas de todos os lugares — Bolívia, Suíça ou China — discutem a relevância dos direitos humanos. Ao mesmo tempo, as particularidades culturais se destacam, as diferentes práticas e visões de mundo são comparadas e competem umas com as outras em um espaço transnacional que está sendo construído (veja Figura 5.11).

Diferentes visões de mundo e estilos de vida ficam uns em contato com os outros e podem contribuir para um aumento dos estereótipos e conflitos. Concomitantemente, esses diferentes estilos de vida e mistura de orientações levam à assimilação de ideias, bens e instituições.

A globalização contribui para o estabelecimento de novas relações, que, em um processo dialético, de incorporação e rejeição de valores, ideias, bens, hábitos, costumes etc., vão formando comunidades que muitas vezes transcendem as fronteiras nacionais e regionais (religiões cada vez mais globais, comunidades latinas, culturas jovens, culturas profissionais dos homens de negócios ou de artistas, para nomear somente algumas). Ao mesmo tempo, as comunidades nacionais estão aumentando sua pluralidade e fragmentação, e cada vez menos pessoas em uma vizinhança compartilham o mesmo inventário cultural, como lutar pelos mesmos valores e falar uma mesma língua.

**Local** é parte do global.

Globalização e localização são, a partir dessa perspectiva, um processo. O local é cada vez mais um subproduto e parte do global. As especificidades culturais, por exemplo, as culturas nacionais do México e da Escócia, práticas econômicas dos coreanos ou alemães, moda francesa e cozinha italiana têm sido e estão sendo o que elas são em virtude de sua participação no sistema mundial global, e não podem ser entendidas fora desse contexto global.

**Figura 5.11** A construção do espaço transnacional

Construção do espaço transnacional → Difusão global de conceitos e estruturas sociais

De uma forma resumida, podemos afirmar que a globalização da cultura gera um conjunto de fenômenos que modificam os processos culturais nas sociedades nacionais e locais. Embora, por um lado, ocorra um processo que podemos identificar como de homogeneização — produtos de consumo globais, como músicas, símbolos etc. —, há uma real possibilidade de crescimento da heterogeneidade. Entre outros motivos, está o enfraquecimento do Estado-nação, que foi construído em espaços territoriais nos quais uma cultura hegemônica subjugou as demais. Estas, com o enfraquecimento do Estado-nação e o aumento das possibilidades de expressão em razão do avanço dos meios de comunicação, encontram cada vez mais maneiras de se manifestar e se agrupar, melhorando sua inserção cultural no mundo global (veja Figura 5.12). Hoje, por meio da internet, podemos ter acesso à cultura tâmil, do Sri Lanka; à cultura francesa do Canadá; à cultura curda em vários de seus aspectos e assim por diante.

Por outro lado, o homem tem necessidade de se socializar, e nesse processo o contato social é importante. A interação social é fundamental no processo de socialização, do qual depende o ser humano para a construção de suas identidades — individual e grupal.

A constituição de uma identidade cultural global não significa a destruição das outras identidades grupais pelas quais se define o indivíduo. Do mesmo modo que o indivíduo define sua identidade em função do tempo e do espaço e de acordo com suas conveniências, a identidade global constituir-se-á na mais alta instância de identificação cultural do indivíduo. Por essa ótica, a globalização não será sinônimo de homogeneidade; ao contrário, será caracterizada pela diversidade.

**Figura 5.12** A influência das tecnologias de informação e comunicação nas culturas locais

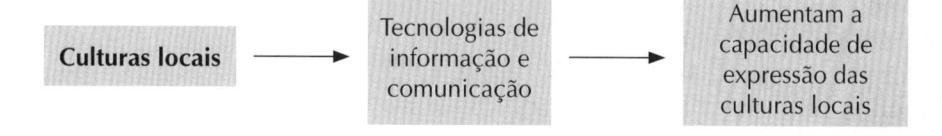

Culturas locais → Tecnologias de informação e comunicação → Aumentam a capacidade de expressão das culturas locais

# RESUMO DO CAPÍTULO

Neste capítulo vimos que a homogeneização cultural global é um processo que existe, mas que é apropriado de maneiras distintas em cada parte do planeta. Resultado dessa apropriação diversificada é que está se criando uma nova diversidade cultural global. Por outro lado, muitas culturas locais se reposicionam globalmente com base em um sistema de referências estabelecido pela globalização cultural.

Muitas identidades culturais locais são reconstruídas e reinterpretadas, contribuindo para o aumento da diversidade. O sistema de referências globais inclui símbolos, mitos e heróis globais, que são identificados como tal pelas diversas comunidades locais. Ídolos musicais, de futebol ou personalidades tornam-se referências que contribuem para a construção de uma identidade global.

Muitas novas culturas surgem de comunidades que se dispersaram ao redor do globo, em função de ondas migratórias, e que não se identificam plenamente com o país de origem nem com aquele que as acolheu, tornando-se novas culturas, que apresentam traços de ambos os povos. Um exemplo bastante próximo dos brasileiros é o que vem ocorrendo com os brasileiros filhos de japoneses que migram para o Japão e que sofrem uma crise de identidade.

## PERGUNTAS

1. O que é globalização cultural?
2. Está ocorrendo uma homogeneização cultural global?
3. Existe também um processo de diversificação?
4. Por que a globalização tem uma aparência de ocidentalização para muitos?
5. Pode a globalização ser entendida como americanização? Por quê?
6. Como a globalização contribui para o ressurgimento de identidades culturais locais?
7. A construção de uma nova diversidade cultural implica destruição das anteriores formas culturais?
8. O processo de construção de uma nova diversidade cultural já ocorreu em algum momento histórico?
9. Por que as comunidades locais aumentaram sua capacidade de expressão?
10. Como se dá o processo de criação de uma base comum global para a cultura?
11. Há heróis, símbolos sociais, mitos e personalidades globais?
12. Como se deu a crise de identidade nos jovens brasileiros, descendentes de japoneses, que foram ao Japão?
13. O que queremos dizer ao afirmarmos que a globalização e a localização fazem parte de um mesmo processo?

## CASO PARA ESTUDO

**Integração global e preservação das tradições**

A produção de urucum para exportação transformou a vida dos índios iauanauás, que vivem às margens do rio Gregório, em Tarauacá (490 km de Rio Branco, Acre).

Com a venda da semente para a empresa norte-americana de cosméticos Aveda, a comunidade iauanauá conseguiu reverter o processo de migração da população indígena. Os mais jovens saíam em busca de trabalho e melhores condições de vida. Hoje, a aldeia tem uma infraestrutura similar à de uma cidade.

"Hoje, temos uma infraestrutura que vai desde o pessoal preparado na área de educação, saúde e administração até sistema rural de eletricidade que funciona com a energia solar, posto médico e maquinário de beneficiamento de sementes", afirma Joaquim Tashka Yawanawá, representante internacional da comunidade.

No início dos anos de 1990, com o acirramento da crise do preço da borracha, os iauanauás, que sobreviviam da exploração da seringa, enfrentaram dificuldades financeiras, conta Tashka.

Em 1993, os índios criaram a Organização de Agricultores Extrativistas Yawanawá do Rio Gregório (Oaeyrg) para buscar parceria com a iniciativa privada.

"A partir da parceria com a Aveda, nosso povo foi encontrando novos horizontes em busca de uma autonomia econômica, sem sair da floresta. É uma forma de preservarmos nossos costumes, tradições e língua", diz Tashka.

Segundo a Fundação Nacional do Índio (Funai), em 1995, dois anos após a implantação do projeto, havia cerca de 230 índios vivendo na aldeia. Atualmente, há cerca de 500 iauanauás lá.

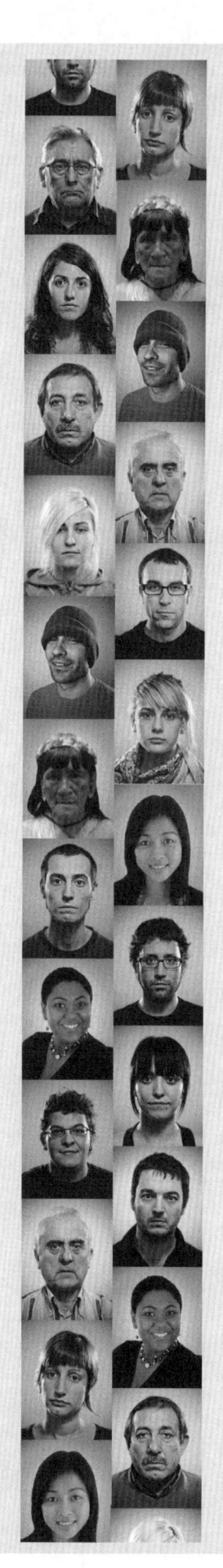

Quando o fundador da Aveda encontrou-se com os líderes iauanauás para discutir a parceria, sugeriu que o urucum fosse colhido na floresta. Mas os índios apresentaram a proposta de separar uma área para o cultivo da planta.

A empresa financiou o plantio de urucum em 16 hectares da reserva, associado a outras plantas tropicais da Amazônia, como castanheira, pupunheira e guaraná. Os índios já fazem o plantio com recursos próprios.

A Aveda utiliza o corante do urucum na produção de batons, xampus e condicionadores.

A preservação das tradições indígenas foi um dos pontos do contrato firmado entre os iauanauás e a Aveda. "A empresa tem respeitado nossos limites e nossa forma tradicional de trabalhar", afirma Sales.

Para Tashka, não existe no Brasil uma política que trate especificamente da questão indígena no que diz respeito ao seu território tradicional, à educação diferenciada e à saúde. "A única saída da comunidade foi buscar formas de ser autossustentável economicamente para manter sua tradição."

A aldeia possui uma escola de 1ª a 4ª séries que ensina, além da língua portuguesa, a língua iauanauá. "Neste mundo de globalização, nós temos de preservar nossos costumes. É um meio de sobreviver. A nossa escola tem de trabalhar em torno disso", diz Biraci Brasil Yawanawá.

Uns dos principais desafios dos iauanauás foi adaptar sua forma tradicional de produção — na qual o índio só praticava atividades de subsistência — à necessidade de atender à demanda do mercado externo.

"O tempo do mercado é diferente do da pessoa que vive na aldeia. Aqui, se ela acorda de manhã e está com vontade de pescar, por exemplo, pode passar o dia inteiro pescando. Não se preocupa se terá de entregar uma certa produção no final do mês para que um cliente possa tocar seus negócios", explica Joaquim Tashka Yawanawá, representante internacional da aldeia.

Tashka conta ainda que demorou muito tempo para que toda essa mudança fosse implantada na comunidade sem interferir no cotidiano dos índios.

A forma de trabalho dos iauanauás na produção do urucum é coletiva. Todas as famílias mandam representantes para participar da colheita e da preparação da planta para exportação.

"Temos discutido em reuniões como é valiosa a forma tradicional de organização de nosso povo em trabalhos coletivos e na distribuição de funções que visa toda a estrutura da comunidade, e não apenas ao mercado externo."

O lucro da venda do urucum é destinado a projetos que visam toda a aldeia.

Durante as colheitas (fevereiro a abril e julho a setembro), os iauanauás também recebem pelo que trabalham. Cada índio ganha R$ 7 por dia de trabalho.

*Fonte*: Adaptado de MENEZES, Noeli e MOURA, Silvia. "Urucum transforma vida de comunidade". *Folha de S.Paulo*, 26 nov. 2000, p. A-18, fornecido pela *Folhapress*.

## QUESTÕES PARA DISCUSSÃO

1. A integração da economia local e tradicional dos índios iauanauás com a economia global, no caso representada pela empresa norte-americana Aveda, fortaleceu ou enfraqueceu a cultura e as condições de sobrevivência dos indígenas? Por quê?
2. Discuta a frase do índio "o tempo do mercado é diferente do da pessoa que vive na aldeia". Podemos associar com o tempo da sociedade industrial, o da sociedade pré-industrial e o da pós-industrial?

Capítulo 5 – Globalização e diversidade cultural

3. A forma tradicional de organização dos iauanauás, voltada para a comunidade, favoreceu o trabalho coletivo da tribo? Por quê?

4. O fato de os índios receberem por seu trabalho durante as colheitas torna-os mais integrados ao mundo do homem branco, deixando de ser menos índios? Discuta as alternativas.

5. A inserção rápida do índio no mercado global, promovida pela comercialização do urucum, pode ter acelerado um processo de evolução cultural da tribo, fazendo com que seu desenvolvimento esteja atrelado às possibilidades de desenvolvimento do mundo como um todo, ou é possível haver um desenvolvimento alternativo? Por quê?

## Notas

1 Muitas das ideias expostas neste item foram, primeiro, apresentadas por nós no Capítulo 8 do livro *Sociologia do turismo*, em Dias (2003, p. 153).
2 MORIN, Edgar. 'Por uma globalização plural'. *Folha de S.Paulo*, 31 mar. 2002. Caderno Mundo, p. 17.
3 CANECCHIO, Otávio. 'Chegamos a 278 sushis por minuto'. *Veja*, 23 jul. 2003, p. 14-22.
4 MORIN, Edgar. 'Por uma globalização plural'. *Folha de S.Paulo*. 31 mar. 2002. Caderno Mundo, p. 17.

# CAPÍTULO 6

# O processo de socialização

## APRESENTAÇÃO

Aqui abordaremos como o indivíduo adquire as maneiras de agir e de pensar que se identificam com as de seu grupo social. Como se constrói a personalidade, tanto individual como a social, é outro dos pontos abordados neste capítulo. O processo de construção de identidades — pessoal e social — é visto em um contexto que envolve a personalidade e a socialização. A posição social, o status e o papel social também são vistos no contexto de sua construção a partir do processo de socialização.

## TÓPICOS PRINCIPAIS

6.1 O ser humano como ser social
6.2 O indivíduo e as interações sociais
6.3 Interação e identidade social
6.4 Os processos sociais básicos
6.5 Socialização e construção da identidade pessoal
6.6 Personalidade e socialização
6.7 Posição, papel social e status
6.8 Símbolos sociais e heróis
6.9 Os principais agentes de socialização
6.10 O papel dos meios de comunicação de massa

## OBJETIVOS DE APRENDIZAGEM

Compreender:

- a necessidade do convívio social para o ser humano.

- que o indivíduo é o produto de um complexo sistema de interações.

- que é pelo processo de socialização que se constroem identidades.

- que cooperar, competir, conflitar, acomodar e assimilar são interações fundamentais para o funcionamento da sociedade.

- que a soma das tendências de comportamento é que configura a identidade.

- que as diferentes posições na hierarquia social são importantes para o funcionamento da sociedade, não importando seu status.

- que as pessoas quando ocupam um status têm de desempenhar o papel esperado pelos demais membros da sociedade, e podem fazê-lo tanto além como aquém das expectativas.

- que os heróis e as pessoas que se tornam símbolos sociais são modelos de comportamento e importantes auxiliares no processo de socialização.

## 6.1 O ser humano como ser social

Como vimos no capítulo anterior, os seres humanos, desde tempos remotos, sempre viveram em grupos, pois aprenderam que desse modo é que conseguiriam superar os outros animais mais bem dotados fisicamente. À necessidade de enfrentar os perigos externos, que obrigou o convívio humano, advieram outras, que tornaram imprescindível a convivência social (veja Figura 6.1). Com o aumento das interações humanas, foram surgindo instituições e organizações fundamentais para a existência dos homens e que tinham sua estrutura baseada nas relações sociais. A partir daí, a própria existência fora do grupo tornou-se de difícil aceitação para o ser humano.

O homem, que por meio das interações recíprocas cria um sem-número de instituições, organizações e fenômenos sociais, ao nascer já encontra o grupo estruturado com uma quantidade incontável de valores, normas, costumes etc. (veja Figura 6.2). E pela transmissão cultural aprende a viver em sociedade, transformando-se de um animal da espécie humana em um ser humano culturalmente definido. Podemos afirmar que, sem contato com um grupo social, o animal homem dificilmente desenvolveria as características que chamamos 'humanas'.

Assim, o grupo social — a sociedade — precede o indivíduo, sendo o ser humano um produto da interação social. Está claro que essa afirmação é uma das visões dentro do campo da sociologia, não existindo nem aí uma concordância de todos os cientistas sociais.

Todas as pessoas nascem dentro de um grupo, e este dotará o indivíduo com os mesmos traços sociais dos outros membros e que o farão ser aceito dentro do grupo social a que pertence.

**Figura 6.1**  Convívio humano — estrutura baseada nas relações sociais

**Figura 6.2**  Mundo estruturado com costumes, normas e valores

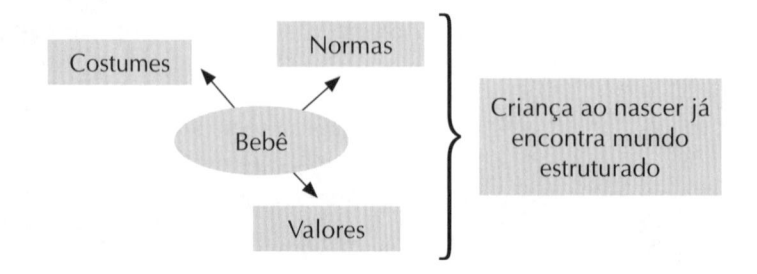

Desse modo, o homem pode ser definido como um ser social. Essa afirmação, dita com todo o formalismo de um conceito, tem um significado quase automático e aceito sem muita discussão — mas que analisado mais detidamente apresenta várias implicações.

Sendo um ser social, o indivíduo é produto de um sistema complexo de interações que, de um modo ou de outro, ocorre com toda a humanidade, e mais particularmente na sociedade da qual faz parte. Ao se relacionar com outros no processo de socialização, vai adquirindo hábitos e costumes que vão se agregando aos poucos em sua personalidade individual e tornando-o cada vez mais identificado com uma personalidade social cada vez mais difusa, conforme se ampliam as interações dentro de uma perspectiva global. Entre esses dois extremos — o indivíduo isolado e aquele profundamente integrado e interagindo de modo intenso com um número infindável de outras pessoas — há uma gama imensa de possibilidades.

Ocorre que cada conjunto de interações vai formando estruturas mais ou menos complexas, que são manifestações humanas e que só existem como tal. As possibilidades de interações são praticamente infinitas durante um período de existência, havendo a chance, portanto, de cada indivíduo contribuir para a criação de numerosas estruturas sociais no decorrer de sua vida. Para tanto, o homem tem de interagir, viver em grupos sociais, ampliar suas possibilidades de interação e intervir na realidade social.

## 6.2 O indivíduo e as interações sociais

Quando duas ou mais pessoas estão em contato entre si e estabelecem uma comunicação, ocorre uma ação recíproca entre elas, isto é, suas ideias, sentimentos ou atitudes provocarão reações umas nas outras, acontecendo uma modificação do comportamento de todos. As pessoas influenciam e também sofrem influência dos outros. Quando isso ocorre, dizemos então que existe uma 'interação social' entre elas (veja Figura 6.3).

Dessa maneira podemos definir, *grosso modo*, interação social como a ação recíproca de ideias, atos ou sentimentos entre pessoas, entre grupos ou entre pessoas e grupos. A interação implica modificação do comportamento das pessoas ou grupos que dela participam. A base de toda vida social é a interação, ela é responsável pela socialização dos indivíduos e também pela formação da personalidade.

**Figura 6.3** Interação social entre indivíduos

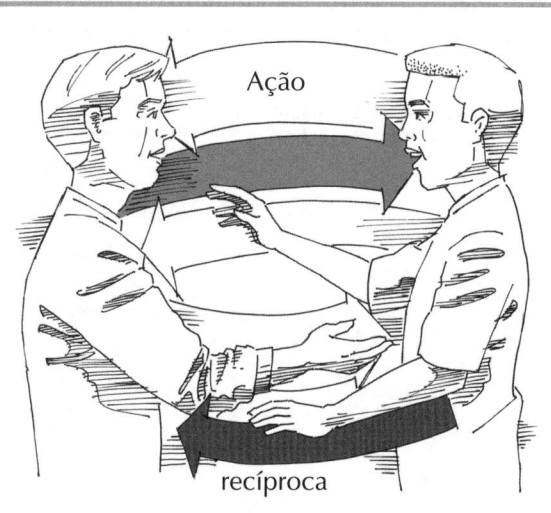

Na interação social, as ações de uma pessoa dependem das ações de outros, e vice-versa: é o resultado da 'influência mútua'. As interações sociais formam a base de toda organização e estrutura social.

Para que a interação social se processe, é necessário que haja 'contato social' entre os indivíduos. O simples 'contato físico' não basta. Importante é que, como resultado desse contato e da comunicação que se estabelece entre os indivíduos, ocorre uma modificação de comportamento dos envolvidos.

Os passageiros de um ônibus, por exemplo, estão próximos fisicamente, mas nem sempre estão interagindo; sendo assim, não constituem objeto de estudo sociológico.

Há uma discussão entre alguns autores sobre o papel desempenhado pelos meios físicos de comunicação, como o livro, a televisão e outros meios modernos de comunicação social. Consideraremos que nesses casos ocorre uma 'interação não recíproca', pois, aparentemente, apenas um dos lados (televisão, livro, rádio) influencia o outro.

Na realidade, por trás dos meios físicos, estão pessoas que levam em consideração o leitor (livro), o ouvinte (rádio) e o telespectador (televisão). Desse modo, as pessoas que dirigem os veículos de comunicação de massa interagem com aqueles que os utilizam, modificando seu conteúdo. Na realidade, a interação é recíproca, só que intermediada por um veículo de comunicação de massa.

A internet como meio de comunicação é um veículo diferente, pois permite intensa interação entre dois ou mais indivíduos. As salas virtuais de bate-papo e as comunicações via e-mail, entre outras, constituem novas maneiras de interação, que geram fenômenos sociais significativos, influenciando e alterando o cotidiano da vida das pessoas.

As diferentes maneiras que a interação social pode assumir denominamos 'relação social'.

As relações sociais podem ser de vários tipos: culturais, econômicas, religiosas, políticas, pedagógicas, familiares etc. (veja Figura 6.4).

As relações entre as pessoas nas instituições econômicas, como indústrias e bancos, podem ser denominadas 'relações econômicas'; as que ocorrem no âmbito do sistema educacional, como universidades e escolas, são 'relações educacionais'; as existentes no âmbito de uma família são 'relações familiares'; entre pessoas que pertencem a clubes esportivos, podemos denominar 'relações esportivas'; assim como 'relações religiosas' são as que ocorrem no contexto das instituições religiosas etc.

## 6.3 Interação e identidade social

A sensação de descobrir quem e o que somos denominamos 'identidade social'. Identidades sociais são importantes para o indivíduo na definição de planos de

**Figura 6.4** Os vários tipos de interação social

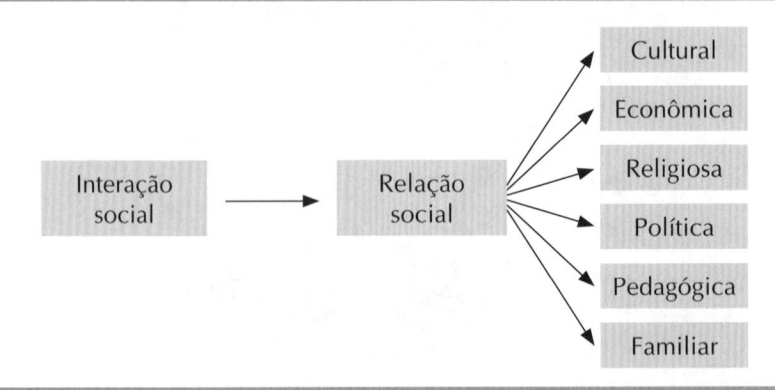

Interação social → Relação social → Cultural, Econômica, Religiosa, Política, Pedagógica, Familiar

ação, na aquisição de um critério para avaliar seu próprio desempenho, além de dar algum significado à vida. A afirmação da identidade social ocorre estabelecendo-se um parâmetro com outros membros da sociedade.

Uma roupa pode distinguir um indivíduo em um grupo qualquer de pessoas ou servir para demonstrar aptidão para determinada função, o que surtirá um mesmo efeito. Em qualquer encontro social, festas de qualquer tipo, reuniões, idas ao cinema ou teatro, as identidades sociais estão sempre em pauta — e o modo de se vestir como meio de identificação se destaca hoje como um dos mais significativos. O mais interessante é a negociação que se estabelece nesses encontros, para definir quem representará tal ou qual papel, quem apoiará o ato um do outro. Os comentários dos participantes acerca do vestido, do terno, da gravata ou de qualquer peça do vestuário irão posicionar o indivíduo no grupo e afirmar sua identidade social.

Em vez do vestuário, a aptidão de tocar um instrumento pode servir como símbolo de identidade social.

Uma manifestação atual importante, e que gira em torno da identidade social, é a condição física das pessoas. O comentário 'você está mais magro' tem um valor importante em determinadas faixas de status na sociedade brasileira.

Na verdade, a identidade social está sempre associada à identificação com um grupo particular e à diferenciação com outros grupos. O fato de o indivíduo querer ser mais magro é querer se identificar com um determinado grupo que é mais bem aceito na sociedade em que vive. Os diferentes modos de se vestir estão associados a determinados grupos que são prejulgados socialmente em um determinado contexto cultural.

Desse modo, o processo de formação da identidade social tem dois momentos importantes: o primeiro é a diferenciação do grupo mais geral e o segundo momento é a procura pelos semelhantes que constituirão um grupo, o qual se identificará como tal perante os outros (veja Figura 6.5).

Esse processo de formação identitária é bastante claro quando um adolescente procura se diferenciar dos outros membros de sua família, pela adoção de determinado tipo de vestimenta, corte de cabelo, utilização de adornos etc.; é um momento importante de afirmação da identidade social e que se completa com a procura de outros adolescentes, de outras famílias, mas que apresentam os mesmos interesses.

## 6.4  Os processos sociais básicos

Denominamos 'processos sociais' a interação repetitiva de padrões de comportamento comumente encontrados na vida social. São as diversas maneiras pelas quais os indivíduos e os grupos se relacionam, estabelecendo assim relações sociais.

Os principais processos sociais básicos são: a cooperação, a competição, o conflito, a acomodação e a assimilação (veja Figura 6.6).

**Figura 6.5**  O processo de formação da identidade social

Processo de formação da identidade social
- Diferenciação do grupo mais geral
- Procura por semelhantes, que constituirão um grupo diferenciado

**Figura 6.6**  Os processos sociais básicos

- Conflito
- Cooperação
- Competição
- Acomodação
- Assimiliação

(Processos sociais básicos)

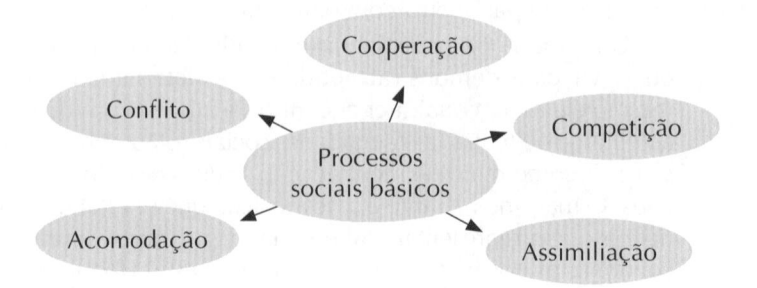

### A cooperação

A 'cooperação' consiste sempre em uma ação comum para realizar determinado fim. Ou, dito de outra maneira, é um modo de interação, em que diferentes indivíduos ou grupos trabalham juntos para um fim comum (veja Figura 6.7).

Constituem exemplos de cooperação: a formação de uma cooperativa, um mutirão para a limpeza de um terreno, um aluno emprestar uma caneta a outro para realizar a prova, o recolhimento de víveres para populações pobres, a formação de uma comissão para angariar fundos para a formatura na faculdade, enfim, qualquer tipo de ação conjunta.

A divisão social do trabalho que as diferentes sociedades estabelecem é uma maneira importante de cooperação. Assim, cada indivíduo ou grupo realiza um trabalho diferente para a manutenção da sociedade como um todo. Há pessoas ou grupos que fabricam roupas; outros, alimentos; outros se incumbem de fornecer a energia elétrica; outros transportam pessoas; outros são responsáveis pela transmissão formal da cultura etc.

A divisão social do trabalho é uma característica exclusiva das sociedades humanas, pois os animais, de um modo geral, realizam um tipo de trabalho específico, como as abelhas, que produzem mel, e os castores, que constroem represas.

Com a industrialização, houve um crescimento sem precedentes da divisão técnica do trabalho, que é quando os homens dividem uma atividade em inúmeras partes, as quais serão executadas por diferentes pessoas, que passam a não ter o controle do processo como um todo. Esse parcelamento do processo produtivo, aperfeiçoado por Taylor, é o que permitiu um incremento na fabricação de produtos para o atendimento de um número maior de pessoas, sendo a linha de montagem adotada por Henry Ford a expressão maior desse fenômeno.

**Figura 6.7**  Cooperação entre as pessoas

## A competição

A 'competição' é um processo social que ocorre com os indivíduos ou grupos sociais e que consiste na disputa, consciente ou inconsciente, por bens e vantagens sociais limitadas em número e oportunidades (bens escassos).

Os indivíduos ou grupos podem competir por alimentos, dinheiro, empregos, prestígio, afeto de outras pessoas, um pedaço de terra e por uma infinidade de motivos (veja Figura 6.8).

Na sociedade capitalista, os indivíduos são estimulados a competir em todas as suas atividades, seja no emprego, no lazer, na escola etc. Assim, é a competição um processo permanente.

Quando a competição se torna altamente consciente, e há hostilidade deliberada, torna-se rivalidade. Da rivalidade pode ser gerado o conflito.

De modo geral, a competição apresenta utilidade para a sociedade ou para determinados grupos sociais quando é regulada de algum modo, seja formal (por leis, regulamentos, decretos) ou informalmente (pelos costumes, tradições).

São exemplos de competição: o vestibular, os campeonatos de futebol, a disputa de dois rapazes pela mesma garota, a disputa comercial entre as diferentes nações, a disputa entre diferentes lojas pela preferência dos consumidores.

## O conflito

O 'conflito' é um processo pelo qual pessoas ou grupos procuram recompensas pela eliminação ou enfraquecimento dos competidores. Ao contrário da competição, reveste-se de atitude consciente, emocional e transitória. Em sua forma mais extrema, o conflito leva à eliminação total dos oponentes (veja Figura 6.9).

Os indivíduos ou grupos em conflito têm consciência de suas divergências, existindo entre eles rivalidade, críticas fortemente carregadas de emoção, muitas vezes o ódio, e apresentam como primeiro impulso a destruição do adversário.

Em razão do elevado grau de tensão social que envolve os indivíduos ou grupos que dele participam, o conflito não pode durar muito tempo. Portanto, é periódico e intermitente.

O conflito externo tende a integrar internamente um grupo. O conflito com outro grupo proporciona aos membros uma saída externa para suas hostilidades e seus ressentimentos, aliviando, desse modo, grande quantidade de tensões internas.

Os conflitos podem ser de vários tipos: raciais, econômicos, religiosos, políticos etc. São exemplos: as lutas entre brancos e negros nos Estados Unidos; as lutas entre

**Figura 6.8**     Competição — processo social entre indivíduos ou grupos sociais

### Figura 6.9 — Conflito entre grupos com interesses divergentes

posseiros e índios no Brasil; as que opõem torcidas de diferentes times de futebol em luta corporal; as guerras entre nações; as guerras civis etc. O conflito pode assumir várias formas, como o litígio, o duelo, a sabotagem, a revolução e a guerra.

### A acomodação

A 'acomodação' é o processo pelo qual o indivíduo ou grupos se ajustam a uma situação conflitiva sem terem admitido mudanças importantes nos motivos que deram origem ao conflito. Consiste em criar acordos temporários entre os oponentes. A acomodação pode ter vida curta ou perdurar durante séculos (veja Figura 6.10).

Pela acomodação, os indivíduos ou grupos aceitam uma determinada situação, para encerrar um quadro conflitivo, embora não modifiquem suas atitudes, seus pensamentos ou sentimentos. Na realidade, a acomodação só encobre ou provoca a diminuição do conflito, mas não o elimina. Somente com a assimilação desaparece a situação de conflito.

A acomodação é o ajustamento aparente, superficial e quase sempre precário dos que estiveram em conflito e pode apresentar vários graus (Carvalho, 1964, p. 17):

a) A coerção — quando o contendor vitorioso domina completamente seu rival e lhe impõe seus costumes e modos de agir.

b) A tolerância — ocorre quando as partes em conflito encerram a luta, mas não buscam qualquer tipo de entendimento, apenas se toleram mutuamente.

c) O compromisso ou acordo — quando ocorrem concessões de ambas as partes que estão em conflito. O acordo pode ser obtido mediante um 'arbitramento' (uma terceira pessoa ou grupo estabelece os termos do acordo, e as partes em conflito os aceitam antes de conhecê-los) ou uma 'mediação' (um terceiro grupo ou pessoa propõe um acordo, cujos termos podem ser discutidos com os interessados).

### Figura 6.10 — Os processos de acomodação de grupos ou indivíduos

Processo de administração → Coerção / Tolerância / Compromisso/acordo / Conciliação

d) A conciliação — ocorre quando as partes em conflito, após identificarem interesses e propósitos comuns, resolvem viver em paz, embora mantenham algum tipo de hostilidade.

### A assimilação

A 'assimilação' é um processo longo e complexo, que implica que os indivíduos ou grupos alterem profundamente suas maneiras de pensar, sentir e agir. Garante uma solução permanente para os conflitos, além de possibilitar uma difusão cultural mútua, pela qual grupos e pessoas passam a partilhar de uma cultura comum (veja Figura 6.11).

Em relação ao conflito, podemos dizer que, se a acomodação o diminui, a assimilação praticamente o faz desaparecer.

A assimilação é o processo que surge se a acomodação teve êxito e perdurou, o que acabará afetando, além do comportamento exterior, os hábitos e costumes daqueles que se acomodaram. Por ser um processo profundo e durável, os valores e as atitudes são partilhados por pessoas ou grupos que eram diferentes e que se tornam semelhantes.

Podemos definir a assimilação, também, considerando-a um modo de interação social, pelo qual os indivíduos ou grupos modificam profundamente suas atitudes e seus valores com o objetivo de se integrar ao meio social em que vivem.

Quando ocorre uma assimilação de elementos culturais de um grupo por parte de outro e vice-versa, denominamos esse processo de 'aculturação'. Quando acontece uma modificação na fé religiosa ou nos ideais políticos de alguém, dizemos que houve uma 'conversão'.

O melhor exemplo de assimilação é o que ocorreu com diversas correntes imigratórias no Brasil, as quais se identificaram de tal modo com a nova cultura que passaram a fazer parte dela. São exemplos as imigrações realizadas por italianos, espanhóis e muitos outros.

## 6.5 Socialização e construção da identidade pessoal

Podemos definir 'cultura' como tudo aquilo que é socialmente aprendido e partilhado pelos membros de uma sociedade. O indivíduo recebe cultura como parte de uma herança social e, por sua vez, pode introduzir mudanças que serão transmitidas às gerações futuras.

Essa herança social o homem a recebe ao nascer. A criança, desde o momento que nasce, começa a receber uma série de influências do grupo em que nasceu: as maneiras de falar, a língua, o vestir, o modo de comer e outras. À medida que vai crescendo, vão aumentando as influências que vai recebendo desse mesmo grupo, de modo que vai adquirindo novos hábitos e costumes e integrando-se de forma cada vez mais completa como membro dessa sociedade. Essa aquisição da

**Figura 6.11**    Os processos de assimilação

| Assimilação | Modo de interação social, pelo qual os indivíduos ou grupos modificam profundamente suas atitudes e seus valores, com o objetivo de se integrar no meio em que vivem. |
|---|---|
| | Garante uma solução permanente aos conflitos, possibilitando uma difusão cultural mútua, em que grupos e pessoas passam a partilhar uma cultura comum. |

cultura, que se inicia quando o indivíduo nasce e só termina quando morre, é denominada 'processo de socialização'.

É importante reforçarmos que a cultura é transmissível de uma geração para outra pelo convívio social, e não pela herança biológica; faz parte, portanto, do processo de socialização. Por meio da herança cultural recebe os hábitos e costumes da sociedade na qual conviveu; por meio da herança biológica recebe as características físicas ou genéticas de seu grupo humano.

É pela cultura que o homem adquire os conhecimentos necessários à sua sobrevivência física e social.

Como vimos, ao nascer, a criança possui apenas potencialidades de tornar-se humana. Ao interagir com outros, passa por várias experiências e vai sendo socializada.

Esse processo, que definimos como de 'socialização', consiste na aquisição das maneiras de agir, pensar e sentir próprias do grupo, da sociedade ou da civilização em que o indivíduo vive. O processo de socialização, portanto, é um profundamente cultural.

Todas as sociedades — rurais ou urbanas, simples ou complexas — possuem cultura. Cada cultura e cada sociedade têm sua integridade própria, seu próprio sistema de valores e seus costumes, que são transmitidos aos mais novos pelo processo de socialização.

### A socialização

Como vimos, podemos definir socialização como a aquisição das maneiras de agir, pensar e sentir próprias dos grupos, da sociedade ou da civilização em que o indivíduo vive. Esse processo tem início no momento em que a pessoa nasce, continua ao longo de toda a sua vida e só acaba quando ela morre (veja Figura 6.12).

A socialização do indivíduo em uma dada sociedade permite que ele adquira uma personalidade própria, que o diferenciará dos demais e ao mesmo tempo o identificará com seu grupo social.

Embora haja elementos comuns na experiência de todas as pessoas, e mais ainda na experiência de pessoas dentro de uma determinada sociedade, cada uma delas continua sendo única. Assim, cada homem é socializado de tal modo que sua personalidade é, ao mesmo tempo, muito parecida com a dos outros em sua sociedade e, em outro sentido, possui também diferenças que a tornam única.

Um indivíduo que nasce no Estado de São Paulo, por exemplo, conterá os traços sociais que o identificarão como pertencente aos seguintes grupos sociais, entre outros: paulista, brasileiro, latino-americano etc. Ao mesmo tempo, dependendo da região do Estado em que nasceu, apresentará traços culturais característicos daquela região. O modo de falar de alguém que nasceu e cresceu na região de Piracicaba, por exemplo, é diferente do de alguém que nasceu e mora na capital. Do mesmo modo, as pessoas que vivem nas zonas rurais se expressam de um jeito diferente daquelas que habitam as zonas urbanas.

**Figura 6.12**    Os processos de socialização

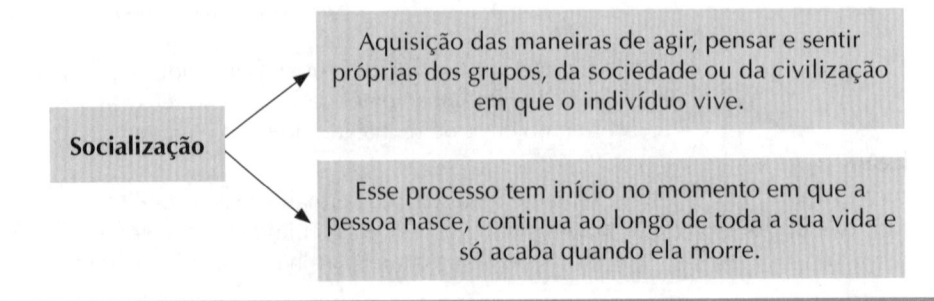

Socialização
- Aquisição das maneiras de agir, pensar e sentir próprias dos grupos, da sociedade ou da civilização em que o indivíduo vive.
- Esse processo tem início no momento em que a pessoa nasce, continua ao longo de toda a sua vida e só acaba quando ela morre.

O processo de socialização é profundamente cultural, no sentido da definição de que cultura é tudo que é socialmente aprendido e partilhado pelos membros da sociedade — inclui conhecimento, crença, arte, moral, costume e outras capacidades e hábitos adquiridos pelos indivíduos em sociedade.

## 6.6 Personalidade e socialização

**Personalidade:** Soma das tendências de comportamento do indivíduo.

'Personalidade' significa a soma das tendências de comportamento do indivíduo e que o tornam distinto dos demais em sua atuação cotidiana. Há diversos fatores que concorrem para o desenvolvimento da personalidade; no entanto, todos, de uma forma direta ou indireta, constituem parte da experiência social e cultural do indivíduo e integram seu processo de socialização.

Os fatores que influenciam o desenvolvimento da personalidade são:

a) a herança biológica;

b) o ambiente físico;

c) a cultura da qual o indivíduo participa;

d) a história de vida do indivíduo ou sua experiência biológica e psicossocial únicas (veja Figura 6.13).

a) A herança biológica
O ser humano apresenta um conjunto de necessidades biológicas comuns, como a necessidade de oxigênio, de alimento, de líquido, de descanso, de dormir, de eliminação dos resíduos dos alimentos e da água excedente etc.
Na busca de atender a essas necessidades, os homens interagem com outros indivíduos de vários modos (podem ceder ou brigar por alimento, dormir pouco ou muito etc.), o que provocará comportamentos que o diferenciarão das outras pessoas. A herança biológica, portanto, induz a diferentes interações com o outro, o que provoca modificações em nosso comportamento em um determinado grupo social.

b) O ambiente físico
O comportamento dos indivíduos sofre influência do ambiente físico e muitas vezes está diretamente relacionado com nossa herança biológica. Em um ambiente extremamente frio somos induzidos, pela necessidade de nos protegermos, a utilizar um excesso de roupa, o que pode influenciar no relacionamento com os outros. Ao mesmo tempo desenvolveremos uma maior preocupação com a segurança, com o dia de amanhã, a provisão de alimentos etc. Essas atitudes provocadas pelo ambiente físico causam modificações no comportamento humano.

**Figura 6.13** Fatores que influenciam o desenvolvimento da personalidade

c) A cultura da qual o indivíduo participa
A cultura em que o indivíduo nasce influencia o desenvolvimento de sua personalidade e todos os grupos facilitam o processo de interação das crianças no grupo social. Cada cultura adota determinadas normas no cuidado das crianças, com o objetivo de desenvolver certos traços da personalidade, ou alguns deles. Por exemplo: em uma sociedade na qual a força física tem importância, desde cedo os meninos são submetidos a provações para desenvolver a coragem e o vigor físico.
Desse modo, o indivíduo irá adquirir algumas características que são comuns a todos os indivíduos do grupo do qual participa. Esses traços comuns que apresenta irão identificá-lo como pertencente a esse grupo específico e irão diferenciá-lo dos integrantes de outros.

d) A história de vida do indivíduo ou sua experiência biológica e psicossocial únicas
Cada pessoa tem experiências psicossociais e biológicas absolutamente diferentes de qualquer outro indivíduo. É praticamente impossível reproduzir-se em dois indivíduos a mesma experiência de vida. Essa história pessoal única desenvolve em cada pessoa tendências de comportamento que em seu conjunto formam um ser único. Dito de outra maneira: cada indivíduo tem uma personalidade única, que não poderá ser imitada de nenhum modo, pois é impossível reproduzir as condições em que se desenvolveu.

## Personalidade social

'Personalidade' é o sistema de tendências do comportamento total de uma pessoa. A 'personalidade normal' difere muito de uma sociedade para outra e dentro de uma mesma sociedade podem existir várias 'personalidades normais', em função das culturas existentes. Cada indivíduo desenvolve uma 'personalidade normal' — aceita pelos demais membros da sociedade —, que foi produzida pela experiência total de uma pessoa criada nessa sociedade.

Nas sociedades mais simples, existe uma maior uniformidade da personalidade. Nas sociedades mais complexas, ocorre uma variação muito grande de personalidades, embora haja traços gerais que identificam o indivíduo com o grupo ao qual pertence.

Existe um certo número de relações entre a estrutura da personalidade do indivíduo e a estrutura da sociedade à qual pertence. Essa relação é funcional, de modo a permitir que os indivíduos 'funcionem' normalmente em sua sociedade. O patológico de uma sociedade pode ser o normal em outra sociedade e vice-versa. Logo, o normal e o patológico são definidos pela sociedade e variam de uma para outra. A tradição gastronômica chinesa, por exemplo, exposta no Quadro 6.1, dificilmente seria aceita no Brasil.

Um outro exemplo típico diz respeito a uma prática comum entre nós: o banho. No Brasil é comum a maioria das pessoas tomar banho diariamente e, muitas vezes, mais de um por dia; em certos países europeus, particularmente no meio rural, esse comportamento é considerado 'doentio' e preocupante.

Em uma sociedade complexa como a brasileira, podemos identificar tipos de personalidade que apresentam traços que as tornam diferentes, embora pertençam a uma mesma sociedade. Podemos perceber traços de personalidade que identificam uma pessoa originária da Bahia, de Minas Gerais, do Rio Grande do Sul e assim por diante. E, provavelmente, o baiano identificará aqueles que provêm do interior e aqueles que integram a coletividade da capital. No Estado de São Paulo, há certas regiões que apresentam traços sociais bastante diferenciados daqueles encontrados na capital, embora todos pertençam ao grupo social dos paulistas.

Em outros termos, podemos afirmar que cada subcultura desenvolverá um tipo de personalidade social normal, que esta cultura aceita.

## QUADRO 6.1 — Tradição gastronômica chinesa

A região cantonesa de Luo Feng, no sudeste da China, conta já com oito restaurantes especializados em servir pratos preparados à base de rato.

Em um único final de semana, a clientela dessa iguaria estabeleceu um recorde: degustou 500 quilos de carne dos roedores, o que equivale a cerca de 3.000 ratos, informam, orgulhosos, os responsáveis pelo negócio.

Indiferentes ao paladar ocidental, os habitantes de Luo Feng se dizem orgulhosos do número cada vez maior de lugares que se dedicam a servir pratos à base de rato e dos forasteiros que vão à região para apreciá-los.

Os donos de restaurantes tranquilizam quem não seja de Guangdong, província famosa pelo consumo elevado de carne de cachorro, e que teme provar ratazanas e ratos por causa do preço elevado. "Esse prato não é muito caro, e muita gente pode se dar ao luxo de fartar-se de um rato bem preparado", afirmam eles em um site que abriram na internet. A iguaria completa, com uma ratazana como prato principal, custa aproximadamente US$ 24, calculam os empresários, sem dizer se está inclusa a bebida.

Na China não se reprova nenhum prato porque sua tradição gastronômica é a de acompanhar com vários tipos de molhos e temperos qualquer espécie de animal.

Um exemplo é um conhecido restaurante de Pequim, onde os escorpiões, que chegam vivos à cozinha, são pintados com um pincel embebido em molho picante e depois servidos crocantes, assemelhando-se a lagostas.

O hábito cultural alimentar do país segue uma máxima popular chinesa: "Come-se tudo que tem perna, menos as mesas; tudo que voa, menos os aviões; e tudo que nada, menos os barcos".

*Fonte*: "Pratos à base de rato ganham espaço na culinária chinesa". *Folha de S.Paulo*, 6 fev. 2000, p. 1-28.

## 6.7 Posição, papel social e status

Um indivíduo, por meio do processo de socialização, vai ocupar, ao longo de sua vida, várias posições na hierarquia social. Poderá nascer em uma família que mora em barracos de uma favela, ocupando uma posição social correspondente à de seus pais. Com o tempo e com esforço, poderá se tornar uma pessoa de grande prestígio, com uma posição bem diferente daquela que tinha ao nascer.

Essas posições que as pessoas ocupam ao longo do tempo são fundamentais para o funcionamento da sociedade, estabelecem conexões entre os indivíduos, determinam como irão se relacionar. Podemos afirmar que as relações sociais são estabelecidas a partir de posições sociais perfeitamente definidas em termos de prestígio social. Denominamos 'status' a essa posição que um indivíduo ocupa na sociedade.

### 6.7.1 O status

**Status** é posição que um indivíduo ocupa na sociedade.

Nas conversas do dia a dia, as pessoas utilizam a palavra 'status' para se referir ao prestígio de posições sociais altas. Em um sentido vulgar, o termo aplica-se na referência a pessoas que têm prestígio, riqueza e poder. Para os cientistas sociais, 'status' se refere a qualquer posição no sistema social, seja alta ou baixa.

Definimos 'status' como sendo a posição que um indivíduo ocupa na sociedade. O termo pode também ser empregado para grupos, quando os denominamos 'grupos de status'. Todo indivíduo ocupa uma posição na sociedade, não importa onde ele esteja, quer sejam posições superiores ou inferiores. Como vimos, do ponto de vista científico, todas as pessoas ocupam um determinado lugar na hierarquia social, por sua livre escolha ou não; portanto, todas apresentam um status, quer seja o coletor de lixo, o estudante ou o banqueiro.

Em uma universidade, por exemplo, existem diferentes status, que compõem um todo complexo que forma a estrutura da instituição: há o reitor, o diretor, a secretária, o estudante, o professor e assim por diante (veja Figura 6.14). Para cada posição social corresponde um conjunto de direitos, deveres e privilégios que caracterizam o status na sociedade.

**Figura 6.14** As diferentes posições sociais existentes em uma universidade

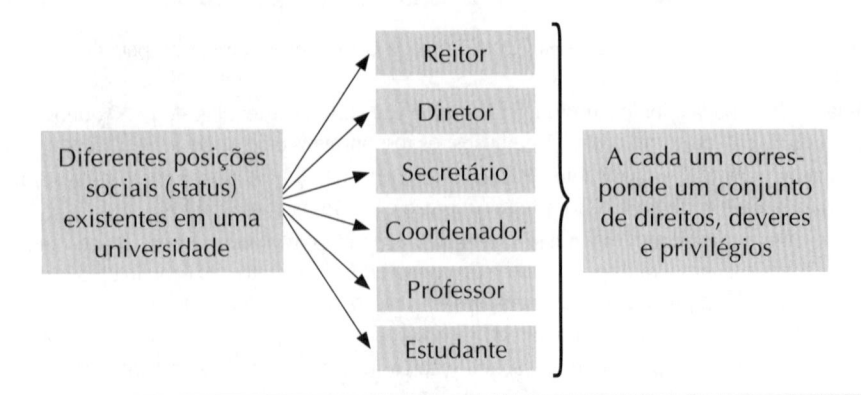

```
                              ┌─→ Reitor      ┐
                              │                │
                              ├─→ Diretor      │
Diferentes posições           │                │   A cada um corres-
sociais (status)              ├─→ Secretário   │   ponde um conjunto
existentes em uma             │                ├   de direitos, deveres
universidade                  ├─→ Coordenador  │   e privilégios
                              │                │
                              ├─→ Professor    │
                              │                │
                              └─→ Estudante    ┘
```

Um indivíduo qualquer ocupa vários status ao mesmo tempo e ao longo da sua vida. Poderá ser filho, pai, esposo, diretor de um clube, professor e cidadão. No decorrer de sua vida poderá mudar de status, pode passar de solteiro a casado, de estudante universitário a médico, de bancário a banqueiro, de atendente de enfermagem a enfermeiro e assim por diante (veja Figura 6.15).

É importante compreender que as pessoas não são o status; elas podem usufruir do prestígio, da renda ou do poder que os status lhes proporcionam. Se o indivíduo deixa de ocupar uma posição social qualquer, perde o prestígio, a riqueza e o poder propiciado pelo status.

Um exemplo interessante é a confusão que as pessoas fazem quando ocupam uma posição pública ou um cargo de diretoria em uma grande empresa. O ocupante de um cargo, ao assumi-lo, ascenderá de status, pois estará ocupando uma posição superior ao seu status anterior — um caixa de banco assumindo a gerência de uma agência, por exemplo —, terá todas as atenções, o prestígio e o poder que o status apresenta. Ocorre que muitas vezes a pessoa confunde a posição que ocupa, o status, com sua condição de indivíduo e, quando a pessoa deixa o cargo, fica abalada por não ter todas as atenções que tinha antes. Ou seja, quem tinha as atenções era o ocupante do cargo, e não a pessoa que o ocupava. Ocupantes de cargos com status muito elevados, como presidentes da República, governadores, prefeitos ou presidentes de empresas de grande porte, têm a experiência do dia seguinte, quando o telefone deixa de tocar, ou seja: as pessoas ligavam para o ocupante do cargo, e não para o indivíduo que eventualmente o ocupava.

Por outro lado, há pessoas que por si só apresentam um alto status, por terem uma carreira renomada, como artistas de sucesso, intelectuais famosos, jogadores conhecidos e que podem apresentar status mais elevados que eventuais cargos que possam ocupar.

**Figura 6.15** Exemplo de diferentes status que podem ser ocupados por um mesmo indivíduo ao mesmo tempo

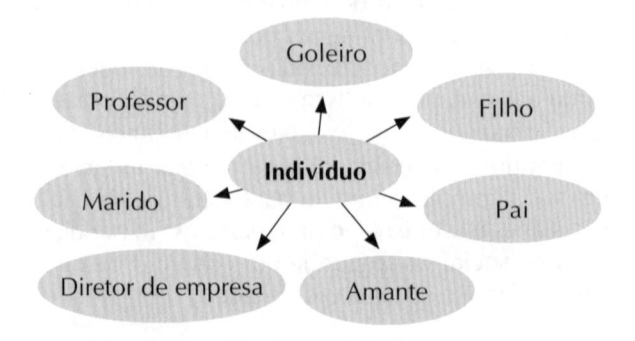

```
              Goleiro
    Professor          Filho
           Indivíduo
    Marido              Pai
   Diretor de empresa  Amante
```

120   Introdução à sociologia

O indivíduo, ao ocupar um certo status, recebe uma determinada pressão social sobre seu comportamento, sendo obrigado a agir de acordo com a expectativa social criada pela posição que desfruta naquele momento.

Há naturalmente uma expectativa social com relação ao comportamento adequado que deve adotar um ocupante de determinado status. O status do ocupante da posição social de lixeiro não permite que ele utilize camisa branca e gravata ou adote uma linguagem sofisticada no convívio com os demais colegas, o que quer dizer que, para permanecer no status, deve assumir o comportamento esperado de quem está nessa posição.

Em muitas sociedades, os símbolos sociais são importantes na consolidação de determinado status. Alguns status (de profissão, de prestígio) podem se manifestar por sinais concretos e distintivos, como uniformes ou condecorações. Em algumas profissões isso é particularmente visível — uniformes militares, batas brancas dos médicos, togas dos advogados etc. São sinais distintivos de prestígio, também, as casas, os automóveis ou os títulos (de nobreza, de grau de doutor, denominação de presidente etc.).

### Status atribuído e adquirido

Os status são de dois tipos: os que são atribuídos pela sociedade, não importando as qualidades ou os esforços da pessoa, e os que são adquiridos por meio de nosso próprio esforço (veja Figura 6.16).

O status atribuído, como dissemos, é designado não importando as qualidades ou os esforços do indivíduo: atinge-se o status por ser quem se é. Em geral é atribuído desde o nascimento (veja Figura 6.17).

Os status relacionados ao sexo e à idade, por exemplo, são atribuídos. A um determinado sexo corresponde uma forma própria de participação na sociedade — a riqueza, o prestígio e o poder são desigualmente distribuídos. Nas sociedades rurais, o elemento do sexo masculino é mais valorizado, gozando de mais prestígio. O mesmo acontece em relação à idade: nas sociedades tradicionais há uma valorização maior das pessoas mais idosas, que detêm, em função disso, maior prestígio e poder. O inverso ocorre nas sociedades modernas industrializadas, em que, quanto maior a idade, maior a tendência de diminuição do prestígio e do poder.

O status social de uma criança nascida em uma Família Real está predeterminado e, em circunstâncias normais, não estará sujeito a alterações. Ser adulto,

**Figura 6.16** Os tipos de status

Status → Atribuído
Status → Adquirido

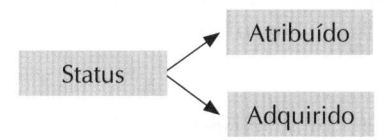

**Figura 6.17** Características de status atribuído e status adquirido

| Status atribuído | Status adquirido |
|---|---|
| O indivíduo o possui independentemente de sua vontade | O indivíduo o adquire ao longo de sua vida, por esforço, escolha, capacidade ou habilidade |
| Exemplos: sexo, idade, filho, irmão, etnia, raça, nacionalidade, parentesco etc. | Exemplos: pai, mãe, delegado, professor, médico, goleiro, juiz, advogado, cantor, escritor etc. |

homem ou negro são status atribuídos. Do mesmo modo, ser filho, irmão caçula ou primogênito.

Os fatores principais na atribuição desse status são: sexo, raça, idade, parentesco, classe social etc.

O status adquirido é aquele que o indivíduo conseguiu pelo próprio esforço, de sua escolha, capacidade ou habilidade ao longo de toda a vida.

Pode-se escolher o status de ser pai ou mãe. A ascensão a um cargo de chefia dependerá do esforço de quem almeja essa posição. Dependerá da capacidade do indivíduo se será médico ou não. Todas são posições sociais que poderão ser adquiridas ao longo de uma existência e o serão em decorrência seu empenho pessoal.

Como já foi dito, um indivíduo pode ocupar vários status ao mesmo tempo, e sua posição na hierarquia social será dada pelo status mais elevado que possui (veja Figura 6.18). Um indivíduo poderá ser pai, filho, advogado, estudante, amante, inquilino e motorista ao mesmo tempo. Se for filho de uma famosa estrela de cinema, esse será o status que predominará na definição de sua posição na hierarquia social, a não ser que adquira um status maior ainda, como um brilhante juiz, por exemplo.

Os status variam de importância, dependendo do grupo social considerado. Um advogado famoso, com status bastante elevado, pode ser barrado na porta do colégio do filho pelo porteiro; no entanto, se for pai de um estudante respeitado na instituição, as portas lhe serão abertas. Ou seja, na escola ser pai de determinado filho pode ser o status mais elevado naquele contexto social específico.

### Importância do status

É a posição social do indivíduo que determina seu comportamento ou seu papel social, estabelece normas de conduta para serem seguidas, fixa direitos e obrigações, torna as pessoas objeto de admiração ou de recriminação. A relação entre as pessoas é determinada primeiro por seu status. A relação do pai é de ascendência sobre o filho, o motorista é que determina o que se deve ou não fazer dentro do veículo, e assim por diante.

Em sua vida social, o indivíduo tem vários status, sendo que, destes, há sempre um que mais se destaca, em geral, classificando-o no meio social. Este denomina-se 'status principal'.

Nem toda sociedade, nem todo grupo social, apresenta o mesmo número de status. Há uma variação do número de status tanto no tempo quanto no espaço. As sociedades tradicionais oferecem um menor número de status do que as industriais. Podemos afirmar que os status aumentam em número à medida que a sociedade ou o grupo se desenvolvem.

Do mesmo modo, um status pode variar na escala social — para cima ou para baixo —, dependendo do tempo e do espaço. Por exemplo, o professor primário

**Figura 6.18** Esquema de posição na hierarquia social

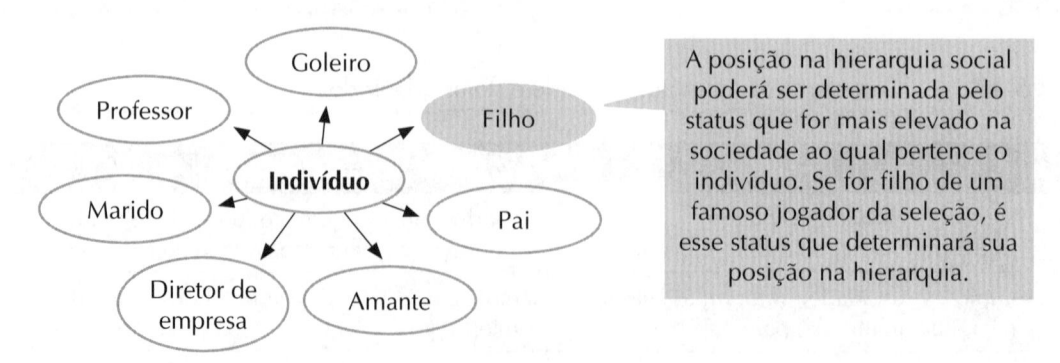

A posição na hierarquia social poderá ser determinada pelo status que for mais elevado na sociedade ao qual pertence o indivíduo. Se for filho de um famoso jogador da seleção, é esse status que determinará sua posição na hierarquia.

tinha há alguns anos um status superior ao que tem hoje, bem como o advogado. Quanto ao espaço, o lugar, o status pode se modificar na escala social. O exemplo é o cientista, que apresenta, nos Estados Unidos, um status bastante superior ao apresentado no Brasil.

Em resumo: os status indicam às pessoas que neles se encontram os papéis sociais que devem desempenhar (veja Figura 6.19). A conduta esperada de um presidente da República, de um professor, de um soldado, de um pai, de uma mãe ou de um policial deve ser diferente, o que é determinado pelo status social.

### Os grupos de status

Os 'grupos de status' diferenciam-se pelo consumo de bens e são representados por estilos de vida específicos; a estratificação social fica evidenciada pelo prestígio e pela honra desfrutados (veja Figura 6.20). O caráter comunitário dos grupos de status é ressaltado por Max Weber ao observar que seus membros partilham de um conjunto de normas, padrões e estilo de comportamento que são tomados como base para atribuições de distinções.

O estilo de vida restringe a associação dos grupos de status com outros grupos. Como exemplo, podem morar em determinadas áreas residenciais, favorecendo a interação entre as famílias que a eles pertencem. Favorece, do mesmo modo, a endogamia dentro do grupo.

O que caracteriza o status é um modo de vida, de consumir, de morar, de vestir-se e uma certa educação, no sentido mais amplo da palavra.

Uma situação de status, portanto, define-se como certo acesso à honra social. Um grupo de status se caracteriza pelo seu estilo de vida. Os grupos de status definem também as possibilidades de emprego. Para entrar em um grupo profissional, não basta apenas ter as qualificações para ocupar o cargo oferecido, mas igualmente apresentar os principais sinais característicos do grupo do qual se vai participar, como o vocabulário, o modo de vestir-se, o tipo de leituras, os locais que frequenta etc. É importante não confundir 'grupo de status' com 'grupo de renda'. Para ocupar uma posição de status, não basta ter renda elevada. Na hierarquia de prestígio social, algumas ocupações possuem uma posição social mais elevada que outras, embora seus ocupantes tenham renda menor.

**Figura 6.19** Características de status

Status
- Indica às pessoas que os ocupam os papéis sociais que devem desempenhar
- Indica a outras pessoas qual deve ser a conduta esperada de quem o ocupa

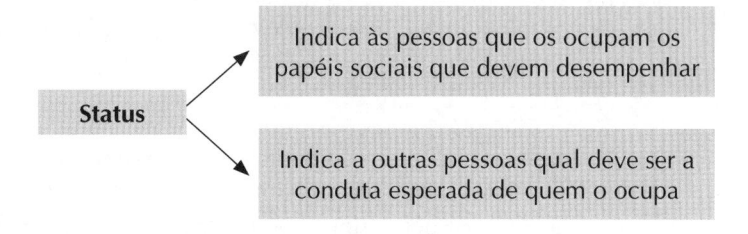

**Figura 6.20** Característica de grupos de status

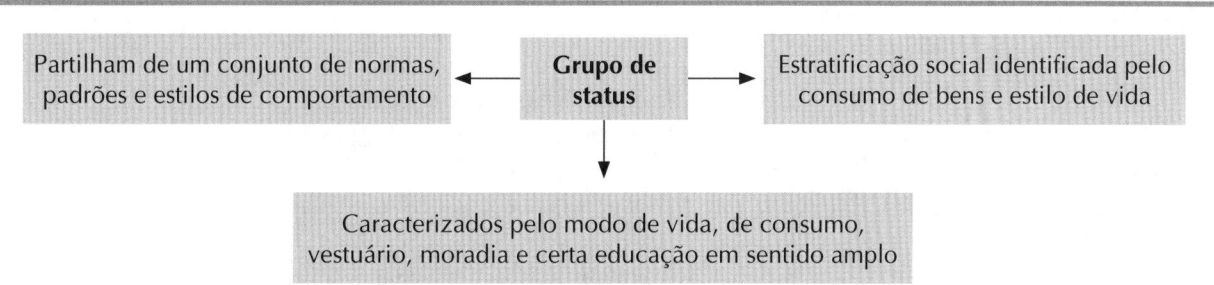

- Partilham de um conjunto de normas, padrões e estilos de comportamento ← **Grupo de status** → Estratificação social identificada pelo consumo de bens e estilo de vida
- Caracterizados pelo modo de vida, de consumo, vestuário, moradia e certa educação em sentido amplo

Um exemplo disso é a importância dada às famílias tradicionais em muitas cidades do interior do Brasil. São pessoas que apresentam um status elevado na cidade pelo sobrenome que possuem; porém, do ponto de vista da renda, muitas vezes não a possuem de modo a serem consideradas ricas, existindo muitos outros na localidade que apresentam renda maior. No entanto, nos círculos de status mais elevados, nas festas, nos clubes, essas pessoas que apresentam o sobrenome tradicional mantêm-se na posição.

### Status principal

Como vimos, nas modernas sociedades cada pessoa ocupa um número enorme de posições sociais simultaneamente. No entanto, dentre as inúmeras posições sociais ocupadas há uma que se destacará das demais, de certo modo encobrirá as outras e conferirá ao indivíduo mais prestígio ou poder ou riqueza em um determinado momento de sua vida: tornar-se-á o status pelo qual será mais identificado. A essa posição social que se destaca das demais denominamos 'status principal'.

O status principal, ou determinante, pode variar no tempo, e de sociedade para sociedade. Por exemplo: nas sociedades modernas, o status determinante em geral é o ligado à profissão. Nas sociedades mais antigas, ou pré-capitalistas, era o ligado à religião ou à idade.

O status principal tanto pode ser atribuído como adquirido. Nas sociedades tradicionais, o status principal tende a corresponder aos status atribuídos, quer sejam por laços de parentesco, por sexo ou por idade. Nas modernas sociedades, embora haja uma predominância de o status principal ser em geral adquirido, ainda é relevante o número de status principais associados ao atribuído. Muitas pessoas apresentam um status principal que determina seu prestígio, poder ou riqueza associado ao fato de ser filho de alguém ilustre ou por ter nascido em uma camada social elevada. Por outro lado, no conjunto de status que um indivíduo possui, aquele relacionado com sua ocupação ou profissão tende a ser o principal. Um indivíduo que é casado, pai, de 50 anos, médico e diretor de clube provavelmente terá como status principal ser médico.

Embora haja a predominância do status principal sobre os outros na participação dos indivíduos na distribuição social do prestígio, riqueza ou poder, os outros status contribuem para colocar o indivíduo em uma posição socialmente determinada na hierarquia social. Esse conjunto de status é que permite associar a cada indivíduo um status determinado no complexo social, sendo muito difícil encontrar duas pessoas com o mesmo status nas sociedades modernas, que possuem um alto grau de complexidade e heterogeneidade de posições sociais.

### 6.7.2 Papel social

Um 'papel social' é um conjunto de direitos, obrigações e expectativas culturalmente definidos que acompanham um status na sociedade (veja Figura 6.21).

A cada posição social (status) ocupada por uma pessoa corresponde um determinado papel social. Papel é o comportamento socialmente esperado de uma

**Figura 6.21** Definição do papel social

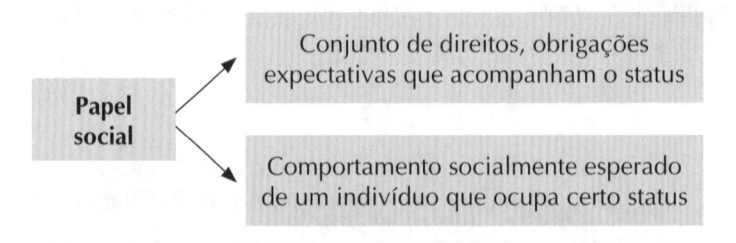

Papel social
- Conjunto de direitos, obrigações expectativas que acompanham o status
- Comportamento socialmente esperado de um indivíduo que ocupa certo status

pessoa que detém um certo status. Cada pessoa pode ter inúmeros status aos quais correspondem papéis apropriados. Podemos associar o desempenho de papéis à atuação de um ator em uma peça de teatro. Do mesmo modo que um ator, o indivíduo que ocupa uma determinada posição social terá de atuar (desempenhar um papel) de acordo com esse status que ocupa; nesse sentido, podemos falar em ator social. E, do mesmo modo que os atores do teatro, no mundo real há bons e maus atores, aqueles que desempenham bem seus papéis e aqueles que não o fazem. Há bons e maus professores, médicos, pais e filhos, por exemplo.

A existência do status de professor pressupõe um determinado papel, que deve ser cumprido por quem ocupar esse status. O status de professor possui direitos e deveres. Ao dar aula de acordo com o esperado por outros papéis (direção da escola, alunos), o professor está cumprindo seu papel social, podendo usufruir dos direitos e vantagens da posição que ocupa.

De acordo com o status do indivíduo na sociedade, as pessoas sabem o que esperar ou exigir. Caso o ocupante de um determinado status não cumpra o papel esperado pela sociedade, esta possui meios para puni-lo.

Um indivíduo que ocupa o status de motorista de ônibus que não corresponda às expectativas do papel poderá perder o emprego. Uma criança que apresente um comportamento não esperado pelos seus pais poderá ser repreendida. A expectativa dos professores é que os estudantes desempenhem seu papel, que é estudar.

É importante assinalar, para que fique bem claro, que o indivíduo ocupa vários status diferentes ao mesmo tempo (professor, marido, sócio do clube, vizinho, pai). E um único status estabelece várias relações diferentes, que podem ser coletivamente reconhecidas como um jogo de papéis. Assim, espera-se que um professor represente o papel de professor com estudantes, colegas, outros membros da universidade, empregados, membros da direção da universidade e assim por diante.

### Aprendizagem dos papéis

A socialização é, na maior parte do tempo, um processo de aprendizagem do comportamento de papéis. As pessoas precisam aprender a preencher papéis, como o de filho, de estudante, de pai, de membro da Associação de Pais e Mestres, de cidadão e muitos outros.

A aprendizagem dos papéis envolve pelo menos dois aspectos: aprendermos a desempenhar os deveres e a reivindicar os privilégios do papel; adquirir as atitudes, os sentimentos e as expectativas apropriados do papel — não estaremos satisfeitos no cumprimento de um papel sem ter havido uma socialização capaz de nos levar a aceitá-lo como um papel de valor, satisfatório e adequado.

### Conjunto de papéis

É uma expressão utilizada para indicar que um status pode não ter apenas um papel associado à posição, mas uma quantidade de papéis que se ajustam em seu conjunto. Um pai também é filho, parente, vizinho, cidadão, membro de uma igreja e assim por diante.

Uma mãe que é estudante e esposa, ao amamentar o filho, poderá fazê-lo ao mesmo tempo que está preocupada com a prova que fará no dia seguinte e com a recepção que dará ao marido quando este chegar em casa. Desse modo, estará desempenhando vários papéis, que formam um conjunto associado ao status de ser mulher.

### Desempenho de papel

Sendo o papel o comportamento esperado de alguém que ocupa determinado status, 'desempenho de papel' é o comportamento real de quem o desempenha. O desempenho real de um papel pode diferir do esperado por muitas razões: diferenças de interpretação, características de personalidade, variações do grau de comprometimento com o papel e até conflitos com outros papéis. Decorre daí que não há dois indivíduos que desempenhem um dado papel exatamente do mesmo modo. Exemplos: nem todos os policiais são corajosos, nem todos os jogadores jogam bem, nem todos os motoristas dirigem do mesmo modo etc.

### Conflito de papéis

Muitas vezes, os papéis podem entrar em conflito. Um trabalhador promovido a um posto de chefia, em um primeiro momento, pode sentir-se dividido entre sua lealdade à direção da empresa e para com os trabalhadores, seus antigos companheiros.

Uma mulher que é mãe, esposa e, ao mesmo tempo, estudante, poderá ter problemas para cumprir bem esses diferentes papéis.

## 6.8 Símbolos sociais e heróis

Uma sociedade dispõe de um ou mais tipos de personalidade que as crianças são levadas a copiar e que contribuem para o processo de socialização. Como somente algumas dessas personalidades são admiradas e recompensadas pelos adultos, são estas que as crianças mais desenvolvem procurando imitar.

Os heróis são os símbolos sociais mais expressivos, apresentando traços de personalidade que se quer imitar. Um exemplo recente é o de Ayrton Senna, como fica demonstrado na entrevista do antropólogo Roberto Da Matta, no trecho reproduzido a seguir:

**Heróis** são símbolos sociais e modelos de comportamento.

> "Nenhum país complexo, das dimensões do Brasil, consegue juntar sua cultura, suas tradições e seu lado moderno sem um conjunto de personalidades admiradas em várias áreas. Senna fez e teve o que tantos outros não fazem e não têm. Ter orgulho dele é orgulhar-se do Brasil. É saber que o país produziu e ainda produz heróis. A intimidade com um morto, como Senna, revela, ao mesmo tempo, a carência de heróis e o amor pelo Brasil. Amar Senna é uma forma de amar o país".[1]

O fato de Ayrton Senna, sempre que terminava uma disputa, carregar a bandeira brasileira tornou-o um modelo importante de patriotismo, de amor à pátria, além de outras qualidades que fizeram dele um herói e, portanto, modelo de comportamento positivamente aceito pela sociedade brasileira.

Este é um aspecto importante dos heróis: são tipos positivamente sancionados de personalidade. E em sociedades complexas, nas quais coexistem numerosas subculturas, podem haver heróis, ou símbolos sociais, positivamente sancionados para cada cultura existente — para cada sexo, nível etário, etnia, cada região, cada classe social, ocupacionais etc.

Podemos identificar alguns tipos positivamente sancionados de personalidade em alguns grupos sociais existentes na sociedade brasileira junto aos negros, aos gaúchos, às mulheres etc.

Os símbolos sociais podem ser manipulados, criados e servir para que determinado grupo social dominante imponha seus valores aos demais em uma determinada sociedade. No Brasil, durante muitos anos, os heróis nacionais sempre foram aquelas personalidades históricas que resolviam os problemas sociais e políticos do País sem derramamento de sangue; os revolucionários, aqueles que lideravam revoltas ou levantes nunca foram bem-vindos na historiografia nacional. As crianças, ao adotarem os heróis que lhes apresentavam como modelos de personalidade, acabavam adquirindo seus valores e construiu-se um comportamento conformista, que perdurou ao longo de muito tempo.

Durante o primeiro governo de Getúlio Vargas, criou-se a figura do operário-padrão — um símbolo social para ser utilizado no processo de socialização dos operários e para servir como modelo de comportamento para eles.

As diversas ocupações profissionais criam seus símbolos sociais, com base em figuras que possam servir de exemplo a ser imitado por aqueles que se iniciam na profissão.

## 6.9 Os principais agentes de socialização

Entre os principais agentes de socialização, estão: a família, os pequenos grupos ('panelinhas'), a escola, os grupos de status, os meios de comunicação de massa e os grupos de referência (veja Figura 6.22).

- A 'família' é o principal agente de socialização, é o agente básico e o mais importante, no qual o indivíduo é influenciado em um primeiro momento, ao nascer, e mantém essa influência de alguma forma durante significativa parte de sua vida. Os estilos de relacionamento nas famílias variam em função de classe social, dos grupos culturais diversos (étnicos, raciais, ocupacionais, de status etc.), podem ser mais ou menos autoritários, mais ou menos permissivos, com alto ou baixo grau de indiferença. Os pais, de modo geral, socializam suas crianças com base no universo cultural que conhecem, em que foram socializados e no qual estão adaptados. Assim, reproduzem para seus filhos os valores, as normas e os costumes por meio de um processo de transmissão cultural.

- Os 'pequenos grupos' (ou 'panelinhas'), aí inclusa a família, são os principais agentes de socialização. No Capítulo 9, "Grupos sociais e organizações", identificaremos estes grupos como primários. Constituem-se em um poderoso agente de formação da personalidade do indivíduo. Poucas são as medidas capazes de destruir a força de um pequeno grupo em um indivíduo que o integra, pois se estabelecem relações estreitas de compromisso e solidariedade grupal, que tornam a convivência no grupo uma experiência única de fortalecimento recíproco. Essa força do pequeno grupo tem sido empregada como meio de recuperar viciados em drogas e alcoólatras, que tornam o compromisso com o grupo superior à necessidade de atendimento do vício.

O processo de socialização nos pequenos grupos é tão forte que pessoas que convivem em uma 'panelinha' durante muito tempo passam a se vestir da mesma maneira, pentear o cabelo do mesmo modo e adotar modos de comunicação semelhantes. É facilmente perceptível essa característica nas adolescentes que possuem um mesmo grupo de amigas há muito tempo. Apresentam um forte compromisso umas com as outras, a ponto de, quando uma delas falta na aula ou no serviço, as outras estranham e se preocupam por não terem sido avisadas; ficam indignadas se uma delas começa a namorar sem avisar as outras, ou viajar, ou outras ações sociais semelhantes.

**Figura 6.22** Exemplos de agentes de socialização

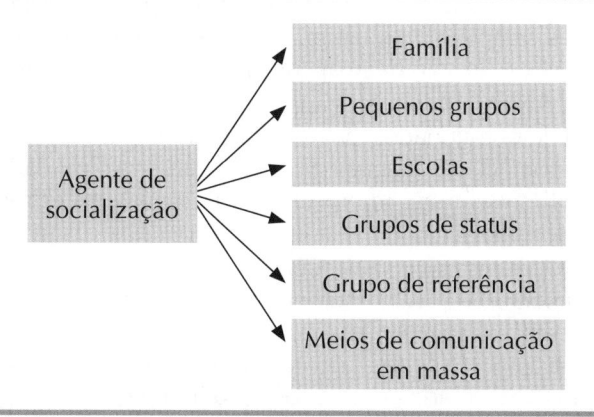

- A 'escola' transmite, particularmente, às crianças a experiência de lidar com uma grande organização, onde as relações sociais são diferentes daquelas encontradas no núcleo familiar. Tomam contato com uma certa burocracia, com regras que são aplicadas a todos e participam de um ambiente no qual os indivíduos são reconhecidos por seu desempenho. Esse é um importante momento do processo de socialização, quando as relações informais — pessoais — que predominam na família são substituídas por relações formais — impessoais. Nessa fase podem tomar contato com membros de subculturas existentes na sociedade, o que provocará um aprofundamento do seu processo de socialização, consolidando sua personalidade, tanto individual como social.

- Os 'grupos de status' aumentam sua importância para o processo de socialização com o aumento da idade do indivíduo. Por exemplo, pequenos grupos com a mesma faixa de idade são fundamentais no processo de socialização dos adolescentes. No grupo de jovens, têm a oportunidade de testar o que aprenderam até então com os adultos, tendo o apoio do grupo para desenvolver outros valores e normas alternativas. Em uma fase posterior, mais adulta, os grupos de status (de faixas de renda, de consumo etc.) farão parte de sua existência como modo de atuar na sociedade mais geral. Nesses grupos, o indivíduo aprenderá gestos, gosto por determinadas leituras, um linguajar próprio, um tipo de consumo e assim por diante.

- Os 'grupos de referência' são utilizados como modelos de comportamento e de atitudes ao longo de toda a vida do indivíduo e podem ter papel positivo ou negativo. Os Beatles foram um grupo de referência importante para a juventude de todo o mundo, difundindo um tipo de comportamento, uma relação com a sociedade, e divulgando atitudes que logo eram imitadas. Os artistas de televisão e os jogadores de futebol são outros grupos utilizados como modelos de comportamento.

## 6.10 O papel dos meios de comunicação de massa

Os 'meios de comunicação de massa' — particularmente a televisão — são, relativamente, novos agentes de socialização. Há uma grande discussão sobre o real papel que a televisão exerce no processo de socialização. Há evidências de que a violência estimula o comportamento agressivo e de que as cenas de sexo consolidam uma relação de exploração do homem em relação à mulher. Por outro lado são incentivados comportamentos positivos, por exemplo, aqueles voltados para preocupações sociais e ambientais.

Os meios de comunicação de massa influenciam o comportamento, particularmente, da juventude, incentivando novos hábitos, modismos e atitudes em relação a determinados grupos sociais. Para o melhor desempenho de suas personagens, os atores baseiam-se em estereótipos dos grupos sociais e tendem a acentuar suas características; assim, a televisão e o cinema em especial tornam-se veículos de consolidação de imagens distorcidas da realidade: os estereótipos.

Alguns estereótipos apresentados nas novelas brasileiras foram e permanecem sendo questionados, por exemplo, utilizar atores negros em posições secundárias, personificando funções de menor status na sociedade brasileira. O estereótipo das mulheres loiras, interpretando personagens ignorantes, também foi bastante explorado.

Um exemplo da importância da televisão influenciando os costumes foi o aumento de jovens mulheres que tiveram filhos sem darem importância para a presença do pai e utilizando o argumento de que era uma 'produção independente'. Esse aumento se deu logo após uma famosa apresentadora de TV anunciar que teria um filho, gerado como 'produção independente'.

## RESUMO DO CAPÍTULO

Como vimos, o processo de socialização é fundamental para que as pessoas aprendam o significado das coisas na sociedade em que estão inseridas, aquilo que é considerado certo ou errado, bom ou mau, feio ou bonito etc. — aprende-se ao nascer e ao longo de toda a vida. Assim, os seres humanos não podem sobreviver no meio natural sem passar pela convivência em um grupo social, no qual aprenderão o modo como seu grupo se organiza para sobreviver no meio ambiente, tanto natural quanto cultural.

Abordamos a personalidade e como ela se constrói ao longo do processo de socialização, fazendo com que os indivíduos se tornem um espécime único no mundo e, ao mesmo tempo, apresentem tendências de comportamento que se assemelham às de outros, formando o que denominamos 'personalidade social' — que faz com que pessoas de um mesmo grupo apresentem valores, atitudes e modos de pensar e agir semelhantes. É assim que podemos identificar um brasileiro, um norte-americano, um francês, e assim por diante.

Vimos, também, que há uma hierarquia de prestígio nas diferentes sociedades, diferentes posições sociais — que denominamos status — e que existem em função das necessidades da sociedade considerada. E para cada status corresponde uma expectativa de comportamento para o ocupante da posição, que denominamos 'papel social'.

As pessoas podem ocupar diversos status ao mesmo tempo: um indivíduo pode ser irmão, pai, marido, sargento do Exército e presidente de um clube; para cada uma dessas posições há um papel diferente que deve ser desempenhado. É quando podem ocorrer os conflitos de papéis. Um marido e pai deve ser carinhoso e flexível; mas, como sargento do Exército, deve ser duro e rígido com seus comandados. Muitos não compreendem as diferentes posições que ocupam, e a diferença no desempenho do papel, e confundem os status; no exemplo dado, pode ser duro e rígido com a esposa e os filhos, comportamento mais adequado no âmbito militar.

Aprendemos que os símbolos sociais — os heróis — podem ser importantes modelos de comportamento a serem imitados, facilitando o processo de socialização. E outros agentes importantes nesse processo são: os pequenos grupos, a família, a escola, os grupos de referência e os grupos de status. Que os meios de comunicação de massa podem ser considerados relativamente novos agentes do processo de socialização e que não está ainda bem determinado seu real papel.

## PERGUNTAS

1. Qual a importância da vida em grupo para os seres humanos?
2. O que é o processo de socialização?
3. Do ponto de vista da sociologia, como definimos personalidade?
4. O homem adquire personalidade própria ou já nasce com ela? Explique.
5. O que é uma 'personalidade normal' em determinada sociedade?
6. Como a criança adquire as tendências de comportamento aceitas pelo grupo social?
7. O que são os tipos positivamente sancionados de personalidade?
8. O que é normal em uma dada sociedade pode ser absolutamente anormal em outra? Explique por quê.
9. Do ponto de vista do processo de socialização, o que é melhor para o indivíduo, viver na diversidade ou homogeneidade cultural? O 'melhor' que está sendo utilizado nesta pergunta não é um juízo de valor? Discuta o problema.

10. Os símbolos sociais são só pessoas (como os heróis) ou podem ser fenômenos físicos, música, bandeira ou um objeto material?
11. O que é o status? Exemplifique.
12. Uma pessoa pode ter vários status ao mesmo tempo? Um deles pode predominar sobre os outros?
13. Qual a diferença entre um status atribuído e um adquirido?
14. Um status pode variar na escala social em função do tempo e do espaço? Exemplifique.
15. Como se caracterizam os grupos de status?
16. Exemplifique os diferentes grupos de status de uma cidade, baseando-se nos clubes sociais ou nas escolas.
17. Cada grupo de status apresenta um comportamento específico? Explique.
18. O que é papel social? Como se relaciona com o status?
19. Um indivíduo pode desempenhar vários papéis sociais?
20. Como aprendemos a desempenhar os diferentes papéis sociais?
21. Um status pode ter vários papéis associados à posição? Exemplifique.
22. Pode alguém, ocupando determinada posição social (status), desempenhar mal ou bem o papel social correspondente? Por quê?
23. Como podem ocorrer conflitos de papéis? Exemplifique.
24. O que ocorre quando o indivíduo não desempenha como o esperado o papel social? Como se manifesta o grupo social do qual faz parte?
25. É fundamentalmente diferente o papel desempenhado por um chefe em relação a um subordinado? Modificam-se, necessariamente, as relações entre os membros do grupo quando um dos subordinados passa a ocupar o cargo de chefia do grupo? Por quê?

# Nota

1 Entrevista publicada na revista Veja, 11 maio 1994.

# CAPÍTULO 7
# Desvio social, crime e controle social

## APRESENTAÇÃO

Neste capítulo veremos como a sociedade controla seus membros. O que são sanções e como são aplicadas àqueles que transgridem os valores transformados em normas. Quais são os tipos de normas existentes. Qual o significado dos desvios sociais para as sociedades e quais são culturalmente aceitos ou reprovados. Veremos também o que acontece em um grupo social quando as normas não existem ou não estão suficientemente claras.

## TÓPICOS PRINCIPAIS

7.1. Sociedade e controle social
7.2. Normas e costumes
7.3. O controle social
7.4. Desvio social
7.5. Anomia

## OBJETIVOS DE APRENDIZAGEM

Compreender:

- os mecanismos existentes na sociedade que controlam as ações individuais.
- a importância dos valores e das normas sociais no controle social.
- os significados das normas.
- o sistema de recompensas e punições utilizado no controle social.
- o desvio social e seus aspectos positivos e negativos.
- o significado do crime na sociedade.
- que o enfraquecimento das normas em uma sociedade a desorganiza e causa problemas psicológicos nos indivíduos.

## 7.1 Sociedade e controle social

O fato de vivermos em sociedade nos faz permanecer eternamente vigilantes quanto aos nossos comportamentos e atos diários. Muitas vezes fazemos algo que não é aceito ou tolerado pelas pessoas que estão ao nosso redor e, nesse momento, se formos vistos, sabemos que seremos repreendidos. Para pequenas transgressões, um olhar de desaprovação já nos deixará menos à vontade, surgindo um sentimento de culpa. Para delitos maiores, um tapa, um isolamento e até mesmo a cadeia nos deixarão claro qual o procedimento culturalmente correto a ser seguido.

O controle que um grupo social exerce sobre seus membros, para que não se desviem das normas aceitas, muitas vezes é imperceptível, e nós mesmos exercemos um certo controle sobre nossos atos, aflorando um sentimento de culpa quando nos desviamos do que é considerado correto. Esse controle é absolutamente fundamental para o funcionamento das sociedades: sem ele não haveria nenhum tipo de ordem social e não saberíamos como proceder nas mais diversas situações, criando, assim, uma desordem nas relações entre indivíduos e grupos sociais.

Ocorre que as normas não são estáticas, estão em constante mudança: variam no tempo e, entre outros motivos, podem estar relacionadas com novas descobertas, com invenções que provocam alterações no comportamento humano. Nesse sentido é que as diferentes culturas toleram certos desvios sociais, não exigindo que todos os seus membros sigam durante todo o tempo as normas estabelecidas e aceitas consensualmente. Mas há um certo limite de tolerância, além do qual um indivíduo passa a afetar o funcionamento da sociedade, e nesse momento entram em ação os mecanismos de controle social.

> A **convivência social** é possibilitada pela existência de regras de convivência (normas sociais).

Toda sociedade, sem exceções, estabelece regras de convivência entre seus membros, e sem elas pode-se dizer que seria impossível a convivência social. Essa regulamentação da vida social muitas vezes está codificada no direito — são as regras escritas e que, normalmente, são interpretadas por uma autoridade legitimamente aceita pelo grupo, seja um juiz, seja uma pessoa mais velha em uma aldeia, um curandeiro, ou um cacique indígena. Essas normas estabelecidas em comum acordo podem não ser escritas, não estar estabelecidas formalmente; nesse caso, estão tão interiorizadas nas pessoas que se tornaram costumes seguidos sem que sejam questionados. Há um certo consenso entre os membros do grupo social de que essas normas, escritas ou não, são fundamentais para o funcionamento da sociedade e, assim, quando um indivíduo as transgride, sofre uma penalidade, ou sente-se constrangido a ponto de se reprimir automaticamente.

> **Normas** são obrigações sociais.

As normas estão baseadas em valores que a sociedade julga fundamentais para seu funcionamento e para que seus membros convivam sem maiores problemas. São obrigações sociais às quais o indivíduo está sujeito ao longo de toda a sua vida, e são tão fortes quando estabelecidas e interiorizadas que o controle é autoexercido.

Durante longo tempo não havia obrigatoriedade do uso do cinto de segurança nos veículos no Brasil; nos últimos anos do século XX foi estabelecida a obrigatoriedade de uso, para preservar a vida dos motoristas e dos passageiros, ou seja, o respeito à vida tornou-se um valor ainda mais forte. Com o passar dos anos, o uso do cinto está tão interiorizado que as pessoas, ao não utilizá-lo, não se sentem confortáveis, pois julgam estar correndo riscos. Ou seja, a utilização do cinto tornou-se um costume para a maioria das pessoas.

Do mesmo modo, o simples ato de sentar-se em uma cadeira é uma norma não escrita na sociedade brasileira. Fica difícil imaginar, em uma sala de aula, um ou mais alunos sentando-se no chão. Embora não exista em lugar algum uma regra escrita estabelecendo que as pessoas devam sentar-se em um banco, cadeira ou algo equivalente, não se admite um comportamento diferente daquele que é aceito. Aquele indivíduo que o transgride traz problemas para o cotidiano das pessoas, que no mínimo se sentem desconfortáveis com um comportamento desse tipo.

A maioria de nossos comportamentos e atitudes são regulados pelas sociedades em que vivemos. Muitas vezes julgamos que é um comportamento natural, que nasceu conosco. No entanto, ao compararmos com outras culturas, veremos que seus membros podem assumir comportamentos diferentes dos nossos perante situações semelhantes.

A utilização do garfo e da faca para comermos, por exemplo, é considerada natural em nossa sociedade; no Marrocos, no entanto, come-se com as mãos, sendo inadmissível a utilização de qualquer instrumento.

As diversas culturas apresentam peculiaridades difíceis de serem entendidas por outros, como ocorre no caso da China, onde alguns de seus restaurantes apresentam situações bastante inusitadas para um brasileiro (veja Quadro 7.1).

> O **controle social** é baseado nos valores relacionados a cada sociedade em particular.

O controle social, portanto, está baseado em valores relacionados com cada sociedade em particular. Com o rápido processo de globalização, estão sendo estabelecidos valores universais, como o respeito à vida, os direitos humanos, a preservação do meio ambiente, o repúdio à escravidão e à exploração de crianças etc. (veja Figura 7.1). No entanto, em várias regiões do planeta ainda se matam seres humanos pelos motivos mais fúteis; ocorre tortura sistemática nas prisões; destrói-se a natureza visando unicamente o lucro fácil; persiste a escravidão, inclusive de crianças; mas, mesmo assim, podemos afirmar que a humanidade como um todo avançou no estabelecimento de valores universais que permitem a convivência e o respeito mútuo entre diferentes pessoas e diferentes grupos sociais.

### 7.1.1 Os valores sociais

Em toda sociedade há um certo consenso entre seus membros do que é feio e do que é bonito, bom ou mau, agradável ou desagradável, honrado ou vergonhoso. Quando repreendemos uma criança, simplesmente dizendo a ela 'nunca mais faça isso, é muito feio o que você fez', sem dar-lhe nenhuma justificativa, a não ser a evidência, estamos habituando-a a respeitar os costumes por meio de normas e valores que aceitamos, sem questioná-los.

**QUADRO 7.1** Alimentação chinesa

A primeira diferença é que os chineses preferem não comprar animais já abatidos. Nos mercados, peixes, aves e bichos exóticos, como cobra e escorpião, são vendidos vivos. Cobras vivas ficam expostas nos restaurantes. Quanto mais venenosas, mais caras. O cliente escolhe a cobra, o garçom a enrola no braço e a leva até a mesa para confirmar o pedido. O cozinheiro então corta a cabeça do animal e separa o sangue em uma xícara. O líquido é servido como bebida aos clientes, que apreciam o sangue do réptil como fortificante e tônico sexual.

*Fonte*: KOSTMAN, Ariel e SILVA, Chrystiane. "Cobras e dólares". *Veja*, 22 out. 2003, p. 132.

**Figura 7.1** Exemplos de valores universais

Valores universais (alguns):
- Respeito à vida
- Direitos humanos
- Preservação do meio ambiente
- Repúdio à escravidão
- Repúdio à exploração de crianças

Um valor impõe-se ao indivíduo como uma evidência e um absoluto, que se pode melhorar, mas não se pode, normalmente, colocá-lo em dúvida.[1]

Os valores variam com as civilizações e, no interior de uma mesma civilização, com os grupos, as camadas e as classes sociais. Do mesmo modo, os valores variam com o tempo, em uma mesma civilização e nos grupos sociais. Os valores é que determinam, em uma civilização, aquilo para o qual vale a pena viver e, eventualmente, morrer.

Os valores, quando estão fortemente interiorizados, fazendo parte da vida cotidiana dos indivíduos, de tal forma que os consideram normais, podem justificar atos que em outras sociedades seriam julgados como absurdos. Os brasileiros, de um modo geral, consideram que os muçulmanos que se transformam em homens-bomba são malucos suicidas; no entanto, em suas sociedades, tais homens são considerados heróis, mártires que morreram em nome de uma boa causa, e suas famílias ascendem na hierarquia social por um dos seus ter atingido esse estágio de abnegação.

O que é heroico em uma sociedade é considerado insano em outra.

Na sociedade brasileira, de um modo geral, se um marido souber que sua esposa dormiu com outro quando ele esteve ausente, provavelmente haverá muita confusão no ambiente doméstico, por ser um comportamento inaceitável em nosso país. Em alguns países que seguem as leis islâmicas, a esposa será apedrejada até a morte. Na costa leste do México, no entanto, quando os pescadores se ausentam, toleram que suas esposas durmam com homens mais novos, chamados de 'mapaches', desde que estes se retirem quando eles voltarem. Julgam, assim, que encontrarão suas esposas felizes quando retornam de longas jornadas de pesca em alto-mar.

Portanto, os valores organizam-se de tal modo na sociedade, que se impõem aos seus membros, orientando os pensamentos e atos de todos os indivíduos.

### 7.1.2 Os símbolos e o processo de socialização

Os 'símbolos' são importantes auxiliares do processo de socialização; constituem-se em instrumentos que a sociedade ou os grupos sociais utilizam para promover a conformidade da maioria de seus membros aos seus padrões de valor e comportamento. Podem ser fenômenos, pessoas ou atos, pelos quais os membros de uma sociedade identificam valores e padrões sociais que os orientam em seu cotidiano.

Um fenômeno físico ou climático pode representar uma forma de controle de um grupo social sobre os demais membros de uma sociedade, que devem agir de um determinado modo em função daquela manifestação. Por exemplo, pode-se interpretar como uma manifestação divina que exige um sacrifício humano a ocorrência de uma erupção vulcânica. Os hinos patrióticos e gestos como a saudação fascista ou o beija-mão representam valores de determinadas sociedades. A mesa de um diretor de empresa simboliza sua posição hierárquica superior.

Pessoas podem desempenhar a mesma função, quer em decorrência da posição que ocupam — os reis, o papa, o Dalai Lama — quer em virtude dos atributos pessoais que expressam, de maneira muito clara, sua identificação com valores — o herói nacional, o santo humanitário, o operário-padrão — e que, por causa disso, são tidas como corporificações de um determinado valor.

## 7.2 Normas e costumes

Quando os valores que apresentamos na seção anterior se transformam em 'normas e costumes', asseguram a regulamentação da vida dos indivíduos e dos grupos de uma sociedade (veja Figura 7.2).

**Figura 7.2** Transformação de valores em normas e costumes

Valores → Transformam-se em → Normas e costumes → Regulamentam a vida dos indivíduos e grupos

Os hábitos e costumes são as maneiras normais e frequentes de um grupo fazer as coisas e que, de um modo geral, não fazem parte de nossa herança genética: são, sim, um aprendizado social. O fato de, no Brasil, o volante dos veículos estar do lado esquerdo é uma convenção estabelecida entre nós, ao longo de muitos anos, que se incorporou de tal modo ao nosso dia a dia, que teremos muita dificuldade para guiar em carros que têm a direção do lado direito, como na Inglaterra ou na África do Sul. Do mesmo modo, os veículos circularem do lado direito das ruas é uma convenção estabelecida socialmente; não é natural ou normal em todo o mundo. Levantar o polegar direito em nosso país quer dizer que está tudo bem, é sinal de positivo, mas em outros países tal gesto poderá ser considerado uma grave agressão a outra pessoa ou um convite para um relacionamento gay, como na Turquia.

Há hábitos e costumes que são considerados tão importantes para o funcionamento das sociedades que são procedimentos institucionalizados para garantir que sejam seguidos. Em consequência há dois tipos diferentes de hábitos e costumes que podemos identificar na sociedade, de um modo geral:

a) aqueles que devem ser seguidos por significarem formas de relacionamento entre as pessoas e que mantêm uma certa ordem no cotidiano de convívio entre diferentes indivíduos;

b) aqueles que devem ser seguidos porque se acredita que sejam fundamentais para o bem-estar dos grupos. Estas ideias do que seja certo e errado e que se vinculam a determinados hábitos e costumes são denominadas 'normas'.

Uma norma deve ser entendida como 'uma obrigação social' à qual o indivíduo está submetido. Quando em um grupo existe uma norma, seus membros estão prontos a aplicar sanções e a intervir quando ela é infringida.

Podemos dizer que as normas são ideias muito fortes do que é certo e do que é errado, as quais exigem dos indivíduos certos atos e proíbem outros.

De modo geral, os membros de uma sociedade partilham da convicção de que a violação de suas normas lhes causará algum tipo de problema. Ao mesmo tempo, para os membros de outra sociedade, essas normas poderão parecer sem sentido.

Há duas categorias importantes de normas: formais e informais (veja Figura 7.3).

1. São normas 'formais' aquelas que estão 'codificadas no direito e sancionadas pelo Poder Público'. São as leis, os decretos, as resoluções, os códigos, os estatutos, a Constituição etc. As normas codificadas em empresas, clubes esportivos, hospitais, escolas e outras organizações são também consideradas formais: um regulamento de clube esportivo, a proibição de fumar expressa por um cartaz em uma escola, uma placa proibindo a entrada de alunos em um deter-

**Figura 7.3** Os tipos de obrigações sociais

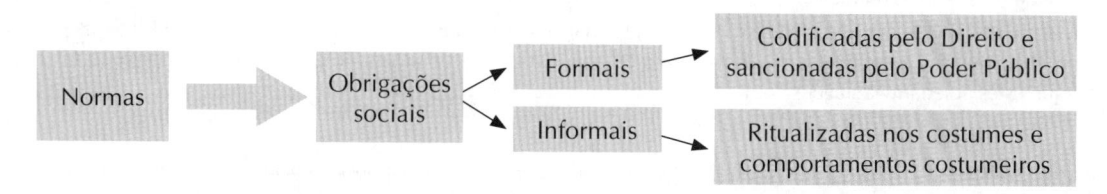

Normas → Obrigações sociais → Formais → Codificadas pelo Direito e sancionadas pelo Poder Público
→ Informais → Ritualizadas nos costumes e comportamentos costumeiros

Capítulo 7 – Desvio social, crime e controle social

minado espaço reservado aos professores etc. Essas normas são assunto, de um modo geral, do direito e da sociologia do direito.

2. As normas 'informais' são aquelas que têm a mesma força coercitiva das normas formais, mas que estão 'ritualizadas' nos costumes e comportamentos costumeiros. O simples ato de sentar-se em uma cadeira (e não no chão) é uma norma informal, ritualizada nos costumes e que dificilmente é quebrada no âmbito da sociedade brasileira. Muitas vezes, as normas informais (hábitos e costumes) tiveram origem em normas formais, que foram interiorizadas de tal modo que se perderam sua origem e suas motivações iniciais. Por outro lado, normas codificadas no direito, com o tempo, ficam tão interiorizadas nos indivíduos que sua supressão pode causar graves problemas à ordem social (veja Quadro 7.2).

A Inglaterra, a partir de 1º de outubro de 1995, por imposição de sua adesão à União Europeia, teve de adotar o sistema métrico decimal. No entanto, os cidadãos ingleses, acostumados a conviver por centenas de anos com o antigo sistema, apresentaram resistências, não permitindo que a mudança se efetivasse em alguns setores. A Associação Britânica de Pesos e Medidas exortou o público a promover uma campanha contrária à mudança. E, em alguns casos, a força da tradição conseguiu manter o costume, como na venda de chopes, que continuarão a ser vendidos em *pints*, equivalente a 0,56 litro (veja Quadro 7.3).

O ato de não fumar em recintos públicos está rapidamente se tornando uma norma informal, que, no entanto, para se afirmar, ainda durante algum tempo deverá necessitar da formalidade do Direito e da aplicação de sanções.

Em muitos países muçulmanos, uma norma ritualizada nos costumes é a não exposição do rosto das mulheres.

No Afeganistão há o costume de as mulheres utilizarem uma vestimenta (burca) que cobre inteiramente seu corpo e só enxergarem por meio de orifícios no tecido que cobre o rosto. Os norte-americanos, quando invadiram o Afeganistão no final de 2001, julgavam que essa vestimenta seria rapidamente abandonada pelas mulheres após a expulsão dos elementos radicais (os assim chamados talibãs). No entanto, passados dois anos, a grande maioria das mulheres continuava a utilizar a vestimenta, que, embora não mais condenada formalmente, estava ritualizada nos costumes do país.

**QUADRO 7.2** As revoltas do quebra-quilos

A adoção do sistema métrico decimal no Brasil, estabelecido em lei de 26 de junho de 1862, provocou revoltas generalizadas em todo o País, e que passaram à história como as Revoltas do Quebra-Quilos.

Os legisladores do Império, prevendo que ocorreriam problemas, estabeleceram uma mudança gradativa, sendo que somente após dez anos seriam substituídas as antigas medidas lineares, tais como: a vara, o côvado e a jarda; as medidas de volume: onças, libras e arretéis, que quantificavam a carne-seca, o bacalhau e o açúcar. Os líquidos eram medidos por canadas ou quartilhos. Os grãos e a farinha mediam-se em selamins, quartas e alqueires.

Mesmo adotando-se muita cautela com a adoção das novas medidas, tendo dez anos de prazo para sua efetivação, quando foi mandada executar, em 1874, eclodiram ações populares em quase todo o sertão, particularmente nos Estados de Pernambuco, Paraíba, Alagoas e Rio Grande do Norte, havendo episódios em todo o País. Eram grupos numerosos de pessoas, que denominamos de 'turbas', sem nenhuma organização e que invadiam casas de comerciantes, feiras e mercados para quebrar os aparelhos que mediam os pesos e medidas.

As pessoas, em grande número, invadiam as feiras, Câmaras Municipais e Mercados, procurando inutilizar os pesos e medidas contra os quais descarregavam fúria. Perseguiam comerciantes, que de um modo geral eram de origem portuguesa, pois julgavam que estes auferiam vantagens com o novo sistema.

*Fontes: Diário de Pernambuco*, 27 nov. 1874; e SOUTO MAIOR, Armando. *Quebra-quilos: lutas sociais no outono do império*. Brasília: Ed. Nacional, 1978, p. 22.

**QUADRO 7.3**     A resistência britânica ao sistema métrico decimal

Um pequeno comerciante do interior do Reino Unido, condenado no mês de abril de 2001, pela Justiça, a pagar multa de £ 2 mil (cerca de US$ 3 mil) e à custa do processo, tornou-se um herói no país. Steven Thoburn foi processado por desafiar as determinações da União Europeia e continuar a vender frutas e verduras em libras e onças — do sistema imperial de pesos originado na Idade Média —, recusando-se a adotar o quilo. Em um país onde 67% da população se opõe à adoção do euro e muitos ainda veem a UE com desconfiança, Thoburn passou a ser chamado de "mártir do sistema métrico" e recebeu o apoio de milhares de pessoas.

"Salve a libra", diz o slogan criado por seus seguidores, em alusão às campanhas contra a adesão do Reino Unido à moeda única. Para o juiz Bruce Morgan, que condenou o comerciante, o caso está baseado "no cacho de bananas mais famoso da história legal". Thoburn diz que só quer continuar vendendo bananas em libras (uma libra equivale a 0,454 quilo). Mas o juiz entendeu que ele feriu a legislação, porque o Reino Unido aderiu espontaneamente à União Europeia e, portanto, suas determinações devem ser cumpridas. De acordo com a UE, desde 1º de janeiro de 2000, o sistema métrico deveria ser usado em todos os países.

Para uma parcela significativa dos britânicos, porém, o que está em julgamento é sua própria autonomia. O comerciante conseguiu recursos para sustentar sua causa. Foi condenado a pagar £ 60 mil (cerca de US$ 90 mil) em custas processuais e mesmo assim ele e seus advogados anunciaram que iriam apelar. Queriam levar o caso até a corte constitucional, a Câmara dos Lordes. Isso custaria caro e começou-se uma campanha de arrecadação de fundos, pois, vendendo frutas e verduras, Thoburn não teria como bancar o processo.

No Reino Unido, que fez a Revolução Industrial, onde os carros circulam na mão direita e a tradição é um valor moral e social, a mudança não é fácil. A legislação prevê a manutenção das exceções que já se tornaram valores culturais. Nos pubs, a cerveja é vendida em *pints*, em um copo especial, com capacidade para 0,568 litro. Nas ruas, as distâncias são medidas em milhas e, na área rural, as fazendas são avaliadas em acres. Nas lojas e supermercados, o preço é indicado para quantidades em metro e polegada, libra e quilo.

A cultura do sistema imperial está na alma dos britânicos e de boa parte dos descendentes de anglo-saxões, inclusive nos Estados Unidos. Uma pesquisa encomendada pela Associação Britânica de Pesos e Medidas constatou que 72% dos britânicos gostariam de manter o sistema imperial, embora o sistema métrico faça parte do currículo escolar há 26 anos.

Eleanor Sharpston, promotora que representou a cidade de Sunderland no processo, lembrou que, se o Reino Unido quer fazer parte da UE, precisa seguir as leis promulgadas em Bruxelas. "Não vivemos num país soberano à maneira clássica do Império Britânico do Século XIX. Esse Reino Unido é parte da história legal e política."

Para os advogados de Thoburn, a UE pretende acabar com as exceções e vai chegar o dia em que acabará o *pints* de cerveja no pub.

*Fonte*: ABBOTT, Maria Luiza. "Verdureiro britânico é multado por não adotar o quilo". *Valor Econômico*, 10 abr. 2001, ano 2, n. 237. 1º Caderno.

### 7.2.1 As normas de cortesia

Um sistema de normas ritualizado nos costumes e comportamentos costumeiros são as 'normas de cortesia', e dizem respeito aos modos que devem ser observados nas relações entre os indivíduos. Como deve ser o cumprimento entre duas pessoas quando se encontram, como devemos dirigir a palavra a alguém, como deve ser o comportamento em uma mesa etc. fazem parte de um sistema de regras que está submetido a sanções e que é aprendido no decorrer da socialização.

**Normas de cortesia** são modos que devem ser observados nas relações entre pessoas.

As regras de cortesia mudam segundo os países, e o que pode parecer grosseiro em um, poderá ser uma norma rigorosamente observada e seguida noutro. Uma atitude considerada absolutamente natural em uma determinada cultura poderá causar constrangimentos para os membros de outra (veja Quadro 7.4).

Alguns outros exemplos de regras de cortesia:

- Na Índia, dar presentes de couro, ou que tenham alguma parte desse produto animal, pode causar bastante embaraço, pois a vaca é um animal sagrado para os hindus.

- Gestos bastante simpáticos em um país podem ser considerados grave ofensa em outro. O gesto de levantar o dedo, querendo dizer que está tudo bem, na Nigéria e na Austrália significam um insulto pesadíssimo; na Turquia, o mesmo

> **QUADRO 7.4** Constrangimento
>
> Em uma de minhas viagens pelo mundo, tive de visitar a Arábia Saudita. No final de uma longa negociação no escritório do importador, finalmente chegamos a um final feliz e consegui um importante contrato. O importador se ofereceu para acompanhar-me até o hotel, que ficava a uns 15 minutos, a pé, do seu escritório. Aceitei a gentileza e, depois de alguns passos, senti a mão do meu novo cliente tomando a minha. E assim permanecemos por 15 'eternos' minutos!
>
> Na cultura árabe, tomar alguém pela mão é sinal de amizade, de fraternidade. Eu me perguntei se meus colegas da missão empresarial, que me esperavam no hall do hotel, conheciam este importante detalhe (para mim!). Nas culturas anglo-saxônica e latina, tomar alguém pela mão pode ser sinal de uma relação sentimental.

Fonte: MINERVINI, 2001, p. 99.

gesto pode significar um convite para um encontro gay; na Índia significa que o negócio está desfeito.

- Na Alemanha, dar um aperto de mãos com a outra mão no bolso é considerado falta de educação. Deve-se cortar batatas ou panquecas com o garfo pois, se usar facas, estará sugerindo que estão duras.

- Deve-se evitar dar como presente para um chinês um relógio, pois a palavra relógio em um dos idiomas locais mais falados lembra luto e tristeza.

- Na Coreia do Sul, não se abrem presentes assim que se recebem, mas somente mais tarde, quando se está sozinho.

- Presentear um japonês com o pacote embrulhado com papel branco é a mesma coisa que convidá-lo para um funeral. Tudo que estiver relacionado com o número 4 terá o mesmo efeito, pois é um número associado com a morte.

- Na Índia, assobiar em público é considerado falta de educação.

- No Oriente Médio, presentear com quadros com imagem de cachorro é inadequado e poderá ser fonte de problemas, pois o animal é considerado impuro.

As regras de cortesia são interiorizadas de tal modo que, ao infringi-las por descuido, podemos ter um forte sentimento de culpa.

A institucionalização e a ritualização das normas são realizadas pela interiorização, mas também por um sistema de sanções. Em todos os grupos existem aparelhos destinados a fazer serem respeitadas as normas e a aplicar as sanções. São exemplos desse tipo de aparelho: a polícia, um conselho disciplinar na escola, o processo de exclusão de um clube etc.

Nem sempre a institucionalização das normas significa que tenham forma jurídica. Geralmente, o que é institucionalizado é um conjunto ou sistema de normas. Um exemplo: as normas familiares, de respeito aos pais, aos mais velhos.

Uma instituição pode ser definida como um conjunto de normas que se aplicam em um sistema social e que definem o que é e o que não é legítimo nesse sistema. Nesse sentido, casamento, família, escola e universidade são instituições.

No nível mais geral, encontram-se valores no sentido estrito, como solidariedade, segurança, êxito, honestidade etc. Ao falarmos da forma que tomam esses valores aplicados a um determinado papel, estaremos nos referindo às normas.

### 7.2.2 Normas e grupos de referência

As normas, de modo geral, são fornecidas aos indivíduos mais pelos seus grupos de referência do que pelo conjunto da sociedade. Nas sociedades modernas de massa, os estereótipos são fundamentais para a consolidação de normas e valores, que permitem aos indivíduos saber como se comportar no mundo social.

### 7.2.3 Diferença entre 'opinião comum' e 'norma'

A 'opinião comum' pode ser objeto de discussão em um grupo, ao passo que a 'norma', não.

Se uma opinião comum torna-se cada vez mais forte, todos se conscientizam de que é preciso tomar alguma providência para fazer com que tal opinião seja respeitada, e nesse momento ela se torna uma norma. Pode ocorrer também que as normas, pouco a pouco, caiam em desuso e ninguém mais pense em aplicar sanções, tornando-se, assim, um objeto de discussão.

Um exemplo é o consumo de cigarros em locais fechados. Antigamente, embora algumas pessoas considerassem esse hábito desagradável, não havia restrições; aos poucos foi crescendo a opinião pública contrária ao fumo, e as pessoas que fumavam em locais fechados passaram a consultar os demais sobre a possibilidade de fumar. Nesse momento estabeleceu-se uma opinião comum contrária ao fumo em locais fechados. Nos tempos mais recentes, há numerosas normas, institucionalizadas ou não, contrárias ao fumo em locais fechados.

## 7.3 O controle social

Nenhuma sociedade pode funcionar com êxito se, na maior parte do tempo, o comportamento das pessoas não puder ser previsto de modo confiável. Chamamos isso de 'ordem social', ou seja, um sistema de pessoas, relacionamentos e costumes que opera para a realização do trabalho de uma sociedade.

É pela existência da ordem social que esperamos que milhares de lâmpadas se acendam, que a comida de que necessitamos seja produzida, que os ônibus nos conduzam para o trabalho ou para a escola, que a água flua pelas torneiras e assim por diante. Tudo o que ocorre em uma cidade, seja ela de que tamanho for, e que é indispensável para a nossa sobrevivência, acontece porque milhares de pessoas cumprem seu papel social, interagindo constantemente e mantendo a ordem social.

A ordem de uma sociedade apoia-se em uma rede de papéis, dentro dos quais cada pessoa aceita certos deveres em relação aos outros e deles reivindica certos direitos.

Para que a sociedade funcione com êxito, é necessário que cada um cumpra seu papel social, que é complementar aos dos outros, interagindo em uma rede de papéis por todo o tecido social. Como é fundamental para o seu funcionamento, a sociedade cria um mecanismo para que aqueles que não cumpram seu papel social sejam coagidos a fazê-lo. A esse mecanismo denominamos 'controle social'.

O controle social pode ser formal ou informal. Quando mecanismos de controle social são utilizados casualmente pelas pessoas — como sorrisos, olhar de reprovação, advertência verbal —, considera-se o controle informal. Quando o controle social é levado a cabo por agentes autorizados, como policiais, médicos, empregadores e militares, é dito formal (veja Figura 7.4).

> A **ordem social** permite que os comportamentos das pessoas sejam previsíveis.

> O **controle social** é um mecanismo que exerce coação para que os indivíduos cumpram seu papel social.

**Figura 7.4** Exemplos de controle social formal e informal

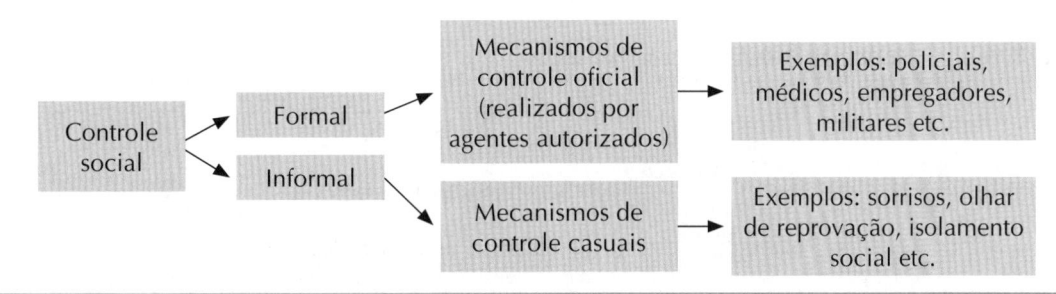

Controle social
- Formal → Mecanismos de controle oficial (realizados por agentes autorizados) → Exemplos: policiais, médicos, empregadores, militares etc.
- Informal → Mecanismos de controle casuais → Exemplos: sorrisos, olhar de reprovação, isolamento social etc.

A expressão 'controle social' se refere a técnicas, estratégias e esforços para regular o comportamento humano em qualquer sociedade. A sociedade provoca a aceitação das normas básicas (sejam elas formais ou informais) por meio do controle social.

Uma sociedade exerce controle social sobre seus membros de três modos principais: a socialização, a pressão do grupo e as sanções (veja Figura 7.5).

Primeiro, como já vimos, é por meio do processo de 'socialização' que um grupo ou sociedade faz com que seus membros se comportem da maneira esperada. O indivíduo aprende durante toda a sua vida a desempenhar os papéis que lhe serão destinados pela sociedade. Esse é o instrumento mais poderoso de controle social, que passa a ser feito pelo próprio indivíduo. Tudo que lhe foi transmitido pelo processo de socialização — costumes, crenças, valores — veio a constituir-se em diretrizes para a conduta dos membros da sociedade. O domínio que o indivíduo exerce sobre si mesmo é a forma de coerção social mais eficiente.

Uma segunda maneira importante de controle é exercida pela 'pressão do grupo' sobre o indivíduo. Essa pressão grupal é sentida pelo indivíduo como um processo contínuo e, na maior parte do tempo, inconsciente. A força do grupo promove a adequação do indivíduo ao papel social que corresponde a seu status. Os grupos que promovem terapia grupal procuram fazer com que os indivíduos reassumam seu papel social.

Dentro dos grupos primários, o controle é informal, espontâneo e não o planejado. Os membros reagem às ações de cada membro de muitos modos. Podem demonstrar seu desagrado por um olhar de reprovação, do riso, do desprezo, do ridículo, do isolamento e por uma série de expressões fisionômicas. Do mesmo modo, podem mostrar sua concordância, com uma palavra de elogio ou um tapinha nas costas.

O grupo primário é considerado o órgão controlador mais importante conhecido pelo homem.

Dentro dos grupos secundários, os controles sociais são mais formais. Regras e regulamentos, procedimentos padronizados, promoções, propaganda, recompensas, títulos e penalidades são alguns dos procedimentos usuais de controle. Mesmo assim, muitos estudos provam que os controles formais de grupos secundários são muito mais efetivos quando reforçados por um grupo primário.

Uma promoção será reforçada se o grupo de amigos do qual faz parte o promovido fizer uma comemoração. Uma ordem será melhor cumprida se o principal grupo de amigos que forma uma seção de trabalho estiver convencido de que é correta.

### 7.3.1 Sanções

O sistema de recompensas e punições utilizado para o controle social denomina-se 'sanções'. Estas podem ser positivas ou negativas (veja Figura 7.6).

São 'sanções positivas' quando se referem a recompensas para estimular determinado comportamento. Incluem-se aí o tapinha nas costas, o elogio, a promoção no emprego, o aumento salarial, o recebimento de diploma de honra ao mérito etc.

**Figura 7.5**   Principais formas de controle social

| Principais formas de controle social | Socialização |
| --- | --- |
| | Pressão do grupo |
| | Aplicação de sanções |

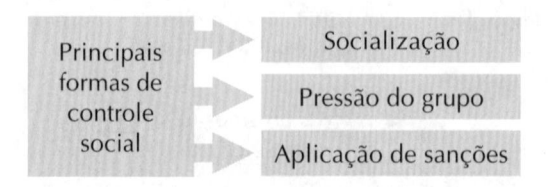

**Figura 7.6** O sistema de recompensas e punições

```
Sanções → Sistema de recompensas e punições → Positivas → Recompensas que reforçam os comportamentos aceitos
                                             → Negativas → Punições que reprimem os comportamentos não aceitos (desvios)
```

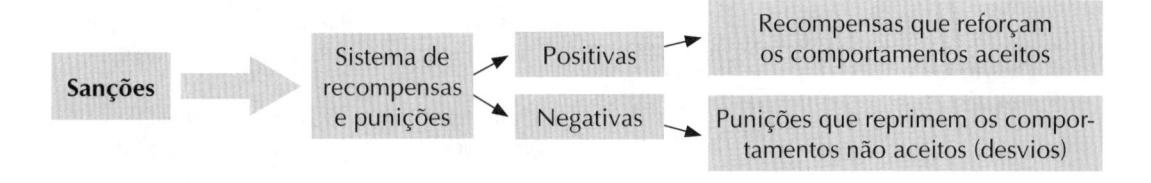

As 'sanções são negativas' quando se referem à punição para reprimir um tipo de comportamento. Incluem-se entre essas a prisão, o isolamento, o desprezo, a advertência etc.

As sanções podem ser, ainda, formais e informais. 'Sanções formais' são as oficiais e públicas como multas e sentenças de prisão. As sanções informais não são oficiais, muitas vezes são bastante sutis, como: um olhar de reprovação, um beliscão, o medo de se expor ao ridículo.

Podemos identificar vários tipos de sanções que podem ser empregadas como formas de controle social: físicas (tortura, prisão, pena de morte no sentido de coação física, escuta telefônica etc.); econômicas (multa, boicote, recusa de matrícula ao estudante em débito etc.); e sociais (expulsão, rejeição, isolamento, ridículo, descrédito etc.).

Quando falham os outros controles, utilizam-se a força e a punição. As sociedades ou grupos utilizam-nas como um último recurso para fazer com que o indivíduo siga os regulamentos. Implica violência ou ameaça de violência física.

Ao Estado cabe o emprego legal das sanções físicas, por meio do sistema jurídico e das organizações que vigiam o cumprimento da lei — Exército, polícia, tribunais, penitenciárias. As sanções físicas empregadas pelo Estado são as mais diversas: prisão, trabalhos forçados, cassação dos direitos, banimento, exílio, entre outras.

A pena de morte é uma das sanções físicas empregadas em alguns países como nos Estados Unidos, variando em cada Estado o modo como é aplicada, indo desde uma injeção letal, o uso de gás venenoso até a cadeira elétrica.

Além do Estado, outros grupos sociais — gangues, máfias, organizações criminosas — empregam a sanção física extrema para controle dos seus membros. Entre suas práticas incluem-se: o assassinato, a tortura e outros métodos violentos.

Em escala muito menor, o constrangimento físico pode ser usado pela família (cintada, puxão de orelha, proibição de sair de casa), na escola (suspensão, expulsão da escola), por amigos (a cotovelada, o beliscão) e pela Igreja (jejuns, vigília).

## 7.4 Desvio social

O desvio social é o comportamento do indivíduo que se afasta das normas adotadas em determinada sociedade. Nesse sentido pode ser considerado um comportamento anormal, ou seja, não segue as normas. Pode ser considerado um comportamento qualquer que não corresponde às expectativas da sociedade, ou de um grupo determinado dentro da sociedade. Em outras palavras, o desvio social é uma violação das regras sociais e acontece quando alguém quebra os valores e as normas amplamente aceitas em uma sociedade ou grupo social.

Os desvios sociais podem ser socialmente aprovados ou reprovados. Podem ser considerados anormais os comportamentos do criminoso, da prostituta ou do alcoólatra; mas também o são de um músico genial, de um campeão de ginástica ou de um aluno que só tira nota 10 (veja Figura 7.7).

### Figura 7.7 — Exemplos de comportamento não condizentes com as normas adotadas

**Desvio social** → Comportamento que se afasta das normas adotadas (anormal)
- → Socialmente reprovado → Exemplos: criminosos, prostitutas, alcoólatras
- → Socialmente aprovado → Exemplos: músico excepcional, santo, aluno que só tira nota máxima

---

O desvio social ou comportamento anormal varia de maneira significativa da norma social aceita para aquele determinado comportamento; no entanto, não está necessariamente em conflito com ele.

O desvio social é universal; a partir do momento em que uma sociedade estabelece regras e regulamentos, ocorrem violações dessas regras, e de uma maneira ou de outra pune-se os transgressores. Está claro que a definição social de 'desvio' varia com o passar do tempo em uma mesma sociedade. Houve época em que usar saia curta — tipo minissaia — era considerado um desvio social — não era consentido às mulheres saírem às ruas com 'tão pouca' roupa. No início do século, as pessoas entravam no mar utilizando bastante roupa; o biquíni, quando surgiu, escandalizou o público, havendo inúmeras discussões sobre a moralidade de seu uso.

A caracterização de desvio social varia muito de sociedade para sociedade e dentro destas, nos mais diferentes grupos sociais. Em cada cultura as normas mudam com o tempo; em consequência, aquilo que era um desvio social pode não ser assim considerado com o passar dos anos. No Brasil, o uso de brincos pelos homens durante certo tempo não era aceito, e aqueles que os utilizavam se submetiam ao ridículo, eram motivos de gozações e muitas vezes de desprezo; hoje é um comportamento que não causa nenhuma estranheza e é normalmente tolerado.

O desvio social é considerado um comportamento anticonvencional, e podem existir subculturas anticonvencionais que estejam em desvio social permanente. São exemplos os usuários de drogas e ladrões.

Há vários tipos de desvios das normas sociais convencionais na nossa sociedade. A delinquência juvenil, o assassinato, o roubo, o estupro, a homossexualidade, o eremita, o *hippie*, o pecador, o santo, o avarento são alguns deles.

Há desvios culturalmente aprovados, como o gênio, o santo, o líder, o herói, as celebridades; e os culturalmente reprovados, como o dedo-duro, o avarento, o pecador etc. (veja Figura 7.8).

Nas Filipinas, há alguns anos os católicos praticam um ritual desautorizado pela Igreja Católica, que, portanto, considera-o um desvio social em relação às normas aceitas dentro da religião; no entanto, a prática é tolerada como demonstração de fé, em um país em que 80% da população é praticante dessa denominação.

Não é possível que uma sociedade consiga fazer com que todos os seus membros ajam da maneira esperada durante o tempo todo. Em sistema social algum, exige-se que os membros adiram perfeitamente às normas. Existe sempre uma certa tolerância. O grau de afrouxamento ou de tolerância constitui uma das características de um grupo ou de um sistema. Não se exige dos membros de uma Igreja que sejam santos. Se os pais soubessem de todos os atos dos filhos, a vida familiar seria impossível. Por outro lado, temos de levar em consideração que muitos desvios sociais podem ser aceitos de tal modo que passam a ser adotados, transformando-se em norma. O que era norma antigamente passa a ser desvio social e vice-versa. Imagine uma jovem vestida com roupas típicas do início do século para o banho de mar hoje em dia. Esse comportamento, que era normal antigamente, passou a ser um desvio social hoje.

**Figura 7.8** Exemplos de desvios sociais

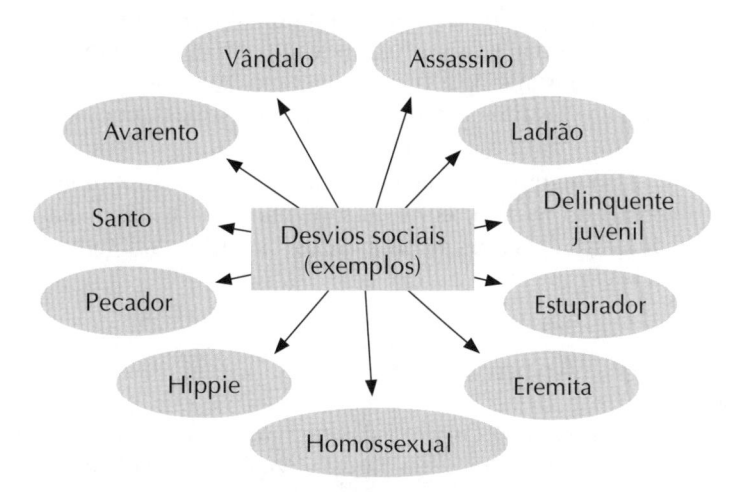

Desvios sociais (exemplos): Vândalo, Assassino, Ladrão, Delinquente juvenil, Estuprador, Eremita, Homossexual, Hippie, Pecador, Santo, Avarento.

A sociedade possui mecanismos que fazem com que o indivíduo que cometeu um desvio social volte a aderir às normas. Esses mecanismos vão desde a prisão durante algum tempo até um simples beliscão ou uma advertência.

O crime é uma categoria de desvio social definida como a violação de normas ordenadas em lei criminal apoiada pelo poder e autoridade do Estado. Assim, crime e desvio social não são exatamente sinônimos.

### 7.4.1 Marginalidade

Quando o comportamento adere pouco às normas e as contradiz nitidamente, ou por uma razão qualquer o indivíduo situa-se fora ou à margem do grupo, denominamos esse fenômeno social de 'marginalidade'.

O fenômeno da marginalidade é muito mais complexo que o desvio social, pois implica que os indivíduos marginalizados não vivem durante todo o tempo de acordo com as normas sociais. Nesse sentido, para que viva de acordo com as normas deve sofrer um processo de socialização ('reeducação' é o termo comumente empregado), a fim de que conheça as normas pelas quais deverá viver.

O marginal fez a opção consciente de viver fora das normas sociais, não as aceita e cria suas próprias normas à margem da sociedade. E, nesse sentido, o marginal seria um elemento que não teria condições de voltar a viver em sociedade, a não ser passando por um processo de reeducação.

### 7.4.2 Crime

O 'crime' é um dos maiores problemas sociais do Brasil e de muitas partes do mundo. De um modo geral, o crime é considerado um problema de desvio social, pois envolve a violação de normas sociais importantes.

Um crime pode ser definido como um tipo específico de desvio das normas sociais estabelecidas por lei, ou seja, legalmente instituídas por uma autoridade política. Quando há transgressão de uma norma codificada no direito, há um crime, e o seu praticante é um criminoso.

Muitas normas instituídas por lei não são seguidas rigidamente pelas pessoas, mas há um grau de tolerância; no entanto, são crimes passíveis de punição. Entre as práticas criminosas disseminadas, e praticadas pelas pessoas comuns no Brasil, estão: a pirataria de CDs e livros; a ultrapassagem dos limites de velocidade nas estradas; o avanço no sinal vermelho etc.

Como vários outros tipos de desvios, o crime é culturalmente determinado e relativo. Alguns atos são considerados criminosos em quase todas as sociedades, como o assassinato. Outros, no entanto, podem ser considerados fortemente criminosos em alguns países, enquanto em outros, não. Nos países árabes, por exemplo, o consumo de álcool é um crime, ao passo que nos países ocidentais, não. No Brasil, a bigamia é passível de punição legal, enquanto em muitos países árabes predomina a poligamia.

Há algumas formas de crime que estão disseminadas no Brasil e em algumas partes do mundo; entre elas, as mais importantes são: a corrupção, o tráfico de drogas, os assaltos, os sequestros, as chacinas, a tortura etc.

## 7.5 Anomia

Ao enfraquecimento das normas em uma dada sociedade, Durkheim deu o nome de 'anomia' (veja Figura 7.9). Ele a considerava como uma desorganização tal da sociedade que enfraqueceria a integração dos indivíduos que não sabem que normas devem seguir.

Em uma sociedade ou grupo social em anomia "faltará uma regulamentação durante certo tempo. Não se sabe o que é possível e o que não é, o que é justo e o que é injusto, quais as reivindicações e esperanças legítimas, quais as que ultrapassam a medida" (Durkheim, 1974).

O conceito de anomia desempenha um papel importante na sociologia, principalmente no estudo das mudanças sociais e de suas consequências. Quando as regras sociais e os valores que guiam as condutas e legitimam as aspirações dos indivíduos se tornam incertos, perdem seu poder ou, ainda, tornam-se incoerentes ou contraditórios em virtude das rápidas transformações da sociedade; resulta daí um quadro de desarranjo social denominado 'anomia'.

Em um mundo de constantes mudanças, onde as crenças e as instituições perdem a característica de permanência e constância que possuíam nas sociedades tradicionais, as sociedades estão sujeitas a algum tipo de desarranjo nos regulamentos que servem para estabilizar o grupo.

Podemos denominar 'condutas anômicas' aquelas que o indivíduo adota quando se vê privado das referências e dos controles que organizam e limitam seus desejos e aspirações — são condutas marginais e, de um modo geral, ligadas à violência.

Em uma sociedade em estado de anomia, as pessoas estão predispostas a seguir uma liderança carismática que lhes indique novos valores e que, de um modo geral, o líder personifica. Aqui, a anomia possui uma dimensão que pode ter um resultado positivo ou negativo. A sociedade alemã, no início da década de 1930, em profundo estado de anomia, com a economia desorganizada, as instituições políticas enfraquecidas e a disputa radical entre os valores da esquerda e da direita, tornou-

**Figura 7.9** Definição de anomia

-se receptiva aos valores defendidos pelo Partido Nazista personificados no seu líder, Adolf Hitler.

Quando os indivíduos vivem uma situação de anomia, perdem o sentido de pertencer ao grupo. As normas do grupo não dirigem seu comportamento e, por algum tempo, não encontram nenhuma norma que as substitua. Não abandonam totalmente as normas da sociedade, mas afastam-se, e não se identificam com as demais normas.

Não podemos afirmar que anomia seja sinônimo de ausência de lei, embora aqueles que possuam uma conduta anômica possam violar a lei.

Nos campos de concentração nazistas, muitos prisioneiros viviam em condições de anomia, como mostra o Quadro 7.5; era como se um indivíduo anômico tivesse perdido o passado, não previsse qualquer futuro e vivesse somente no presente imediato, o qual parece ser nenhum lugar.

**QUADRO 7.5** Confinamento e anomia

As pessoas que sobreviveram aos campos de concentração nazistas testemunharam que, enquanto encarceradas, estavam em um estado que poderia ser considerado de extrema anomia. Ao entrarem nos campos, elas mantiveram os seus valores habituais, incluindo um sentimento de íntima identificação com seus camaradas sofredores. Elas se tratavam com compaixão, cooperavam para tapear os guardas e não roubavam uns aos outros. Pouco a pouco, porém, algumas delas mudavam. Impelidas pela privação, saúde precária, tortura e ameaça de exterminação, elas passavam a violar as normas que prezavam grandemente à época da admissão. Algumas roubavam dos seus camaradas; algumas informavam sobre os prisioneiros que tinham violado os regulamentos; outras buscavam privilégios especiais colaborando com os seus captores, de um modo ou de outro.

Esses desertores se afastaram dos seus colegas prisioneiros, não tanto física como espiritual e psiquicamente. Eles sabiam que não pertenciam àquele mundo, mas não tinham nenhum outro mundo no qual participar. Eles abandonaram as normas às quais eles tinham anteriormente subscrito, mas não tinham nenhum sistema de normas substitutivas que fosse consistente, amplo ou conscientemente reorganizado e aceito. Não mais eram compassíveis em relação aos seus colegas, mas também não os odiavam. Eles simplesmente não tinham *nenhum* sentimento, assim dizendo, para com eles ou a respeito deles. O comportamento atual não era nem 'bom' nem 'ruim', era simplesmente um comportamento de sobrevivência. Simplesmente *era*.

Fonte: DRESSLER, D. e WILLIS Jr., W. M. *Sociologia: o estudo da interação humana*. Rio de Janeiro: Interciência, 1980, p.160.

## RESUMO DO CAPÍTULO

Neste capítulo aprendemos que toda e qualquer sociedade ou grupo social, para funcionar, necessita de normas e regulamentos que são seguidos pelos indivíduos. Essas normas e regulamentos são baseados nos valores aceitos na estrutura social. Aprendemos também que os desvios sociais de conduta ocorrem, sendo alguns tolerados e outros não. Há aqueles que são punidos com base em diferentes níveis de punição. E aqueles que são culturalmente aprovados recebem recompensas para que permaneçam e se consolidem.

Vimos, também, que as normas podem ser codificadas no Direito, tornando-se parte integrante do sistema de normas legais da sociedade; ou podem ser ritualizadas nos costumes, que, embora não codificadas, não escritas, têm tanta força quanto as normas escritas. Algumas normas, em particular, regulamentam as relações cotidianas entre os indivíduos: essas são denominadas normas de cortesia.

Aprendemos que o controle social é essencial para o funcionamento da sociedade; sem ele, não poderão ser previstos os comportamentos individuais, não existirá o cumprimento de funções e imperará o caos social, no lugar da ordem social. Que o sistema de recompensas e punições utilizado para o controle social são as sanções, que podem ser positivas ou negativas.

Quanto ao desvio social, entendemos que o crime é um tipo de desvio relacionado com as normas estabelecidas em lei, ou seja, legalmente instituídas por uma autoridade política. Quando se transgride uma norma codificada no Direito, há um crime, e seu praticante é um criminoso.

A anomia, conceito formulado por Durkheim, é o enfraquecimento das normas em uma dada sociedade, e é uma desorganização tal de uma sociedade, ou de um grupo social, que enfraquece a integração dos indivíduos que não sabem quais normas deverão ser seguidas.

## PERGUNTAS

1. O que são valores sociais?
2. O que são as obrigações sociais?
3. Quais são as duas categorias de normas existentes?
4. O que são normas de cortesia?
5. O que é a interiorização de uma norma?
6. Toda norma institucionalizada adquire a forma jurídica?
7. Qual a diferença entre opinião comum e norma?
8. O que é desvio social?
9. Os desvios são importantes para o desenvolvimento das sociedades ou são prejudiciais?
10. Quais comportamentos no passado foram considerados como desvio social e hoje não o são? Exemplifique.
11. O que é um desvio culturalmente aprovado? Exemplifique.
12. O que é um desvio culturalmente reprovado? Exemplifique.
13. O que é anomia?
14. Por que um quadro de anomia pode levar o indivíduo à depressão ou ao suicídio?
15. Qual a importância da ordem social para o funcionamento da sociedade?
16. Como uma sociedade determinada exerce controle social sobre seus membros?
17. Como se processa a pressão do grupo sobre os indivíduos, para que estes ajam da forma esperada?
18. O que são sanções? Cite exemplos de sanções positivas e negativas.
19. A sanção física é empregada? Quando? Em que situações?
20. As regras legais e as regras morais são formas de controle social? Exemplifique.
21. Quando um desvio social é considerado um crime? Exemplifique.

## Nota

1  Estamos utilizando na íntegra o conceito de 'valor' exposto por Henri Mendras (1975).

# CAPÍTULO 8
# Sociedade e estrutura social

## APRESENTAÇÃO

Neste capítulo veremos o que é uma sociedade e como ela se relaciona com a estrutura social, bem como a evolução das sociedades humanas até o momento e os tipos mais importantes que identificamos. As diversas utilizações da palavra 'civilização' serão abordadas criticamente. Veremos também que as sociedades, considerando-se as relações de poder, dividem-se internamente em sociedade civil e sociedade política, e que a ideia de 'sociedade civil' é importante para conceituar 'cidadania', que será tratada de modo amplo, incluindo-se aí as organizações não governamentais integradas no chamado 'terceiro setor'.

## TÓPICOS PRINCIPAIS

8.1 Conceito de estrutura social
8.2 Conceito de sociedade
8.3 Sociedade tradicional e sociedade industrial
8.4 Cultura, sociedade e civilização
8.5 Sociedade política (o Estado) e sociedade civil
8.6 Organizações não governamentais (ONGs)

## OBJETIVOS DE APRENDIZAGEM

Compreender:

- o conceito de sociedade e de estrutura social.
- as relações entre o indivíduo e a sociedade.
- a evolução sociocultural das sociedades ocidentais.
- que considerar uma sociedade como tradicional é uma visão etnocêntrica.
- que existem várias definições para a palavra civilização, e algumas delas carregam uma visão fortemente etnocêntrica.
- a importância do conceito de sociedade civil, como lócus privilegiado de ação da cidadania.
- o papel cada vez mais relevante das organizações do terceiro setor; entre estas, as organizações não governamentais (ONGs).

O ser humano é um ser social e vive em sociedades, que é onde aprende as habilidades e adquire os conhecimentos que o identificarão com um determinado modo de vida. As sociedades podem ser pequenas comunidades rurais ou uma grande cidade, uma região ou uma nação inteira. O importante é que o ser humano, na medida em que se encontra em sociedade, integra uma cultura comum e se une a outros indivíduos por interesses comuns.

Esse ente social criado pelos homens e que é responsável pela sua continuidade como espécie dominante no planeta possui uma estrutura social, que corresponde a cada unidade em particular. A cada sociedade humana corresponde uma estrutura social particular.

## 8.1 Conceito de estrutura social

A estrutura social se refere aos padrões relativamente estáveis e duradouros em que estão organizadas as relações sociais e que formam a estrutura básica daquilo que denominamos 'sociedade'. Para ilustrar esse conceito, tomemos como exemplo a estrutura do futebol profissional no Brasil. Os jogadores são indicados para uma determinada posição estabelecida em campo — são posições interdependentes — e o papel que o jogador irá desempenhar já é esperado: o goleiro, o zagueiro, o ponta-direita e assim por diante. Além disso, existem regras de jogo que devem ser observadas e respeitadas. Estes princípios estruturais transformam um agrupamento de pessoas em defensivas e ofensivas, e os times de futebol em unidades de funcionamento que têm metas específicas. Do mesmo modo, a estrutura social transforma um agrupamento de pessoas em grupos sociais e uma população em sociedade.

As interações sociais são a base da organização e da estrutura social. Quando as interações entre indivíduos, grupos e instituições adquirem certa estabilidade e permanecem durante um tempo relativamente longo, temos a 'estrutura social'.

Os elementos básicos de qualquer estrutura social são: os status, os papéis sociais, os grupos sociais e as instituições sociais.

A estrutura social afeta o comportamento do indivíduo e do grupo na medida em que estabelece regras e impõe limites ao desempenho de cada um (veja Figura 8.1).

### Organização e estrutura social

Podemos afirmar que a estrutura social representa o elemento estático da organização social, envolvendo as relações padronizadas entre indivíduos e grupos. A organização social representaria o elemento dinâmico do processo social, o sistema de relações sociais existentes em uma sociedade — entre indivíduos, entre estes e os grupos sociais, e entre os grupos. Essas relações envolvem reciprocidade e obedecem a padrões — normas e valores — socialmente aprovados.

## 8.2 Conceito de sociedade

Uma sociedade é um grupo autônomo de pessoas que ocupam um território comum, têm uma cultura comum e possuem uma sensação de identidade compartilhada (veja Figura 8.2). As sociedades são unidas por meio de relações sociais, não só entre as pessoas, mas também entre as instituições sociais (família, educação, religião, política, economia). E, por estarem interconectadas, invariavelmente a mudança em uma conduz à mudança em outras. As instituições sociais estabelecem vínculos entre o passado, o presente e o futuro: elas dão continuidade à vida social.

Uma lista de características universais da sociedade foi elaborada pelo antropólogo Ralph Linton (apud Dressler e Willis Jr., 1980). São elas:

1. A sociedade, em vez do indivíduo, é a unidade principal e que tem significado na luta da nossa espécie pela sobrevivência. Todos os seres humanos vivem como membros de grupos organizados e têm seus destinos indissoluvelmente ligados ao grupo ao qual pertencem. Eles não podem sobreviver aos riscos da infância nem satisfazer às necessidades de adulto sem a ajuda e a cooperação dos demais.

2. A sociedade habitualmente perdura muito além do tempo de vida de qualquer de seus membros.

**Figura 8.1**  Características da estrutura social

Envolvem as relações padronizadas entre indivíduos e grupos ⇐ **Estrutura social** ⇒ Padrões relativamente estáveis e duradouros em que estão organizadas as relações sociais

**Figura 8.2**  Uma definição de sociedade

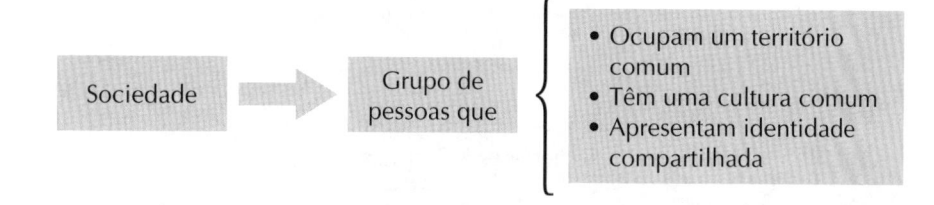

Sociedade ⇒ Grupo de pessoas que:
- Ocupam um território comum
- Têm uma cultura comum
- Apresentam identidade compartilhada

3. A sociedade é uma unidade funcional e operante. Embora composta de indivíduos, as sociedades funcionam como entidades próprias. Os interesses de cada um dos membros que a compõe estão subordinados àqueles do grupo inteiro.

4. Em toda sociedade, as atividades necessárias à sobrevivência do todo são divididas e distribuídas aos vários membros.

Como exemplo, as pessoas que formam a sociedade brasileira ocupam um território e apresentam uma cultura comum, compartilham a sensação de pertencerem a essa sociedade — têm uma identidade comum.

Uma outra característica importante das sociedades é que elas são estruturadas desigualmente. Não há registro de nenhuma sociedade em que não ocorresse, de alguma maneira, algum tipo de desigualdade social. Em todas ocorre, em maior ou menor grau, o fenômeno da 'estratificação social' — a divisão da sociedade em camadas que têm acesso desigual à riqueza, ao poder e ao prestígio.

A história da sociedade pode ser vista de acordo com uma evolução sociocultural, em que predomina a relação com o desenvolvimento da tecnologia. São tipos básicos de sociedade e que podem ser úteis para o entendimento da história humana e o estabelecimento de um quadro de referência que facilita a compreensão de sua evolução (veja Figura 8.3). Deve ficar claro também que esta é uma ótica das culturas que tiveram origem na civilização ocidental europeia.

- 'Sociedades de caçadores-coletores': utilizavam tecnologia simples para caçar animais e coletar vegetação. Não produziam nem preservavam seu alimento e viviam em bandos de aproximadamente 10 a 50 indivíduos. Esses pequenos grupos eram espalhados e normalmente nômades. Não havia nenhuma instituição política ou econômica formal nesses tipos de sociedade. A sociedade é estruturada ao redor da família, e o nível de especialização é mínimo, centrado principalmente na idade e no sexo — todo homem adulto era caçador, e as mulheres adultas eram coletoras de raízes, folhas e frutos. Até aproximadamente 10 mil anos atrás, todos os seres humanos eram caçadores-coletores, e há muitos que o são até hoje, como os indígenas isolados existentes no Brasil, algumas tribos africanas e alguns povos da Austrália e da Nova Zelândia. Nessas sociedades ocorre um grau alto de liberdade, ninguém trabalha para ninguém e a guerra é praticamente desconhecida.

- 'Sociedades de horticultura e de pastoreio': surgiram há aproximadamente 10 mil anos, quando começaram a aparecer os primeiros seres humanos produtores de alimento. Isso foi possível pelo cultivo de plantas e pela domesticação

**Figura 8.3** — Tipos básicos de sociedade, em função de sua evolução sociocultural e tecnológica

```
Sociedades de caçadores e coletores
          ↓
Sociedades de horticultores e pastores
          ↓
Sociedades agrárias
          ↓
Sociedades industriais
          ↓
Sociedade pós-industrial
```

de animais. Utilizavam ferramentas de mão no cultivo de plantas, e desenvolveram o pastoreio no trato com os animais. Com a horticultura, o homem deixa de ser nômade e surgem as primeiras aldeias, com uma estrutura social mais complexa, e a guerra. Não havia nenhuma instituição política, econômica ou religiosa formal nessas aldeias, mas já surgiam seus primeiros sinais.

- 'Sociedades agrárias': estavam baseadas na agricultura, com uso amplo de tecnologia, como o arado e os animais domesticados. Essa Revolução Agrícola começou há 8 mil anos:[1] o arado e outras invenções, como a roda, os sistemas de irrigação, a escrita, os números e a metalurgia tornaram isso possível, por manter a terra em cultivo contínuo, viabilizando o estabelecimento de assentamentos humanos permanentes e sendo produzido um excedente de alimentos em proporções até então nunca vistas. A especialização aumentou, pois, com o excedente de alimentos produzidos, mais pessoas podiam se afastar do trabalho agrícola e dedicar-se em tempo integral a outras atividades. O dinheiro surge e a vida fica mais individualizada e impessoal. A desigualdade, por outro lado, acentuou-se.

- 'Sociedades industriais': são relativamente recentes. A Revolução Industrial que começou na Inglaterra há pouco mais de 200 anos modificou a estrutura social de muitas maneiras. Tarefas antes executadas por seres humanos passaram a ser realizadas por máquinas, a uma velocidade mais rápida e a um custo mais baixo. Nessa fase, as mudanças na sociedade ocorreram em uma velocidade sem precedentes. O crescimento industrial modificou profundamente muitos valores tradicionais, crenças e costumes. A população, em sua maioria, migrou para as cidades. Houve um grande aumento da especialização profissional e da diversidade cultural, tornando as sociedades mais complexas. A família viu diminuída sua importância e apareceu sob muitas formas diferentes. Nas primeiras fases da industrialização aumentou enormemente a desigualdade social. Mais tarde, embora a pobreza continuasse a ser um problema muito sério, aumentou de modo geral o padrão de vida das pessoas, sua expectativa de vida e sua participação política.

- 'Sociedade pós-industrial': está surgindo como produto da tecnologia da informação — computadores e outros dispositivos eletrônicos que criam, processam, alojam e aplicam a informação. As outras características deste novo tipo de sociedade ainda estão se formando; pode-se apenas conjeturar sobre seus traços: predominância do setor de serviços, descentralização urbana, diminuição do emprego nas grandes organizações com o trabalho assumindo outras formas etc.

## 8.3 Sociedade tradicional e sociedade industrial

Ao longo do período industrial, que compreende todo o século XIX e o XX, e em função de sua dinâmica, alta produtividade e uma constante inovação de processos, concebeu-se essa sociedade como avançada em relação às demais. Se considerarmos um dos aspectos, que é o tecnológico, sem dúvida que o período industrial não se compara a nenhum outro ao longo da história da humanidade. No entanto, houve uma tendência a considerar o avanço tecnológico como determinante em relação a outros, o que levou a uma manifestação de etnocentrismo, de considerar todas aquelas sociedades anteriores à industrial como sociedades tradicionais, particularmente aquelas com predomínio de produção agrícola.

Essa visão etnocêntrica leva a diluir no rótulo de 'sociedade tradicional' tipos distintos de sociedade e que podem levar a equívocos quando analisados fora de seu contexto. A expressão só tem utilidade para caracterizar uma sociedade como não industrial, ou seja, não identifica nenhuma sociedade particular, só a posiciona em relação ao período industrial.

## 8.4 Cultura, sociedade e civilização

As palavras 'cultura' e 'civilização' são utilizadas em muitos textos como sinônimos, embora alguns autores estabeleçam uma certa diferença de conteúdo entre ambas. Para nossa utilização, apresentaremos alguns aspectos diferentes e que poderão auxiliar a compreensão de numerosos textos que as empregam ao mesmo tempo com sentidos diferentes e que são, basicamente:

- civilização como sendo o apogeu de uma determinada cultura. Muitos autores distinguem povos civilizados como aqueles que possuem linguagem escrita; são considerados povos primitivos os que não a possuem, embora todos tenham cultura. Esse é o uso mais corrente e trata-se, na verdade, de um juízo de valor que qualifica favoravelmente determinadas sociedades e supõe que existam povos não civilizados ou selvagens. O verbo 'civilizar' representa bem esse ponto de vista;

- civilização como sendo uma cultura que transborda o âmbito nacional. Nesse sentido poderíamos afirmar a existência de uma cultura mexicana e uma civilização americana ou de uma cultura espanhola e uma civilização latino-americana e assim por diante.

O uso da palavra 'civilização', em termos históricos, mostra que em primeiro lugar ela designou os povos mais 'evoluídos' do que outros. Foi durante muito tempo empregada em contextos colonialistas e imperialistas, para designar a cultura europeia ocidental como indiscutivelmente superior às outras. Assim, a utilização da palavra está, de modo geral, associada a certo etnocentrismo. Em outros termos, está associada a certa discriminação social, quando a empregamos no sentido de caracterizar um homem civilizado — estamos identificando alguém culto e educado pela sociedade em contraposição àqueles não civilizados.

Há várias tentativas no âmbito da sociologia de trabalhar com a palavra 'civilização' tirando sua conotação de juízo de valor. Uma formulação um pouco distinta foi adotada pelo intelectual norte-americano Samuel Huntington, ao desenvolver a ideia de choque das civilizações como o conflito principal a ocorrer no mundo no século XXI.

### 8.4.1 A natureza das civilizações[2]

Huntington defende a tese de que as disputas entre as civilizações superarão as disputas econômicas que marcarão este século.

Defende que os países devem ser agrupados em função de sua cultura e civilização, considerando irrelevante a antiga divisão entre primeiro, segundo e terceiro mundos, do mesmo modo que não deve ser dada tanta importância, sob seu ponto de vista, ao agrupamento dos países por seus sistemas políticos ou econômicos.

Ele considera uma civilização como uma entidade cultural. O mais amplo agrupamento cultural de pessoas e o mais abrangente nível de identidade cultural que se verifica entre os homens, excetuando-se aquele que distingue os seres humanos das demais espécies. Define-se por elementos objetivos comuns — como língua, história, religião, costumes, instituições — e também pela autoidentificação subjetiva dos povos.

Aldeias, regiões, grupos étnicos, nacionalidades, grupos religiosos, todos têm culturas distintas em diferentes níveis de heterogeneidade cultural. A cultura de uma aldeia do sul da Itália, por exemplo, pode ser diferente da cultura de uma aldeia do norte da Itália, mas ambas compartilham uma cultura comum italiana que as diferencia das aldeias alemãs. As comunidades europeias, por sua vez, compartilham características culturais que as diferenciam das comunidades árabe ou chinesa. Árabes, chineses e ocidentais, entretanto, não fazem parte de uma entidade cultural mais ampla. Constituem civilizações.

As pessoas têm vários níveis de identidade: um morador de Roma pode se definir em graus variados de intensidade, como romano, italiano, católico, cristão, europeu, ocidental. A civilização à qual pertence é seu nível mais amplo e intenso de identificação. As pessoas podem e costumam definir suas identidades e, em consequência disso, a composição e as fronteiras das civilizações sofrem modificações.

As civilizações podem conter muitas pessoas, como é o caso da China, ou poucas, como a civilização caribenha anglófona.

Uma civilização pode incluir numerosos Estados-nação, como ocorre com as civilizações ocidental, latino-americana e árabe, ou apenas uma, caso da civilização japonesa. Obviamente existem a mescla e a superposição de civilizações, e estas também podem conter subcivilizações.

A civilização ocidental tem duas variantes principais, a europeia e a americana, enquanto o Islã possui as subdivisões árabe, turca e malaia. As civilizações, no entanto, são entidades significativas; as linhas que as dividem, embora raramente estejam bem definidas, são reais. As civilizações são dinâmicas, têm apogeu e declínio, dividem-se, fundem-se e podem desaparecer com o tempo.

Os ocidentais tendem a considerar os Estados-nação os principais agentes dos acontecimentos globais. Elas só desempenharam esse papel, no entanto, durante alguns séculos. A história humana, em seu âmbito mais abrangente, tem sido a história das civilizações, segundo Huntington.

## 8.5 Sociedade política (o Estado) e sociedade civil

O conceito de 'Estado' será discutido em maiores detalhes no Capítulo 18. No entanto, é suficiente entendê-lo como a parte da sociedade que toma para si não só o monopólio exclusivo do uso da coerção física, mas deve organizar, em sua área de atuação, várias áreas da sociedade necessárias para seu bom funcionamento e nesse sentido cumpre um desígnio da sociedade, para o qual foi organizado. Assim, cabe ao Estado prover as necessidades de educação, saúde, previdência social etc., além do encargo de organizar as manifestações culturais para as quais foi designado.

Mas a sociedade é mais ampla e mais complexa do que os mecanismos que possui o Estado e que a possam envolver; assim, desenvolvem-se à margem da sociedade política diversas manifestações, em várias áreas, que passam ao largo do controle do aparato estatal e que se concretizam na sociedade civil.

Um exemplo são as manifestações culturais que ocorrem em todo o Estado de São Paulo e que fogem ao controle e à organização do setor público responsável. São as tradições folclóricas paulistas que sobrevivem desde o período colonial, sendo praticamente desconhecidas da mídia. São festas feitas pelas próprias comunidades e só a elas interessando. São tradições conhecidas como folguedos (folia de reis, Congada, Pastorinhas), músicas (cururu, marimbas, violas), danças (fandango, jongo, chiba, catira) e um grande número de outras, que se manifestam independentemente das Secretarias de Cultura, sem seu controle, e muitas vezes sem constarem do calendário oficial do município, ou seja, à margem do Estado.

Essas atividades, como inúmeras outras, ocorrem à margem das relações de poder que constituem o Estado. Nessa parte da sociedade — que denominamos 'sociedade civil' — as relações sociais revelam outras prioridades que só dizem respeito à comunidade envolvida, atendendo aos seus próprios critérios e valores.

### 8.5.1 O conceito de sociedade civil

Na linguagem política atual, o conceito de 'sociedade civil' coloca-se em contraposição ao Estado. "Na contraposição Sociedade civil-Estado, entende-se por sociedade civil a esfera das relações entre indivíduos, entre grupos, entre classes sociais, que se desenvolvem à margem das relações de poder que caracterizam as instituições estatais" (Bobbio, Matteuci e Pasquino, 1993). Em outras palavras, a sociedade civil compreende todos aqueles espaços onde os membros de uma sociedade, seja de modo individual, seja organizado, tomam suas decisões de maneira autônoma, livre e voluntária, atendendo aos seus próprios critérios, valores, cultura e interesses, à margem dos limites e das prioridades do Estado.

A diferença está em que os homens na sociedade política (Estado) estabelecem relações baseadas no exercício coercitivo de poder, as contradições se resolvem com decretos ou leis que as pessoas são obrigadas a seguir por meio da coerção pública.

Na sociedade civil, as contradições tendem a se resolver com o uso de mecanismos, como a persuasão e a pressão; as relações não são baseadas na coerção, mas tendem à hegemonia e ao consenso.

Dito de outro modo, é na sociedade civil que ocorrem os problemas econômicos, ideológicos, sociais e religiosos que o Estado tem a seu cargo resolver, intervindo como mediador ou eliminando-os. É na sociedade civil que as forças sociais se organizam, se associam e se mobilizam.

Uma das maneiras de definir os partidos políticos é mostrando sua "função de articulação, agregação e transmissão das demandas que provêm da sociedade civil e que são destinadas a se tornar objeto de decisão política" (Bobbie, Mattencie e Pasquino, 1993). Esse papel a ser desempenhado pelos partidos políticos é importante e, se bem ou mal desempenhado, apresenta implicações na organização da sociedade. Os movimentos sociais nos últimos anos tiveram um formidável crescimento em virtude de os partidos políticos não estarem conseguindo levar ao Estado as demandas de vários grupos sociais. Cresceram o movimento feminista, o movimento gay, o ecológico, o movimento negro, aqueles reivindicando infra-estrutura básica (água, luz, saneamento), os movimentos dos sem-teto, dos sem-terra e assim por diante, que se articularam como movimentos, procurando sensibilizar o Estado e a sociedade mais geral quanto às suas reivindicações.

Do ponto de vista das instituições, pertencem à sociedade civil os sindicatos, as agremiações estudantis, a OAB, a ABI, as associações profissionais, as sociedades de amigos de bairro (SAB), as instituições religiosas, as instituições econômicas (empresas, bancos etc.). Acrescentam-se, ainda, os movimentos sociais e as organizações não governamentais (ONGs).

Pertencem ao Estado (sociedade política) as Câmaras Municipais, as Prefeituras, as Assembleias Legislativas, os partidos políticos, o Exército, a Marinha, a Aeronáutica, as Polícias Militar e Civil, as autarquias em todos os níveis (municipal, estadual e federal), as empresas públicas etc. Muito embora alguns autores classifiquem os partidos políticos como parte da sociedade civil, procurando estabelecer uma diferença entre aquele que exerce o poder (governo) e os outros, nossa opção metodológica é considerar os partidos políticos como integrantes do Estado, com uma função explícita de articular as demandas da sociedade civil (veja Figura 8.4). Nesse sentido, sua atuação tem por objetivo canalizar as reivindicações ao Estado por meio de seus representantes, que estão no Congresso, nas Câmaras de Vereadores ou nas Assembleias Estaduais.

### 8.5.2 O conceito de cidadania

A palavra 'cidadania' originalmente definia a condição daqueles que viviam nas cidades europeias até o início dos tempos modernos; limitavam-se às cidades ou aos burgos o reconhecimento de direitos civis e sua consagração em documentos escritos (constituições), pois era aí que se encontravam as forças sociais mais diretamente interessadas na individualização e na codificação uniforme desses direitos: a burguesia e a economia capitalista.

No sentido moderno do termo, 'cidadania' se refere à condição de um indivíduo como membro de um Estado e portador de direitos e obrigações. Em decorrência, 'cidadão' é a condição de um homem livre, portador de direitos e obrigações, assegurados em lei.

#### Extensão da cidadania

Na realidade não basta estarem estabelecidos na Constituição os direitos e deveres do cidadão, se efetivamente ele não goza desses direitos. Esse aspecto foi estudado por T. H. Marshall, que estabeleceu o grau de extensão da cidadania que o cidadão de fato possui quanto à efetivação de cada direito em seu cotidiano.

A extensão da cidadania, sob o ponto de vista de Marshall, deve ser entendida sob dois aspectos: a incorporação efetiva da população à prática de um direito e o conteúdo desse direito.

O primeiro aspecto — o de incorporação efetiva, e não somente em abstrato, do conjunto da população à prática de um direito — implica:

**Figura 8.4** Tipos de sociedade: política e civil

| Sociedade ||
|---|---|
| **Sociedade política (estado)** | **Sociedade civil** |
| Câmaras Municipais, Prefeituras, Assembleias Legislativas, Partidos Políticos, Exército, Marinha, Aeronáutica, Polícia Militar e Civil, Guarda Municipal, Autarquias, Empresas Públicas etc. | Sindicatos, Agremiações Estudantis, Ordem dos Advogados do Brasil (OAB), Associações Profissionais, Sociedades Amigos do Bairro (SABs), Instituições Religiosas, Instituições Econômicas (empresas, bancos etc.), Organizações Não Governamentais (ONGs), Movimentos Sociais etc. |

- o grau de universalidade com que um direito é definido. Por exemplo, no Brasil o princípio da eleição direta para o Parlamento só veio a ser admitido no final do Império, com a Lei Saraiva, de 9 de janeiro de 1881, que, no entanto, mantinha o voto censitário e excluía o voto das mulheres. Limitava, portanto, o direito de voto;

- o desenvolvimento de instituições e procedimentos concretos que assegurem, na prática, o acesso ao direito, em medida tão próxima quanto possível do ideal prefixado. Por exemplo, no Brasil há uma série de direitos assegurados aos idosos, mas na prática a instituição previdenciária não garante aos aposentados o gozo desses direitos. Do mesmo modo, é assegurado a todos o direito de acesso ao ensino de primeiro grau, mas em muitos lugares não há escolas.

O segundo aspecto diz respeito ao conteúdo do direito, que Marshall (1967) dividiu em três partes, denominando-as de elementos civil, político e social.

- O elemento civil seria composto dos direitos necessários à liberdade individual, como liberdade de ir e vir; liberdade de imprensa, de pensamento e religiosa; o direito à propriedade, o de estabelecer contratos e o direito à justiça. As instituições mais intimamente ligadas aos direitos civis são os Tribunais de Justiça.

- Quanto ao elemento político, deve-se entender o direito de participar no exercício do poder — o direito de votar e de ser votado. São instituições correspondentes aos direitos políticos o Parlamento e as instituições do governo.

- O elemento social da cidadania se refere a tudo que vai desde um direito mínimo de bem-estar econômico e segurança até o direito de levar a vida de acordo com os padrões que prevalecem na sociedade. As instituições mais ligadas a este elemento social são o sistema educacional e os serviços sociais.

Recentemente, na Constituição brasileira de 1988, os direitos sociais foram ampliados, com a inclusão do direito a um meio ambiente ecologicamente equilibrado como algo fundamental ao ser humano.

O processo de progressiva ampliação dos direitos fundamentais que as constituições dos diversos países passaram a garantir como parte da cidadania ampliou consideravelmente a extensão da cidadania, tal como era compreendida no século XVIII.

Essa inserção legal desses direitos, porém, não assegura que os cidadãos desses países gozem desses direitos. Na prática, a cidadania implica não só luta para sua conquista, mas também luta permanente para o gozo desses direitos. Poderíamos falar em cidadania ativa, compreendendo os cidadãos que têm consciência da existência dos direitos e que exigem exercitá-los em sua plenitude.

Na prática, a conquista e a garantia dos direitos da cidadania implicam a existência de uma sociedade integralmente democrática, que possibilite a ação de seus cidadãos em permanente atuação perante o Estado, o qual deve assegurar os direitos fundamentais do cidadão. Só desse modo pode se efetivar os direitos da cidadania: ao garantir um fluxo permanente de novas exigências que a sociedade coloca diante do poder público, e este, por meio de suas instituições, seja capaz de se integrar à vida política e social, assegurando, por meio de lei, a incorporação de novos direitos e, por meio da execução de seus serviços, o efetivo exercício do direito assegurado legalmente.

A ampliação dos direitos políticos dos indígenas brasileiros inclui sua maior participação nas decisões de governos em todos os níveis, em particular naquele que está diretamente ligado à organização do seu território, o municipal. Nesse sentido, a participação política indígena é muito inferior às suas necessidades (veja Quadro 8.1).

### QUADRO 8.1 Índios se organizam

Os índios das reservas do Alto e Médio Rio Negro, 22 etnias espalhadas pelas matas amazônicas que fazem divisa com a Venezuela e a Colômbia, querem conquistar a Prefeitura de São Gabriel da Cachoeira (AM) nas próximas eleições.

O município, o segundo maior em área do País, é a sede do Distrito de Saúde Indígena do Rio Negro, com 108 mil km² de extensão e 3 mil km de rios importantes.

Juntas, as reservas equivalem quase à metade do Estado de São Paulo. A cidade, com 12 mil habitantes, fica a cerca de 1 mil km a noroeste de Manaus. Outros 21 mil indígenas desse distrito estão espalhados por 520 aldeias e mais de 200 sítios.

Mais de 95% dos habitantes dessa região são índios, mas o prefeito é branco. Dos nove vereadores, seis são indígenas, embora "apenas três estejam envolvidos com as questões indígenas". "Há um consenso entre nossas associações de que podemos e devemos assumir a prefeitura", diz um vereador da etnia baniwa.

Em todo o País, os índios têm um único prefeito eleito, em Baía da Traição, na Paraíba. Nas últimas eleições municipais (ano de 2000), de 342 candidatos indígenas, foram eleitos seis vice-prefeitos e 82 vereadores, de acordo com o Cimi (Conselho Indigenista Missionário). Pelo censo de 2000, existem 734.127 índios no País. Cerca de 200 mil têm título de eleitor.

*Fonte*: Adaptado de BIANCARELLI, Aureliano. "Índios querem o poder na principal reserva". *Folha de S.Paulo*, 27 out. 2003, p. A-6, fornecido pela *Folhapress*.

## 8.6 Organizações não governamentais (ONGs)

Um aspecto importante, e que amplia o conceito de 'cidadania', é o papel desempenhado pelas ONGs na fiscalização do governo e complementação do serviço que deveria ser prestado, exclusivamente, pelos órgãos oficiais.

A expressão 'ONG' foi criada pela Organização das Nações Unidas (ONU) na década de 1940, para designar entidades não oficiais que recebiam ajuda financeira para executar projetos de interesse de grupos ou comunidades. Hoje, ela diz respeito a coisas tão diferentes quanto à Associação Internacional de Uniões de Consumidores, à Anistia Internacional ou aos Amigos da Terra, uma das maiores organizações ecológicas do mundo, com filiais em 47 países.

Os membros de uma ONG participam da solução de problemas coletivos, sejam eles na área do meio ambiente, da assistência social ou da promoção de alguma ideia que se julgue meritória. Entre suas principais características estão:

a) Não têm fins lucrativos.
    Seus resultados são revertidos no desenvolvimento de sua capacidade de serviço ou de atenção dentro de sua área de atividade. A organização SOS Mata Atlântica, por exemplo, reverte todo o dinheiro arrecadado em pesquisas e projetos que visam ao aumento de sua capacidade de prestar um serviço mais efetivo na proteção da Mata Atlântica. Organizações não governamentais que atuam na área de atendimento ao menor de rua investem o dinheiro arrecadado (com campanhas, doações etc.) no atendimento às crianças necessitadas.

b) De modo geral são monotemáticas.
    Ocupam-se de um tema pontual, especializando-se neste assunto. Pode ser a preservação de uma área determinada, de um animal em particular, o meio ambiente, o menor de rua, os portadores de síndrome de Down etc.

c) São formadas por vontade própria de seus associados.
    São criadas pelas pessoas que se tornarão os primeiros associados e passam a tomar decisões que envolvem a temática pela qual foi criada, à margem do Estado. De um modo geral não são críticas do Estado e quase sempre atuam de comum acordo com as agências governamentais, prestando uma espécie de serviço público sem integrarem as organizações do Estado.

d) Respeitam as posições daqueles pelas (e com as) quais atuam.

Mantêm em suas atividades um pleno respeito pelas filiações religiosas, políticas, ou de qualquer outra natureza, dos indivíduos e grupos sociais com os quais têm contato.

As organizações não governamentais são o segmento mais importante do que está se convencionando denominar 'terceiro setor' e muitas vezes são confundidas com este (veja Quadro 8.2).

### QUADRO 8.2 — A importância das ONGs

No Brasil, são 1,2 milhão atuando em mais de 250 mil organizações, que movimentam cerca de R$ 12 bilhões anuais. O terceiro setor faz mais do que buscar atender às necessidades da sociedade que o governo e a iniciativa privada não conseguem ou deixam de lado. Ele é uma força econômica que gera, cada vez mais, renda e emprego.

Segundo pesquisa do The Johns Hopkins Center for Civil Society Studies — realizada em 35 países, incluindo o Brasil —, o setor emprega 39,5 milhões de pessoas ou cerca de 6,8% da população em idade de trabalhar não ligada à agricultura. As organizações sem fins lucrativos já empregam 46% das vagas oferecidas pelo setor público no mundo. No Brasil, segundo o Instituto de Estudos da Religião (Iser), o setor emprega 1,2 milhão de pessoas.

"O terceiro setor é um grande empregador, muito maior do que as pessoas imaginavam", diz Lester Salamon, catedrático da Universidade Johns Hopkins, especialista em terceiro setor — formado pelas organizações privadas sem fins lucrativos que geram bens e serviços voltados à promoção socioeconômica e cultural. Salamon veio ao Brasil para participar do Seminário Internacional Perspectivas para o Terceiro Setor no Século XXI, promovido pelo Senac-SP em parceria com o Consulado dos Estados Unidos em São Paulo.

Os gastos do terceiro setor atingem US$ 1,33 trilhão por ano. Juntas, as organizações sem fins lucrativos seriam a sexta nação mais rica do mundo. Se comparadas a setores da economia mundial, as organizações não governamentais (ONGs) empregam mais do que as indústrias têxtil (4 milhões de empregados), alimentar (4 milhões), de utilidades (8 milhões) e de transportes (33 milhões).

Os países desenvolvidos sustentam a liderança de empregos do terceiro setor. Na Holanda, cerca de 18,7% das pessoas em idade de trabalhar não ligadas à agricultura trabalham em organizações sem fins lucrativos. No Brasil, eles são 2,5%. São mais de 250 mil ONGs, que movimentam aproximadamente R$ 12 bilhões anuais, segundo dados da Pontifícia Universidade Católica de São Paulo. A receita vem da prestação de serviços, comércio de produtos e arrecadação de doações.

O valor corresponde a 1,2% do PIB brasileiro. Em 1995, eram 15 milhões de doadores pessoas físicas no País, segundo a Universidade Johns Hopkins. Em 1998, esse índice triplicou para 44,2 milhões de pessoas, ou 50% da população adulta brasileira, de acordo com números do Comunidade Solidária.

Além de grande, o setor é ágil. "O terceiro setor está crescendo três vezes mais rápido do que o privado", afirma Salamon. No início dos anos 90, o número de empregos criados pelo terceiro setor cresceu três vezes mais do que o criado pela economia como um todo em oito países pesquisados. Enquanto o número de vagas do primeiro cresceu 24,4% de 1990 a 1995, o do segundo foi de apenas 8,1%. "A sua base ainda é pequena para absorver toda a massa de empregados que todos os dias o setor privado demite, mas está cumprindo seu papel", diz o catedrático. Ele cita o exemplo dos desempregados das empresas ponto-com. Após o 'estouro da bolha', muitos fizeram um balanço entre o retorno financeiro e a vida pessoal e boa parte deles está se direcionando ao terceiro setor. Do total de trabalhadores empregados pelo setor, 57% são assalariados. A média de empregados não ligados à agricultura é 4,4% assalariados e 2,4% voluntários. No Brasil, são 2,2% assalariados e 0,3% voluntários. A tendência é aumentar o número de trabalhadores nessas organizações, o que não quer dizer que vá diminuir o de voluntários. "Atuar no setor é um ato social, e não individual. Quanto mais funcionários pagos, mais voluntários", afirma Salamon. "Eles precisam perceber uma estrutura mínima para participar."

As funções ligadas ao serviço — educação, serviços sociais, saúde e desenvolvimento — absorvem 64% dos empregados de terceiro setor. Já as funções expressivas — cultura, advocacia e ambiente — representam 32% do total. O restante, 4%, está disperso em outras funções. Na América Latina, as ligadas a serviços representam 72% do total, e as expressivas, 24%.

Aqui, a maior fonte de receita são as mensalidades e taxas pagas por serviços ou produtos, com 74% do total. As contribuições do setor público somam 15%, e a filantropia, 11%. Nos EUA, as contribuições são 57%, a participação do setor público 31%, e filantropia, 13%. Os governos mantêm, em média, 35% das ONGs. Na Europa Ocidental, onde elas são maiores e mais ativas, a média é maior. Na América Latina, a participação do governo é bem menor (15%), pois o terceiro setor ainda não é tão atuante e há a tradição de dependência do Estado.

*Fonte*: VILELA, Angélica. "ONGs empregam 39,5 milhões de pessoas". *Gazeta Mercantil,* 3 out. 2002, p. C-2.

### 8.6.1 O terceiro setor

A expressão 'terceiro setor' vem sendo utilizada para diferenciar dos setores clássicos da economia, setor público e privado, instituições sem fins lucrativos que se caracterizam por um trabalho com dimensão no espaço público, na medida em que têm como objetivo a prestação de serviços ao público, seja na proteção ao meio ambiente, saúde, habitação, direitos humanos, cultura etc. (veja Figura 8.5). Em outras palavras, o terceiro setor é constituído por organizações privadas, sem fins lucrativos, que geram bens e serviços de caráter público.

Embora não seja um fenômeno novo, pois sempre existiram entre o Estado e o mercado associações de todo tipo, tem assumido nos últimos anos papel relevante, tanto em termos econômicos como sob o ponto de vista social. Entre as instituições que podem ser congregadas no terceiro setor encontram-se as organizações não governamentais (ONGs), as fundações, as associações de classe, as entidades religiosas, as associações comunitárias, as filantrópicas e outras (veja Figura 8.6). Alguns autores erroneamente consideram como sendo não governamentais todas as entidades do terceiro setor e, portanto, utilizam a expressão 'organização não governamental' para designar todas as instituições desse segmento.

Em termos econômicos, essas instituições representam o segmento da economia que mais cresce no mundo, representando investimentos anuais de US$ 300 milhões no Brasil. Nas economias desenvolvidas, o terceiro setor movimenta recursos que chegam à metade do PIB brasileiro (como nos Estados Unidos, onde chegam a movimentar US$ 320 bilhões). No Japão, o movimento de recursos chega a US$ 95 bilhões. Deve-se levar em consideração que o terceiro setor é o único, considerando-se o privado e o público, que vem aumentando o nível de emprego, criando novos postos de trabalho.[3]

As taxas de crescimento do emprego no setor foram bastante elevadas entre 1980 e 1990: "na França, o percentual de crescimento atingiu 15,8%, enquanto nos Estados Unidos foi de 12,7% e na Alemanha, de 11%. Como resultado desse crescimento, o setor apresenta participação de 6,8% no total de emprego nos Estados Unidos e de 4,2% e 3,7%, respectivamente, na França e na Alemanha. A importante conclusão à que se chega é que, no desenho da sociedade moderna, um terceiro setor aparece como que criando um tripé sobre o qual os sistemas econômicos se apoiarão".[4]

O terceiro setor tem uma atuação pública, porém não estatal, ou seja, persegue os mesmos objetivos que o setor público estatal, porém está alocado no âmbito da sociedade civil. Suas ações, de um modo geral, complementam as ações do Estado e atuam naqueles setores em que o Estado, por vários motivos, não consegue atuar.

**Figura 8.5** Setores da sociedade sob o ponto de vista econômico

Setores da sociedade (Ponto de vista econômico)
- Setor público
- Setor privado
- Terceiro setor

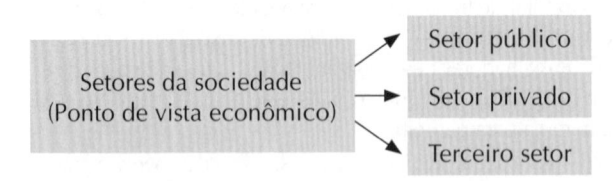

**Figura 8.6** Exemplos de organizações do terceiro setor

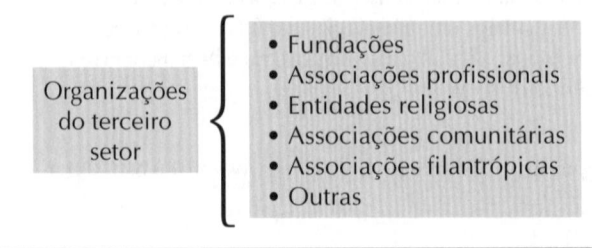

Organizações do terceiro setor:
- Fundações
- Associações profissionais
- Entidades religiosas
- Associações comunitárias
- Associações filantrópicas
- Outras

## RESUMO DO CAPÍTULO

O capítulo clarificou o conceito de 'estrutura social' como as interações entre indivíduos, grupos e instituições que adquirem uma certa estabilidade e se padronizam e que formam a estrutura do que denominamos 'sociedade'.

Vimos que as sociedades são grupos autônomos de indivíduos que ocupam um território e cultura comum e possuem uma sensação de identidade compartilhada. E que as sociedades humanas, do ponto de vista ocidental, evoluíram de sociedades de caçadores-coletores até as sociedades industriais, e que esta será substituída por uma sociedade pós-industrial que não está bem delineada. E que considerar uma sociedade como tradicional não contribui para seu estudo, mas sim para situá-la em relação às sociedades industriais.

Que o uso histórico do conceito de 'civilização' está carregado de etnocentrismo das sociedades ocidentais, e a definição proposta por Huntington inova no sentido de considerar as civilizações como a maior entidade cultural que o indivíduo julga pertencer.

O conceito de 'sociedade civil' foi visto, em relação com o Estado, e é onde ocorrem as relações entre indivíduos e entre grupos sociais à margem das relações de poder que caracterizam as organizações do Estado. E que o conceito de 'cidadania' está relacionado, pois trata da condição do cidadão em relação ao Estado, na condição de indivíduo portador de direitos e deveres assim definidos e controlados pela sociedade política. E que, no âmbito da sociedade civil, surgiram organizações não governamentais que prestam um serviço público não estatal.

## PERGUNTAS

1. O que são estruturas sociais?
2. Como podemos conceituar sociedade?
3. Qual a relação entre sociedade e estrutura social?
4. Quais são as características universais das sociedades?
5. Quais são as etapas, na concepção ocidental, da evolução das sociedades humanas?
6. O que é uma sociedade tradicional?
7. Quais são os sentidos utilizados para a palavra civilização?
8. O que é sociedade civil? Exemplifique.
9. O que é sociedade política? Exemplifique.
10. Qual o significado da palavra cidadania?
11. O que é extensão da cidadania? Exemplifique.
12. O que são organizações não governamentais?
13. O que é o terceiro setor?

## NOTAS

1 Segundo alguns autores, a data seria 6 mil anos atrás, mas optamos por utilizar o mesmo período empregado por Wallerstein (1982).
2 Baseado em artigo de Huntington (1994).
3 Informações obtidas no artigo de MEREGE, Luiz Carlos. "Terceiro setor: nova utopia social". *Folha de S.Paulo*, 10 nov. 1996, p. 2-2.
4 Idem.

# CAPÍTULO 9
# Grupos sociais e organizações

## APRESENTAÇÃO

O tema deste capítulo é o estudo da interação dos indivíduos nos grupos sociais. Qual a importância dos grupos sociais, seus principais tipos e o que são não grupos. Discute-se aqui como um indivíduo se torna membro de um grupo e como o grupo influencia o indivíduo. São analisados os grupos primários, interno e externo, e também o conceito de 'comunidade'. Descreve-se o que são grupos de referência e os estereótipos. Abordam-se o que é o 'lobby' e seu significado como prática de um grupo de interesse. Destacam-se as organizações, sua relação com a sociedade e sua estrutura burocrática. Finaliza-se com os grupos informais e suas principais características.

## TÓPICOS PRINCIPAIS

- 9.1 A importância dos grupos sociais
- 9.2 Agregações, categorias e grupos
- 9.3 Grupos pessoais e grupos externos
- 9.4 Grupos de referência e estereótipos
- 9.5 Grupos primários e secundários
- 9.6 Comunidade e sociedade
- 9.7 Grupos de interesse e lobby
- 9.8 Organizações formais
- 9.9 Grupos informais

## OBJETIVOS DE APRENDIZAGEM

Compreender:

- o significado e a importância dos grupos sociais.
- que não é a proximidade física que define um grupo social.
- que os conceitos de grupo de dentro e de grupo de fora, quando bem trabalhados, têm uma enorme força de coesão do grupo interno.
- que os grupos de fora, de um modo geral, são vistos como estereótipos.
- que os estereótipos são importantes para a tomada de decisões no dia a dia.
- que a distância social não está relacionada com a distância geográfica.
- que o grupo primário é o principal órgão socializador.
- o significado das comunidades no estabelecimento de relações afetivas e de solidariedade entre os indivíduos.
- que a palavra 'lobby' não se refere a nenhum grupo social, e sim a uma prática.
- a importância das organizações formais na vida moderna.
- o papel desempenhado pelos grupos informais nas organizações formais.

## 9.1 A importância dos grupos sociais

Os grupos sociais se constituem no elemento mais importante do estudo da sociologia, pois é em seu interior que ocorrem as interações sociais, que são objeto de estudo dos sociólogos. Não há interação social sem a criação de um grupo social de algum tipo e, por outro lado, obviamente, não há grupo social se não houver interação humana.

A importância dos grupos sociais para o ser humano começa com seu nascimento. O homem nasce em um grupo social e ao longo de toda a sua vida deverá interagir com inúmeros grupos sociais. O primeiro grupo social com que tem contato é a família, que lhe transmite a língua, os valores e a cultura da sociedade à qual pertencem. Com o seu crescimento, outros grupos entrarão em sua vida, tornando-o cada vez mais um ser social. O processo de socialização que o tornará um indivíduo único e, ao mesmo tempo, perfeitamente integrado na sociedade, ocorrerá dentro dos grupos sociais aos quais pertencerá, independentemente de sua vontade: a família e a classe social, por exemplo. E, mais tarde, quando puder escolher, tal processo se dará nos grupos aos quais vai pertencer por sua própria escolha: um clube, um grupo de amigos, a turma do bairro e assim por diante.

Assim, o estudo dos grupos sociais é dos mais importantes em sociologia, pois é parte decisiva do processo de socialização que forma as personalidades individuais, as quais tornam a humanidade única, mas composta por bilhões de indivíduos diferentes que integram conjuntos perfeitamente identificados de indivíduos, os quais se agrupam de modos diversos e têm consciência de pertencer a um grupo — grupo este dotado de uma personalidade social diferente do indivíduo, que, no entanto, se identifica com ele.

Essa característica integradora dos grupos sociais, dando um sentido de 'pertencimento' a numerosas pessoas, que desse modo se sentem seguras perante outras, é um dos aspectos que mais fortalecem a importância do estudo dos grupos.

Por outro lado, os grupos sociais — principalmente as organizações formais — gozam de uma certa autonomia em relação aos indivíduos isolados que os compõem, de tal modo que podemos considerá-los agentes sociais autônomos.

## 9.2 Agregações, categorias e grupos

A palavra 'grupo' é carregada de múltiplos sentidos. Muitas vezes é utilizada para se referir a um agregado ou um conjunto de pessoas que por pouco tempo acontece de estarem ao mesmo tempo no mesmo lugar. Em outros momentos, a palavra 'grupo' está associada a indivíduos que são colocados juntos porque compartilham de uma mesma característica.

Na maior parte da literatura sociológica existente, a definição mais aceita de grupo social é a de que é 'qualquer número de pessoas que partilham de uma consciência de interação e de filiação'. Ou seja, grupo social é qualquer conjunto de pessoas em interação, que compartilham uma consciência de membros e que têm expectativas comuns de comportamento.

Em outras palavras, podemos dizer que 'grupo social' é um conjunto de pessoas que partilham algumas características semelhantes — normas, valores e expectativas —, que regular e conscientemente interagem e apresentam algum sentimento de unidade.

Os grupos sociais têm características singulares, que são diretamente observáveis, pois, de modo geral, são características externas que podem ser identificadas exteriormente (veja Figura 9.1). Seus membros têm condutas mais ou menos semelhantes, objetivos comuns, apresentando normas, símbolos e valores que tornam

**Figura 9.1** Características de grupo social

```
                    ┌─────────────────────────────────────────────────┐
                    │ Conjunto de pessoas que partilham algumas       │
                    │ características semelhantes (normas, valores,   │
                    │ expectativas); que interagem e apresentam       │
                    │ sentimento de unidade                           │
                    └─────────────────────────────────────────────────┘
    ┌─────────┐     ┌─────────────────────────────────────────────────┐
    │ Grupo   │────▶│ Qualquer número de pessoas que partilham uma    │
    │ social  │     │ consciência de interação e filiação             │
    └─────────┘     └─────────────────────────────────────────────────┘
                    ┌─────────────────────────────────────────────────┐
                    │ Qualquer conjunto de pessoas em interação, que  │
                    │ compartilham uma consciência de membros e       │
                    │ que têm expectativas comuns de comportamento    │
                    └─────────────────────────────────────────────────┘
```

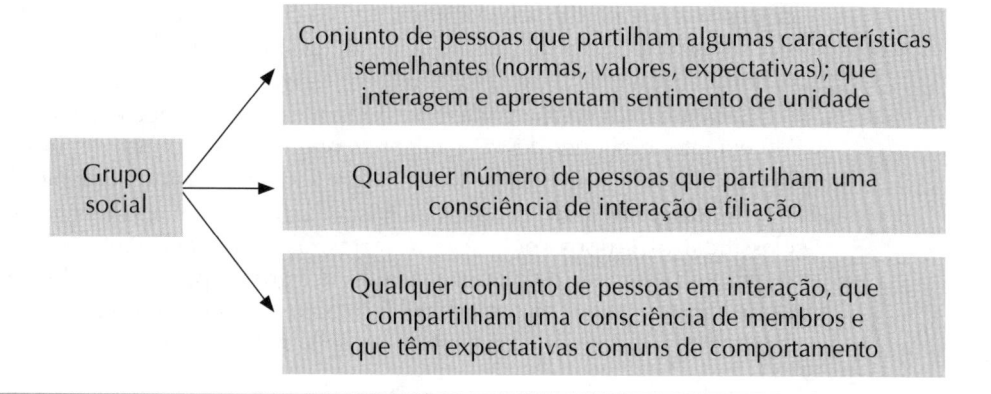

cada membro um agente social diferenciado dos outros indivíduos que compõem um mesmo grupo.

São grupos sociais uma família, um time de futebol, a nação brasileira, os funcionários de um banco, os bancários associados ao sindicato, um grupo de amigos que se reúne para jogar futebol aos sábados, os alunos numa sala de aula etc.

Os conceitos de 'agregação' — ou 'coletividade' — e 'categoria' muitas vezes são utilizados confundindo-se com o de grupo social propriamente dito. A compreensão deste último auxilia muito o entendimento do que seja um grupo social.

### 9.2.1 Agregação ou coletividade

Identificamos 'agregação' ou 'coletividade' como qualquer conjunto físico de pessoas que estão ao mesmo tempo no mesmo lugar, que interagem pouco ou nada e não se sentem pertencer a um grupo. Exemplo: os passageiros em um ônibus, os torcedores em um jogo de futebol, as pessoas em uma fila de caixa fazendo compras, diversas pessoas caminhando pela rua. Todos esses exemplos têm em comum que as pessoas não têm consciência de interação entre si, acontece de estarem casualmente em um mesmo lugar ao mesmo tempo.

Os agregados podem tornar-se um grupo social, nem que seja por um momento. As pessoas que estiverem passando em uma rua movimentada em uma cidade não formam um grupo social, pois casualmente estão passando por ali naquele momento, não interagem e não partilham uma consciência de membros de um grupo com uma expectativa comum de comportamento. No entanto, podem ter sua atenção despertada por um vendedor que, para atrair os transeuntes, saca uma jiboia ou um lagarto-teiú de uma maleta. As pessoas param e passam a prestar atenção no manuseio desses animais pelo homem, que em um determinado momento anuncia um produto para venda. A partir de então, as pessoas passaram a interagir por meio do vendedor, pois compartilhavam a consciência de pertencer a um grupo que estava com a atenção voltada para um fato. Em um determinado momento passaram a ter um interesse comum, passaram a interagir. Nesse instante formaram um grupo social, mesmo que possa ser considerado transitório e amorfo.

Outros tipos de estímulos podem transformar uma agregação ou coletividade em um grupo social. Um aumento no preço das passagens de ônibus pode mudar uma agregação não estruturada de passageiros em um grupo social com uma certa consciência própria.

Consumidores de todo tipo podem se tornar um grupo social muito ativo — basta que sua demanda não seja mais atendida, que se mobilizam e interagem com o objetivo de retomar o consumo. São exemplos: consumidores de água, de luz, de serviços educacionais, de saúde, de assistência social etc.

### 9.2.2 Categoria

Um outro não grupo é a 'categoria', que pode ser definida como um conjunto de pessoas que partilham de características comuns, mas que não interagem entre si. Exemplos: pessoas do mesmo sexo, da mesma faixa etária, da mesma ocupação, da mesma etnia, da mesma raça etc. (veja Figura 9.2).

São exemplos de categoria: bancários, metalúrgicos, aposentados, adolescentes. No entanto, qualquer dessas categorias pode se transformar em um grupo social, bastando que haja interação consciente e tenham algum sentimento de unidade.

Ao longo dos anos, diversos cientistas sociais foram apresentando maneiras de classificar os grupos sociais; entre estas, as mais importantes são os conceitos de grupos pessoais e de grupos externos; dos grupos primários e dos secundários; e os de comunidade e de sociedade. É importante salientar que essas classificações são independentes umas das outras, ou seja, não são intercambiáveis.

## 9.3 Grupos pessoais e grupos externos

Em inglês são denominados de *in-groups* (de dentro ou interno) e *out-groups* (de fora ou externo).

'Grupos pessoais' (ou de dentro) são os grupos aos quais as pessoas sentem que pertencem (veja Figura 9.3). Expressam a ideia de 'meu/minha', 'nosso/nossa'. 'Minha família', 'minha religião', 'meu clube', 'meu partido', 'meu país' — qualquer grupo ao qual se juntem os pronomes possessivos citados. O grupo de dentro forma um conjunto de pessoas em cuja presença o indivíduo se sente bem e fica à vontade. Há uma sensação de pertencer ao grupo, uma sensação que é o resultado de experiências comuns.

Identificar aqueles que pertencem ao grupo de dentro (ou interno, ou pessoal) pode ser facilitado pelo uso de uniformes, carteiras de sócio e distintivos. Por outro lado, há outros sinais que identificam o 'pertencimento' ao grupo, como a etnia, o sexo, a religião, a nacionalidade, a raça, a ocupação profissional. Nesses casos a utilização do pronome 'nós' fortalece a identidade grupal.

**Figura 9.2** Características de não grupos: agregação ou coletividade e categoria

| Não-grupos ||
|---|---|
| **Agregação ou coletividade** | **Categoria** |
| Qualquer conjunto físico de pessoas que estão ao mesmo tempo no mesmo lugar, que interagem pouco ou nada e não sentem que pertencem ao grupo. Exemplos: passageiros de um ônibus, pessoas em uma fila etc. | Conjunto de pessoas que partilham de características comuns, mas que não interagem entre si. Exemplos: pessoas de mesmo sexo, de mesma faixa etária, de mesma ocupação, de mesma etnia, de mesma categoria profissional etc. |

**Figura 9.3** Esquema de um grupo pessoal

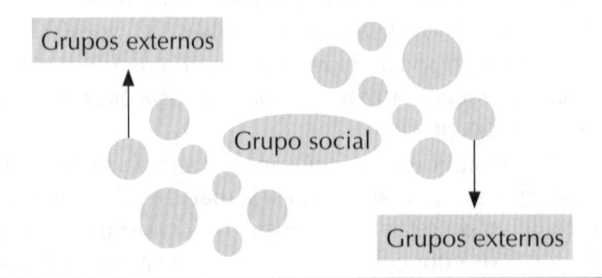

Dos membros de um grupo pessoal esperamos reconhecimento, lealdade e auxílio. Nesse grupo, o indivíduo se sente bem e fica perfeitamente à vontade.

As pessoas que têm a sensação de pertencer a um grupo pessoal tendem a ser leais a esse grupo e procuram identificar-se com ele, evitando uma identificação com os grupos de fora, porque entendem que os valores e objetivos desses grupos são diferentes dos seus (veja Figura 9.4).

Os membros de um grupo de dentro podem hostilizar os membros de um grupo de fora de várias maneiras. Podem ignorar sua presença ou mesmo sua existência; no limite, podem tentar destruí-los. De qualquer modo, os membros dos grupos de fora serão vistos como esquisitos, diferentes, estranhos ou indesejáveis. Isso pode ser percebido em qualquer situação em que se coloque um grupo perante o outro. Por exemplo: os alunos que pertencem a uma sala de aula tendem a ver os de outras salas como sendo de grupos de fora. Assim, haverá uma maior identificação entre os alunos membros de uma mesma sala e um antagonismo perante os membros de outras salas. Quando se amplia o grupo de dentro, por exemplo, considerando-o a turma da manhã em relação à turma da tarde ou da noite, as pessoas que integram as salas da manhã se identificam mais umas com as outras e terão uma relação não amistosa com as demais, as da tarde e as da noite.

As pessoas podem fazer parte de vários grupos pessoais. Por exemplo: uma pessoa pode integrar uma comunidade católica e, ao mesmo tempo, pertencer ao sindicato dos empregados metalúrgicos. Outros membros da mesma comunidade poderão pertencer a outros grupos pessoais, que podem inclusive ser antagônicos, como ao sindicato patronal das empresas metalúrgicas.

As relações entre os membros de um grupo pessoal são muito intensas. Um exemplo: diariamente saem nos jornais notícias de mortes no conflito árabe-israelense e os brasileiros pouco comentam esses fatos; no entanto, em um determinado dia, duas crianças brasileiras que viviam com os avós no Líbano foram atingidas e uma delas veio a morrer. O fato virou assunto para milhões de pessoas que até então não davam atenção para o que acontecia naquela parte do mundo, tudo porque foi um membro do grupo que foi vitimado. De um certo modo, todos os brasileiros se sentiram atingidos.

Os 'grupos externos' (ou de fora) são os grupos aos quais não pertencemos. Outras famílias, outras religiões, outros clubes, outros partidos, outros países.

Em relação aos grupos de fora, o indivíduo sente falta de interesse, considerando seus membros como não pertencentes ao seu próprio grupo. As expectativas variam no que se refere aos grupos de fora: de alguns esperamos alguma hostilidade; de outros, concorrência; e, de outros, indiferença. Os membros de um grupo de fora são, em geral, estereotipados. Os grupos externos são vistos como formadores de um grupo homogêneo, e não como indivíduos que apresentam qualidades distintas. Se não somos políticos, julgamo-los todos corruptos; os ciganos, como pessoas nas quais não se pode confiar; os cariocas são malandros; os paulistas, estressados; os argentinos, orgulhosos; a turma da nossa sala de aula é legal, as outras só têm alunos chatos. E assim por diante. Dos outros sempre possuímos uma imagem que, em geral, é distorcida e negativa.

Essas duas definições são importantes porque afetam o comportamento das pessoas.

### Figura 9.4 — Definição de grupo pessoal e grupo externo

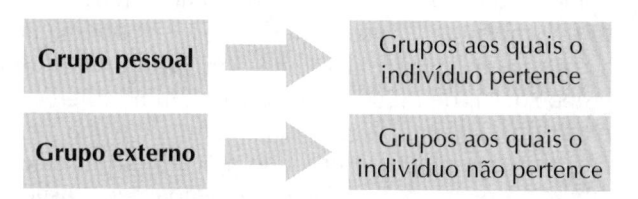

| | |
|---|---|
| **Grupo pessoal** → | Grupos aos quais o indivíduo pertence |
| **Grupo externo** → | Grupos aos quais o indivíduo não pertence |

O comportamento das torcidas organizadas do futebol reflete muito bem esses conceitos de grupos internos e externos. Há uma forte solidariedade entre os membros da mesma torcida e profunda hostilidade em relação aos outros.

Os grupos internos são fortemente etnocêntricos. Toda nação moderna possui, em maior ou menor grau, uma concepção etnocêntrica de si mesma. Todo habitante de um país considera o seu melhor e superior aos outros, procurando ressaltar os aspectos que reforçam a superioridade e ocultando os demais. E, quanto mais próximo, maior a animosidade. As relações entre brasileiros e argentinos são um bom exemplo disso. Também as cidades muito próximas umas das outras apresentam um número significativo de apelidos e piadas depreciativas sobre os habitantes umas das outras.

**Grupos pessoais** são etnocêntricos.

Um aspecto importante na análise dos grupos de dentro e dos externos é o conceito de 'distância social'.

### 9.3.1 Distância social

Consideramos 'distância social' o grau de proximidade ou de aceitação sentida por um membro de um grupo em relação a membros de outros grupos determinados. A distância aqui é compreendida como social, e não geográfica.

Um índio xavante em um grande centro urbano pode estar próximo geograficamente de muitos brancos; no entanto, a distância social é enorme entre ele e os brancos. A distância social entre pessoas do mesmo sexo pode ser menor que entre pessoas de sexo diferente; entre pessoas de ocupações diferentes pode ser maior do que entre as de mesma ocupação; entre pessoas da mesma etnia costuma ser menor do que entre pessoas de etnias diferentes.

Portanto, os membros de grupos internos, ou pessoais, sentem maior proximidade com as pessoas que pertencem ao seu grupo de dentro, enquanto a distância social em relação às pessoas que considera como pertencentes aos grupos de fora é enorme. E, do ponto de vista geográfico, podem estar lado a lado, como em um local de trabalho. Em uma empresa, por exemplo, a distância social entre um jovem alemão e os brasileiros é enorme, embora possam estar trabalhando no mesmo espaço físico.

## 9.4 Grupos de referência e estereótipos

'Grupos de referência' são aqueles que o indivíduo aceita como modelo e guia de seu próprio comportamento e de suas ações. É qualquer grupo ao qual fazemos referência quando externamos julgamento. Os grupos de referência são comumente utilizados como padrão para que os indivíduos avaliem a si mesmos, incluindo seu próprio comportamento. Na maior parte das vezes, os grupos externos são percebidos em termos de 'estereótipos'.

**Estereótipo:** é a imagem que um grupo partilha de outro; é a imagem distorcida da realidade, que um grupo tem de outro grupo social.

Estereótipo é a imagem que um grupo partilha de um outro grupo. Muitas vezes são impressões distorcidas das características dos grupos externos. Em outras palavras, o estereótipo é uma imagem distorcida que um grupo tem de um outro grupo social. A sociedade norte-americana, por exemplo, apresenta-nos, por meio do cinema, muitos de seus estereótipos em relação a outros povos: podemos observar nos filmes que, de modo geral, os italianos aparecem como mafiosos; os irlandeses, como brigões; os mexicanos, como indolentes; os ingleses, como conservadores; os colombianos, como traficantes; e assim por diante.

Os atores, quando desempenham algum papel caracterizando um determinado grupo social, de modo geral se baseiam no estereótipo. Um caipira paulista será retratado com um chapéu e um cigarro de palha, descalço, com roupas remendadas, por exemplo. O estereótipo do carioca na sociedade paulista é de que é malandro. A revista *Zé Carioca*, publicada pela Disney, utiliza esse estereótipo do povo carioca no personagem. Há algum tempo, a Rede Globo teve de modificar o estereótipo dos negros que apareciam em suas novelas — eram sempre empregados domésticos, motoristas — por protestos dos governos africanos que compravam seus programas.

Inicialmente interagimos com o estereótipo, e não com a verdadeira pessoa. Quando vamos a um órgão público, temos uma expectativa de como seremos atendidos por termos uma imagem estereotipada dos funcionários públicos. Ao tomarmos um ônibus, subiremos devagar ou rapidamente em função do estereótipo que temos de seus motoristas — ao menos nas grandes cidades. Se vamos procurar um advogado, temos uma expectativa de como será o indivíduo em função do estereótipo que temos dos advogados. Pode ocorrer que, quando interagimos com a pessoa real, esta não corresponda ao estereótipo do grupo, mas reagimos antecipadamente em função dele.

Dentro de um grupo, somente alguns de seus membros poderão corresponder totalmente ao estereótipo. A imagem estereotipada de um grupo ajuda a moldar o comportamento dos membros desse grupo ao estereótipo. Este último aspecto é importante, porque demonstra que o estereótipo influi no processo de socialização. Há uma forte tendência de os grupos se aproximarem do estereótipo que os demais grupos sociais possuem deles, o que, ao mesmo tempo, afasta pessoas que não se encaixam no modelo. A seleção de novos membros para o grupo, de modo geral, é feita em cima do estereótipo.

Um indivíduo que queira se integrar em um grupo funk deverá assumir o estereótipo que se faz desse tipo de grupo: seu modo de falar, de vestir-se e de comportar-se perante os outros grupos.

Quando uma mãe confidencia a seu filho que gostaria que ele namorasse uma 'moça de família', está se referindo a um estereótipo de um tipo de família considerada ideal em uma dada sociedade.

Uma reação com base em uma imagem estereotipada é claramente manifestada pelos pais quando os filhos vêm comunicar que trarão o namorado ou a namorada para apresentá-lo(a). Vamos imaginar uma garota de classe média-alta dizendo aos seus pais que trará o namorado para jantar e que ele é um policial militar: está claro que terão uma determinada reação; agora, vamos imaginar uma outra situação, em que a jovem diz aos seus pais que o namorado é um médico-cirurgião: a reação deverá ser outra completamente diferente; as imagens que os pais construíram se baseiam no estereótipo que o policial militar e o médico-cirurgião possuem na sociedade. A interação inicial da família não ocorre com o próprio indivíduo, mas sim com o estereótipo. Poderá ocorrer que, quando o indivíduo real for apresentado à família, ele não tenha nenhuma semelhança com o estereótipo.

A interação inicial com o estereótipo, e não com a pessoa real, sempre acontece quando não conhecemos as pessoas diretamente e somos informados, primeiro, do grupo social ao qual a pessoa pertence. Todas as pessoas agem desse modo, indistintamente — é uma forma de convivência nas sociedades modernas, em que os diferentes grupos sociais, de um modo geral, socializam seus membros de acordo com os estereótipos existentes e, assim, julgam as pessoas; a reação em relação ao grupo social terá uma margem maior de acerto do que de erros.

Os estereótipos são tão importantes que podemos afirmar que os utilizamos desde o momento que acordamos até o momento que vamos dormir. Sempre o primeiro contato é feito com a imagem que o indivíduo possui do grupo ao qual pertence a pessoa com quem vai interagir. Se tivermos que ir a um banco, interagiremos primeiro com o estereótipo que temos dos funcionários daquela instituição e iremos ao banco mais ou menos contentes em função dessa imagem.

## 9.5 Grupos primários e secundários

'Grupos primários' são aqueles em que as pessoas ficam se conhecendo intimamente como personalidades individuais, por meio de contatos sociais que são íntimos, pessoais e totais, porque envolvem muito da experiência de vida de uma pessoa. Os grupos são pequenos e os relacionamentos tendem a ser informais e descontraídos. Os membros do grupo se interessam uns pelos outros como pessoas e compartilham numerosas atividades e interesses. De um modo geral, seus membros são insubstituíveis (veja Figura 9.5). Exemplos: a família, o grupo de amigos, a 'panelinha'.

Do ponto de vista teórico, quem definiu grupo primário foi Charles Horton Cooley, em 1909, com a publicação do livro *Social organization. A study of the larger mind*.[1] No capítulo terceiro de seu livro, dedicado a conceituar os grupos primários, Cooley os define como aqueles caracterizados por estreitas relações de associação e cooperação cara a cara (*face-to-face*). Segundo ele, são primários em vários sentidos, mas principalmente por serem fundamentais na formação da natureza social e dos ideais do indivíduo. Psicologicamente, o resultado da associação íntima é uma certa fusão das individualidades em uma totalidade comum — o grupo —, em que o mesmo interesse pessoal, para muitos propósitos pelo menos, é a vida comum e o ideal do grupo. O melhor modo de descrever este 'pertencer' do indivíduo no grupo é a utilização do pronome 'nós', pois isso envolve um tipo de simpatia e mútua identificação, em que 'nós' é a expressão natural dessa situação.

Podemos acrescentar que o caráter primário desses grupos deve-se ao fato de que, de um ponto de vista cronológico, são os primeiros com os quais o indivíduo se relaciona desde o momento de seu nascimento (a família em primeiro lugar, em seguida o grupo de amigos) e que serão responsáveis por desenvolver sua personalidade, proporcionando-lhe o primeiro contato com normas e valores que passarão a ser seus.

Diferentemente dos grupos secundários, os grupos primários resistem com maior facilidade às modificações provocadas pelas mudanças sociais, e sua capacidade de sobrevivência em diferentes situações, motivadas por fatores políticos ou institucionais, demonstra a importância deles para a socialização dos indivíduos, assim como sua capacidade de resistência perante os problemas que se apresentam em qualquer período da evolução social.

Na definição dos grupos primários devemos considerar, principalmente: o tamanho pequeno, a ocorrência de profunda intimidade emocional e algum tipo de organização, a formação de uma subcultura própria e entender que em seu seio irão se desenvolver importantes relações psicológicas.

O conceito de 'grupo primário' pode ser ampliado relacionando-o com relações primárias, que seriam aquelas mais ou menos estáveis que se estabelecem entre dois indivíduos e que se caracterizam por fortes laços de associação íntima, eliminando-se praticamente a individualidade, tornando-se a manutenção da relação o

**Figura 9.5** Características de grupos primários

- Membros se conhecem intimamente, os contatos sociais são íntimos, pessoais e totais
- Os grupos são pequenos e os relacionamentos tendem a ser informais e descontraídos
- Os membros se interessam uns pelos outros como pessoas
- Em geral, seus membros são **insubstituíveis**

Introdução à sociologia

objetivo fundamental da interação. Nesse tipo de relação predominam a confidência, o acompanhamento mútuo da vida um do outro, chegando a cobranças permanentes de relatórios pessoais, de forma direta ou indireta. Para dois amigos que apresentam uma relação primária forte, frequentando um mesmo local de trabalho ou de estudo, será inaceitável o outro viajar, ou faltar, ou ter uma nova amizade sem avisar o amigo. Os termos 'primário' e 'secundário' descrevem mais um tipo de relacionamento do que a importância relativa do grupo. Grupos primários não podem ser julgados por sua eficiência no cumprimento de alguma tarefa, mas pela satisfação emocional que eles trazem para seus membros. Nas famílias isso pode ser indiscutível, pois o fundamental são 'os objetivos da unidade familiar'. Entretanto, a discussão será outra se ocorrer em uma organização, como a Volkswagen, ou em um colégio privado, em que os grupos são julgados pela sua habilidade no cumprimento das tarefas e realização dos objetivos. Assim, é importante destacar que os grupos primários estão orientados principalmente para o relacionamento entre os membros do grupo; essa é sua prioridade. Os grupos secundários estão orientados em função dos objetivos; o resultado da tarefa para a qual o grupo se propõe é prioritário.

Os grupos primários servem como agentes de socialização e controle social. Fornecem afeição e suporte emocional ao indivíduo e o mantêm dentro das normas aceitas pelo grupo, que de um modo geral se identificam com a sociedade onde está inserido.

Nos grupos primários, os contatos são predominantemente pessoais, visando a uma convivência estreita e integral entre seus membros. Sem nenhuma dúvida, o principal grupo primário é a família, por ser o primeiro na vida do indivíduo e pelo papel que desempenha no processo de socialização. Mesmo nas estruturas sociais mais complexas ocorrem os grupos primários.

A forma de controle social exercida pelos grupos primários é muito mais eficiente do que aquelas que ocorrem nos grupos secundários, uma vez que todos agem sob as vistas dos demais membros e dificilmente conseguem escapar ao controle direto exercido por todos sobre todos. Desse modo, as expectativas de comportamento nos grupos primários são correspondidas pelos membros, pela força do controle pessoal íntimo que é exercido.

Nos grupos secundários, os contatos sociais são impessoais, limitados, não permanentes e suas reuniões têm um objetivo prático determinado. O tamanho do grupo é flexível e seus membros são substituíveis (veja Figura 9.6). Exemplos: um sindicato, uma sociedade amigo de bairro, um centro acadêmico, a relação comprador e vendedor em qualquer loja, empresas e partidos políticos. Nos grupos secundários predominam as maneiras de controle social formais, entregues a pessoas ou instituições especializadas.

É importante acentuar que os termos 'primário' e 'secundário' descrevem um tipo de relacionamento, e não a quantidade de membros do grupo. Embora a característica dos grupos primários seja de grupos com pequeno número de pessoas.

**Figura 9.6** Características de grupos secundários

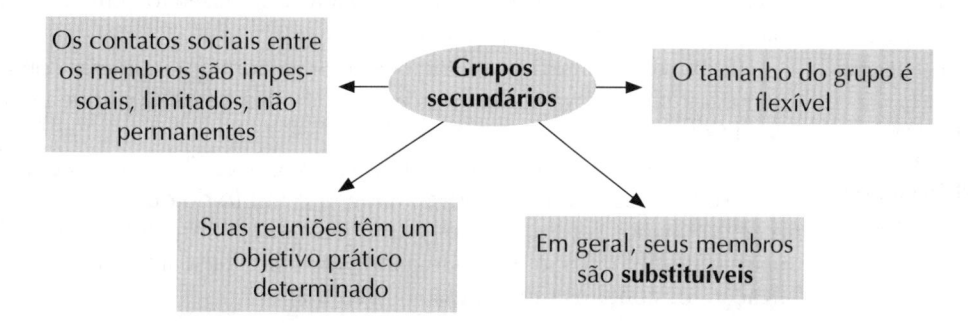

- Os contatos sociais entre os membros são impessoais, limitados, não permanentes
- **Grupos secundários**
- O tamanho do grupo é flexível
- Suas reuniões têm um objetivo prático determinado
- Em geral, seus membros são **substituíveis**

Desde a Revolução Industrial, a tendência dominante tem sido o aumento dos grupos secundários. Embora recentes estudos estejam demonstrando que têm aumentado os grupos primários dentro dos espaços dos grupos secundários. Isso pode significar que as pessoas têm buscado maior intimidade e segurança, coisas que só encontram nos grupos primários, como a formação de grupos de amigos ('panelas') que se autoprotegem.

## 9.6 Comunidade e sociedade

**Comunidade:** Modo de organização social caracterizado pela existência de fortes laços entre seus membros, preocupação com o bem-estar uns dos outros, cooperação e confiança mútua.

De um modo geral, o conceito de 'comunidade' tem sido utilizado para descrever várias ideias diferentes. Por exemplo, uma 'comunidade' pode ser definida como:

- uma localização geográfica particular, uma região ou uma localidade, com a qual as pessoas se identificam. Por exemplo: comunidade bragantina, comunidade ribero-pretana, comunidade campineira;

- um tipo particular de relação social que é característico e compartilhado pelos membros de uma determinada comunidade, que podem ou não ter uma localidade comum. Por exemplo: a comunidade evangélica, a comunidade judaica, a comunidade cristã. Pode ser aplicada no ambiente esportivo: comunidade corintiana, comunidade vascaína etc. O uso dessas expressões revela a busca pelo compartilhamento de um senso comum de identidade;

- um sistema social local (ou em pequena escala) e que descreve um conjunto de relações sociais encontrado em um grupo particular de pessoas. Por exemplo: uma comunidade rural isolada.

Em todo caso, todas as ideias expressas utilizam o termo 'comunidade' com o mesmo sentido — um modo de organização social, no qual os membros compartilham um senso de identidade relativamente claro e definido. Eles se veem como tendo um grande relacionamento em comum um com o outro.

Comunidade e sociedade são conceitos que foram desenvolvidos pelo sociólogo alemão Ferdinand Tönnies para indicar dois tipos diferentes de relação social.

Na relação expressa pela comunidade (*'Gemeinschaft'* é o termo utilizado por Tönnies), predominam as interações comunitárias; é um grupo que se forma espontaneamente, de longa duração e apresentando cultura comum. Caracteriza-se pela existência de fortes laços entre seus membros, preocupação com o bem-estar uns dos outros, cooperação e confiança mútua. Na comunidade, as relações são relativamente fechadas e de modo geral todos sabem sobre todos; as pessoas passam uma boa parte do tempo procurando interagir com o outro e estão bastante interessadas em saber o que acontece em sua localidade. Relações do tipo comunidade dão ao indivíduo uma forte sensação de identidade, porque ele conhece e entende, ao mesmo tempo, seu lugar dentro da comunidade e sua relação com todos naquela comunidade; seu status fica claramente definido. Tönnies considerava que essas relações eram fortemente características das áreas rurais, pois as relações sociais são relativamente fechadas e se desenvolvem em uma localidade particular como uma pequena vila.

**Sociedade:** Em contraposição à comunidade, é o modo de organização social caracterizado pela competição entre seus membros, pelo interesse individualista, pela busca da eficiência e da especialização e dos contatos impessoais e formais. É instituído para atender a determinados interesses; é um grupo utilitarista.

Os remanescentes dos quilombos no Brasil formam inúmeras comunidades que conseguiram sobreviver até hoje, em virtude dos fortes laços que unem as pessoas (veja Quadro 9.1).

Na outra relação, expressa pela sociedade (*Gesellschaft*), predominam as relações societárias, sendo sociedade um grupo instituído ou constituído para atender a determinados interesses, um grupo utilitarista. Caracteriza-se por competição entre seus membros, o interesse é individualista, buscam a eficiência e a especialização, os contatos são impessoais e formais.

| QUADRO 9.1 | Os remanescentes de quilombos |

Mais de 400 anos após o primeiro registro de escravos africanos no Brasil e mais de cem anos depois da abolição da escravidão, o Estado brasileiro reconheceu pela primeira vez na história do País o direito à terra aos descendentes de escravos que fundaram quilombos.

O reconhecimento é lento, apesar de regulamentado na Constituição de 1988. Em mais de 11 anos, das 724 áreas identificadas como remanescentes de quilombos, apenas 31 foram reconhecidas e somente cinco receberam o título definitivo da terra: Curiaú (AP), Mangal (BA), Campinho da Independência (RJ), Itamaoari (PA) e Barra e Bananal/Riacho das Pedras (BA).

De acordo com dados da Fundação Palmares, existem 80.998 descendentes de quilombolas (moradores de quilombos) vivendo nessas áreas, em quase todos os Estados brasileiros. A maior concentração está na Bahia, onde foram identificadas 245 comunidades. No Maranhão existem 172, e em Minas, 69.

Em dezembro do 1999, o presidente Fernando Henrique Cardoso assinou uma portaria delegando à Fundação Cultural Palmares (criada em 1988 e ligada ao Ministério da Cultura) a responsabilidade de reconhecer e titular definitivamente as terras de remanescentes de quilombos.

Segundo o artigo 68 da Constituição, "cabe aos remanescentes das comunidades de quilombos que estejam ocupando suas terras o reconhecimento da propriedade definitiva, devendo o Estado emitir-lhes os títulos definitivos". Apesar da lei, pouco foi feito para devolver as terras aos descendentes dos quilombolas.

Até a assinatura da portaria, a identificação dessas áreas ficava a cargo do Incra (Instituto Nacional de Colonização e Reforma Agrária). A presidente da Fundação Palmares, Dulce Pereira, disse que existe uma diferença conceitual no processo de reconhecimento das terras de quilombolas. O Incra é responsável por assentamentos. Para Dulce, isso não se adequaria aos casos dos remanescentes de quilombo. "Como é que se vai assentar quem já está na terra há 300 anos?", pergunta.

Dulce afirma que o trabalho para reconhecer uma área remanescente de quilombo depende de pesquisas históricas e antropológicas, atribuições para as quais o Incra não estava capacitado.

Nos movimentos negros, a avaliação era que, dentro da política de reforma agrária do Incra, o reconhecimento de áreas remanescentes de quilombo era considerado como 'o primo pobre'.

Para Dulce Pereira, o reconhecimento das terras e a concessão do título aos descendentes "é o momento que abre a possibilidade de inclusão do negro na sociedade brasileira". Para o ano 2000, a previsão do orçamento da Fundação para o reconhecimento de áreas remanescentes é de R$ 1 milhão, o que daria para titular cerca de 20 comunidades.

*Fonte*: NAHASS, Daniela. "Remanescentes de quilombos ainda esperam pela terra". *Folha de S.Paulo*, 12 mar. 2003. Caderno Brasil 500, p. 1-8, fornecido pela *Folhapress*.

Em oposição ao termo 'sociedade tradicional', empregado para comunidade, frequentemente é referida como 'sociedade contratual'.

São desse tipo associações como sindicatos, clubes, empresas, bancos etc.

## 9.7 Grupos de interesse e lobby

Os 'grupos de pressão' ou 'de interesse' constituem um dos fenômenos políticos por meio dos quais se estruturam as relações entre o Estado e a sociedade. O grupo de interesse é definido como qualquer conjunto de indivíduos que procura defender nos órgãos governamentais um certo interesse ou causa comum, utilizando para tanto todos os meios legítimos ou tolerados que estiverem a seu alcance.

A expressão 'grupo de interesse' pode ser aplicada a uma enorme variedade de organizações e grupos; por exemplo, às diversas organizações patronais, aos sindicatos de empregados, às associações profissionais e aos diversos grupos que defendem as mais diferentes causas, reivindicações de moradores, ideias religiosas, morais e outras.

Uma distinção importante entre 'grupos de interesse' e partidos políticos é que, ao contrário dos partidos, aqueles não almejam tomar o poder, mas apenas influir nas decisões governamentais.

A ação dos grupos de pressão sobre as autoridades pode se dar de várias maneiras. As principais são: a persuasão, a ameaça, a utilização de dinheiro, a sabotagem e a ação direta.

- O 'esforço de persuasão' é quando o grupo de pressão espera conseguir o apoio do governo graças à qualidade da informação que lhe fornece. Pode ser feito por meio da entrega de estudos, de documentação, de petições etc. a vários membros do governo.
- As 'ameaças' podem ser de vários tipos: de sabotagem, de greve, de chantagem etc.
- O 'dinheiro' pode ser empregado pelos grupos de pressão para conseguir apoio dos homens públicos, seja por meio de contribuições aos partidos políticos, seja pela corrupção de membro do governo ou dos funcionários. Em nosso país, o povo utiliza a palavra 'propina' para indicar o recebimento de dinheiro para tráfico de influência.
- A 'sabotagem' das ações do governo pode assumir a forma de recusa em cooperar com os poderes públicos. Por exemplo: não cumprir decretos governamentais, não pagar impostos, a existência de 'caixa 2' nas empresas etc.
- A 'ação direta', ou a pressão propriamente dita, como instrumento de atuação política implica lançar mão dos mais variados tipos de represália sobre as autoridades que se recusam a atender a seus interesses. Podem ser demonstrações de força, greves, passeatas, quebra-quebras, campanhas publicitárias etc.

No Brasil, os grupos de pressão, embora não sejam reconhecidos legalmente, atuam e possuem alguns mandamentos de atuação nos quais se baseiam para praticar lobby com os poderes públicos. Algumas recomendações dos especialistas são:

- é preciso definir claramente o objetivo do lobby e avaliar o poder de barganha política que se tem. Que tipo de atrativo político, ideológico, partidário ou eleitoral pode ser oferecido?;
- a eficácia do lobby depende também de boas instalações, material promocional e um banco de dados atualizado;
- é sempre útil contar com o serviço de um lobista profissional, de preferência discreto, com capacidade de negociação e tato político;
- mesmo com lobistas profissionais, é importante que o interessado converse diretamente com os políticos, de preferência fora do Congresso, em um local em que, exposto a menos pressão, o político possa relaxar e ouvir seus argumentos;
- os políticos são vaidosos. É preciso conhecer detalhes de sua vida para dar um tom pessoal à conversa. Homenagens com jantares, festas e cartões de aniversário dão bons dividendos;
- em Brasília não se briga permanentemente com ninguém. A burocracia é uma estrutura mais ou menos consolidada e sempre se pode precisar de favores de antigos desafetos;
- é importante agir também entre as eleições, mantendo contato com políticos e técnicos do Executivo.

Concluindo, as recomendações gerais de atuação do lobista sugerem que: "desde que a carreira do político não seja colocada em risco, tudo é negociável".[2]

### 9.7.1 O lobby

Costuma-se utilizar o termo 'lobby' como significando grupo de pressão (veja Figura 9.7). A palavra 'lobby' indica mais uma atividade ou processo que uma organização. É o processo por meio do qual os representantes de grupos de pressão, agindo como intermediários, levam ao conhecimento das autoridades públicas os desejos de seu grupo.

**Figura 9.7** Definição de 'lobby'

Grupo de pressão ou interesse → Lobby → Governo

## 9.8 Organizações formais

Na vida contemporânea, uma parte substancial de nossas atividades econômicas (de trabalho), políticas, sociais, culturais tem lugar em organizações das quais somos membros, clientes, contribuintes, espectadores, defensores, vítimas etc. Embora a sociedade atual seja uma sociedade de classes, também faz sentido afirmar que — sem prejuízo da afirmação anterior — é uma sociedade de organizações. Estas têm propósitos bem diversos, reúnem interesses variados — às vezes conflitivos — de seus membros, têm uma vida intensa e a elas dedicamos parte crescente de nossa existência.

Podemos trabalhar em uma organização industrial; estudamos em uma organização educacional; se ficamos doentes somos atendidos em uma organização hospitalar; os homens, ao atingirem a adolescência, podem servir em uma organização militar; pagamos nossas contas em uma organização financeira; podemos realizar trabalho voluntário participando de uma organização não governamental e assim por diante. Há um número interminável de organizações com as quais nos relacionamos todos os dias, e a cada momento outras estão surgindo.

Na perspectiva mais conhecida e aceita, entende-se 'organização' como um agente social criado intencionalmente para conseguir determinados objetivos mediante o trabalho humano e o uso de recursos materiais. Esses agentes sociais que têm de ser administrados dispõem de uma determinada estrutura hierárquica, estão orientados a certos objetivos e se caracterizam por uma série de relações entre seus componentes: poder, divisão do trabalho, motivação, comunicações etc.

Podemos afirmar, sem sombra de dúvida, que em nossa vida diária desenvolvemos nossos conhecimentos e nossas habilidades nos marcos das organizações. Torna-se, portanto, imperativo entender a estrutura e a dinâmica das organizações, não só para sermos capazes de viver e trabalhar nelas, mas também para contribuir para que sua qualidade de vida interna seja melhor e mais gratificante e que seu desempenho para a sociedade como um todo seja melhor.

Como vimos, na vida diária, particularmente nas grandes cidades, interagimos com diversas organizações: as indústrias, os bancos, o Estado, os grandes magazines, os supermercados etc.

Ocorre que organizações aparentemente semelhantes apresentam enormes diferenças. Uma instituição bancária apresenta profundas diferenças organizacionais em relação à outra instituição do mesmo tipo, por exemplo. Essas diferenças percebemos ao tomarmos contato com a estrutura organizacional de cada uma delas e se manifestam nos objetivos materiais, nas atitudes e nos comportamentos das pessoas, no modo de falar e de vestir de seus membros etc.

Uma organização se modifica em função da situação política e econômica do país. Sofre transformações em função do setor econômico ou segmento de mercado em que se situa. As instituições educacionais, por exemplo, estão sofrendo importantes mudanças para atender à demanda de novos tipos de profissionais que são exigidos pela sociedade, em particular o mercado.

Por outro lado, existem organizações instituídas para funcionar somente em um período determinado, de pouca duração, por exemplo, aquelas que são estruturadas para uma ajuda humanitária em virtude de uma tragédia ocorrida, para campanhas eleitorais etc.

As organizações se constituem, assim, num meio pelo qual as pessoas, em um determinado grupo social, podem alcançar muitos e variados objetivos — que não poderiam ser alcançados somente pelo esforço individual. Em uma organização estabelece-se uma divisão de trabalho na qual a cada um corresponde uma função bem determinada, que pode ou não ser igual a de outros.

### 9.8.1 Definição de organização

A origem da palavra 'organização' (do grego, *organon'*, 'uma ferramenta' ou 'um instrumento') fornece uma boa ideia de seu significado. Nesse sentido, as organizações podem ser entendidas como instrumentos utilizados pelo homem para desenvolver determinadas tarefas, as quais não poderiam ser desenvolvidas por um indivíduo em particular.

Há várias definições possíveis de organização. Para Peter Drucker (1997) "é um grupo humano, composto por especialistas que trabalham em conjunto em uma tarefa comum" e, embora seja uma criação humana, ela é feita para durar por um período de tempo considerável. Segundo o mesmo autor, "ao contrário da sociedade, da comunidade ou da família — os agregados sociais tradicionais — uma organização não é concebida e baseada na natureza psicobiológica dos seres humanos nem em suas necessidades biológicas".

Em sua conceituação, Drucker enfatiza o aspecto de que a organização é sempre especializada, que ela é definida por sua tarefa, pois só assim ela será eficaz. Ao hospital cumpre a tarefa de cuidar de doentes; a escola concentra-se em ensino e aprendizado; a orquestra toca música etc. Em resumo, a sociedade, a comunidade e a família 'são' e as organizações 'fazem'.

Muitas outras definições caminham no mesmo sentido, como (veja Figura 9.8):

- "as organizações podem ser definidas como coletividades especializadas na produção de um determinado bem ou serviços" (Srour, 1998, p. 107);

- "são grupos de indivíduos com um objetivo comum ligados por um conjunto de relacionamentos de autoridade e responsabilidade, são necessárias sempre que um grupo de pessoas trabalhe junto para atingir um objetivo comum" (Megginson, Mosley e Pietri Jr., 1998, p. 224);

- "uma organização é um arranjo sistemático de duas ou mais pessoas que cumprem papéis formais e compartilham um propósito comum" (Robbins, 2000, p. 31).

**Figura 9.8** Características de organização

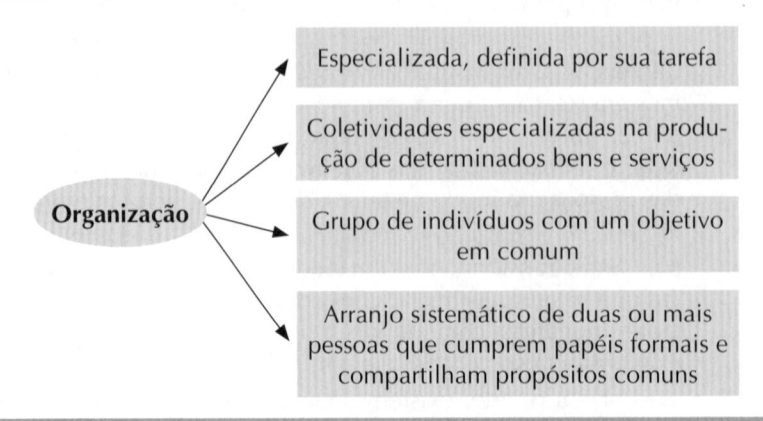

Organização
- Especializada, definida por sua tarefa
- Coletividades especializadas na produção de determinados bens e serviços
- Grupo de indivíduos com um objetivo em comum
- Arranjo sistemático de duas ou mais pessoas que cumprem papéis formais e compartilham propósitos comuns

Em uma síntese das definições anteriores, Cassar (2003, p. 15) conclui que: "as organizações se originam da união de diversas pessoas, que se reúnem na busca de objetivos comuns claramente definidos, por um prazo que pode ser determinado ou não, mas que segue a coerência dos objetivos buscados pelos componentes desta. Através dessa união, espera-se atingir resultados melhores do que aqueles que seriam possíveis se essas mesmas pessoas atuassem isoladamente".

Levando-se em consideração essas diferentes definições, podemos dizer que uma organização apresenta as seguintes características gerais:

- é um sistema social devidamente estruturado para alcançar determinados objetivos;
- apresenta limites perfeitamente identificáveis;
- constitui-se em um conjunto complexo, diversificado e harmônico;
- é um sistema aberto.

A organização constitui-se em uma rede de relações entre pessoas que compõem seu sistema social. Mas ela também se apresenta do ponto de vista material; por exemplo, como um conjunto de máquinas, equipamentos, imóveis, instalações e outros materiais imóveis que, no entanto, não funcionam sem as pessoas. Assim, podemos compreender a organização formada por um sistema técnico e um social, em que ambos estão estreitamente inter-relacionados, formando um sistema aberto em interação constante com o meio ambiente.

Em um primeiro momento é mais fácil ver em uma organização seus elementos mais estruturados, formalizados, como os recursos materiais; seus resultados em termos de produtos, custos e lucros; a estrutura organizacional, o tipo de organização, as formas de subordinação, a hierarquia; a tecnologia empregada; os recursos humanos etc. Do mesmo modo, podemos conhecer as normas — mesmo algumas informais —, alguns hábitos e costumes podem ser bastante evidentes.

No entanto, em qualquer organização existem relações informais — que não aparecem na estrutura formal e correspondem às relações que existem entre as pessoas, mas que não necessariamente são as estabelecidas formalmente no organograma da organização. Há um conjunto de hábitos, práticas e costumes que correspondem a valores compartilhados por toda a organização dentro de uma cultura própria.

### 9.8.2 As organizações e a sociedade

Nas diferentes sociedades humanas há diversos tipos de organizações; nem todas têm a mesma importância social em cada uma dessas sociedades. Uma organização sindical pode ter mais influência em um país como a Alemanha que sua correspondente no Brasil. As organizações hospitalares canadenses são vistas como bastante eficientes naquele país, mas as brasileiras não gozam do mesmo conceito. As organizações esportivas na Espanha são muito respeitadas pela sua eficiência e eficácia; porém, o mesmo não ocorre com essas organizações em todos os países.

No conjunto das organizações existentes há algumas que são essenciais, como as organizações econômicas, que são empresas que produzem bens que serão utilizados por toda a sociedade; as educacionais, que se encarregam de reproduzir a cultura dominante em um determinado país; as políticas, que estruturam as relações de poder; e as organizações religiosas, em que as pessoas buscam conforto espiritual. Há muitas outras que, dependendo do tipo de sociedade, podem assumir maior ou menor importância.

No mundo cada vez mais complexo em que vivemos, o número de organizações e sua função têm crescido enormemente. Muitas organizações têm sofrido alterações em sua função, enquanto outras não conseguem cumprir seu papel adequadamente. As organizações governamentais são um exemplo deste último tipo, em virtude do aumento da complexidade das sociedades humanas e dos novos problemas que surgem. Muitas das funções das organizações governamentais vêm sendo assumidas por um relativamente novo tipo de organização, que são as organizações não governamentais, englobadas genericamente no terceiro setor da economia, em contraposição ao setor público e ao privado.

De um modo geral, as organizações podem ser encontradas em todos os setores da sociedade. Assim, podemos achá-las:

- no setor público, que compreende as organizações do Estado, as prefeituras, as empresas públicas, as autarquias etc.;

- no setor privado, onde se encontram as organizações industriais, as comerciais, as financeiras, as de prestação de serviços, as de entretenimento e de lazer etc.;

- no terceiro setor, que são as organizações não governamentais, as fundações, as organizações filantrópicas etc.

### 9.8.3 A estrutura organizacional

Quando abordamos a estrutura organizacional, fazemos referência aos aspectos relacionados com a distribuição, ao longo da organização, da autoridade e da capacidade para tomar decisões; a que critérios utilizar para fazer uma adequada divisão do trabalho; e a que mecanismos incorporar para coordenar as pessoas e suas funções.

No limite podemos ter duas estruturas orgânicas. Por uma parte, uma estrutura rígida — hierárquica, com definição precisa de tarefas e responsabilidades e um fluxo de comunicação verticalizado de cima para baixo. Esta é uma estrutura mecânica e que corresponde a empresas cujos ambientes são estáveis e previsíveis. Em oposição direta encontramos uma estrutura flexível — com pouca ênfase na hierarquia, responsabilidades flexíveis e continuamente em redefinição. Esse tipo de estrutura é próprio de organizações cujo meio ambiente muda rapidamente e apresenta uma certa instabilidade e imprevisibilidade.

Podemos observar que, à medida que as organizações se expandem e diversificam seus produtos, tendem a desenvolver estruturas com multidivisões.

Por outro lado, à medida que as organizações crescem e ficam cada vez mais complexas, sua estrutura e as relações que se dão entre os seus diversos componentes mudam. A esse processo denominamos 'burocratização' — e permite a uma organização ser eficiente, rápida e capaz de manipular grandes volumes de produtos e serviços, de tratar com muitos clientes e fornecedores e de funcionar, independentemente de quem sejam seus membros.

### 9.8.4 A estrutura burocrática

Definimos 'burocratização' como o processo gradual que se apresenta nas organizações, mediante o qual as relações se formalizam; a hierarquia se institucionaliza; a improvisação diminui; o trabalho de cada um se especializa; são criadas normas escritas, procedimentos e rotinas; procura-se submeter a todos os membros da organização às mesmas regras e aos mesmos regulamentos; e esses membros separam seu domicílio do local de trabalho. A principal característica das organizações formais é sua estrutura burocrática.

As burocracias exercem um formidável controle sobre as pessoas que trabalham nas organizações, sobre a informação que flui e sobre as atividades que se realizam.

Do ponto de vista teórico, foi principalmente Max Weber quem identificou a maioria das características das organizações burocráticas, relacionando-as uma a uma. Tais características fundamentais são:

1. Posições e responsabilidades. As posições são ocupadas com responsabilidades claramente definidas. Regras específicas são aplicadas para todos aqueles que são membros e ocupam determinadas posições.

2. Hierarquia. As posições são organizadas de forma hierárquica. Cada posição na organização é definida em termos de outras posições. Os direitos e as responsabilidades dos superiores e dos subordinados estão circunscritos pelas suas posições no sistema e pelas regras estabelecidas.

3. Regras. Há regras para a realização de cada tarefa individual. Há também regras determinando os caminhos nos quais as tarefas individuais são integradas. Essas regras são formais, invariáveis, específicas e, de modo geral, escritas. Elas servem como estrutura formal altamente especializada e configuram a organização como um sistema social de trabalho.

4. Impessoalidade e imparcialidade. Os membros entram e saem. Após a partida, seus lugares são ocupados por outros membros que são funcionalmente equivalentes. O tempo de duração da burocracia pode ser de centenas de anos, embora o tempo de serviço de seus membros possa ser muito curto.

5. Carreira ascendente. Posições existentes nas organizações que são idealizadas pelas pessoas cujas qualificações e cujos desempenhos passados deixam entrever uma expectativa razoável de sucesso no cumprimento das tarefas associadas àquelas posições.

6. Normas de eficiência. Cada atitude é julgada pela sua eficiência na realização de um objetivo particular. O desempenho é julgado pelos resultados obtidos.

De modo geral, a burocracia pode ser vista como uma série de pirâmides segmentadas, sempre ligadas umas às outras até a ponta para formar uma pirâmide maior (veja Figura 9.9). A coordenação do trabalho das pirâmides menores é realizada por meio de uma hierarquia unilinear; a 'cadeia de comando'. Autoridade e responsabilidade, de uma forma ideal, fluem por linhas claramente definidas. Cada pessoa está somente em uma única linha. Ela recebe ordens de um único superior hierárquico e dá ordens para somente um conjunto determinado de subordinados.

**Figura 9.9** Distribuição da cadeia de comando

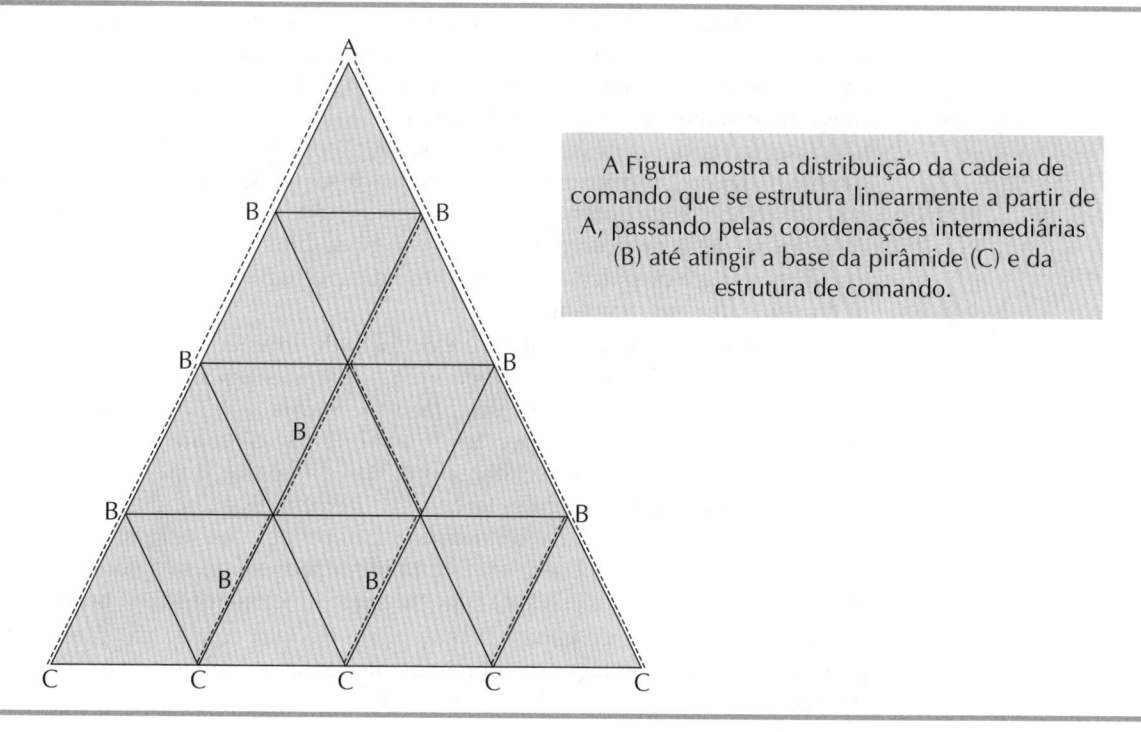

A Figura mostra a distribuição da cadeia de comando que se estrutura linearmente a partir de A, passando pelas coordenações intermediárias (B) até atingir a base da pirâmide (C) e da estrutura de comando.

Ambas as partes — a superior e os subordinados — aceitam a legitimidade de seu relacionamento. O fato de os subordinados aceitarem o poder de seus superiores converte o poder em autoridade. De acordo com Weber, a aceitação da legitimidade da autoridade burocrática é crucial para o funcionamento da eficiência organizacional. As decisões tomadas em um nível são levadas aos níveis inferiores, sem que caiam em uma série interminável de lutas pelo poder. A estabilidade do sistema e sua hierarquia ficam assim asseguradas. Pelo fato de a legitimidade ser tão importante, muitas estratégias têm sido desenvolvidas para consegui-la.

A primeira estratégia é enfatizar que as relações são entre posições, e não entre pessoas. As pessoas tendem a aceitar a necessidade de as posições serem subordinadas a outras posições mais facilmente do que elas poderiam aceitar sua inferioridade pessoal em relação a outra pessoa. Inferioridade da posição não implica necessariamente inferioridade da pessoa. Por outro lado, os ocupantes de um nível elevado não são sempre superiores. Alguns deles podem ser corruptos, maus, ignorantes ou, em outros termos, inadequados para uma função elevada.

A segunda é separar claramente a posição da pessoa que a ocupa, estabelecer nitidamente os limites das relações de poder. Quando essas fronteiras são violadas, o funcionamento do sistema tende à ruptura. Diretores de uma organização podem requisitar diversas tarefas para suas secretárias — a cópia ou o arquivamento de um documento, por exemplo — e esperar uma performance eficiente. Se solicitarem favores sexuais, estarão extrapolando os limites das relações de poder e, provavelmente, o desempenho da secretária no trabalho cairá, prejudicando a organização como um todo.

Uma terceira estratégia diz respeito aos limites das relações organizacionais serem definidos por regras. É o sempre presente controle pelas regras que faz o termo 'burocracia' sinônimo da expressão 'organização formal'. É a impessoalidade no relacionamento burocrático. Há uma crença generalizada de que todos os membros de uma organização devam ser tratados da mesma maneira, independentemente das relações pessoais e dos sentimentos relacionados. Por outro lado, os subordinados têm a obrigação de acatar as ordens de seus superiores com base na crença estabelecida de que têm a ver estritamente com as posições existentes na organização. Nos lugares em que essa crença é menos prevalente, as tensões relacionadas ao trabalho e os conflitos de papéis tenderão a ser muito altos.

Finalmente, legitimidade e racionalidade também são obtidas pela tendência das organizações de desenvolver padrões universais e relevantes de nomeação de funções. Esse princípio, de um modo geral, está estabelecido e bastante arraigado nas modernas sociedades industriais. Ao longo da história, constata-se que as pessoas tinham a tendência de herdar posições de seus pais. Essa herança de posições não assegurava que a pessoa tinha as qualificações que permitissem um bom desempenho naquela posição. Embora a herança social de posições ainda ocorra, os critérios racionais de potencial de performance são hoje amplamente aceitos. Essa situação reflete a crescente aceitação dos princípios burocráticos. A burocracia inclui regras para organizar a ascensão nas diferentes funções e estabelecer o comportamento de seus ocupantes.

Aqueles que foram selecionados e ocupam determinadas posições apresentam certas semelhanças quanto a experiências passadas por outros indivíduos que exerceram a mesma função: caráter, talento, orientações e outras características pessoais e sociais; há uma expectativa social de que os vários ocupantes de uma determinada posição devam ser parecidos. Provavelmente, quando na função, uma maior adesão às regras uniformes torna-os cada vez mais parecidos. Indivíduos que ocupam posições burocráticas tendem a se parecer com os antigos, presentes e futuros ocupantes daquelas posições. Essa uniformidade aumenta a confiabilidade do desempenho na função e assegura o homogêneo funcionamento da burocracia.

Uma das fraquezas e falhas da burocracia é o fato de que são construídas de pessoas que têm orientações e objetivos diferentes da organização da qual são uma parte.

Qualquer organização formal ampla apresenta uma rede de pequenos grupos primários. Uma pessoa não é simplesmente uma unidade na estrutura da organização, designada pela alta direção. A pessoa é também membro de um pequeno grupo informal com sua própria estrutura e seu próprio sistema de normas definindo o comportamento de seus membros. Às vezes, o grupo primário pode violar as regras da organização secundária mais ampla no modo de fazer as coisas. Se as regras formais não são sempre aplicáveis em todas as situações, os grupos primários de trabalhadores simplesmente aparam algumas arestas, ou seja, quebram algumas regras, para que o trabalho seja realizado.

A eficiência burocrática traz embutida uma divisão técnica do trabalho, que pode provocar a alienação do indivíduo. Essa ideia de que as pessoas são alienadas de seu trabalho e da organização do trabalho foi primeiramente observada por Karl Marx. A especialização, afirmou, leva as pessoas a realizar tarefas tão insignificantes que elas não veem qualquer relação entre seus esforços e o produto final da organização. A submissão a regras desestimula a imaginação, a iniciativa e a responsabilidade.

Desde a década de 1980, muitas organizações começaram a entrar em uma nova etapa do desenvolvimento capitalista, na qual rápidas, constantes e profundas mudanças — científicas, tecnológicas, de mercado e de valores — exigem uma grande flexibilidade na organização interna, uma grande capacidade de adaptação e de inovação, e um maior compromisso dos membros da organização com as metas e os objetivos desta.

Devemos compreender que o processo de burocratização e a estrutura organizacional formam dois aspectos complementares na vida de uma organização. A burocracia de uma organização forma a estrutura orgânica desta. A estrutura orgânica de uma organização tem base em seu processo de burocratização. Quanto maior a burocratização — relações fundamentalmente formais, predominância hierárquica, pouca ou nenhuma improvisação, alta especialização do trabalho, restrita obediência a normas escritas, estrito seguimento dos procedimentos e rotinas —, mais rígida será sua estrutura orgânica. Quanto menor a burocratização — equilíbrio entre relações formais e informais, diminuição dos níveis hierárquicos, incentivo à iniciativa individual, indivíduos multifuncionais, mudanças constantes nos procedimentos e nas rotinas —, mais flexível será a organização. Tanto em um caso como no outro, a burocracia é imprescindível para melhorar a eficiência da organização.

No Brasil, as formas anteriores de organização pré-capitalistas apresentavam estruturas organizacionais, burocratizadas, com predominância do tipo de autoridade tradicional de Weber — paternalistas e que reproduziam, de certo modo, a estrutura social existente no meio rural, onde o líder tradicional providenciava tudo o que fosse necessário ao seu apadrinhado. Da mesma maneira, as estruturas organizacionais que se formaram, tanto na administração pública quanto na maioria das empresas, foram estruturadas com o predomínio da mesma relação paternalista, relação informal de dependência de trabalhadores em relação ao empregador, considerado o protetor e aquele que atenderia às necessidades do trabalhador.

## 9.9 Grupos informais

Nas décadas de 1920 e início de 1930, na unidade Hawthorne da Western Eletric Co., os resultados obtidos com uma experiência promovida por Elton Mayo questionaram os métodos adotados pela 'direção científica', os quais estabeleciam que a produtividade das empresas dependia das condições físicas, ambientais, de remuneração etc. As experiências demonstraram a importância das interações sociais no local de trabalho como fator de aumento da produtividade. Demonstrou-se que as relações informais e os grupos sociais que se formam entre os colegas de trabalho podem estabelecer um padrão de produção.

O aparecimento dos grupos informais não é um fenômeno isolado das empresas industriais; surgem em todo tipo de organização e coexistem com a estrutura formal. Sob a estrutura formal da organização — aquela que compreende os mecanismos de controle estabelecidos explicitamente com o fim de garantir a contribuição eficaz de seus membros, para que sejam atingidos objetivos predeterminados —, existe um complexo sistema de relações interpessoais, estabelecido de modo espontâneo entre as pessoas e que configura uma estrutura informal, que é composta por diferentes grupos, os quais podem ou não ter uma correspondência com a estrutura formal. 'Esses grupos se convertem em um segundo ponto de referência que possuem as pessoas dentro de seu local de trabalho.'

Os grupos informais na organização e as relações paralelas que se estabelecem entre eles surgem e se desenvolvem, de modo geral, com o objetivo de contribuir para que sejam atingidos os objetivos pessoais de seus membros. Os objetivos pessoais podem estar de acordo ou não com os objetivos da organização.

Se há concordância entre os dois objetivos, o fato de os grupos informais perseguirem seu próprio interesse acaba contribuindo para que a organização atinja seus fins. Caso contrário, predominará o conflito, pois ambas as estruturas organizacionais — a formal e a informal — estarão perseguindo objetivos contraditórios.

Assim, podemos afirmar que os grupos informais variam em número, integrantes, objetivos e adotam posturas diferentes em relação à organização, podendo ir do apoio irrestrito ao enfrentamento, ou até mesmo ser indiferentes em relação a ela.

Os grupos informais, portanto, são constituídos independentemente da autorização da administração, podem corresponder ou não às equipes de trabalho formadas pela gerência e de modo geral têm uma liderança, que pode ou não corresponder àquela determinada pela direção da organização. A existência de um grupo informal estabelece normas sociais que são seguidas pelos indivíduos que a ele pertencem. Em resumo, 'os grupos informais constituem uma organização social que coexiste com a estrutura formal' (veja Quadro 9.2).

### 9.9.1 Principais características dos grupos informais

Algumas características comuns aos grupos informais são:

a) Constituem o resultado de processos espontâneos de interação entre os indivíduos que se encontram em contato direto uns com os outros.

b) Apresentam tamanho reduzido.

c) Baseiam-se em acordos pessoais e práticas cotidianas, que configuram uma série de normas informais.

d) Apresentam uma hierarquização de poder paralelo e sua estrutura de poder não segue a cadeia de comando estabelecida formalmente; é mais instável que aquela e não pode ser controlada pela direção, do mesmo modo que esta controla a estrutura formal. O fato de um membro ter maior influência na estrutura informal não está relacionado com sua posição na estrutura formal. Pode ocorrer que um indivíduo que apresente um alto status na estrutura formal não goze do mesmo prestígio na organização informal.

e) De modo geral, a formação do grupo informal se dá em torno de uma liderança, que, comumente, demonstra capacidade de ajudar os outros a alcançar objetivos pessoais importantes. Assim, irá adquirindo maior poder e influência na organização formal.

f) Formam subsistemas autônomos que estão relacionados com a organização formal. Os objetivos podem coincidir, se opor ou serem indiferentes, a partir dos quais se estabelecem relações de apoio, oposição ou indiferença, entre as duas estruturas.

| QUADRO 9.2 | A atuação de grupos informais nas organizações formais |

A história a seguir desenrolou-se em uma instituição financeira de médio porte, mas poderia ter acontecido em qualquer empresa de qualquer setor. Um grupo de executivos de um grande banco de varejo foi contratado para implantar um programa de expansão. Eles já trabalhavam juntos há muito tempo e, no novo emprego, formaram uma estrutura paralela dentro da empresa. Graças a seu estilo de atuar em bloco, em pouco tempo conquistaram espaço. Nas reuniões fechavam questões em torno das teses que lhes eram caras. Suas divergências jamais eram externadas na presença de estranhos. E não deixavam brechas para quem não fosse da turma. Os executivos da casa tentavam, naturalmente, fazer valer seus pontos de vista. Mas passaram a encontrar grandes dificuldades. Um deles viu seu espaço minguar de tal forma que acabou pedindo as contas.

Dificilmente, durante a carreira, um profissional passa incólume pela ação dos grupos de poder informais. Também chamados de 'patotas', 'igrejinhas' ou 'panelinhas', esses grupos existem em absolutamente todas as empresas. Seu objetivo é garantir alguma fatia de poder ou segurança para seus membros, que trocam favores e informações.

Grupos informais existem desde que os primeiros homens das cavernas decidiram fingir obediência a seu líder, enquanto só faziam o que bem entendiam. Pouco mudou desde então, embora hoje as técnicas de disputa pelo poder sejam bem mais sutis que um golpe de tacape na cabeça. Mas a questão é a seguinte: como administrar e sobreviver em uma empresa na qual os grupos paralelos estão mais preocupados com os seus interesses do que com os da companhia?

A primeira dificuldade é que, em geral, os grupos exercem pressão de maneira dissimulada. Não é fácil comprovar que se está sendo vítima do boicote por parte de seus colegas ou subordinados. "A discriminação por parte dos grupos costuma ser sutil", diz a psicóloga carioca Lia Carvalho, especializada na teoria dos sistemas, que estuda as relações humanas. A rejeição a alguns pode desencadear no grupo um tipo de comportamento conhecido, entre os psicanalistas, como atuação. O subconsciente atua fazendo os membros se esquecerem de dar recados ao colega que está sendo excluído. Ou perderem justamente aquele documento que era importante para que o projeto que ele (ou ela) está desenvolvendo vá adiante.

É claro que, na briga pelo poder, existem conflitos explícitos. Em 1979, a família Vidigal adquiriu o controle da Standard Elétrica, em São Paulo. O presidente e parte da antiga diretoria foram mantidos em seus postos. Um dos membros da família, Antonio Carlos Vidigal, foi nomeado diretor financeiro. Apesar de representar os novos donos, foi claramente rejeitado pelos demais diretores. "Eu me sentia um peixe fora d'água", afirma. Não era convocado para as reuniões. Quando descobria o que estava acontecendo e entrava na sala, todos se calavam. Por pelo menos uma ocasião ele teve certeza de que um projeto de sua área estava sendo boicotado. Dois anos depois, a família vendeu sua participação. "Era uma empresa doente e neurótica", diz Vidigal.

Um outro exemplo. Na filial brasileira de uma multinacional do setor de serviços, a chegada de um vice-presidente expatriado provocou a ira de um dos diretores. Ele conseguia manipular sua equipe de tal maneira que os subordinados nunca se dirigiam ao seu superior sem passar por ele. Embora demonstrasse simpatia e apresentasse seus projetos em reuniões gerais, ele criou mecanismos que evitavam conflito direto. Conseguiu, por exemplo, organizar sua agenda tão minuciosamente que, no período de um ano inteiro, não teve espaço para se reunir em particular com o vice-presidente.

*Fonte*: Adaptado de BREITINGER, Jacqueline. "Você não faz parte da panela. E agora?". *Exame*, 11 fev. 1998, p. 54.

g) Formam sistemas de relações interpessoais que ultrapassam as expectativas que deles se tem e das relações contratuais de trabalho. Essas relações podem transcender a própria organização, mantendo-se à margem dela.

### 9.9.2 Como surgem os grupos informais nas organizações

Entre as razões que explicam o aparecimento e o desenvolvimento dos grupos informais dentro das organizações, estão as necessidades pessoais e as características da própria estrutura organizacional. Os motivos principais para o desenvolvimento desses grupos são (veja Figura 9.10):

a) A proximidade entre as pessoas, que pode ser de vários tipos; entre os mais importantes temos: a física, a profissional, a que está relacionada com a tarefa a ser executada, a social e aquela que ocorre em razão da própria estrutura formal da organização. Há proximidade física quando os membros da organização ocupam um mesmo espaço físico, o que os obriga a uma convivência e uma interação maior. A proximidade profissional ocorre entre indivíduos pertencentes à mesma profissão — engenheiros, economistas, contadores etc. — em uma mesma organização, que podem formar grupos com maior interação. As tarefas que devem ser executadas podem reunir durante um tempo pessoas dos

**Figura 9.10** Motivos para o surgimento dos grupos informais nas organizações

| Motivos para o surgimento dos grupos informais nas organizações |
|---|
| Proximidade entre as pessoas (física, social, étnica, profissional etc.) |
| Necessidade e interesses pessoais comuns entre seus integrantes |
| Experiência comum no trabalho |
| Consenso entre os integrantes de um grupo de trabalho formal |
| Fracasso da organização em satisfazer as necessidades pessoais e sociais de seus membros |

mais diferentes lugares da organização e que, a partir dessa interação, estabelecem vínculos mais estreitos, constituindo grupos sociais informais. A proximidade social pode ser étnica, racial, religiosa e diz respeito à identidade construída a partir de sua origem social; podemos ter grupos de católicos, de judeus, de negros, de asiáticos, de alemães etc. A estrutura formal da organização pode provocar o surgimento de grupos informais, ao facilitar a convivência das pessoas, em determinados períodos ou lugares.

b) Necessidade e interesses pessoais comuns entre seus integrantes. Grupos de indivíduos podem apresentar interesses comuns e/ou necessidades que podem ser satisfeitas no grupo informal e que não são percebidas pela organização. Podem ser questões afetivas, perspectiva profissional, um hobby em comum, um interesse em uma atividade extra local de trabalho (como jogar futebol uma vez por semana).

c) Experiência comum no trabalho e nas relações estabelecidas. As pessoas que desempenham tarefas juntas tendem a se aproximar com mais intensidade, e, quanto maior o tempo de convivência, a intensidade da relação é maior.

d) Consenso entre os integrantes de um grupo de trabalho formal. Um grupo de trabalho formal pode chegar a um consenso de que devem ser estabelecidas maiores relações informais entre os membros do grupo e, para tanto, organiza várias atividades para aumentar a convivência social, como festas, saídas conjuntas no final do expediente para atividades de lazer, fins de semana com programação comum etc.

e) Fracasso da organização em satisfazer as necessidades pessoais e sociais de seus membros. As questões individuais dos membros da organização podem não integrar o rol de preocupações dos dirigentes ou, como é mais comum, em virtude do tamanho da organização, os problemas pessoais mais específicos de seus membros não são observados nem considerados no âmbito mais amplo de decisões.

## RESUMO DO CAPÍTULO

Vimos no capítulo que o grupo social é fundamental para os indivíduos se situarem no mundo. É no grupo social que o indivíduo estabelece sua identidade, sua personalidade e que adota um sistema de valores que pautará sua vida. Que existem formações, como os agregados ou as coletividades, que são confundidas com grupos sociais.

Aprendemos que existem várias definições de grupos sociais e que uma é independente da outra. Os grupos primários foram definidos por Charles Horton Cooley e referem-se a um grupo pequeno, em que as pessoas se encontram face a face e estabelecem relações muito fortes, tornando esse grupo o principal agente socializador. Além dele, vimos que existem grupos que consideramos pessoais ou de dentro, que são identificados pelo uso dos pronomes pessoais 'meu/minha/nosso/nossa', e nos quais aflora um sentimento positivo entre os membros (afetividade, solidariedade), e que, em relação aos grupos de fora, o sentimento é no mínimo de indiferença, podendo chegar à agressividade. Que os estereótipos são importantes na vida social, pois tomamos diariamente decisões com base neles.

Ao estudarmos a distância social, vimos que não há relação com a distância geográfica, e sim com sua condição social. Um faxineiro em uma empresa pode trabalhar no mesmo setor que o engenheiro, havendo, portanto, uma proximidade geográfica; no entanto, a distância social poderá ser enorme entre um e outro.

A importância do estudo da prática do lobby foi vista tanto em seus aspectos positivos como negativos.

Finalmente abordamos as organizações formais, considerando-as agentes sociais fundamentais nas modernas sociedades — com elas convivemos diariamente e sem elas não saberíamos como viver hoje em dia. Estudamos a burocracia como componente essencial dessas organizações e a existência de grupos sociais informais em seu interior, que apresentam características distintas e constituem, muitas vezes, estruturas paralelas à formal.

## PERGUNTAS

1. Qual a importância dos grupos sociais para o indivíduo?
2. Qual a definição mais aceita de grupo social?
3. O que significa as pessoas de um grupo social terem consciência de interação?
4. Qual o significado de as pessoas de um grupo social terem consciência de filiação?
5. Por que afirmamos que os grupos sociais têm características singulares, sendo por isso diretamente observáveis?
6. O que é uma agregação ou coletividade? Cite exemplos.
7. O que é uma categoria? Dê exemplos.
8. O que são grupos pessoais e grupos externos?
9. Qual a relação existente entre os membros de um grupo pessoal? Exemplifique.
10. Qual a relação existente entre os membros de um grupo interno (pessoal) com os membros de um grupo externo? Exemplifique.
11. Os grupos internos são etnocêntricos, de modo geral? Por quê?
12. O que são grupos de referência? Exemplifique.
13. O que é um estereótipo?
14. Por que interagimos primeiro com o estereótipo do grupo ao qual se deseja pertencer?
15. Pode o estereótipo ajudar no processo de socialização dos membros de um grupo? Exemplifique.
16. Identifique aspectos positivos e negativos da existência de grupos informais nas organizações.
17. O que é distância social? Exemplifique.
18. Qual a importância de um grupo primário? Exemplifique.
19. Que tipo de relação social expressa o conceito de comunidade? Forneça suas características.

20. Que tipo de relação social expressa o conceito de sociedade? Quais suas características?
21. O que é um grupo de pressão (ou grupo de interesse)?
22. O que é um lobby? Exemplifique.
23. Qual a diferença entre grupo de pressão e partido político?
24. Como agem os grupos de pressão?
25. O que é uma organização formal?
26. O que é burocracia?

## Notas

1  Cf. COOLEY, 1909, p. 23-31.
2  As recomendações foram extraídas de matéria da revista *Veja*, edição de 9 fev. 1994.

# PARTE III

# A desigualdade social

**CAPÍTULO 10**   A ESTRATIFICAÇÃO SOCIAL

**CAPÍTULO 11**   DESIGUALDADE SOCIAL
NO MUNDO E NO BRASIL

**CAPÍTULO 12**   DESIGUALDADE DE RAÇA E DE ETNIA

**CAPÍTULO 13**   DESIGUALDADE DE GÊNERO E DE IDADE

# Capítulo 10
# A estratificação social

## APRESENTAÇÃO

A estratificação social está presente em quase todas as sociedades, e neste capítulo analisaremos as principais formas de estratificação e as teorias que procuram explicá-las. Discutiremos alguns sistemas de estratificação, como: o de castas, o de estamentos e o de classes sociais.

## TÓPICOS PRINCIPAIS

10.1 A desigualdade social
10.2 O conceito de estratificação social
10.3 A estratificação social em Karl Marx
10.4 A estratificação social em Max Weber
10.5 Os estamentos
10.6 As castas sociais

### OBJETIVOS DE APRENDIZAGEM

Compreender:

- que a desigualdade social está presente na maioria das sociedades.
- que se busca a igualdade de oportunidades em uma sociedade igualitária.
- como se dá a divisão da sociedade em camadas.
- quais são as principais formas de estratificação social.
- o conceito marxista de classes sociais.
- a teoria da desigualdade de Max Weber.
- a diferença entre estamento e classe social.

---

O problema da desigualdade social está presente mais do que nunca neste início de século: em função da facilidade oferecida pelos meios de comunicação, vemos a pobreza entrando em nossa casa pela televisão, pela internet, isso quando ela não chega ao vivo pelas ruas.

Durante o século XX muitos foram os movimentos sociais que buscavam uma sociedade igualitária — anarquistas, comunistas, socialistas — e na realidade muitos vinham lutando por isso desde o século XIX. O termo 'igualitária' foi entendido por muitos de maneira equivocada, como se fosse possível construir uma sociedade de iguais, ou seja, as diferenças individuais que foram se desenvolvendo de acordo com as habilidades de cada um deveriam ser desconsideradas, e todos teriam de receber de acordo com uma realidade idealizada. Essa utopia igualitária esteve bastante presente durante o século XX e não condiz com a realidade humana e sua complexidade.

A utopia da igualdade a ser concretizada está na obtenção de direitos iguais a todos, independentemente de sua condição social, sexual, de raça, de etnia etc. O atendimento das necessidades básicas — alimentação, moradia, saúde, bem-estar social etc. — deve integrar os direitos fundamentais da existência humana.

As diferenças entre os homens permitirão que, ao longo de suas vidas, de acordo com a capacidade e a habilidade de trabalhar com aquilo que possui de melhor, avancem em termos do suprimento de suas necessidades, as quais, além das básicas, compreenderão outras, de cunho estético ou artístico, por exemplo. Assim sempre existirá algum grau de diferenciação social, pois sempre haverá aqueles que se identificam com um determinado nível da hierarquia social, no qual terão mais afinidade com aqueles que ocupam determinada posição e, consequentemente, formar-se-ão camadas sociais hierarquizadas.

O estabelecimento da igualdade social ou, melhor dizendo, da equidade social, passa pela permanente redefinição e ampliação gradativa dos direitos fundamentais do ser humano. O próprio conceito de 'democracia' está sendo constantemente redefinido: quando a antiga Atenas o utilizava, não incluía as mulheres e os escravos. Ainda hoje, as mulheres não possuem plenos direitos semelhantes aos dos homens em todos os quadrantes do planeta. O processo de conquista do direito de voto pelas mulheres é um bom exemplo de como os direitos se ampliam de acordo com a realidade social e o grau de participação. Em poucos lugares do mundo, o direito de voto feminino coincidiu com a obtenção desse direito por todos os homens, e ainda há muitos lugares onde o voto da mulher não é reconhecido.

## 10.1 A desigualdade social

A expressão 'desigualdade social' descreve uma condição na qual os membros de uma sociedade possuem quantias diferentes de riqueza, prestígio ou poder. Todas as sociedades são caracterizadas por algum grau de desigualdade social (veja Figura 10.1).

Podemos afirmar, com base em estudos da história humana, que a igualdade é uma impossibilidade social. Toda sociedade compõe-se de indivíduos com diferenças finitas de idade, sexo, força, resistência, velocidade, acuidade visual ou auditiva, inteligência, beleza e assim por diante. Uma vez que não é possível uma sociedade composta por membros exatamente iguais, quando utilizamos a expressão 'sociedade igualitária', estamos nos referindo à igualdade de oportunidades que devem ter todos os indivíduos dessa sociedade, sem discriminação de nenhuma espécie.

No combate à desigualdade social, busca-se atingir a 'equidade social', que é o direito que as pessoas têm de participar não "só da atividade política e econômica, mas também o direito de contar com os meios de subsistência e com o acesso a um conjunto de serviços públicos que permitam manter um nível adequado de vida" (Wolfe, 1991, p. 21).

A persistência da desigualdade social é hoje um dos grandes problemas do processo de globalização; a mudança de paradigmas nos processos produtivos, a intensificação do uso de tecnologia avançada, entre outros fatores que caracterizam esse processo de mundialização, têm causado o desemprego e, consequentemente, o aumento da desigualdade. Por outro lado, o Estado, que durante um certo tempo cumpriu o relevante papel de amenizar a desigualdade inerente ao sistema capitalista (o Estado do Bem-Estar Social), vem sendo desmontado de maneira rápida, sem se discutir mais profundamente qual o papel que lhe caberá em uma nova rearticulação do sistema social como um todo.

Dos autores que trataram do problema da estratificação social, os mais discutidos são Karl Marx e Max Weber, e suas diferentes perspectivas continuam a ser até hoje os dois principais modos de estudar a estratificação.

**Figura 10.1** Características da desigualdade social

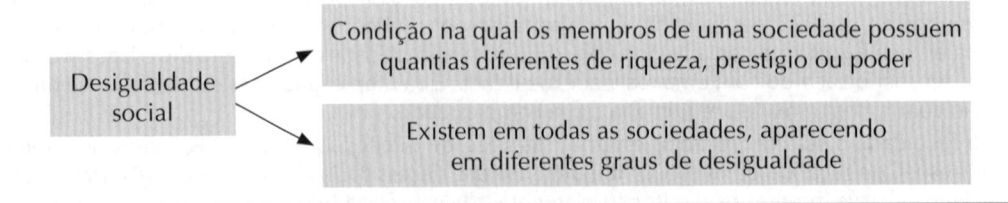

Desigualdade social
- Condição na qual os membros de uma sociedade possuem quantias diferentes de riqueza, prestígio ou poder
- Existem em todas as sociedades, aparecendo em diferentes graus de desigualdade

A visão de Marx é essencialmente macrossociológica e dinâmica, ao passo que a de Weber se coloca mais sob o ponto de vista do indivíduo e procura analisar as relações entre os indivíduos e os grupos e entre os grupos. Embora os dois processos sejam incompatíveis, eles não se excluem metodologicamente, como veremos mais adiante.

## 10.2 O conceito de estratificação social

**Estratificação social:** é a divisão da sociedade em camadas ou estratos sociais.

A expressão 'estratificação social' se refere à divisão da sociedade em camadas (ou estratos), sendo que seus ocupantes têm acesso desigual a oportunidades sociais e recompensas.

Todas as sociedades até hoje conhecidas e estudadas apresentam o fenômeno da hierarquia social, estando internamente divididas em estratos.

Vamos utilizar a expressão 'estratificação social' referindo-nos aos estratos ou às camadas sociais que se superpõem, constituindo uma certa hierarquia social. Aqui, 'estrato' significa um conjunto de pessoas que detêm o mesmo 'status' ou posição social.

'Sociedades estratificadas' podem ser estruturas de 'castas', 'estamentos' ou 'classes sociais'. Entre os fatores principais que levam à estratificação social estão: a competição, o conflito, a divisão do trabalho e a especialização. Em menor grau, mas não menos importante, estão as diferenças biológicas, como as de sexo, de idade, de raça e de etnia.

### Barreiras sociais

Considera-se uma 'barreira social' todo elemento cultural perfeitamente identificado, destinado a tornar difícil ou impossível o acesso de um indivíduo a um grupo ou a uma camada social. A existência de barreiras sociais está diretamente relacionada com a estratificação social. São exemplos: a endogamia; a etnia; qualquer forma de exclusivismo profissional, religioso, nacional ou racial. Existem barreiras sociais institucionalizadas, como o *apartheid*, que foi estabelecido por lei em 1948 e existiu na África do Sul até o final da década de 1980, provocando uma profunda discriminação em relação à comunidade negra, não lhes sendo permitido frequentar os mesmos lugares frequentados pelos brancos, além do veto a casamentos de grupos raciais diferentes, entre outras medidas restritivas.

Outra importante barreira é a proibição do casamento fora do grupo social, que é bastante explícita em países onde ainda vigoram o sistema de castas ou de estamentos, como na Índia e no Nepal, onde pessoas de status diferentes são impedidas de casar com parceiros de outra camada social. Em sociedades mais abertas, onde vigora o sistema de classes, essa barreira também existe, porém não é tão explícita, e há uma grande margem de possibilidades de ser quebrada. Há uma grande variação entre diferentes regiões.

## 10.3 A estratificação social em Karl Marx

O conceito de 'estratificação' em Marx está profundamente ligado à dimensão econômica. Para Marx, a desigualdade se estabelece nas relações de produção, que é onde se pode identificar as diferenças entre os homens, particularmente aqueles que exploram e os que são explorados. Para ele, é na sociedade capitalista que se expressa com bastante clareza essa oposição que surge nas relações de produção; e as camadas sociais identificadas nas sociedades industriais passaram a ser denominadas 'classes sociais' (veja Figura 10.2).

**Figura 10.2** A estratificação social para Karl Marx

| Estratificação social para Karl Marx | ➡ | Ligada à dimensão econômica | ➡ | Classes sociais |

### As classes sociais

Marx foi o primeiro autor a utilizar com intensidade a expressão 'classes sociais'. Para ele, "as classes são expressão do modo de produzir da sociedade no sentido de que o próprio modo de produção se define pelas relações que intermedeiam entre as classes sociais, e tais relações dependem da relação das classes com os instrumentos de produção. Em uma sociedade em que o modo de produção capitalista domine, sem contrastes, em estado puro, as classes se reduzirão fundamentalmente em duas: a burguesia, composta pelos proprietários dos meios de produção, e o proletariado, composto por aqueles que, não dispondo dos meios de produção, têm de vender ao mercado sua força de trabalho" (Bobbio, Matteucci e Pasquino, 1993, p. 171).

As classes, do ponto de vista marxista, constituem um sistema de relações em que cada uma pressupõe a existência de outra, ou de outras: não pode haver burguesia sem proletariado e vice-versa.

Muito embora Marx não tenha conseguido escrever o volume 3 do seu livro *O capital* — que seria dedicado às classes sociais —, ao longo de sua obra expõe seu pensamento acerca da divisão da sociedade em classes e prioriza a existência de duas delas, fundamentais no capitalismo. Por suas próprias palavras: "a época da burguesia caracteriza-se por ter simplificado os antagonismos de classes. A sociedade divide-se cada vez mais em dois vastos campos opostos, em duas grandes classes diametralmente opostas: a burguesia e o proletariado" (Marx e Engels, 1977, p. 22).

E, mesmo tendo indicado a existência dessas classes fundamentais que estão em permanente oposição, salientando opressores e oprimidos como sendo um traço distintivo da história, Marx não descarta, ao contrário reafirma sempre, não só a existência de outras classes, como também aponta haver frações de classes: "Nas primeiras épocas históricas, verificamos, quase por toda parte, uma completa divisão da sociedade em classes distintas, uma escala graduada de condições sociais. Na Roma antiga encontramos patrícios, cavaleiros, plebeus, escravos; na Idade Média, senhores, vassalos, mestres, companheiros, servos; e, em cada uma destas classes, gradações especiais" (Marx e Engels, 1977, p. 22).

A análise da desigualdade social no capitalismo e seus desdobramentos feita por Marx tinha por objetivo uma rápida instrumentalização para a ação; desse modo, privilegiou as classes que considerava fundamentais e que determinavam os rumos que seriam seguidos pela sociedade capitalista. As demais classes, segundo Marx, estavam condenadas ao desaparecimento ou relegadas a um segundo plano do ponto de vista das forças política e social. Outras camadas sociais, descreve Marx, passariam pelo mesmo processo: "As camadas inferiores da classe média de outrora, os pequenos industriais, pequenos comerciantes e pessoas que possuem rendas, artesãos e camponeses caem nas fileiras do proletariado; uns porque seus pequenos capitais, não lhes permitindo empregar os processos da grande indústria, sucumbem na concorrência com os grandes capitalistas; outros porque sua habilidade profissional é depreciada pelos novos métodos de produção. Assim, o proletariado é recrutado em todas as classes da população" (Marx e Engels, 1977, p. 27).

Outras classes são identificadas por Marx como pertencentes à sociedade capitalista, embora estejam sempre orbitando em torno das classes fundamentais. Em outra parte do Manifesto capitalista refere-se às camadas intermediárias que se encontram entre a burguesia e o proletariado como 'classes médias', identificando-as com: os pequenos comerciantes, os pequenos fabricantes, os artesãos e os camponeses. Caracteriza-as como conservadoras e que só combatem a burguesia quando esta lhes compromete a existência como classe.

Marx identifica outra classe social pertencente à sociedade capitalista, o lumpemproletariado — que seriam as camadas mais baixas da sociedade, marginalizadas do processo produtivo, também conhecidas como 'lumpesinato'.

Com o aumento da complexidade da sociedade capitalista, a embrionária teoria de Marx das classes sociais não contempla um conjunto significativo de camadas sociais, que se apresentam com considerável autonomia em relação às classes fundamentais, embora em geral mantenham uma relação de dependência ao capital e em seu todo possuam um número significativo de membros.

## 10.4 A estratificação social em Max Weber

Diferentemente de Marx, Max Weber insistiu que uma única característica da realidade social (como classe social, com base no sistema de relações de produção) não define totalmente a posição de uma pessoa dentro do sistema de estratificação.

Weber utiliza três dimensões da sociedade para identificar as desigualdades nela existentes — a econômica, a social e a política —, que estão relacionadas com três componentes analiticamente distintos de estratificação: classe (riqueza e renda), status (prestígio) e poder (veja Figura 10.3). A posição de uma pessoa em um sistema de estratificação refletiria um pouco da combinação de sua classe, de seu status e de seu poder. Ao mesmo tempo, essas três dimensões de estratificação poderiam operar um pouco independentemente umas das outras, determinando igualmente a posição de uma pessoa.

De acordo com Weber, há três sistemas, ou três ordens, de estratificação em qualquer sociedade: a ordem econômica, a ordem social e a ordem política (ou legal). Cada uma dessas apresenta sua própria hierarquia, muito embora existam relações entre elas. Como exemplo: um indivíduo em uma classe social elevada (ordem econômica) facilita sua permanência em uma camada de grande prestígio (ordem social) ou seu acesso a um cargo político importante (ordem política), podendo ocorrer o mesmo na ordem inversa.

Chama de 'classe' "a todo grupo de pessoas que se encontra em igual situação de classe", e a situação de cada uma é definida por ele como (Weber, 1991, p. 199) "a oportunidade típica de 1) abastecimento de bens, 2) posição de vida externa, 3) destino pessoal, que resulta, dentro de determinada ordem econômica, da extensão e natureza do poder de disposição (ou falta deste) sobre bens ou qualificação de serviço e da natureza de sua aplicabilidade para a obtenção de rendas ou outras receitas".

Diferentemente de Marx, que conceituou classe social como determinada pelas relações sociais de produção (como na sociedade capitalista, em que os proprietários dos meios de produção formam a classe social dominante — burguesia — e aqueles que não detêm o controle dos meios de produção, possuindo somente sua força de trabalho, constituem a classe social dominada — proletariado), Max Weber

**Figura 10.3** A estratificação social para Max Weber

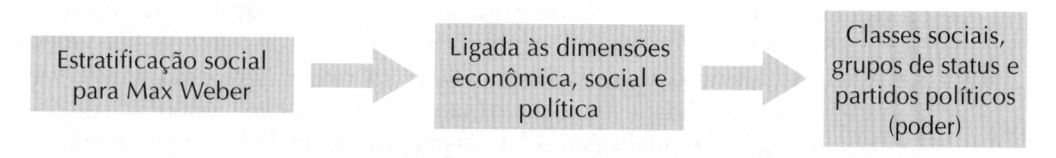

Estratificação social para Max Weber → Ligada às dimensões econômica, social e política → Classes sociais, grupos de status e partidos políticos (poder)

afirmava que as classes sociais se estratificam segundo o interesse econômico, em função de suas relações de produção e aquisição de bens. A diferenciação econômica, segundo Weber, é representada, portanto, pelos rendimentos, bens e serviços que o indivíduo possui ou de que dispõe. As classes sociais estão diretamente relacionadas com o mercado e com as possibilidades de acesso que os grupos na sociedade possuem a este.

O tipo de estratificação que corresponde ao status e baseia-se no prestígio é a contribuição mais importante de Max Weber no estudo da hierarquia social. Baseia-se na 'honra social'. O prestígio e a honra não podem ser avaliados objetivamente, como o podem a posse de bens e a riqueza econômica: são objeto de opiniões pessoais e fundamentam-se no consenso estabelecido em uma determinada sociedade. Uma pessoa terá sempre apenas o prestígio que a sociedade lhe quiser reconhecer. Desse modo, a hierarquia com base no status firma-se em critérios aceitos de prestígio social em uma determinada coletividade.

Os grupos de status podem ser facilmente reconhecidos segundo seu modo de vida — costumes, instrução, prestígio do nascimento ou da profissão. As pessoas que pertencem à mesma camada de status têm a tendência de frequentar os mesmos lugares e conviver com uma certa frequência — estão quase sempre nos mesmos clubes, nos mesmos bairros, nas mesmas áreas de lazer e de compras, e seus filhos estudam em escolas semelhantes. Os clubes sociais existentes em qualquer cidade expressam com clareza essa tendência: se, ao perguntarmos a vários membros de uma comunidade a hierarquia de status dos clubes sociais (excluindo-se os exclusivamente esportivos), veremos que todos apresentam uma hierarquia igual, ou muito semelhante, estabelecendo-se um certo consenso. Além disso, o prestígio social está ligado a comportamentos definidos, como: a maneira de falar, de gastar, de ler, de comprar, de se comportar em sociedade.

Além das classes sociais e dos grupos de status, Max Weber distinguia um terceiro tipo de estratificação social, com base no poder político. Do ponto de vista político, a diferenciação se dá pela distribuição do poder entre grupos e partidos políticos e também no interior destes. 'Partido político', do ponto de vista de Weber, é uma associação cuja adesão é voluntária e que visa assegurar o poder a um grupo de dirigentes, a fim de obter vantagens materiais para seus membros. O poder político, de modo geral, está institucionalizado.

Os partidos políticos podem representar interesses determinados pelas outras ordens de estratificação — a econômica e a social —, mas não coincidem totalmente com as classes sociais ou os grupos de status. Esta terceira forma de estratificação — a política, com base nos partidos políticos — não é muito clara e, por isso, pouco empregada; ocorre uma hierarquia entre os partidos políticos, sendo bastante evidente a posição que ocupa aquele que detém mais poder institucionalizado (o controle do Executivo federal) e aqueles que somente ocupam o poder nas pequenas cidades. No interior dos partidos políticos encontramos uma outra hierarquia de poder, que começa no topo, com o líder do partido, e vai até o militante de base.

## 10.5 Os estamentos

Um outro conceito formulado por Weber é o de 'estamento'. De acordo com ele, o estamento é formado por quem compartilha uma situação estamental, definida como um privilegiamento típico, positivo ou negativo, quanto à consideração social, com base: no modo de vida; no modo formal de educação (aprendizagem empírica ou racional); e no prestígio obtido hereditariamente ou profissionalmente.

A situação estamental se manifesta, sobretudo, pela endogamia dentro do grupo, na comensalidade (ou seja, no trato), na apropriação monopólica de oportunidades de aquisição privilegiadas ou estigmatização de determinados modos de adquirir.

Pode originar-se de um "modo de vida estamental próprio e, dentro deste, particularmente da natureza da profissão"; secundariamente, por carisma hereditário (descendência estamental) e pela apropriação estamental de poderes de mando.

Weber (1991) chama de 'sociedade estamental' quando a estrutura social orienta-se preferencialmente pelos estamentos. Para ele, toda sociedade estamental é convencional, "regulada por normas de modo de vida, criando, por isso, condições de consumo economicamente irracionais e impedindo, deste modo, por apropriações monopólicas (...) a formação livre do mercado".

Os estamentos ou 'estados' existiram durante séculos, e na sociedade europeia o feudalismo representou uma sociedade de estamentos, que apresentavam muita semelhança com as castas — caráter fechado, uniões endogâmicas e consanguíneas, e transmissão hereditária do status —, mas diferenciavam-se destas por não serem tão fechados.

Os estamentos mantinham uma hierarquia de ocupações sancionada por Deus. Cada pessoa tinha de executar as tarefas próprias de sua ocupação, não podendo abandoná-la. Um indivíduo não poderia sair de seu estamento, visto que este era regido por normas que definiam a posição do indivíduo dentro da sociedade, bem como seus privilégios e suas obrigações.

Os três estados que existiam na França do século XVIII são exemplos de estamentos. No primeiro estado — o da nobreza —, seus membros se degradavam ao exercer qualquer atividade econômica. O segundo estado — o do clero — dispunha de certos privilégios em matéria de imposto e gozava de certos direitos. O terceiro estado era constituído do resto, e todo aquele que não era nobre nem sacerdote era desse estado. Nessa época, os estados tinham existência legal, eram reconhecidos juridicamente e dispunham de representação no Parlamento. Fato curioso dessa situação que durou até a Revolução Francesa era que, no Parlamento, a nobreza sentava-se do lado direito, o clero possuía assento no centro e o povo de modo geral (os comuns) sentava-se sempre do lado esquerdo. Daí a origem da palavra 'esquerda', relacionada com aqueles identificados com posições populares, ligados ao povo, que é utilizada até hoje.

Dizia-se dos estamentos que "a nobreza era constituída para defender a todos, o clero para rezar por todos, e os comuns para proporcionar comida para todos".

O intelectual Raymundo Faoro (1975) publicou em sua obra *Os donos do poder: formação do patronato político brasileiro* um estudo do que chamou de 'estamento burocrático', que controlaria o Estado no Brasil desde o Império. Nesse estudo, Faoro considerou o estamento como uma camada organizada e definida politicamente por sua relação com o Estado.

## 10.6 As castas sociais

Entende-se por 'casta' um rígido sistema de estratificação social, no qual as pessoas não podem passar livremente de um nível ao outro. Uma pessoa que nasce em uma determinada casta deve permanecer nela pelo resto da vida. O casamento entre diferentes castas é rigorosamente proibido.

Na maior parte das sociedades antigas, a organização social baseava-se no sistema de castas, no qual a hierarquização rígida, fundamentada em critérios como hereditariedade, religião, profissão ou etnia, determinava a posição do indivíduo na sociedade.

Por exemplo, embora o sistema de castas tenha sido abolido oficialmente na Índia em 1949, existiu e foi parte básica da vida do povo durante 2.500 anos. Na prática, as castas existem no país até os dias de hoje. Os 'párias', ou intocáveis, são tão desprezados na hierarquia social que até mesmo ser 'tocado' por sua sombra requer um ritual de purificação.

A casta brâmane é a casta superior em toda a Índia e considerada a mais pura. Há um número infinito de castas, inclusive as por ocupação hereditária — dos barbeiros, dos oleiros, dos coureiros etc.

O sistema de castas indiano baseia-se em uma classificação que vai do 'puro' ao 'impuro', e que está em constante oposição. Os intocáveis pertencem à categoria das impurezas permanentes, pois esta pode ser de dois tipos: permanente e temporária. A impureza temporária pode ser adquirida pelas pessoas afetadas por acontecimentos como: nascimento, morte, menstruação. As funções da sociedade que são consideradas impuras são entregues a especialistas. Por exemplo, o barbeiro é o sacerdote funerário e, por isso, fica encarregado das impurezas. O lavadeiro, ou lavadeira, fica encarregado de lavar a roupa suja pelo parto ou menstruação. A purificação é feita por meio da água do banho. Mas nem todos os banhos têm o mesmo poder. O banho que tem o máximo de virtudes purificadoras ou religiosas é o que o indivíduo faz com as roupas sobre o corpo, nas correntes sagradas, como, por exemplo, a do Rio Ganges.

A vaca, além de pura, é considerada um animal sagrado. Há cinco produtos do animal que cumprem um papel purificador, dos quais um é a urina. Ela separa os homens mais elevados dos homens mais inferiores. Seus produtos são considerados agentes purificadores poderosos, e seu assassinato tem proporções semelhantes ao assassinato de um brâmane.

As reformas sociais, as mudanças econômicas e a intensificação do processo de urbanização têm rompido muitas das regras de relacionamento entre as castas, e a tendência é o desaparecimento gradativo desse sistema.

No entanto, ainda hoje, no começo de um novo milênio, é socialmente forte a presença da rígida diferenciação social. Um exemplo são os rituais dos mortos nas margens do Rio Ganges, na Índia. Os corpos dos homens são envoltos em faixas azuis; os de mulheres, em vermelhas; e os de idosos, em douradas. Há áreas de cremação reservadas a membros da polícia e do Exército, comerciantes e membros das castas superiores. As mulheres grávidas, os bebês, as crianças com menos de 12 anos e as vítimas de lepra e varíola são transportados de barco para o rio e jogados nas águas com uma pedra amarrada ao corpo. Para manter o rio limpo, o governo povoou-o com tartarugas que se alimentam de cadáveres.[1]

## RESUMO DO CAPÍTULO

A desigualdade social é um dos principais problemas do mundo hoje; ela é visível nas ruas, nas grandes cidades e no ambiente rural. Com base em estudos da história humana, pode-se afirmar que a igualdade absoluta é uma impossibilidade social. O que deve ser buscado é a igualdade de oportunidades para todos. A utopia da igualdade a ser concretizada está na obtenção de direitos iguais a todos, independentemente de sua condição social, sexual, de raça, de etnia etc.

Estratificação social se refere à divisão de uma sociedade em camadas, tendo seus ocupantes acesso desigual a oportunidades sociais e recompensas. Para Marx, o conceito de 'estratificação' está intimamente ligado à dimensão econômica: é nas relações de produção que se pode identificar as diferenças entre os homens. Foi Marx quem primeiro utilizou com intensidade o conceito de 'classes sociais', que para ele são a expressão do modo de produzir da sociedade. Em uma sociedade capitalista, por exemplo, as classes se reduzirão fundamentalmente a duas — a burguesia, composta pelos proprietários dos modos de produção, e o proletariado, composto daqueles que vendem sua força de trabalho.

Já Max Weber utiliza três dimensões da sociedade para identificar as desigualdades existentes: a econômica, a social e a política, que estão relacionadas a três componentes distintos de estratificação, respectivamente: classe (riqueza e renda), status (prestígio) e poder.

## PERGUNTAS

1. Por que se afirma que a igualdade absoluta entre as pessoas é uma impossibilidade social?
2. Indique algumas das diferenças biológicas que podem existir entre os indivíduos.
3. As diferenças biológicas contribuem para as diferenças sociais entre as pessoas?
4. A expressão 'sociedade igualitária' indica que tipo de igualdade há entre os indivíduos?
5. O que é o Estado do Bem-Estar Social?
6. O que é estratificação social? Exemplifique.
7. O fenômeno da existência da hierarquia social é universal?
8. Entre Karl Marx e Max Weber, quem apresenta uma visão macrossociológica e dinâmica da estratificação social e quem se coloca mais sob o ponto de vista do indivíduo?
9. Podemos afirmar que a teoria da desigualdade de Marx tem base fundamentalmente econômica? Por quê?
10. Qual o conceito de classe social em Marx?
11. Para Marx, no capitalismo existem outras classes sociais além da burguesia e do proletariado? Quais, por exemplo?
12. Por que Marx considera a burguesia e o proletariado as classes fundamentais do sistema capitalista?
13. Quais são as dimensões da sociedade que Max Weber utiliza para identificar a desigualdade social?
14. O que é classe para Max Weber?
15. O que é um estamento?
16. Quais eram os estamentos (ou estados) que existiam na França do século XVIII?
17. Em Weber, como se dá a desigualdade do ponto de vista político?
18. O que são castas?

## Nota

1 Informações obtidas em "Vida e morte povoam o Ganges em Varanasi", *Gazeta Mercantil*, 30 set. 1999, Caderno Viagens e Negócios, p. 16.

# CAPÍTULO 11
# Desigualdade social no mundo e no Brasil

## APRESENTAÇÃO

A desigualdade social no mundo será analisada, neste capítulo, sob a perspectiva de que está aumentando em função das novas tecnologias, da globalização e da intensificação das mudanças provocadas pela revolução científico-tecnológica em curso. Veremos como a desigualdade social mundial tem raízes históricas, que repousam nos modos de dominação perpetrados pelos países europeus ao longo dos últimos 500 anos. Assim, nos dias atuais há várias formas de dependência que ligam os países em desenvolvimento aos países desenvolvidos.

## TÓPICOS PRINCIPAIS

11.1 A desigualdade mundial
11.2 A construção da desigualdade mundial: o colonialismo e o imperialismo
11.3 As diversas formas de dependência nos dias de hoje
11.4 Desigualdade na América Latina
11.5 Desigualdade social no Brasil

## OBJETIVOS DE APRENDIZAGEM

Compreender:

- que a pobreza é um dos grandes problemas da humanidade.
- a existência de grandes desigualdades entre as nações.
- que a dominação europeia expressa pelo colonialismo e pelo imperialismo são causas importantes da desigualdade mundial.
- como funcionava a dominação colonial.
- as diversas formas de dependência atual entre as nações.

No final do século XX, uma das maiores preocupações da humanidade foi a acentuada desigualdade existente em várias regiões do planeta. A desigualdade social parece estar aumentando com o aceleramento da globalização e da revolução científico-tecnológica. Os índices de desenvolvimento humano (IDH) divulgados periodicamente pela Organização das Nações Unidas (ONU) têm demonstrado que os países mais ricos estão se distanciando dos mais pobres, aumentando o fosso social que separa o Norte desenvolvido do Sul subdesenvolvido.

A reunião da Organização Mundial do Comércio (OMC), em Seattle, Estados Unidos, em dezembro de 1999, denominada Rodada do Milênio, fracassou, principalmente, em virtude das manifestações de protesto contra a desigualdade social promovida pela globalização, o que acabou refletindo nos debates da organização. Em seguida, as reuniões do Fundo Monetário Internacional (FMI) e do Banco Internacional para a Reconstrução e o Desenvolvimento (Banco Mundial — Bird) tiveram o mesmo problema, forçando a divulgação de um documento das organizações financeiras posicionando-se em relação à desigualdade social mundial.

Não há mais lugar do planeta que consiga manter-se distante do problema social; as imagens da fome em diversos lugares do mundo refletem no dia a dia das pessoas comuns dos países desenvolvidos, forçando-as a pressionarem seus governos, suas instituições, para tomarem medidas a fim de minorar o sofrimento dos mais pobres. Esse quadro é que torna possível a atual onda de manifestações mundiais, que encontram a tecnologia como aliada na mobilização.

## 11.1 A desigualdade mundial

Embora a humanidade tenha obtido avanços tecnológicos sem comparação com qualquer período anterior, conseguido grandes avanços na medicina, além de um grande aumento na produtividade agrícola e na produção de alimentos como um todo, o sistema econômico mundial, essencialmente capitalista, tem sido incapaz de superar a profunda desigualdade social que persiste na maior parte do mundo. Só a desigualdade na distribuição do poder político pode explicar por que se produz o suficiente para reduzir a pobreza e, no entanto, milhões de indivíduos passam fome em diversos países.

A concentração de riqueza tem aumentado no mundo atual, gerando novos tipos de desigualdade, como a de acesso à informática, o que implica aumento da desigualdade de acesso à informação — o conhecimento produzido passa a ser incorporado por uma minoria, que passa a deter cada vez maior controle dos processos de produção da riqueza global.

Um dos aspectos mais cruéis dessa desigualdade é a concentração de pobres nas principais zonas urbanas mundiais, nas quais se estima que 31,6% vivem em favelas, sendo que, se tomarmos somente os países mais pobres, 43% dos que moram em cidades são favelados. A ONU considera favelas os conjuntos de habitações precariamente construídas em regiões pobres das cidades e que se caracterizam por não ter saneamento básico e abrigar um excesso de moradores que não dispõem de títulos de posse ou propriedade regularizados.

Do total de favelados, 60%, ou 550 milhões, vivem na Ásia. Outros 187 milhões (20%) estão na África, e mais 128 milhões (14%), na América Latina. Na Europa e em outros países desenvolvidos há 54 milhões (6%). Se considerarmos cada região, a América Latina e o Caribe (31,9%) só perdem para a África subsaariana (71,9%) em número de favelados, vindo a seguir a Ásia Central e do Sul (58%), a África do Norte (28,2%), o Sudeste Asiático (28%) e a Oceania (24,1%).[1]

Levando-se em conta que as cidades já abrigam metade da população mundial, ou 3 bilhões de pessoas, o quadro revelado pelas sub-habitações demonstra a gravidade da situação de desigualdade existente no mundo. Segundo a diretora executiva do programa O Desafio das Favelas, o Programa de Alojamento Humano da ONU, o problema é que "a falha dos governos em dotar com serviços as favelas abre uma lacuna na qual se instalam os criminosos. Há um vácuo perigoso aí. Pobre não é terrorista, mas a privação social extrema pode levar as pessoas ao comportamento antissocial".[2]

Se levarmos em consideração que aqueles que vivem em sub-habitações estão em situação de pobreza extrema, o quadro é mais grave, e o número de pobres no mundo é muito maior que o revelado pelos habitantes das favelas (veja "Caso para estudo" no final do capítulo).

Essa situação de extrema desigualdade mundial foi construída ao longo dos últimos 500 anos e tem a mesma idade do processo de criação de uma economia mundial, que foi surgindo sobre a exploração extrema do homem pelo homem no decorrer desse período (veja Figura 11.1). A colonização teve suas bases assentadas sobre a escravidão, a servidão e a exploração subumana de trabalhadores em minas ou grandes plantações. A estratégia das potências coloniais no período do imperialismo, no século XIX, assentava-se pela manutenção das mesmas condições de subordinação e dependência do período anterior.

Os países hoje considerados em desenvolvimento estiveram, durante a maior parte do tempo, e muitos ainda o estão, submetidos a imposições dos países desenvolvidos, que impedem a reprodução das mesmas condições de crescimento dos países do Norte.

**Figura 11.1**  Exemplo de sub-habitação urbana

## 11.2 A construção da desigualdade mundial: o colonialismo e o imperialismo

Denominamos 'colonialismo' a manutenção, por um longo tempo, da dominação cultural, política, econômica e social de um povo por uma potência estrangeira. As raízes do colonialismo podem ser buscadas na expansão europeia, que se iniciou no século XV e que perdurou por cinco séculos. Podemos dividir o período colonialista em duas etapas: a do mercantilismo e a do imperialismo.

### 11.2.1 O colonialismo e a etapa do mercantilismo

A primeira etapa do colonialismo vai do século XV a meados do século XVIII, abrangendo a época dos grandes impérios coloniais ibéricos, quando Portugal e Espanha praticamente repartiram o mundo. Predominou durante esse período a busca por matérias-primas, metais preciosos e novos mercados, com os Estados adotando uma política econômica denominada, posteriormente, 'mercantilista', cujos principais traços foram: o metalismo, a balança comercial favorável, o protecionismo alfandegário, a intervenção do Estado na ordem econômica, o monopólio e o colonialismo. O metalismo, que consistia no acúmulo de metais preciosos (ouro e prata), era a essência do mercantilismo.

Outro aspecto essencial da política econômica mercantilista foi a conquista e a exploração das colônias, que foram controladas por meio de uma relação de domínio político e econômico exercido pelas metrópoles europeias. Essa relação, conhecida como pacto colonial, tinha uma regra básica, que consistia em que a colônia só podia produzir aquilo que fosse autorizado pela metrópole e só poderia vender seus produtos a ela, a preços sempre baixos, para que fossem revendidos a outros países com grande margem de lucro. A função das regiões colonizadas era exclusivamente de servir ao enriquecimento da metrópole; sua exploração era organizada por meio do monopólio, constituindo-se em uma região em que a potência colonial europeia detinha a exclusividade dessa exploração.

Para garantir os resultados, a metrópole monopolizava a compra e a venda dos produtos de sua colônia, ou seja, todas as exportações da colônia tinham como único destino a metrópole, e suas importações provinham igualmente desta. E, para garantir que efetivamente isso acontecesse, a metrópole reservava para si também o monopólio dos transportes, sendo que somente seus navios tinham o direito de realizar o comércio com a colônia ou, no caso de navios de outras bandeiras, apenas os que eram autorizados e controlados pelo país colonizador (Hugon, 1980).

Assim, o monopólio colonial era um dos fundamentos da dominação do país colonizador e consistia em três pontos básicos:

a) toda exportação era dirigida exclusivamente à metrópole.

b) toda importação da colônia só poderia ser feita por meio da metrópole.

c) os transportes entre a metrópole e a colônia eram exclusividade dos navios do país colonizador, com exceções autorizadas e controladas por este.

A vida econômica das colônias era organizada em função dos interesses da metrópole, não podendo aquelas, por exemplo, desenvolver uma produção voltada para as suas necessidades internas. Sua economia deveria ser sempre complementar e jamais concorrer com a atividade econômica do país colonizador: a existência de manufaturas, por exemplo, era rigorosamente proibida. As colônias serviam de mercados fornecedores de matérias-primas a baixíssimo custo para as metrópoles, funcionando também como mercados consumidores de suas exportações de produtos manufaturados. Em sua essência, a política mercantilista em relação às colônias lhes reservava o papel de fonte de matéria-prima e de metais preciosos e, em um segundo momento, tornavam-se mercados consumidores de produtos manufaturados na metrópole. Ou, como no caso do Brasil, de países aos quais a metrópole era subordinada por uma série de acordos comerciais. Durante o século XVIII, por exemplo, o tecido comercializado no Brasil era de fabricação inglesa, pois Portugal tinha uma relação de dependência em relação à Inglaterra.

Como a produção das colônias tinha de ser maximizada para abastecer o mercado e tornar o país colonizador mais rico, era necessário, muitas vezes, levar mão de obra de outras regiões para trabalhar nas áreas agrícolas e mineiras. Quando a mão de obra indígena não era suficiente, pois havia sido dizimada (como nos países do Caribe) ou não se submetia muito bem à escravidão (como no Brasil), importavam-se escravos africanos.

Durante os séculos XVI a XIX, o tráfico de escravos negros tornou-se a maior migração forçada da história, quando cerca de 10 milhões a 15 milhões de pessoas foram transportadas para o continente americano.

Os primeiros escravos trazidos ao Brasil, por Portugal, vieram para trabalhar nas plantações de cana-de-açúcar.

Os negros eram adquiridos na África, em troca de produtos como: aguardente, fumo, fazendas coloridas e todo tipo de bugigangas. Eram caçados em suas tribos e, depois de negociados, metidos nos porões dos chamados 'navios negreiros', na mais completa promiscuidade, péssimas condições de higiene e alimentação mínima. Os que conseguiam sobreviver à dura travessia propiciavam lucros tão compensadores, que o tráfico perdurou durante longo tempo, até a segunda metade do século XIX, apesar das leis que o proibiam, e da esquadra inglesa que, durante o império, ameaçou o comércio humano (Luna, 1976).

O Brasil foi o último país das Américas a abolir a escravidão, em 13 de maio de 1888, um ano depois que a Espanha o fizera em Cuba. Também o Brasil foi o último país ocidental e de tradição cristã a libertar os escravos. E, quando o fez, o número era pouco significativo. Em 1873, havia 1,5 milhão de escravos, ou 15% dos brasileiros. Às vésperas da abolição, em 1887, os escravos não passavam de 723 mil, apenas 5% da população do país (Carvalho, 2002).

Esse quadro colonial de exploração humana teria fortes repercussões posteriores no País, onde, até o século XXI, os descendentes dos escravos ainda não gozam plenamente dos direitos de cidadania, mantendo-se em condições desiguais perante outros segmentos da população, como veremos no capítulo sobre desigualdade de raça e etnia (Capítulo 12).

## 11.2.2 O colonialismo e a etapa do imperialismo

A segunda etapa do colonialismo corresponde à segunda metade do século XVIII, todo o século XIX e princípios do XX, quando ocorre a ampliação daquele sistema para outras regiões, adotando novas formas de exploração que irão configurar a divisão do mundo, no final do século XX, em países desenvolvidos e países subdesenvolvidos. Com a Revolução Industrial iniciada na Inglaterra, na segunda metade do século XVIII, há necessidade de se buscarem novos mercados consumidores para os produtos gerados nos grandes centros e matérias-primas que mantivessem a produção contínua. As colônias se submeteram a uma nova divisão internacional da produção, cabendo-lhes o papel de cultivar unicamente produtos determinados pela metrópole, difundindo-se assim o monocultivo do algodão, do café, da cana-de-açúcar etc.

Essa nova fase do colonialismo, caracterizada como imperialista, começou praticamente com as guerras napoleônicas, quando a Inglaterra expandiu-se combatendo o inimigo francês. Seu domínio, inclusive, amplia-se sobre o Brasil, pois ajudou na fuga de Dom João VI de Portugal, com navios ingleses protegendo a esquadra portuguesa até sua chegada em território brasileiro. Essa relação, bem como a influência inglesa, fortaleceu-se e manteve-se mesmo após a independência do país, praticamente até a década de 1930, estabelecendo-se relações de dependência e subordinação econômica ao longo de todo o período.

No final do século XIX houve um aumento populacional na Europa, e incentivou-se a imigração das populações para os países colonizados. Nesse período, o Brasil recebeu inúmeros imigrantes de vários países europeus: espanhóis, italianos, alemães, entre outros. Cecil Rhodes (1853-1902), um dos grandes ideólogos do colonialismo e do imperialismo no período, justificava a conquista de novos territórios como modo de resolver os problemas sociais das metrópoles, pois poderiam exportar o excedente de população (veja Quadro 11.1).

No século XIX há uma grande corrida das potências europeias no estabelecimento de colônias por todo o mundo: é o período de apogeu da política imperialista, quando o capitalismo já evoluíra da multiplicidade de empresas concorrentes para uma concentração de empresas, dando início à fase do capitalismo monopolista, o qual, durante o século XX, assumiria sua característica definitiva expressa pelas grandes empresas multinacionais.

Para se ter uma ideia da dimensão da dominação colonialista, no início do século XX existiam, oficialmente, 136 colônias no mundo, governadas pelos países capitalistas: Inglaterra (50), França (33), Alemanha (13), Portugal (9), Estados Unidos (6), Japão (5), Turquia (4), Rússia (3), Espanha (3), Dinamarca (3), Países Baixos (3), Itália (2), Império Austro-Húngaro (2). A Inglaterra e a França tinham seus impérios coloniais já consolidados na etapa anterior e os expandiram na passagem do século XVIII ao XIX. Portugal de sua parte apenas conservava colônias obtidas na etapa anterior do colonialismo (Marques e Lopez, 2000).

---

**QUADRO 11.1** A política colonial

Em 1895, Cecil Rhodes afirmou a propósito de suas ideias imperialistas:

"Ontem estive no East-End londrino (bairro operário) e assisti a uma assembleia de desempregados. Ao ouvir ali discursos exaltados cuja nota dominante era: pão! pão! e ao refletir, de regresso a casa, sobre o que tinha ouvido, convenci-me, mais do que nunca, da importância do imperialismo... A ideia que acalento representa a solução do problema social: para salvar os 40 milhões de habitantes do Reino Unido de uma mortífera guerra civil, nós, os políticos coloniais, devemos apoderar-nos de novos territórios; para eles enviaremos o excedente de população e neles encontraremos novos mercados para os produtos das nossas fábricas e das nossas minas. O império, sempre o tenho dito, é uma questão de estômago. Se quereis evitar a guerra civil, deveis tornar-vos imperialistas."

*Fonte:* Citado por CATANI, A. M. *O que é imperialismo.* São Paulo: Abril Cultural/Brasiliense, 1985, p. 36.

Para evitar que as disputas territoriais se desdobrassem em guerras entre os países colonialistas, foi realizada, em 1884, em Berlim, uma conferência da qual participaram 15 nações europeias, os norte-americanos e os asiáticos e que teve como resultado uma partilha do continente africano, a qual perdurou com poucas alterações até a década de 1960.

A partilha do continente africano não levou em conta o território ocupado por suas populações, fazendo com que povos inteiros ficassem separados por fronteiras políticas artificialmente criadas pelos colonizadores, o que resultou em numerosas guerras ao longo do século XX. Não levaram em conta os interesses dos povos, sendo-lhes impostos novos sistemas econômicos, o esgotamento de seus recursos naturais e a completa destruição de culturas milenares.

Na realidade, o colonialismo afetou profundamente as sociedades dos países subordinados, produzindo mudanças radicais, ao longo da história, em suas estruturas sociais e criando uma profunda dependência desses países em relação às potências colonizadoras. Mudanças na comunicação e na infraestrutura, criação de fronteiras arbitrárias, desestruturação das sociedades locais, mudanças demográficas, implantação dos valores culturais dos colonizadores, criação de novas elites portadoras do saber e estamentos burocráticos que dilapidaram o patrimônio público, marginalizando a maior parte da população.

Os povos subjugados pelas potências coloniais — em sua maioria hoje denominados 'países em desenvolvimento' — ainda têm dificuldade de inserção no conjunto das nações, sendo considerados atores de segunda ordem, orbitando em torno da política determinada pelos países desenvolvidos. Hoje há vários movimentos de tentativa de diminuição da desigualdade entre as nações; no entanto, persiste uma política de dominação que tem sua base essencialmente no poderio econômico dos países mais industrializados.

## 11.3 As diversas formas de dependência nos dias de hoje

Entre as diversas formas de dependência entre os países desenvolvidos e os países em desenvolvimento, podemos indicar quatro das mais importantes: comercial, tecnológica, financeira e política.

### 11.3.1 Dependência comercial

O desenvolvimento histórico do capitalismo ocorreu com base na exploração de regiões mais pobres pelas regiões mais ricas, estabelecendo-se uma dependência que persiste. As economias dos países em desenvolvimento foram construídas como complementares às economias metropolitanas e assim se desenvolveram; a isso denomina-se 'especialização produtiva', que consiste em matérias-primas com baixo valor agregado e produtos agrícolas que, de um modo geral, são submetidos, de tempos em tempos, a mudanças bruscas de demanda, preços em baixa e substituição progressiva por novos produtos ou semelhantes produzidos a um custo menor em outras regiões.

No Brasil, a monocultura do açúcar foi substituída pela do café, que durante muito tempo dominou com exclusividade a pauta de exportações brasileira. Por um período o Brasil foi grande produtor de borracha, perdendo essa primazia quando a Malásia passou a produzi-la em condições mais vantajosas.

Do ponto de vista do comércio internacional, os países dependentes têm uma participação bastante limitada. O Brasil, por exemplo, embora de grandes dimensões, participa com menos de 1% do comércio mundial e depende principalmente do intercâmbio comercial com os países mais desenvolvidos.

### 11.3.2 Dependência tecnológica

Os países desenvolvidos investem maciçamente em pesquisa, gerando continuamente novos produtos de alta tecnologia, o que lhes permite um alto domínio tecnológico em amplos setores, que vão da informática e telecomunicações à biotecnologia. Neste último, a produtividade das sementes geneticamente modificadas pode aumentar a dependência dos países periféricos, que passariam a concorrer em maiores condições de desigualdade. Além do que os produtores, ao adotarem as sementes geneticamente modificadas, têm de pagar *royalties* às empresas que detêm a sua patente, ou seja, cria-se uma dependência tecnológica de agricultores com uma multinacional. É o caso da Monsanto, por exemplo, que possui uma semente de soja transgênica que é resistente a um herbicida de sua própria fabricação. Assim, o agricultor não só paga a patente para a multinacional, como deve comprar um determinado tipo de herbicida que só a empresa tem.

### 11.3.3 Dependência financeira

Um dos maiores problemas dos países em desenvolvimento é sua dívida externa, que na maioria dos casos se acumula desde os tempos da colônia e se amplia com a ajuda externa de organismos financeiros internacionais como o Fundo Monetário Internacional (FMI) e o Banco Mundial. Esses organismos internacionais renegociam as dívidas concedendo novos créditos sob condições duríssimas, denominadas 'planos de ajuste estrutural', que formam um conjunto de medidas econômicas impostas aos países em desenvolvimento. O objetivo dessas medidas é conseguir que no país se crie um clima propício para os investimentos internacionais, por meio da eliminação dos obstáculos a estes e ao comércio, ocorrendo, dessa forma, um aumento da entrada de divisas e diminuição do déficit público com a redução dos gastos governamentais.

Esse conjunto de medidas, de um modo geral, tem um forte impacto social, pois a redução dos gastos públicos significa uma diminuição dos investimentos do Estado, que tem consequências na economia com a diminuição das obras de infraestrutura (comunicações, estradas, vias públicas etc. e aquelas que se destinam à assistência social, à educação e à saúde, construções de hospitais, escolas, centros de atendimento social etc.). Por outro lado, o Estado diminui sua capacidade de atendimento àqueles que necessitam de seu amparo, pois escasseiam os recursos destinados à área social.

### 11.3.4 Dependência política

Este tipo de dependência pode explicar a maioria dos conflitos que ocorreram nos países em desenvolvimento. A colonização e a posterior descolonização provocaram a criação de Estados independentes com uma frágil integração nacional, de um modo geral dirigidos por minorias, quase sempre vinculadas a interesses econômicos e políticos das antigas metrópoles. Muitas dessas relações ainda se mantêm e são um fator muitas vezes determinante, o que é demonstrado pela falta de maior autonomia política de muitos países no cenário internacional.

## 11.4 Desigualdade na América Latina

A América Latina ainda sofre os efeitos da exploração colonial dos séculos XVI a XIX e sua posterior dependência dos países centrais, o que inviabilizou um crescimento voltado para o atendimento de suas necessidades. A produção tanto agrícola como industrial no período esteve voltada para o atendimento prioritário do mercado internacional, inserindo-se em uma divisão internacional do trabalho que lhe cabe, fundamentalmente, a produção de produtos primários e de baixo valor agregado: café, açúcar, soja, banana, carne etc.

Com uma população essencialmente mestiça, composta em sua maioria de descendentes de indígenas, brancos e negros, variando-se o percentual de cada uma dessas raças em cada país, a América Latina mantém, em alguns países, a população indígena marginalizada social e politicamente, criando-se situações explosivas pelo tamanho da desigualdade.

A Bolívia é um exemplo da extrema desigualdade social existente na América Latina. Com uma população, em 2003, de 8,8 milhões de habitantes, divididos em 65% indígenas (essencialmente aymarás e quéchuas), 25% de mestiços e 10% de origem europeia, é a parcela branca que governa o país desde sua independência, mantendo a população de origem indígena à margem dos processos de decisão. O presidente Sanchez de Lozada chegava a ser tão distante da realidade do país que mal falava o espanhol, pois foi criado e viveu nos Estados Unidos durante muito tempo. Realizava uma política essencialmente subordinada aos interesses dos Estados Unidos, contrariando principalmente a população camponesa plantadora de coca, produto cultivado desde o tempo dos incas, e importante elemento da cultura indígena; em outubro de 2003 houve uma revolta da maioria da população exigindo sua renúncia. Após muitos mortos e feridos, Lozada renunciou.

Em dezembro de 2005, venceu as eleições um líder dos agricultores, Evo Morales, de origem indígena, da etnia aymará, tornando-se o primeiro indígena eleito Presidente da República na Bolívia. Desde então, seu governo tem sofrido forte resistência dos setores mais conservadores, chegando o país a estar à beira da guerra civil em alguns momentos.

O exemplo da Bolívia reflete o estado de profunda exploração em que vivem parcelas significativas da população latino-americana. Segundo relatório do Banco Mundial (Banco Internacional de Reconstrução e Desenvolvimento – Bird), na América Latina, os 10% mais ricos da região detêm 48% da renda total. Na outra ponta, os 10% mais pobres ficam com apenas 1,6% do total. O estudo afirma que, com exceção da África subsaariana, a região é a mais desigual em qualquer indicador: renda, gastos com consumo, influência política, poder de decisão e acesso a serviços como saúde e educação. Nesse contexto, o Brasil continua como o 'mais desigual da região mais desigual'. O país só perde em desigualdade de renda para cinco nações africanas: Namíbia, Botsuana, República Centro-Africana e Suazilândia.[3]

## 11.5 Desigualdade social no Brasil

As raízes da desigualdade social no Brasil não diferem das de outros países latino-americanos. A forma de colonização, a profunda dependência externa do País, a acumulação de riquezas pelas camadas mais favorecidas da população, a marginalização histórica de parcelas significativas da população (os negros, por exemplo, não conseguiram aumentar sua inserção social), aliadas a práticas administrativas que privilegiam o apadrinhamento político e favorecem o desvio de verbas, podem explicar a situação atual de pobreza, desigualdade e miséria em que vive uma parcela significativa da população.

As estatísticas revelam que 12,9% dos brasileiros vivem em situação de pobreza extrema. Isso equivale a 21,7 milhões de pessoas com total insuficiência de renda, até mesmo para atender às necessidades elementares básicas, e que estão vulneráveis à fome crônica e à subnutrição. O quadro piora ao agregarmos esse contingente ao total de 57,7 milhões de brasileiros com rendimento *per capita* abaixo da linha de pobreza, correspondendo a 35% da população do País.[4]

No quadro de miséria, as regiões Norte e Nordeste são as mais castigadas:

juntas, reúnem quase 14 milhões de pessoas em pobreza extrema, concentrando, assim, 43% do total de pobres extremos da nação (veja Quadro 11.2).

Essa situação, que perdura, tem levado as populações em condição extremada de pobreza a se concentrarem nas periferias das grandes e médias cidades brasileiras, ocupando sub-habitações — as favelas, concentrações estas que reúnem todas as condições que favorecem a consolidação e o crescimento da criminalidade (veja Figura 11.2).

Nas áreas faveladas em que o poder público não atua ou o faz mal, sua autoridade é substituída pela dominação de quadrilhas de traficantes ou de assaltantes, que muitas vezes se legitimam perante a população punindo os praticantes de pequenos delitos em seu território ou contribuindo para o atendimento de algumas necessidades dos moradores.

**QUADRO 11.2** Dados da pobreza extrema — Brasil (2000)

| País/Região | Nº de pobres (mil) | % da população |
|---|---|---|
| BRASIL | 21.735 | 12,87 |
| Norte | 2.415 | 18,79 |
| Nordeste | 11.481 | 24,14 |
| Sudeste | 5.451 | 7,57 |
| Sul | 1.533 | 6,14 |
| Centro-Oeste | 855 | 7,40 |

Fonte: IBGE, Censo Demográfico – 2000; Ferrari, Lívia. "Pobreza extrema atinge 21,7 milhões". *Gazeta Mercantil*, 17 set. 2003, p. A-5.

**Figura 11.2** Favelas fazem parte do cenário na periferia das grandes cidades brasileiras

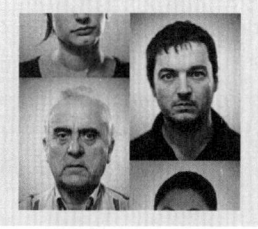

## RESUMO DO CAPÍTULO

Vimos que um dos grandes problemas do mundo atual é o enorme fosso existente entre as nações desenvolvidas e as em desenvolvimento. Essas diferenças contribuem para se manter e ampliar o atual quadro de pobreza mundial.

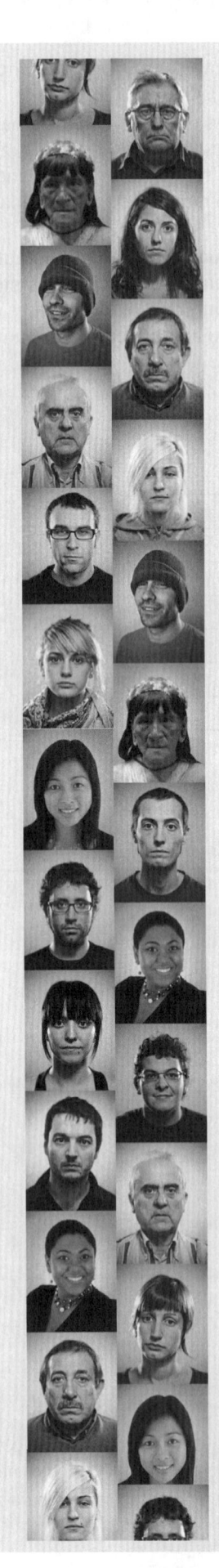

Com a globalização e o incremento da tecnologia, fruto dos avanços propiciados pela revolução científico-tecnológica, a concentração de riqueza tem aumentado, aumentando também o número de pobres que vivem em sub-habitações nas grandes concentrações urbanas do mundo.

Vimos que uma das principais causas da desigualdade entre as nações hoje em dia tem uma razão histórica, que foi a dominação colonialista e, posteriormente, a imperialista, das nações mais desenvolvidas sobre o restante do mundo. E que, entre as diversas formas de dependência atual, as mais importantes são a dependência comercial, a tecnológica, a financeira e a política.

Finalmente, vimos que a América Latina é a segunda região que apresenta os piores índices de desigualdade no mundo e o Brasil é o país latino-americano onde a desigualdade é maior.

## PERGUNTAS

1. Como se explica que hoje se produz o suficiente para reduzir a pobreza e, no entanto, esta vem aumentando?
2. O que são favelas, sob o ponto de vista da ONU?
3. O que é o colonialismo?
4. Sobre que bases foi assentada a colonização?
5. O que foi o mercantilismo?
6. Em que consistia o monopólio durante o período da colonização mercantilista?
7. Como o colonialismo afetou as sociedades dos países subordinados?
8. Cite as quatro principais formas de dependência atual.
9. Quais são as raízes da desigualdade social no Brasil?

## CASO PARA ESTUDO

**A pobreza e as crianças do mundo**

Um bilhão de crianças no mundo em desenvolvimento sofrem pelo menos um dos efeitos da pobreza, segundo estudo do Unicef (Fundo das Nações Unidas para a Infância). O número equivale a 56% do total de crianças nos 46 países pesquisados. E, de acordo com o estudo, 674 milhões (37%) vivem em pobreza absoluta, isto é, são afetadas por dois ou mais efeitos da pobreza.

São sete os efeitos da pobreza listados no estudo: falta de água potável, condições sanitárias precárias, moradia precária, falta de informação, falta de educação, falta de alimento e condições de saúde precárias. É considerada pobre a criança que sofre pelo menos um dos efeitos. Caso seja afetada por mais de um deles, a criança será classificada como 'vivendo em absoluta pobreza'.

As situações são mais graves nas áreas rurais, de acordo com o estudo, principalmente pela falta de condições sanitárias no campo. Mais de 90% das crianças que vivem nas áreas rurais na África subsaariana e no sul da Ásia sofrem pelo menos um dos efeitos da pobreza.

As meninas sofrem mais com a falta de educação do que os meninos. O estudo indica que 16% das meninas são afetadas pela falta de educação. Entre os meninos são 10%. As regiões responsáveis pela discrepância são o Oriente Médio e o norte da África.

O principal problema das crianças pobres é a moradia precária, segundo o estudo, que diz que 1 em cada 3 crianças vive em uma habitação com chão de terra e/ou dividindo o quarto com pelo menos outras cinco pessoas. E um número equivalente não possui banheiro na própria casa. Os dados indicam que há mais de 500 milhões de crianças em cada uma dessas situações. Há ainda 376 milhões de crianças sem acesso à água potável. E 134 milhões nunca frequentaram uma escola.

O estudo, denominado "A Pobreza Infantil no Mundo em Desenvolvimento", é o primeiro do gênero realizado pelo Unicef. Segundo o porta-voz do Unicef, o estudo tem como foco temas especificamente ligados às crianças, "como a vacinação e a educação". Afirmou ainda que outras pesquisas erram ao medir a pobreza pela renda e ao colocar a criança como apenas um membro da família.

Ao todo, 1,2 milhão de crianças até 18 anos (de 46 países), principalmente no final dos anos 90, foram pesquisadas. O resultado nesses países serve como base para a estimativa nos países em desenvolvimento que não foram pesquisados. Segundo o Unicef, "os efeitos físicos, emocionais e intelectuais causados pela pobreza nas crianças provocam sofrimentos durante toda a vida".

"A erradicação das piores manifestações da pobreza não é apenas um imperativo moral. É uma possibilidade prática e possível. E começa com o investimento nas crianças. Nenhum esforço para a redução da pobreza no mundo pode ser bem-sucedido sem atingir, em primeiro lugar, as crianças", disse a diretora executiva do Unicef. As declarações foram dadas em outubro de 2003, no Parlamento britânico.

Para a diretora do Unicef, as crianças precisam ter acesso à água potável e a condições sanitárias saudáveis. Todos os meninos e todas as meninas devem ter condições de ir à escola, com segurança e espaço para aprender. "A pobreza deixa as crianças sem futuro."

A saída para acabar com a pobreza infantil, segundo o Unicef, passa por investimentos dos governos, da sociedade e das famílias nos direitos das crianças. "É responsabilidade dos adultos criar um ambiente protegido no qual a criança possa viver longe da pobreza", disse o porta-voz do Unicef.

*Fonte*: Adaptado de Chacra, Gustavo. "Pobreza afeta ao menos 1 bilhão de crianças". *Folha de S.Paulo*, 24 out. 2003, p. A-12, fornecido pela *Folhapress*.

## QUESTÕES PARA DISCUSSÃO

1. Discuta os sete efeitos da pobreza nas crianças e o critério adotado pelo Unicef para a classificação de pobreza absoluta.
2. Por que as meninas são mais afetadas pela falta de educação? Observe, no caso descrito, as regiões em que isso ocorre mais acentuadamente e procure uma explicação.
3. Quais são os efeitos físicos, emocionais e intelectuais que afetam as crianças pobres e que repercutirão ao longo de toda a sua vida?
4. Quais são as responsabilidades dos governos, da sociedade e das famílias na preservação dos direitos das crianças?
5. Poderia a obrigatoriedade de frequência às aulas, com a consequente distribuição da merenda escolar, diminuir os efeitos da pobreza nas crianças? Por quê?

## Notas

1. "Favelados serão 2 bilhões em 30 anos". *Folha de S.Paulo*, 7 out. 2003, p. A-13.
2. Idem.
3. CANZIAN, Fernando. "Cresce desigualdade entre latinos, diz Bird". *Folha de S.Paulo*, 8 out. 2003, Caderno Dinheiro, p. B-10.
4. FERRARI, Lívia. "Pobreza extrema atinge 21,7 milhões". *Gazeta Mercantil*, 17 set. 2003, p. A-5.

# CAPÍTULO 12

# Desigualdade de raça e de etnia

## APRESENTAÇÃO

Neste capítulo, a abordagem das relações étnicas e raciais inicia-se com a definição de 'raça' e 'etnia'. Posteriormente, veremos uma análise dos conceitos de 'preconceito', 'discriminação' e 'grupos minoritários'. Focalizaremos, também, as práticas relacionadas à etnia e raça, como: as diversas maneiras de perseguição, segregação, o *apartheid*, a expulsão, o genocídio; e as formas de integração, assimilação e pluralismo cultural.

## TÓPICOS PRINCIPAIS

12.1 Os conceitos de raça e etnia
12.2 Os grupos minoritários
12.3 O preconceito e a discriminação
12.4 Formas de perseguição étnica e racial
12.5 Formas de integração

## OBJETIVOS DE APRENDIZAGEM

Compreender:

- que a pobreza é um dos grandes problemas da humanidade.
- que não existe nenhuma base biológica para explicar a diferença racial; ela é arbitrária.
- que a utilização do termo 'raça' só tem sentido do ponto de vista social.
- que todos os seres humanos do planeta têm uma origem comum.
- que grupos minoritários são aqueles dominados por outro grupo, independentemente de seu número.
- que 'preconceito' e 'discriminação' são conceitos que têm significados diferentes.
- que há vários tipos de perseguição étnica e racial.
- que a assimilação e a manutenção do pluralismo cultural são as principais formas de integração.

Na análise da estrutura social das sociedades, a composição étnica e racial e as relações existentes entre os grupos socialmente definidos pela raça e etnia são aspectos muito importantes a serem considerados, e, para tanto, é fundamental esclarecer alguns conceitos utilizados, como: raça, etnia, grupos minoritários, preconceito e discriminação.

## 12.1 Os conceitos de raça e etnia

Os conceitos de 'raça' e 'etnia' são importantes do ponto de vista do estudo dos grupos sociais, pois configuram agrupamentos humanos identificados por suas características externas — quer sejam culturais (modos de vida, de falar, hábitos e costumes etc.), quer sejam físicas ou hereditárias (a cor da pele, o formato dos olhos, do nariz, da boca, porte físico etc.) —, o que facilita a identificação entre seus membros, que se reconhecem como pertencentes a ele; e, ao mesmo tempo, os diferencia de outros grupos. Esses aspectos fortalecem a identidade grupal, facilitando o desenvolvimento de um espírito comunitário entre seus membros, que se caracteriza pelo incremento da solidariedade, uma certa identidade religiosa e um forte senso de responsabilidade compartilhada na defesa dos interesses do grupo étnico ou racial.

### Etnia

Grupos étnicos são populações que têm um senso de identidade de grupo baseado em distintos padrões culturais e, de um modo geral, ancestrais comuns, assumidos ou não. A diferença fundamental entre os grupos étnicos é de natureza cultural. Muitas pessoas sentem orgulho de se identificarem com um determinado grupo étnico e procuram adotar suas práticas culturais, cultivando a música, sua comida e alguns ritos e rituais. Já outras podem ter uma origem em um determinado grupo étnico, mas tentam se manter afastadas, disfarçando aparentar sua origem. No entanto, apesar disso, muitas pessoas podem tratá-las como pertencentes a determinado grupo étnico. No Estado de São Paulo, particularmente, é marcante a presença de descendentes de italianos que procuram preservar a identidade de origem, cultivando hábitos alimentares de consumir muita pizza e macarronada aos domingos, ouvindo música italiana e utilizando expressões italianas, como 'mamma mia', entre outras, revelando, com isso, seu passado. Na região de Santa Catarina há forte presença de descendentes alemães que cultuam sua identidade na ornamentação das casas, na realização de festas (Oktoberfest) e na gastronomia.

O preconceito contra determinados grupos étnicos costuma atribuir aos indivíduos características comuns a todos os seus integrantes. Assim, membros de um grupo étnico podem ser considerados todos avarentos, enigmáticos, espertos, indolentes, ladrões etc.

No Brasil, entre outros, são considerados grupos étnicos: os pomerânios do Espírito Santo; os poloneses no Paraná; os italianos em São Paulo; os alemães em Santa Catarina; os xavantes em Mato Grosso do Sul; os ianomâmis em Roraima; os pataxós na Bahia etc.

### Raça

O termo 'raça' foi utilizado inicialmente para explorar as diferenças de cor da pele e classificar seres humanos. Hoje, é amplamente reconhecido pela biologia que a classificação racial baseada no tipo físico é arbitrária. O formato da cabeça, dos lábios, do nariz, a textura e a forma do cabelo e, ainda, a predominância de um tipo de sangue não revelam diferenças significativas entre os seres humanos para identificá-los como raças diferentes, biologicamente falando.

Para os sociólogos, a importância do conceito de 'raça' não é sua precisão do ponto de vista biológico, mas sua realidade social, ou seja, se as pessoas acreditam e agem em função do que se entende do conceito de 'raça'. Por essa razão, podemos falar em raça do ponto de vista social como uma população em que os membros compartilham certas características físicas herdadas. E é por meio dessas características que eles são socialmente identificados, ou seja, apresentam traços físicos idênticos e observáveis. Assim como a definição biológica de raça, a definição de uma raça do ponto de vista social depende de um critério de escolha da sociedade. De um modo geral, podemos considerar três grandes classificações raciais: a negroide, a mongoloide e a caucasoide. No Brasil, são considerados como grupos raciais: os brancos (caucasoides), os negros (negroides) e os asiáticos (mongoloides).

Não se pode afirmar que exista uma raça pura, pois, na realidade, todos os seres humanos do planeta têm uma origem comum, e as diferenças visíveis nada mais são do que adaptações efetuadas ao longo do tempo. Do ponto de vista científico, as semelhanças existentes entre as categorias raciais humanas são muito mais significativas que as diferenças. Pesquisas recentes no campo da genética indicam que a espécie humana migrou do nordeste da África, região onde hoje se encontra a Etiópia, para o restante do planeta, constituindo os aproximadamente 6 bilhões de indivíduos da população mundial de hoje. As mesmas pesquisas destacam que há mais variabilidade genética em um bando de chimpanzés do que em toda a espécie humana (veja Quadro 12.1.).

As diferenças físicas visíveis, no entanto, levam as pessoas a assumirem determinados comportamentos, provocando ações e gerando atitudes que são objeto de estudo da sociologia. Desse modo, podemos definir os conceitos de: preconceito, discriminação e grupo minoritário.

## 12.2  Os grupos minoritários

Podemos definir um grupo minoritário (minoria) como um conjunto de pessoas que, por suas características físicas ou culturais, diferenciam-se dos outros membros da sociedade em que vivem e recebem um tratamento diferenciado e desigual. Do ponto de vista sociológico, um grupo minoritário é aquele socialmente dominado por outro grupo. O critério para um grupo ser minoritário está diretamente relacionado com poder, autoridade ou influência. É minoritário o grupo que não tem isso em decorrência do preconceito e da discriminação. Um grupo minoritário é um grupo subordinado cujos membros possuem menos controle ou poder sobre suas próprias vidas do que os membros do grupo dominante ou majoritário têm sobre eles.

Grupos minoritários podem se diferenciar por tipo de orientação sexual (gays, lésbicas); pela cor da pele (negros, japoneses, índios); pela nacionalidade (alemães, espanhóis, italianos); pela religião (judeus, espíritas, presbiterianos) etc.

**QUADRO 12.1**  Antepassados humanos comuns

Desde a última década do século, o exame de características de DNA humano em laboratório levou os cientistas a identificar o ancestral comum de todos os seres humanos atuais. O chamado 'adão genético' seria um homem que viveu na África há dezenas de milhares de anos e cujas características genéticas se perpetuam até hoje em nosso corpo.

A maioria das pesquisas reforça a concepção de que o homem (*Homo sapiens*) surgiu na África há mais de 200 mil anos e de lá partiu para a conquista de outros continentes.

As pesquisas usam a genética para encontrar as rotas de migração que deixaram a África. O geneticista Marc Feldman, professor da Universidade de Stanford, nos Estados Unidos, ao comparar os códigos genéticos de 1.056 voluntários de 52 regiões do planeta, encontrou diferenças tão pequenas que a única conclusão possível é de que toda a humanidade descende de uma população bem pequena.

Cálculos matemáticos levaram a 2 mil pessoas que viviam no continente africano há 70 mil anos.

Trata-se provavelmente de sobreviventes de uma grande catástrofe natural que por pouco não causou a extinção da espécie. "Ninguém sabe ao certo o que aconteceu; se foi uma praga ou uma guinada climática que abalou o meio de vida desse povo. O fato é que nossos genes registram esse encolhimento populacional", disse Feldman.

É um fenômeno que os especialistas em evolução chamam de 'gargalo de garrafa'. Ele ocorre quando uma população relativamente grande é quase extinta e resulta em descendentes com pequena variação genética. A consequência disso é que existe maior variabilidade genética dentro de um bando de chimpanzés do que entre os 6 bilhões de seres humanos.

*Fonte*: Adaptado de "Adão era africano". *Veja*, 18 jun. 2003, p. 56.

Independentemente de seu número, um grupo minoritário não terá muitas alternativas de escolha de um tipo de trabalho, expressão cultural ou política, porque ele tem um poder relativo menor em comparação ao grupo majoritário na sociedade. Embora as mulheres tenham a maioria numérica da população brasileira, elas são definidas e tratadas como grupo minoritário. As pessoas de origem árabe na França — mesmo sendo em número significativo — são consideradas um grupo minoritário. Os indivíduos de origem mexicana, porto-riquenha, jamaicana ou brasileira, nos Estados Unidos, pertencem a grupos minoritários.

Há uma forte tendência, no processo em curso de globalização, de os governos e as empresas levarem em consideração os grupos minoritários em suas políticas, sejam públicas ou privadas. Dois exemplos ilustram essa preocupação em duas nações desenvolvidas.

Nos Estados Unidos, a rede McDonald's pediu desculpas em consequência da confusão causada por utilizar condimento de carne bovina nas batatas fritas que são comercializadas nos Estados Unidos. Essa prática levou alguns hindus — que não consomem carne bovina por considerarem as vacas animais sagrados — e os vegetarianos a processarem a rede, em Seattle. O McDonald's publicou um comunicado de desculpas em sua página na internet e reconheceu que é adicionada uma pequena porção de condimento nas batatas. A rede havia anunciado em 1990 que não utilizaria mais esse tipo de gordura.[1] Um outro exemplo é mostrado no Quadro 12.2.

## 12.3 O preconceito e a discriminação

O preconceito consiste em uma atitude, ideia, pensamento ou opinião desfavorável que um indivíduo ou grupo demonstra de maneira emotiva e categórica com relação a outros indivíduos ou grupos. Sempre está baseado em um prejulgamento emotivo e sem fundamento. O preconceito é uma atitude negativa em relação a uma categoria de pessoas, que muitas vezes pertencem a alguma minoria

---

**QUADRO 12.2**    Polícia multicultural na Inglaterra

As policiais muçulmanas da Scotland Yard estão trocando uma tradição por outra. Desde a última semana, elas foram autorizadas a deixar de lado o capacete preto que simboliza a força metropolitana londrina para assumir em serviço o *hijab*, véu que cobre a cabeça e o pescoço tradicionalmente usado por muçulmanas.

Alfaiates a serviço da Scotland Yard criaram quatro modelos de uniformes — dois em azul-escuro e dois em preto — para que as oficiais possam trabalhar seguindo a doutrina islâmica.

A iniciativa foi tomada a pedido da Associação de Policiais Muçulmanos, que espera que o número de muçulmanas na Scotland Yard cresça a partir de agora. "Conhecemos dezenas de mulheres que gostariam de se tornar policiais, mas desistiram quando souberam que deveriam abrir mão do *hijab*", afirmou Mohammad Mahroof, secretário executivo da associação.

Atualmente, dos 21 mil oficiais da polícia metropolitana, cerca de cem são muçulmanos, um número extremamente baixo se considerado que um entre cada sete londrinos segue o Alcorão.

As muçulmanas não são as primeiras a abandonar o capacete da Scotland Yard — desde o início do ano, os oficiais adeptos da religião *sikh*, popular entre descendentes de indianos, ganharam permissão para patrulhar as ruas com turbantes. A polícia metropolitana estuda agora permitir que oficiais usem cabelo estilo rastafári.

Essas medidas fazem parte de um programa maior da Scotland Yard, chamado Proteção e Respeito, criado para aumentar a participação de minorias raciais e religiosas na polícia.

Entre as medidas a serem implementadas estão a criação de uma sala de orações no quartel-general da Scotland Yard, que, em seu refeitório, já serve comida *halal*, que segue os preceitos islâmicos. A polícia ainda estuda permitir que oficiais que não seguem a Igreja Anglicana possam ter folga nos feriados de suas religiões.

Em Manchester, a polícia criou um espaço para orações em seu posto central. A sala tem um sinal na parede indicando a direção da Meca. Ela só foi aberta depois que um policial muçulmano foi visto orando sob uma escada.

*Fonte*: CRUZ, Leonardo. "Polícia britânica cria fardas multiculturais". *Folha de S.Paulo*, 18 maio 2001, p. A-19, fornecido pela *Folhapress*.

étnica ou racial. As pessoas são julgadas com base em um estereótipo preconcebido ou uma generalização.

O preconceito é uma tendência de comportamento, não envolvendo necessariamente uma ação em si. Uma pessoa pode ser preconceituosa, mas não discriminar o grupo objeto do preconceito em uma escolha para ascensão em um cargo, por exemplo. Um empregador pode ser preconceituoso em relação aos gays; no entanto, não os discrimina quando realiza um processo de seleção para um determinado cargo.

Já a discriminação é uma ação deliberada e intencional de tratar um grupo social de maneira injusta e desigual. Um empregador pode não contratar descendentes de chineses para determinadas funções ou pagar salários inferiores a imigrantes bolivianos que desempenham a mesma função que brasileiros etc. (veja Figura 12.1).

Considerar os ciganos como pessoas pouco confiáveis é um preconceito; no entanto, se eles forem proibidos de fazer um crediário sem qualquer consulta ao órgão de proteção ao crédito, é uma discriminação.

Um outro aspecto é que o preconceito não pode ser controlado por meios legais, enquanto a discriminação, que pode ser considerada uma manifestação pública do preconceito, é passível de controle pelo aparato jurídico do Estado.

O preconceito transforma-se em um problema quando um prejulgamento torna-se imutável mesmo depois que fatos mostram que ele está incorreto. Prejulgamentos contra minorias étnicas e raciais são sempre atitudes que foram aprendidas. Ninguém nasce com preconceito. Ele é aprendido pela experiência social, no processo de socialização. As pessoas o adquirem dos pais, na escola, na igreja, dos amigos ou dos livros que leu ou dos filmes aos quais assistiu. Qualquer cultura pode construir um sistema baseado em preconceitos. O racismo, por exemplo, é uma ideologia baseada na crença de que características herdadas, como a cor da pele, são um sinal de inferioridade que justifica um tratamento discriminatório das pessoas com essa herança.

De um modo geral, preconceito e discriminação ocorrem juntos, mas é importante compreendermos que eles têm significados diferentes. O preconceito se refere a uma atitude, um sentimento interior. Discriminação é o comportamento adotado por uma pessoa ou grupo que faz com que os demais sejam tratados injustamente. Esse comportamento é baseado em sua condição de membro de um determinado grupo social. Não é uma atitude, mas uma ação ou um tipo de comportamento apenas baseado em uma atitude. Os dois nem sempre ocorrem juntos. É possível ser preconceituoso, mas não traduzir o preconceito em uma ação de discriminação. Uma pessoa pode acreditar que um determinado grupo é inferior e, mesmo assim, em razão de suas convicções democráticas, ser contrário a qualquer ato discriminatório contra determinado grupo. O inverso também é possível. A discriminação pode ocorrer sem um sentimento de preconceito. Por exemplo, um indivíduo pertence a um grupo minoritário e, apesar disso, discrimina outros que pertençam ao seu grupo em um recrutamento e seleção de pessoal para uma empresa.

**Figura 12.1** Características do preconceito e da discriminação

| Preconceito | Discriminação |
|---|---|
| Atitude, ideia, pensamento ou opinião desfavorável que um indivíduo ou grupo demonstra de maneira emotiva e categórica com relação a outros indivíduos ou grupos | Ação deliberada e intencional de tratar um grupo social de maneira injusta e desigual |

O preconceito e a discriminação em geral levam muitas pessoas pertencentes a minorias a ser excluídas dos direitos e privilégios que os demais membros da sociedade possuem, restringindo sua participação e integração como cidadãos de pleno direito. Há padrões de exclusão que podem ser considerados extremamente radicais em que o preconceito e a discriminação tornam-se altamente organizados e focados, constituindo-se muitas vezes em uma política deliberada consentida pela sociedade.

Nos últimos anos foram implementadas políticas públicas e privadas para combater a discriminação — seja racial, seja de gênero ou étnica — ou para corrigir os efeitos de uma discriminação ocorrida no passado. Esse conjunto de políticas é denominado genericamente de ações afirmativas. Essas ações surgiram nos Estados Unidos, sendo hoje aplicadas em vários países, inclusive no Brasil. A reserva de vagas nos partidos políticos para mulheres candidatas é um exemplo de ação afirmativa, assim como a reserva de vagas para negros nas universidades públicas.

Em outro exemplo de ação afirmativa, Porto Alegre (RS) tem, desde 2003, a Lei nº 494, que determina a reserva de 12% das vagas dos concursos públicos realizados pelo município para negros. De acordo com a lei, serão considerados afro-brasileiros os candidatos que se declarem negros.[2]

## 12.4 Formas de perseguição étnica e racial

Há diferentes formas de excluir os membros de minorias de participação na sociedade mais ampla, desde as mais sutis até as que pregam abertamente o extermínio do grupo minoritário. No Brasil, por exemplo, o preconceito racial surge nas estatísticas, demonstrando que raças diferentes têm qualidade de vida bem diferente.

Segundo dados do Programa das Nações Unidas para o Desenvolvimento (PNUD), com base no critério adotado pelo Instituto Brasileiro de Geografia e Estatística (IBGE), que considera como negros aqueles identificados como pretos e pardos, esses somados representam 44,7% da população brasileira. Porém, os brancos, além de viverem 5,3 anos a mais do que os negros, detêm, pelo índice de 2000, uma maior fatia da renda *per capita* (150% superior à dos negros), apresentam menos pobres em seu meio (22,18% contra 45,47% dos negros) e ainda possuem melhores índices de analfabetismo (entre negros com mais de 15 anos era de 18,69%, mais que o dobro da taxa entre brancos). Os dados refletem na qualidade de vida. Enquanto os negros registravam índice de 0,703, colocando-se entre o 104º e o 105º lugares do ranking mundial da ONU, os brancos atingiram 0,814, posição de número 44 na lista.[3]

O Quadro 12.3 a seguir apresenta claramente as diferenças entre as populações de brancos e negros no Brasil.

A forma mais radical de exclusão é o genocídio. Esse constitui-se em uma prática de extermínio intencional de um grupo social por uma população dominante majoritária. Exemplos relativamente recentes de genocídio são: o massacre de judeus pelos nazistas na Alemanha; a eliminação de muçulmanos bósnios pelos sérvios na antiga Iugoslávia; e a eliminação recíproca entre tutsis e hutus em Uganda e Burundi, na África.

Uma outra forma de exclusão de grupos minoritários é a expulsão da população de um determinado território. Essa é uma forma de perseguição bastante drástica e cruel, pois, de um modo geral, deslocam-se pessoas de uma região em que foram estabelecidos profundos vínculos culturais, desagregando socialmente todo um povo. Em uma tentativa de afastar grupos étnicos e raciais de seus países, muitas nações adotam a prática de expulsão de seus integrantes para evitar o convívio

## QUADRO 12.3 — O abismo racial no Brasil

| | Analfabetismo | Proporção de pobres | Proporção de crianças pobres | Domicílios com banheiro e água encanada | |
|---|---|---|---|---|---|
| BRASIL | 12,9 | 32,8 | 46 | 77 | 297,23 |
| Brancos | 8,3 | 22,2 | 20,2 | 87 | 406,54 |
| Negros | 18,7 | 45,5 | 43,1 | 65,1 | 162,75 |

*Fonte*: ESCÓSSIA, Fernanda. "Raças ocupam posições díspares, e negro sofre mais". *Folha de S.Paulo*, 3 out. 2003. Caderno Especial Qualidade de Vida, p. A-4.

social e uma possível miscigenação. São exemplos recentes: a expulsão de palestinos de suas terras pelo governo de Israel, a expulsão de curdos de determinadas regiões da Turquia, a migração forçada de muçulmanos da Sérvia etc.

A separação é outra forma de exclusão que ocorre entre diferentes grupos étnicos, criando-se fronteiras políticas que reorganizam o espaço ocupado pelas diferentes culturas. Assim, aqueles que estão em minoria são obrigados a se deslocarem para o território em que sua etnia esteja em maioria. Um exemplo recente é o que aconteceu com o desmembramento da antiga Iugoslávia, que formou vários Estados com etnias majoritárias: Croácia, Sérvia, Bósnia-Herzegovina etc. Nos Estados nos quais croatas, sérvios ou bósnios constituíam minorias, eles foram obrigados a se deslocar para as regiões de controle de seu grupo étnico. Hoje existem fronteiras políticas separando as diferentes etnias. Um outro exemplo foi a formação do Paquistão e de Bangladesh, Estados onde se estabeleceram os muçulmanos que pertenciam à antiga Índia com a maioria de hindus.

Uma forma de exclusão que ocorre dentro das sociedades é a segregação, em que as barreiras são sociais. Podemos definir segregação como uma separação institucional e ecológica de raças ou etnias. O grupo minoritário segregado é forçado a viver em uma parte da cidade, e às vezes em outra cidade, vila ou aldeia. Esse tipo de segregação muitas vezes não é forçado, embora as pessoas formem os guetos como uma maneira de se protegerem de um sentimento de rejeição que sentem das pessoas de fora (veja Quadro 12.4).

## QUADRO 12.4 — A separação racial em São Paulo

Um retrato em branco e negro: em Moema, distrito da capital paulista que oferece as melhores condições de vida à população, apenas cinco habitantes em cada grupo de cem se autodeclararam pretos ou pardos ao censo. Em distritos periféricos como Lajeado, Jardim Ângela e Cidade Tiradentes, que pertencem ao grupo dos que possuem os piores indicadores sociais, a proporção é de um negro (preto ou pardo) para cada branco.

São Paulo continua a ser ocupada segundo padrões históricos de exclusão social, preconceito e estigmatização, como revela mapa produzido pelo CEM-Cebrap (Centro de Estudos da Metrópole do Centro Brasileiro de Análise e Planejamento), instituição que tem financiamento da Fapesp (Fundação de Amparo à Pesquisa do Estado de São Paulo).

A distribuição dos habitantes no território urbano mostra que, nas áreas mais ricas e com maior disponibilidade de serviços públicos, há grande predomínio de não negros. Nessa 'ilha branca', os que se autoclassificaram de pretos ou pardos no censo não chegam a 20% da população. Nos distritos mais ricos, nem a 10%.

Nas regiões em que a população negra ultrapassa os 40%, a alta privação social, entendida como forte incidência de famílias de baixa renda e escolaridade e grande presença de jovens, alcança até 85% dos habitantes, como no distrito de Marsilac, na zona sul. Nos territórios de grande maioria branca, a alta privação é inexistente ou pequena.

"O mapa traz informações valiosas. Embora não existam leis que determinem onde o negro pode morar, os mecanismos discriminatórios permitem prever com enorme precisão os locais de moradia de negros e de brancos", afirma Edna Roland, coordenadora de combate ao racismo na América Latina da Unesco (Organização das Nações Unidas para a Educação, Ciência e Cultura).

O morador das áreas com maior presença de negros tem de se submeter a longos deslocamentos para encontrar trabalho e serviços — uma distância suficientemente longa para mantê-lo longe do olhar público. Os negros ultrapassam 30% dos habitantes à medida que nos dirigimos à periferia, chegando aos 50% em alguns distritos nos limites do município.

"A discriminação racial no Brasil vai além da desigualdade explicável por condições socioeconômicas. Diversos trabalhos mostram que, para as mesmas profissões e para a mesma escolaridade, os negros ganham menos. O mapa indica que essa segregação racial também se manifesta espacialmente. É uma realidade que não pode ser ignorada pelas políticas sociais", diz Haroldo da Gama Torres, 42, demógrafo do Centro de Estudos da Metrópole.

"O território é um elemento extremamente importante para as políticas sociais, pois é fator de reprodução da desigualdade. Isolamento territorial se traduz em isolamento social e econômico", diz Luiz Cesar de Queiroz Ribeiro, 55, coordenador do Observatório das Metrópoles da UFRJ (Universidade Federal do Rio de Janeiro).

O desafio das políticas de promoção da igualdade é resumido pelo padre José Enes de Jesus, presidente do Instituto do Negro Padre Batista: "A comunidade negra está na periferia, nos cortiços, nas ruas, na Febem, na cadeia. Os que não têm escola têm cor. Os que não têm emprego têm cor."

*Fonte*: Adaptado de DIAS, Edney Cielici. "'Ilha branca' revela exclusão de negros". *Folha de S.Paulo*, 21 set. 2003. Caderno Campinas, p. C-5, fornecido pela *Folhapress*.

Pode existir uma proibição legal de deixar o local, exceto para trabalhar, como nos guetos judeus durante a Segunda Guerra Mundial. Um tipo de segregação forçada é o *apartheid* (veja Quadro 12.5), que vigorou na África do Sul durante muitos anos e que separava as raças formal e legalmente. Essas permaneciam separadas, com escolas, residências, lojas e instalações sanitárias públicas distintas para cada grupo social.

## 12.5 Formas de integração

Ao longo da história da humanidade, diferentes formas de integração ocorreram entre grupos raciais e étnicos — que incluem desde o desaparecimento dos grupos originais que foram assimilados até a convivência harmoniosa entre as diferentes culturas.

### Assimilação

É o processo de integração em que dois ou mais grupos raciais ou étnicos se unem, tornando-se indistintos. Em relação aos grupos minoritários, a assimilação

**QUADRO 12.5** O apartheid

O *apartheid* foi um regime de discriminação institucionalizado que vigorou na África do Sul de 1948 a 1990. Nesse período, a constituição sul-africana incluía artigos discriminando as raças, mesmo sendo os negros maioria absoluta da população. Desde o início do século XX, a população branca minoritária — com o objetivo de manter o seu poder sobre a população negra — começou a criar leis discriminatórias. Essa política de segregação racial foi oficializada em 1948 quando o Partido Nacional, dos brancos, assumiu o poder.

O *apartheid* atingia vários aspectos da vida das pessoas. Os negros não podiam ter terras, não tinham direito à participação política e eram obrigados a viver em zonas residenciais afastadas dos brancos, geralmente em guetos miseráveis e superpovoados. Casamentos e relações sexuais entre raças eram rigorosamente proibidos.

Após o aumento da luta contra o *apartheid*, organizada pelo Congresso Nacional Africano (CNA) e dirigida por Nelson Mandela, a discriminação tornou-se ainda mais acentuada e violenta. Assim, foram definidos territórios tribais denominados Bantustões, onde os negros ficavam completamente isolados.

Prática condenada pelo mundo inteiro, a Organização das Nações Unidas (ONU) fazia pressões pelo fim da segregação racial. Em 1991, o regime sul-africano terminou oficialmente com o *apartheid* e libertou vários presos políticos, entre eles Nelson Mandela, que estava na prisão desde 1962.

Os negros adquiriram o direito de voto, o CNA foi legalizado e, em 1994, foram realizadas as primeiras eleições multirraciais na África do Sul, tornando-se presidente Nelson Mandela.

é o processo em que o grupo étnico ou racial adota os valores, atitudes e comportamentos do grupo dominante na sociedade. No Brasil houve um processo de assimilação de vários grupos étnicos, como os italianos no Estado de São Paulo; os açorianos no Estado de Santa Catarina; diversas etnias indígenas em todo o território nacional; muitos grupos africanos em várias partes do País etc.

No processo de assimilação, a cultura apreendida sempre incorpora novos elementos à cultura dominante, seja do ponto de vista de hábitos e costumes, gastronomia, novas palavras etc.

### Pluralismo cultural

Ocorre o pluralismo cultural quando há uma perfeita convivência entre grupos étnicos ou raciais numa mesma sociedade, com os grupos respeitando suas diferenças. Nas sociedades pluralistas cada grupo social cultiva suas próprias tradições, língua e costumes.

O Canadá é um país em que o pluralismo cultural permite a convivência pacífica entre duas fortes comunidades, os de língua francesa e os de língua inglesa. A Suíça é uma nação formada por uma população que fala diferentes idiomas (alemão, francês e italiano), além de professar diferentes religiões (protestantes e católicos) e ainda manter tradições, hábitos e costumes muito variados.

No Brasil é mantido um certo pluralismo cultural, havendo manifestações expressivas de grupos étnicos em várias partes do País. Há diversos grupos identificados em sua descendência com alemães, poloneses, húngaros, italianos, finlandeses, holandeses, letões, japoneses, chineses, coreanos, bolivianos. Além desses formados por descendentes dos imigrantes, há grupos étnicos identificados com os habitantes originais do território brasileiro atual, como os: xavantes, parecis, pacás-novos, ianomâmis, terenas, guaranis etc. Muitos desses grupos étnicos apresentam poucos indivíduos, havendo dificuldade de preservação de sua cultura. Organizações nacionais e internacionais têm feito esforços para preservar essas etnias e suas principais manifestações culturais (veja Quadro 12.6).

---

**QUADRO 12.6** Cultura de tribo brasileira vira patrimônio mundial

As expressões orais e gráficas da tribo Oiampi (Waiãpi) do Amapá foram incluídas, em novembro de 2003, na lista de Obras-primas do Patrimônio Oral e Imaterial da Humanidade da Organização das Nações Unidas para a Educação, a Ciência e a Cultura (Unesco) por representar um modo particular de comunicação em perigo de extinção.

A arte gráfica desses índios, conhecida como *kusiwa* pelos antropólogos, é um "repertório cifrado de conhecimento tradicional em permanente desenvolvimento", ressaltou a Unesco.

O povo oiampi, que conta com cerca de 580 índios, vive em 40 povoados. Durante séculos, essa tribo desenvolveu uma língua única, mistura de ricos componentes gráficos e verbais, com a qual representa sua visão de mundo e pela qual transmite conhecimentos. Já o *kusiwa*, considerado uma arte corporal, tem significados sociológicos, culturais, estéticos, religiosos e metafísicos.

*Fonte*: Adaptado de "Cultura de tribo brasileira vira patrimônio da humanidade". *O Estado de S.Paulo*, 8 nov. 2003, p. A-16.

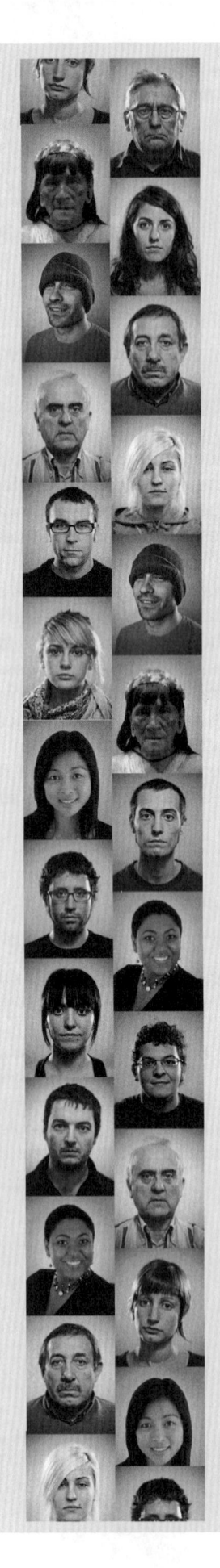

## RESUMO DO CAPÍTULO

Vimos que o conceito de 'etnia' se baseia em distinções culturais e na existência de ancestrais comuns e que o preconceito contra os grupos étnicos costuma atribuir aos indivíduos características que incluem todos os membros do grupo, indistintamente. Já a utilização do termo 'raça' como identificador de diferenças biológicas entre grupos humanos é arbitrária e sem sentido. Utilizamos o termo 'raça', do ponto de vista social, para identificar uma população que apresenta determinadas características físicas, e pelas quais ela é socialmente identificada. O critério de escolha da raça é da sociedade e não tem uma base científica. Os principais grupos raciais assim considerados são: os brancos, os negros e os asiáticos.

O conceito de 'grupo minoritário' não está ligado ao seu tamanho, e, sim, ao fato de identificar um conjunto da população que apresenta características físicas ou culturais que o distinguem dos outros, recebendo, assim, um tratamento diferenciado e desigual. Sob o ponto de vista sociológico, o grupo minoritário é aquele socialmente dominado por outro grupo, mesmo sendo maioria da população.

Vimos que preconceito e discriminação são diferentes. O preconceito consiste em uma atitude, ideia, pensamento ou opinião desfavorável que um indivíduo ou grupo demonstra em relação a outros grupos ou indivíduos. Já a discriminação é uma ação deliberada e intencional de tratar um grupo social de maneira injusta e desigual.

## PERGUNTAS

1. O que é um grupo étnico?
2. Do ponto de vista biológico, podemos definir com precisão o que é raça?
3. Como definimos raça do ponto de vista social?
4. O que é um grupo minoritário do ponto de vista da sociologia?
5. O que é preconceito?
6. O que é discriminação?
7. Pode haver preconceito sem discriminação? Exemplifique.
8. E discriminação sem preconceito, é possível? Exemplifique.
9. O que é o genocídio?
10. Qual a diferença entre separação e segregação de grupos minoritários?
11. O que foi o *apartheid* na África do Sul?
12. O que é um processo de assimilação cultural?
13. O que é o pluralismo cultural?

## CASO PARA ESTUDO

### Globalização, minorias e discriminação

O racismo existiu muito antes da globalização e, a propósito, assumiu formas muito mais cruéis no passado. Infelizmente, a atribuição de culpa, a pose estudada e a busca de ampla divulgação pela mídia vão provavelmente ofuscar em vez de revelar as raízes do racismo. Para arrancá-las, precisamos antes entender que o racismo faz parte de um sistema de convicções mais amplo.

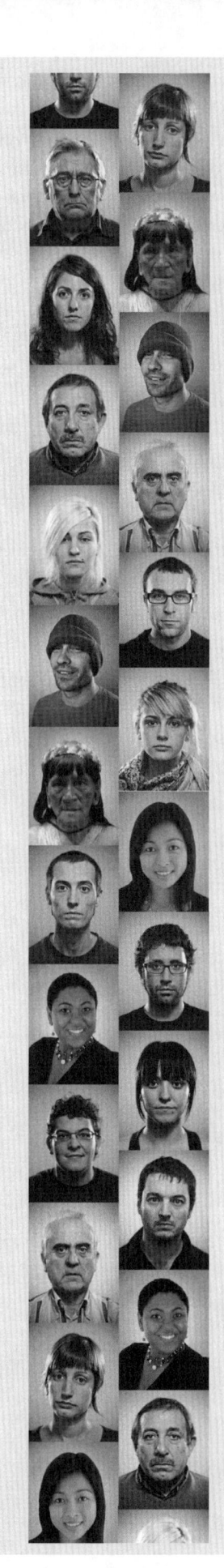

O mais importante avanço rumo à democracia não veio com as revoluções francesa ou americana.

A democracia é menos uma questão de instituições formais, separação de poderes e slogans sobre *égalité* ou *fraternité* do que um afastamento daquilo que alguns sociólogos chamam de 'imputação'.

'Imputação' é o termo que eles empregam para tratar (ou maltratar) pessoas de um modo que faz o nascimento ter toda a importância; ao contrário da conduta individual, que passa a ser irrelevante.

Antes do século XVII, quase todo ser humano nascia tendo um papel fixo na vida. Nascido camponês, continuaria sempre camponês. Ou rei. Ou escravo. Ou nobre. Seu papel na vida e sua identidade vinham pré-fabricados. A trajetória de sua vida era determinada antes mesmo do nascimento da pessoa.

Sempre houve algumas exceções, conforme ocorre em qualquer sistema — o menino pobre que se casou com a princesa. Mas elas eram mais comuns na fantasia do que na vida real.

Uma categoria racial não era a única coisa afixada permanentemente à pessoa ao nascer. Também o sexo. Em diferentes lugares e épocas, a etnia, casta, religião e, em alguns casos, a deficiência física eram mais importantes que a raça. Mas todas essas características eram consideradas imutáveis.

Predestinado a ter uma sorte específica, cada ser humano era, em resumo, prisioneiro da imputação, em uma ou múltiplas formas. E, enquanto esse sistema predominou, conforme ocorreu na maior parte da Terra, também predominaram o autoritarismo ou a tirania, além da pobreza imensa, brutal e milenar dos camponeses. A atribuição foi a resina epóxi que manteve a escravatura e o feudalismo em seus devidos lugares nas economias pré-modernas ou da Primeira Onda (Revolução Agrícola).

Quando a grande Segunda Onda de mudança histórica — a Revolução Industrial — chegou, ela trouxe não só tecnologia, urbanização e um novo meio de criar riqueza, mas novas instituições sociais e políticas. Ao fazê-lo, não eliminou o racismo. Seus piores dias ainda estavam por vir. Mas a 'modernidade' afrouxou em parte as cadeias da imputação. Conforme John Gray, o filósofo, destaca, uma das maiores realizações da humanidade desde então foi "tornar as identidades humanas menos uma questão de destino e mais uma questão de escolha".

A industrialização acelerou o ritmo das mudanças na sociedade e, ao menos para algumas pessoas, rompeu as cadeias impostas no nascimento. Meninos e meninas foram para a cidade, e muitos defenderam sua subsistência na 'nova economia' daquela era. Em sua maioria, tornaram-se trabalhadores, não só em fábricas, mas nas novas instituições que a industrialização trazia — lojas de departamentos, hospitais, agências postais e máquinas de governos em rápida expansão, que proporcionavam certa esperança de progresso baseado no mérito, e não no nascimento.

Alguns conduziram o que equivalia aos táxis — os carros de aluguel de tração animal. Outros se tornaram lojistas, artesãos, empresários. Dessa forma, surgiu uma classe média que atribuía grande importância não ao nascimento e à imputação, mas ao desempenho individual — ao que você fazia ou deixava de fazer, e não às condições de nascimento sobre as quais você não tinha controle.

Mas nem a Revolução Industrial conseguiu eliminar a imputação e o racismo virulento, o sexismo e o classismo dela derivados. Enquanto uma classe média ascendia, a maioria trabalhava em fábricas ou em escritórios que funcionavam como fábricas. Esse novo sistema de criação de riqueza, baseado na produção em massa, introduziu princípios novos como a padronização e as peças intercambiáveis. E exigiu a padronização paralela da mão de obra e de trabalhadores intercambiáveis — o oposto da individualidade.

Quando milhões de camponeses europeus continuaram a convergir para as cidades a fim de escapar da fome e da penúria da vida nos campos, raramente havia empregos em número suficiente. A escassez de trabalho levou trabalhadores de diferentes origens a competir entre si.

Muitas vezes a raça, o sexo, a etnia, a religião, a tribo ou a casta foram usados, conscientemente, por elites políticas e econômicas para regular a oferta de trabalho. Assim, às minorias era negado, enquanto fosse necessário, o acesso ao mercado de mão de obra — mantendo-as, na prática, como 'contingente de reserva de desempregados': os últimos contratados, os primeiros demitidos, os mais maltratados, aqueles mandados de volta para seus locais de origem para passar fome quando não eram mais essenciais.

*Fonte*: Adaptação de Toffler, Alvin e Heidi. "Ninguém detém o monopólio do ódio e do racismo". *O Estado de S.Paulo*, 27 maio 2001, p. A-22.

## QUESTÕES PARA DISCUSSÃO

1. O que significa imputação? Cite exemplos de mecanismos de imputação de minorias no Brasil.
2. Qual o significado da frase que atribui à Revolução Industrial o fato de "tornar as identidades humanas menos uma questão de destino e mais uma questão de escolha"?
3. A importância ao desempenho individual é uma forma de diminuir a discriminação, de acordo com o texto?
4. Está claro que o texto aponta que as minorias ao longo do processo de industrialização foram utilizadas como reserva de mão de obra no mercado de trabalho? Por quê?
5. Ocorre, no Brasil atual, a manutenção de minorias como 'contingente de reserva de desempregados'? Qualquer que seja a resposta, por quê?

## Notas

1 "McDonald's pede desculpas por usar tempero", *Folha de S.Paulo*, Caderno Dinheiro, p. B-10.
2 "Negros terão 12% das vagas em concurso público", *Folha de S.Paulo*, 17 set. 2003, p. C-5.
3 ESCÓSSIA, Fernanda. "Raças ocupam posições díspares, e negro sofre mais". *Folha de S.Paulo,* 3 out. 2003. Caderno Especial Qualidade de Vida, p. A-4.

# CAPÍTULO 13

# Desigualdade de gênero e de idade

## APRESENTAÇÃO

Neste capítulo, veremos como a desigualdade de gênero tornou-se uma das primeiras formas de desigualdade social, acompanhada pela diferença de idade. Veremos, ainda, os pontos incomuns entre sexo e gênero e os estereótipos sexuais que possibilitam a manutenção da desigualdade. Como se dá a discriminação de gênero e o significado de 'sexismo' serão também abordados aqui.

Finalmente, veremos por que cresce a desigualdade social em relação ao idoso e as perspectivas no futuro imediato.

## TÓPICOS PRINCIPAIS

13.1 Conceituando gênero e sexo
13.2 A desigualdade de gênero — masculino e feminino
13.3 A perspectiva feminina global
13.4 O idoso e a desigualdade social

### OBJETIVOS DE APRENDIZAGEM

Compreender:

- que as diferenças sexuais não tornam homens e mulheres diferentes sob o ponto de vista de suas capacidades.

- que a feminilidade e a masculinidade são construções culturais; portanto, mutáveis.

- o significado dos estereótipos sexuais como forma de perpetuação das diferenças.

- sob o ponto de vista global, que, embora as mulheres constituam poder significativo da força de trabalho, elas ocupam posições com menor remuneração.

- que haverá um aumento no número de idosos em todos os países do mundo, e esses não estão preparados para enfrentar os problemas advindos desse quadro de mudança do perfil populacional.

## 13.1 Conceituando gênero e sexo

A palavra 'gênero' é um termo de amplo significado e pode englobar todas as características comuns que caracterizam um determinado grupo ou uma classe de seres ou de objetos. Na biologia, 'gênero' designa espécies semelhantes. E há, ainda, um sem-número de outros significados.

Na atualidade, a expressão 'estudos de gênero' é utilizada para designar o conjunto de pesquisas e reflexões que têm como objeto a mulher em relação à perspectiva do homem. Os estudos procuram demarcar claramente a fronteira entre 'sexo' e 'gênero' (veja Figura 13.1).

O sexo está diretamente relacionado com o aspecto biológico, enquanto o gênero é uma construção cultural diretamente relacionada a uma sociedade determinada, tanto no aspecto temporal quanto no espacial. Ou seja, a feminilidade e a masculinidade são construções culturais aprendidas durante o processo de socialização e que podem variar no tempo e no território. Consequentemente, as noções de feminilidade e masculinidade não são imutáveis e, na realidade, estão em constante transformação.

Ao estudarem o gênero, os sociólogos estão interessados na socialização dos papéis que levam homens e mulheres a se comportarem diferentemente. Os tradicionais papéis de gênero levam a muitas formas de diferenciação entre homens e mulheres. Os papéis de gênero são evidentes não somente no trabalho das pessoas e em seu comportamento, mas também em como elas reagem quando estão diante um do outro. O comportamento é socialmente construído, e as diferenças entre homens e mulheres são, portanto, criadas e exacerbadas no processo de aprendizado.

De acordo com os tradicionais padrões de comportamento dos papéis de gênero que influenciam na socialização das crianças no Brasil, os meninos têm de ser masculinos (ativos, agressivos, rudes, ousados e dominantes), enquanto as meninas devem ser femininas (frágeis, emocionais, doces e submissas) (veja Quadro 13.1). Os pais são normalmente os primeiros e mais importantes agentes de socialização. Mas outros adultos, os amigos, a mídia e as instituições religiosas e educacionais também exercem uma importante influência na socialização dos papéis de gênero.

## 13.2 A desigualdade de gênero — masculino e feminino

Nas sociedades humanas, tanto as atuais quanto as existentes no passado, uma das primeiras perguntas feitas pelos pais quando do nascimento da criança é se o recém-nascido é um menino ou uma menina. Essa é uma demonstração da importância que as sociedades humanas dão para as diferenças sexuais. As sociedades de um modo geral estabelecem uma primeira diferenciação entre seus membros com base no sexo, estabelecendo tratamento distinto e esperando padrões de

**Figura 13.1** Os papéis do gênero na socialização de pessoas

Sexo: Diretamente ligado ao aspecto biológico — macho e fêmea

Gênero: É uma construção cultural; feminilidade e masculinidade são construções culturais que podem variar no tempo e no espaço

## QUADRO 13.1 — Estereótipos sexuais

A sociedade construiu, ao longo do tempo, valores que determinam comportamentos normais, aceitáveis e esperados para cada sexo: são os estereótipos.

Os estereótipos do que significa ser homem seguem o seguinte padrão: competição, agressividade, frieza, racionalidade, força, segurança, independência, poligamia; tudo para afirmar a sua masculinidade.

Os estereótipos que marcam o comportamento da mulher são: passividade, delicadeza, sensibilidade, falta de competitividade, recato, discrição, compaixão, fragilidade, vaidade, coquetismo, beleza, monogamia e, principalmente, a maternidade.

Desde muito cedo, as meninas são ensinadas a serem bonitas. Essa característica, no entanto, está associada ao fato de estarem sempre limpas, perfumadas ou artificialmente enfeitadas. Isso implica, dependendo da roupa e dos acessórios usados pela criança, uma impossibilidade até de se movimentar com facilidade. Já os meninos, em geral, são mais elogiados quanto mais espertos e levados forem; o que significa usar roupas mais práticas e não precisar estar tão limpos. Pais e mães narram as travessuras dos meninos e, sutilmente, estimulam essas façanhas. Paralelamente, é com ênfase que ressaltam a suavidade das meninas.

Nossa cultura, que mantém uma educação extremamente conservadora e arcaica, transmite às novas gerações esses mesmos valores; e isso como se eles fossem verdades incontestáveis, sendo que tudo que foge a esse padrão é problematizado e, muitas vezes, medicalizado (tratado como doença).

Se formos analisar, por exemplo, as figuras femininas, que surgem como ilustração na literatura infantil contemporânea dos contos de fadas, percebemos que essas histórias propõem mulheres mansas, inseguras, pouco inteligentes, só preocupadas com a beleza, ineficientes e traduzindo a sua aspiração pela maternidade. Isso é concretizado, por exemplo, na janela da torre do castelo, com a princesa a esperar pelo príncipe encantado. Em contrapartida, as figuras masculinas são valentes, dominadoras e com aspiração para um mundo aberto a todos os tipos de preocupações, aventuras e fantasias.

*Fonte:* Adaptado de Prefeitura da Cidade do Rio de Janeiro. Secretaria Municipal de Educação. Empresa Municipal de Multimeios Ltda. — Multrio. Centro de Informações-Multieducação. Disponível em: www.rio.rj.gov.br/multrio.

comportamento também diferentes de cada um dos grupos. Essa diferenciação não necessariamente implica que um sexo tenha status superior que o outro, mas, na prática, a diferença é sempre traduzida por uma desigualdade sexual. De fato, a desigualdade entre os sexos é provavelmente a mais velha forma estruturada de desigualdade social; ela com certeza é bem anterior à existência das castas, dos estamentos ou das classes sociais.

Na realidade, a divisão sexual do trabalho expressa uma hierarquia de gênero que aponta sempre para a desqualificação do trabalho feminino, socialmente desvalorizado e mal remunerado.

Na grande maioria das sociedades, direitos e oportunidades têm sido negados às mulheres com base no pressuposto de que o talento, a capacidade e o potencial de trabalho dos sexos são diferentes em muitos aspectos, com desvantagem para o sexo feminino (veja Quadro 13.2). Através da história, o status inferior da mulher foi aceito como um fato natural, tanto pelos homens como pelas mulheres, e essa pressuposição compartilhada por todos foi sendo passada de geração para geração. As religiões, por meio de seus rituais e livros sagrados, de um modo geral, reforçam essa condição inferior da mulher. As religiões mais importantes no mundo atual, como o catolicismo e o islamismo, com suas práticas rituais e seus textos sagrados (a Bíblia e o Alcorão) reforçam ostensivamente o papel secundário atribuído à mulher.

Todo status social apresenta um ou mais papéis ou expectativas de padrões de comportamento que estão associados a ele. De uma pessoa que ocupa o status, quer seja mulher ou homem, espera-se que desempenhe certos papéis cujo conteúdo é explicitado pela cultura em que está inserido. Os papéis sexuais são padrões aprendidos do comportamento esperado dos sexos em qualquer sociedade. Ao longo do processo de socialização, as crianças de ambos os sexos vão recebendo informações acerca do papel social correspondente que deverão desempenhar quando adultos. Os homens, quando jovens, adotam brincadeiras que correspondem aos padrões masculinos daquela determinada sociedade. Da mesma forma, as mulheres se envolvem com brinquedos e se divertem reproduzindo o comportamento esperado delas quando adultas.

### QUADRO 13.2 — Quase metade das incubadoras do país é gerida por mulheres

**Cerca de 8,9% afirmam ter sofrido preconceito de gênero**

A participação de mulheres em cargos de coordenação, direção ou gerência nas incubadoras é de 46,8%, segundo levantamento feito pela Anprotec (Associação Nacional de Entidades Promotoras de Empreendimentos Inovadores).

O estudo foi realizado em parceria com a ITCP Coppe UFRJ (Incubadora Tecnológica de Cooperativas Populares da Universidade Federal do Rio de Janeiro), entre julho e setembro de 2008.

O estudo "Mulheres Empreendedoras: Gênero e Trabalho nas Incubadoras de Empresas e Parques Tecnológicos" revela as impressões das mulheres em relação à sua atuação nessas instituições.

"O objetivo do levantamento é conhecer as perspectivas dessas trabalhadoras dentro das incubadoras para iniciarmos um debate sobre a necessidade de haver políticas públicas de gênero", afirma Gonçalo Guimarães, diretor da Anprotec.

A principal dificuldade apontada por elas é o preconceito: 10,1% das entrevistadas afirmam que já sofreram discriminação por causa da idade; 8,9% dizem ter sido discriminadas por serem mulheres.

**Primeira impressão**

"É mais difícil quando se é uma jovem mulher — alguns clientes e fornecedores se espantam quando me conhecem", diz Fabiana Maruccio, 29, sócia-diretora da incubadora Gesto Saúde. "Mas acredito que o trabalho bem-feito supere qualquer tipo de imagem do primeiro contato."

Marcelo Ramos, um dos organizadores do estudo, afirma que, apesar de existirem, os relatos sobre preconceito não são numerosos. "Mais de 40% das mulheres dizem não sofrer discriminação. Isso mostra uma mudança no padrão de comportamento desse mercado, inicialmente dominado por homens", aponta.

Para Regina Faria, 54, gerente da ITCP Coppe UFRJ, a conquista de cargos de gestão por parte das mulheres é uma questão de tempo. "Elas se dedicam mais ao estudo, e há cada vez mais mulheres na área de tecnologia", destaca.

O estudo revelou também que 50% das entrevistadas possuem pós-graduação, e 24,1%, nível superior incompleto. As que concluíram o ensino superior são 16,5%.

*Fonte*: NOMURA, Maria Carolina. "Quase metade das incubadoras do país é gerida por mulheres". *Folha de S.Paulo*, seção Negócios, 28 set. 2008, fornecido pela *Folhapress*.

Não há dúvida de que a divisão da espécie humana nas categorias de macho e fêmea está baseada em um fato biológico que é o sexo. No entanto, todas as sociedades transformam esse fato biológico em diferenças não biológicas de gênero, que são as noções de masculinidade e feminilidade. Esses dois atributos são características não biológicas, fundamentalmente sociais, como as diferenças no estilo do cabelo, das roupas, papéis ocupacionais ou traços de personalidade culturalmente aprovados. De acordo com cada cultura, as pessoas assumem que seus próprios conceitos de masculinidade e feminilidade são parte da natureza humana, assim como a diferença biológica entre machos e fêmeas.

No século XX a desigualdade entre homens e mulheres foi contestada vigorosamente em todo o mundo, com a criação de inúmeros movimentos que lutaram pela ampliação dos direitos das mulheres, questionando a estrutura institucionalizada de desigualdade entre os sexos. O que era antes considerado como natural foi questionado (veja Quadro 13.3), obtendo-se hoje, por parte de muitas pessoas

### QUADRO 13.3 — Controle da natalidade

O controle da natalidade era tabu no começo do século XX. Em 1914, nos EUA, Margaret Sanger, enfermeira e sexta de onze irmãos, publicou uma exortação (A Rebelde) às mulheres para contestar o clima de pró-concepção.

Sob acusação de obscenidades, Sanger fugiu para a Europa. Em 1916, ao voltar para os Estados Unidos, ela continuou sua pregação por maternidade voluntária. Sua primeira tentativa, uma clínica de controle de natalidade no Brooklin, foi invadida pela polícia nove dias depois de aberta. Sem se amedrontar, em 1923, Sanger fundou o Birth Control Clinical Research Bureau, primeira clínica de controle de natalidade formada por médicos nos EUA. Eles receitavam contraceptivos e davam conselhos à população.

*Fonte:* "Controle da natalidade", *Veja*, especial do Milênio, p. 60.

em inúmeros países, a compreensão de que a desigualdade sexual é, nada mais, nada menos, que um produto cultural da sociedade humana, e não um fato biológico imutável.

Os padrões de comportamento atribuídos aos papéis sexuais surgiram a partir da necessidade de as sociedades funcionarem de forma mais eficiente, pela divisão de tarefas e responsabilidades. Essa divisão de trabalho não necessariamente deveria ter sido estabelecida considerando-se as diferenças entre os sexos, mas, sem dúvida, isso serviu de base para que fossem estabelecidos diferentes papéis ocupacionais para o homem e a mulher, aumentando a diferenciação sexual.

Nas sociedades pré-capitalistas, os papéis tradicionais atribuídos ao homem e à mulher eram funcionais e pouco questionados. Ao longo do século XX, em plena era industrial, esses papéis sofreram um longo questionamento, e as mudanças foram ocorrendo — embora permanecesse a essência da dominação sexual do homem, com salários menores para as mulheres com as mesmas funções, dupla jornada de trabalho com a recusa masculina em assumir trabalhos domésticos etc.

No entanto, com a revolução científico-tecnológica do fim do século XX e início do século XXI, estão diminuindo rapidamente as funções que exigem maior esforço físico e, consequentemente, aumentando aquelas nas quais a competitividade é determinada pelo esforço intelectual. Nesse caso, então, a mulher compete em condições de igualdade com o homem. Um outro aspecto a ser considerado é que, ao longo do período industrial, em que o homem ocupou a maioria dos postos de trabalho, as atividades em geral eram repetitivas e bastante específicas, pouco se exigindo do intelecto humano. Desse modo, essa característica pouco flexível no enfrentamento da realidade foi em grande parte reproduzida pelo homem, considerado como um grupo social, para as novas gerações. E isso lhe traz desvantagens na nova sociedade que se avizinha, pois a flexibilidade e a iniciativa devem predominar no comportamento humano.

A mulher, por outro lado, predominantemente ocupou-se de atividades domésticas ou não ligadas à indústria, que acabavam padronizando os comportamentos. Assim, ela tinha de se desdobrar com criatividade e flexibilidade para desempenhar seu papel social, de esposa, mãe e filha e, muitas vezes, ainda trabalhar para contribuir para o sustento da família. Essa característica da atividade feminina no mundo industrial — que antes era vista como uma desvantagem —, agora, na nova sociedade, torna-se vantajosa, pois a mulher reproduziu no universo do grupo social feminino sua característica predominante de alta flexibilidade e criatividade no enfrentamento da realidade. Desse modo, a adaptação da mulher a novas funções e papéis sociais é muito mais rápida que para o grupo masculino.

Se tomarmos como exemplo o perfil dos alunos que frequentam as universidades, veremos que, a partir da década de 1990, no final do século XX, as mulheres foram se tornando gradativamente maioria nos cursos, em particular naqueles nos quais predominavam os homens. Os cursos de administração demonstram bem essa mudança. Em 2003, as mulheres eram maioria nas salas de aula, sendo que, poucos anos antes, na década de 1980, os homens é que predominavam.

A rapidez das mudanças nos papéis sociais e a erosão do poder aquisitivo do homem — uma vez que eles agora ocupam funções que estão mudando e se tornando menos valorizadas — provocam um número maior de conflitos domésticos, aumentando as ocorrências de agressões contra as mulheres (veja Quadro 13.4).

Se observarmos a estrutura política brasileira, as mulheres ampliaram sua representação nos quadros dirigentes do País. Há mulheres governadoras, prefeitas, ministras etc. No entanto, proporcionalmente a seu número, as mulheres estão muito mal representadas, revelando-se uma desigualdade bastante grande em relação aos homens. A ausência de uma representação política mais forte é uma evidência da pouca influência que as mulheres exercem ainda hoje, em que pesem avanços significativos em relação à primeira metade do século XX.

No Brasil, desde o início do século XX, havia mulheres em atitudes isoladas que se manifestavam pelo direito de voto feminino. Em 1917, no Rio de Janeiro,

## QUADRO 13.4 — Violência contra a mulher

As Nações Unidas definem violência contra a mulher como: *"Qualquer ato de violência baseado na diferença de gênero, que resulte em sofrimentos e danos físicos, sexuais e psicológicos da mulher; inclusive ameaças de tais atos, coerção e privação da liberdade seja na vida pública ou privada"* (Conselho Social e Econômico, Nações Unidas, 1992).

Algumas estatísticas da violência que afeta a mulher:

- Segundo a Sociedade Mundial de Vitimologia (Holanda), que pesquisou a violência doméstica em 138 mil mulheres de 54 países, 23% das mulheres brasileiras estão sujeitas à violência doméstica.
- A cada 4 minutos, uma mulher é agredida em seu próprio lar por uma pessoa com quem mantém relação de afeto.
- As estatísticas disponíveis e os registros nas delegacias especializadas de crimes contra a mulher demonstram que 70% dos incidentes acontecem dentro de casa e que o agressor é o próprio marido ou companheiro.
- Mais de 40% das violências resultam em lesões corporais graves decorrentes de socos, tapas, chutes, amarramentos, queimaduras, espancamentos e estrangulamentos.
- O Brasil é o país que mais sofre com a violência doméstica, perdendo cerca de 10,5% de seu PIB em decorrência desse grave problema.

*Fonte:* Disponível em: www.ipas.org.br. Acesso em: 13 set. 2003.

houve uma passeata com quase 100 mulheres, lutando pelo direito de voto. Em 1920, ainda no Rio, foi fundada a Liga para a Emancipação Internacional da Mulher, com o objetivo de lutar pela igualdade política para as mulheres.

Em 1927, a legislação eleitoral no Rio Grande do Norte foi alterada, e criou-se uma lei que dava o direito de voto às mulheres. Em 1929, Alzira Floriano elegeu-se prefeita da cidade de Lages (RN), enquanto no restante do País as mulheres não podiam votar.

O direito de voto feminino foi estabelecido por decreto-lei do presidente Getúlio Vargas em 1932. Nas eleições de 1933 foi eleita uma única mulher para a Assembleia Nacional Constituinte, a paulista Carlota Pereira de Queiroz.

Em 2003, no Brasil, existiam 6% de mulheres prefeitas nos 5.560 municípios, quadro bastante desproporcional à realidade do País, levando-se em consideração que 51,3% da população é formada por mulheres. O Brasil é considerado um dos piores países do mundo em termos de representação feminina.[1]

No Quadro 13.5, vemos o avanço do sufrágio feminino em diversas partes do mundo.

## QUADRO 13.5 — O sufrágio feminino

| País | Data em que todos os homens adultos* obtiveram o direito de voto nas eleições nacionais | Data em que as mulheres conquistaram igualdade de direito de voto com os homens |
|---|---|---|
| Nova Zelândia | 1879 | 1893 |
| Austrália (a) | 1901 | 1902 |
| Noruega | 1898 | 1915 |
| Rússia | 1917 | 1917 |
| Alemanha | 1867 | 1918 |
| Dinamarca | 1920 | 1918 |
| Canadá | 1920 | 1918 (b) |
| Holanda | 1917 | 1919 |
| Estados Unidos | 1870 (c) | 1920 |
| Suécia | 1909 | 1921 |

(Continua)

(Continuação)

| | | |
|---|---|---|
| Grã-Bretanha | 1918 | 1928 |
| Espanha | 1869 (d) | 1931 |
| Brasil | 1889 | 1932 |
| Turquia | 1924 | 1934 |
| Filipinas | 1936 | 1937 |
| França | 1848 | 1944 |
| Itália | 1919 (e) | 1946 |
| Japão | 1925 | 1946 |
| Venezuela | 1946 (f) | 1947 |
| Argentina | 1912 | 1947 |
| Bélgica | 1920 | 1948 |
| Índia | 1950 | 1950 |
| México | 1909 | 1953 |
| Colômbia | 1853 | 1957 |
| Irã | 1906 | 1963 |
| Suíça | 1848 | 1971 |
| África do Sul (g) | 1994 | 1994 |

\* Com 25 anos ou mais.
(a) Aborígenes obtiveram direitos civis em 1967.
(b) As mulheres obtiveram o direito de voto (embora com restrições patrimoniais em duas províncias) em 1918. Direitos civis plenos em 1920.
(c) Direito a voto estendido aos negros.
(d) Abolido depois do golpe de 1874, reinstaurado em 1890.
(e) Em 1912 para homens com 30 anos ou mais.
(f) Em 1858 para instâncias políticas de nível inferior; as nacionais foram eleitas por via indireta até 1948.
(g) Direitos civis plenos somente aos adultos brancos em 1931. Os poucos eleitores negros e indianos perderam seus direitos em 1936 e 1946, respectivamente.

Fonte: KATZ, Richard S. "Democracy and Elections". Oxford, The Economist. Publicado na Gazeta Mercantil, 21 jan. 2000, p. 4.

Podemos afirmar que as mulheres sofrem duplamente pelos atos individuais e institucionalizados de sexismo (como as observações maldosas, piadas e violência física). Em sua maioria, as instituições brasileiras são controladas pelos homens. Com isso, em suas operações diárias, mantém-se uma discriminação contra as mulheres, o que acaba perpetuando o sexismo — que se constitui em uma atitude de discriminação baseada no sexo.

## 13.3 A perspectiva feminina global

As mulheres ainda são tratadas como seres de segunda classe em muitas partes do mundo, não tendo direitos nem mesmo à educação. Durante o período em que o movimento Taleban dominou o Afeganistão, as mulheres passaram a viver nas piores condições de isolamento possíveis, sendo obrigadas a esconder todas as partes do corpo, inclusive o rosto (veja Quadro 13.6). Essa situação não sofreu grandes alterações após a derrubada do regime pelos americanos no ano de 2001, pois a condição feminina na região é um fenômeno cultural ligado a relações estabelecidas entre homens e mulheres nas culturas locais. A utilização da burca, que encobre totalmente o rosto das mulheres, permanece, mesmo não sendo mais obrigatória e o regime atual aceitando que mulheres circulem com seus rostos expostos.

### QUADRO 13.6 — Mulheres sob o regime do Taleban no Afeganistão

A capital afegã foi transtornada pelo Taleban. Barbudos de turbantes negros com uma moldura de carvão negro em torno dos olhos, a fim de afugentar os maus espíritos, eles são jovens firmes no Alcorão e na batalha e pouco educados, a não ser pela instrução religiosa adquirida em seminários rurais. Os esquadrões do Ministério pela Propagação da Virtude e Prevenção do Vício circulam em jipes Toyota vermelhos. Os espancamentos públicos foram proibidos, mas alguns talebans portam ameaçadores chicotes de couro ou cabos elétricos, prontos para usá-los em qualquer um com atitudes 'anti-islâmicas'. Ao verem um turbante negro ou um Toyota vermelho, as mulheres de Cabul recolhem-se debaixo de suas burcas azul-celestes — os amplos véus que a lei as obriga a usar.

Quando, em 1996, o Taleban conquistou o sul do país, seus partidários foram anunciados como jovens letrados, que trariam paz a uma população cansada de guerra. Passados 22 meses da tomada de Cabul, eles são menos governo do que tropas de ocupação. Sob as leis do Taleban — que mudam de semana a semana —, as pequenezas diárias da vida tornaram-se dramas. Pintar as unhas, fotografar um amigo, tocar flauta, bater palmas ao ritmo de uma canção, convidar um estrangeiro para tomar chá são infrações às leis do Taleban. O contato entre estrangeiros e nativos é rigorosamente vigiado. As mulheres estão proibidas de trabalhar fora de casa, a não ser que exerçam profissões médicas. E meninas de mais de 8 anos não podem frequentar as escolas comuns.

As mulheres é que mais sofrem sob os éditos. Proteger a honra da mulher é o argumento mais importante da plataforma da milícia. Mulheres contam que, em uma manhã de maio, quatro talebans irromperam em um curso para parteiras em Cabul, certos de que ali se escondiam alguns homens. Depois de terem revistado os armários, ordenaram às mulheres que despissem suas burcas. Em um clima tenso, uma das mulheres falou: "Se houver algum homem nessa sala, vocês podem nos enforcar, assim como enforcaram o presidente Najibullah — o líder comunista enforcado pelo Taleban em praça pública, após a conquista de Cabul em 1996. Os estudantes arrancaram as burcas das estudantes sem encontrar homem algum.

Fechando as escolas às meninas, os líderes do Taleban acham que podem deter a podridão secular da era soviética (antes do Tabeban, os russos controlavam o Afeganistão). Eles dizem que o ensino da mulher no lar e a divulgação de uma sólida moral islâmica restaurarão a cultura afegã de antes da guerra.

Cabul (a capital do país) tornou-se a cidade dos segredos. Sob as burcas, mulheres usam o batom proibido, meias de malhas largas e sandálias de tiras elegantes. A televisão foi proibida, mas diz-se que alguns escondem parabólicas em caixas d'água. A música é ilegal. Há rumores de que os mais intranquilos realizam festas dançantes em suas casas. Um irmão e uma irmã mostram, orgulhosos, o aparelho de som escondido atrás de uma cortina na prateleira. Seis dias por semana, a antiga professora de literatura, desrespeitando outra lei, trabalha às escondidas. Seu desespero a levaria a deixar a cidade. Mas, com seu trabalho, ela sustenta a família que vive no Paquistão, onde as duas filhas frequentam a escola.

A burca é o sinal mais claro do regime Taleban. Mulheres asmáticas ou que usam óculos se queixam, por não poderem respirar ou ver direito. Porém, comparada à proibição de estudar e de trabalhar, a exigência de usar a burca empalidece como mero despropósito. Adiba Ahmada tem 25 anos, mas parece 10 anos mais velha, principalmente trajando a burca. Antes do Taleban, ela estudava direito na Universidade de Cabul. Hoje, ao ver seus livros, fica nervosa e tem dores de cabeça.

Quando as cinco irmãs mais moças lhe pedem ajuda na leitura, ela recusa. "Estou desapontada, por isso não as animo a aprender a ler e a escrever. Não vejo nenhum futuro para mim. Só escuridão e monotonia."

O Taleban provocou indignação em muitos países ao banir as mulheres das escolas, do trabalho e dos hospitais. Organizações internacionais esforçam-se em ajudar os afegãos na região dominada pelo Taleban, respeitando seus princípios básicos. Porém, após os saques sofridos por guerrilheiros indisciplinados, eles acabaram se retirando de quase todo o restante do país.

*Fonte*: "Mulheres são vítimas do radicalismo do Taleban", *O Estado de S.Paulo*. 9 ago. 1998, p. A-30.

Embora constituam uma parte significativa da força de trabalho, as mulheres no mundo geralmente ocupam posições com menor remuneração. Em muitos países, elas ainda são obrigadas a se submeter a rituais degradantes — como a eliminação do clitóris (veja "Caso para Estudo" no final do capítulo); a morte por adultério (veja Quadro 13.7); trabalhos em condições insalubres e estafantes e um sem-número de condições impostas pelos homens em sociedades que não aceitam sua condição de igualdade com o elemento masculino.

Mesmo em países ocidentais, considerados mais avançados sob o ponto de vista de aceitação de um papel superior da mulher, a situação não é das melhores. Citando-se como exemplo o Brasil, vimos nas páginas anteriores deste mesmo capítulo que a violência doméstica contra a mulher persiste. E, muitas vezes, os dados oficiais escondem uma realidade mais cruel do que consta nas estatísticas, pois só podem ser computados os relatos das mulheres que ousaram fazer a denúncia. Portanto, os números oficiais são apenas a ponta do iceberg da violência

| **QUADRO 13.7** | Morte por apedrejamento |

Um tribunal de apelações em Katsina (norte da Nigéria) livrou Amina Lawal, 31, de ser apedrejada até a morte ao rever a condenação de uma corte islâmica por adultério.

A condenação de Lawal aconteceu em março de 2002. Ela foi acusada de adultério depois de ter engravidado de um outro homem, embora já estivesse separada de seu marido. Sua filha foi considerada a prova. O suposto pai negou ter mantido relações sexuais e foi absolvido.

O julgamento dela com base na *sharia* (código legal islâmico) aprofundou o sectarismo no país de cerca de 120 milhões de habitantes, divididos quase igualmente entre muçulmanos e cristãos. Enquanto católicos e muçulmanos moderados elogiaram a decisão, muitos, no norte da Nigéria, onde se concentra a população muçulmana, temem a reação dos mais radicais nas celebrações religiosas.

Os juízes do tribunal islâmico de apelações se basearam em questões técnicas. "É a visão desta corte que o julgamento em Funtua foi equivocado e que, por causa disso, a apelação é procedente", disse o juiz Ibrahim Maiangwa. Segundo ele, a condenação não foi "condizente com as leis do Estado de Katsina [um dos que aplicam a *sharia* na Nigéria] porque a polícia não prendeu os acusados quando eles praticaram a ofensa".

Lawal, com a filha no colo, sorriu ao ouvir a sentença, diante de uma plateia de jornalistas e ativistas dos direitos humanos. Ela, que é analfabeta, saiu por um acesso secundário e foi levada embora em carro policial. Fundamentalistas islâmicos exigiam sua morte.

"Foi uma vitória das mulheres e da humanidade sobre certos erros dos homens", disse Hauwa Ibrahim, advogada de Lawal. Grupos de defesa feminina avaliam que as leis da *sharia* para o adultério são discriminatórias. Os homens, geralmente, acabam absolvidos.

Amina Lawal transformou-se em um símbolo da luta pelos direitos humanos. Diversos governos se manifestaram contra a violação dos direitos humanos a que ela estava ameaçada, e o Brasil chegou a enviar cartas ao presidente da Nigéria, Olusegun Obasanjo, oferecendo asilo a Lawal.

*Fonte*: Adaptado de FARAH, Paulo Daniel. "Corte livra nigeriana de apedrejamento", *Folha de S.Paulo*, 26 set. 2003, p. A-12.

e da exploração da mulher em sociedades como a brasileira, que julgam ser melhores que outras no tratamento do elemento feminino. Muitas ONGs existem com o objetivo de proteger as mulheres da violência doméstica, inclusive no Brasil, onde há um número considerável e bastante atuante.

## 13.4 O idoso e a desigualdade social

Com o avanço da medicina e a melhoria da qualidade de vida em muitas partes do mundo, o envelhecimento da população tornou-se um fenômeno mundial. Com a queda da taxa de fecundidade, há uma diminuição da porcentagem de crianças dentro da população. Políticas de saúde mais eficientes, melhoria nas condições de saneamento e da infraestrutura básica, combinadas aos avanços da medicina e da tecnologia, são os principais fatores do aumento da porcentagem de idosos na população mundial.

Um estudo demográfico feito pela Cepal (Comissão Econômica para a América Latina e Caribe), uma agência regional da ONU, revela que há três anos apenas 8% da população dessa região tinha mais de 60 anos de idade; em 2005, essa parcela de idosos subirá para 14% e, em 2050, chegará a 22,5%. No Brasil, o IBGE vem registrando há muito tempo o crescimento dessa população. Pelo último censo, 7,9% da população tinha mais de 60 anos; esta porcentagem dobrará em 2025, quando atingirá 15,4%; em 2050, triplicará, atingindo 24,1%. Nos países com condições econômicas e sanitárias melhores — como Cuba, Uruguai, Argentina, Chile e Barbados —, em 2015, a parcela de idosos será maior que a registrada no Brasil.[2]

O rápido envelhecimento da população tem surpreendido muitas áreas das políticas públicas, como no recente caso de mortalidade excessiva de idosos na Europa, particularmente na França, em função do calor (veja Quadro 13.8). Por outro lado, há uma tendência de haver um número cada vez menor de trabalha-

## QUADRO 13.8 — Morte de idosos na França

Entre os mortos pelo intenso calor na França durante as duas primeiras semanas de agosto, 81% tinham mais de 75 anos. É o que indica o levantamento provisório sobre o tamanho da tragédia, divulgado pelo Ministério da Saúde local. Impossível saber por enquanto quantos dos 11.435 mortos que o governo francês passou a admitir eram idosos de idade inferior aos 75.

No auge da canícula, a temperatura máxima ultrapassava os 40° C, e, por 15 dias, os termômetros registraram, de noite, nunca menos que 23° C.

Uma visão menos indignada se concentraria no fato de os franceses não estarem preparados para o calor excessivo. Ar-condicionado doméstico e ventiladores são bem pouco frequentes.

Mas a morte em massa de idosos tem outras dimensões. Em primeiro lugar, há o acúmulo de corpos insepultos ou não reclamados por familiares. Vejamos. Só em Paris foram mais de 1.700 mortos, dos quais 555 não tinham sido ainda enterrados numa quinta-feira. Entre eles, 220 não tinham sido reclamados por familiares nem por amigos.

A maior parte dos franceses sai de férias entre meados de julho e agosto. O que presumivelmente aconteceu no caso dessas vítimas: eram pais ou avós cujos filhos ou netos veraneavam desatenciosos para com seus idosos. Foi tão grande a quantidade de cadáveres insepultos que o Ministério do Interior precisou baixar uma portaria na qual suspendia a determinação segundo a qual o prazo máximo para cremação ou enterro é de dez dias.

Há ainda o lado mórbido do armazenamento de seres humanos num frigorífico reservado para carne congelada em Rungis (Ceagesp parisiense) ou em sete caminhões refrigerados que a polícia precisou requisitar.

"450 mortos esquecidos. Somos todos culpados." A manchete do jornal popular *Le Parisien* exagerou na quantidade. Mas acertou no clima psicológico da França no atual verão.

Contrariamente ao que ocorre na Itália, na Espanha ou na Grécia, o idoso francês raramente mora com a família. Ele não é considerado tecnicamente 'isolado' se estiver a menos de meia hora de algum parente ou amigo próximo.

Mas Paris 'exporta' seus idosos, diz ao jornal *Le Monde* Jean Kervasdoué, um dos grandes especialistas franceses em gestão do sistema público de saúde. Afastados para subúrbios ou cidades do interior, eles perdem a constância do vínculo com pessoas conhecidas e se tornam vulneráveis em caso de emergência.

Em resumo: deixou de funcionar a relação de solidariedade com os idosos. O que seria apenas deficiência de afeto familiar acabou se tornando abandono que poderia ter causado a morte.

A catástrofe também afeta a autoestima do sistema público de saúde francês, avaliado pela OMS (Organização Mundial de Saúde) como o mais eficiente do mundo.

A rede pública dispunha até o ano passado de um mecanismo exemplar de tratamento dos idosos, chamado APA, pelo qual os pacientes eram atendidos em seus domicílios.

A verba do APA foi cortada quase pela metade. O governo está em regime de ajuste fiscal. É uma exigência do Banco Central Europeu, gestor do euro, a moeda comum europeia. O APA a pleno vapor poderia ter evitado muitas mortes.

A responsabilidade oficial, segundo consenso na mídia, também se deve à demora com que o Ministério da Saúde reagiu e reconheceu a dimensão do problema. A pirâmide etária francesa tem engrossado na ponta. As pessoas vivem cada vez mais. Um homem chega em média a 75,6 anos; uma mulher, a 82,9. Cada habitante gasta por conta própria ou custa ao Estado em saúde US$ 2.335 por ano, e a saúde representa 9,5% do PIB, segundo o anuário da OMS.

O primeiro-ministro Jean-Pierre Raffarin procurou tirar proveito do clima emocional e propôs que seu país adote solução semelhante à que existe na Alemanha desde 1994: fundos de auxílio à terceira idade seriam custeados por um dia a mais de trabalho, que empresas e assalariados cumpririam ao suprimir um dos feriados previstos no calendário local. Isso daria € 5 bilhões (R$ 15,5 bilhões) para a terceira idade. Uma primeira pesquisa indica que dois terços dos franceses concordam com a solução.

*Fonte*: Adaptado de NATALI, João Batista. "Morte de idosos na França revela descaso". *Folha de S.Paulo*, 31 ago. 2003, p. A-26, fornecido pela *Folhapress*.

---

dores ativos que sustentam os aposentados e pensionistas, o que implica um maior desequilíbrio do sistema previdenciário em muitos países.

A situação dos idosos nas sociedades atuais levanta a questão do envelhecimento e da velhice. O envelhecimento é o processo que ocorre entre o nascimento e a morte, e ao qual todos os seres vivos estão sujeitos. Como fenômeno, é e foi abordado de diferentes maneiras pela diferentes culturas na história da humanidade.

O envelhecimento pode ser visto como um processo de amadurecimento, de acúmulo de experiências, de afirmação do indivíduo perante sua comunidade ou, ainda, como um processo de perda do vigor físico, da capacidade intelectual, dos desejos, da esperança. Cada cultura socializa seus membros de acordo com sua visão do significado do envelhecimento.

As sociedades industriais tenderam a desvalorizar o processo de envelhecimento, caracterizando-o como perda do vigor físico e, consequentemente, dos reflexos, o que produz uma baixa na produtividade média do ser humano. Daí a não valorização do envelhecimento como o processo de amadurecimento intelectual do ser humano e o aumento de sua capacidade de discernimento para o enfrentamento de situações conflituosas, entre outros problemas do processo produtivo. Essa visão desenvolveu uma percepção preconceituosa da velhice, que, ao longo dos séculos XIX e XX, passou a ser vista como um período de declínio e de improdutividade.

Atualmente, a ONU considera idosas as pessoas com mais de 65 anos, nos países desenvolvidos, e 60 anos de idade, nos países em desenvolvimento. Portanto, última fase do ciclo vital, a velhice estaria demarcada de acordo com o ciclo biológico por essas idades. No entanto, a velhice envolve outros fatores além do ciclo biológico, como o psicológico, o cultural, o social, o econômico, o existencial etc. Fatores esses que, em seu conjunto, podem levar a caracterizar uma pessoa de 45 anos como velha, e outra de 70 anos que não deixa transparecer a 'velhice' como mais nova.

A pobreza é seguramente um dos fatores que levam o indivíduo a um rápido envelhecimento, e o aumento da qualidade de vida torna mais distante o tempo de ingresso na velhice.

Do ponto de vista das políticas públicas, nas modernas sociedades, a valorização do idoso passa por uma mudança da concepção da velhice e de seu papel social. Sob o ponto de vista da produtividade, na ótica do sistema capitalista, não é mais o esforço físico que determina que o elemento é mais ou menos produtivo. Há um número cada vez maior de máquinas e robôs que exercem as funções mais repetitivas e estafantes. A tecnologia multiplicou várias vezes a capacidade de trabalho do ser humano, e a população idosa cada vez mais deverá ser integrada no processo produtivo de acordo com sua capacidade e suas possibilidades, pois haverá um aumento substancial de atividades que poderão ser realizadas mesmo no âmbito doméstico.

Por outro lado, há a dimensão biológica do envelhecimento e que não pode ser evitada, e é esse aspecto que deve ser enfrentado com urgência pelas administrações públicas: o atendimento ao idoso. Em muitas cidades brasileiras, já ocorre um tratamento diferenciado para as pessoas idosas, e muitas leis municipais contribuíram para amenizar as dificuldades da velhice, respeitando sua condição. Entre essas estão: atendimento preferencial ao idoso em filas, livre acesso ao transporte público, acesso gratuito ao cinema e outros espaços de lazer em determinados dias ou períodos, entre outras ações.

## RESUMO DO CAPÍTULO

Vimos que há diferenças sexuais entre os homens. Porém, no tocante à divisão de trabalho, essas diferenças são construções culturais que identificam papéis exclusivos femininos e masculinos. Tais construções culturais estão ligadas a diferenças de gênero, e não de sexo.

Aprendemos também que, no processo de socialização, as crianças recebem desde cedo modelos de comportamento masculinos e femininos, carregados de estereótipos, os quais contribuem para perpetuar a desigualdade de gênero.

As mulheres, embora constituam a maior parte da força de trabalho no mundo, são discriminadas de todas as formas. De um modo geral, em todos os países existentes, elas recebem salários inferiores aos dos homens, mesmo quando ocupam a mesma função ou têm a mesma profissão.

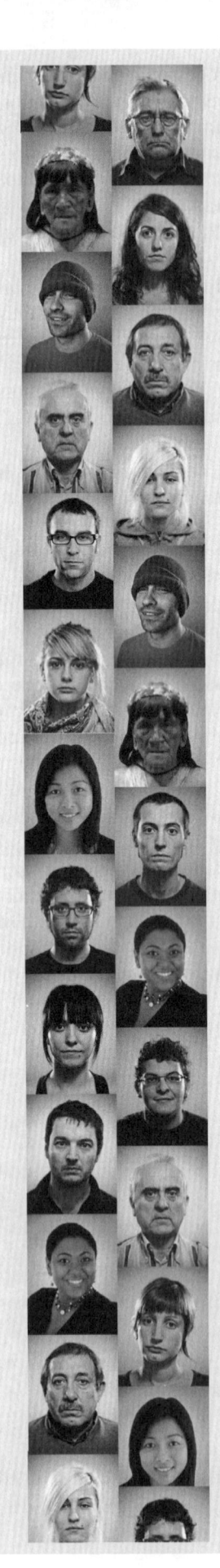

Há muitas regiões do planeta em que a mulher não tem os direitos mínimos que o homem. Há mutilação feminina com a extirpação do clitóris em muitas partes do globo. Religiões discriminam as mulheres por meio de interpretações dúbias de seus textos sagrados, relegando-as a uma condição de submissão e de opressão.

Com o avanço da medicina e a melhoria da qualidade de vida em muitas partes do mundo, o envelhecimento da população tornou-se um dilema mundial, e os governos não estão preparados para enfrentar os problemas de saúde que atingem essa categoria populacional.

## PERGUNTAS

1. O que são estudos de gênero?
2. No Brasil, qual o estereótipo masculino?
3. E o estereótipo feminino?
4. Os papéis tradicionais atribuídos ao homem e à mulher sofreram transformações no período industrial?
5. Por que os papéis diferentes atribuídos ao homem e à mulher durante o período industrial estão favorecendo a inserção da mulher no mercado no início do século XXI?
6. No plano global, qual a situação da mulher nos ambientes de trabalho?
7. A interpretação de textos sagrados das grandes religiões coloca as mulheres em posição inferior ao homem? Por quê?
8. Por que a população mundial está envelhecendo?
9. Quais os problemas que os governos enfrentam com o envelhecimento da população?
10. A partir de que idade uma pessoa é considerada idosa?
11. O que é o envelhecimento?

## CASO PARA ESTUDO

**A mutilação feminina**

Há um dia na vida de milhões de africanas que elas jamais esquecem. É o dia em que são circuncidadas. Nada comparado à circuncisão masculina. A brutalidade pela qual cerca de 2 milhões de meninas e adolescentes passam anualmente é praticada em pelo menos 28 países da África, e, dependendo da região, a tortura varia de intensidade. No tipo de mutilação mais brando, a ponta do clitóris é cortada. Em alguns rituais, ele é integralmente extirpado (clitoridectomia). Na versão mais radical, é feita uma infibulação: são retirados o clitóris e os lábios vaginais e, em seguida, o que sobrou de um lado da vulva é costurado ao outro lado, deixando-se apenas um minúsculo orifício pelo qual a mulher urina e menstrua. Tudo isso é realizado sem nenhum tipo de anestesia, com instrumentos não esterilizados como facas, tesouras, giletes ou mesmo cacos de vidro.

Para qualquer ocidental, o fato provoca indignação. Mas ele está tão arraigado em algumas populações que muitas africanas nem imaginam que fora dali o costume não seja adotado. As estimativas sobre o atual número de mulheres que já se submeteram a essa tradição monstruosa variam de 80 milhões a 130 milhões.

Por trás da prática, existe uma concepção extremamente machista, que não está particularmente ligada a nenhuma grande religião. Apesar de ser normalmente associada aos muçulmanos, já que a maior incidência acontece entre suas fiéis, a circuncisão feminina foi descrita no Egito em 500 a.C., ou seja, pelo menos 1.100 anos antes da fundação do islamismo.

Os defensores do ritual, tanto homens quanto mulheres, têm vários argumentos para justificá-lo: dizem que ele purifica a menina, confere a seu caráter uma natureza submissa e a habilidade de suportar a dor. Além disso, evitaria que a adolescente levasse uma vida promíscua, porque a clitoridectomia impossibilita o orgasmo. E ainda: ficaria reduzida ou anulada a infidelidade feminina e seria criado um vínculo forte entre as diferentes gerações de mulheres de uma comunidade.

Em alguns países, o ritual é encarado como uma passagem da infância para a vida adulta e realiza-se quando as garotas estão na puberdade. Em Serra Leoa, por exemplo, mulheres da aldeia levam algumas meninas para o meio da floresta e lá permanecem por semanas. A presença de homens da tribo ou estranhos é totalmente proibida. Quando retornam da mata, dizem as mais velhas, as meninas já são mulheres. No Quênia, a cerimônia é realizada em frente à casa da família da jovem, sobre um couro de vaca estendido na terra. Enquanto guerreiros cantam músicas próprias para o ritual, uma mistura de água com leite é derramada sobre o corpo da menina, que sofre, em seguida, a infibulação — realizada por aldeãs.

Em localidades rurais, não existe escapatória à mutilação. Algumas adolescentes prefeririam não aderir a essa tradição, mas os pais, normalmente, desconsideram o desejo das filhas. Para eles, atender a essa vontade significaria uma grande humilhação perante a comunidade.

Porém, raramente surgem discussões sobre a questão, porque a maioria das jovens aprova a mutilação. Por meio dela, adquirem um status social mais elevado e se habilitam para o casamento.

Na Somália, onde a prática não é considerada um ritual de passagem para a maturidade, indagações sobre submeter-se ou não ao corte são quase impossíveis. Nesse país, é costumeiro realizar a clitoridectomia ou a infibulação em crianças de até três anos de idade, que não têm nenhuma noção do que lhes acontece.

Fora da África, porém, a discussão vem ganhando tons eloquentes. Em setembro de 1994, imagens de uma garota de dez anos sendo levada a um estabelecimento egípcio para ser mutilada chocaram o mundo ao serem transmitidas pela rede de televisão CNN. O local do ritual era uma barbearia, e os gritos de dor da menina podiam ser ouvidos ao fundo, enquanto a repórter relatava a experiência. A notícia foi ao ar enquanto realizava-se, na capital Cairo, a Conferência das Nações Unidas sobre População. Logo, o assunto foi estampado em manchetes de jornais, constrangendo o governo do Egito. Políticos, organizações não governamentais (ONGs) e a ONU se levantaram, então, contra a prática.

O próprio termo 'circuncisão' foi substituído por outro mais próprio e destituído da possibilidade de eufemismo: 'mutilação genital feminina'. No início do ano, o comitê da ONU para Eliminação da Discriminação contra Mulheres mandou às favas o relativismo antropológico e considerou a mutilação feminina uma violação aos direitos humanos — o que abre espaço para que governos em que o ritual é praticado sofram maiores pressões para eliminá-lo.

Os EUA, em setembro de 1996, passaram a proibir legalmente o ritual em seu território. Explica-se: a mutilação ainda ocorre entre imigrantes africanos. "Eu não posso sair de casa e deixar minha filha com minha mãe", conta Dinde Kashule, uma imigrante de Gana que acaba de dar à luz uma menina em Nova York. Ela e sua família imigraram para os EUA e Dinde ficou grávida. Agora, ela não pode retornar ao trabalho, pois não tem com quem deixar sua filhinha. A mãe de Dinde ainda acredita nas tradições da velha Gana e diz que vai circuncidar a neta assim que tiver chance.

"Eu e meu marido não queremos que nossa filha seja circuncidada. Mas minha mãe fica dizendo que a menina vai ficar sexualmente excitada, que não vai poder ficar menstruada e que terá muitas doenças no futuro. Ela diz que não vai permitir isso e que, na primeira oportunidade, fará o ritual na minha filha", relata Dinde.

Megan Fitzgerald, presidente da organização americana Mulheres contra a Mutilação, explica crenças como a da mãe de Dinde. "Nos países africanos, a medicina é feita como há milênios e está cheia de superstições e crendices", conta Megan. "Para fazer certas sociedades tribais mudarem seus ritos será preciso ajudar na evolução educacional da população."

De fato, ao contrário do que acredita a matriarca ganense radicada em Nova York, a mutilação genital feminina só traz problemas à saúde. Com muita frequência, as mulheres contraem tétano, gangrena ou infecções crônicas na região pélvica. Aquelas que foram infibuladas sofrem mais ainda. A menstruação é incrivelmente dolorosa. No parto, podem acontecer complicações sérias para o bebê e para a mãe. Nessas ocasiões, elas precisam fazer a reabertura da vagina e qualquer demora acarreta uma pressão às vezes fatal no crânio e na coluna da criança. Quando a mãe não faz a abertura da vagina, a saída do bebê do útero pode provocar cortes que vão da vagina ao ânus.

Para tentar coibir essa tortura, ONGs pressionam governos — não apenas africanos e árabes, mas também as grandes potências ocidentais — a enfrentar o problema. "Temos inclusive trabalhado em programas educacionais com comunidades africanas", afirma Megan. "Mas ainda vamos ter muita luta pela frente."

A presidente da organização Mulheres contra a Mutilação sabe do que está falando quando calcula de maneira realista a dimensão da batalha. Em setembro de 1996, milhares de mulheres saíram às ruas de Freetown, capital de Serra Leoa, em defesa do ritual absurdo. Segundo as manifestantes — a maioria pertencente a uma sociedade secreta feminina chamada Bundo —, os ocidentais não conseguem compreender a importância da mutilação genital. O resultado dessa briga é incerto. Até o momento, as organizações internacionais contra a mutilação não conseguiram reduzir a ocorrência do ritual, que mutila cerca de 3,8 mulheres por minuto.

*Fonte*: FERRAZ, Eduardo. "Gritos do passado", *IstoÉ*, n.1582, 20 nov. 1996.

## QUESTÕES PARA DISCUSSÃO

1. Como explicar a defesa da prática de extirpação do clitóris pelas mulheres em passeata na capital de Serra Leoa?
2. Os Estados Unidos demoraram a proibir a prática em seu território sob o argumento de respeito aos costumes de outros povos? A proibição fere a liberdade de escolha? Caracteriza-se como uma manifestação de etnocentrismo dos norte-americanos?
3. Que outras medidas poderiam ser tomadas pelos governos, além da proibição da prática, que seriam mais eficazes?
4. O argumento da sociedade secreta feminina Bundo, de Serra Leoa, é o de que os ocidentais não conseguem compreender a importância da mutilação genital. Encontre argumentos que possam justificar essa posição.
5. Mulheres que não se submetessem à extirpação de clitóris poderiam ficar marginalizadas em suas sociedades? Por quê?

## Notas

1  MELO, Murilo Fiúza de. "Regiões Norte e Nordeste têm mais prefeitas". *Folha de S.Paulo*, 13 nov. 2003, Caderno Campinas, p. C-5.
2  NATALI, João Batista. "Parcela de idoso na AL triplicará até 2050". *Folha de S.Paulo*, 16 set. 2003, p. A-13.

# PARTE IV

# Instituições sociais

**CAPÍTULO 14**   AS INSTITUIÇÕES SOCIAIS

**CAPÍTULO 15**   A FAMÍLIA

**CAPÍTULO 16**   A RELIGIÃO

**CAPÍTULO 17**   A EDUCAÇÃO

**CAPÍTULO 18**   AS INSTITUIÇÕES POLÍTICAS

**CAPÍTULO 19**   ECONOMIA E TRABALHO

# CAPÍTULO 14
## As instituições sociais

## APRESENTAÇÃO

Veremos, neste capítulo, a importância das instituições para o funcionamento das sociedades; que todas as sociedades apresentam cinco instituições sociais básicas, e outras que existem para atender a determinadas necessidades; e que o processo de institucionalização ocorre padronizando certas atividades, as quais caracterizarão a instituição. Além disso, veremos também que as instituições apresentam certas características comuns e funções básicas gerais — embora elas tenham diferentes funções específicas a cumprir.

## TÓPICOS PRINCIPAIS

14.1 A importância das instituições sociais
14.2 Conceito de instituição social
14.3 O processo de institucionalização
14.4 Os símbolos institucionais
14.5 Características das instituições
14.6 Funções básicas das instituições

## OBJETIVOS DE APRENDIZAGEM

Compreender:

- o importante papel desempenhado pelas instituições sociais.
- as diferenças entre instituição social e associação ou organização.
- a institucionalização como um processo em que os comportamentos se tornam regulares e previsíveis.
- que toda instituição apresenta símbolos culturais pelos quais é identificada.
- que toda instituição social atende a necessidades sociais específicas.
- o papel controlador e regulamentador que as instituições exercem sobre o comportamento dos indivíduos.
- a existência em todas as sociedades de cinco instituições básicas: a familiar, a econômica, a política, a religiosa e a educacional.

## 14.1 A importância das instituições sociais

No complexo sistema de interações sociais existentes nas diferentes sociedades, algumas atividades repetitivas, rotineiras e esperadas tornam-se necessárias e, quando não ocorrem, acabam fazendo falta para uma determinada comunidade por cumprirem um papel naquela coletividade.

Desde uma simples luta de boxe que ocorre regularmente satisfazendo a várias necessidades, como lazer, vazão de agressividade, geração de trabalho etc., até o complexo sistema de relações que ocorrem em uma instituição como o Estado, todas preenchem necessidades. Muitas delas são evidentes, outras nem tanto. Que papel cumprirá o ilegal 'jogo do bicho', presente em praticamente todos os municípios brasileiros, sendo aceito e reconhecido por diferentes camadas sociais? Pode ser o de atender a uma gama maior de pessoas com práticas desburocratizadas e que respondem com maior rapidez às necessidades de pessoas mais humildes. Ou mesmo o da criação de uma complexa teia de pessoas dependentes e assalariadas que não possuem outro meio de vida. Devidamente analisado, então, encontraremos vários motivos para sua permanência e aceitação social, o que o define como uma instituição social, embora seja considerado ilegal.

O que caracteriza as instituições são os diferentes 'status' e papéis construídos ao longo de seu processo de institucionalização — papéis que se inter-relacionam de maneira previsível. No caso do 'jogo do bicho', é essa previsibilidade dos papéis e a padronização de normas e regulamentos que o caracterizam como instituição social. Na maioria das cidades brasileiras, aqueles que recebem o jogo são conhecidos e podem ser encontrados com facilidade, e, quando um indivíduo ganha, ele sabe que receberá o prêmio, pois essa é uma norma informal consolidada, um costume institucionalizado: 'ganhou, recebeu'.

Assim como o 'jogo do bicho', existem outras instituições sociais não reconhecidas, mas que se institucionalizaram e atendem a alguma necessidade social. Porém, de um modo geral, a maior parte das instituições fundamentais — além de legitimada pela aceitação social — é legalmente instituída.

Algumas instituições são encontradas em todas as sociedades; daí o fato de serem consideradas básicas. Essas são: as instituições familiar, educacional, religiosa, econômica e política. Cada uma dessas instituições possui certas funções e responsabilidades que lhe são atribuídas pela sociedade na qual estão inseridas.

## 14.2 Conceito de instituição social

**Instituição social:** É um sistema complexo e organizado de relações sociais relativamente permanentes, que incorpora valores e procedimentos comuns e atende a certas necessidades básicas da sociedade.

'Instituição social' é um sistema complexo e organizado de relações sociais relativamente permanente, que incorpora valores e procedimentos comuns e atende a certas necessidades básicas da sociedade.

Nas instituições sociais, as atividades são rotineiras e previsíveis, e as relações entre os vários tipos de membros vão ficando cada vez mais padronizadas.

Algumas instituições surgem espontaneamente, com o decorrer do tempo, e suas normas podem não estar codificadas em leis ou regulamentos. As instituições se desenvolvem gradativamente, conforme as necessidades de um povo.

Uma instituição também pode ser definida como uma organização de normas e costumes para a obtenção de alguma meta ou atividade que as pessoas julguem importante. Instituições são processos estruturados por meio dos quais grupos e indivíduos se esforçam para levar a cabo suas atividades. Em outros termos, podemos afirmar que uma instituição é uma maneira definida, formal e regular de fazer alguma coisa.

Instituições são conjuntos organizados de crenças e práticas. A palavra 'associação' está relacionada ao grupo social que incorpora esse conjunto de crenças e práticas.

Todas as definições de instituições implicam um conjunto de normas de comportamento e um sistema de relações sociais pelo qual essas normas são implementadas. Assim, podemos ter uma definição mais completa de instituição como "um sistema organizado de relações sociais que incorpora certos valores e procedimentos comuns e atende a certas necessidades básicas da sociedade". Nessa definição, os 'valores comuns' referem-se a ideias e metas partilhadas; 'procedimentos comuns' são padrões estabelecidos de comportamento; e 'sistema organizado de relações' é a rede de papéis e status por meio da qual esse comportamento se realiza.[1]

As instituições formam a estrutura permanente, dentro da qual operam a cultura e a estrutura social.

Como exemplo, a família inclui um conjunto de valores comuns (que dizem respeito a amor, filhos e vida familiar), um conjunto de procedimentos comuns (namoro, cuidado com as crianças, rotinas familiares) e uma rede de papéis e status (marido, esposa, bebê, filho, adolescente, noiva), os quais formam o sistema de relações sociais por meio do qual se desenrola a vida da família.

Para que haja continuidade e previsão nas relações sociais, deve haver uma certa rotina nos procedimentos e meios aceitos de lidar com os problemas que surgem. Cada nova geração não precisa inventar seus próprios métodos e crenças para lidar com tais problemas; as gerações anteriores já criaram instituições. Essas, por sua vez, permanecerão durante bastante tempo. É certo que sofrerão algumas alterações, mas, em sua essência, elas continuarão a suprir aquelas mesmas necessidades para as quais foram criadas.

Como já afirmamos, nas sociedades modernas as principais instituições sociais, consideradas básicas, são: a família, as instituições religiosas, as instituições econômicas, as instituições educacionais e as instituições políticas (veja Figura 14.1).

Dessas instituições sociais básicas, aquelas que têm a socialização como fim explícito são: a família, as religiosas e as educacionais.

Há diversas outras instituições relacionadas a outras necessidades humanas, como as de lazer, comunicação, saúde etc.

Todas as instituições apresentam alguns elementos comuns, como: pessoal, equipamentos (bens materiais), organização e um certo ritual (costumes, leis, cerimônias) (veja Figura 14.2).

É importante entender a diferença entre grupos sociais e instituições sociais. Os grupos sociais referem-se a pessoas que possuem objetivos comuns e que se encontram em interação social. Já as instituições sociais referem-se às regras e aos procedimentos padronizados dos diversos grupos. Como exemplo, ao nos referirmos às regras e aos procedimentos que regulamentam a relação entre o pai, a mãe e os filhos, estamos tratando da instituição familiar. Já os membros de uma família,

**Figura 14.1** Exemplos de instituições sociais básicas

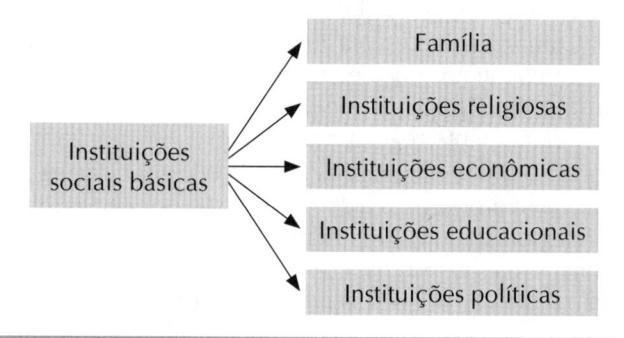

Instituições sociais básicas:
- Família
- Instituições religiosas
- Instituições econômicas
- Instituições educacionais
- Instituições políticas

**Figura 14.2** Os elementos comuns das instituições

```
                    Pessoas        Equipamentos
                                   (bens materiais)
                         ↘    ↗
              Elementos comuns das instituições
                         ↙    ↘
    Certo ritual (costumes,        Organizações
       leis, cerimônias)
```

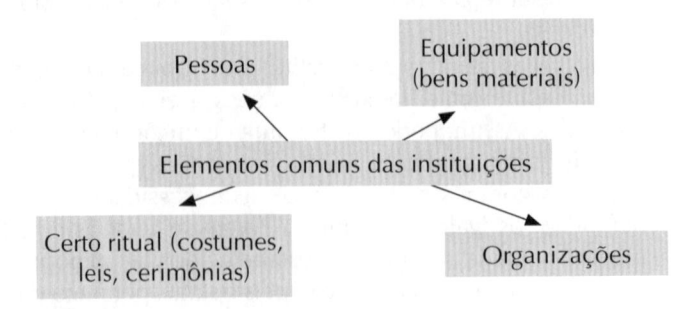

por apresentarem interação contínua e possuírem objetivos comuns, formam um grupo social.

Uma instituição não é um grupo como tal, mas, sim, um conjunto de comportamentos e crenças que o grupo adota. As pessoas pertencem a grupos ou associações; no entanto, não podem pertencer a uma determinada instituição no sentido científico do termo. Uma instituição também não pode ser vista, pois trata-se de uma abstração. Podemos ver igrejas, mas não uma religião; assim, também, podemos ver os operários trabalhando em uma fábrica, mas não a economia. O mesmo pode ser dito de um funcionário público que aplica multas; podemos vê-lo, mas não o sistema político.

Cada instituição tem por definição uma função básica, muitas delas com numerosas funções a realizar para o atendimento das necessidades dos indivíduos. Em resumo, uma instituição é um procedimento organizado, um modo estabelecido, pelo qual uma sociedade alcança seus objetivos.

De um modo geral, ligada a cada instituição há, pelo menos, uma associação que realiza a função ou as funções daquela instituição. Associações têm nomes, podem ser localizadas em algum espaço físico; têm membros e são organizadas. Uma associação pode ser definida como um grupo organizado de indivíduos que executa uma ou mais funções.

Os times de futebol, Corinthians, Flamengo ou Atlético, são associações ligadas à instituição do esporte. Os jornais *Folha de S.Paulo*, o *O Globo* ou as revistas *Veja* e *IstoÉ* são associações ligadas à instituição do jornalismo. As universidades, escolas e cursinhos são associações ligadas à instituição da educação. Os hospitais, os postos de saúde, as clínicas odontológicas são associações ligadas à instituição da saúde.

**Instituição** é um conjunto de comportamentos e crenças que o grupo adota e não deve ser confundida com um grupo.

## 14.3 O processo de institucionalização

Denominamos 'institucionalização' o processo pelo qual certas atividades vão adquirindo padrões e rotinas. Além disso, são atividades esperadas e aprovadas que visam atingir objetivos considerados importantes. Um papel é dito institucionalizado quando foi padronizado, aprovado e esperado. A briga de rua é uma atividade não institucionalizada, enquanto a luta de boxe profissional é institucionalizada, pois apresenta regras padronizadas e uma determinada rotina — como os campeonatos que determinam o campeão de cada categoria. Por intermédio da institucionalização, o comportamento espontâneo e imprevisível é substituído pelo comportamento regular e previsível.

O ensino em uma sala de aula é institucionalizado porque está formalizado, é regular e previsível, caracterizando-se por certos relacionamentos repetitivos entre professores, alunos e a administração escolar. Já o ensinamento transmitido dos irmãos mais velhos para os irmãos mais novos, ou de um adolescente para o outro, não é uma atividade institucionalizada.

**Institucionalização:** Processo pelo qual certas atividades vão adquirindo padrões e rotinas (comportamento passa a ser regular e previsível).

A institucionalização desenvolve um sistema regular de normas, status e papéis sociais que são aceitos pela sociedade. Com a institucionalização, o comportamento espontâneo e imprevisível é substituído pelo comportamento regular e previsível.

Uma instituição educacional apresenta pessoas colocadas em papéis sociais especializados, como diretor, coordenador, professor, inspetor, entre outros. O comportamento de cada um desses indivíduos é orientado por códigos, estatutos e regulamentos. A compreensão dos preceitos que orientam o comportamento das pessoas que trabalham nas instituições de ensino facilita a compreensão e a previsão do rumo que as suas ações tomarão em um determinado conjunto de circunstâncias. Por exemplo, o conflito entre professor e aluno será encaminhado para o coordenador, que tentará resolver o problema, e, caso ele não consiga, o levará ao diretor.

Quaisquer organizações que formem as instituições econômicas apresentam da mesma maneira papéis consolidados que nos fazem prever o comportamento do indivíduo que ocupa determinada função. Sabemos, por exemplo, como se comportará um caixa em um banco, que papel desempenhará o gerente e assim por diante. Em uma empresa metalúrgica, cada ocupante de uma função desempenha um papel específico e previsível.

## 14.4 Os símbolos institucionais

Os símbolos culturais são sinais que identificam uma determinada instituição e servem para lembrar a sua existência.

Exemplos: a bandeira e o hino nacional representam as instituições políticas de um país. Um crucifixo e uma catedral identificam uma instituição religiosa. Uma aliança simboliza o casamento, o surgimento de uma nova família. Um sobrenome e uma certidão são também símbolos familiares. O Palácio do Planalto, em Brasília, representa a instituição política nacional. O prédio do Banespa, na cidade de São Paulo, é um símbolo de uma instituição econômica.

Quase todas as instituições possuem símbolos que servem como um lembrete de sua existência.

A devida fidelidade de um cidadão a seu país é lembrada pela bandeira ou pelo hino nacional. Um clube de futebol possui sua bandeira e suas cores. Uma religião é reconhecida pelo crucifixo, um crescente ou uma estrela de Davi. A família é lembrada por uma aliança no dedo. Empresas ficam marcadas em nossa memória pelo seus logotipos, pelos nomes registrados ou 'comerciais' que são repetidamente entoados em veículos de comunicação. Pessoas também podem se tornar símbolos institucionais. A empresa Kaiser, por exemplo, durante muito tempo foi associada a um personagem conhecido como 'o baixinho da Kaiser'.

Os prédios podem se tornar símbolos institucionais. Uma casa lembra um lar; o prédio da igreja lembra religião; o governo tem sua sede; e o rei, seu palácio. Muitos prédios se tornaram símbolos muito fortes de suas instituições. O Palácio La Moneda no Chile representa com vigor suas instituições democráticas; a Casa Rosada na Argentina e a Casa Branca nos Estados Unidos preenchem o mesmo papel, o que também ocorre com o Palácio do Planalto.

## 14.5 Características das instituições

As instituições apresentam seis importantes características comuns (veja Figura 14.3):

1. Cada instituição tem como objetivo principal a satisfação de necessidades sociais específicas e, para atingir seus objetivos, desempenha múltiplas funções.

### Figura 14.3 — As características comuns das instituições

| Características comuns das instituições |
|---|
| 1. Cada instituição tem como objetivo primordial a satisfação das necessidades sociais específicas. |
| 2. As instituições sociais incorporam os valores fundamentais adotados pela maioria da sociedade. |
| 3. Os ideais de uma instituição são, em geral, aceitos pela grande maioria dos membros da sociedade. |
| 4. Cada instituição está perfeitamente estruturada e organizada segundo um conjunto estabelecido de normas, valores e padrões de comportamento. |
| 5. As atividades das instituições ocupam um lugar central dentro da sociedade; uma mudança drástica em uma provavelmente afetará as outras. |
| 6. As instituições são relativamente duradouras. |

Por exemplo, as instituições religiosas promovem a sociabilidade, proporcionam interpretações sobre o meio físico e social dos indivíduos, contribuindo para diminuir as incertezas. As instituições educacionais tanto preparam as pessoas para desempenhar papéis ocupacionais quanto certos papéis esperados, servindo de veículo para transmitir a herança cultural. A instituição familiar é responsável pelo controle da função reprodutora, por regular o comportamento sexual e pela socialização das crianças. Cabe às instituições políticas manter a ordem na sociedade, estabelecer e executar as leis.

2. As instituições sociais incorporam os valores fundamentais adotados pela maioria da sociedade.

Por exemplo, no Brasil, os valores que encontramos na família incluem o casamento monogâmico, consumado por amor e o respeito devido pelos filhos aos pais. Na educação, o governo é obrigado a dar o ensino a todos os brasileiros até uma faixa de idade, assim como os pais têm o dever de enviar os filhos à escola e estimular o melhoramento das relações sociais, para, assim, promover a convivência das pessoas de diversos grupos sociais.

3. Os ideais de uma instituição são, em geral, aceitos pela grande maioria dos membros de uma sociedade, mesmo que dela eles não participem.

Por exemplo, mesmo que as pessoas sejam contrárias ao partido político que governa seu país, elas reconhecem e aceitam o importante papel desempenhado pelas instituições políticas. Os indivíduos que não constituem família, permanecendo solteiros, reconhecem e aceitam a importante função que tal instituição representa.

4. Mesmo havendo uma profunda interdependência entre as diversas instituições dentro de uma sociedade, cada uma delas está perfeitamente estruturada e organizada segundo um conjunto estabelecido de normas, valores e padrões de comportamento.

Por exemplo, as instituições políticas (governamentais) são altamente estruturadas e tornaram-se burocráticas ao extremo. Seus cargos são preenchidos por concursos públicos, nos quais os ocupantes desfrutam de estabilidade; há um respeito profundo pela hierarquia e os símbolos hierárquicos são bastante valorizados (como, por exemplo, o tamanho da mesa de determinado funcionário).

5. As instituições exercem tal influência que suas atividades ocupam um lugar central dentro da sociedade; uma mudança drástica em uma instituição provavelmente provocará mudanças em outras.

Por exemplo, as mudanças econômicas de um modo geral afetam enormemente as outras instituições. Elas influenciarão a estabilidade da família, a capacidade de o governo atender às demandas por seus serviços, podendo afetar até mesmo a qualidade da educação. As mudanças que ocorrem na educação podem influenciar os relacionamentos familiares, as instituições religiosas e o desenvolvimento econômico.

6. As instituições são relativamente duradouras, e os padrões de comportamento estabelecidos dentro das instituições se tornam parte da tradição de uma determinada sociedade.

   Por exemplo, no Brasil, há uma forte tradição monogâmica regulamentando os casamentos. Tradicionalmente, o marido, a mulher e os filhos ocupam um papel social e um status baseado na idade e no sexo. Atitudes populistas tornaram-se padrão de comportamento comum nas instituições políticas brasileiras.

## 14.6 Funções básicas das instituições

Cada instituição em particular possui funções específicas. No entanto, todas apresentam certas funções básicas comuns. As funções das instituições podem ser manifestas ou latentes.

As funções institucionais manifestas são aquelas óbvias, que se mostram claramente, são aparentes e, de um modo geral, são aceitas pelos membros da sociedade. Já as funções institucionais latentes não se manifestam com clareza, são menos evidentes e podem não ser aprovadas pelos outros membros da sociedade. A função manifesta da educação é a transmissão cultural dos valores e normas de uma sociedade e o aprendizado dos papéis ocupacionais e profissionais. Porém, a educação apresenta também a função latente de promover e intensificar o contato social, elevando a sociabilidade e a tolerância.

> As **funções sociais** das instituições podem ser manifestas ou latentes.

Todas as instituições apresentam determinadas funções básicas que lhes são comuns, como:

1. As instituições sociais apresentam para os indivíduos vários modelos de comportamentos sociais apropriados a diversas situações. Desse modo, contribuem para o processo de socialização, na medida em que a maneira certa ou errada do comportamento fica mais bem compreendida quando em um contexto institucional.
   Por exemplo, quando frequentamos uma escola, aprendemos como nos relacionar adequadamente com as autoridades (o professor, o diretor da escola etc.). Na instituição familiar, fica claro como se relacionam o homem e a mulher na sociedade à qual pertencemos. Quando entramos em um banco, sabemos automaticamente que devemos permanecer em determinada fila e esperar nossa vez.

2. As instituições proporcionam um grande número de papéis sociais com um determinado comportamento julgado adequado. Conhecendo-se com antecedência as expectativas de desempenho de um determinado papel social, as pessoas podem tomar a decisão de escolher o papel que melhor lhe convier.
   Por exemplo, os jovens escolhem ocupações e profissões em função do comportamento do papel social de médicos, advogados, administradores, sociólogos, engenheiros etc. Avaliando o comportamento funcional dos vários grupos ocupacionais, escolhe-se a ocupação que melhor convém ao indivíduo.

3. De um modo geral, as sociedades aprovam o comportamento institucionalizado, pois ele dá estabilidade e consistência a seus membros.
   Por exemplo, ao frequentar regularmente a escola, o indivíduo aceita certos valores e normas, que incluem uma determinada disciplina no comportamento. Ao entrar para uma igreja, o indivíduo adquirirá certos valores e crenças, como: fidelidade, caridade, honestidade etc. que lhe darão maior estabilidade pessoal no enfrentamento da realidade cotidiana.

4. As instituições tendem a regulamentar e controlar o comportamento dos indivíduos. Como elas incorporam as expectativas aceitas pela sociedade, qualquer desvio dessas expectativas pode gerar punição ou uma exposição a constrangimentos.

Por exemplo, o indivíduo que deixar de pagar uma dívida poderá sofrer o constrangimento de ter seu nome no Serviço de Proteção ao Crédito ou, ainda, perder algum imóvel que será utilizado para saldar a dívida. Aqueles que trabalham nas instituições políticas não podem aceitar suborno para elevar seu rendimento mensal; caso o façam, sofrerão penalidades. O marido não pode ter uma outra mulher, pois, se isso ocorrer, ele sofrerá sanções sociais que o recriminarão, podendo sua cônjuge se separar dele e desfazer a família.

As funções institucionais específicas das cinco mais importantes instituições sociais são (Cohen, 1980):

I) Funções da família:
   a) regulamentação do comportamento sexual;
   b) reposição de membros da sociedade de uma geração à outra pela reprodução;
   c) cuidado e proteção às crianças, aos enfermos e velhos;
   d) socialização das crianças;
   e) fixar a posição e estabelecer o status, transmitido por meio da herança social;
   f) segurança econômica proporcionada pela família como unidade básica de produção e do consumo na economia.

II) Funções das instituições educacionais:
   a) prover a preparação para papéis ocupacionais e profissionais;
   b) servir de veículo para a transmissão da herança cultural;
   c) familiarizar os indivíduos com os vários papéis sociais;
   d) preparar os indivíduos para certos papéis sociais esperados;
   e) proporcionar uma base para avaliação e compreensão relativa de status;
   f) promover mudança por meio do engajamento na pesquisa científica;
   g) estimular a adaptação pessoal e melhorar os relacionamentos sociais.

III) Funções das instituições religiosas:
   a) auxílio na busca de identidade moral;
   b) proporcionar interpretações para ajudar a explicar o ambiente físico e social do indivíduo;
   c) promoção de sociabilidade, coesão social e solidariedade grupal.

IV) Funções das instituições econômicas:
   a) produção de bens e serviços;
   b) distribuição de bens e serviços juntamente com a distribuição de recursos econômicos (trabalho e equipamento);
   c) consumo de bens e serviços.

V) Funções das instituições políticas:
   a) a institucionalização de normas por meio de leis aprovadas pelos órgãos legislativos do governo;
   b) a execução de leis que foram aprovadas;
   c) a solução de conflitos existentes entre os membros da sociedade;
   d) o estabelecimento de serviços como saúde, educação, assistência social etc.;
   e) a proteção aos cidadãos contra qualquer ataque externo de outros países e manutenção de serviços de emergência pública em casos de perigo.

As funções e responsabilidades das instituições identificadas anteriormente são as mais importantes desempenhadas por elas; no entanto, seria possível ampliar muito a relação, dada a sua importância e relevância nas modernas sociedades.

## RESUMO DO CAPÍTULO

No conjunto das interações sociais que ocorrem nas diferentes sociedades, algumas são rotineiras, repetitivas e esperadas, apresentando regularidades. Esse processo é conhecido como 'institucionalização'. Quando há várias dessas interações institucionalizadas, estamos provavelmente diante de uma instituição social.

As instituições sociais são sistemas complexos e organizados de relações sociais relativamente permanentes, que incorporam valores e procedimentos comuns e atendem a necessidades básicas da sociedade.

As instituições sociais apresentam símbolos culturais que as identificam, podendo ser hinos, bandeiras, prédios, objetos, pessoas etc.

As instituições sociais apresentam características gerais comuns. Entre as mais importantes estão: buscam atender a necessidades específicas; incorporam valores fundamentais da sociedade; os ideais das instituições são aceitos pelo conjunto da sociedade; e são relativamente duradouras.

## PERGUNTAS

1. O que é uma instituição social?
2. Por que as instituições sociais são importantes para o ser humano?
3. Qual a diferença entre uma instituição social e uma associação (organização)?
4. Descreva o processo de institucionalização. Exemplifique.
5. Cite símbolos culturais institucionais materiais.
6. Cite símbolos culturais institucionais não materiais.
7. Um indivíduo pode ser um símbolo cultural institucional? Exemplifique.
8. Cada instituição social tem como objetivo principal atender a determinadas necessidades sociais específicas ou gerais. Exemplifique.
9. Cada instituição social para cumprir seu papel desempenha uma única função ou múltiplas funções? Exemplifique.
10. Somente as pessoas que fazem parte de uma instituição social aceitam seus ideais? Explique.
11. Qual a diferença entre funções sociais manifestas e latentes? Exemplifique.
12. As instituições sociais controlam o comportamento dos indivíduos?
13. Quais são as cinco mais importantes instituições sociais, as quais podem ser encontradas na maioria das sociedades atuais e do passado?

## Nota

1 Cf. HORTON E HUNT, 1980, p. 146.

# CAPÍTULO 15

# A família

## APRESENTAÇÃO

A família é a principal instituição social e pode variar de forma, dependendo de cada cultura. Neste capítulo, vamos analisá-la de diferentes modos: quanto ao número de cônjuges, as formas em que ocorrem os casamentos, a tolerância entre os parceiros e as limitações impostas pelo grupo social.

Entre as diferentes sociedades hoje existentes, veremos que há uma enorme variação do grau de tolerância entre os cônjuges quanto ao adultério.

Estabeleceremos a diferença entre as famílias conjugais e as consanguíneas e sua funcionalidade no mundo atual. Analisaremos, também, a família como unidade de produção e de consumo e suas mudanças durante o processo de industrialização.

## TÓPICOS PRINCIPAIS

15.1 A estrutura familiar
15.2 Endogamia e exogamia
15.3 As funções da família
15.4 Relações familiares
15.5 Família, parentesco e sociedade

## OBJETIVOS DE APRENDIZAGEM

Compreender:

- o papel fundamental desempenhado pela estrutura familiar.
- que há enormes variações na composição de uma família.
- a existência de diferentes estereótipos de família em cada cultura.
- que socialmente existem limitações ao direito de escolha do cônjuge.
- as diferentes funções que possui a família em nossa sociedade.
- que em cada sociedade há um determinado tipo de relação entre os membros de uma família, e essa poderá não ser a mesma em outras sociedades.
- que as famílias podem ser amplas — constituídas de muitos membros — ou pequenas — constituídas apenas dos cônjuges e filhos.

## 15.1 A estrutura familiar

A família é um grupo aparentado responsável principalmente pela socialização de suas crianças e pela satisfação de necessidades básicas. Ela consiste em um aglomerado de pessoas relacionadas entre si pelo sangue, casamento, aliança ou adoção, vivendo juntas, em geral, em uma mesma casa, por um período de tempo indefinido.

A família é considerada uma unidade social básica e universal (veja Figura 15.1). Básica, porque dela depende a existência da sociedade; e universal por ser encontrada em todas as sociedades humanas, de uma forma ou de outra.

O estereótipo da família de nossa cultura é constituído pelo marido, esposa e filhos. Considerando-se outras culturas, há muitas variações na estrutura familiar.

Quanto ao número de cônjuges, a família pode ser monogâmica ou poligâmica.

A 'monogamia' é a forma de casamento mais comum. É quando um homem é casado com uma só mulher ou vice-versa. Na sociedade brasileira, essa é a única forma admitida. Um tipo de casamento monogâmico (um + um) que vem sendo reconhecido em algumas partes do mundo é aquele realizado entre homossexuais, tanto entre mulheres como entre homens (veja Quadro 15.1).

A 'poligamia' é quando um homem é casado com mais de uma mulher ou vice-versa ao mesmo tempo. A maior parte dos países tem proibições legais contrárias à poligamia.

A poligamia pode ser de dois tipos. Há a 'poliandria', que é a união de uma mulher com mais de um homem simultaneamente. Esse é um tipo de família que existiu no Quilombo dos Palmares, entre os negros fugidos no Brasil do século XVII, e que ainda pode ser encontrado em culturas na região central da China, entre tribos do Tibete e entre os esquimós. E há ainda a 'poliginia', quando ocorre o casamento de um homem com várias mulheres. Esse tipo de família é comum entre os povos árabes, entre algumas religiões e em tribos africanas (veja Figura 15.2).

**Figura 15.1** Definição de família como unidade social básica e universal

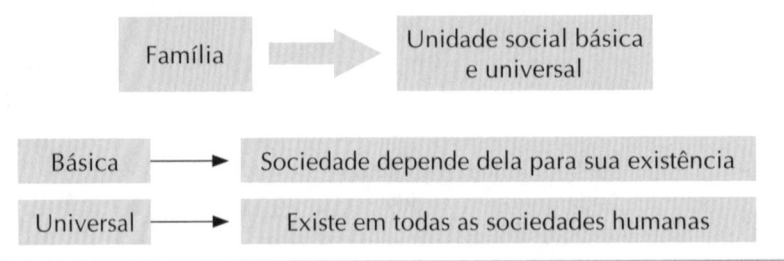

Família → Unidade social básica e universal

Básica → Sociedade depende dela para sua existência

Universal → Existe em todas as sociedades humanas

### QUADRO 15.1 — Mudanças nos costumes

A Corte de Apelação de Ontário (Canadá) decidiu na semana passada estender aos casais homossexuais todos os direitos válidos para os heterossexuais. Duas leis recentes sobre o tema, aprovadas nas províncias de Quebec e na Colúmbia Britânica, deram impulso decisivo ao esforço de tornar o casamento homossexual uma realidade em todo o país.

Dezenas de casais homossexuais correram para os prédios nas cidades de Toronto, Ottawa e Hamilton (província de Ontário), para oficializar seus casamentos, antes de decisão contrária do ministro da Justiça, que pode apelar à Corte Suprema.

"A tendência da decisão da Corte é absolutamente a de reconhecer o direito de gays e lésbicas se casarem", disse o reitor da Universidade de York.

Holanda e Bélgica são atualmente os dois únicos países que estendem os mesmos direitos civis a casais homossexuais. França, Alemanha, Finlândia, Suécia, Noruega, Dinamarca e Islândia permitem a união civil entre gays e lésbicas, que lhes confere muitas proteções e responsabilidades atribuídas a um casamento heterossexual.

Quebec e o Estado de Vermont (EUA) também promulgaram, nos últimos anos, leis que permitem a união entre gays. Em Quebec, por exemplo, a lei começou a vigorar no ano passado, e os casais ganharam os mesmos direitos de adoção e as obrigações dadas a casais heterossexuais — pensão, seguro saúde, herança —, além de outros benefícios. Seis das dez províncias canadenses estenderam o direito de adoção aos pais homossexuais.

Em Buenos Aires, em dezembro de 2002, legisladores concederam status legal para casais de gays e lésbicas, permitindo que tivessem benefícios como pensão e visitas ao hospital. A lei inclui política de seguro e benefícios de saúde cobertos pelo governo, mas não autoriza casais de mesmo sexo a adotar crianças e a casar.

*Fonte*: Adaptado de KRAUSS, Clifford. "Canadá vive onda de casamentos gays". *Folha de S.Paulo*, 16 jun. 2003, p. A-14.

### Figura 15.2 — Características da monogamia e da poligamia

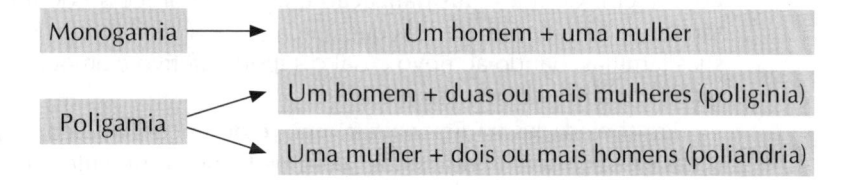

- Monogamia → Um homem + uma mulher
- Poligamia
  - → Um homem + duas ou mais mulheres (poliginia)
  - → Uma mulher + dois ou mais homens (poliandria)

## 15.2 Endogamia e exogamia

Chamamos de 'endogamia' ou 'exogamia' as formas que o casamento pode assumir em diferentes sociedades. É uma limitação ao direito de escolha do cônjuge.

'Exogamia' é o nome que se dá ao casamento entre indivíduos que pertencem a grupos distintos. Por exemplo, em nossa sociedade, as pessoas são proibidas de casar com parentes de sangue próximos — irmão ou irmã, primo-irmão etc. A escolha deve ser feita fora do grupo de parentesco.

'Endogamia' é o tipo de casamento em que os indivíduos são obrigados a escolher os cônjuges dentro do grupo a que pertencem. Na África do Sul, vigorou durante muito tempo a endogamia racial; o branco só podia casar com um branco e o negro com outro negro. Os ciganos praticam a endogamia dentro de seu grupo cultural e possuem todo um conjunto de hábitos, valores e costumes próprios de sua subcultura.

Podemos considerar que muitas sociedades são exogâmicas, pois proíbem os indivíduos de casar com seus parentes mais próximos. As pessoas buscam, então, o casamento fora de seu grupo de parentesco, país, etnia, língua, classe, aldeia, clã ou tribo. Por outro lado, muitas sociedades são endogâmicas porque exigem que o indivíduo se case dentro de seu grupo social, seja ele ligado à classe, religião, casta ou raça. No Iraque, o casamento é endogâmico, pois o relacionamento conjugal dentro dos membros de uma mesma tribo é bastante incentivado.

Podemos dizer ainda que muitas sociedades são exogâmicas — por exigir o casamento fora do grupo de parentesco — e, ao mesmo tempo, porém, podem ser consideradas endogâmicas — afinal, encorajam o casamento entre pessoas da mesma etnia.

O casamento endogâmico ocorre com frequência nos grupos religiosos. Há muita resistência às uniões entre indivíduos de religiões diferentes. Os motivos são vários, começando pela própria cerimônia, que deverá ser celebrada em um ou outro templo (igreja, sinagoga etc.). Os problemas continuam com a educação dos filhos, com a diferença entre os valores e o papel do homem e da mulher no casamento etc. O fenômeno também ocorre porque muitos casais se formam graças ao compromisso característico das religiões de promover a sociabilidade, aumentando os contatos entre as pessoas do mesmo grupo religioso em festas, encontros e outras manifestações.

Algumas religiões somente aceitam o casamento de seus membros com integrantes do mesmo grupo religioso. Soldados norte-americanos no Iraque tiveram de se converter ao islamismo para casar com iraquianas durante o ano de 2003.

### A escolha do cônjuge

Há uma enorme variação na forma com que ocorrem os casamentos. Na sociedade brasileira predomina a livre escolha entre parceiros baseada no amor. Embora para a maioria dos brasileiros essa pareça ser a forma mais natural, essa pré-condição para o casamento, na realidade, nem sempre é aceita universalmente.

O casamento por amor é bastante recente; e ele só se consolidou gradativamente, graças ao incremento da industrialização. Anos atrás predominavam os casamentos arranjados — em que as famílias é que determinavam quem devia casar com quem. Com a industrialização e o rápido processo de urbanização, o amor tornou-se funcional à medida que ajuda as pessoas a cortar os laços de união com suas famílias, dando ao novo casal o suporte afetivo e emocional que os cônjuges recebiam antes de seus parentes.

Em sociedades tradicionais, o amor é desencorajado como pré-requisito para o casamento, pois pode romper com os laços de parentesco existentes. É o que acontece, por exemplo, no Iraque, onde se busca o parceiro dentro do grupo de parentesco, e os pares são formados para fortalecer as relações familiares.

## 15.3 As funções da família

Como instituição social, a família preenche várias funções em qualquer sociedade. A natureza dessas funções e o nível de desempenho variam de grupo para grupo.

As funções mais importantes exercidas pela família são: a biológica, a de socialização, a social, a assistencial e a econômica.

- A 'biológica' está relacionada à reprodução da espécie e à satisfação das necessidades sexuais (regulação sexual). Em muitas sociedades, a satisfação sexual fora do casamento é tolerada; já a procriação raramente é aprovada fora da família.

- A 'socialização' é uma das mais importantes funções da família, preparando o ingresso da criança na sociedade. Refere-se à transmissão da herança social e cultural por intermédio da educação dos filhos. Por um período significativo após o nascimento, a família é o único grupo com o qual a criança tem um contato mais frequente e exerce uma importante função socializadora pela transmissão da linguagem, usos, costumes, valores, crenças etc.

- A 'social' refere-se ao papel que a família exerce ao determinar o status inicial do indivíduo. Cada criança começa a vida com o status de classe (ou da camada social) de sua família. Essa posição social inicial determinará em grande parte as oportunidades e recompensas a seu alcance. De modo geral, a criança absorve um conjunto de interesses, valores e costumes que são próprios do grupo de status da família, que a manterá nessa posição e dificultará seu acesso a outras posições.

- A 'assistencial'. Em todas as sociedades a família é basicamente responsável pela proteção física, econômica e psicológica de seus membros. Diz respeito, também, aos cuidados que a família dispensa na infância, nas doenças durante os anos e na velhice.

- A 'econômica'. Em muitas sociedades, sob o ponto de vista econômico, a família constitui uma unidade tanto de produção quanto de consumo. Nas sociedades modernas, a família posiciona-se mais como unidade de consumo do que de produção. Nas regiões onde predomina uma economia agrária, todos trabalham juntos, constituindo uma unidade que produz bens e serviços necessários para seu sustento. A família como grupo de produção era comum nas sociedades primitivas e nas civilizações antigas. Após a consolidação da civilização industrial, são predominantes as famílias como unidades de consumo.
O predomínio de famílias como unidades de produção determinará a existência de famílias numerosas, com muitos filhos e preferencialmente homens. Já quando ocorre o predomínio de famílias como unidades de consumo, o número de membros é desvantajoso; famílias numerosas apresentam maior dificuldade de sobrevivência em uma sociedade de consumo (veja Figura 15.3).

## 15.4 Relações familiares

Quanto ao tipo de relações entre os membros de uma família, há uma grande variação entre diferentes sociedades. Há grupos familiares que toleram o sexo fora do casamento; outros que são indiferentes; e ainda alguns em que a menor possibilidade de relacionamento fora do casamento é considerada traição passível de punição — punição essa em geral aceita pela maioria das pessoas.

No México, um pesquisador encontrou casos curiosos nas relações sociais existentes nas famílias.

O pesquisador Juan Carlos Hernández[1] relata que a costa de Veracruz é a região mais alegre e brincalhona do país, muito diferente do México católico e moralista que se nota a partir de Xalapa, capital do Estado. "No interior, caso perguntem a um homem o que fará se tiver um filho 'choto' (que, no México, significa indivíduo manso, mimado), ele dirá: 'Eu o mato'. Em Veracruz, o pai responderá: 'Eu abrirei um restaurante, pois são bons cozinheiros'."

A liberalidade não se limita aos homens. Em alguns povoados, as mulheres têm amantes tolerados pelos maridos, desde que sejam adolescentes. Esses são conhecidos como 'mapaches', nome de um pequeno animal da região que só aparece à noite.

**Figura 15.3** As principais funções da família

| Principais funções da família |
|---|
| 1. Biológica |
| 2. Socialização |
| 3. Social |
| 4. Assistencial |
| 5. Econômica |

Os '*mapaches*' ajudam as mulheres nos trabalhos pesados e dormem com elas quando o marido está fora. Nas vilas de pescadores, os homens passam de três a quatro dias no mar. "Não me incomoda a presença do '*mapaches*'", relatou um dos entrevistados ao pesquisador. "Quando chego em casa, minha mulher está feliz."

Em vilarejos montanhosos de Veracruz, o amante tolerado precisa ser um homem de idade. São chamados de 'queridos'. Por serem mais velhos e não terem filhos pequenos, eles podem ajudar a família da amante.

O lesbianismo é culturalmente aceito, e mulheres vivem juntas sem serem incomodadas.

## 15.5 Família, parentesco e sociedade

### Tipos de família

Os tipos de família encontrados ao redor do mundo são bastante variados. Algumas delas são poligâmicas, união conjugal em que um homem tem várias esposas ao mesmo tempo; outras são poliândricas, uma mulher com mais de um marido simultaneamente. Em alguns casos, os laços matrimoniais não têm muita importância, e o cuidado com as crianças é compartilhado por várias pessoas. No entanto, o tipo mais comum encontrado é a família constituída de pai, mãe e filhos. Podemos considerar dois modelos extremos para ilustrar a diferença na estrutura e na função da organização familiar: a família conjugal (nuclear) e a consanguínea (ampla).

### Famílias conjugais e consanguíneas

As famílias podem ser classificadas como 'conjugais' e 'consanguíneas'. A conjugal é aquela formada pelo marido, esposa e filhos. Uma unidade consanguínea é composta por pessoas ligadas por laços de parentesco, formando uma linhagem comum. O marido, seus pais, irmãos, avós, tias, tios e primos formam uma unidade familiar consanguínea. Uma unidade familiar conjugal é aquela em que seus membros geralmente vivem juntos; em uma unidade consanguínea, seus membros podem ou não ocupar uma mesma casa.

Também podemos denominar a família conjugal como 'família nuclear' e a família consanguínea como 'família ampla'.

Em algumas sociedades, a família consanguínea funciona como uma unidade — um grande grupo — e é tipicamente encontrada nos países europeus mais fortemente católicos, como a Itália, Espanha, Portugal etc. Envolve pais e filhos, assim como avós, tias, tios e primos maternos e paternos.

### A família consanguínea

Este primeiro modelo é típico de sociedades mais tradicionais e consiste em um grande número de parentes que podem habitar um mesmo teto ou ficam bastante próximos uns dos outros — de um modo geral, os avós, os filhos, as mulheres, os netos etc. Denominamos esse tipo de família de 'consanguínea', que literalmente significa 'do mesmo sangue'. Há um grande sentimento de lealdade em relação às pessoas mais velhas da família e o respeito pelos ancestrais falecidos é notável. As regras de status e etiqueta fazem da família um sistema bem regulado, no qual cada membro conhece perfeitamente seu lugar. Como entidade, a família é muito mais importante que o indivíduo. De um modo geral, os casamentos são arranjados pelos parentes mais velhos, em vez de depender do capricho dos mais jovens. Nas sociedades modernas, os casamentos não são arranjados, mas sofrem crivo das pessoas mais velhas, que regulam e interferem nos relacionamentos, o que pode ser evidenciado no papel desempenhado pela sogra, figura que representa a manutenção de uma certa importância da família consanguínea.

Nas famílias consanguíneas há predominância do papel masculino, mesmo naquelas inseridas no mundo moderno. Embora o papel do homem não seja tão predominante, ele é o herdeiro social responsável pela família. O vínculo básico da família consanguínea é o existente entre pai e filho e predomina sobre a união entre marido e mulher. De certa forma, este tipo de família é permanente: os membros morrem, mas são substituídos por outros, e a família como entidade perdura. Neste tipo de família, há uma clara divisão entre as funções sociais do homem e da mulher. Nas famílias consanguíneas mais modernas, as mulheres ganham status e prestígio com o decorrer do tempo. Este tipo de organização familiar é típico de sociedades agrícolas, em que a tradição é forte e as mudanças são lentas e na qual todo membro deve trabalhar duro para sobreviver. Além do mais, fornece aos indivíduos que a integram uma sensação de pertencimento e segurança, embora todos devam subordinar seus desejos aos do grupo familiar.

Nas estruturas familiares modernas, em que ainda é forte o modelo consanguíneo, as separações (divórcios, por exemplo) ocorrem com menos frequência pela intervenção dos parentes, que impedem a desestruturação familiar, relegando-se a vida individual de seus membros a um plano secundário, predominando a manutenção do grupo constituído pela família mais ampla.

## A família nuclear ou conjugal

O tipo mais comum de família é a 'nuclear' ou 'conjugal', constituída de um homem e uma mulher e seus filhos. O termo 'conjugal' faz referência ao vínculo matrimonial, e o 'nuclear' significa que a família não inclui outros parentes.

A unidade básica é formada pelo marido e pela esposa, que casaram por amor, com ou sem o consentimento de qualquer outra pessoa. Os dois têm papéis bem definidos. Esta família pode ser considerada como uma entidade temporal, criada no momento do matrimônio e que só termina com a morte do último dos cônjuges. É típica das sociedades mais modernas, sendo o modelo mais dinâmico de estrutura familiar, que não se adapta a tradições e é permeável a mudanças. Onde há predominância deste modelo, a separação pode ocorrer com mais frequência, pois a decisão cabe única e exclusivamente aos cônjuges, que não recebem interferência de outros parentes em sua relação.

## Industrialização e família

Na medida em que as sociedades vão adotando o modelo industrial em detrimento do agrário, as funções e o papel da família também mudam. O fato mais importante que ocorre e que historicamente ocorreu com o predomínio do modo de produção industrial — a passagem da família rural tradicional para a família urbana industrial — foi a mudança do grupo de parentesco extenso (família consanguínea) para o nuclear.

As famílias nas quais predomina e predominava o modo agrário de produção se caracterizam por ser famílias que apresentam as características de unidade de produção e consumo, em que é necessário um grande número de filhos e outros parentes disponíveis para trabalhar. Nas comunidades urbanas tornou-se desnecessário ter um grande número de filhos, pois uma família com muitos filhos tem mais dificuldades de se sustentar do que uma família pequena.

Além disso, quando a produção econômica passou da família para a fábrica, foi necessário que instituições de educação formal (escolas, universidades) intensificassem sua participação no processo de socialização. Afinal, a preparação para o trabalho em uma sociedade urbana exige um grau de capacitação mais alto e uma multiplicidade de aprendizado de papéis sociais que devem ser ocupados e que, em sua maior parte, são aprendidos nas escolas.

Os laços das famílias extensas tendem a enfraquecer nas sociedades mais industrializadas, por vários motivos. Entre os mais importantes estão:

1. O indivíduo em uma sociedade urbana deve ter mobilidade geográfica, não pode permanecer durante toda a vida morando próximo a seus parentes; sua localização dependerá em grande medida de onde estudará e onde trabalhará. Nesses locais, ele estabelecerá novos laços sociais e aí constituirá uma nova família — que terá menos influência do grupo consanguíneo.
2. Uma das funções importantes da família extensa é o auxílio a seus membros para a solução de seus problemas, sejam financeiros, sejam de saúde ou de amparo psicológico. Nas sociedades urbanas, essa função exercida pelos grupos de parentesco foi substituída pelas organizações formais que realizam empréstimos, atendem os doentes e fornecem todo tipo de assistência.
3. Um terceiro aspecto importante é que a família consanguínea tem enorme influência na posição social que seus membros ocupam na sociedade, tanto pela pressão exercida pelo grupo baseado em seus valores quanto pela cultura do próprio grupo de parentesco que limita os horizontes perceptíveis de sucesso de seus próprios membros. De um modo geral, o horizonte de status elevado nas famílias consanguíneas está limitado consciente ou inconscientemente ao grupo de parentesco. Nas reuniões familiares, há disputa de quem tem o melhor símbolo de status — um carro, um imóvel etc. — ou quem está mais bem vestido de acordo com o status médio apregoado pelo grupo.

Nas famílias nucleares ou conjugais típicas da urbanização, os indivíduos têm a oportunidade de atingir por seus próprios meios o status que almeja, não dependendo da posição social da família para determinar sua posição social. Por outro lado, as oportunidades que surgem para elevar seu status muitas vezes obrigam o indivíduo a se deslocar para outras regiões, o que é possível fazer mantendo-se unida a família nuclear. No entanto, isso não será possível com a família consanguínea. A ajuda conseguida pelas pessoas em uma sociedade urbana será obtida quase sempre com o auxílio de um profissional, sem que o indivíduo solicite a intermediação de um membro da família consanguínea.

Na sociedade brasileira, de um modo geral, a família nuclear interage bastante com o grupo consanguíneo — o grupo de parentesco ampliado. Os membros da família fazem visitas uns aos outros e se comunicam com uma certa frequência com os membros de sua família extensa.

## RESUMO DO CAPÍTULO

A família foi estudada neste capítulo como a instituição social mais importante e a mais antiga de que se tem notícia. Nós a consideramos como um grupo de parentesco constituído por pessoas relacionadas entre si pelo sangue, aliança, casamento ou adoção, vivendo juntas por um período de tempo indefinido.

Quanto ao número de cônjuges, a família pode ser monogâmica ou poligâmica. A monogamia é mais comum e trata-se da união entre um homem e uma mulher. A poligamia é quando um homem é casado com mais de uma mulher ao mesmo tempo (poliginia) ou a mulher é casada com mais de um homem simultaneamente (poliandria).

Uma forma de limitar o direito de escolha do cônjuge é a existência da endogamia ou da exogamia. A endogamia é a limitação da escolha do parceiro dentro de um grupo social. A exogamia é a imposição da escolha fora de um grupo social.

Entre as funções que a família exerce estão: a biológica, de socialização, a social, a assistencial e a econômica. São reconhecidas muitas variações nas relações familiares. Há regiões nas quais o adultério não é tolerado; em outras, não só é tolerado como incentivado.

Por fim, as famílias podem ser numerosas, quando se considera o grupo de parentes com afinidade pelo sangue (famílias consanguíneas) e que são mais comuns nas sociedades tradicionais. E as menores, constituídas pelos cônjuges e pelos filhos (famílias nucleares ou conjugais), que se identificam com as sociedades mais industrializadas.

## PERGUNTAS

1. Qual a definição de família?
2. O que é a monogamia?
3. O que é a poligamia?
4. Como é chamada a poligamia quando é o homem que tem mais de uma mulher ao mesmo tempo?
5. E a poligamia quando é a mulher que tem mais de um homem simultaneamente?
6. O que é endogamia? Exemplifique.
7. O que é exogamia? Exemplifique.
8. Quais as principais funções da família?
9. Quais as duas situações que atendem à função biológica da família?
10. Como a família determina o status inicial do indivíduo?
11. Quais as duas formas que a família assume em sua função econômica?
12. As relações familiares são as mesmas em qualquer sociedade?
13. O que são famílias conjugais ou nucleares?
14. E o que são famílias consanguíneas?
15. A industrialização provocou alterações na estrutura familiar?

## Nota

1 "Mulher pode ter amantes", *Folha de S.Paulo*, 17 abr. 1996, p. 3-4.

# CAPÍTULO 16
# A religião

## APRESENTAÇÃO

Neste capítulo, começaremos por explicar a importância da religião e sua definição mais importante. Consideraremos, também, as funções que a religião desempenha para os indivíduos e para as sociedades. Descreveremos os traços que caracterizam uma religião institucionalizada, incluindo suas estruturas organizacionais, e discutiremos a tendência à secularização. Serão apresentadas, ainda, as modalidades principais de organização religiosa. Concluiremos, então, com uma exposição das religiões brasileiras.

## TÓPICOS PRINCIPAIS

16.1  A importância da religião
16.2  A tendência à secularização
16.3  As funções da religião
16.4  Modalidades de organização religiosa
16.5  As religiões no Brasil

## OBJETIVOS DE APRENDIZAGEM

Compreender:

- o papel da religião em explicar o inexplicável.

- que, embora haja um importante processo de secularização das sociedades, a religião continua a cumprir um papel importante.

- que a função de amparo psicológico que a religião exerce é uma das mais importantes.

- que existem inúmeras funções sociais exercidas pela religião, e as funções de controle social e de manutenção da ordem estão entre as mais importantes.

- a existência de diversas modalidades de organizações religiosas.

- que a tolerância entre as religiões é fundamental para a manutenção da paz social.

## 16.1 A importância da religião

**Religião:** É um sistema unificado de crenças e práticas relativas a coisas sagradas, que unem em uma comunidade moral única todos os que a adotam (Durkheim).

Uma das mais importantes instituições básicas de qualquer sociedade, a religião foi definida por Durkheim (1973) em sua obra *As formas elementares da vida religiosa* como sendo "um sistema unificado de crenças e práticas relativas a coisas sagradas, isto é, a coisas colocadas à parte e proibidas — crenças e práticas que unem em uma comunidade moral única todos os que a adotam".

A religião assume múltiplas formas em função de cada cultura, tendo também diferentes significados. Durkheim (1973, p. 508) considera que "no fundo, não existem religiões falsas. À sua maneira, todas são verdadeiras, todas respondem, mesmo que de diferentes formas, a condições dadas da existência humana". Para ele, o verdadeiro sentido da religião é auxiliar o crente a viver, e, nesse sentido, o culto e a fé cumprem papéis fundamentais e inter-relacionados. No Quadro 16.1, o texto de Durkheim mostra como a ideia da fé é sustentada pelo culto (no sentido de práticas repetitivas, ritos e rituais).

## 16.2 A tendência à secularização

Por secularização compreende-se a "transformação ou passagem das coisas, fatos, pessoas, crenças e instituições, que estavam sob o domínio religioso, para o regime leigo" (Houaiss, 2001). Constitui-se em uma das tendências mais importantes do mundo contemporâneo e sua contrapartida — a imposição de limites às interpretações religiosas. No entanto, essa predominância de sociedades seculares não é uniforme em todos os recantos do planeta. Há muitos lugares nos quais a religiosidade se impõe, enquanto a secularização tem dificuldades de se impor. Esse fato ocorre particularmente nas regiões onde há predomínio da religião muçulmana.

---

**QUADRO 16.1** O culto e a religião

"O fiel que se comunicou com seu deus não é apenas um homem que vê novas verdades que o descrente ignora; ele é um homem que pode mais. Ele sente em si mais força, seja para suportar as dificuldades da existência, seja para vencê-las. Ele está como que elevado acima das misérias humanas porque está elevado acima de sua condição de homem; acredita-se salvo do mal, sob qualquer forma, aliás, que ele conceba o mal. O primeiro artigo de toda fé é a crença na salvação pela fé. Ora, não se vê como uma simples ideia poderia ter essa eficácia. Uma ideia, com efeito, não é senão um elemento de nós mesmos: como poderia ela nos conferir poderes superiores àqueles que temos por nossa natureza? Por mais que ela seja rica em virtudes afetivas, não poderia nada acrescentar à nossa vitalidade natural; pois ela só pode liberar as forças emotivas que estão em nós, e não as criar nem aumentar. Do fato de que nós representamos um objeto como digno de ser amado e procurado não se segue que nos sintamos mais fortes; mas é preciso que desse objeto emanem energias superiores àquelas de que dispomos e, além do mais, que tenhamos algum meio de fazê-las penetrar em nós e de misturá-las à nossa vida interior. Ora, para isso não é suficiente que nós as pensemos, mas é indispensável que nos coloquemos em sua esfera de ação, que nos voltemos para o lado pelo qual podemos sentir melhor sua influência. Em uma palavra, é preciso que ajamos e que repitamos os atos que são assim necessários, todas as vezes em que isso for útil para renovar seus efeitos. Desse ponto de vista, entrevê-se como esse conjunto de atos regularmente repetidos, que constitui o culto, retoma toda a sua importância. De fato, quem quer que realmente pratique uma religião bem sabe que é o culto que suscita essas impressões de alegria, de paz interior, de serenidade, de entusiasmo, que são, para o fiel, a prova experimental de suas crenças. O culto não é simplesmente um sistema de signos pelos quais a fé se traduz para o exterior; ele é a coleção dos meios pelos quais ela se cria e se recria periodicamente. Que ele consista em manobras materiais ou em operações mentais, é sempre ele que é eficaz."

*Fonte*: Durkheim, E. *As formas elementares da vida religiosa*. São Paulo: Abril. 1973, p. 524.

## A sociedade religiosa

As sociedades religiosas ou sagradas são aquelas que consideram que todas as suas instituições e costumes são de origem divina. Os principais problemas são explicados tendo como origem a manifestação de Deus, e a violação das leis divinas implica o surgimento de desgraças. A responsabilidade dos homens está no cumprimento dos rituais, que determinam a fertilidade do solo ou a estabilidade do clima. Nas sociedades religiosas, há pouca distinção entre o que é ou não sagrado. A religião está presente todos os dias, regula a lei, o casamento, as obrigações morais, a alimentação, o plantio e a colheita, a cura de enfermidades e todos os múltiplos aspectos de uma cultura.

## A sociedade secular

As sociedades seculares podem apresentar rituais e ritos religiosos que, no entanto, não procuram estabelecer seu domínio interpretando as instituições e os costumes sob o ponto de vista religioso. As leis são regras estabelecidas pelos homens, e não pela vontade de Deus. O plantio e a colheita são planejados em função do conhecimento científico, como o são também todos os aspectos da economia. A distinção do que é sagrado, religioso ou não, é perfeitamente estabelecida. A religião pode não estar presente na vida de um grande número de pessoas, e, para muitos, sua prática está restrita a um determinado dia da semana.

Um exemplo que, de uma certa forma, contradiz a tendência à secularização é apresentado no Quadro 16.2.

### QUADRO 16.2 — Religião e Estado

A Secretaria Estadual de Educação do Rio de Janeiro divulgou edital de concurso para professores de religião, que prevê que o docente poderá ser punido com afastamento e demissão se "perder a fé e tornar-se agnóstico ou ateu". Segundo o edital, publicado no dia 16 de outubro de 2003, quem determinará o eventual afastamento do professor é a autoridade religiosa que o credenciou para participar do concurso.

"Fica reconhecido à autoridade religiosa o direito de cancelar, a qualquer tempo, o credenciamento concedido, quando o professor mudar de confissão religiosa ou apresentar motivos que o impeçam moralmente de exercê-la", diz o edital.

A lei que regulamenta o ensino religioso confessional (aulas separadas por credo) foi apresentada e sancionada em 2002 pelo Governo do Estado do Rio de Janeiro.

Pela lei, as aulas não serão obrigatórias. A rede estadual de ensino já oferece aulas de ensino religioso convencional (sobre todas as religiões), que será substituído agora pelo confessional.

Segundo a secretaria, as autoridades de credenciamento são a CNBB (Conferência Nacional dos Bispos do Brasil) (para os católicos), a Ordem dos Ministros Evangélicos (para as denominações evangélicas) e o Rabinato (para o judaísmo).

Para disputar a vaga de professor de religião, o candidato é obrigado a ter licenciatura plena em qualquer curso superior.

A subsecretária estadual de Educação, na época, disse ser "difícil julgar se um professor perdeu a fé ou mudou de religião, caso ele não declare espontaneamente". No entanto, afirmou que ele será afastado e "provavelmente demitido" caso seja descredenciado pela autoridade máxima da religião que leciona. "Se ele foi contratado para uma função que não pode mais exercer, o normal é que seja demitido", disse ela.

Segundo a subsecretária, o Estado não está transferindo uma tarefa própria a uma autoridade religiosa. "O ensino religioso envolve uma gama de fatores. A pessoa tem de estar envolvida com a crença, e só as autoridades máximas das religiões podem dizer se são aptas ou não [para lecionar]", disse ela, acrescentando que autoridades religiosas participarão da elaboração do currículo escolar.

O edital oferece 342 vagas para professores católicos, 132 vagas para evangélicos e 26 para os "demais credos" — judaísmo, segundo a subsecretária. Ela disse que os números foram fixados depois de pesquisa feita em todas as escolas estaduais (1,5 milhão de alunos). Segundo ela, não houve interesse por parte dos alunos por outras religiões.

A bancada evangélica da Assembleia Legislativa do Rio de Janeiro posicionou-se contrariamente ao ensino religioso confessional (separado por credo). Uma deputada e pastora evangélica posicionou-se afirmando que "o Estado não pode interferir no ensino religioso" e que "não deveria haver aula de religião nas escolas. Isso é coisa para a Igreja. Por outro lado, como oferecer aulas de todas as denominações evangélicas que existem?".

As inscrições para o concurso começaram no dia 3 de novembro de 2003 e foram suspensas pela justiça, que concedeu liminar acatando o mandato de segurança do Sindicato Estadual dos Profissionais de Educação (Sepe) contra o Estado. O Sepe baseou o pedido de suspensão do concurso no fato de o edital ferir os princípios da Constituição, que proíbe a discriminação por credo. Segundo outra ação impetrada por um deputado estadual, o edital era inconstitucional porque discriminava religiões como a espírita e as afro-brasileiras.

*Fonte*: Adaptação de FIGUEIREDO, Talita. "Rio pune professor de religião que virar ateu". *Folha de S.Paulo*, 24 out. 2003, Caderno Campinas, p. C-5; "Evangélicos são contra ensino confessional". *Folha de S.Paulo*. 25 out. 2003, Caderno Campinas, p. C-4; e CIMIERI, Fabiana. "Suspenso concurso para professor de religião". *Folha de S.Paulo*, 4 nov. 2003, p. C-5.

## 16.3 As funções da religião

Na sociologia, estudamos a religião fundamentalmente no que diz respeito às funções que cumpre na sociedade. E, nesse sentido, há aspectos aparentemente contraditórios.

De um modo geral, a religião tem uma postura conservadora, pois serve de sustentáculo para as normas sociais. Porém, por outro lado, os profetas principais das mais diversas religiões foram críticos de suas respectivas sociedades, provocando mudanças significativas. A religião, de um modo geral, cumpre uma função unificadora entre as pessoas, formando uma grande comunidade daqueles que creem — os crentes. Mas, algumas vezes, ela pode se converter em uma das forças que mais dividem a sociedade, utilizando todos os meios possíveis para perseguir aqueles que divergem de seus princípios.

Há dois níveis principais de funções que exercem as religiões: o psicológico e o social.

### 16.3.1 A função psicológica

A função psicológica da religião é dada pela necessidade de os seres humanos terem sempre uma explicação para as coisas que não podem ser verificadas experimentalmente. Para isso, toda cultura adota um sistema institucionalizado de crenças religiosas. Algo que a explicação científica não alcança em virtude do estágio em que se encontra a cultura permanece no campo da religião.

A religião, sob o ponto de vista do indivíduo, lhe dá explicações que estão diretamente relacionadas com sua fé e que permitem que ele siga regularmente sua vida incorporando uma explicação sagrada a seu cotidiano. A religião atende a algumas necessidades das pessoas, permitindo diminuir suas incertezas, sua incapacidade e sua carência.

Do ponto de vista da incerteza, há muitos acontecimentos de importância fundamental para os indivíduos e que estão fora do alcance de suas capacidades e previsão. Há plena consciência da capacidade limitada dos seres humanos, e o futuro se apresenta incerto e de certa forma ameaçador. A inevitabilidade da morte é só um dos momentos em que a incerteza predomina e a religião encontra seu momento mais importante, pois cada grupo religioso interpreta de forma diferente esse momento crucial do ser humano. Mas, de todo modo, interpreta e apresenta uma explicação para aqueles que creem, além de uma perspectiva de como será o futuro. E, em função disso, as pessoas organizam e pautam suas vidas.

O homem apresenta uma grande incapacidade de determinar seu futuro. A morte, como foi dito, é uma situação incontrolável — somos incapazes de evitá-la. Muitas situações ocorrem ao longo da vida, nas quais a incapacidade humana se revela de forma bastante clara, em diferentes níveis. Muitas vezes as pessoas são incapazes de apresentar soluções que permitam que saiam de uma condição de pobreza. E a religião pode vir a explicar que não são tais pessoas as responsáveis por isso, e, sim, que essa é uma condição necessária, determinada por uma divindade. Isso melhora a autoestima do indivíduo, que assim se vê em condições de enfrentar o cotidiano.

As carências que as pessoas manifestam — sejam materiais ou sentimentais — são supridas em parte pela religião, que justifica a condição daqueles que pouco têm, ou traz esperança àqueles que não desfrutam de uma condição sentimental adequada. A divindade, seja ela qual for, trará conforto e garantirá um futuro pródigo para aqueles que se pautarem por assumir determinados valores.

No sentido de atender às necessidades das pessoas, diminuindo suas incertezas, suas carências e incapacidades, o significado da religião para os indivíduos pode ser mais bem especificado do seguinte modo:

- para muitas pessoas, a religião constitui um real apoio psicológico, permitindo responsabilizar a divindade ou o sobrenatural (o destino, o que está escrito) pelos seus próprios erros e fracassos;

- a religião transmite uma sensação de segurança, pois aquele que tem fé está protegido pela divindade;

- a religião facilita o conformismo, na medida em que aqueles que são desafortunados ou infelizes encontram uma explicação aceitável que justifique sua condição. De algum modo, a divindade os escolheu para que assumissem essa condição temporária, pois é somente um momento que será passado aqui na Terra. Como consequência, a religião contribui para que as pessoas aceitem o inaceitável, como a morte, a pobreza, a desigualdade, a dor etc.

### 16.3.2 As funções sociais da religião

A religião é de extrema importância em qualquer sociedade. Entre suas funções sociais de maior destaque estão:

1. Seu papel no processo de socialização.

    As religiões mais institucionalizadas, que têm uma ampla inserção nas sociedades, tendem a promover a seus membros a defesa dos valores mais importantes das comunidades nas quais estão inseridas. De um modo geral, é na difusão dos valores, hábitos e costumes que a religião contribui diretamente para o processo de socialização.

    Embora as religiões mantenham seus próprios valores, diferentes hábitos e costumes, é comum elas não interferirem no conjunto da vida cotidiana dos indivíduos nem contrariarem os valores mais gerais da sociedade. Excetuam-se, aí, muitas seitas que procuram controlar a vida do indivíduo em sua totalidade, criando contraculturas que se opõem a pontos comuns da sociedade, e as religiões com uma relação estreita com o Estado, confundindo-se às vezes com esse (*ecclesia*). No Brasil, as religiões cristãs abraçam fortemente os valores ocidentais que se confundem com os da religião. Em suas cerimônias religiosas, esses valores são sempre destacados como fundamentais para a manutenção e estabilidade da sociedade.

2. Sua influência decisiva em outras instituições sociais.

    As religiões influenciam particularmente a família, a educação e o Estado. Embora de uma maneira ou de outra todas as instituições sociais apresentem uma inter-relação, a religião é uma das que mais exercem influência sobre as demais. A forma e o comportamento das famílias são em grande parte determinados pela religião a que pertencem. A educação religiosa em muitos países fica a cargo de organizações, e estas mantêm inúmeras instituições educacionais nos mais diversos níveis. Muitos países apresentam a religião em íntima integração com o Estado.

3. O fato de ser uma força de controle social.

    A religião exerce forte controle social, proibindo claramente os desvios de conduta, punindo aqueles que se afastam dos valores fundamentais defendidos pela sociedade em seu âmbito geral. No Brasil, a Igreja Católica coloca-se frontalmente contra o divórcio, considerando-o como um fator de dissolução do casamento. Nos países islâmicos, não se aceita o consumo de álcool ou de drogas, proibindo-o severamente, assim como o adultério feminino, que sofre enorme punição.

4. A contribuição tanto para eliminar como para promover o conflito social.
A religião apresenta uma contradição quanto aos conflitos. Ao mesmo tempo que pode ser uma força de contenção de conflitos, pois cumpre o papel de guardiã dos valores fundamentais da sociedade em que está inserida, pode fazer surgir outros que são motivados por diferenças religiosas. A religião é a base pela qual se dá o conflito em Israel entre palestinos e judeus, ocorrendo da mesma forma na Irlanda do Norte, onde católicos e protestantes são colocados em campos contrários.

5. Sua importância como fator de sociabilidade.
A religião promove a sociabilidade entre seus membros, favorecendo os contatos e as interações sociais, o que facilita o desenvolvimento de relações de companheirismo, amizade e de integração. O estabelecimento dessas relações leva ao casamento, em especial, o endogâmico.

6. O preenchimento da necessidade de explicação dos fenômenos que ainda não foram desvendados pela ciência.
A religião proporciona interpretações para ajudar a explicar o ambiente físico e social do indivíduo. Enquanto a ciência não explica vários fenômenos naturais, a religião tem servido para conter a insatisfação e justificar a existência do inexplicável, mantendo a coesão social em torno desses fenômenos. O fogo durante muito tempo foi considerado como sagrado, enviado pelos deuses aos homens, até que surgisse uma explicação racional para o fenômeno.

7. Ser o instrumento utilizado para justificar perseguições a outros grupos sociais.
Um dos piores usos da religião é como instrumento para justificar a perseguição a outros grupos. Durante a Idade Média, a Inquisição, que persistiu por séculos na Igreja Católica, perseguiu diversos outros grupos acusados de práticas pagãs, ou hereges, contrárias a seus preceitos religiosos.

8. Sua utilização como força conservadora contrária a qualquer mudança social.
Muitos grupos sociais utilizam a religião para justificar posições conservadoras e contrárias a qualquer mudança social. As religiões, como instituições sociais, mantêm uma série de práticas ritualizadas, repetitivas e previsíveis, e, nesse sentido, qualquer mudança pode alterar as relações de poder que foram estabelecidas ao longo de muito tempo (veja Quadro 16.3). Assim, a tendência das religiões, de um modo geral, é ser contrária a qualquer mudança; ou seja, seu movimento imediato é conservador, no sentido de preservar as práticas tradicionais, instituídas tempos atrás, e que se mostraram válidas na relação com o divino.
No dia 19 de março de 1964, em São Paulo, Brasil, mais de 1 milhão de pessoas foram às ruas com medo das mudanças propostas pelo governo Jango Goulart, em um movimento conhecido como a Marcha da Família com Deus pela Liberdade. A manifestação reuniu, principalmente, entidades femininas e católicas, fortalecendo o movimento conservador que deflagrou o golpe militar do dia 31 de março.

9. Sua contribuição para obtermos a coesão social.
Por meio da religião, é possível obtermos a necessária unidade da sociedade para o enfrentamento de seus desafios. As religiões fortalecem a unidade ao forjarem-na baseada na identidade religiosa. No Irã, a religião islâmica xiita forjou uma unidade em torno dos valores religiosos, possibilitando a tomada do poder pelo clero. No movimento liderado por Antônio Conselheiro, no sé-

> **QUADRO 16.3** Religião e intolerância
>
> Ministros e cardeais italianos se uniram para defender a presença de crucifixos nas escolas públicas do País, depois que um tribunal ordenou que uma delas tirasse o símbolo de suas paredes.
>
> O tribunal de L'Aquila (centro da Itália) deu a ordem em resposta a uma demanda de Adel Smith, muçulmano que não queria que seus dois filhos vissem crucifixos na escola primária onde estudavam. O pai afirmou ao jornal '*La Republica*' que "a Itália não é o Vaticano".
>
> Na sentença, o juiz escreveu que os crucifixos "mostram o desejo inequívoco do Estado de pôr o catolicismo no centro do universo em escolas públicas, sem consideração por outras religiões".
>
> "Como alguém pode mandar retirar um símbolo dos valores básicos de nosso país? Isso ofende a maioria dos italianos", disse o cardeal Ersilio Tonini.
>
> Duas leis ainda determinam que as escolas devem expor crucifixos, ambas da década de 1920, quando os fascistas estavam no poder. Mas, desde 1984, quando o catolicismo deixou de ser a religião do Estado, a partir de uma nova concordata com o Vaticano, as leis não têm sido mais aplicadas com rigor.

*Fonte*: "Juiz manda tirar cruz de escola e causa revolta". *Folha de S.Paulo*, 27 out. 2003, p. A-10.

culo XIX, no Brasil, a unidade conseguida pelos seus adeptos em torno dos princípios religiosos foi fundamental para resistir a várias investidas do exército brasileiro.

10. A promoção da solidariedade grupal.

    A força identificadora promovida pela religião fortalece a ideia de o indivíduo pertencer a alguma coisa, e todos aqueles do grupo religioso se reconhecem nos outros, pois compartilham de um ideário comum. A solidariedade do grupo religioso torna-se mais forte à medida que se defronta com adeptos de outras religiões, pois aí aflora o sentimento de grupo pessoal (ou interno) em relação ao grupo externo, ou de fora.

    Os estereótipos surgem, assim, com força, caracterizando os indivíduos de outras religiões. No Brasil, o avanço dos evangélicos culminou em um aumento dos movimentos de fortalecimento da Igreja Católica, como os carismáticos, que passam a influenciar o grupo como um todo, pois a ele pertencem (veja Figura 16.1).

**Figura 16.1** As funções sociais da religião

| Funções sociais da religião |
| --- |
| 1. Papel no processo de socialização |
| 2. Influência decisiva em outras instituições sociais |
| 3. Força de controle social |
| 4. Contribui para eliminar e para promover o conflito social |
| 5. Importante fator de sociabilidade |
| 6. Preenche a necessidade de explicação dos fenômenos que ainda não foram desvendados pela ciência |
| 7. Instrumento utilizado para justificar perseguição a outros grupos sociais |
| 8. Utilizada como força conservadora, contrária a qualquer mudança social |

## 16.4 Modalidades de organização religiosa

Ao estudarmos a religião sob o ponto de vista sociológico, não nos interessa questionar se ela é ou não verdadeira. Nós nos preocupamos apenas quanto a seu aspecto como importante fenômeno social encontrado em todas as sociedades.

Durkheim (1973), em sua obra *As formas elementares da vida religiosa*, foi quem elaborou a definição de religião mais utilizada. Ele a definiu, como já dissemos, como sendo "um sistema unificado de crenças e práticas relativas a coisas sagradas, isto é, a coisas colocadas à parte e proibidas — crenças e práticas que unem em uma comunidade moral única todos os que a adotam".

Todas as religiões apresentam três dimensões. São elas:

1. As 'doutrinas', que são um padrão de crenças que dizem respeito à natureza do relacionamento do homem com Deus.

2. Os 'rituais', que simbolizam essas doutrinas e mantêm as pessoas conscientes de seu significado.

3. Uma série de 'normas de comportamento' que estão de acordo com a doutrina.

Uma função não explícita das instituições religiosas, como veremos mais adiante, diz respeito à promoção da sociabilidade. Por intermédio do culto, das atividades educacionais e de celebrações especiais, as igrejas promovem a reunião das pessoas. Essas encontram ali companheirismo e recreação; além disso, tais atividades facilitam o encontro de casais e a formação de lideranças.

Em resumo, podemos afirmar que as instituições religiosas promovem a sociabilidade, fortalecem a coesão social e aumentam a solidariedade grupal.

Do ponto de vista da relação dos grupos religiosos com a sociedade, Paul Horton e Chester Hunt (1980, p. 166) apresentam quatro diferentes modalidades de organização, e cada uma teve certo êxito em garantir autonomia para suas associações religiosas: a *ecclesia* ou Estado/Igreja, a denominação, o culto e a seita (veja Figura 16.2).

Essa classificação não implica nenhum juízo de valor quanto sua validade ou prestígio. A classificação é somente uma indicação do modo e o padrão de relacionamento com a sociedade mais ampla. É importante assinalar aqui que não existem tipos que sejam 'puros'; todas as igrejas podem apresentar mais de uma modalidade. Os exemplos que assinalamos apontam para a predominância de certa característica.

De acordo com essa classificação, teríamos o apresentado a seguir.

### A *ecclesia* ou Estado/Igreja

Nessa modalidade de organização, há uma relação estreita da Igreja com o Estado, muitas vezes confundindo-se a Igreja com o próprio Estado. A organização religiosa aceita o apoio do Estado e, em troca, sanciona as práticas culturais básicas da sociedade.

**Figura 16.2**  As modalidades de organizações religiosas

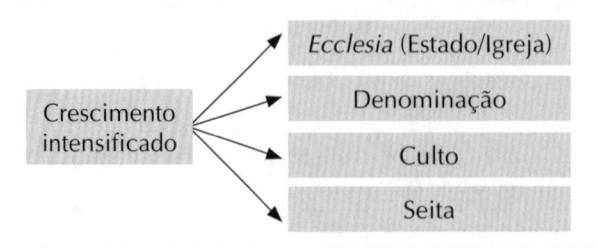

Crescimento intensificado →
- *Ecclesia* (Estado/Igreja)
- Denominação
- Culto
- Seita

A *ecclesia* é a organização religiosa com posição muito forte dentro da sociedade, uma Igreja estabelecida e que afirma representar a religião, oficialmente a religião nacional — tal como a Igreja Católica na Itália, a Luterana na Suécia e a Ortodoxa na Grécia. Não são tão exclusivas como a Igreja medieval, pois são tolerados outros credos, mas elas mantêm uma posição privilegiada e frequentemente exercem uma grande influência na educação.

São exemplos: a Igreja Anglicana, na Inglaterra; a Igreja Católica, considerando-se o Estado do Vaticano; os muçulmanos xiitas, no Irã; e os muçulmanos sunitas, na Árabia Saudita. Essa modalidade de organização também existiu sob o regime fascista de Fernando Franco, na Espanha, e no Tibete antes do regime comunista.

### Denominação (ou congregação)

É um grupo amplo, sustentado por doações privadas, e não por subsídios governamentais. A 'denominação' é muito grande para impedir desvios entre seus membros, cujo comportamento tende a seguir as práticas sociais gerais. No entanto, a denominação procura influenciar tanto o comportamento de seus membros como da sociedade mais ampla e, ao mesmo tempo, resiste às influências institucionais que não estejam de acordo com suas normas comportamentais.

A 'congregação' (denominação) é um grupo grande e relativamente estável que, geralmente, existe por um período considerável e que está bem organizado e institucionalizado. O sacerdote é institucionalizado, formal e capacitado para o exercício da função. O ingresso de novas pessoas no grupo é feito por meio da socialização. O serviço religioso é calmo e reservado e constitui como parte integral da ordem existente.

São exemplos de denominação: a Igreja Católica, no Brasil; a Igreja Metodista; os presbiterianos; a Assembleia de Deus etc.

### Seita e culto

A 'seita' e o 'culto' apresentam alguns pontos em comum. Ambos podem estar em profundo desacordo com uma grande parcela da sociedade e geralmente possuem poucos membros. Eles não procuram fazer fortes tentativas para controlar as atividades influenciadas por outras instituições. No entanto, apresentam diferenças importantes.

### Culto

O culto tem pouca ligação com as atividades governamentais, educacionais ou econômicas. Ele destaca a experiência emocional de seus membros e, em relação à sociedade mais ampla, espera que essa tolere o que muitas vezes é considerado como comportamento esquisito.

A palavra 'culto' também é aplicada a um grupo menor, especialmente aqueles que dão ênfase a um aspecto particular da religião que não aparece com tanta força na congregação, como, por exemplo, a cura por meio da fé.

São exemplos: os cultos afro, candomblé, xangô, batuque.

### Seita

A 'seita' se preocupa com todos os aspectos da vida e insiste para que seus membros sigam suas doutrinas sem qualquer desvio. Os costumes da seita podem ser muito diferentes da sociedade mais ampla. A seita não faz qualquer tentativa séria para influenciar a maior parte da sociedade e quer somente o direito de viver à parte em enclaves estanques (veja Quadro 16.4).

## QUADRO 16.4  Seita *amish*

Eles viram de costas quando percebem que estão na mira de máquinas fotográficas, mas não se esquecem de acenar. É com esse misto de simpatia e distanciamento que os menonitas e os *amish* recebem os turistas curiosos que vão ao Condado de Lancaster, a 92 km da Filadélfia, nos Estados Unidos, para conhecer o seu modo de viver.

Lancaster abriga a maior comunidade de menonitas e a segunda maior de *amish* no mundo, cerca de 35 mil pessoas, ou 15% da população do Condado.

A origem desses grupos está nos anabatistas que surgiram na Europa durante a Reforma, no século XVI, e que foram perseguidos tanto pelos protestantes quanto pelos católicos. Embora tenham a mesma crença, os dois grupos diferem na forma de praticar a religião, que, entre outras regras, prega a simplicidade e a obediência às escrituras sagradas.

Os mais conservadores, em geral, os *amish*, não usam eletricidade, não dirigem carros, vestem roupas escuras, e as crianças estudam até os 13 anos em escolas de uma sala só mantidas pela própria comunidade. Eles se dedicam à agricultura e ao artesanato. Entre os *amish*, somente os homens casados usam barba, e as mulheres usam vestidos, avental e touca.

Os *amish* despertam a curiosidade porque conseguem viver assim mesmo estando em um país onde a tecnologia é uma aliada constante do modo de viver de sua população. Para eles, se a vida simples é ameaçada, então o espírito também é.

Quem visita a região provavelmente cruzará com os *buggies*, charretes puxadas por um cavalo, que são o principal meio de transporte dos *amish*. Verá as belas terras por eles cultivadas e as imensas casas que abrigam até três gerações de uma mesma família. Mas dificilmente terá contato direto com os moradores.

Eles sempre consideram uma ofensa fotografá-los de frente ou pedir que posem para fotos, pois acreditam que isso é uma forma de idolatrar imagens.

*Fonte*: Adaptado de TADA, Chiki Karen. "Comunidade mantém simplicidade no viver". *Folha de S.Paulo*, 15 jan. 2001, Caderno Turismo, p. G-6.

A 'seita' é, de um modo geral, mais reduzida, menos formalizada, e normalmente ganha adeptos por meio da experiência pessoal da conversão mais do que o lento processo de socialização, como ocorre com a congregação. O líder da seita é informal e improvisado. O ingresso de novos membros é feito pela conversão emocional.

São exemplos: os menonitas, os *quackers*, os *amish*.

Os menonitas formam uma seita reformista fundada pelo holandês Menno Simons no século XVI. Os menonitas também pregam a simplicidade. Vestem-se todos iguais — os homens de macacão, as mulheres de vestidos longos e estampados — e combatem a tecnologia. Eles evitam o uso de energia elétrica (as geladeiras funcionam a gás ou querosene) em casa, pneus de borracha nos tratores e carros. Não têm telefones ou carros. Vivem do cultivo da terra.

Os menonitas só podem casar entre seus membros. Na Bolívia, há uma colônia em Santa Cruz de La Sierra com 5 mil pessoas. Ali vigoram as leis da própria comunidade. Eles participam de festas apenas quatro vezes por ano: Natal, Ano-Novo, Páscoa e Corpus Christi. Calcula-se que em todo o mundo existam 1 milhão de menonitas.

No Brasil, há inúmeras seitas que não se identificam com nenhuma outra religião nem apresentam traços de identidade com o cristianismo — como o exemplo apresentado no Quadro 16.5.

## 16.5  As religiões no Brasil

O Brasil se caracteriza, do ponto de vista religioso, como um país de tradição católica, com a predominância de membros dessa religião. No entanto, nos últimos anos, houve o crescimento de um mosaico religioso, principalmente, com o aumento do número de evangélicos.

Em algumas regiões do País é forte o sincretismo religioso com a fusão de elementos do catolicismo com práticas rituais de religiões africanas. De acordo com Reginaldo Prandi,[1] os católicos são maioria no País e podem ser classificados como 'praticantes' e 'não praticantes'.

## QUADRO 16.5 — Uma seita ludita

Na pequena comunidade religiosa Penitência Pública Peregrina do Braço da Cruz de Jesus Cristo, todos os homens se chamam José Alves de Jesus e todas as mulheres atendem por Maria Alves de Jesus. As oito casas onde moram, no bairro Tiradentes, em Juazeiro do Norte, a 562 km de Fortaleza, são todas brancas, com portas e janelas pintadas de azul. Às 6 da tarde, pontualmente, as portas se fecham para o mundo, mas as luzes nunca são acesas.

Conhecidos na cidade como 'aves de Jesus' ou 'borboletas azuis' (homens e mulheres só se vestem com roupas dessa cor), eles são contra a energia elétrica e a água encanada. Por isso, até comemoraram as notícias sobre as ameaças de apagão e racionamento de energia elétrica.

"Agora, vai ficar todo mundo do mesmo tamanho", profetiza o líder do grupo, um dos José Alves de Jesus, que não conta a idade (aparenta 50 anos) nem o lugar onde nasceu. Eles não usam dinheiro nem documentos.

Ao caminhar pelas ruas, batendo de porta em porta, o líder pergunta com ar misterioso: "Você sabe o que fez a desgraça toda que aconteceu com o progresso do mundo?... Aquele bichinho ali", apontando para um poste de luz.

Desde que a seita foi criada, há 22 anos, pelo primeiro José Alves de Jesus, morto no ano passado, os cerca de 30 seguidores sempre se recusaram a ter energia elétrica em suas casas e só usam a água que tiram de poços. Entre eles, é proibido o uso de relógios e joias.

O líder, um homem de barba e cabelos compridos, que sempre fala baixo, explica os fundamentos da seita: "Foi a energia elétrica que fez a confusão da riqueza e a perdição da humanidade. Muitos deixaram de ver a luz de Deus para seguir a luz elétrica, que provoca todo o sofrimento e o padecimento dos homens".

Seguidores fanáticos de padre Cícero, eles alegam não poder trabalhar nem ter roça porque dedicam todo o tempo à pregação. A única atividade visível é a das mulheres, que costuram as próprias roupas e preparam a comida com o que ganham dos vizinhos.

"Nossa vida é lembrar o nome de Deus de porta em porta. Padre Cícero é meu Deus, meu salvador, meu criador, é minha luz. E não existe outro Deus fora padre Cícero Romão Batista", diz o líder.

Só ele fala. Os outros ouvem e balançam a cabeça, concordando.

Ao final da tarde, reúnem-se na casa onde morava o fundador da seita para orar. Mas, ultimamente, a paz dos 'borboletas azuis' está ameaçada por um José Alves de Jesus dissidente, que mora na casa vizinha e passa o tempo aos berros pregando em louvor do 'padrinho Cícero'.

Só três jovens fazem parte da seita, cujos seguidores têm em média 60 anos. "Os filhos saíram quase todos porque aqui é um lugar para sair do pecado e quando eles entram no pecado não querem mais voltar", diz o líder, que não admite nem rádio de pilha, para evitar qualquer contaminação pelo mundo terreno.

*Fonte*: "Comunidade religiosa comemora racionamento". *Folha de S.Paulo*, 25 maio 2001, Caderno Brasil, p. A-10, fornecido pela *Folhapress*.

Dentro do catolicismo, o Movimento de Renovação Carismática, de origem norte-americana, é o de maior expansão, apresentando muitos traços do pentecostalismo, como a cura pelo Espírito Santo e a glossolalia (o dom de falar em línguas estranhas).

Os protestantes no Brasil dividem-se basicamente em dois grandes ramos: os protestantes históricos ou evangélicos históricos e os pentecostais.[2]

O ramo do chamado 'protestantismo histórico' é constituído pelas igrejas protestantes de origem europeia e norte-americana instaladas no Brasil desde o século passado e que há mais de quatro décadas estão quase completamente institucionalizadas entre nós, caracterizando-se por baixo grau de proselitismo, reproduzindo-se hoje de geração em geração.

Suas principais denominações são: Luterana, Batista, Presbiteriana, Metodista, Episcopal Congregacional.

Os 'pentecostais' tiveram origem no reavivamento do protestantismo nos Estados Unidos, caracterizando-se por intenso exercício de conversão de massa e culto bastante centrado no apelo emocional, sobretudo pela glossolalia, reprodução do episódio bíblico da manifestação do Espírito Santo aos apóstolos, no dia de Pentecostes.

As principais denominações evangélicas pentecostais de origem estrangeira são: Congregação Cristã no Brasil, Assembleia de Deus e Evangelho Quadrangular.

A partir dos anos 70, esse pentecostalismo deu origem a diversas denominações já constituídas em solo brasileiro, com ênfase na cura divina.

As principais igrejas são: O Brasil para Cristo, Casa da Bênção, Nova Vida, Deus é Amor, Igreja Universal do Reino de Deus, Renascer em Cristo e Internacional da Graça Divina.

O 'espiritismo kardecista', de origem francesa, foi introduzido no final do século passado, tendo prosperado por todo o País, sobretudo entre as camadas médias urbanas, criando uma larga rede de instituições assistenciais.

As 'religiões afro-brasileiras' compõem-se das religiões tradicionais africanas, como o candomblé, o xangô, o tambor de mina, catimbó e batuque, mais a umbanda, religião surgida nos anos 1930 do encontro do kardecismo com as religiões afro-brasileiras, no Sudeste, de onde se espalhou pelo País (veja Quadro 16.6).

Há outros adeptos de um conjunto muito diversificado de religiões que não se classificam nos grandes grupos anteriormente identificados, tais como: judaísmo, adventista, Testemunhas de Jeová, mórmons, Seicho-No-Iê, messiânica, Perfeita Liberdade, budismo, Santo Daime, esotéricas e outras.

### QUADRO 16.6 — Os cultos do candomblé

O candomblé é o conjunto de várias religiões trazidas por diferentes etnias vindas da África. As que mantiveram suas tradições viraram nações do candomblé, como a nação Queto, que é formada por negros que vieram da cidade de mesmo nome. "Queto ficava no Benin, cidade próxima à fronteira com a Nigéria", explica Reginaldo Prandi, doutor em sociologia e professor titular do Departamento de Sociologia da USP. Segundo ele, pertencem à nação os terreiros Casa Branca, Ilê Axé Opô Afonjá e Gantois, entre outros.

As várias correntes do candomblé apareceram no Brasil no século XIX, mas a religião cresceu nos locais com maior adensamento de negros. Essas populações viviam isoladas umas das outras, e, em cada local, uma tradição africana foi lembrada e sofreu influências do lugar.

Há o Tambor de Mina, no Maranhão e no Pará; o Xangô, em Pernambuco; e o Batuque, no Rio Grande do Sul. As correntes ganharam nomes associados à música e à dança, exceto o Xangô, o orixá mais cultuado, pois foi o quarto rei da cidade de Oió, que virou o império de Oió.

"Com a sua expansão, cresceu o culto a Xangô. Quando o império foi destruído, as cidades ficaram sem proteção militar, e os negros foram presos e trazidos para o Brasil. Quando chegaram, traziam a lembrança da proteção de Xangô. Em Pernambuco, o culto era tão frequente que a religião foi batizada com o nome do orixá."

O candomblé da Bahia ficou mais popular no Brasil e transformou Salvador em uma espécie de central da religião. A explicação de Prandi para esse fenômeno remete à construção da identidade do País. "Nos anos 20 e 30, formava-se a ideia do Brasil como nação, unificada, com um povo de três raças. A Bahia era o celeiro da inspiração de artistas e escritores. Assim, na construção da identidade nacional, houve uma popularização da cultura baiana. Dos anos 20 aos anos 50 há uma espécie de consumo nacional pelos cultos locais, consolidando-se, então, essa imagem da Bahia como a central do candomblé."

As referências da religião na cultura do Estado ajudaram a firmar o conceito de que ele abriga grande parte dos adeptos da religião. "Em recente pesquisa que fiz sobre a música brasileira do século XX, percebi que o samba exaltação, que fala das belezas e riquezas do Brasil, quando fala sobre a Bahia, traz muitas referências aos terreiros e aos orixás."

Mas, no Rio Grande do Sul, o candomblé, chamado de Batuque, é muito forte, segundo Prandi, embora o homem da fronteira, o gaúcho, tenha mais força no imaginário popular. Por isso o Batuque não ganhou projeção.

O Rio Grande do Sul é o Estado que tem mais adeptos ao candomblé. Segundo o Censo Demográfico do IBGE de 2000, 1,63% da sua população segue religiões afro-brasileiras, conceito que engloba candomblé e umbanda.

*Fonte*: Adaptado de LUPINACCI, Heloisa Helena. "Arte fez da Bahia centro do candomblé". *Folha de S.Paulo*, 17 ago. 2002, p. F-5.

## RESUMO DO CAPÍTULO

Vimos que a religião foi considerada por Durkheim (1973) como "um sistema unificado de crenças e práticas relativas a coisas sagradas, isto é, a coisas colocadas à parte e proibidas — crenças e práticas que unem em uma comunidade moral única todos os que a adotam". Além disso, assume diversas formas, em diferentes culturas, tendo também significados distintos.

Há uma tendência à secularização no mundo atual, embora as religiões se mantenham como uma importante força social. E a expressão dessa tendência é um distanciamento entre religião e Estado.

A função psicológica, entre as funções da religião, é uma das mais importantes, pois elimina as incertezas do indivíduo, facilitando seu enfrentamento da realidade. Das funções sociais da religião, as mais importantes são aquelas que a colocam como força de controle social e de manutenção da ordem. Embora muitas vezes ela possa desempenhar o papel contrário — de desestabilizar a ordem para implantação de uma outra alternativa.

Entre as modalidades de organização religiosa estudadas — *ecclesia*, denominação, a seita e o culto — existem diferenças substanciais em seu relacionamento com a sociedade mais geral. Dessas modalidades, a que se integra com menos condições é a denominação ou congregação.

E, finalmente, verificamos que existem diversas religiões no Brasil, em que a católica é a mais importante, só que vem perdendo posições às diversas correntes evangélicas nos últimos anos, em particular aos pentecostais.

## PERGUNTAS

1. Como Durkheim define religião?
2. Para Durkheim, qual o verdadeiro sentido da religião?
3. O que é secularização?
4. Qual a função psicológica da religião?
5. Qual o papel da religião no processo de socialização?
6. Como a religião influencia outras instituições?
7. É a religião uma força de controle social? Explique.
8. Pode a religião promover o conflito social? Exemplifique.
9. Como a religião pode promover a sociabilidade?
10. Quais são as três dimensões que todas as religiões apresentam?
11. O que são doutrinas?
12. Como se relaciona com o Estado e a sociedade uma denominação Estado/Igreja ou *ecclesia*?
13. O que é uma denominação?
14. Qual a diferença entre cultos e seitas?
15. Que são as religiões afro-brasileiras?
16. O que é um sincretismo religioso?

## CASO PARA ESTUDO

**O sincretismo religioso**

Na primeira quinta-feira de maio em Cocullo renova-se anualmente a pitoresca e extraordinária manifestação dos *serpari* (coletores de cobras), também conhecida como a festa mais pagã entre todos os rituais cristãos realizados na Itália.

Na cidadezinha situada entre as montanhas da região de Abruzzo, a 870 metros de altitude, as pessoas celebram um antigo ritual dedicado a São Domingos, padroeiro da localidade.

As vielas medievais de Cocullo são percorridas pela procissão das cobras do santo. Trata-se de um rito sincrético que, aparentemente, protege contra a picada das cobras e as doenças relacionadas com os dentes.

Conta-se que São Domingos, abade beneditino que viveu no século XI, já popular na Ciociaria (região do Lácio) por proteger contra as febres e as picadas das cobras, chegou ao lugarejo de Cocullo, infestado de répteis e ameaçado por um feroz lobo. Com o som de um pífaro, o santo encantou as cobras e as tornou inofensivas. Ao mesmo tempo, a música do santo amansou o terrível lobo. Desde então, as cobras de Cocullo deixaram de ser venenosas e os lobos desapareceram.

Essa é, provavelmente, a lenda, mas o culto ao santo cresceu e se perpetua até hoje graças ao sincretismo cultural dos homens. Para serem venerados, São Domingos e o cristianismo tiveram de sobrepujar o paganismo. Mas a cultura dominante acabou cedendo e continua cedendo à cultura dominada.

O culto ao santo absorveu uma antiga profissão marsicana, a do *serparo*. Segundo diz a lenda, os *marsi*, antigos habitantes da região, eram hábeis encantadores de serpentes e adoravam a deusa Angícia.

Lobos e cobras eram numerosos na antiga Europa. Em maio, a primavera já vai adiantada no hemisfério setentrional; é o começo da colheita. Os homens do passado colhiam nessa época os frutos da terra e, muitas vezes, ainda encontravam nos campos selvagens lobos e cobras. Eram momentos de perigo e de medo, que deviam ser exorcizados de alguma forma. Em Cocullo, o medo ainda é vencido por crianças e mulheres que, com desenvoltura, manuseiam cobras e serpentes. E pedem sempre para ser fotografados.

Nos dias que antecedem a festa, os *serpari* procuram os répteis nos campos circunvizinhos. Antes da procissão, os fiéis participam da missa na igreja de Nossa Senhora das Graças, construída muito distante do centro da cidade, sobre as ruínas de um templo romano dedicado a Júpiter. Depois da função, os fiéis desfilam diante da estátua do santo com sua contribuição em dinheiro em troca de uma graça recebida; beijam o relicário que contém um dente do santo e param em uma gruta atrás do altar para pegar um punhado de terra benta. Ela será espalhada sobre os campos, com o objetivo de afastar as cobras.

Antes de sair da igreja, os fiéis puxam com as mãos ou com os dentes a corrente do sino da igreja para garantir a saúde de seus dentes. Ao meio-dia, a estátua de São Domingos é carregada sobre os ombros dos fiéis para fora da igreja. Longe do lugar sagrado cristão, os *serpari* colocam sobre a estátua umas 20 cobras, ao modo pagão. Os répteis se enrolam no pescoço e no aro de metal por trás da cabeça da estátua e se mostram bastante mansas quando são carregadas na procissão, juntamente com o santo, pelas estreitas ruas da cidadezinha.

O cortejo é precedido pelo clero e por moças em trajes tradicionais da região, que carregam os *ciambelli*, doces típicos preparados para a festa. As cobras vivas se enrolam também no pescoço e nos braços dos *serpari* e dos fiéis que desfilam lentamente, cantando entre a multidão que se abre para lhes dar passagem. Para os habitantes de Cocullo, a procissão é também o momento da verdade: do comportamento das cobras são extraídos os mais disparatados presságios. Caso, deslizando lentamente, os bichos se enrolem na cabeça do santo é bom sinal, e a multidão aplaude feliz; porém, se as cobras se dirigem para os braços desertando a cabeça, o presságio é menos favorável.

*Fonte*: Adaptado de BIZZARRI, Giuseppe. "As serpentes de São Domingos". *Gazeta Mercantil*, 20 abr. 2001, Caderno Fim de semana, p. 16.

## QUESTÕES PARA DISCUSSÃO

1. A utilização de cobras em uma manifestação religiosa católica pode ser considerada um desvio social tolerado, que não contradiz os valores cristãos?
2. O sincretismo religioso não é uma forma de resistência cultural de um povo que teve de aceitar valores impostos no passado?
3. dentifique formas de sincretismo religioso no Brasil. Cite exemplos.
4. Com o aumento do turismo no mundo e a busca incessante do homem por atrações exóticas e diferentes, você acredita que a manifestação dos *serpari* se manterá, crescerá ou tenderá ao esquecimento? Por quê?
5. A manutenção da manifestação dos *serpari* pela Igreja pode ser vista mais como um respeito à tradição do povo da região ou como uma forma de aumentar a influência sobre a população local? Ou ambas?

## Notas

1 PRANDI, Reginaldo. "Entenda a diferença entre as religiões", *Folha de S.Paulo,* 28 ago. 1994.
2 Idem.

# CAPÍTULO 17

# A educação

## APRESENTAÇÃO

As funções da instituição educacional serão discutidas neste capítulo, com destaque para sua função no processo de socialização. Serão abordadas aqui também outras funções da educação, como: preparar os indivíduos para assumir seus papéis ocupacionais e profissionais; ser um veículo para transmissão da herança cultural; promover mudanças; e melhorar os relacionamentos sociais.

Ao longo do capítulo, abordaremos a educação no Brasil sob a ótica do papel que ela desempenha no controle social e na seleção intencional dos modelos de comportamento adotados nos livros escolares.

## TÓPICOS PRINCIPAIS

17.1 A educação como instituição
17.2 Funções das instituições educacionais
17.3 A educação no Brasil

## OBJETIVOS DE APRENDIZAGEM

Compreender:

- o importante papel desempenhado pelas instituições educacionais no processo de socialização.

- o papel muitas vezes contraditório da educação como instituição conservadora e foco de transformações sociais.

- o papel desempenhado pela educação no Brasil e a construção da personalidade brasileira.

- que a educação prepara os jovens para assumir diferentes posições sociais, ocupacionais e profissionais.

- que a educação é um veículo de transmissão da herança cultural.

- que a educação, ao estimular a pesquisa, desempenha um papel inovador na sociedade.

- a educação atual como um reflexo da herança colonial.

## 17.1 A educação como instituição

O sistema educacional é um dos mais importantes instrumentos de socialização nas sociedades modernas. Por meio desse sistema, é possível formar o caráter de um povo e inculcar valores que podem ser assumidos pelos indivíduos como característicos da cultura, incorporando-os ao estereótipo que eles têm de si mesmos.

A educação é uma das atividades básicas das sociedades humanas; é o processo pelo qual a sociedade procura transmitir suas tradições, costumes e habilidades aos mais jovens. Nas sociedades primitivas, a educação geralmente ocorre pelo contato das crianças com os pais, parentes e amigos. Nas sociedades modernas, a família não perdeu sua importância no ensino; porém, nessas há a necessidade de órgãos educacionais especializados para que os indivíduos tenham outros tipos de instrução.

Entre as mais importantes funções da educação estão: preparar as pessoas para o desempenho de papéis ocupacionais; preservar a cultura, passando-a de uma geração a outra; estimular a adaptação pessoal e melhorar os relacionamentos sociais; permitir ao estudante expandir seus horizontes intelectuais e estéticos; entre muitas outras.

Como função fundamental, a educação contribui para a manutenção das sociedades, transmitindo suas ideias, valores, normas e costumes de geração a geração, e, ao mesmo tempo, prepara os jovens para o desempenho de seus papéis sociais estabelecidos pela sua respectiva cultura.

A educação é, portanto, um reflexo da cultura, e, nas sociedades complexas e em permanente mutação, como as de hoje, ela manifesta os conflitos de valores existentes na sociedade mais geral. Assim, como a mudança social é uma parte inevitável das sociedades, particularmente das atuais que vivem momentos de revolução científico-tecnológica, a educação não se limita a transmitir o conhecimento acumulado no passado, pois tem, também, a função de incrementar o conhecimento existente, contribuindo para selecionar o que deve ser mantido e fazendo uma avaliação crítica da tradição estabelecida. Nesse contexto, a educação apresenta funções complementares — e, às vezes, contraditórias — de preservação e inovação.

Há instituições educacionais que podem ser tão rígidas em seu objetivo de conseguir manter as tradições que negam por completo a inovação. Em um outro extremo, há aquelas que podem negar totalmente as tradições, afinando-se de tal modo com as propostas inovadoras que não mais se identificarão com as instituições predominantes.

Assim, em um plano mais geral, a continuidade da espécie humana esteve condicionada à capacidade de transmissão de sua experiência acumulada ao longo do tempo às novas gerações — o mesmo acontecendo, de um ponto de vista mais particular, aos diversos grupos sociais, que também tiveram de buscar sua permanência histórica da mesma maneira.

Os diferentes grupos religiosos, por exemplo, consideram a educação como importante meio de reprodução de suas ideias, ocorrendo, com o aumento do grau de institucionalização, uma maior preocupação na transmissão de seus valores e costumes de uma forma organizada e formal. No Brasil, a Igreja Católica mantém organizações educacionais em diversos níveis de ensino desde os tempos do Império. Há inúmeras escolas de ensino fundamental e ensino médio e várias pontifícias universidades católicas (PUCs) em todo o País — entre outras instituições católicas de nível superior.

O protestantismo histórico também se instalou desde o século XIX na área educacional. A Igreja Presbiteriana mantém o Instituto Mackenzie, em São Paulo, atuando em todos os níveis de ensino. Outras denominações, como adventistas, metodistas, luteranos etc. destacam-se na área educacional.

Para que a transmissão possa ser adequadamente realizada, um dado importante a ser levado em consideração (sendo também motivo de preocupação) é a constante renovação dos indivíduos de um grupo, seja por morte, nascimento ou mesmo por uma necessidade mais imediata — como ocorrem nos grupos sociais formais (as organizações).

A experiência acumulada, que podemos denominar genericamente de 'o saber', existe independentemente do indivíduo como tal, permanece na memória coletiva perpetuada ao longo do tempo e é uma das principais formas de ensinar os novos membros do grupo, o que é realizado pelas instituições educacionais formais.

No entanto, esse saber a ser transmitido às novas gerações não é um rol de experiências acumuladas que permanecem da mesma forma ao longo do tempo. Essas experiências vão incorporando inovações, informações e procedimentos novos etc., que surgem ao longo do tempo histórico, fruto da inventividade humana. Ou, dito de outro modo: o saber humano está em transformação e reinterpretação constantes; ele não é uma mera informação, e sim é submetido a diferentes condições que o tornam adequado a cada época.

A reprodução do saber institucionalizado nas instituições educacionais pode ser realizada pelo menos de dois modos. Primeiro, pela reprodução pura e simples do que é conhecido, entendido e interpretado. Segundo, pela reprodução acompanhada de uma abordagem crítica e criteriosa com a incorporação de novos elementos e com a eliminação de outros que não se mostram válidos em função de uma reinterpretação, dadas as condições atuais.

Um ótimo exemplo do que já foi dito até agora são as informações transmitidas aos estudantes sobre não existir aqui no Brasil, na época da colonização, sociedades complexas com um alto nível de organização social. Afinal, era nisso que se acreditava até pouco tempo atrás, e que, por questões burocráticas, ainda deverá demorar para sofrer alterações nos livros escolares. No entanto, a estrutura educacional deve permitir que os professores incorporem a informação cientificamente comprovada e já divulgada pelos meios de comunicação de que essa afirmação não é verdadeira. Utilizando modernas técnicas de pesquisa, inclusive com satélites artificiais, provou-se que havia, sim, no Brasil, sociedades bastante complexas e altamente organizadas, com um grau de sofisticação muito maior do que se poderia supor, e que, de um modo geral, estão sendo identificadas como tendo existido na região amazônica.

Esse é apenas um exemplo de que a reprodução do saber deve ser dinâmica, dialética e transformadora, com a incorporação de novos elementos reinterpretando a experiência acumulada, dando-lhe um novo sentido, o qual poderá ou não alterar as relações sociais no presente.

## 17.2 Funções das instituições educacionais

### Prover a preparação para papéis ocupacionais e profissionais

A divisão social do trabalho que ocorre nas sociedades humanas confere diferentes papéis ocupacionais e profissionais aos indivíduos. Esses, quando o desempenham de forma adequada, promovem o funcionamento da sociedade em sua totalidade. As ocupações e profissões cumprem um importante papel e, em um determinado momento histórico, todas são necessárias — independentemente do status que apresentam naquele determinado grupo social. Assim, tanto o lixeiro, o sapateiro e a empregada doméstica quanto o médico, o professor e o advogado são fundamentais para a manutenção e o funcionamento da sociedade.

De um modo geral, as diferentes ocupações e profissões são aprendidas no sistema educacional. O melhor desempenho das ocupações e profissões se dá quando o indivíduo aprende como deve exercer o papel que lhe é atribuído pelo sistema, o que é mais bem-feito pelas instituições educacionais formais.

Algumas profissões demandam um maior aprendizado, necessitando que o indivíduo passe uma boa parte do tempo de sua vida nos bancos escolares, frequentando uma universidade. Outras ocupações, aparentemente mais simples, demandam uma permanência menor nas instituições de ensino formal e podem ser aprendidas em um curso técnico com nível médio ou em qualquer outro ainda mais rápido. Há uma tendência de que, quanto menor a complexidade de uma atividade, menos se necessita do ensino formal; e isso nem sempre corresponde à realidade. O melhor desempenho esperado pela sociedade de um profissional geralmente ocorre no ensino formal. As exceções justificam a regra. Quando o ensino formal não corresponde às necessidades reais da sociedade, então, aí sim, é preciso mudar o conteúdo ou a forma com que é ministrado. No entanto, mesmo ocupações que aparentemente apresentam baixa complexidade seriam mais bem desempenhadas se seus ocupantes passassem por um período de aprendizagem de função em uma instituição formal.

Um dos aspectos mais importantes do ensino formal é que ele leva a uma tomada de consciência do indivíduo da importância de seu papel na sociedade, pois essa cria mecanismos de reprodução do saber ocupacional ou profissional, e esses mecanismos necessariamente independem da pessoa. Ou seja, é possível ser um melhor sapateiro, lixeiro ou empregada doméstica etc. se houver uma institucionalização de reprodução do saber específico para cada caso.

De um modo geral, em muitas sociedades há uma desvalorização das atividades de menor complexidade, como se elas não fossem importantes para o funcionamento do organismo social. No entanto, se não houvesse alguém para exercer a atividade de lixeiro, por exemplo, seria impossível vivermos nas cidades. E desconhecer essa realidade é uma forma de discriminação social, de desvalorização da divisão de trabalho existente nas sociedades humanas. Aliás, é a divisão de trabalho que permitiu que a humanidade fosse vitoriosa perante a natureza, de um modo geral, e perante outros seres vivos, em particular.

### Servir de veículo para a transmissão da herança cultural

As instituições educacionais cumprem o importante papel de transmissoras dos valores fundamentais das culturas nas quais se encontram inseridas.

As escolas religiosas, por exemplo, transmitem os valores fundamentais da confissão religiosa que representam.

As escolas públicas devem transmitir aos estudantes os valores fundamentais mais gerais da sociedade da qual o Estado faz parte. Ocorre que, geralmente, há camadas sociais dominantes que controlam o aparelho do Estado, ou seja, são elas que detêm o controle do aparato de poder, impondo-se, desse modo, às demais camadas sociais seus pontos de vista sobre determinados fatos e acontecimentos. As características valorizadas por essa camada dominante são então transmitidas pelas instituições educacionais formais como se fossem os valores fundamentais da sociedade como um todo.

No Brasil, por exemplo, durante muito tempo, nos livros escolares só apareciam heróis que possuíam as características aceitas pelas camadas dominantes, para, assim, se tornarem modelos de comportamento para as novas gerações. Eram símbolos sociais que não radicalizavam suas posições, pessoas submissas, que aceitavam sua própria condição, e, mais importante, não eram questionadores da realidade social. Outros indivíduos históricos que simbolizam a luta pela liberdade, a ousadia, a firmeza de propósitos, a coerência na luta pela transformação da realidade social foram simplesmente banidos dos livros escolares. Como exemplo, podemos citar: Frei Caneca, Cipriano Barata ou Maria Quitéria.

Nessa mesma direção eram vistos os movimentos, as revoltas e as insurreições que contavam com a participação popular; esses também foram ocultados dos livros escolares, com o evidente propósito de não servirem de modelos de comportamento, evitando que as camadas populares compreendessem que poderiam tomar para si a condução da história e que essa não é uma prerrogativa exclusiva das classes dominantes. Um exemplo interessante pode ser visto no Quadro 17.1, por meio da perplexidade e das indagações de uma professora no prefácio de seu livro sobre a 'Guerra do Contestado', movimento social que ocorreu no início do século no Sul do País e que, na própria região em que ocorreu, era (ainda é?) ignorado.

Outros movimentos sociais, cívicos, revolucionários, rebeliões e revoltas também foram esquecidos em sua maioria nos livros escolares. Quando são citados, não são exploradas as figuras humanas que se converteram em heróis e que poderiam se tornar símbolos da juventude no processo de socialização. Situações de conflito sempre geram nas pessoas atitudes que elas não tomariam em outras ocasiões — é quando a audácia, a iniciativa e a coragem aparecem com bastante clareza, sem meios-tons, e onde se forjam excelentes símbolos sociais que podem se tornar modelos para as novas gerações. Se não há interesse no desenvolvimento desses valores, são eliminados dos livros escolares simplesmente aqueles que poderiam incentivá-los, dando destaque àqueles que recorrem a valores que interessam às camadas dominantes da sociedade.

Devemos considerar que o ensino formal, institucionalizado, por necessitar transmitir a experiência acumulada no tempo à geração seguinte, como condição de sua continuidade histórica, é, de um modo geral, conservador. Ele objetiva manter os valores que constituem a sociedade em que está inserido e a cultura que representa claramente aquele grupo social. Desse modo, o questionamento constante não é admitido. No entanto, como a absorção de valores só é possível pela comparação com outros, ou seja, como os valores são sempre relativos, há sempre a necessidade do confronto, via debate, para facilitar a aprendizagem, o que acaba provocando de forma localizada o surgimento de iniciativas inovadoras que passam a questionar o modelo e os valores centrais da sociedade.

Assim, o sistema educacional, embora seja conservador como condição necessária para sua existência, tem embutido o germe da inovação, da contestação e da rebeldia, pela própria necessidade de transmissão cultural de valores. É desse modo que, ao longo da história da humanidade, foi principalmente no contexto dos sistemas educacionais formais que surgiram inúmeros movimentos e ideias inovadoras. E, quanto mais complexo, sofisticado e importante para a transmissão dos valores, maiores são as possibilidades de inovação.

Está claro que há uma diferença enorme entre a caracterização do sistema educacional como conservador e a existência de uma política educacional conservadora. Esta é a intenção aberta de impedir qualquer inovação no sistema, que, repetindo, é institucionalmente conservador. Quando uma política educacional conservadora é adotada, impede-se o surgimento de inovações necessárias para o aperfeiçoamento da sociedade, de mudança gradativa de valores. Esses (os valores) expressam uma determinada realidade histórica, que, com o tempo, vai mudando.

**QUADRO 17.1**  A ocultação dos movimentos sociais

Foi com espanto que tomei conhecimento, já adulta, da Guerra do Contestado, sangrento episódio ocorrido no planalto catarinense nos anos de 1912 a 1916 (durante o período da Primeira República ou República Velha), que envolveu milhares de caboclos e boa parte do efetivo do Exército de então. Minha perplexidade tinha razões de sobra: como pode uma criatura que nasceu no planalto barriga-verde (em uma cidadezinha não muito distante da própria área onde se deu o conflito armado) e lá ter realizado boa parte de sua escolarização, e não ter recebido alguma informação a respeito? Como pode ter passado anos nos bancos universitários da capital do Estado, preparando-se para o exercício do magistério (licenciatura plena em geografia), sem também tomar qualquer contato com o ocorrido? Como pode ter acontecido tal conflito em nossas terras se aprendemos que somos, nós, brasileiros, historicamente, um 'povo pacífico, cordato e ordeiro'?

*Fonte:* Prefácio do livro de AURAS, Marli. *Guerra do Contestado*. Editora UFSC, 1984.

A persistência nesses valores impede a evolução social; e a realidade histórica é engessada em determinado espaço de tempo. As inovações localizadas são tentativas válidas de modificações que, como experiências, são testadas, poderão ser absorvidas, e, daí, virem a se tornar fundamentais, caso demonstrem responder melhor à realidade. A política educacional conservadora visa eliminar a possibilidade de mudança, mantendo-se inalterada a transmissão do saber, que, desse modo, não incorporará as inovações e as alterações necessárias para tornar a cultura sintonizada com seu momento histórico.

### Familiarizar os indivíduos com os vários papéis da sociedade

A familiarização de alguns papéis pode ser facilmente aprendida pelos jovens dentro da estrutura educacional formal; porém, em seu interior, a transmissão tanto pode ocorrer de modo informal quanto formal. Um papel social aprendido de modo informal nas escolas pelos jovens é o de líder de grupo, por meio da participação ativa em atividades dos centros cívicos, centros e diretórios acadêmicos, organização de seminários, palestras e eventos — isso ocorrendo em qualquer um dos níveis de ensino.

A relação dos indivíduos com a autoridade, tanto de professores como do diretor e demais membros da instituição, é aprendida pelos estudantes em seu cotidiano na escola. Assim eles vão aprendendo que existem responsabilidades, direitos e deveres e que diferentes papéis sociais têm a função explícita ou implícita de acompanhar sua correta observância.

Durante as aulas, de um modo formal, são transmitidos aos jovens como devem ser desempenhados os diferentes papéis sociais, o que é certo e errado, bom ou ruim, penalizado ou parabenizado em cada desempenho.

### Preparar os indivíduos para certos papéis sociais esperados

A preparação para o desempenho de diferentes papéis sociais é outra função da educação. Além dos papéis sociais ocupacionais ou profissionais, os mais jovens são preparados para ser bons cidadãos, ter uma vida social ativa, cumprir seus deveres para com a sociedade, ser bons pais de família etc.

Um dos mais importantes papéis a ser desempenhado pelos mais jovens nas escolas é o próprio papel de estudante, que é encarado de diferentes maneiras em cada cultura. Em algumas, o estudante deve cumprir o papel de mero espectador diante dos fatos sociais e da realidade. Em outras, é levado a desempenhar um papel mais ativo, como elemento que contribui para a transformação da realidade. Há culturas, porém, em que o papel social do estudante é indefinido, e os professores não conseguem estabelecer com precisão qual o papel que de fato o aluno deve desempenhar enquanto ocupa esse status.

A indefinição do papel do estudante conduz à indefinição do papel da educação e à consequente inoperância dos professores, levando-os a meros reprodutores do saber. Quando os professores não aceitam esse papel, eles simplesmente não fazem nem uma coisa nem outra. Isso provoca um fenômeno frequente no Brasil atual (2009) — as salas ficam cada vez mais vazias e os professores, mais desmotivados, procurando justificativas externas a seu fraco desempenho (baixos salários, condições insatisfatórias de lecionar etc.). A questão central, porém, é o entendimento dos papéis sociais no contexto da educação, inserido no quadro mais geral de construção da sociedade brasileira. Não havendo compreensão desses diferentes papéis nas instituições educacionais, a falta de perspectiva leva ao desânimo e à desmotivação.

Nos primeiros anos do ensino fundamental, até a 8ª série, há a predominância, na interpretação dos professores, de que o estudante é um agente passivo de recepção do saber. Particularmente nas regiões mais pobres e periféricas das grandes cidades, o aluno é tratado como um receptáculo para o qual o professor deve direcionar uma carga de 'conhecimentos'. Desconsidera-se que o aluno é um agente social ativo, que recebe uma carga de problemas cotidianos e que muitas vezes não tem onde discuti-los. Ao serem debatidos seus problemas (que são sociais) poderão ser encontradas soluções, primeiro localizadas, mas que se tornarão experiências acumuladas com a multiplicação dessas ações. Assim se faz ciência — em cima da discussão dos problemas. Onde há problema, há necessidade de ciência. E aí, com o acúmulo da experiência, é que são construídos novos saberes.

Ao ignorar os problemas sociais vividos pelos alunos, como algo estranho, alheio, que não lhes diz respeito, os profissionais do ensino deixam de contribuir efetivamente para a solução dos problemas sociais e dificultam a própria continuidade da sociedade brasileira, pois não incorporam o novo e não atendem às novas exigências da sociedade.

As instituições educacionais têm essa importante função como correias de transmissão do que ocorre na sociedade, levando os fatos primeiro para as suas organizações. Essas, então, procurarão compreender as diferentes situações apresentadas e proporão alternativas quando assim for exigido. Caso não consigam solucioná-las em seu âmbito, as próprias instituições educacionais encaminharão tais situações para as instâncias do Estado — até que este, envolvendo outras instituições, resolva o eventual problema.

A dinâmica da transformação das instituições educacionais é um importante componente a ser compreendido no rol de mudanças que estão ocorrendo nesse momento de revolução científico-tecnológica, além dos profundos problemas sociais que acarreta. O papel do professor — que no paradigma anterior era o de transmissor dos saberes — hoje sofre modificações de maneira acelerada, e, muitas vezes, poderá se constituir em um elemento transformador das experiências acumuladas. Porém, para desempenhar esse papel, o professor deve se tornar um agente de transformação, o que exige, na maior parte das vezes, que ele seja o receptáculo de informações — informações essas que devem ser processadas, reinterpretadas e transmitidas. Para que isso ocorra, o professor deve fundamentalmente *ouvir* e *ver* o que se passa na sala de aula e em seu entorno.

### Proporcionar uma base para avaliação e compreensão relativa de status

É no sistema educacional que se estabelecem as bases de desempenho do papel dos diferentes status existentes na sociedade. Para sua sobrevivência, cada grupo social estabelece uma divisão de trabalho na qual todo indivíduo possui uma função ou, melhor dizendo, na qual as posições necessárias para o funcionamento da sociedade existem e são ocupadas pelos indivíduos preparados para isso desde o nascimento. A escola tem uma importante função nesse processo. Afinal, há diferentes níveis de status na sociedade que funcionam em uma hierarquia de prestígio estabelecida pelo próprio grupo social. Se todos os indivíduos resolvessem ocupar somente os cargos de prestígio mais elevados, a sociedade não funcionaria.

Há de se ter, ao lado da capacitação necessária para a ocupação das diversas posições — papel que cabe fundamentalmente às instituições educacionais —, o estabelecimento de uma compreensão compartilhada do significado dessa hierarquia de status.

As instituições educacionais têm a função explícita de valorizar as diferentes posições, transmitindo às futuras gerações seu peso relativo no funcionamento da vida social. É aí que se discute o relacionamento entre os diversos status e o respeito mútuo que deve existir entre aqueles que ocupam posições distintas, pois todas têm sua importância relativa. A compreensão de que o tecido social não poderá funcionar sem o advogado, sem o médico, sem o professor e nem mesmo sem o lixeiro, sem o faxineiro, sem o motorista de táxi, sem a balconista, sem o motorista de ônibus é fundamental e cabe à educação desenvolver esse entendimento.

### Promover mudanças por meio do engajamento na pesquisa

As instituições educacionais, embora tenham um importante papel na continuidade dos valores fundamentais, assumindo, portanto, um papel conservador, constituem-se também em focos de mudança. Afinal, a discussão e o debate, próprios do meio ambiente escolar, propiciam novas iniciativas e descobertas que provocam mudanças em vários aspectos da sociedade. E não falamos somente das inovações e das descobertas do ponto de vista tecnológico, mas também das novas experiências no campo social, no estabelecimento de novas formas de convivência grupal e no incremento de ações solidárias — tal como vem ocorrendo com o incentivo ao trabalho voluntário nas escolas. A pesquisa científica, metódica — realizada nos ambientes universitários — propicia o avanço no campo das ciências humanas, exatas e biomédicas, por exemplo.

O importante é salientar que a pesquisa deve ser função explícita das instituições educacionais em todos os níveis. Pesquisar significa desenvolver uma busca para resolver um problema despertado pela nossa curiosidade. O ser humano, desde a mais tenra idade, tem curiosidade sobre o mundo que o cerca. Organizar a forma com a qual ele atende a essa curiosidade é pesquisar. Assim, pesquisar é conhecer o ambiente no qual o ser humano vive, tanto o natural quanto o cultural.

### Estimular a adaptação pessoal e melhorar os relacionamentos sociais

As instituições educacionais têm um importante papel na sociabilidade — o estabelecimento de relações sociais interbarreiras que o ser humano cria entre diferentes grupos. Nas instituições de ensino estaduais e municipais e mesmo nas particulares, deve prevalecer o convívio interétnico, inter-racial, intersexual, sem barreiras de espécie alguma, propiciando ao estudante se relacionar com os mais diversos grupos sociais, destruindo qualquer possibilidade de discriminação, ódio ou racismo. A convivência multicultural talvez seja o aspecto mais importante das instituições de ensino, pois todos os meios de transmissão de valores não condizentes com a convivência com a diversidade que possa ter recebido anteriormente (no grupo de parentesco, por exemplo) podem ser questionados ou reforçados no ambiente escolar.

## 17.3 A educação no Brasil

A história da educação no Brasil pode contribuir de algum modo para explicar alguns aspectos da estrutura educacional brasileira atual. O ensino, de um modo geral, teve ao longo de sua história um caráter bastante elitista. A administração colonial portuguesa tratava a educação primária com muito descaso. De início, ela estava nas mãos dos jesuítas. Após a expulsão desses de todas as coroas de domínio de Portugal, em 1759, o governo se encarregou da educação de maneira bastante secundária. Não há dados sobre a alfabetização no período colonial. Porém, se verificarmos que, em 1872, meio século após a Independência, apenas 16% da população era alfabetizada, podemos ter uma ideia da situação naquela época (Carvalho, 2002).

No período do Brasil Colônia somente os membros mais abastados das elites enviavam seus filhos para estudar em universidades que só existiam em Portugal. Em contraste com a Espanha, Portugal nunca permitiu a criação de universidades em sua colônia. No final do período colonial, havia pelo menos 23 universidades na América Espanhola, três delas no México. Em torno de 150 mil pessoas se formaram nessas universidades. Somente a Universidade do México formou 39.367 estudantes. No Brasil, escolas superiores só foram admitidas após a chegada da corte, em 1808 (Carvalho, 2002).

Os reflexos dessa herança colonial são sentidos até hoje na pouca valorização da educação como instrumento de ascensão social. A educação é substituída por outros mecanismos herdados das administrações patrimoniais da colônia e do Império — que se centram no tráfico de influência como forma de adquirir prestígio e, consequentemente, galgar posições na hierarquia de status. Daí a grande importância dos cargos públicos, que são procurados não só pela estabilidade no cargo, mas também pelas possibilidades que oferecem dado o ingresso do indivíduo na estrutura de poder.

## RESUMO DO CAPÍTULO

Vimos que o sistema educacional é um importante instrumento do processo de socialização nas sociedades atuais. Ele serve para desenvolver a personalidade social de um povo, ao indicar os valores que devem ser assumidos como aqueles que serão aceitos pela maioria do grupo social.

Ao mesmo tempo, a educação prepara os mais jovens para assumir diversos papéis sociais, ocupacionais e profissionais.

Cada grupo social, como os grupos religiosos, procura puxar para si a condução da educação formal dentro de sua comunidade, pois isso tem grande importância na consolidação dos valores e normas do grupo.

A reprodução do saber nas instituições educacionais formais pode ser realizada de dois modos: pela reprodução pura e simples do que é conhecido ou pela reprodução acompanhada de uma abordagem crítica.

Entre outras funções importantes da educação está o desenvolvimento da pesquisa que, dentro de uma abordagem crítica, deve ser um elemento fundamental do processo educativo. A pesquisa leva à inovação e à criatividade. Assim, a educação tem a função paradoxal de manter os valores e normas fundamentais da sociedade e, concomitantemente, avaliá-los, transformá-los e até substituí-los, se for o caso.

Ao final, tratamos da educação brasileira, estabelecendo que a dominação colonial fincou raízes que perduram até os dias atuais, prejudicando uma maior valorização da educação como uma forma de ascensão social.

## PERGUNTAS

1. Como a educação exerce sua função de instrumento de socialização?
2. Como o sistema educacional contribui para manter as sociedades?
3. Como deve ser transmitido o saber às novas gerações?
4. Como pode ser reproduzido o saber nas instituições educacionais?
5. Como a educação prepara os jovens para assumir papéis ocupacionais e profissionais?
6. Como é transmitida a herança cultural nas escolas?
7. Quais os comportamentos esperados dos indivíduos como estudantes?
8. Como as instituições educacionais preparam os jovens para assumir diferentes status?
9. Como a educação pode gerar inovações?
10. Qual a relação entre a valorização da educação atualmente no Brasil e a herança colonial?

# CAPÍTULO 18

# As instituições políticas

## APRESENTAÇÃO

Examinaremos, neste capítulo, as instituições políticas em termos de suas funções, sua estrutura e as diferentes formas que possam assumir — analisando, nesse caso, as principais formas de governo.

O conceito de 'poder' também será abordado, explicitando-se seus principais componentes. A dominação e os tipos weberianos serão apresentados juntamente com uma definição de elites.

Além disso, abordaremos, em linhas gerais, o que é povo, nação, Estado, governo, Estado absolutista e Estado-nação. No final do capítulo, analisaremos com profundidade a globalização e o papel provável do Estado-nação.

## TÓPICOS PRINCIPAIS

18.1 A estrutura da instituição política
18.2 O conceito de poder
18.3 Os principais componentes do poder
18.4 O conceito de dominação e seus tipos
18.5 As elites
18.6 As instituições políticas
18.7 A globalização e a função social do Estado
18.8 Globalização e o Estado-nação

### OBJETIVOS DE APRENDIZAGEM

Compreender:

- a função social do Estado que assume uma dominação legitimamente aceita pelos demais membros da sociedade.

- que a coerção física é prerrogativa das instituições políticas.

- as diferentes formas de governo.

- o conceito de 'poder' expresso por Max Weber.

- que a força é apenas um dos componentes do poder.

- o poder quando é legitimamente aceito e estabelecido de acordo com as regras de conteúdo moral ou jurídico, e compreendido como autoridade.

- que, com o incremento da tecnologia, a influência vem se tornando um dos principais componentes do poder.

- o significado de 'dominação'.

- as diferenças entre povo, nação e governo.

- que estão ocorrendo mudanças nas funções do Estado dentro do atual processo de globalização.

Uma definição simples de 'instituição' política é aquela que a considera como um sistema social e cultural no qual estão estabelecidos métodos relativamente formais para a aquisição e o exercício do poder, no âmbito de uma determinada jurisdição, por meio de órgãos considerados como tendo autoridade legítima.

Podemos dividir as sociedades entre aquelas que detêm o poder legítimo (a sociedade política) e as demais (a sociedade civil). A sociedade política é também denominada de 'Estado', e constitui-se no âmbito em que ocorre a dominação legitimamente aceita pelos demais.

Não se pode confundir Estado com governo. Aqueles que governam o fazem utilizando os mecanismos permanentes do poder político: Forças Armadas, polícia, burocracia estatal etc. O governo, de um modo geral, é transitório, e pode ser substituído; o Estado é permanente. As organizações que pertencem ao Estado variam de acordo com o regime político vigente em cada país.

## 18.1 A estrutura da instituição política

Na estrutura da instituição política está definido a quem, em que condições, quando e como será concedido o poder, e qual o nível de poder no governo. As pessoas assim nomeadas serão o governo e, nessa qualidade, representarão toda a sociedade. Isso ocorre independentemente da forma específica que assume o sistema de governo: seja ele democrático, monárquico, oligárquico ou ditatorial.

A utilização da coerção física é prerrogativa das instituições políticas. Ou, dito de outro modo, o Estado detém o monopólio do uso legítimo da força física.

As instituições políticas governamentais são limitadas por fronteiras geográficas. A jurisdição se aplica somente dentro desses limites, nos quais se exerce a soberania nacional.

### 18.1.1 As formas de governo

Há muitas formas de governo. As mais importantes e mais conhecidas são: a monarquia, a oligarquia, a democracia e a ditadura. Na realidade, porém, há muitas formas híbridas entre elas.

As 'monarquias' são instituições políticas em que a autoridade repousa sobre um rei ou rainha, podendo ser absolutas ou constitucionais. A monarquia inglesa é uma monarquia constitucional, pois o Parlamento funciona e o governo é exercido por um primeiro-ministro. Já a monarquia existente na Arábia Saudita é absoluta, pois o poder está concentrado no rei e não há Parlamento.

A 'oligarquia' é quando o exercício do poder do Estado está circunscrito a algumas poucas pessoas, em geral membros de uma mesma família ou grupos reduzidos que se alternam no poder. A República brasileira entre 1889 e 1930 é tida como um regime oligárquico, pois era dominada por poucas famílias.

A 'democracia' é um sistema político em que o povo exerce a soberania por meio de seus representantes eleitos, com a existência de um Parlamento e de um Judiciário independentes. No Brasil vigora o regime democrático de alternância de partidos. Nos Estados Unidos também vigora o regime democrático, só que concentrado na alternância de apenas dois partidos (o Republicano e o Democrata), embora não haja proibição da existência de outras organizações partidárias. Na França, a democracia tem outra característica, o parlamentarismo, em que há a figura do presidente da República como chefe de Estado e a do primeiro-ministro como chefe de governo.

A 'ditadura' é um sistema político no qual uma pessoa, ou um pequeno grupo de pessoas, exerce todos os poderes do Estado. Entre 1937 e 1945, no Brasil, tivemos a ditadura exercida por um só homem — Getúlio Vargas. Em 1964, por meio de um golpe de Estado, os militares implantaram a 'ditadura militar', que perdurou até a década de 1980. Um dos ditadores mais conhecidos e cruéis da América Latina foi o chileno Augusto Pinochet, que, com um golpe, destituiu o então presidente eleito Salvador Allende, ficando no poder de 1973 até 1990.

## 18.2 O conceito de poder

O exercício do poder é um processo social na medida em que indivíduos ou grupos detêm condições de influenciar ou alterar o comportamento de outros indivíduos ou grupos. O exercício do poder está diretamente vinculado à cultura dos grupos sociais que estabelecem aquilo que tem ou não valor naquela sociedade em particular. Caso a força física seja valorizada, então ela é que se tornará o principal componente do poder. Se for a capacidade dos indivíduos em se relacionar com divindades, os sacerdotes terão mais valor e, desse modo, exercerão mais poder. Em grupos menores, por exemplo, entre amigos, terá mais poder aquele que detiver os elementos mais valorizados por todos.

O exercício do poder constitui-se em uma das mais importantes interações sociais existentes, em que, para estudar as manifestações do poder político, vigora uma disciplina própria — a ciência política.

A maior parte dos cientistas sociais compartilha a ideia de que *poder* é a capacidade para afetar o comportamento dos outros. O poder pode ser considerado como um meio que o grupo ou indivíduo tem de fazer com que as coisas sejam realizadas por outros.

Para Max Weber (1991, p. 33), "poder significa toda probabilidade de impor a própria vontade em uma relação social, mesmo contra resistências, seja qual for o fundamento dessa probabilidade". Embora de seu ponto de vista ele considere o poder "sociologicamente amorfo", podemos encontrar os fundamentos dessa probabilidade em um amplo leque que inclui a legitimidade e a não legitimidade.

O poder é legítimo quando é aceito e existe a disposição de obediência por parte daqueles que não o detêm. Será ilegítimo o poder quando exercido por indivíduo ou grupo social que não é aceito pelos demais e impõe sua vontade mesmo havendo resistência.

De um modo geral, o poder se manifesta por intermédio de três componentes: a força, a autoridade e a influência.

> **Poder** é toda probabilidade de impor a própria vontade em uma relação social, mesmo contra resistências, seja qual for o fundamento dessa probabilidade (Weber).

## 18.3 Os principais componentes do poder

Os principais componentes do poder que estudaremos a seguir muito raramente aparecem isolados; eles quase sempre surgem associados em diferentes graus, conformando o real poder do agente — seja ele um indivíduo ou um grupo social (veja Figura 18.1).

### 18.3.1 Força

Denominamos 'força' o uso ou a ameaça de coerção física. A coerção física pode ser expressa por meio de armas de todo o tipo — uma lança, um revólver, uma pedra etc. — e até mesmo pelo porte físico de um indivíduo — um importante atributo da força.

**Figura 18.1** Características dos principais componentes do poder

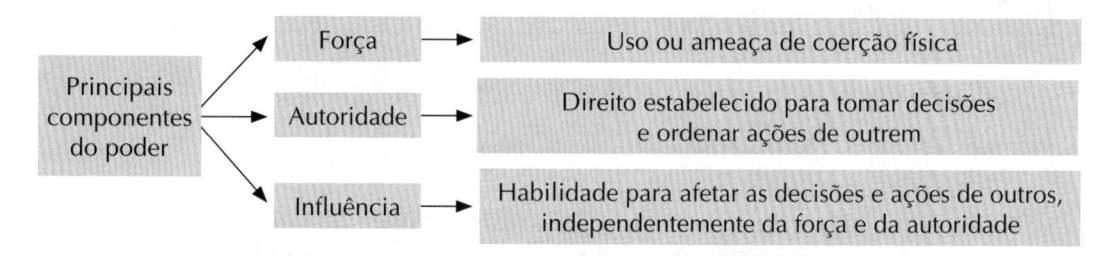

| Principais componentes do poder | | |
|---|---|---|
| → Força → | Uso ou ameaça de coerção física |
| → Autoridade → | Direito estabelecido para tomar decisões e ordenar ações de outrem |
| → Influência → | Habilidade para afetar as decisões e ações de outros, independentemente da força e da autoridade |

Os Estados reservam para si o monopólio do uso da força, e alocam todos os meios importantes de coerção física para suas organizações, como a polícia ou as forças militares (Exército, Marinha, Aeronáutica). Uma das principais características do Estado é esse monopólio utilizado para manter a integridade e impor sua vontade sobre o conjunto de seu território.

No entanto, nos Estados nacionais, cada vez mais surgem grupos que disputam com o Estado esse monopólio da coerção física. Um dos exemplos mais presentes é o crime organizado. Esses grupos muitas vezes se tornam uma ameaça ao poder estatal, substituindo-o na prática em alguns pontos de seu território, onde o poder coercitivo do Estado não se faz presente, e sim somente a coerção dos bandos criminosos. Nas periferias das grandes cidades brasileiras, os instrumentos de coerção física empregados pelos bandos criminosos (fuzis, metralhadoras etc.) muitas vezes são superiores àqueles empregados pela polícia. Desse modo, ocorre, em diversos lugares do País, uma situação na qual o Estado não exerce o poder que lhe foi delegado pela população.

Em várias regiões periféricas das grandes cidades brasileiras, muitas vezes o Estado, para exercer algumas de suas funções, depende de autorização de bandos criminosos, solicitando-lhes permissão para instalar, por exemplo, um posto de saúde, uma creche, ou a própria coleta de lixo. Assim, nessas regiões, o toque de recolher determinado pelo crime organizado impede que o poder público exerça suas funções mais elementares. Em Campinas, por exemplo, há favelas em que o toque de recolher passa a vigorar a partir das 17 horas, chegando, às vezes, a vigorar a partir das 16 horas.

Nos primeiros agrupamentos humanos, a força provavelmente era o único componente do poder. Na Antiguidade e na Idade Média, a força era fundamental para o seu exercício. Com o advento do capitalismo, foram surgindo outros componentes que passaram a equilibrar o poder manifestado pela força, muito embora ainda permaneça sendo um dos seus mais importantes componentes. É difícil imaginar um Estado sem as Forças Armadas ainda nos dias atuais.

## 18.3.2 Autoridade

Compreendemos 'autoridade' como um direito estabelecido para tomar decisões e ordenar ações de outrem. Dito de outro modo, é a legitimação do poder por meio da incorporação de conteúdo jurídico e/ou moral — ou seja, normas ritualizadas nos costumes ou codificadas no Direito. Essa legitimidade assenta sobre o consentimento durável e tendente à unanimidade entre os membros de uma sociedade ou de um grupo social.

Max Weber identificou três tipos de autoridade, de acordo com sua base de legitimidade, que já se tornaram clássicos nos estudos de ciências sociais: a autoridade burocrática (ou racional), a tradicional e a carismática (veja Figura 18.2).

1. A 'autoridade burocrática ou racional-legal' é baseada no cargo ou na posição formalmente instituída. É a autoridade investida no cargo que o indivíduo ocupa. Ele só vai ter essa autoridade enquanto estiver ocupando o cargo. O exercício da autoridade é legítimo por estar de acordo com as leis ou com as regras escritas. A lei é o princípio legitimador em função de sua racionalidade, indepen-

**Figura 18.2** Características que compõem a autoridade

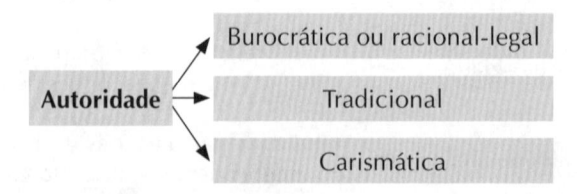

Autoridade
- Burocrática ou racional-legal
- Tradicional
- Carismática

dentemente do líder ou chefe que a faça cumprir. Há um consenso em ser governado por meio de um processo legal, evitando arbitrariedades. Essa autoridade gera organizações burocráticas, sendo encontrada nos modernos Estados e empresas. Nas empresas, porém, existe uma hierarquia de poder estabelecida por cargos em diferentes níveis, o que permite que se afirme que as organizações formam uma estrutura hierárquica de poder.

Exemplos da autoridade burocrática: juiz, delegado, funcionário público.

2. A 'autoridade tradicional' é baseada em crenças, normas e tradições sagradas às quais as pessoas obedecem em virtude da tradição. Não há necessidade de legislação. A obediência à autoridade deve-se à tradição e aos costumes, e à vontade da pessoa. Não há a relação de capacitação com as funções a serem executadas. Ela legitima o poder no passado e no status herdado. A autoridade constitui-se pela vassalagem dos súditos. A autoridade tradicional gera organizações administrativas e funcionais.

   A administração patrimonial é constituída pela autoridade tradicional, que trata os negócios de governo como se eles fossem uma extensão de sua própria casa. Esse tipo de administração é encontrado em Estados centralizados e despóticos.

   Exemplos da autoridade tradicional: rei, príncipe, padre, marido, pai etc.

3. A 'autoridade carismática' é baseada nas qualidades pessoais excepcionais do indivíduo (líder). "Baseada na veneração extracotidiana da santidade, do poder heroico ou do caráter exemplar de uma pessoa e das ordens por ela reveladas ou criadas" (Weber, 1991, p. 141), as quais são obedecidas em função do *carisma* (imagem de notável sabedoria, invencibilidade, exemplo ou santidade). Sua natureza é quase religiosa, e a organização ou sociedade permanecerá estável enquanto durar o líder.

   Exemplos da autoridade carismática: Cristo, Napoleão, Ghandi, Hitler, Martin Luther King, Perón etc.

Há muitos casos em que a força e a autoridade estão combinadas, como no Exército, na polícia ou na prisão. Há outros, ainda, em que o exercício do poder pela força é legitimado pela população submetida que reconhece seu poder de fato, estabelecendo-se, desse modo, a autoridade.

Voltando ao exemplo da periferia das grandes cidades brasileiras, quando o bando criminoso é reconhecido pela população como detentor de poder superior ao do Estado, pelo menos naquele determinado território, ela considera o chefe do bando como a autoridade estabelecida, e passa a submeter-se às suas ordens, levando problemas para que ele os resolva etc. Quando o chefe do bando morre, seu substituto torna-se a autoridade reconhecida, e, como tal, tem obrigações com a comunidade que deverão ser cumpridas, como promoção de festas, doação de dinheiro para enterro, transporte para pessoas doentes, contribuição com a creche local ou com as igrejas, e assim por diante. É claro que, na maioria das vezes, o bando criminoso não adquire esse status no território que acredita controlar; no entanto, no Brasil, há inúmeros casos em que a situação exposta ocorre.

Os tipos de autoridade identificados por Max Weber são o que ele denomina "tipos ideais", aqueles considerados puros e que, na prática, são pouco comuns, pois de modo geral aparecem combinados.

### 18.3.3 Influência

Chamamos de 'influência' a habilidade para afetar as decisões e ações de outros, mesmo não possuindo autoridade ou força para assim proceder. É influente um indivíduo que consegue modificar o comportamento dos outros sem ocupar um cargo público ou privado e sem utilizar qualquer forma de coerção física.

A influência tem aumentado sua importância como um componente do poder. Um aspecto que deve ser considerado é a posse de meios materiais ou não por parte de um grupo ou indivíduo que, utilizando-se de habilidade na manipulação do que possui, adquire maiores parcelas de poder ou constitui-se de fato em uma fonte de poder a ponto de modificar o comportamento de outras pessoas de acordo com sua vontade.

São inúmeros os elementos que podem se constituir em fonte de poder. Dentre eles, podemos considerar a posse de conhecimentos como um dos mais importantes. Com a democratização do acesso a um número enorme de informações, dependerá da habilidade de cada um influir sobre o comportamento de outras pessoas. A posse pura e simples do conhecimento não dá ao possuidor poder, ou seja, a capacidade de influir sobre outros. Só por meio da habilidade na manipulação desse conteúdo é que o indivíduo poderá transformá-lo em fonte efetiva de poder.

O mesmo ocorre com a posse de meios materiais (aqui não se incluem os meios materiais de destruição, como as armas, que são instrumentos de coerção, portanto, de força). Sejam quais forem esses meios e dependendo do lugar (do espaço) e do tempo, eles poderão ou não se transformar em fonte de poder.

Como exemplo, uma pessoa pode ser a única a possuir uma televisão com antena parabólica em uma cidade distante, e, mesmo assim, esses elementos materiais podem não ser fontes de poder. No entanto, se aquela pessoa que os possuir tiver habilidade e souber se aproveitar dessa condição para angariar simpatias, ela poderá, sim, assumir mais poder, por exemplo, elegendo-se vereador da cidade ou até mesmo prefeito.

Nesse exemplo, é importante compreender que a posse de meios materiais, para o exercício de influência como componente de poder, está condicionada ao tempo e ao espaço. Considerando-se o tempo, naquele instante, não há mais ninguém que tenha televisão e antena parabólica; porém, em um outro momento, vários indivíduos possuirão esses elementos materiais, que, assim, deixarão de ser uma fonte de poder. Agora, considerando-se o espaço, naquela cidade distante, a antena e a televisão são fontes de poder, mas em uma outra qualquer do país, na qual muitas pessoas têm acesso a esses elementos materiais, não mais o serão.

## 18.4 O conceito de dominação e seus tipos

Considerando-se o aspecto da legitimidade, vimos que o poder manifesto pela autoridade é legítimo, pois é aceito pela sociedade. Esse exercício do poder legítimo, que se expressa por meio de qualquer um dos tipos de autoridade enunciados por Weber, é denominado 'dominação'.

Esse é um conceito de destaque relacionado com as estruturas de poder, e que pode ser considerado um dos mais importantes processos sociais básicos.

A 'dominação', segundo Weber (1991, p. 33), "é a probabilidade de encontrar obediência a uma ordem (...) a situação de dominação está ligada à presença efetiva de alguém mandando eficazmente em outros, mas não necessariamente ligada à existência de um quadro administrativo nem à de uma associação; porém ligada certamente — pelo menos em todos os casos normais — à existência de um dos dois".

De acordo com Weber, a existência de um quadro administrativo configura uma forma de dominação. E, qualquer que seja a associação, ela é sempre em algum grau, uma associação de dominação, em virtude da existência de um quadro administrativo.

Diferencia-se da associação política como aquela em que seus dirigentes se servem de todos os meios possíveis para alcançar seus fins, e constitui-se como seu meio administrativo específico a ameaça ou o uso da coação física em determinado território.

O Estado é a principal associação política à medida que em determinado território seu quadro administrativo mantém a dominação, fazendo cumprir suas ordens por meios coercitivos. Nas palavras de Weber (1991, p. 34), "o quadro administrativo do Estado reivindica com êxito o monopólio legítimo da coação física para realizar as ordens vigentes".

É importante destacar que não basta a vontade de dominar o outro (ou outros), para que haja dominação; é necessário, isso, sim, que haja disposição de obediência por parte do outro (ou dos outros).

Do ponto de vista de Weber, toda dominação busca a legitimidade, o reconhecimento social de sua validade. Já sua institucionalização está baseada na figura da autoridade, que, como vimos, pode ser burocrático-racional, tradicional ou carismática. Assim, desse modo, teríamos os seguintes tipos de dominação: legal, tradicional e carismática (Weber, 1991).

A 'dominação legal' é baseada em estatutos; obedece-se a ordens impessoais, objetivas e legalmente instituídas e aos superiores por ela designados, não importando quem ocupe o cargo ou a posição. "O tipo mais puro de dominação legal é aquele que se exerce por meio de um quadro administrativo burocrático."

No caso da 'dominação tradicional', obedece-se à pessoa nomeada pela tradição e vinculada a essa em virtude da devoção de hábitos costumeiros. Obedece-se ao senhor "em virtude da dignidade pessoal que lhe atribui a tradição... Não se obedece a estatutos mas à pessoa indicada pela tradição ou pelo senhor tradicionalmente determinado". Há uma profunda relação de fidelidade pessoal daqueles predispostos a obedecer ao senhor.

A dominação tradicional pode ser exercida com quadro administrativo ou sem ele. No caso do exercício com quadro administrativo, as pessoas serão recrutadas segundo critérios de dependência doméstica ou pessoal (dominação patrimonial).[1] Na ausência do quadro administrativo, ocorre uma situação em que, dentro de uma associação (doméstica), econômica ou familiar, a dominação é exercida por um indivíduo normalmente designado segundo regras fixas de sucessão (dominação patriarcal).

Na 'dominação carismática' obedece-se ao líder carismaticamente qualificado como tal, seja em virtude de confiança pessoal ou em virtude de revelação, heroísmo ou exemplaridade dentro do âmbito da crença nesse seu carisma. A associação de dominação dos adeptos é uma relação comunitária de caráter emocional. O quadro administrativo do senhor carismático é selecionado segundo critérios de "qualidades carismáticas — ao *profeta* correspondem os *discípulos*; ao *príncipe guerreiro*, o *séquito*; ao *líder*, em geral, os *homens de confiança*" (Weber, 1991, p. 160).

A dominação carismática, como algo extraordinário, opõe-se estritamente tanto à dominação racional, especialmente a burocrática, quanto à tradicional, com destaque para a dominação patriarcal e a patrimonial (ou estamental). Ambas são formas de dominação cotidianas — a carismática (genuína) é especificamente o contrário. A dominação burocrática é especificamente racional no sentido da vinculação a regras perfeitamente identificáveis; a carismática é especificamente irracional no sentido de não conhecer regras. A dominação tradicional está vinculada aos precedentes do passado e, nesse sentido, é também orientada por regras baseadas nos costumes, na tradição. A carismática derruba o passado (dentro de seu âmbito) e, nesse sentido, é especificamente revolucionária. Para Weber (1991, p.160), "essa não conhece a apropriação do poder senhorial ao modo de uma propriedade de bens, seja pelo senhor, seja por poderes estamentais. Só é 'legítima' enquanto e na medida em que 'vale', isto é, na medida em que encontra reconhecimento e o carisma pessoal em virtude de provas; e os homens de confiança, discípulos ou sequazes só lhe são 'úteis' enquanto tem vigência sua confirmação carismática".

Deve-se levar em consideração que as diferenças citadas representam três tipos ideais de dominação, os quais dificilmente surgem de forma pura — de modo geral, eles aparecem associados.

Assim, a dominação, o exercício do poder, do ponto de vista de Weber, está relacionado com a administração e é inerente à função gerencial, afinal, trata-se de induzir pessoas a agir de acordo com determinadas expectativas. Visto dessa maneira, quem administra o faz influenciando o comportamento de outras pessoas, portanto, exercendo algum poder. Seja institucional, derivado do cargo que ocupa, seja motivado pela sua capacidade pessoal, ou, ainda, ambos.

## 18.5 As elites

Entende-se por 'elite' uma minoria presente em todas as sociedades e que, de várias formas, é detentora de autoridade ou poder, em oposição a uma maioria que dele está privada. Uma vez que existem várias formas de poder, podemos dizer que existem elites que correspondem a cada tipo de poder — seja ele político, econômico ou social.

O poder que as elites detêm pode ter várias origens. Assim, há elites que têm seu poder emanado da tradição, da herança patriarcal (elites tradicionais); aquelas que se originam da eficiência burocrática (elites tecnocráticas); da posse de bens e capitais (elites econômicas); da alta posição na hierarquia partidária (elites políticas); e por aí adiante.

É importante assinalar que as 'elites' são compostas exclusivamente por pessoas ou grupos que ocupam posições de poder.

Quando se afirma que os estudantes universitários formam uma elite, isso significa que eles são uma minoria com acesso a uma importante fonte de poder, a informação e o conhecimento. Sua influência maior ou menor está diretamente relacionada à habilidade de utilizar essa posição de acesso a essas fontes de poder.

## 18.6 As instituições políticas

A política se refere aos processos sociais pelos quais as pessoas ganham, usam e perdem poder, representando um importante papel em quase todas as relações humanas.

Uma das características das sociedades modernas é o desenvolvimento de instituições políticas especializadas, como: os tribunais, os partidos políticos, as agências governamentais, o Exército, a parte executiva do governo, entre outras. Juntas, essas entidades formam o que os sociólogos chamam 'o Estado'. A primeira fase no desenvolvimento do Estado foi a separação do 'escritório do rei' da pessoa que era o rei. A segunda fase no desenvolvimento do Estado envolveu o desenho de limites nacionais e a criação de burocracias públicas.

O Estado, hoje, participa na maior parte do tempo da vida das pessoas. O registro de nascimento, a carteira de trabalho, a de identidade, o casamento, o uso e a propriedade da terra e o atestado de óbito são exemplos que demonstram a importância da atividade reguladora do Estado.

Para compreendermos bem essa instituição, é importante definirmos alguns termos relacionados a ela, como 'povo', 'nação', 'governo', 'Estado absolutista' e 'Estado-nação'.

### 18.6.1 Povo

Denominamos 'povo' os agrupamentos humanos com cultura semelhante — língua, religião, tradições etc. —, implicando certa homogeneidade e desenvolvimento de fortes laços de solidariedade entre si. Assim, podemos falar em povo judeu, cigano, armênio, curdo, xavante ou brasileiro.

No território brasileiro há muitos povos que apresentam cultura distinta e que, desse modo, formam uma unidade cultural bem determinada. Como exemplo, temos os xavantes, os terenas, os parecis, os guaranis, entre outros.

### 18.6.2 Nação

'Nação' é a denominação de um povo ao se fixar em uma determinada área geográfica e adquirir certo grau de organização, mantendo-se unido por uma história e cultura comuns e pela consciência de que constituem uma unidade cultural.

Entre outros exemplos, podemos citar a nação palestina, a nação curda e a nação basca, pois são povos que apresentam uma história e uma cultura comuns, além de uma forte consciência de que constituem uma unidade cultural.

Os judeus formaram durante o Império Romano uma importante nação no mesmo território em que hoje se encontra Israel. No entanto, eles foram expulsos do território que ocupavam e acabaram se espalhando por várias regiões. Desse modo, alguns autores consideram que, durante esse longo período em que os judeus ficaram sem território, eles não formavam uma nação, mantendo uma unidade cultural como povo. Outros defendem que, mesmo sem um território, eles compunham a nação judaica. Na realidade, os judeus constituíram seu Estado em 1948, após a consolidação da ocupação de um território pelo povo judeu, fato que se iniciou no fim do século passado com o movimento conhecido como *sionismo*, que pregava a volta dos judeus à terra prometida. Desde então, a nação constitui seu Estado — Israel.

As nações que originaram os modernos Estados surgiram no fim da Idade Média, no decorrer do século XV, quando as divisões nacionais se acentuaram. "As literaturas nacionais fizeram seu aparecimento. As regulamentações nacionais para a indústria substituíram as regulamentações locais. E passaram a existir leis nacionais, línguas nacionais e até mesmo igrejas nacionais" (Huberman, 1986, p. 70).

### 18.6.3 Governo

Quando as nações conseguem se organizar de tal forma que passam a administrar algumas questões comuns, como educação, saúde e comunicação, por exemplo, elas acabam constituindo um quadro administrativo para gerenciar determinadas atividades, ao qual, então, denominamos 'governo'.

Compete ao quadro administrativo da nação manter a ordem e estabelecer normas relativas que passem a reger as relações entre seus cidadãos. O povo palestino possui seu próprio governo no Estado de Israel. Da mesma forma, os bascos e os catalães, na Espanha, possuem governos autônomos.

### 18.6.4 Estado

Quando o quadro administrativo da nação reivindica para si o monopólio exclusivo da utilização da coerção física e da força, temos a formação do Estado. Segundo Weber (1991), uma associação política é denominada 'Estado' "quando e na medida em que seu quadro administrativo reivindica com êxito o monopólio legítimo da coação física para realizar as ordens vigentes".

Assim, dependerá do grau de organização da nação o estabelecimento do controle no âmbito de seu território, caracterizando sua soberania nessa área. Só existe o Estado quando há soberania sobre determinado território. Não existe o Estado palestino, porque a administração palestina não detém a soberania completa sobre seu território; coexistem em um mesmo espaço a força militar israelense e a polícia palestina. Não há monopólio da utilização da coerção física por parte dos palestinos. Da mesma forma, os bascos e os catalães na Espanha não constituem um Estado, pois eles não detêm a soberania sobre seu território — o monopólio da coerção física é do Estado espanhol.

Há Estados formados de uma só nação, como o Brasil, os Estados Unidos e a Argentina. E outros Estados que são constituídos por duas ou mais nações (ou nacionalidades). Esse é o caso da Espanha — que contém as nações basca e catalã — e da Rússia — que apresenta várias nações que constituem governos regionais, como Bachkiria, Tchetchênia, Tchuváchia, Daguestão, Kabardino-Balkaria, Kalmikia, República dos Maris, Mordóvia, Ossétia do Norte, Tartária, Udmúrtia, Iakútia, Tuva, República dos Komis, Carélia e Buriátia. Há outras que recentemente formaram Estados independentes, como a Geórgia, o Tadjiquistão e a Ucrânia.

No final do século XX, a Iugoslávia, que se constituía em um Estado com várias nações, se desintegrou em vários Estados, como Sérvia, Croácia, Bósnia, Eslovênia e Macedônia.

A Organização das Nações Unidas (ONU) somente aceita nações que se constituíram em Estados, ou seja, que possuem soberania com o completo controle de seu território.

O Estado é uma das mais destacadas instituições sociais. A importância de sua atividade reguladora pode ser demonstrada pelas funções que exerce, como a emissão do registro do nascimento, da carteira de trabalho, de identidade, de casamento, do atestado de óbito, a utilização e a propriedade da terra, as leis de trânsito etc.

Segundo algumas teorias nacionalistas, a preservação do caráter nacional e o desenvolvimento de sua capacidade criativa constituem a suprema finalidade da nação, que, para tanto, deve organizar-se como Estado. De acordo com esse raciocínio, a nação precisa do poder do Estado para sua segurança e desenvolvimento.

Esses argumentos são utilizados pela maior parte dos movimentos separatistas que busca afirmar sua identidade nacional perante um Estado que não mais aceita como seu. São exemplos atuais os que ocorrem na Rússia, com a Tchetchênia; no Canadá, com Quebec; na Espanha, com os bascos, e muitos outros.

O processo de formação do Estado de Timor-Leste, na Ásia, ilustra a necessidade de exercer efetivo controle territorial para que se constitua como Estado. O povo timorense adquiriu seu direito de formar um Estado por meio de uma longa luta travada pela Fretilin (Frente Revolucionária de Timor-Leste Independente), com a intermediação da ONU, que manteve a unidade política do novo país enquanto esse se estruturava para exercer o monopólio do uso da força em seu território.

### 18.6.5 O Estado absolutista

Como já afirmamos, o Estado, como o conhecemos hoje, tem formação bastante recente. Seus primeiros contornos apareceram no período do renascimento europeu. Anteriormente, as pessoas eram ligadas às suas comunidades, às cidades e aos povoados. Quando as cidades se expandiam, passando a dominar um território maior ou rotas de comércio, elas podiam atingir as dimensões de cidades-Estado, como Veneza e Florença no século XV. Mesmo quando as cidades antigas integravam-se a grandes impérios com determinada estrutura de poder, elas mantinham suas características próprias, sendo sua vida cotidiana determinada por suas leis e seus costumes. Os impérios não eram capazes de mobilizar recursos de uma maneira regular e organizada, e mesmo o grau de controle que eles exercem no território que controlavam era limitado, não alterando as normas tradicionais de regulamentação da vida local.

Foi somente no século XV que se iniciou o processo de formação de uma nova forma de organização política que chamamos hoje de 'Estado'. Quando as pessoas passaram a se identificar com suas nações, acima de suas cidades ou dos feudos — como era feito até então —, a figura do rei se tornou mais importante, pois personificava essa nova entidade política. A fidelidade do povo, identificada com a cidade ou com o senhor feudal, foi sendo transferida gradativamente ao rei, que se tornou senhor absoluto no território ocupado pela nação. Para administrar esse território amplo, constituíram-se quadros administrativos que deviam lealdade ao rei, e só a ele. Desse modo, o Estado constituía uma extensão do poder real, daí essa primeira forma de Estado moderno ser denominada 'Estado absolutista'.

A identificação do rei com o Estado era tal que foi muito bem expressada pelo rei da França, Luiz XIV, que, quando interpelado, costumava responder: *L'Etat c'est moi* ("O Estado sou eu"). Assim, o soberano personificava o Estado e seu poder.

### 18.6.6 O Estado-nação

O Estado-nação, tal qual o entendemos atualmente, é fruto do liberalismo europeu, que estabeleceu um conceito de soberania compreendendo todo o povo de um determinado território, com conteúdo muito mais abrangente que a soberania do Estado absolutista centralizada no monarca. Desse modo, no liberalismo, o Estado (unidade política) confunde-se com a nação (unidade cultural). A nação personifica o Estado, e o poder emana do povo.

Na realidade, desde o século XVIII, embora tenham se formado Estados-nação identificados com comunidades culturais, essa não era regra. Mesmo nas regiões nas quais ocorreu uma maior associação entre a formação de um Estado nacional e uma comunidade cultural, na maioria dos casos continuavam a coexistir no território nacional outras comunidades culturalmente determinadas e que se identificavam como nacionalidades — grupos com características próprias de língua e cultura.

Com a Revolução Francesa, o conceito de 'nação' passou a ficar associado à ideia de liberdade e de igualdade de direitos, e a soberania do rei foi passada para o povo. A partir de fins do século XVIII, o indivíduo encontrou um outro elo de lealdade ao qual podia se prender: o Estado nacional. Anteriormente, os indivíduos eram leais à cidade-Estado, ao feudo, ao senhor e a outros grupos e dinastias. A partir do século XVIII, os valores que motivaram os povos em suas lutas e aspirações eram os do Estado-nação em substituição aos valores tradicionais. Nos séculos XIX e XX, os valores referenciados no nacionalismo determinaram o destino dos indivíduos e promoveram inúmeras guerras que consolidaram o papel do Estado-nação como agente legítimo e principal ator do sistema internacional.

## 18.7 A globalização e a função social do Estado

O processo de globalização que está em curso provoca profundas mudanças em vários setores da sociedade em um movimento acelerado de reorganização e reordenação social, cultural e institucional, subordinado, em linhas gerais, à economia.

Um dos maiores desafios a ser enfrentado nesse processo está na identificação do papel a ser desenvolvido pelo Estado-nação, pois esse tem perdido gradativamente algumas de suas prerrogativas — tanto econômicas, políticas e culturais quanto sociais, debilitando-se.[2] Nem mesmo os Estados mais poderosos são capazes de exercer um controle efetivo sobre o capital financeiro que circula pelo planeta por meio de redes eletrônicas.

Acontece que o capital globalizado continuará dependendo do Estado para a realização de políticas sociais, pois esse seguirá cumprindo o papel de realocar recursos desigualmente distribuídos pelas leis do mercado.[3] Essa contradição se acentua quanto mais forte é aplicada a receita neoliberal. Quanto mais livres as forças do mercado, maior a concentração de capital nas mãos de poucos e maior a necessidade de um agente que redistribua os recursos para impedir o caos social e garantir a continuidade do processo de acumulação global.

Além dessa contradição, o Estado se vê compelido a ceder aspectos tradicionais de seu desempenho para estruturas transnacionais — blocos econômicos regionais — e que são formadas dentro de uma nova divisão internacional do mercado que relega ao Estado-nação um outro papel ainda não bem dimensionado dentro da nova realidade global.

As políticas públicas passam a ser discutidas em espaços transnacionais, cujos acordos são impostos e aceitos a ponto de modificarem e influírem na execução e definição das políticas nacionais.

Esses aspectos, alguns contraditórios, outros ainda não delineados, do papel a ser desempenhado pelo Estado, revelam, na realidade, um período de transição e reordenação de suas funções dentro de uma economia cujos processos produtivos tendem a ser globalizados.

As relações estruturais tradicionais entre o Estado, o mercado e a sociedade estão sendo modificadas substancialmente e passam por um processo de reestruturação. Novos atores se fazem presentes no tecido social, como as organizações não governamentais (ONGs) e as estruturas transnacionais não subordinadas a Estado algum em particular e gozando de autonomia relativa na proposição de políticas comuns a serem seguidas por vários Estados.[4]

O Estado deverá continuar exercendo seu papel social, embora em novas bases e com outro conteúdo. No Estado de Bem-estar Social, o Estado desempenha sua função social como agente econômico destinado a realocar os recursos escassos e amenizar as contradições inerentes ao próprio desenvolvimento das forças de reprodução do capital.

A relação entre o Estado e o indivíduo receptor do benefício é mecânica, e, embora permeie sua ação por um aparato burocrático formado por indivíduos reais, a relação se estabelece, na realidade, entre seres humanos e uma engrenagem, uma máquina animada (a burocracia) da qual nos fala Weber.[5]

Essa falta de clareza na existência de relações sociais reais tornou a ação do Estado destituída de um sentido humanitário e consolidou a alocação não democrática dos recursos com pouca ou nenhuma participação de organizações comunitárias na gestão dos programas.

Estabeleceu-se uma estrutura administrativa para gerir recursos destinados a benefícios sociais. Ocorre que as atividades têm consumido todo ou quase todo o orçamento social, passando o Estado, muitas vezes, a receptor final de um excedente destinado a diminuir os problemas sociais, ou, então, a destinar partes significativas desses recursos para subsidiar atividades econômicas não competitivas e que só conseguem se manter com esse apoio.

Essa atividade do Estado de gerenciar os recursos arrecadados desde o início ao fim do processo — do recolhimento dos impostos à destinação ao beneficiário — sem um controle mais efetivo da sociedade gerou profundas distorções que aumentaram significativamente o déficit público.

A redefinição do papel do Estado passa por um maior controle de suas ações, uma maior democratização na execução de seus programas, o que somente poderá ser conseguido existindo na sociedade civil organizada uma alternativa de ação permanente que fiscalize e mantenha os programas sociais em execução.

Na moderna e complexa sociedade globalizada tem se destacado o desempenho das organizações não governamentais (ONGs) e dos novos atores sociais portadores de uma solidariedade não mais mecânica. Seu espaço de atuação vem aumentando, pois esses se caracterizam mais como uma manifestação da cidadania em um estágio superior de organização e participação do que como uma alternativa política e social. Na realidade, a imensa maioria dessas organizações não chega a questionar as bases do sistema, ocupando-se de temas pontuais sem procurar disputar o poder político em competição com os partidos.

A globalização, ao colocar em crise o Estado de Bem-estar Social com todos os aspectos negativos decorrentes, particularmente o aumento da miséria e do desemprego, coloca ao mesmo tempo a questão do retorno ao debate da ação social do Estado e da participação (integração) da sociedade nessa ação.

Somos levados a acreditar que o Estado continuará tendo importante papel social dentro de uma economia globalizada, em outros moldes, e continuará partilhando com importantes segmentos da sociedade sua função e os recursos destinados a cumpri-la.

A nova realidade econômica mundial tem levado os Estados a se modificarem, considerando os novos espaços em que estão inseridos, alterando suas práticas tradicionais e reformulando os conceitos de soberania.

Os novos espaços econômicos tendem a modificar a execução das políticas públicas no âmbito do território do Estado. A interdependência crescente dos Estados abrange não só os aspectos de execução de suas políticas, mas até mesmo as práticas sociais e culturais de suas respectivas sociedades.

Essa interdependência, que ainda é relativa, mas crescente, permite a ascensão de atores sociais com poder significativo no enfrentamento de questões pontuais e que dizem respeito a prerrogativas antes exclusivas do Estado.

A necessidade de o Estado manter políticas sociais em função dos problemas gerados pela globalização e por uma política neoliberal predominante faz com que esse seu papel seja reorganizado e sejam corrigidas as distorções ocorridas.

As principais distorções são: a falta de transparência no manuseio dos recursos e a ausência da participação da sociedade em todo o ciclo no qual se processam os benefícios sociais. Essas deverão, então, ser enfrentadas, diminuindo as atividades no seio do Estado — procedimentos administrativos encarregados de manusear esses recursos — e fortalecendo as estruturas não governamentais sem fins lucrativos que proliferam hoje e buscam melhorar as condições de vida e existência de vários segmentos da sociedade.

A tendência de formação de blocos econômicos regionais com o Estado abrindo mão de várias prerrogativas, apontando para um futuro de livre circulação das pessoas e produtos, trará para o Estado maiores dificuldades no enfrentamento da questão social. Afinal, haverá aqueles que atrairão mão de obra de outras regiões e que se tornarão caudatários da ação do Estado no território em que se encontram.

Os problemas futuros podem ser vislumbrados pela alta concentração de bolivianos na capital de São Paulo, que são atraídos para trabalhar na indústria têxtil, na qual recebem baixos salários e não possuem benefício social algum. Com a facilidade de trânsito, o problema ficará ainda mais acentuado, cabendo a questão: De onde virão os recursos para o atendimento dessas populações?

Os Estados Unidos, por exemplo, contraditoriamente à integração econômica promovida pelo Nafta (Acordo de Livre Comércio da América do Norte), não promovem uma política em relação aos migrantes, integrada com o México. O Estado da Flórida optou por excluir os imigrantes mexicanos dos benefícios sociais — educação, saúde, salário-desemprego.

Esse quadro aponta para uma situação em que obviamente políticas discriminatórias em um mundo cada vez mais integrado não só não possuem possibilidades de sucesso como podem se tornar motivo de violentas explosões sociais.

## 18.8 Globalização e o Estado-nação

Consolidado ao longo dos séculos XVIII e XIX, o Estado-nação tal como o conhecemos hoje, principal unidade básica das relações internacionais, tem sua utilidade questionada em um mundo cada vez mais globalizado.

Durante o processo de consolidação do capitalismo, o Estado exerceu importante papel, contribuindo para acelerar o processo de industrialização. Seu papel como agente econômico que regulava as relações entre os diversos setores do capital é, entre todos, o mais importante. As empresas dependiam das decisões econômicas do governo do país no qual estavam instaladas para definir suas políticas estratégicas e suas margens de lucro. Um outro papel importante é o de ter sido fundamental no fornecimento da infraestrutura necessária para o desenvolvimento do capitalismo, assumindo setores que, por causa da baixa lucratividade, não interessavam aos investidores (energia, transportes etc.), além de manter políticas sociais que atendiam à mão de obra operária (saúde, habitação etc.).

Se, historicamente, os Estados-nação foram fundamentais para a consolidação do sistema capitalista, pois unificaram os mercados nacionais (regulamentando as atividades comerciais, estabelecendo normas gerais e mantendo a força militar para garantir os contratos), hoje, com a implantação e a consolidação de uma economia cada vez mais globalizada, muitas das funções antes exercidas e exclusivas dos Estados vêm sendo atribuídas a outros atores — algumas funções até estão sendo extintas. A regulamentação das economias nacionais, por exemplo, vem sendo cada vez mais normatizada por organismos internacionais pela interdependência entre as diversas regiões. O controle rígido exercido pelos bancos centrais sobre a circulação financeira praticamente deixou de existir com o capital circulando ao redor do globo e desconsiderando a existência de fronteiras.

De fato, no atual processo de internacionalização do capital, os Estados-nação aos poucos perdem lugar para as corporações multinacionais como agentes ativos do processo. Na verdade, em muitos casos, a economia nacional de muitos Estados depende das decisões tomadas pelas empresas multinacionais, e estas, por sua vez, definem suas estratégias em função de seus interesses globais, não havendo, na realidade, interesses 'nacionais' por não dependerem de nenhum Estado-nação em particular.

A questão que se coloca fortemente nas relações internacionais é que, embora os Estados-nação percam cada vez mais sua capacidade operacional de controlar o mercado, eles são e continuarão sendo, durante ainda um tempo significativo, importantes e os únicos agentes econômicos que poderão amenizar, para toda uma determinada população, os efeitos negativos da competição internacional pelos diversos mercados setoriais — como o desemprego estrutural. Essa redefinição das funções do Estado, passando de agente fundamental regulador das políticas econômicas nacionais para um papel social mais ativo, é que torna importante a identificação e o clareamento das diversas posições que se contrapõem e que tentam definir qual deve ser, afinal de contas, o papel desse agente tão importante.

Defender pura e simplesmente a extinção desse agente ou propor que ele fique reduzido ao mínimo, sem dizer claramente qual deve ser esse mínimo, são duas posições que não levam em consideração o importante papel social que o Estado desempenhou, particularmente nos países desenvolvidos — o Estado do Bem-Estar Social (Welfare State), que não chegou a se concretizar por completo nos países ditos subdesenvolvidos. Ora, se com um agente importante e poderoso como esse, a desigualdade social se mantém, o que não aconteceria com seu desaparecimento ou com seu total enfraquecimento? Mantendo-se um Estado em condições de uma atuação social, o problema passa a ser político, ou de quem detém o mando desse instrumento de ação, e aí as coisas são colocadas em outros termos. Passa a ser responsabilidade da cidadania ativa, participante, levar o Estado a cumprir suas funções sociais, que de modo geral são constitucionais. Cabe ao movimento social articular-se e direcionar sua ação para o cumprimento desses preceitos.

Por outro lado, do ponto de vista das relações internacionais, que continuam a existir em um mundo globalizado, os Estados por si só se enfraquecem por não possuírem isoladamente todas as condições exigidas pelo novo mercado internacional globalizado. A divisão internacional do trabalho anterior destinou a cada nação o destino de arcar com determinado papel nas relações internacionais e no processo de acumulação do capital. Às nações em desenvolvimento estava destinada a produção de produtos primários que abasteceriam os mercados dos países desenvolvidos. Por sua vez, os países desenvolvidos se viram cada vez mais especializados na produção de determinadas mercadorias. Ocorre que, em um mundo globalizado e multipolarizado, a oferta em qualidade e preço é que determina quem vende o quê. Desse modo, mesmo os países desenvolvidos necessitam de parcerias para melhorar a competitividade de seus produtos no mercado mundial.

É em função desse quadro que surge um fenômeno aparentemente contraditório no processo de globalização, que é a formação de blocos regionais — Nafta, Mercosul, UE, Asean etc. — formados com a pretensão de aumentar seu poder de negociação no mercado mundial, integrando-se os mercados de uma determinada região pela eliminação de barreiras alfandegárias e pela consolidação de uma política protecionista do bloco como um todo em relação aos demais países.

A formação dos blocos regionais, apesar de uma motivação econômica por demais evidente, não se esgota nesse aspecto; outros fatores têm envolvido o sucesso dessa articulação, como os aspectos culturais, ecológicos, sociais etc. Um exemplo importante é o de que, em virtude das diferenças culturais entre os Estados Unidos e o México, o Nafta tem enfrentado dificuldades em se consolidar como bloco. Crescem nos Estados Unidos políticas anti-imigratórias que, embora na realidade revelem o temor do trabalhador norte-americano em perder postos de trabalho para seus vizinhos do sul, aparecem como uma política discriminatória e racista que se traduz em um número cada vez maior de leis excludentes, marginalizando os imigrantes de origem latina. Foi esse processo que impediu que o Chile se integrasse ao Nafta, vindo a acelerar seu movimento de integração com o Mercosul.

Considerando-se os mais diversos aspectos envolvidos no processo de integração, o Mercosul leva uma ligeira vantagem sobre outros. Afinal, trata-se de um bloco no qual os países que o compõem não apresentam diferenças culturais significativas, a língua possui um tronco comum e há uma certa facilidade de uns e outros se entenderem sem necessidade de intérpretes. Sob o ponto de vista político, os países se encontram democratizados a um certo tempo, não havendo, em curto prazo, possibilidades de um retrocesso autoritário, em função de suas próprias dinâmicas internas e pelas pressões internacionais. E o lado econômico tornou-se um facilitador do processo na medida em que as diversas políticas implantadas conseguiram ao menos uma certa estabilidade na economia dos vários países da região. As semelhanças do ponto de vista social são ainda mais fortes, apresentando um quadro de desemprego crescente, uma população marginalizada e uma profunda desigualdade social.

## RESUMO DO CAPÍTULO

Neste capítulo, vimos que as instituições políticas reservam para si o monopólio do uso exclusivo da força no âmbito de seu território e que há muitas formas de governo. Entre as mais conhecidas estão: a monarquia, a oligarquia, a democracia e a ditadura, e muitas outras são formas híbridas desses tipos ideais.

Vimos também que o poder é conceituado como toda probabilidade de impor a própria vontade em uma relação social, mesmo contra resistências, seja qual for o fundamento dessa probabilidade. Seus principais componentes são: a força, a autoridade e a influência.

A força nos primeiros agrupamentos humanos, provavelmente, foi o único componente do poder. A força vem perdendo gradativamente a importância nas modernas sociedades, embora persista como fundamental componente do poder em qualquer relação de dominação.

A autoridade definida por Max Weber pode ser de três tipos: a racional-legal ou burocrática; a tradicional; e a carismática. Esses diferentes tipos ideais estão associados a três tipos de dominação.

A dominação é compreendida como a probabilidade de encontrar obediência a uma ordem, e ela pode ser de três tipos: legal, tradicional e carismática.

Uma camada social que detém poder, sendo uma minoria na sociedade, é denominada elite. E há tantas elites quantas forem as fontes de poder. Entre outras, encontramos elites burocráticas, econômicas, tecnocráticas e tradicionais.

Vimos a relação entre os conceitos de 'povo', 'nação', 'governo' e 'Estado'. O Estado é constituído pelo quadro administrativo da nação que reivindica para si o monopólio exclusivo da utilização da coerção física. A formação do Estado passou pela etapa do Estado absolutista, chegando ao conceito de 'Estado-nação', que predomina atualmente.

Finalmente, abordamos a situação do Estado-nação no atual momento de globalização, indicando que há uma redefinição de suas funções, e ele perde algumas de suas prerrogativas e assume outras. Além disso, vimos que a formação dos blocos econômicos regionais é uma nova realidade que contribui para a redefinição das funções do Estado.

## PERGUNTAS

1. O que é uma instituição política?
2. Qual a principal diferença entre Estado e governo?
3. Defina as seguintes formas de governo: monarquia, oligarquia, democracia e ditadura.
4. O que é o poder? Exemplifique.
5. Qual a definição de poder apresentada por Max Weber?
6. O que é dominação, segundo Weber?
7. No conceito de Weber, por que a existência de um quadro administrativo configura uma forma de dominação?
8. O que é uma associação política, segundo Weber?
9. Por que o Estado é a principal associação política?
10. Há dominação quando o *outro* não tem disposição de obedecer?
11. O que é uma dominação legal? Cite exemplos.
12. O que é uma dominação tradicional? Exemplifique.
13. O que é uma dominação patrimonial? Exemplifique.
14. O que é uma dominação carismática? Exemplifique.
15. Quais são, de modo geral, os três componentes do poder?
16. O que é a força, como componente do poder? Exemplifique.
17. Qual a definição de autoridade? Exemplifique.
18. O que é a autoridade burocrática ou racional-legal? Exemplifique.
19. O que é a autoridade tradicional? Exemplifique.
20. O que é a autoridade carismática? Exemplifique.
21. O que é a influência como componente do poder? Exemplifique.
22. O que são elites? Exemplifique.
23. Qual a diferença entre o Estado absolutista e o Estado-nação?
24. O que está acontecendo com o Estado no atual processo de globalização?

## Notas

1 Será chamada de 'dominação estamental' "aquela forma de dominação em que determinados poderes de mando e as correspondentes oportunidades econômicas estão apropriados de acordo com o quadro administrativo" (Weber, citado, p. 152).
2 Ianni, 1992.
3 Esta afirmação é baseada na constatação de que não existe, no cenário global atual, nenhum agente com poder e legitimidade para cumprir tais funções tradicionais do Estado.
4 No caso do Mercosul, por exemplo, existem 11 subgrupos de trabalho.
5 Refiro-me aqui à caracterização que faz Weber de que a inteligência concretizada é uma máquina animada — a organização burocrática —, estabelecendo uma semelhança com as máquinas inanimadas que seriam também a mente concretizada. Cf. Weber, 1994, p. 31.

# CAPÍTULO 19
# Economia e trabalho

## APRESENTAÇÃO

As instituições econômicas serão estudadas neste capítulo do ponto de vista da sociologia, destacando-se os papéis e status que a formam. Apresentaremos suas principais funções e alguns tipos de sistemas econômicos, entre os quais evidenciaremos o capitalismo.

A relação do trabalho e do capital aparece com destaque, pois é uma das peças fundamentais das relações de produção. Discutiremos as características do trabalho no capitalismo e a construção da identidade do trabalhador industrial. Abordaremos, ainda, os reflexos da indústria na organização do trabalho em toda a sociedade, bem como as perspectivas de evolução do emprego.

## TÓPICOS PRINCIPAIS

19.1 A instituição econômica
19.2 Tipos de sistemas econômicos
19.3 O significado do trabalho
19.4 Diferenças entre as divisões técnica e social do trabalho
19.5 A construção da identidade operária
19.6 Os reflexos da divisão técnica do trabalho na sociedade industrial
19.7 O novo tipo de trabalhador
19.8 As novas realidades e as empresas

## OBJETIVOS DE APRENDIZAGEM

Compreender:

- como funcionam as instituições econômicas.
- a diferença entre as funções: produção, distribuição e consumo.
- as bases de funcionamento de diversos sistemas econômicos.
- que existem diversas formas de trabalho, e que emprego não é seu sinônimo.
- como se dão as relações sociais de produção no sistema capitalista.
- o que é divisão social do trabalho.
- como funciona a divisão técnica de trabalho.
- qual foi a resistência dos trabalhadores na implantação do capitalismo.
- como o restante da sociedade refletiu sobre o que acontecia na indústria.
- quais as alternativas de trabalho na sociedade pós-industrial.

As sociedades humanas criaram formas de atender às necessidades de um número cada vez maior de indivíduos. Embora permaneçam situações de desigualdade, é inegável que as instituições econômicas atendem, proporcionalmente, a um número maior de indivíduos do que no passado. Na realidade, as instituições econômicas por si só poderiam atender às necessidades de todos os habitantes do planeta, dadas as condições de produtividade de hoje. Os problemas ocorrem na distribuição do que é produzido, e, nesse aspecto, há uma grande concentração de recursos nas mãos de poucos.

As necessidades humanas estão evoluindo. Aqueles que já têm supridas as suas necessidades de alimentação e moradia exigem mais lazer e entretenimento; e as instituições econômicas devem se estruturar para atender a essas novas demandas. O trabalho se modifica, tornando-se menos cansativo — condição possível graças à introdução de novas tecnologias e inovações.

No estágio em que se encontra o mundo no início do século XXI, a humanidade convive com situações paradoxais e com muitas realidades econômicas aparentemente contraditórias. Assim, ainda persistem sinais de escravidão, de servidão e modelos econômicos semissocialistas e há sinais de liberação do tempo para o trabalho e outras situações que correspondem a uma economia caracterizada em sua essência como capitalista, mas que, no entanto, está evoluindo para um tipo não claramente determinado — que será baseado, fundamentalmente, na liberação do homem do trabalho pesado e insalubre característico dos séculos anteriores. Quanto ao tempo de trabalho, esse poderá voltar a ser de domínio do trabalhador e não mais uma imposição externa daquele que lhe compra a força de trabalho. Essa situação aponta a prestação de serviço como uma característica do futuro, em que se vende um tipo de trabalho e não a força de trabalho.

## 19.1 A instituição econômica

A instituição econômica do ponto de vista da sociologia é estudada como uma instituição social, destacando-se a estrutura dos papéis e o status que a formam. Assim, consideramos a instituição econômica como um sistema social e cultural diretamente relacionado com a produção, a distribuição e o consumo de bens e serviços (veja Figura 19.1).

Uma das principais funções da instituição econômica é prover os meios necessários de sobrevivência para os membros de uma determinada sociedade. Sua estrutura está baseada nas funções de produção, distribuição e consumo de bens e serviços.

A função de 'produção' utiliza um território fisicamente determinado, tendo como base seus recursos naturais. Além disso, há o capital, que consiste nos meios de produção, incluindo-se aí as finanças, as construções, as ferramentas, as máquinas e outros equipamentos. E, finalmente, o trabalho é composto das forças física e mental das pessoas, sendo utilizado na produção de bens e serviços.

A função de 'distribuição' objetiva tornar acessíveis os bens e serviços aos consumidores. A distribuição de bens e serviços é efetivada por meio de um sistema de trocas em que há uma equivalência de valor sobre aquilo que está sendo comercializado. Nas economias mais desenvolvidas, o padrão básico de valor é determinado pelo dinheiro, que, por si só, não tem valor, mas que foi convencionado como tal. O escambo é a prática de trocar diretamente as mercadorias sem a intermediação de dinheiro.

A função de 'consumo' é a essência da instituição econômica. Afinal, tudo é produzido e distribuído objetivando o consumo. O atendimento da demanda na produção de bens e serviços é essencial. Se não há demanda pode haver um acúmulo de bens, o que gerará problemas de excesso de produção. Se, por outro lado, há demanda e essa não é atendida, isso causa desabastecimento, podendo gerar problemas sociais. A demanda por serviços nas grandes metrópoles hoje em dia é bastante grande, e seu correto atendimento evita graves problemas sociais. Há muitos serviços que são prestados pelo Estado diretamente ou sob seu controle — como transporte público, fornecimento de água e energia, manutenção da qualidade das vias públicas, educação, saúde, recolhimento de lixo etc. — serviços esses pelos quais o cidadão paga um determinado valor.

**Figura 19.1** As principais funções das instituições econômicas

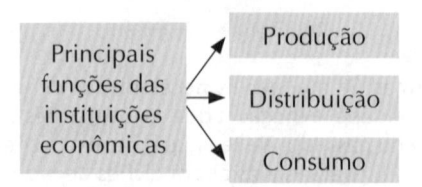

Principais funções das instituições econômicas
- Produção
- Distribuição
- Consumo

## 19.2 Tipos de sistemas econômicos

Ao longo da história da humanidade existiram algumas formas de sistemas econômicos cuja diferença principal pode ser estabelecida pelo modo de produzir bens e serviços e, particularmente, pelo emprego da força de trabalho. Os principais são: escravista, feudal, socialista e capitalista (veja Figura 19.2).

### 19.2.1 Escravista

O sistema de produção baseado na escravidão foi predominante na Antiguidade e durante o período que vai do século XVI ao XIX. Embora nos dias atuais ainda ocorra esse tipo de exploração do homem pelo homem, esse não é o mais importante meio de produção na sociedade global. Vale ressaltar, porém, que, em 2003, dados mostravam que a escravidão havia tido um peso econômico estimado de 13 bilhões de dólares anuais. Valor que corresponde à renda obtida em alguns setores comerciais que ainda utilizam o trabalho escravo, conforme indica o Quadro 19.1.

Na Antiguidade, romanos, cartagineses, gregos e persas formaram civilizações baseadas fundamentalmente no trabalho escravo. Embora tenha subsistido ao longo de todo o período feudal, sua importância econômica decaiu, e o trabalho escravo foi sendo substituído na Europa pelo modo de produção feudal. A produção feudal era baseada em um outro sistema de exploração, a servidão, que perdurou mais fortemente até o século XIV. Entre os séculos XVI e XVIII, a importância econômica da escravidão voltou a crescer, tornando-se um dos eixos pelos quais se articulava o sistema de dominação colonial mercantil que predominava nos principais Estados europeus.

**Figura 19.2** Exemplos de sistemas econômicos

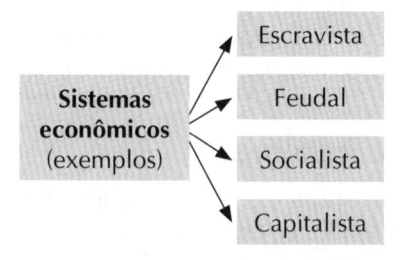

Sistemas econômicos (exemplos):
- Escravista
- Feudal
- Socialista
- Capitalista

**QUADRO 19.1** Alguns setores que utilizam o trabalho escravo no mundo

- No Brasil, escravos produzem carvão usado para fabricar o aço da indústria automobilística e afins.
- Em Mianmar (antiga Birmânia), a colheita de cana-de-açúcar e de outros produtos agrícolas é feita por escravos.
- Na China, fogos de artifício são produzidos por escravos infantis.
- Em Serra Leoa, escravos fazem a mineração de diamantes.
- Em Benin e no Egito, a produção de algodão fica a cargo de escravos. (Um relatório de 1999 do governo egípcio estima que 1 milhão de crianças sejam obrigadas a trabalhar no setor de produção de algodão do país, "porque elas são mais baratas e mais obedientes e têm a altura certa para inspecionar os pés de algodão".)
- Na Costa do Marfim, cerca de 12 mil escravos infantis colhem os grãos de cacau que são exportados para produzir chocolate.

O trabalho escravo também foi registrado na produção de café, chá e fumo do mundo todo.

*Fonte*: COCKBURN, Andrew. "Escravos do século 21". *National Geographic* - Brasil, set. 2003, p. 76.

No período da colonização, os escravos eram trazidos da África para as Américas, instituindo um tráfico de milhões de seres humanos durante mais de 300 anos. Muitos países dependiam economicamente do tráfico escravo, formando-se sistemas econômicos baseados na exploração dessa mão de obra subjugada e oprimida. O sistema colonial adotado no Brasil por Portugal, baseou-se na exploração da mão de obra escrava, que era utilizada nas plantações, principalmente na de cana-de-açúcar. A presença do escravo na sociedade brasileira não se limitou ao meio rural; era uma mão de obra imprescindível também nos centros urbanos, em que os escravos se ocupavam de todo e qualquer trabalho manual.

Mesmo com a independência e com o surgimento de uma nova forma de exploração do trabalho humano fruto da Revolução Industrial — o trabalho assalariado —, o Brasil manteve durante o Império o sistema escravista como modo de produção dominante, em que o escravo era a principal força de trabalho. Somente no final do Império é que o escravo foi sendo gradativamente substituído no trabalho agrícola pelos imigrantes europeus.

### 19.2.2 Feudalismo

O modo de produção feudal, do ponto de vista europeu, foi o sistema econômico predominante durante a Idade Média, que, com algumas variações, subsistiu durante o período que vai do fim da queda do Império Romano até o século XIV. O feudalismo consistia em uma multiplicidade de economias fechadas, autossuficientes, em que era admitida a servidão — condição da existência de servos em dependência absoluta do senhor feudal.

### 19.2.3 Socialismo

O socialismo é o sistema econômico que vigora em países considerados comunistas. Trata-se de economias planejadas em que os meios de produção estão nas mãos do Estado. A economia privada é restrita ou proibida, e mantém-se sob estrito controle do aparato burocrático estatal. Durante a maior parte do século XX, os sistemas econômicos capitalista e socialista estiveram em conflito. A queda do muro de Berlim, em novembro de 1989, simbolizou o fim da experiência socialista, que, no entanto, com variações profundas, permanece em países como China e Cuba.

### 19.2.4 Capitalismo

O capitalismo é o sistema econômico predominante no mundo atual, e teve seu início simbólico com a Revolução Industrial na Inglaterra no século XVIII. Com ele foram introduzidas novas formas de relacionamento entre os homens. Além disso, privilegiando a propriedade privada dos meios de produção nas mãos de um agente social, estabeleceu-se a figura do capitalista — aquele que emprega trabalhadores livres. Esses trabalhadores, por sua vez, passaram a vender sua força de trabalho no mercado.

Como sistema econômico, o capitalismo é altamente dinâmico, desestruturando várias instituições sociais que poderiam barrar seu desenvolvimento. A filosofia de que os homens devem ser livres para vender sua força de trabalho e escolher seu próprio destino tornou-se irresistível, destruindo formas tradicionais de exploração da mão de obra e modificando a estrutura da desigualdade social no mundo.

No entanto, como um sistema econômico, persiste um alto grau de exploração do ser humano, que muitas vezes não recebe um valor adequado pelo que representa sua força de trabalho. A apropriação do trabalho social realizado na sociedade por uma parcela minoritária foi exposta de forma precisa por Karl Marx no livro *O capital,* escrito no final do século XIX.

Como um sistema econômico baseado inicialmente na industrialização, ele foi sofrendo adaptações nos últimos anos, incorporando novas realidades tecnológicas que ampliaram a capacidade de trabalho humano, o que multiplicou as possibilidades de produção e o atendimento às necessidades dos indivíduos. Há uma ampliação significativa dos serviços como fonte de recursos para a persistência do modo de produção capitalista, o que demanda novas análises nas formas de exploração dos recursos naturais e da mão de obra.

Ao longo deste capítulo, estudaremos o capitalismo como sistema econômico dominante.

## 19.3 O significado do trabalho

O trabalho é uma realidade para todo ser humano capaz de exercê-lo. Em condições de normalidade, os indivíduos trabalham a maior parte de sua vida. Desde o nascimento, iniciamos a preparação para exercê-lo, pois é necessário adquirir conhecimentos e desenvolver habilidades para podermos trabalhar. Nas sociedades humanas, existem leis, decretos e regulamentos que estabelecem regras para o trabalho. Podemos afirmar que o trabalho faz parte do cotidiano do ser humano.

Na antiga Roma, os cidadãos viviam em uma condição de não trabalho. Os únicos indivíduos que eram submetidos ao *tripalium*, instrumento romano de tortura com três pontas, eram os presos e os escravos. Do latim *tripalium* originou-se a palavra 'trabalho'.

O termo 'trabalho' apareceu na Idade Média (século XIV), e seu significado continuava relacionado de alguma forma a sofrimento. Por exemplo, dizia-se que uma mulher no parto 'trabalhava', e referir-se a alguém que viu o fim 'de seus trabalhos' significava que ele havia passado para o outro mundo depois dos sofrimentos na Terra. Nesse período, até o século XVIII, a sociedade feudal estava estruturada em camadas, chamadas 'estados', e o trabalho era monopólio do terceiro estado, no qual estava o povo. O primeiro e segundo estados que compreendiam a nobreza e o clero tinham a obrigação de não trabalhar.

Podemos procurar entender o que é o trabalho humano abordando-o sob diferentes aspectos. Podemos, por exemplo, analisá-lo do ponto de vista de suas características — seus efeitos na transformação da natureza e do próprio homem — e do significado que o trabalho tem para cada um de nós. Seja qual for a perspectiva adotada, o tema 'trabalho humano' permite que compreendamos a natureza humana e as características de nossas sociedades.

Os diferentes trabalhos que executamos podem ser analisados tomando-se como base suas 'condições objetivas e subjetivas', que poderão contribuir para uma melhor compreensão do próprio ser humano.

Fazem parte das 'condições objetivas' que caracterizam o trabalho: o modo como ele se organiza e como está dividida sua realização, qual é sua complexidade, como é supervisionado, como sua rotina se apresenta, às quais pressões ele está submetido, e quais são suas recompensas e castigos.

Como parte das 'condições subjetivas' do trabalho estão: a satisfação pessoal em sua realização, se o efetuamos prazerosamente ou não, e o compromisso que temos com sua realização.

As condições objetivas e subjetivas do trabalho exercem grande influência nos seres humanos como indivíduos e na maneira como estão organizados em sociedades. Do ponto de vista das condições objetivas, na história recente, a forma como os homens dividiram o trabalho — quem faz o quê — transformou a sociedade e seguirá modificando a estruturação hierárquica em nossas comunidades. De outro modo, em termos subjetivos, para cada um de nós, o trabalho tem um significado especial — pode ser apenas um meio para conseguir o dinheiro necessário para a sobrevivência ou pode chegar a ser um meio para a realização pessoal, ou até mesmo ambos.

### 19.3.1 Conceito de trabalho

Como trabalho, podemos caracterizar uma atividade realizada por seres vivos (não só a espécie humana), que modifica a natureza de modo a transformá-la para melhor satisfazer suas necessidades. Assim, na raiz da caracterização do que é o trabalho, está sua condição de uma atividade desenvolvida pela espécie humana para modificar a natureza e adaptá-la para a satisfação de suas necessidades.

Embora tanto os animais quanto os seres humanos realizem trabalho, esse nos é útil para estabelecer uma profunda diferença entre os dois. O que caracteriza o trabalho dos animais é o instinto. Um pássaro que tece seu ninho o faz de forma instintiva; em nenhum momento ele questiona o aspecto desse trabalho nem o modifica, repetindo-o geração após geração, pois é parte característica de sua espécie. Já o "trabalho humano é consciente e proposital" (Braverman, 1980, p. 50).

O homem, ao trabalhar, executa uma atividade que previamente havia planejado em sua mente e, ao desenvolvê-la materialmente, pode modificá-la a seu modo. Ao longo da realização do projeto, ele é capaz de resolver os problemas que surgem, muitas vezes modificando sua concepção inicial. Por exemplo, um artesão que pretende fazer uma mesa a partir de uma árvore, primeiro ele a construirá em sua mente em todos os detalhes. A partir do momento em que iniciar concretamente sua construção, ele poderá modificá-la, e, aí, ao concluir o trabalho, o produto que obterá provavelmente será melhor do que aquele que havia projetado mentalmente, pois, ao longo do processo, ele acabou por modificar o projeto original, melhorando-o.

Esse é um importante processo de crescimento da consciência humana, afinal, o homem, "atuando assim sobre a natureza externa e modificando-a, ao mesmo tempo modifica sua própria natureza" (Marx, 1989, p. 202). Desse jeito, o homem, ao trabalhar, sofre uma transformação em seu modo de pensar, modificando-se.

No entanto, é importante que se esclareça que o trabalho humano ao qual nós estamos nos referindo é aquele realizado por um indivíduo que detém a posse do conhecimento de todo o processo de produção do ofício ao qual está ligado, ou seja, o planejamento e a força de trabalho pertencem a quem desempenha a atividade produtiva. Como veremos adiante, o capitalismo, ao implementar a divisão técnica do trabalho nas linhas de produção, rompeu essa característica de domínio do processo produtivo pelo trabalhador. Embora tenha ampliado de forma significativa a produtividade do trabalho social, o capitalismo acabou impedindo o pleno desenvolvimento individual daqueles que estavam ligados ao processo produtivo — os operários — ao longo dos séculos XIX e XX.

O trabalho executado na moderna e complexa sociedade tem aspectos que, vistos em sua individualidade, podem não ter relação com a concepção original de 'intervir na natureza'. No entanto, se ligarmos todos os diferentes trabalhos particulares, veremos que a soma de todos eles tem como objetivo maior a manutenção da espécie humana no ambiente natural. E, do ponto de vista individual, os diferentes trabalhos realizados pelas pessoas apresentam a mesma característica interativa. Ou seja, o trabalho a ser efetuado primeiro surge na forma de planejamento na mente humana. Uma vez levado à prática, ele sofre modificações e, ao mesmo tempo, modifica a natureza humana. Isso vale para qualquer tipo de trabalho humano, inclusive para a prestação de serviços.

> **Trabalho:** é a atividade realizada pelos seres vivos (não somente os humanos) que modifica a natureza de modo a transformá-la para melhor satisfazer suas necessidades.

### 19.3.2 Características do trabalho no capitalismo

No início da organização industrial, os camponeses, os pequenos produtores, os fazendeiros, os artífices e os artesãos perderam gradualmente o acesso à propriedade produtiva. Sem os meios de subsistência, eles foram forçados a se submeter a um mercado de trabalho, vendendo, assim, sua força de trabalho mediante o recebimento de um salário. Embora essa forma de organização seja uma fase essencial na evolução do capitalismo, ela não aconteceu de uma só vez nem de maneira generalizada. Os indivíduos, ao se verem separados da propriedade produtiva, não aceitaram automaticamente as relações de trabalho assalariado; houve, isso, sim, intensa resistência, forte oposição e muitos conflitos contra a emergente organização da produção.

Para contornar tal resistência, os capitalistas tiveram de instituir estratégias organizacionais que foram arquitetadas para disciplinar o trabalho e extrair desse mais produtividade. Foram os primeiros esforços para subordinar os 'insubordináveis recursos humanos'.

Dentre as muitas descrições da transição para o capitalismo industrial, a mais comum é a que descreve a natureza modificada do trabalho sob o capitalismo, envolvendo o contraste entre os artesãos pré-capitalistas — que possuíam habilidades raras e exerciam um total controle sobre o processo de trabalho — e o trabalhador da indústria — que não possuía habilidades especiais e que poderia ser caracterizado como uma mera peça de máquina. Embora essa imagem nos seja útil para assinalar em linhas gerais a diferença essencial do trabalho desenvolvido na sociedade pré-capitalista e na capitalista, devemos ressaltar que, anteriormente ao capitalismo, nem todo o trabalho era do tipo artesanal. Da mesma forma, sob o capitalismo moderno, nem todo indivíduo trabalha em uma linha de produção. O que deve ficar claro é que a ascensão do capitalismo destruiu um modo estabelecido de vida, particularmente sua relação de trabalho. E esse novo modo de vida ameaçou segmentos da população que reagiram à escalada do capitalismo de mercado e se agarraram a culturas alternativas. Nessas predominavam a visão comunitária própria da vida rural, a indisciplina para o trabalho coletivo, a necessidade de lazer e a autonomia de decisão.

É importante destacar que o recurso humano então necessário ao sistema de fábrica emergente não poderia simplesmente ser comprado, coletado ou controlado como outros fatores de produção. Uma explicação para isso é que seres humanos desenvolvem tradições, identidades, laços de solidariedade e rotinas que não podem ser abandonadas facilmente nem podem ser substituídas. Essas tradições alimentaram a base para a luta política coletiva nos primórdios da industrialização e forçaram os proprietários das indústrias a criar estratégias para o recrutamento de trabalhadores, procurando controlar os vários aspectos sociais da existência humana.

A resistência operária estava baseada na manutenção das tradições culturais rompidas com a ascensão do novo modo de produção. Em essência, nos fins do século XVIII e XIX, as reclamações diziam respeito principalmente:

1. à ascensão de mestres de ofício sem a autoridade tradicional ou as obrigações;

2. à perda do status e independência do trabalhador;

3. à sua redução para total dependência em relação aos proprietários dos instrumentos de produção;

4. ao rompimento da economia familiar tradicional;

5. à disciplina;

6. à monotonia da rotina;

7. à restrição de horário e às condições de trabalho;

8. à perda de horas de lazer; e

9. à redução do homem para o status de um 'instrumento'.

Os artesãos, em particular, reagiram com mais intensidade e radicalismo a esse processo de mudança no modo de produção, pois percebiam que seu status e seu padrão de vida estavam sob ameaça ou se deteriorando, uma vez que sentiam:

1. a perda de prestígio;

2. a degradação econômica;

3. a perda do orgulho de possuir habilidade; e

4. a quebra de aspiração para ascensão a mestre; entre outros.

## 19.4 Diferenças entre as divisões técnica e social do trabalho

> De modo geral, algumas espécies animais apresentam uma divisão mínima do trabalho que pode ser caracterizada como social — embora ela não seja realizada conscientemente, e sim instintivamente, sendo, muitas vezes, baseada na diferença sexual.

A divisão social do trabalho é a responsável pela sobrevivência da humanidade perante os demais animais. Como vimos no capítulo sobre cultura, o homem não é tão bem equipado fisicamente como os demais animais, e, nessas condições, suas chances de sobrevivência seriam mínimas. O que permitiu o domínio humano sobre a natureza e seus seres foi a divisão de trabalho. Essa possibilita que, simultaneamente, a espécie humana desenvolva várias atividades antes exclusivas de determinados animais; assim, o homem é ao mesmo tempo "tecelão, pescador, construtor e mil outras coisas combinadas" (Braverman, 1989, p. 71).

Desse modo, cada homem desenvolve um trabalho que é social na medida em que pertence a uma divisão estabelecida pelas sociedades humanas em que cada um realiza um tipo de atividade. Somadas, essas atividades tornam a espécie humana mais capacitada a sobreviver do que determinadas espécies incapazes de realizar trabalho por meio de uma divisão social de ocupações ou ofícios.

### 19.4.1 A divisão técnica do trabalho

Sob o ponto de vista do controle operário, no âmbito da organização industrial, o capitalismo criou a divisão do trabalho na produção. Nessa, cada atividade, ofício ou tarefa foi parcelado de tal modo que tornou o trabalhador incapaz de acompanhar qualquer processo produtivo completo. A divisão de trabalho na fábrica é diferente da divisão social.

Ocorre que o capital, ao realizar a divisão técnica do trabalho nas fábricas, parcelou a ocupação ou o ofício que pertencem à divisão social do trabalho na sociedade. Por exemplo, o ofício de tecelão pertence à divisão social de trabalho na sociedade na medida em que existem pessoas que desenvolvem essa ocupação e possuem o conhecimento necessário para a produção do tecido. Na sociedade industrial, o ofício deixa de existir, sendo substituído pela indústria têxtil, na qual o conhecimento de produção do tecido é exclusivo do capitalista, proprietário da fábrica. Assim, os trabalhadores perdem esse conhecimento e realizam apenas uma parcela da atividade necessária à produção do tecido.

É claro que essa transição não foi fácil. Como vimos, houve resistência e o surgimento de uma identidade de interesses entre os diferentes ofícios que não existiam antes do capitalismo.

Do ponto de vista social, a formação da 'classe operária' sobressai entre o período de 1790 e 1830, na Inglaterra. Esse fato nos é revelado pelo crescimento da consciência de classe, ou seja, da consciência de uma identidade de interesses entre todos os diversos grupos de trabalhadores que se manifestavam contra os interesses de outras classes. E também, por outro lado, pelo crescimento de formas correspondentes de organização tanto política quanto industrial.

## 19.5 A construção da identidade operária

A formação da classe operária foi um fato político, cultural, econômico e histórico. Ela não surgiu espontânea nem concomitantemente ao estabelecimento do sistema fabril. Os trabalhadores foram se conscientizando gradativamente das novas relações produtivas e das novas condições de trabalho e, aí, foram desenvolvendo novos hábitos, costumes e rotinas que acabaram formando uma nova cultura, que pouco tinha a ver com a cultura tradicional baseada em outras condições de trabalho. As relações produtivas modificadas pela Revolução Industrial fizeram surgir novas condições de trabalho que foram impostas ao povo inglês (e posteriormente a outros povos). A classe operária que surgiu foi se formando ao mesmo tempo em que essa imposição se consolidava.

Os trabalhadores de fábrica aos poucos formavam comunidades baseadas na capacidade humana para desenvolver laços de solidariedade, novas rotinas e padrões comuns de interação. Essas relações sociais que se desenvolviam na nascente organização industrial proporcionavam, para o trabalhador, uma fonte potencial de poder. A existência dessas características impulsionou as primeiras lutas e os primeiros movimentos sociais do período industrial.

Essa característica do fator humano na produção — diferentemente de outros fatores de produção que podiam ser dirigidos ou controlados como objetos — trouxe o problema da imprevisibilidade para a administração fabril.

É a organização social que distingue o trabalho dos outros fatores de produção. Os primeiros movimentos de resistência dos trabalhadores, que eclodiram nos fins do século XVIII e ao longo do século XIX, estavam baseados na organização tradicional das comunidades de origem dos operários e lutavam contra a ameaça do sistema capitalista a seu modo de vida tradicional. Portanto, os primeiros movimentos de trabalhadores visaram construir laços comunais de solidariedade que procuravam reproduzir os já existentes em sua comunidade de origem.

Do ponto de vista administrativo, o empresário capitalista precisava criar e impor um sistema burocrático para, assim, controlar o conflito e colocar limites à solidariedade dos trabalhadores. O desafio de coordenar e controlar grandes contingentes de trabalhadores dentro de uma única fábrica nunca tinha sido enfrentado em tal escala. Nesse sentido, podemos afirmar que a administração racional e metodológica do trabalho era o problema central da administração no período da Revolução Industrial e exigiu uma luta profunda contra as práticas tradicionais.

Um dos grandes problemas a enfrentar era a resistência do trabalhador a aceitar o conceito de 'emprego contínuo' em que os empregadores estavam pouco dispostos a tolerar hábitos antigos de trabalho.

A necessidade de domesticar o fator humano era um desafio tão importante quanto os obstáculos técnicos que surgiam e que deviam ser enfrentados. As tradições culturais e os hábitos dos trabalhadores eram empecilhos sociais que exigiam uma ação social de controle significativa. Afinal, para eles, o conceito de 'disciplina industrial' era novo, e esse era um problema administrativo para o qual não existia um remédio fácil — era necessário inovar.

As rotinas e os modos de vida do passado não puderam ser apagados facilmente das mentes dos indivíduos. O sistema de fábrica emergente contrastou enormemente com os antigos modos da atividade econômica, os quais garantiam grande liberdade e autonomia para muitos trabalhadores. Para esses que cresceram sob o sistema pré-industrial, a adaptação à disciplina do novo sistema não foi fácil; daí o porquê de o trabalho infantil oferecer uma solução parcial para os empresários. Trabalhadores jovens eram mais fáceis de coagir e controlar; eles não tinham desenvolvido ainda uma tradição de trabalho e, por isso, não sentiam a afronta a seu modo de vida — tal como acontecia com os trabalhadores estabelecidos e mais velhos. Dessa forma, a segunda geração de trabalhadores não 'contaminados' por hábitos pré-industriais de trabalho e lazer trouxe problemas diferentes para a administração.

Um aspecto paradoxal do problema foi o de que a primeira geração de capitalistas teve dificuldades com a geração existente de trabalhadores — aquela mais capaz e qualificada, mas não a mais disposta a aceitar a cultura fabril baseada na disciplina industrial.

O tradicionalismo — a cultura tradicional baseada nos costumes pré-capitalistas — foi o obstáculo principal à execução da disciplina dentro da fábrica.

A segunda fase da Revolução Industrial, também conhecida como Segunda Revolução Industrial, desenvolveu-se particularmente nos Estados Unidos da

América, e trouxe algumas particularidades não encontradas no espaço europeu. Os problemas trazidos pelos costumes tradicionais foram ainda maiores, pois houve uma grande participação de imigrantes na força de trabalho. Esses imigrantes tinham os mais diversos costumes, resultando em uma variedade de problemas culturais e de normas que eram ainda mais difíceis de ser ajustados à máquina industrial emergente. Houve um duplo desafio para a administração: a necessidade de transformar os hábitos de trabalho tradicionais e de superar os obstáculos culturais nacionais particulares para uniformizar o controle administrativo.

A dinâmica histórica da industrialização americana envolve a interação entre o sistema de fábrica emergente e os hábitos de trabalho tradicionais, além de a tendência dos indivíduos de ignorar a disciplina. De outro modo, ela também envolve as estratégias administrativas para quebrar as tradições e aumentar a disciplina, assim como a oposição e a resistência ao trabalho em relação a esse sistema de controle. Tal situação, como vimos, ocorre pela natureza sem igual do trabalho, pois, entre os fatores de produção, só os humanos carregam a bagagem cultural.

Homens e mulheres que vendem sua força de trabalho a um empregador trazem mais para as novas relações de trabalho do que sua mera presença física: eles introduzem e provocam modificações culturais importantes na nova organização industrial. Os operários, quer sua origem seja de extração rural, quer sejam imigrantes europeus, trouxeram hábitos de trabalho pré-industriais que condicionaram suas respostas para o ambiente que encontraram na nova sociedade industrial.

Por outro lado, devemos considerar que, além das normas culturais trazidas do ambiente rural ou de outras comunidades pré-capitalistas, houve algumas que se desenvolveram dentro das fábricas e que não serviam ao desenvolvimento da produção capitalista. No início, foram adquiridos hábitos de trabalho que dificultavam a submissão dos trabalhadores às regras e aos regulamentos (por exemplo, a execução de um número fixo de horas). Essa situação restringia a produção e as cotas informais estabelecidas pelos empresários.

Os problemas iniciais, que indicavam uma dificuldade de submissão dos trabalhadores às regras capitalistas emergentes, é que induziram ao desenvolvimento dos sistemas de controle de administração científicos.

As primeiras medidas foram projetadas para mudar as atitudes e os hábitos de trabalho, associados com a cultura tradicional. Foram estratégias que descambaram para uma orientação paternalista do trabalho, ditando certas formas de organização que resultaram em um sistema personalizado de emprego, recrutamento e controle operário. Aceitou-se um sistema familiar que poderia aliviar a transição para o sistema fabril e evitar a oposição ao novo modo de vida.

O sistema de controle paternalista deu origem a um sistema de subcontratação, o qual mantinha as relações familiares entre os trabalhadores recrutados por um intermediário. Essa estratégia também foi útil porque faltava aos proprietários conhecimento suficiente sobre as técnicas de produção e o processo de trabalho. Desse modo, o subcontratante (intermediário) passou a assumir, na prática, as tarefas administrativas de organização e motivação para o trabalho. O sistema de subcontratação pode ser visto como uma fase transitória para um sistema contratual mais burocrático de controle de trabalho.

Outros métodos, não paternalistas, foram sendo criados para superar os problemas de disciplina na fábrica. Os empresários passaram a aplicar várias punições contra os trabalhadores, como o castigo físico de crianças, demissão ou ameaça de demissão e multas por atraso, ausência do trabalho ou insubordinação. Incentivos, como pagamento por resultados, também foram utilizados como meio para atrair os trabalhadores e maximizar os esforços de trabalho.

Para os capitalistas, o problema central persistia, ou seja, a disposição dos trabalhadores para hábitos de trabalho irregulares, motivados por uma concepção de vida para a qual a renda de subsistência era suficiente. A lógica motivacional que dirige o sistema de trabalho assalariado não podia se basear nessa concepção de vida. Era preciso alimentar a possibilidade de aumentar o ganho individual, baseado em uma visão particular do comportamento humano. Ou seja, até mesmo quando um certo nível de subsistência fosse alcançado, as pessoas haveriam de querer ganhar mais dinheiro e consumir mais artigos, tendo, assim, um incentivo para continuar trabalhando. Essa é a base motivacional do trabalho assalariado, baseado na insatisfação permanente das condições de vida individual. As pessoas foram convencidas, no novo sistema, de que a satisfação de seus interesses pessoais se realizaria na perseguição do lucro econômico, e não em metas não econômicas — tal como era crença em períodos anteriores.

Do ponto administrativo, a natureza não programável do recurso humano fazia do controle previsível algo completamente impossível.

Os fatores de produção, como as máquinas e ferramentas, caso estivessem desajustadas poderiam ser adaptadas a qualquer nova situação, pois, ao contrário do fator humano de produção, eles não opõem resistência, nunca estão desestimulados, e estão sempre disponíveis.

A princípio, era utopia do pessoal dos quadros de administração das empresas a expectativa de que a máquina humana pudesse ser controlada pelas mesmas regras que governavam a operação das máquinas. E foi Frederick Taylor o principal teórico que desenvolveu os conceitos da administração científica, idealizada com o objetivo de tentar criar uma verdadeira máquina humana pela combinação dos princípios da engenharia com o método científico.

## 19.6 Os reflexos da divisão técnica do trabalho na sociedade industrial

O período de industrialização intenso que ocorreu nos últimos 200 anos provocou profundas mudanças no modo de vida das pessoas, no modo de ver o mundo e no próprio relacionamento interpessoal, chegando a se refletir nas relações entre pais e filhos.

As duas formas de divisão do trabalho, tanto a social quanto a técnica, devem ser retomadas — agora incluindo a prestação de serviços — para compreendermos melhor os desdobramentos sociais da divisão técnica do trabalho.

Como vimos, a divisão social do trabalho parte de uma necessidade da sociedade, que, desse modo, se divide em diferentes ocupações. Essas podem estar diretamente ligadas à produção ou à prestação de serviços. Por exemplo, médico, enfermeiro, sociólogo, professor, advogado, engenheiro, padeiro, doceiro etc.

Já a divisão técnica do trabalho subdivide uma mesma ocupação em parcelas, e, assim, esse tipo de trabalho passa a ser realizado por vários trabalhadores. Ela tem origem na fase inicial do modo de produção capitalista, na cooperação e na manufatura, tendo sido aperfeiçoada pelos estudos de Taylor no fim do século XIX. Ocorre que, ao longo do século XX, em particular, essa divisão técnica passou dos limites dos trabalhos ditos produtivos e atingiu também os trabalhos não produtivos, como a prestação de serviços.

O processo de trabalho na indústria foi reproduzido para toda sociedade, e a invenção do capital para aumentar a produtividade na fábrica — a divisão pormenorizada do trabalho — foi levada para outras atividades, influenciando decisivamente a condição humana no século XX.

Enquanto do ponto de vista do capital a divisão técnica do trabalho aumentava a destreza dos procedimentos, melhorando sua produtividade, para o ser humano considerado como um todo, as consequências não eram totalmente positivas. Pois "enquanto a divisão social do trabalho subdivide a sociedade, a divisão parcelada do trabalho subdivide o homem, e, enquanto a subdivisão da sociedade pode fortalecer o indivíduo, quando efetuada com menosprezo das capacidades e necessidades humanas, é um crime contra a pessoa humana e a humanidade" (Braverman, 1980, p. 72).

Como justificativa de uma maior eficiência, diversas ocupações foram sendo parceladas de tal modo que sua função original, determinada pela divisão social do trabalho, se perdeu. A ocupação médica, por exemplo, chegou a um nível de parcelamento tal que existe um número exagerado de especialistas — do otorrinolaringologista, ao oftalmologista, ao ginecologista, passando pelo dermatologista, pelo pneumologista etc. Se a função original do médico determinada pela divisão social do trabalho era salvar vidas, as diversas especialidades a colocaram em um segundo plano por causa de seus objetivos específicos.

O mesmo ocorre em diversas ocupações, sociólogo (rural, urbano, de empresa, da religião, ambiental), dentista (ortodontia, de prótese) etc., em que a especialidade — entendida como parcelamento — tem levado a uma diminuição da compreensão do todo profissional, desvirtuando os objetivos iniciais, particularmente das ocupações ligadas à área de humanidades e saúde. Nesse contexto, o homem, foco central e objeto da ação, é visto unicamente como ocupante de um espaço-tempo (humanidades) ou como um mero portador de componentes que devem estar em perfeito estado (saúde). O indivíduo como um todo fica relegado ao esquecimento, e suas necessidades deixam de ser prioridade para que suas condições e qualidade de vida melhorem.

Cabe destacar ainda que a divisão técnica das ocupações fora do âmbito do trabalho dito produtivo facilitou o domínio do capital sobre a sociedade como um todo, assemelhando-se ao processo ocorrido no ambiente fabril. Afinal, a abordagem parcelada evita sempre a compreensão do todo em que a ocupação está inserida.

No caso do exercício da advocacia, especialização pura em direito comercial, ela evita a abordagem e o questionamento do direito como um todo no contexto da sociedade em que está inserido. Desse ponto de vista, para um advogado especializado em direito comercial, os direitos humanos passam a ser uma especialidade do direito e não uma condição para a existência e inerente à própria ocupação.

Para o médico especialista em dermatologia, pode não importar a origem de uma doença de pele; o fundamental é que diminua ou elimine o problema objeto de sua especialidade. Nesse sentido, a condição de trabalho que pode ter provocado a doença ficará em um plano secundário, como um problema a ser resolvido pelo paciente ou por outro especialista (no caso, um especialista em saúde ocupacional).

Para o dentista que só faz prótese, o importante é a estética do trabalho executado; a dor que pode ter sido originada pela sua ação é problema para outro especialista. A saúde do indivíduo não é prioridade, e sim se a parcela de trabalho que ele devia executar foi bem-feita, a despeito do bem-estar geral.

Ao longo desse século, essa condição à que foi levada a sociedade facilitou o domínio político e social exercido pelo capital, dada a condição de alienação a que foram submetidas as ocupações exageradamente parceladas. Sem condição de ver o todo, ou ao menos de compreendê-lo, aumentou a dependência dos indivíduos àqueles que possuem essa condição e, consequentemente, seu controle social. Desse modo, o controle existente nas fábricas foi reproduzido nos hospitais, nas universidades, nas escolas e nas diferentes instituições e organizações.

Como afirmara Marx (1989, p. 379-80):

> *Todo o trabalho diretamente social ou coletivo, executado em grande escala, exige, com maior ou menor intensidade, uma direção que harmonize as atividades individuais e preencha as funções gerais ligadas ao movimento de todo organismo reprodutivo, que difere do movimento de seus órgãos isoladamente considerados. Um violinista isolado comanda a si mesmo; uma orquestra exige um maestro. Essa função de dirigir, superintender e mediar assume-a o capital, logo que o trabalho a ele subordinado se torna cooperativo.*

> **O trabalhador versátil** não é só um generalista; ele pode ser flexível dentro de sua especialidade, que é consequência, também, do aumento da informação e da tecnologia.

O sistema que foi imposto como forma de controle social e de aumento da produtividade dotou tanto o trabalho manual como o trabalho intelectual com características de rigidez que, se por um lado fez aumentar a produtividade do trabalhador, por outro o tornou completamente vinculado à sua especialidade. Devemos ressaltar que esse aspecto pode ser encontrado tanto nos ambientes fabris — nos quais o indivíduo de cada ocupação não consegue desempenhar outras funções — quanto na sociedade como um todo — em que o médico oftalmologista não tem segurança para diagnosticar doenças que não estejam vinculadas diretamente à sua especialidade. Essa rigidez ocupacional, característica do século XX, e, do ponto de vista taylorista, absolutamente funcional, se contrapõe de certo modo ao novo tipo de trabalhador exigido pela sociedade atual.

## 19.7 O novo tipo de trabalhador

O processo de reestruturação produtiva que vem ocorrendo com as indústrias, diminuindo o número de empregos, provoca por outro lado uma modificação dos postos de trabalho dentro das empresas, a ponto de o título da posição pouco significar, sendo mais importante a forma como o trabalhador contribui para criar valor para um produto ou serviço.

Muitas organizações estão cortando empregos. E aqueles que permanecem se transformam, mudando a forma de trabalhar dos empregados. A tradicional divisão do trabalho (técnica) em atividades específicas está perdendo terreno para o trabalho com base em equipes e projetos.

Embora cada um tenha seu lugar formal no organograma, na prática, de acordo com as circunstâncias e com suas respectivas capacidades, os indivíduos são convocados para uma tarefa determinada, e, quando essa termina, a equipe se dissolve. Mais tarde, todos poderão integrar outra equipe de trabalho para desenvolver outro projeto, e assim sucessivamente.

Por trás da transformação do trabalho está a recomposição do trato com a informação. Quanto maior informação tiver o trabalhador, mais possibilidades ele terá de vincular-se aos mais novos diversos projetos propostos.

A eliminação dos postos de trabalho nas empresas, por outro lado, traz outra realidade, a diminuição do emprego e, ao mesmo tempo, um aumento do número de postos de trabalho na sociedade como um todo em outras áreas que não a fabril.

A rapidez em que ocorrem as modificações tecnológicas nesse fim de século torna o trabalhador rígido descartável para uma gama de atividades. As exigências são de um trabalhador versátil, flexível e adaptável, que consiga modificar rapidamente o desenvolvimento de sua atividade, incorporando novas tecnologias e adaptando-se a novos ambientes ocupacionais. Um economista, por exemplo, tanto pode trabalhar fisicamente em uma empresa quanto em um escritório próprio ou mesmo em sua residência, podendo inclusive continuar trabalhando na especialidade que escolheu.

O Brasil se encontra ainda, predominantemente, no estágio da indústria de base eletromecânica, passando aos poucos para a indústria de base microeletrônica. Podemos afirmar, então, que nos encontramos em um estágio de transição para novas tecnologias. Os diversos ramos da indústria nacional, por exemplo, embora incorporem aos poucos as novas tecnologias, não abandonam a cultura organizacional sobre a qual estão assentados.

Por termos tido uma industrialização tardia, a estrutura organizacional da indústria nacional tradicional ainda está baseada nos princípios tayloristas, predominando a autoridade centralizada, as regras e os procedimentos rígidos — uma clara separação entre o nível gerencial e o nível operacional (demarcando desse modo o planejamento e a ação) — e acentuando a divisão técnica do trabalho, além de uma rígida especialização profissional.

Com essa chegada tardia, a racionalização taylorista convive com práticas pré-capitalistas, como o clientelismo e o populismo típicos de sociedades pré-industriais.

Ocorre que, com a abertura dos mercados (a globalização), esse quadro vem sendo colocado em xeque, de certa forma institucionalizado do parque industrial nacional.

A organização burocrática e mecânica, rígida, típica da atividade industrial, vai sendo substituída por uma nova forma pós-industrial. A nova organização que vai surgindo é dinâmica, flexível, facilmente adaptável a novas situações e ainda pressupõe que o indivíduo, seja do nível operacional, seja do quadro dirigente, assuma um papel decisivo, intervindo nos processos.

O trabalhador teve seu perfil completamente modificado em relação ao perfil exigido no período industrial. Agora, o profissional deve ser flexível, adaptável, crítico, criativo, bem informado, com domínio da informática e das tecnologias de informação, além de ter uma visão multidisciplinar ou uma visão de todo o sistema. O conhecimento passa a ser a matéria-prima fundamental, e não mais apenas as habilidades técnicas.

Essas mudanças que estão ocorrendo nos postos de trabalho, nesse novo milênio, são de ordem predominantemente estrutural. Ou seja, ocorre um contínuo processo de renovação tecnológica que provoca o aceleramento da extinção de determinados postos de trabalho, reduzindo empregos na indústria. Ao mesmo tempo, porém, ocorre um crescimento do setor de serviços.

O potencial de crescimento desse setor é praticamente ilimitado, especialmente nas áreas de turismo, informática e saúde.

Essa é uma nova realidade que aponta o crescimento da informalidade como, ao contrário de uma exceção, uma característica e uma condição da existência de um número significativo de postos de trabalho.

O fato de empregarmos expressões semelhantes em períodos diferentes não significa que elas apresentem o mesmo conteúdo. Ao dizermos que o setor de serviços tende a predominar, superando — como já acontece — os postos de trabalho na indústria, isso não significa que os serviços prestados vão apresentar as mesmas condições e características do período anterior. Com o aumento da posse de conhecimentos, o nível de exigência da sociedade como um todo também aumenta, e voltamos cada vez mais a exigir qualidade e baixo custo.

Na prestação de serviços, qualidade significa um bom atendimento, que, do ponto de vista sociológico, revela uma modificação nas relações interpessoais, nas quais a convivência social deve melhorar como reflexo das relações que se tornarão predominantes na área econômica.

## 19.8 As novas realidades e as empresas

Do ponto de vista social, as instituições econômicas estão tendo que se adaptar aos novos tempos de uma maior participação das comunidades, e da maior presença de cidadãos organizados em todo o mundo, principalmente os articulados pelas organizações não governamentais (ONGs).

O melhoramento das condições de trabalho passa a ser uma exigência de setores da sociedade que não necessariamente estejam vinculados às empresas — trata-se de uma perspectiva global de melhoria das condições de vida do indivíduo como tal. Nesse sentido, têm sido feitas campanhas internacionais que mobilizam cidadãos para boicotarem produtos que utilizem mão de obra infantil, trabalho escravo, ou que prejudiquem o meio ambiente (veja Quadro 19.2).

Um outro aspecto que limita a atuação das instituições econômicas é o respeito à diversidade cultural. Com o aumento do intercâmbio global, e por causa das vendas não se limitarem mais a determinado ambiente cultural, têm surgido inúmeros problemas de adaptação do processo produtivo empresarial que atenda às necessidades culturais das diferentes sociedades, principalmente pelos valores adotados por diversas religiões dominantes. Essas adaptações culturais provocam o cumprimento do respeito ao direito do outro de determinar o que é aceito ou não em função da sua realidade concreta, não alterando seus hábitos e costumes, mas, sim, integrando-se em uma divisão de trabalho social global. Os casos mais destacados são os propiciados pelos exemplos das religiões judaica e islâmica, que exigem que vários procedimentos sejam seguidos para que determinados tipos de alimentos possam ser consumidos (veja Quadro 19.3).

**QUADRO 19.2**  Exploração do trabalho humano

Se a preferência por produtos ecologicamente corretos serve de incentivo para que empresas adotem medidas de preservação, boicotar aquelas que se utilizam de trabalho infantil ou exploram seus funcionários melhora a vida de muita gente.

O caso mais bem-sucedido de boicote de consumidores é o que envolve a multinacional Nike.

Em novembro de 1997, uma auditoria interna recheada de denúncias sobre as más condições de trabalho em uma fábrica da Nike no Vietnã veio à tona e causou rebuliço internacional. A investigação constatou que 77% dos funcionários tinham problemas respiratórios. Eles eram expostos a agentes cancerígenos que excediam 177 vezes os limites legais permitidos no Vietnã. Recebiam US$ 10 por 65 horas de trabalho semanal e não usavam equipamentos de segurança, mesmo em situações de alto risco.

Apesar da repercussão na imprensa, a Nike passou quase seis meses negando que suas subsidiárias na Ásia maltratassem ou explorassem os funcionários. Os consumidores, então, reagiram. O presidente da Nike recebeu 33 mil cartas exigindo que fossem contratadas empresas independentes para monitorar as condições de trabalho em suas fábricas.

Estudantes solicitavam às universidades a suspensão de contratos com a Nike, uma das principais fornecedoras de uniformes nos campi norte-americanos.

A pressão surtiu efeito. As ações da Nike na Bolsa de NY, que haviam sido negociadas a US$ 74 em fevereiro de 1996, caíram para US$ 42 em janeiro de 1998. Quatro meses depois, a empresa admitiu as más condições nas fábricas, e anunciou medidas para melhorar 'drasticamente' a situação. Entre essas medidas estavam a adoção nas fábricas do exterior das regras de segurança exigidas pela legislação americana, além de tolerância zero com o trabalho infantil.

Os 450 mil empregados das 150 fábricas da Nike na Ásia passaram a ser observados de perto por ONGs, que agora vigiam outras regiões pobres em que a Nike mantém fábricas.

*Fonte*: FALCÃO, Daniela. "Boicote à Nike melhora vida de vietnamita". *Folha de S.Paulo*, 15 mar. 2001, Caderno Equilíbrio, p.12, fornecido pela *Folhapress*.

**QUADRO 19.3**  Comida étnica – a produção adaptada à cultura

Em nome dos negócios, a religião está mudando a linha de produção de várias empresas. Para atender ao público judeu ou ao muçulmano, companhias alteram seus métodos de trabalho.

Sem passar pelo crivo de rabinos, no caso da religião judaica, ou de uma junta islâmica, para os muçulmanos, é impossível ter acesso a alguns mercados consumidores.

### Os alimentos e a religião judaica

Em São Paulo, há menos de mil famílias judias ortodoxas, mas seu consumo não é desprezível, além de ser um público formador de opinião. A indústria de alimentos Bela Vista, de São Paulo, vende biscoitos que levam leite em pó em sua composição — com uma exceção. Nos pacotes que levam o selo *kosher*, o leite foi substituído por outros ingredientes.

O selo *kosher* é uma garantia, dada por instituições judaicas, de que o alimento foi produzido de acordo com as regras religiosas. Como no Brasil o controle sobre a produção de laticínios é precário, os rabinos dão o sinal verde para um número maior de produtos que não levam leite.

"As regras são rigorosas", diz o dono da Kosher Mart, uma distribuidora de produtos com selo *kosher*. "Uma máquina que recebeu leite precisa ser limpa e seca durante 24 horas antes de produzir um alimento *kosher* que não leva o ingrediente."

A indústria Granosul, que fatura cerca de US$ 100 milhões por ano, decidiu cativar o público judeu. Para ganhar o aval de um dos rabinos que dão o selo *kosher* no Brasil, a empresa mudou sua rotina de trabalho. Pelo menos um dia por semana, a produção da margarina Margarella é alterada para fabricar um lote para a comunidade judaica. No lote, entram ingredientes importados dos EUA, já com o selo.

No início do processo, a Granosul recebeu a inspeção de um auxiliar de rabino, para verificar as condições de produção da margarina. "Queremos fabricar produtos kosher porque é um mercado em expansão e pouco explorado", diz o diretor de vendas da Granosul.

Nos Estados Unidos, produtos de consumo de massa já passaram pelo crivo religioso.

No Brasil, esse ainda é um movimento incipiente. São poucas as marcas conhecidas que têm lotes voltados para os judeus ortodoxos, como a maionese Hellmann's, o biscoito Bauducco, o atum Alcyon, ou a batata Fritex.

A palavra *kosher* quer dizer em hebraico 'apropriado'. Quando aplicado em alimentos, o termo significa que o produto segue alguns preceitos, como não se originar de alguns animais, peixes e aves de consumo proibido pela religião.

Outra regra básica *kosher* é não misturar na alimentação leite com carne. Por isso, os judeus ortodoxos têm geladeiras e pias separadas para os dois tipos de alimento.

**O islamismo e os alimentos**

Quem quer exportar para os países muçulmanos também deve se preocupar em atender aos preceitos religiosos. Esse é o caso da Sadia, especialmente a partir de 1998, quando que o Oriente Médio passou a responder por 49% de suas exportações.

Até 1997, antes da crise asiática, a região era responsável por apenas 12% das vendas externas.

Há seis regras básicas exigidas nos países muçulmanos. Em países mais ortodoxos, como o Irã, é preciso virar a ave em direção à Meca na hora do abate.

A pessoa responsável pelo abate precisa seguir a religião muçulmana e deve fazer uma reza que significa 'bendito seja Deus', seguindo palavras do Alcorão.

Outros países do Oriente Médio, menos ortodoxos, limitam-se a fazer outras três exigências: o frango deve ser abatido com um corte na jugular, todo sangue deve ser retirado do corpo da ave e o processo deve passar pela aprovação de religiosos, uma junta islâmica reconhecida internacionalmente.

Para a Sadia, o esforço extra compensa. Nos primeiros nove meses do primeiro ano, a empresa faturou US$ 140 milhões em frangos exportados depois de passar pelo processo conhecido como 'abate islâmico'.

No abate de animais, esses não devem sofrer para morrer. Os muçulmanos acreditam que o sofrimento cria uma enzima que pode causar doenças em quem ingere a carne. Para o abate com o choque elétrico, a carga não pode ser maior que 10 watts. Também é necessária a presença de um representante da comunidade que pronuncie palavras sagradas após o abate.

*Fonte*: Adaptado de GRINBAUM, Ricardo. "Religião altera a produção de empresas". *Folha de S.Paulo*, 14 dez. 1998, Caderno Negócios, p. 3-3; e CARDOSO, Rachel. "Conhecer cultura ajuda a venda". *Gazeta Mercantil*, 18 ago. 1999, Caderno por Conta Própria, p. 3.

## RESUMO DO CAPÍTULO

Neste capítulo, buscamos apresentar essencialmente a instituição econômica representada pelo sistema capitalista. Vimos que uma das principais funções das organizações econômicas é prover os meios necessários de sobrevivência para os membros da sociedade. E que sua estrutura está baseada nas funções de produção, distribuição e consumo.

Em linhas gerais, vimos os principais tipos de sistemas econômicos que surgiram ao longo da história e que persistem no mundo atual, entre os quais estão o escravista, o feudal, o socialista e o capitalista.

Abordamos o trabalho situando-o como uma atividade desenvolvida pela espécie humana para modificar a natureza e adaptá-la para a satisfação de suas necessidades. Vimos que o trabalho humano é diferente daquele que é exercido pelos animais. Estes se baseiam no instinto, ao contrário do homem, que planeja primeiro o trabalho em sua mente, e, ao executá-lo, vai modificando sua concepção inicial. Daí a ideia de Marx de que o trabalho modifica a natureza externa e, ao mesmo tempo, modifica a natureza humana.

O trabalho no capitalismo esbarrou inicialmente na resistência dos trabalhadores que não estavam acostumados à disciplina nem à utilização de seus próprios instrumentos de trabalho, assim como também não estavam acostumados a não administrar seu próprio tempo.

Por isso, no início, os capitalistas tiveram de desenvolver várias estratégias para controlar os insubordináveis recursos humanos.

Estudamos a divisão social do trabalho como necessária e como condição para o homem superar suas deficiências e enfrentar a natureza, realizando diversas tarefas diferentes. E vimos as diferenças em relação à divisão técnica do trabalho, que é o parcelamento de uma tarefa específica em várias partes que são realizadas por vários indivíduos. Desse modo, o trabalhador não tem ideia do todo e ocorre o que Marx denominou 'alienação'.

Como aumentou a produtividade industrial, o parcelamento das atividades foi extrapolado para diversas outras ocupações não diretamente ligadas a indústrias, o que resultou em um parcelamento excessivo de diversos outros ofícios.

## PERGUNTAS

1. Qual a principal função das instituições econômicas?
2. Em que consiste a produção, em termos econômicos?
3. O que é a escravidão? Persiste no mundo atual?
4. Quem detém os meios de produção em uma sociedade socialista?
5. E quem os detém em uma sociedade capitalista?
6. Emprego e trabalho significam a mesma coisa?
7. Quais são as condições objetivas que caracterizam o trabalho?
8. E quais as condições subjetivas do trabalho?
9. Qual a diferença entre o trabalho humano e o dos animais?
10. O que é divisão social do trabalho?
11. Como se dá a divisão técnica do trabalho?
12. Por que os capitalistas necessitavam 'domesticar' o trabalhador no início da Revolução Industrial?
13. Qual foi o obstáculo principal à execução da disciplina dentro da fábrica?
14. Como a divisão técnica de trabalho realizado nas fábricas se refletiu na sociedade como um todo?

# Dinâmica e mudança social

**CAPÍTULO 20**  POPULAÇÃO, URBANIZAÇÃO E MEIO AMBIENTE

**CAPÍTULO 21**  COMPORTAMENTO COLETIVO E MOVIMENTOS SOCIAIS

**CAPÍTULO 22**  A MUDANÇA SOCIAL

# CAPÍTULO 20

# População, urbanização e meio ambiente

## APRESENTAÇÃO

A destruição do meio ambiente de um modo geral está associada à distribuição espacial da população e à explosão demográfica — tópicos deste capítulo. Veremos, aqui, como o crescimento da população se dá na medida em que aumentam os meios materiais para o atendimento de um maior número de pessoas. Veremos, também, que o planejamento familiar vem sendo utilizado como uma forma de amenizar os problemas de superpopulação.

Além disso, destacaremos que o planeta já não suporta um aumento significativo da população, e que os recursos naturais — como o petróleo e a água — estão correndo sério risco de esgotamento.

Abordaremos o problema populacional no Brasil em função da concentração nos grandes centros, e os seus efeitos sobre as políticas públicas.

Discutiremos a tese de Malthus e seus desdobramentos, e o efeito das migrações sobre a composição das populações nos diversos países receptores.

A questão ambiental está diretamente relacionada à questão da população. Assim, estudaremos o problema ambiental no que diz respeito a uma maior participação das pessoas nas decisões tomadas pelos governos.

## TÓPICOS PRINCIPAIS

20.1 A população como um problema social
20.2 O problema populacional no Brasil
20.3 Malthus e o crescimento populacional
20.4 As migrações
20.5 O surgimento do problema ambiental
20.6 A cidadania e o meio ambiente

## OBJETIVOS DE APRENDIZAGEM

Compreender:

- que há limites para os seres humanos ocuparem o planeta.

- que existe a possibilidade de esgotamento a médio prazo de recursos essenciais como o petróleo e a água potável.

- que o planejamento familiar é uma forma adotada de controle populacional que se mostra eficaz.

- a importância de Malthus ao relacionar a pobreza com a escassez de recursos em virtude do aumento populacional.

- que as migrações mudam o perfil das populações dos países receptores, e influenciam os muitos países emissores pelas remessas de dinheiro dos que saíram.

- a problemática ambiental no contexto relacionado com a ocupação humana do planeta e em especial pela forma predatória como se deu a etapa inicial da industrialização.

- a importância da participação das pessoas em torno do problema ambiental.

## 20.1 A população como um problema social

A questão da ocupação humana nos espaços naturais vem colocando na ordem do dia o problema da superpopulação do planeta e a dificuldade de abastecimento dessa enorme massa de indivíduos nos próximos anos. A questão populacional está diretamente relacionada à questão ambiental, pois o esgotamento dos recursos naturais ocorre pela necessidade de atendimento de bilhões de pessoas que demandam terras para morar, água potável, energia etc.

A forma de desenvolvimento que se consolidou com a industrialização no século XVIII é altamente consumidora de recursos naturais. E esse consumo, ao longo dos últimos 200 anos, levou à escassez inúmeras espécies — vegetais, animais e minerais —, apontando para seu desaparecimento em um futuro próximo caso seja mantido o modelo de desenvolvimento atual.

A utilização dos combustíveis fósseis ao longo dos anos permitiu que a humanidade atingisse o atual nível de desenvolvimento. No entanto, trata-se de produtos (carvão, petróleo) não renováveis, os quais têm um prazo determinado para o seu fim. Isso significa que os países em desenvolvimento não podem assumir o modelo que foi seguido pelos países desenvolvidos, pois não existirão produtos naturais para sustentá-lo. Porém, no horizonte visível, não aparecem alternativas energéticas viáveis que possam substituir de imediato a gasolina, por exemplo, como combustível dos veículos automotores.

Por outro lado, a intensificação do consumo de combustíveis fósseis aumentou a poluição do ar, jogando mais gás carbônico ($CO_2$) na atmosfera, o que agrava o efeito estufa — responsável pelo aquecimento da temperatura no planeta.

A Revolução Industrial contaminou o ar, a água e foi altamente consumidora dos recursos e dos espaços naturais.

### 20.1.1 O crescimento da população ao longo da história

Estimativas apontam que no ano 8000 a.C. havia aproximadamente 5,3 milhões de seres humanos. O aumento da produtividade agrícola e a diminuição do nomadismo fizeram com que, por volta de 4000 a.C., a população atingisse a casa dos 90 milhões. No período em que viveu Cristo, calcula-se que o total fosse mais ou menos de 150 milhões de seres humanos.

Dois mil anos depois, a população mundial está estimada em 6 bilhões de indivíduos. Esse aumento deve-se ao crescimento da perspectiva de vida, provocado por uma maior taxa de natalidade e uma queda nos índices de mortalidade. Tal aumento populacional não é o mesmo nos países em desenvolvimento e nos desenvolvidos. Países populosos como a China e a Índia têm buscado controlar o nascimento, incentivando os casais a não casar cedo, e ter somente um filho (veja Quadro 20.1). Em outros países, como os do norte da Europa, há incentivos para que os casais constituam famílias numerosas.

O aumento populacional tem várias implicações para o planejamento de um país. Implica a necessidade de aumentar o número de postos de trabalho e maior

---

**QUADRO 20.1** Planejamento familiar na China

No final dos anos 70, a China implementou um sistema rígido de controle da natalidade, visando limitar o crescimento de sua população. Hoje, o país tem cerca de 1,3 bilhão de habitantes, e as autoridades chinesas preveem que a população se estabilize entre 1,5 bilhão e 1,6 bilhão mais ou menos na metade do século XXI.

O planejamento familiar estabelecia normas rígidas, as quais permitiam a cada casal apenas um filho. No final do século XX, houve um afrouxamento nas normas, e os casais podiam escolher quando queriam ter o único filho. Uma peculiaridade do sistema é que casais formados por pai e mãe que são, eles próprios, filhos únicos, podem ter dois filhos se assim o quiserem.

consumo de serviços públicos essenciais, de investimentos em infraestrutura etc. — que seriam bem menores no caso de populações estáveis. Por outro lado, o crescimento populacional implica elevado número de jovens que apresentam problemas específicos, como a necessidade de mais escolas. Caso haja uma rápida inserção no mercado de trabalho dessa população jovem, então haverá menos problemas sociais e políticos; caso contrário, crescerá a tensão social e política com o aumento da violência e da insegurança.

### 20.1.2 Problemas de superpopulação

Há 6 bilhões de pessoas no mundo neste início do século XXI. Vimos no Capítulo 11 os problemas enfrentados no planeta pela existência de milhões de indivíduos malnutridos. Em algumas regiões, como a África e a América Latina, os índices de mortalidade causados pela fome são extremamente altos. A utilização dos recursos naturais pelo homem encontra-se em seu limite (veja Quadro 20.2).

Consideramos que há superpopulação quando o tamanho da população excede o suprimento de recursos necessários para mantê-la em um padrão de vida aceitável. O estudo do tamanho, da composição, da distribuição e das taxas de crescimento das populações é conhecido como 'demografia'.

---

**QUADRO 20.2** População, recursos naturais e o estado do planeta

Estudo divulgado pela organização não governamental WWF (Fundo Mundial para a Natureza) mostra que o uso de recursos pelo homem excedeu em 42,5% a capacidade de renovação da biosfera.

Chamado *Relatório Planeta Vivo 2000*, o estudo se baseou no índice de pressão ecológica que cada habitante exerce sobre o planeta. A conclusão é a de que, para manter os padrões de consumo atuais de uma população de 6 bilhões de pessoas, seria preciso quase meia Terra a mais.

Por 'pressão ecológica' entende-se o consumo de comida, materiais e energia da população expressa em termos de uma área biologicamente produtiva.

Além do WWF, o estudo contou com a participação do Programa das Nações Unidas para o Meio Ambiente (PNUMA).

Pelos dados do relatório, nosso planeta tinha 12,6 bilhões de hectares de terras produtivas em 1996, o que daria 2,2 hectares para cada um dos 5,7 bilhões de habitantes, população mundial à época. Se 10% dessa área fosse mantida para reservas naturais, a disponibilidade total seria de 2 hectares por pessoa.

No entanto, a demanda média mundial por alimentos, produtos florestais (madeira, papel e carvão) e por terras para absorção de poluentes como o gás carbônico — resultado da queima de combustíveis fósseis — é de 2,85 hectares. O 0,85 que sobra na conta é a área que 'falta' ao planeta para que a produção se sustente.

O que é pior: o número, segundo o relatório, é uma estimativa conservadora. Como não havia dados globais disponíveis sobre o consumo de água e a liberação no ambiente de poluentes tóxicos, as duas variáveis ficaram de fora.

Joann Kliejunas, secretária executiva da ONG americana Redefining Progress, que participou da elaboração do relatório, compara a situação da humanidade à de um cliente de banco perdulário.

"É como se você tivesse uma certa quantia e vivesse dos juros de, digamos, 5% ao mês. Um dia, resolve comprar um carro novo e usa mais do que tem disponível. No mês seguinte, sua renda diminui", afirma Kliejunas.

A diminuição de renda, no caso, se reflete no esgotamento das florestas e das reservas pesqueiras, por exemplo. "Os estoques de peixe já estão em colapso, porque se pesca mais do que a capacidade de recuperação das espécies."

Dados do relatório mostram que, entre 1970 e 1999, 194 espécies de água doce sofreram um declínio de 50% em suas populações. Espécies marinhas já teriam sofrido um declínio de 35%, no mesmo período.

O relatório também confirma o desequilíbrio no uso dos recursos naturais entre o Norte e o Sul. Os países mais ricos, como os Estados Unidos, já consomem mais do que o dobro de seu quinhão ambiental (a diferença entre os recursos que têm e aqueles que consomem). Se todo mundo tivesse o padrão americano de consumo, seriam necessárias pelo menos mais duas Terras.

"O padrão de consumo dos países ricos acaba esgotando os recursos dos pobres", diz Kliejunas. "Nossa qualidade ambiental caiu para manter o padrão de consumo deles", afirma Garo Batmanian, secretário executivo do WWF-Brasil. "Esses números nos fazem pensar qual é o padrão de consumo ideal para nós. Não devemos aspirar ao padrão deles."

*Fonte*: ANGELO, Cláudio. "Humanidade precisa de mais meia Terra". *Folha de S.Paulo*, 21 out. 2000, p. A-18.

O crescimento da população é afetado por dois fatores — a taxa de natalidade e a de mortalidade. A taxa de natalidade é o número de nascimentos ao ano por mil indivíduos da população; e a taxa de mortalidade é o número de mortes ao ano por mil. A taxa de crescimento, que é expressa geralmente como uma porcentagem anual, representa o número de nascimentos menos o número de mortes. A estrutura demográfica de um país, de uma região ou de um município é obtida por intermédio dessas medidas.

A população — como preocupação intelectual — tem seu precedente histórico na figura do inglês Thomas Malthus, que veremos com mais detalhes logo a seguir. Naquela época, ele já se preocupava com a relação entre o crescimento populacional e a produção de alimentos. Seus estudos tiveram tal repercussão que o termo 'malthusianismo' foi incorporado de forma definitiva nas análises demográficas.

## 20.2 O problema populacional no Brasil

O Brasil é um país com um imenso território que, comparativamente a outros, não apresenta um índice de ocupação elevado. No entanto, sua população está concentrada em grandes centros urbanos, gerando, dessa forma, problemas sociais de alta gravidade. Entre outros, destacamos:

- Maior número de sub-habitações, como as favelas e os cortiços. A concentração urbana pressiona um aumento por moradia, daí a situação de muitos moradores viverem em espaços muito limitados, gerando tensões sociais de todo tipo. A necessidade de moradia levou à criação de inúmeros movimentos sociais de sem-teto no País. Há ocupações em grandes centros que se tornam maiores que muitas cidades brasileiras, com o agravante de não terem infraestrutura alguma (veja Figura 20.1).

- Há um aumento da poluição, principalmente de riachos, rios e fundos de vale, com a destinação de resíduos humanos e a proliferação de esgotos a céu aberto. Por outro lado, o consumo de água potável é limitado, elevando o número de doenças e epidemias (veja Figura 20.2).

- Pressão sobre os serviços públicos. Quanto mais a população cresce na periferia dos grandes centros, maior é a pressão sobre os serviços públicos essenciais — escolas, postos de saúde, assistência —, o que aumenta a tensão social, pois dificulta o atendimento às pessoas. Deve-se levar em consideração que muitas ocupações acabam concentradas em espaços públicos, os quais deveriam ser

**Figura 20.1**  Conjunto de barracos em uma favela

**Figura 20.2**  A poluição em grandes áreas urbanas

utilizados para a construção de parques, escolas, praças etc. Isso também leva a população residente a entrar em choque com os ocupantes de terrenos públicos.

- Aumento da criminalidade. A grande concentração de pessoas em espaços públicos ocupados, favelas e cortiços gera mais crime, inclusive o organizado. Na maioria das favelas brasileiras, quadrilhas de traficantes impõem seu domínio em decorrência da ausência do Estado.

A população brasileira, segundo o Censo 2000, era de 169.544.443 habitantes. A expectativa de vida das mulheres nesse ano era de 72,3 anos, e a dos homens, 64,6. Como havia 2,7 milhões de mulheres a mais do que homens, a proporção era de 100 para 96,9.

Considerando-se como população urbana as pessoas que vivem nas áreas que correspondem às cidades, em um zoneamento estabelecido pelas prefeituras, em 2000, no Brasil, viviam em zonas urbanas 81,2% da população. A estrutura das famílias brasileiras pode ser vista no Quadro 20.3.

**QUADRO 20.3**  A estrutura das famílias brasileiras

| Cidades | Proporção de chefes de família mulheres | Mulheres vivendo sozinhas | Número médio de filhos | Homens vivendo sozinhos |
|---|---|---|---|---|
| Rio de Janeiro | 31,20 | 11,32 | 1,12 | 7,30 |
| Belém | 43,70 | 6,72 | 1,60 | 4,29 |
| Brasília | 36,63 | 5,93 | 1,58 | 7,68 |
| Curitiba | 26,69 | 6,71 | 1,42 | 6,38 |
| Fortaleza | 31,58 | 6,17 | 1,72 | 4,52 |
| Porto Alegre | 31,95 | 10,19 | 1,28 | 6,29 |
| Recife | 36,97 | 7,46 | 1,57 | 4,56 |
| Salvador | 37,47 | 8,19 | 1,60 | 6,54 |
| São Paulo | 29,80 | 7,22 | 1,49 | 5,61 |
| **Brasil** | **25,89** | **6,85** | **1,59** | **5,48** |

*Fonte: Folha de S.Paulo*, 31 mar. 2001, Caderno Campinas, p. C-4. Baseado em pesquisa do Ipea (Instituto de Pesquisa Econômica e Aplicada) e do PNUD (Programa das Nações Unidas para o Desenvolvimento).

## 20.3 Malthus e o crescimento populacional

Ainda nos primórdios da industrialização, um economista inglês, Thomas Robert Malthus (1766-1834), publicou um trabalho denominado *Ensaio sobre a população: Como afeta o futuro progresso da humanidade* (1798), em que sistematizava um conjunto de preocupações que apontava para os problemas decorrentes do aumento populacional e a possibilidade de esgotamento dos recursos naturais e seus reflexos no crescimento econômico. Dando destaque ao crescimento populacional, Malthus afirmava que "o poder da população é infinitamente maior que o da Terra para produzir a subsistência do homem" (p. 26).

Uma das ideias centrais do pensamento de Malthus era a de que a pobreza estava diretamente relacionada à escassez de recursos no mundo devido ao crescimento populacional. Não adiantava uma melhoria na produção com um excedente econômico, pois essa produção seria consumida rapidamente pela população que se expandia. Em seu raciocínio, ele julgava que o crescimento populacional só seria contido por situações críticas — como a guerra, a fome e as epidemias.

Malthus julgava que seria impossível a produção industrial e agrícola atender ao aumento da população, pois essa cresceria em proporção geométrica, enquanto a produção só poderia aumentar em proporção aritmética. Dizia ele que, tomando a população mundial em qualquer número, a espécie humana aumentaria a uma razão de 1, 2, 4, 8, 16, 32, 64, 128, 256, 512 etc., e a subsistência a uma razão de 1, 2, 3, 4, 5, 6, 7, 8, 9, 10 etc. Assim, em dois séculos e um quarto, a população estaria para os meios de subsistência como 512 para 10; em três séculos, como 4.096 para 13; e, em dois mil anos, a diferença seria quase incalculável, mesmo que, a essa altura, a produção tivesse aumentado enormemente.

As previsões de Malthus não se confirmaram, embora a população mundial tenha crescido muito. Entre os vários motivos para isso, destacamos dois:

1. o aumento indiscriminado no uso de métodos anticoncepcionais.

2. a magnitude da produção agrícola nos séculos XIX e XX foi muito superior à prevista por Malthus.

No entanto, nos últimos anos do século XX, o aumento populacional no planeta voltou a preocupar as autoridades e os estudiosos, passando novamente a ser visto como problema social sério, afinal, vão se esgotando as terras para o cultivo e as reservas de água e de energia natural (carvão e petróleo). Diante disso, as novas correntes intelectuais que se manifestaram acentuando os problemas causados pelo excesso de população foram denominadas *neomalthusianas*.

Entre as principais novas abordagens sobre o problema, a mais conhecida e que maior repercussão teve foi o *Relatório do Clube de Roma* publicado no início da década de 1970.

O Clube de Roma, empregando fórmulas matemáticas e computadores para determinar o futuro ecológico do planeta, previu um desastre a médio prazo. E o que se descobriu foi publicado, em 1972, em um relatório denominado *Limites do crescimento*. Nesse relatório, previu-se que as tendências que imperavam até então conduziriam a uma escassez catastrófica dos recursos naturais e a níveis perigosos de contaminação em um prazo de cem anos. Os alimentos e a produção industrial declinariam até o ano de 2010 e, a partir daí, como consequência, haveria uma diminuição da população por penúria, falta de alimentos e poluição. O relatório sem meias palavras expunha claramente que (MEADOWS, 1973, p. 40):

> *Se se mantiverem as atuais tendências de crescimento da população mundial, industrialização, contaminação ambiental, produção de alimentos e esgotamento dos recursos, este planeta alcançará os limites de seu crescimento*

*no curso dos próximos 100 anos. O resultado mais provável será um súbito e incontrolável declínio tanto da população como da capacidade industrial.*

O documento foi criticado por muitos segmentos e considerado como 'alarmista' (SACHS, 1994), no entanto, atingiu seu objetivo, influenciando não apenas a opinião pública, mas, sobretudo, muitos governos e organizações internacionais. Ao mesmo tempo em que apontava o problema, o documento indicava um caminho a percorrer baseado na busca (MEADOWS, 1973, p. 155) "de um resultado modelo que represente um sistema mundial que seja: 1. Sustentável, sem colapso inesperado e incontrolável; e 2. Capaz de satisfazer aos requisitos materiais básicos de todos os seus habitantes".

O relatório como um todo revela seu caráter precursor na introdução da relação do desenvolvimento com a exploração dos recursos naturais e as possibilidades de seu esgotamento. Muitas linhas do documento apresentam semelhança com os textos do *Relatório da Comissão Brundtland* da ONU, como aquelas que apontam que "a sociedade equilibrada terá que examinar as alternativas criadas em uma terra finita, levando em consideração não somente os valores humanos atuais, mas, também, as gerações futuras" (p. 179).

## 20.4 As migrações

O termo 'migração' refere-se aos deslocamentos de contingentes humanos de uma região para outra, em caráter permanente ou temporário, por motivos políticos, econômicos, sociais, religiosos, climáticos etc.

Embora as migrações não sejam um fenômeno novo na história, elas se tornaram significativas ao longo do século XX. Os movimentos migratórios ocorreram de um país para outro e dentro do próprio país.

No século XIX, as migrações mais acentuadas nos países do Norte foram decorrentes da industrialização, quando imensas massas de trabalhadores acorriam às cidades em busca de trabalho — esse foi o período de crescimento acentuado das cidades. O mesmo fenômeno ocorreu já na metade do século XX com os países em desenvolvimento com uma industrialização tardia. No Brasil, após a década de 1950 é que se acentuaram os movimentos migratórios internos, quando grandes massas saíram do Nordeste para buscar empregos nos Estados do Rio de Janeiro e São Paulo.

As correntes migratórias que vieram para o Brasil são inúmeras e tiveram início a partir da segunda década do século XIX, quando para cá vieram portugueses, italianos, espanhóis e alemães. A partir de 1900 se juntaram a essa corrente imigratória os japoneses; assim como outras nacionalidades, mas em número muito menor. No Brasil, predominou, durante longo tempo, a política de proibição de uso de outra língua que não fosse o português. Particularmente durante a Segunda Guerra Mundial, radicalizou-se a proibição do uso de língua estrangeira, e o Brasil é que acabou perdendo com isso, pois diminuiu sua diversidade cultural. No entanto, com o avanço do processo de globalização, a intensificação dos contatos das diferentes culturas espalhadas ao redor do globo e a facilidade de comunicação têm provocado uma retomada da identidade cultural dessas etnias. Assim, é possível encontrar um renascimento das culturas que se achavam oprimidas pelo Estado brasileiro. Muitas comunidades polonesas, alemãs, lituanas, italianas e outras têm voltado a utilizar e a valorizar sua língua original. Além disso, festas nacionais foram reavivadas — particularmente as italianas em regiões de alta concentração de descendentes dessa nacionalidade.

Na União Europeia ocorrem movimentos migratórios por motivos políticos (curdos na Alemanha, kosovares na França etc.), em busca de trabalho (líbios, marroquinos e argelinos, nos países do sul da Europa; turcos na Alemanha etc.) e pelos motivos mais variados — como é o caso da migração de habitantes de ex-

-colônias europeias que, por afinidade de língua e cultura, resolvem morar nas antigas metrópoles.

Os norte-americanos, que já receberam grande número de migrantes europeus no início do século, tiveram uma mudança de perfil migratório na segunda metade do século XX, com um maior afluxo de latinos e asiáticos. Os brasileiros também formam uma corrente migratória importante em algumas cidades dos Estados Unidos, monopolizando o trabalho em determinadas atividades, como engraxates em Nova York. O aumento da migração aos Estados Unidos deve-se, sem dúvida, a seu grande crescimento econômico, que atrai contingentes humanos em busca de trabalho e oportunidades (veja Quadro 20.4).

Na América do Sul, embora em escala menor, o fenômeno desloca para o eixo São Paulo-Buenos Aires (eixo do Mercosul) grupos de bolivianos, paraguaios e peruanos. Na Argentina, onde ocorre um processo de discriminação dos imigrantes, há um significativo número deles, levando-se em consideração a população argentina de 35 milhões de habitantes. Calcula-se que lá existam 700 mil bolivianos, 500 mil paraguaios, 500 mil uruguaios e 300 mil peruanos, entre outros. Em São Paulo, os imigrantes bolivianos se concentram em praças da periferia paulistana buscando trabalho, em geral, em confecções nas quais não são registrados, e trabalham mais de 12 horas em condições subumanas. Seu número é tão significativo que a Igreja Católica criou uma pastoral específica para atendê-los (veja Quadro 20.5).

O fenômeno da migração interna que aconteceu no período da industrialização tem se enfraquecido. Na realidade tem ocorrido um movimento inverso — de es-

## QUADRO 20.4   O poder econômico dos emigrantes

O Brasil recebe mais dólares dos brasileiros que vivem no exterior do que das vendas externas individuais da grande maioria de seus produtos, inclusive aviões e carros. Em 2002, os emigrantes mandaram para o País US$ 2,6 bilhões.

Só as exportações de dois produtos — minério de ferro (US$ 3,049 bilhões) e soja (US$ 3,031 bilhões) — é que superaram o valor das remessas de dólares das pessoas que vivem fora. As vendas de aviões, o terceiro item da pauta de exportação, renderam menos — US$ 2,335 bilhões.

A contribuição dos emigrantes passou a ter peso nas contas externas brasileiras a partir de 1990, quando foram enviados para o País US$ 874,9 milhões. A média das remessas na década de 1980 era de US$ 199,7 milhões por ano, menos do que a média mensal de 2002 (US$ 218,9 milhões).

A década passada foi marcada pelo número crescente de brasileiros que deixaram o País em busca de uma melhor oportunidade de vida. O fenômeno, segundo a pesquisadora do Nepo (Núcleo de Estudos de População da Unicamp) Teresa Sales, começou nos anos 80.

Em Governador Valadares (MG), cidade pioneira na exportação de brasileiros, o pico da emigração foi nos últimos três anos da década de 1980. "Foi o triênio da desilusão", diz a pesquisadora, autora do livro *Brasileiros longe de casa*.

Segundo ela, depois de sucessivos planos econômicos fracassados, de uma década de baixo crescimento e da espiral inflacionária, muitos brasileiros passaram a buscar alternativas fora do País.

Nos anos 90, a frustração com o governo de Fernando Collor (1990-1992), no qual houve confisco de poupanças, e a contínua falta de crescimento fizeram com que as emigrações crescessem.

Não existe uma pesquisa com um número confiável de quantos brasileiros vivem no exterior. O Itamaraty estima em 1,96 milhão de pessoas.

"O perfil econômico da maioria dos que deixaram o País é de classe média e classe média baixa", afirma a pesquisadora do Nepo.

Os Estados Unidos são o destino preferido dos brasileiros. O segundo lugar é disputado entre o Japão e o Paraguai. Os 'brasiguaios', no entanto, não estão entre os que mais mandam dinheiro para o Brasil. O grosso dos dólares vem dos Estados Unidos e do Japão.

Além de ajudar financeiramente os parentes que ficaram no Brasil, como filhos, mulher ou marido, os emigrantes investem no País. "Muitos compram sua casa própria enquanto estão trabalhando no exterior", diz Sales. "Há um bairro em Governador Valadares no qual quase todas as casas foram construídas com dinheiro dessas remessas."

*Fonte*: Adaptado de SOLIANI, André; CRUZ, Ney Hayashi e CABRAL, Otávio. "Emigrantes mandam US$ 2,6 bi ao Brasil". *Folha de S.Paulo,* 18 ago. 2003, Caderno Dinheiro, p. B-1, fornecido pela *Folhapress*.

### QUADRO 20.5 — Os migrantes bolivianos em São Paulo

Onze horas da manhã de domingo e eles já começam a montar suas barracas ao redor da praça Padre Bento, no centro do bairro do Pari, região central de São Paulo. O cheiro de tempero picante de comida típica toma conta do ar, assim como o som do grupo Kjarkes, o sucesso do momento nas emissoras de rádio em La Paz, a capital da Bolívia. Os bolivianos, com ou sem documento legal, estão chegando para o seu sagrado encontro dominical.

São 6, 7, 8 mil pessoas que passam por lá até o fim da festa, por volta das 21 horas, segundo cálculos do sargento Felix, da Polícia Militar. "Aqui é La Paz", ele diz.

A praça foi rodeada de bares para a imensa comunidade boliviana que vive em São Paulo e lá se apinha não só para matar a saudade de sua terra com seus conterrâneos como para procurar emprego, trocar informações sobre documentos, arranjar um lugar para morar, receber orientação dos imigrantes veteranos, ganhar algum dinheiro na barraca, que pode ser de alimentos, sucos, malhas, cereais, especiarias (como a picante *locoto*, uma espécie de pimenta).

A feira, ainda não regularizada pela prefeitura, funciona ao redor da praça, e é dando voltas em torno dela que os bolivianos revivem o velho *footing* das praças das cidades de interior. Não há coreto com bandinha, mas a música boliviana folclórica, intercalada com alguns hits do rock, garante uma trilha sonora animada. Há vendedoras com trajes típicos e, aqui e ali, uma bandeirinha verde, amarela e vermelha a sinalizar que estamos em um improvisado território boliviano.

Há pouco artesanato na Padre Bento e muitos CDs por R$ 5. Tudo parece barato. Custa R$ 2 o quilo da fava fresca; R$ 0,50 o generoso copo de *chica de mani* (suco de amendoim) ou de *khisa* (pêssego seco); menos de R$ 30 a malha de lã grossa o bastante para enfrentar o frio boliviano; em torno de R$ 3 a disputada cumbuca de fricassê, versão longínqua da feijoada brasileira, um guisado de carne de porco em pequenos pedaços, com milho, batata e muita pimenta.

Eles contam que há sempre um novo boliviano chegando a São Paulo com a mudança e a mesma esperança de melhorar de vida. Se for pobre, seu primeiro passeio será na feira da Padre Bento, uma espécie de embaixada. Depois acabam vindo para cá a mulher, a criança, a sogra, a mãe... e o número nunca para de crescer. "Houve épocas em que fazíamos aqui um campeonato de futebol com 20 times bolivianos", conta um deles.

Há um cálculo recorrente entre eles sobre o total de bolivianos em São Paulo: pelo menos 70 mil. Os mais exagerados falam em 100 mil pessoas.

Ninguém arrisca contestar porque é impossível contá-los. A grande maioria se esconde nas milhares de confecções coreanas que congestionam os subterrâneos do Brás, trabalhando e vivendo ilegalmente — como seus patrões — em um esquema de escravidão, das 6, 7 horas da manhã até tarde da noite, em troca de um salário que, no máximo, alcança R$ 500 ao final do mês se o nível de produtividade ultrapassar a fronteira da escravidão. Fala-se que funcionam pelo menos 30 mil confecções nessas condições em São Paulo.

Os coreanos são espertos. Saem da toca aos domingos para colocar anúncios na praça Padre Bento em busca de costureiros e costureiras bolivianos que estão à procura de trabalho.

Eles não têm registro, não têm férias, não têm 13º salário, não têm garantia alguma, mas é isso que permitirá sua sobrevivência nesta terra que eles escolheram para escapar da miséria na Bolívia.

Hoje, quem passar perto da praça Padre Bento verá, de graça, o que há de mais popular na dança e na música folclórica do país que divide uma extensa fronteira com o Brasil, do Acre a Mato Grosso do Sul, passando pelos Estados de Rondônia e Mato Grosso.

Os bolivianos estão ensaiando para a festa de sua padroeira, Nossa Senhora de Copacabana, que acontece na primeira quinzena de agosto com uma autêntica *la morenada*, a dança típica de La Paz.

Com apoio, eles querem transformar a feira em uma atração turística, com música ao vivo, artesanato, culinária. Uma feira de verdade.

*Fonte*: Adaptado de CHAIM, Célia. "Praça de SP vira 'embaixada' da Bolívia". *Folha de S.Paulo,* 15 jul. 2001, Caderno Cotidiano, p. C-6, fornecido pela *Folhapress*.

---

vaziamento dos grandes centros como São Paulo, que, nos últimos anos, tem registrado um crescimento populacional negativo, revelando uma migração de sua população ao interior do Estado em busca de melhor qualidade de vida.

Com o aumento do desenvolvimento no eixo São Paulo-Buenos Aires poderá ocorrer, principalmente com a ampliação do Mercosul, um maior afluxo de imigrantes dos demais países latino-americanos para esse eixo, pois é aí que estão se concentrando cada vez mais as atividades produtivas e o parque tecnológico de ponta. Essa nova realidade deve ser encarada do ponto de vista de um novo padrão de relacionamento entre culturas diferentes, evitando-se a xenofobia e buscando-se a criação de políticas públicas articuladas entre os países ou a existência de políticas distributivistas dentro dos blocos econômicos regionais, como o Mercosul.

Nesse caso, evita-se a criação de regiões com mais atrativos que outras, do ponto de vista econômico.

## 20.5 O surgimento do problema ambiental

A Revolução Industrial — que teve seu início na Inglaterra no século XVIII e rapidamente se espalhou por outros recantos do planeta — promoveu o crescimento econômico e abriu as perspectivas de uma maior geração de riqueza, que, por sua vez, traria prosperidade e melhor qualidade de vida.

O problema é que o crescimento econômico desordenado foi acompanhado de um processo jamais visto pela humanidade. Nesse processo, eram utilizadas grandes quantidades de energia e de recursos naturais, que acabaram por configurar um quadro de degradação contínua do meio ambiente.

A industrialização trouxe vários problemas ambientais, como: a alta concentração populacional em virtude da urbanização acelerada, do consumo excessivo de recursos naturais, sendo alguns não renováveis (petróleo e carvão mineral, por exemplo), da contaminação do ar, do solo, das águas; desflorestamento, entre outros (veja Figura 20.3).

Como vimos no início do capítulo, Thomas Malthus, muito tempo atrás, já havia alertado para os problemas ambientais causados pelo excesso de população.

Na segunda metade do século XX, com a intensificação do crescimento econômico mundial, os problemas ambientais se agravaram e começaram a aparecer com maior visibilidade para amplos setores da população, particularmente dos países desenvolvidos, os mais afetados pelos impactos provocados pela Revolução Industrial.

Um dos primeiros casos de maior repercussão foi o da contaminação da baía de Minamata, no Japão, onde foram registrados, em 1956, casos de disfunções neurológicas em famílias de pescadores e em animais que se alimentavam de peixes. A contaminação vinha acontecendo há tempos, desde que uma indústria química se instalou naquele local, despejando, por diversos anos, seus resíduos nas margens do rio. Foram confirmadas altas concentrações de mercúrio em peixes e moradores, que morreram em decorrência da chamada 'doença de Minamata'. Desastres semelhantes foram observados em outros locais do Japão, e, como resultado, várias campanhas antipoluição foram lançadas até 1971, tendo como resultado a indenização das vítimas em 1972 por força de decisão judicial inédita até então.

**Figura 20.3**     O aumento da urbanização avança sobre os espaços naturais

A superficialidade com que eram tratados os problemas com o meio ambiente até o ano de 1962 sofreu uma mudança com a publicação do livro de Rachel Carson, *Primavera silenciosa (Silent spring)*,[1] que teve enorme repercussão na opinião pública ao expor os perigos de um inseticida, o DDT.

Rachel Carson trabalhou durante 17 anos no US Fish and Wildlife Service (Departamento de Caça e da Vida Selvagem dos Estados Unidos), e teve a oportunidade de aprender sobre os problemas relacionados com os pesticidas. O livro foi escrito para alertar o público e incentivar as pessoas a reagir contra o abuso dos pesticidas químicos.

Os agricultores se opuseram à autora energicamente, afirmando que, sem inseticidas, o rendimento das colheitas diminuiria 90%. Como resposta, Carson defendeu o emprego de controles biológicos, que consistem na utilização de fungos, bactérias e insetos para combater os parasitas que se nutrem das plantas.

Com o livro, e sua repercussão, o Senado dos Estados Unidos foi levado a proibir quase totalmente a utilização do DDT nos Estados Unidos. Anos mais tarde, os cientistas descobriram concentrações da substância nos pinguins e nos ursos polares do Ártico, e em baleias da Groenlândia, que estavam muito distantes das zonas agrícolas nas quais o pesticida foi utilizado.

O livro *Primavera silenciosa* soou como um alarme que provocou, nos anos seguintes, uma intensa inspeção de terras, rios, mares e ares por parte de muitos países, preocupados com danos causados ao meio ambiente. Em consequência, a poluição emergiu como um dos grandes problemas ambientais no mundo.

Nos anos 70, a publicação do *Relatório do Clube de Roma*, *Limites do crescimento* (Meadows, 1973), e a Conferência das Nações Unidas sobre o Meio Ambiente Humano realizada em Estocolmo, em 1972, podem ser consideradas marcos na reorientação do debate sobre as questões ambientais graças ao impacto que causaram, particularmente nos meios acadêmicos e governamentais.

Ambos os eventos, a publicação do *Relatório do Clube de Roma* e a Conferência das Nações Unidas sobre o Meio Ambiente, contribuíram para que se estabelecessem preocupações normativo-institucionais, tanto no âmbito da ONU quanto no dos Estados (criação de ministérios, agências e outras organizações governamentais incumbidas do meio ambiente e da multiplicação da legislação ambiental). Houve influência também em organizações financeiras multilaterais (BID e Bird, por exemplo), que formaram assessorias, posteriormente transformadas em departamentos, encarregadas da questão ambiental.

Outro mérito da Conferência foi o de lançar as bases para a abordagem dos problemas ambientais em uma ótica global de desenvolvimento — primeiros passos do que viria a se constituir, mais tarde, no conceito de 'desenvolvimento sustentável'. Conceito esse que foi popularizado pelo *Relatório da Comissão Brundtland*, *Nosso futuro comum*, divulgado em 1987.[2]

O informe Brundtland, da Comissão Mundial para o Meio Ambiente e o Desenvolvimento (CMMAD), pode ser considerado o mais importante documento sobre a questão ambiental e o desenvolvimento dos últimos anos. Vincula estreitamente economia e ecologia, e estabelece com muita precisão o eixo em torno do qual se deve discutir o desenvolvimento, formalizando o conceito de desenvolvimento sustentável e estabelecendo os parâmetros pelos quais os Estados, independentemente da forma de governo, deveriam se pautar, assumindo a responsabilidade não só pelos danos ambientais, como também pelas políticas que causam esses danos.

Esse documento foi referência e base importante para os debates na Conferência das Nações Unidas sobre o Meio Ambiente e Desenvolvimento (CNUMAD). Realizada no Rio de Janeiro em 1992, foi aí que se consolidou o conceito de 'desenvolvimento sustentável', tornando as questões ambientais e de desenvolvimento indissoluvelmente ligadas.

A CNUMAD ocorreu 20 anos após a Conferência de Estocolmo, e se concentrou em identificar as políticas que geram os efeitos ambientais negativos. Ela concluiu, de forma eloquente, que "a proteção ambiental constitui parte integrante do processo de desenvolvimento, e não pode ser considerada isoladamente desse". O meio ambiente e o desenvolvimento são duas faces da mesma moeda com nome próprio, desenvolvimento sustentável, o qual não se constitui em problema técnico a ser abordado por especialistas, mas em questão complexa, que deve ser enfrentada por toda a sociedade em seus contornos sociais e políticos.

## 20.6 A cidadania e o meio ambiente

Um dos aspectos mais importantes na evolução do debate acerca dos problemas ambientais é a gradativa tomada de consciência de amplas parcelas da população sobre a importância da preservação da natureza.

No Brasil, o debate e a participação se fortalecem amparados por uma ampla legislação ambiental, que vai se consolidando como uma das mais avançadas do mundo.

A ação social em torno da defesa e da proteção ambiental vem consolidando a participação do cidadão como agente social ativo portador de direitos e deveres. Tal ação se manifesta, muitas vezes, independentemente de organização prévia, pela manutenção e pelo exercício de um direito ambiental recém-conquistado e considerado como básico à pessoa humana. Foram vários os movimentos em torno de uma reivindicação ambiental comum ocorridos no Brasil, em particular nos anos 1980 e 1990.

Essa ação da cidadania busca desfrutar e consolidar os direitos ambientais assegurados constitucionalmente, além de torná-los efetivos no cotidiano das pessoas e de sensibilizar o Estado para essa nova realidade de articulação com a Sociedade Civil.

No Brasil, a inclusão dos novos direitos ambientais na Constituição de 1988 deveu-se a vários fatores que se conjugaram, tornando possível uma realidade legal. Esta, porém, não encontrava correspondência no âmbito social — de fato, a ampla maioria do povo brasileiro desconhecia os novos direitos ambientais inseridos na Constituição.

Ocorre que, após a promulgação da Constituição, a comunidade foi aos poucos tomando consciência desses novos direitos, e busca gradativamente torná-los efetivos, tanto por meio de ações individuais como coletivas. Ações essas motivadas por agentes ambientalmente interessados e por entidades ambientalistas (formalizadas ou não).

### 20.6.1 As entidades ambientalistas

De uma forma não articulada, na maior parte das vezes motivada por ações isoladas, multiplicam-se nas cidades brasileiras as entidades ambientalistas — organizações não governamentais dedicadas a diversos aspectos da questão ambiental, mas que se preocupam com o meio ambiente como um todo.

Sua motivação inicial pode ser a poluição existente nos rios, uma empresa de grande porte que quer derrubar uma mata nativa, uma espécie animal específica da região que corre o risco de desaparecer, um acontecimento de proporções catastróficas que tenha atingido um determinado país e que tenha sido bastante divulgado pela imprensa, a reprodução de textos de jornais solicitada em particular por professores. Todos são fatores que levam à formação de grupos de jovens — e ainda há muitos outros motivos que fazem com que os caracterizemos como fenômenos importantes, indicando um aspecto fundamental da consolidação da cidadania. Afinal, a existência desses grupos revela novas formas de sociabilidade, que consolidam e fortalecem a inserção dos novos direitos à prática cotidiana.

As mobilizações, quase sempre iniciadas por entidades ambientalistas, de todo e qualquer tipo e tamanho, institucionalizadas ou não, são de modo geral unificadas com outros movimentos que buscam a solução de um problema comum. Esse tipo de ação conjunta é importante porque abre perspectivas maiores para os agentes ambientais no enfrentamento de problemas específicos, pois qualquer tentativa de solução provavelmente exigirá o apoio de outros movimentos.

## 20.6.2. A cidadania ambiental ativa

O fato de o direito ambiental ter sido incluído pela primeira vez como fundamental à pessoa humana reveste-o de um importante papel no conceito de cidadania.

Na medida em que a ação do homem é capaz de causar prejuízos irreversíveis aos ecossistemas, ela coloca em risco permanente o meio ambiente, ameaçando, dessa maneira, um direito fundamental para a vida.

Esse quadro torna a questão ambiental indissociável do conceito de cidadania. Qualquer ameaça a esse direito coloca em perigo a própria existência do cidadão, que desse modo se vê na contingência de ao menos se preocupar em protegê-lo, garantindo, assim, a sua sobrevivência e a das futuras gerações.

Fica evidente que o Direito Ambiental coloca para o efetivo exercício da cidadania uma contrapartida em deveres. Está implícita a importância de uma permanente vigilância às condições ambientais por parte dos cidadãos.

Esse estado de vigilância, passiva na maior parte das vezes, necessita de um mínimo de informação para ser conscientemente atingido. E, em determinadas situações emergenciais, pode se transformar em ações sociais na defesa da qualidade ambiental.

As informações sobre os processos ecológicos, fundamentais para a preservação da vida, são obtidas muitas vezes pelos canais de comunicação formais — jornais, rádio, televisão — e por outros meios aos quais o cidadão hoje tem acesso.

A divulgação regular de temas ecológicos não coloca a grande imprensa em conflito imediato com nenhum interesse econômico específico, mas, gradativamente, vai ajudando a formar uma consciência ambiental no cidadão comum.

Pela maior complexidade das sociedades modernas, o acesso à informação democratiza-se, deixando de ser monopólio de governos ou das grandes empresas. Assim, por diferentes meios alternativos, o cidadão comum passa a ter acesso a explicações de processos ambientais que contribuem para sua formação e facilitam sua ação no momento de enfrentar um problema ambiental.

Essa massa crítica existente na sociedade, formada em grande medida pela divulgação, por meio da mídia, de matérias com temas ecológicos, é importante para a consolidação de uma 'maioria silenciosa' de resistência a ações de agressão ao meio ambiente.

A consciência ambiental, na qual está contida a necessidade de uma melhor qualidade de vida, vai se formando e se consolidando no cidadão comum, integrante da chamada 'maioria silenciosa'.

Em determinadas circunstâncias, para passar da 'apatia' para a ação, é preciso um elemento indutor que utilize seus conhecimentos e sua experiência acumulada no trato de assuntos ambientais, e que seja capaz de organizar esse interesse difuso existente na sociedade. Esse é o papel que os agentes ambientais devem cumprir — sejam eles entidades ou pessoas ecologicamente ativas.

A simples possibilidade de uma ação potencialmente agressiva ao meio ambiente pode ser caracterizada como uma situação emergencial. Em tal situação, agentes ambientalmente ativos e outros segmentos da sociedade civil — como sindicatos e associações — podem motivar parcelas significativas de uma população que já vive um processo de expectativa em relação à degradação do meio ambiente.

Uma ação potencialmente agressiva ao meio ambiente pode ter origem em ações do Estado — como a abertura de rodovias em áreas de proteção ambiental, construção de hidrelétricas, aeroportos etc. — ou da iniciativa privada — construção de fábricas poluidoras, loteamentos que não cumprem exigências de proteção ambiental, utilização de produtos químicos agressivos ao ambiente, e um número infindável de possibilidades.

Ao se manifestar um possível agravamento das condições ambientais, sendo, depois, apontado com eficácia pelos agentes ativos, a 'maioria silenciosa' vai se expressar apoiando o movimento ambientalista. Assim, passa a existir uma corrente da opinião pública contrária à iniciativa que agride o ambiente.

Além de engrossar a opinião pública contrária à iniciativa de agressão à natureza, essa 'maioria silenciosa' pode participar de reuniões, realizar debates e palestras, assinar manifestações endereçadas às autoridades e integrar-se a outras formas de expressão que demonstrem sua indignação. Sua manifestação é imprescindível para o sucesso de iniciativas que utilizam os instrumentos de democracia direta — referendos, plebiscitos ou projetos de iniciativa popular.

A consolidação da qualidade ambiental, como valor universal contido nos direitos fundamentais a serem assegurados ao cidadão, contribui para que as ações dos agentes ambientalmente ativos, que defendem uma melhor qualidade de vida, sejam respaldadas por uma cidadania ativa, preocupada em ter de fato aquilo que já possui de direito.

A ação dos agentes ambientalmente motivados, quando tem como *locus* privilegiado as instituições, encontra forte apoio dos cidadãos, 'apáticos' em circunstâncias normais. Esses cidadãos se recolhem a seu cotidiano assim que o problema que deu origem à ação coletiva é resolvido. Eles não se integram a nenhuma forma de organização nova; ao contrário, reconhecem o papel central desempenhado pelas instituições políticas formais.

Com o aumento dessa consciência, torna-se cada vez mais difícil ao Estado implementar políticas que afetem o meio ambiente.

Particularmente no âmbito municipal, há uma grande interação do cidadão com o núcleo de decisões políticas. Quanto menor é o município, maior é essa interação.

Esse componente torna-se importante para o fortalecimento da democracia, pois o exercício da cidadania se efetiva por meio dessa participação política que se manifesta de maneira individual ou coletiva, independentemente de qualquer associação civil ou política.

Tal forma de exercitar a cidadania como manifestação individualizada só tem condições de influir no poder local — até mesmo por suas próprias características em relação à proximidade física dos cidadãos do município com os órgãos do poder político municipal.

Com o aumento do poder dos municípios sobre seu território, com a delegação de uma série de serviços por meio da descentralização administrativa dos governos federal e estadual e com o aumento das prerrogativas das Câmaras Municipais, torna-se importante a participação do cidadão comum, como indivíduo que pode influenciar as decisões.

Se, antes, o peso do cidadão era menor, agora a tendência é que a cidadania ativa tenha uma maior importância nas decisões, particularmente naquelas que podem afetar o ambiente.

Essa consolidação da cidadania, em nosso caso, pela compreensão cada vez maior do direito ambiental como fundamental para a vida, traz como efeito imediato uma séria fiscalização dos atos do poder público.

Os órgãos públicos por sua vez, embora procurem ignorar essa realidade, se submetem mais e mais a essa imposição social, de respeito ao meio ambiente. Às vezes por entendimento próprio, outras por ordem judicial, porém, quando se esgotam as vias formais, o cidadão ativo impõe sua vontade — seja por meio de manifestação, pela pressão sobre seus representantes políticos ou utilizando os mecanismos da democracia direta, definitivamente incorporados a seu cotidiano.

## RESUMO DO CAPÍTULO

A questão populacional foi abordada neste capítulo tendo como referência os limites da ocupação do planeta. Há diversos indicadores que demonstram que a capacidade de suporte do mundo está no fim, como: a poluição do ar, da terra e dos mares, o efeito estufa e o esgotamento dos combustíveis fósseis. A água potável será uma das grandes dificuldades mundiais que enfrentaremos no século XXI.

Vimos que o problema de população principal no Brasil é a alta concentração humana nos grandes centros, o que agrava as questões relacionadas à poluição e à pressão por moradia, aumentando as tensões sociais e favorecendo a criminalidade.

Aprendemos que Malthus expressou estatisticamente que a população mundial cresce em proporção geométrica e que a produção industrial e a agrícola aumentam em progressão aritmética. Conclui-se, daí, a impossibilidade da humanidade continuar a suportar o crescimento populacional. Suas teses, embora muito criticadas, foram de certo modo retomadas na década de 1970, dando início ao movimento mundial em torno dos problemas ambientais sob a direção dos organismos das Nações Unidas.

O estudo das migrações em relação à população é importante porque vimos que elas alteram sua composição, principalmente nos países receptores. O Brasil é um exemplo. Sua população é composta por diferentes correntes migratórias, que foram gradativamente assimiladas e passaram a integrar o tipo médio do brasileiro.

A problemática ambiental não tem condições de ser enfrentada somente pelos governos. Acentuamos, assim, a importância da cidadania ambiental ativa com a participação dos cidadãos e suas entidades.

## PERGUNTAS

1. Por que a população se torna objeto de estudo da sociologia?
2. A Terra esgotou as possibilidades de suportar um aumento da população?
3. Qual o papel da taxa de natalidade e da taxa de mortalidade no crescimento da população?
4. Qual a característica do problema populacional no Brasil?
5. Como Malthus relacionou o problema da produção industrial e agrícola com o aumento da população?
6. Que dizia o *Relatório do Clube de Roma*?
7. O que são as migrações?
8. Como as migrações afetam os países emissores e os países receptores?
9. Por que poderá haver um aumento do fluxo de migração de outros países latino-americanos para o sudeste do Brasil?
10. Por que surgiu o problema ambiental?
11. O que é o informe denominado *Nosso futuro comum*?
12. Qual a importância do livro de Rachel Carson, *Primavera silenciosa*?
13. O que são as entidades ambientalistas?

## Notas

1 Cf. CARSON, Rachel. *Primavera silenciosa*. São Paulo: Ed. Melhoramentos, 1968.
2 Comissão Mundial para o Meio Ambiente e Desenvolvimento, 1991.

# CAPÍTULO 21
# Comportamento coletivo e movimentos sociais

## APRESENTAÇÃO

Neste capítulo, discutiremos o comportamento coletivo pelos principais tipos que o manifestam: o público e a multidão. Serão também analisadas as formas de comportamento da multidão, como: a arruaça, a audiência, a orgia, o pânico e a principal — a opinião pública. Destacaremos, ainda, os movimentos sociais e seus princípios e tipos como importante ação coletiva que pode provocar mudanças.

## TÓPICOS PRINCIPAIS

21.1 O comportamento coletivo
21.2 O público
21.3 A multidão
21.4 Os movimentos sociais
21.5 Princípios dos movimentos sociais
21.6 Alguns tipos de movimentos sociais

## OBJETIVOS DE APRENDIZAGEM

Compreender:

- os mecanismos de ação do comportamento coletivo.
- as novas formas de comportamento coletivo.
- como se forma a opinião pública.
- como agem as multidões.
- as diversas formas de ação das multidões.
- a diferença entre movimento social e instituição social.
- os mecanismos de ação dos movimentos sociais.
- a caracterização de alguns tipos de movimentos sociais

## 21.1 O comportamento coletivo

As pessoas, de um modo geral, se comportam no dia a dia de forma padronizada, com base no processo de socialização no qual elas aprenderam como deve ser a interação entre os indivíduos em uma determinada sociedade. Desse modo, são formadas as filas em um banco, em um cinema ou em um supermercado; e os estudantes permanecem em silêncio em uma sala de aula ou em uma palestra. Assim também acontece quando as pessoas entram em um elevador e, condicionadas, vão para o fundo, permitindo que outras entrem. Em salas de aula, sentamos nas cadeiras que já estão ali dispostas. O sinal verde no trânsito indica que podemos seguir em frente com nosso carro. No Brasil, todos sabem que dirigimos no lado direito das vias públicas, e assim por diante.

Nossa conduta é governada cotidianamente por normas sociais aprendidas ao longo do processo de socialização que estão tão interiorizadas em nós que mal as percebemos. No entanto, dentro dessa normalidade, surgem muitas situações na vida social que não são estruturadas ou o são de forma imprecisa — é quando somos levados a desenvolver comportamentos coletivos que nos fazem agir de forma diferente daquela a que estamos acostumados e que consideramos normal.

O comportamento coletivo compreende muitas formas de interação humana. Podemos incluir nesse campo de estudo: a formação da opinião de cada um sobre determinado assunto público, a presença em uma manifestação pública e o comportamento das pessoas em uma festa, em um teatro, cinema ou jogo de futebol. A dinâmica do comportamento humano em cada caso é o produto do grau de intensidade emocional que desperta a situação e a existência ou não de um clima social estruturado.

As principais manifestações de comportamento coletivo são: a opinião pública, os tumultos, pânicos etc. — que são manifestações de coletividades, como: o público, as massas populares, a multidão e as turbas.

O comportamento coletivo é **imprevisível, eventual e irracional**.

Ele pode ser considerado imprevisível porque não se pode ter certeza antecipadamente de como um grupo não estruturado e não organizado de pessoas responderá a um estímulo. Não ocorre com regularidade, tratando-se de manifestação esporádica motivada por algum acontecimento, e sua irracionalidade advém do fato de que sua base é emocional e não lógica, pois aqueles que manifestam esse tipo de comportamento não avaliam as consequências de seus atos, nem para os outros nem para si.

Um novo tipo de comportamento coletivo surgiu no ano de 2002, propiciado pela rede mundial de computadores (a internet). Ele é conhecido como *flash mob* e se desenvolve sem uma razão aparente (veja Quadro 21.1).

### QUADRO 21.1 As mobilizações instantâneas

A onda de *mobs* começou em junho de 2002 com uma mobilização em Nova York. A partir daí, ela se espalhou rapidamente pelo mundo e chegou ao Brasil em agosto de 2003. O princípio é basicamente o mesmo: os participantes são convocados por e-mail ou por celular para estar em um determinado lugar em um certo horário para fazer alguma atividade de curta duração.

Essas atividades podem ser: tirar o sapato em um cruzamento de uma rua e batê-lo no asfalto; usar chapéu de papel em um determinado lugar semipúblico; uma multidão sentar no chão em um determinado momento em uma grande loja etc. Em Nova York, um grupo se reuniu em uma loja e gritou para um dinossauro ao mesmo tempo. Em Berlim, todos abriram um celular dizendo 'sim'. Em Birmingham, Inglaterra, em um mesmo instante, as pessoas doaram uma peça de roupa no balcão de uma organização não governamental. Em Londres, foram levados guarda-chuvas e bananas em uma reunião relâmpago. Na África do Sul, no encontro realizado, 200 pessoas levaram patos para um local na Cidade do Cabo.

De um modo geral, os indivíduos participam dessas mobilizações instantâneas apenas para se divertir. A ideia, portanto, varia bastante e, em geral, não faz muito sentido para quem vê de fora. Depois da ação conjunta, os participantes se dispersam rapidamente, para evitar confusão.

No Brasil, a segunda *flash mob* aconteceu em meados de agosto de 2003 na praça do relógio do Shopping Iguatemi, na avenida Brigadeiro Faria Lima, em São Paulo. Quem compareceu a essa mobilização instantânea abriu um guarda-chuva no horário combinado, usando o relógio de água como referência.

Passada a febre inicial, essas *flash mobs* — mobilizações de curtíssima duração organizadas por e-mail e mensagens via telefone celular — chegam enfim à sua particular crise de identidade.

Para grande parte do mundo, elas já deixaram de ser novidade. Tampouco contam mais com o fator 'surpresa' — os encontros são programados em listas públicas na internet, nas quais o interessado pode se agendar de acordo com a programação e até sincronizar o relógio para não perder preciosos segundos.

A dúvida agora é sobre o que vai acontecer com elas: se sobreviverão como forma de arte, como uma diversão, como um instrumento de marketing ou se vão simplesmente perder força e, eventualmente, desaparecer.

"Vai depender de as pessoas usarem sua imaginação para pensar em coisas novas que sejam divertidas, mas não perturbadoras ou ilegais", diz Howard Rheingold, autor do livro *Smart mobs* e considerado um dos maiores especialistas sobre o assunto.

*Fonte*: Adaptado de DIAS, Roberto. "'Flash mobs' enfrentam crise de identidade". *Folha de S.Paulo*, 20 ago. 2003, Caderno Informática, p. F-8.

## 21.2 O público

O público é uma coletividade de indivíduos que não apresenta uma estrutura organizada encontrada em entidades formais. Constituem o público as pessoas fisicamente separadas que partilham de um interesse comum, o que dá a seus membros um senso de unidade e uma identificação recíprocos. O interesse específico, portanto, é o que identifica o público.

Como membro do público, o indivíduo não se encontra, de um modo geral, em contato físico com os demais, o que reduz bastante a probabilidade de se envolver em ações coletivas de violência, por exemplo. O público forma uma comunidade dispersa. Pode pensar ou sentir com uma certa homogeneidade, mas não fica propenso, em circunstâncias normais, a atuar em seu conjunto — como o faz a multidão. Isso se deve ao fato de que o público compõe-se de indivíduos que tomam decisões separadas. Claro que essas decisões podem sofrer a influência da propaganda, dos meios de comunicação de massa, por exemplo, ou de pessoas habilidosas que mexem com um conjunto determinado de pessoas.

Aqueles que integram o público comunicam-se partilhando seu conhecimento e suas opiniões pelos meios de comunicação de massa, como jornais, rádio, televisão, Internet, panfletos, folhetos etc. O público pode aceitar líderes que ajudam a criar e a manter a opinião sobre determinado assunto, mas não lhes confere autoridade legítima para falar em seu nome. É importante assinalar que o público não constitui uma população inteira. Pode-se fazer referência ao público de um determinado programa de televisão; ao público voltado para questões ambientais, para o esporte, para a vida animal, para a política etc.

Embora uma eleição presidencial afete todos os membros de uma nação, nem sempre a população inteira é atraída pela fala de determinado candidato; só mesmo aquelas pessoas que têm interesse é que constituem o público específico desse candidato.

Em uma sociedade, podem existir vários tipos de público. Um público passa a existir quando há um assunto social relevante que canaliza a atenção. Há um público contrário ao Exame Nacional de Cursos (Provão); há outro que tem interesse no aborto; outro, ainda, que se vê atraído pelas leis que aumentem a segurança, e assim por diante. Muitos públicos podem existir simultaneamente, e as pessoas podem pertencer a mais de um deles ao mesmo tempo.

A manifestação do público se concretiza na opinião pública. À medida que os membros de um público consideram uma determinada questão e formam opiniões a seu respeito, cria-se uma *opinião pública*. A opinião pública, ou seja, a maioria do público interessado, pode ser contrária à lei que permite o aborto. A opinião pública pode ser favorável à intervenção das Forças Armadas nos problemas de segurança nas ruas etc.

A propaganda é o meio utilizado para influenciar a opinião pública. Podemos definir propaganda como sendo a difusão deliberada de informações selecionadas com o propósito de influenciar a opinião pública. Os indivíduos, como governantes e políticos de um modo geral, procuram influenciar a opinião pública por suas declarações e pela utilização de diversos meios, como a publicidade, discursos públicos, panfletos, elaboração de jornais próprios etc.

Podemos diferenciar a educação da propaganda do seguinte modo: a educação procura desenvolver a capacidade de um indivíduo para fazer julgamentos próprios; a propaganda busca persuadir uma pessoa a aceitar indiscriminadamente um julgamento previamente feito. No entanto, devemos levar em conta que, na educação, podem ser encontradas diversas formas de propaganda — sejam aquelas veiculadas pelos professores que propagam suas próprias opiniões, sejam as dos grupos que dominam o aparelho do Estado e, assim, utilizam a educação para divulgar valores que mantenham a ordem estabelecida. Podemos considerar a propaganda como um termo aplicado a todas as tentativas para influenciar as opiniões e as ações dos outros.

## 21.3 A multidão

Uma multidão constitui um grupo temporário e desorganizado de indivíduos que apresentam uma certa proximidade física e que sofrem influência uns dos outros. Um grupo de pessoas em um ônibus não constitui uma multidão, pois não se comunicam, não sofrendo, assim, influência um do outro. Um grupo de indivíduos em um campo de futebol constitui uma multidão, pois eles estão em proximidade física e o fato de pertencerem a um determinado clube acaba influenciando os outros em um alto grau; sendo do mesmo clube, então, a proximidade será muito forte e crescerá à medida que, ao redor deles, há também membros do clube adversário (veja Figura 21.1).

A multidão se caracteriza pela proximidade de seus membros, e é essa proximidade física entre os indivíduos que a configura. O membro da multidão não deixa de ser membro da sociedade; consequentemente, ele se encontra vinculado às diversas normas que regem as interações sociais. Por outro lado, na interação social cotidiana, ele está influenciado pelas atividades do grupo, por suas opiniões e por suas próprias normas.

A interação na multidão não requer, necessariamente, troca de palavras; bastam alguns sinais, como as expressões faciais, por exemplo. O que deve ser comum a todos é o sentimento.

**Figura 21.1** Características das multidões

| Multidões |
|---|
| 1. Formam-se espontaneamente |
| 2. São grupos sociais temporários |
| 3. São, de modo geral, desorganizadas |
| 4. Os laços internos entre as pessoas são fracos |
| 5. Os indivíduos que as integram assumem a condição de anonimato |
| 6. Os relacionamentos entre os indivíduos que as integram são casuais |
| 7. Predomina a impessoalidade entre diferentes grupos |

## 21.3.1 Características das multidões

1. **Elas se formam espontaneamente.**
   Uma multidão se forma por algum motivo, de forma espontânea, sem que tenha havido organização prévia. Ocorrida uma determinada ação, a multidão se dispersa.
   Pessoas em uma praça podem se juntar e linchar um rapaz que tentou roubar a bolsa de uma senhora idosa. A multidão fará com que muitos ajam de um modo que não o fariam em outro momento. Após o linchamento, ocorrerá a dispersão das pessoas, que continuarão agindo de modo completamente diferente ao daquele momento em particular.

2. **São grupos sociais temporários.**
   As multidões se originam para agir em um determinado momento, e, uma vez findado o propósito para o qual se mobilizaram, elas se dispersam. Nos estádios de futebol, com frequência, multidões provocam atos de vandalismo e violência, e o fazem no momento em que ocorre o jogo, ou, então, logo depois. Temporariamente, elas agem de forma bastante violenta. Passado aquele momento, seus integrantes voltam a ocupar suas posições normais em seus locais de trabalho.

3. **São, de modo geral, desorganizadas.**
   As ações empreendidas pelas multidões podem não ser deliberadamente planejadas, assim como pode não haver uma divisão clara de funções entre seus integrantes. No decorrer da ação, poderá surgir uma liderança, embora não se crie uma hierarquia de funções. Nas multidões, os indivíduos se sentem em condições de igualdade com qualquer outro. O atraso de um ônibus pode provocar a formação de uma multidão revoltada que incendiará alguns veículos. Perdurando a revolta, poderá surgir uma liderança que canalizará a insatisfação para uma manifestação em frente à prefeitura, por exemplo.

4. **Os laços internos entre as pessoas são fracos.**
   Os membros de uma multidão agem voluntariamente; seu comportamento não é controlado por ninguém. No entanto, a pressão do grupo como um todo é muito forte, o que faz com que o indivíduo tenha um comportamento diferente daquele que apresenta em seu cotidiano. Assim é que, em um campo de futebol, muitas pessoas se transformam quando estão na multidão, e passam a xingar o juiz como os outros torcedores do seu time e a atirar objetos quando os demais o fazem. No entanto, no resto da semana, eles podem ser pacatos chefes de família, chegando a se horrorizar diante de comportamentos semelhantes àqueles que cometeram quando faziam parte da multidão.

5. **Os indivíduos que a integram assumem a condição de anonimato.**
   Um aspecto importante a ser considerado sobre o porquê de as pessoas se comportarem de forma diferente quando se encontram em uma multidão pode ser explicado pela condição de anonimato. As ações praticadas pelos indivíduos serão remetidas ao grupo como um todo, sem responsabilização individual. Isto é, as responsabilidades são diluídas de tal modo, que elas deixam de existir. E, quanto maior for a multidão, mais forte essa condição fica.
   O anonimato da multidão elimina o senso de individualidade dos membros. Estes passam a não dar atenção aos demais membros como indivíduos e não sentem que eles próprios estejam sendo considerados como tal.

6. **Os relacionamentos entre os indivíduos que a integram são casuais.**
   De um modo geral, aqueles que participam de uma multidão não apresentam uma relação constante. Sua ligação é casual, e por um período breve de tempo. Quanto menor a relação, ou se ela for inexistente, menor será a possibilidade de qualquer controle, e maior a condição de anonimato.

7. **Predomina a impessoalidade entre diferentes grupos.**
   Quando a multidão interage com outro grupo, essa interação pouco se importa

com os sentimentos ou com as relações entre os integrantes do grupo. Dois grupos de torcedores que se defrontam em um estádio de futebol não levam em consideração as relações de amizade que porventura possam existir entre seus integrantes. A impessoalidade do comportamento da multidão manifesta-se quando ocorrem tumultos de qualquer tipo — no grupo agredido não importam as pessoas, mas, sim, sua participação no grupo como um todo. Por exemplo, em uma manifestação contrária aos gays, não importará o indivíduo em si, mas sua participação no conjunto; por isso, ele poderá sofrer agressão.

### 21.3.2 As turbas

Uma turba é uma multidão que se organiza momentaneamente com um propósito determinado, para realizar um objetivo. As turbas podem desenvolver ações hostis ou não. As multidões que perseguem os ídolos de cinema, televisão, futebol etc. são exemplos de turbas não hostis. As turbas desenvolvem ações que se transformam em tumultos.

Em turba, o indivíduo tem uma sensação de perda da responsabilidade individual, uma sensação de anonimato. E isso surge porque as atividades das quais o indivíduo participa foram propostas pelo grupo como um todo, e ele não se considera, portanto, individualmente responsável pelo resultado da ação da qual tomou parte. Ao entrar no comportamento coletivo, ele o faz por uma decisão coletiva, e não por ter refletido e tomado aquela decisão.

O grupo que forma uma turba se vê imbuído de certa invulnerabilidade momentânea, achando que tudo pode. Assim, a turba pode cometer qualquer atrocidade, pois ninguém individualmente se sente responsável. Daí a ocorrência de linchamentos, ações incendiárias, atos de violência física de todo tipo contra qualquer pessoa etc.

Os tumultos são ações que se desenvolvem como consequência de outros processos que acumularam sentimentos, expectativas, frustrações, rivalidades e ansiedades. Não podemos dizer que as pessoas incendeiam um ônibus exclusivamente por serem impulsivas. Se elas fazem isso, há motivos anteriores que foram se acumulando, e, aí, o atraso do ônibus passa a funcionar como um gatilho que aciona um processo de acumulação de frustrações.

### 21.3.3 Formas de comportamento da multidão

#### Audiência

Consideramos a audiência como uma multidão com o interesse focalizado em estímulos externos, principalmente unidirecionais, por exemplo: cinema, rádio, TV, uma palestra, uma pregação em uma igreja etc.

#### Arruaça ou conflito

Constitui-se em uma ação de uma multidão violentamente agressiva e destrutiva. Pode ser um conflito racial ou étnico ou uma manifestação de rua em que as pessoas passam a destruir coisas consideradas como alvo: lojas, ônibus, supermercados etc.

#### Orgia

A orgia acontece quando uma multidão se une para transgredir coletivamente os costumes normais vigentes. Em uma orgia, as pessoas compartilham uma situação de prazer, uma folia. Para considerar uma manifestação coletiva de prazer como orgia, é preciso um juízo de valor, e sua abordagem é carregada fortemente de uma premissa cultural.

A orgia possibilita a liberação de tensões provocadas por frustrações existentes em qualquer sociedade. No passado, muitos povos institucionalizaram as orgias por meio de jogos, festas, bebedeiras, danças e a suspensão temporária de certos tabus sexuais.

### Pânico

É uma manifestação de fuga descontrolada de uma multidão diante de um fato inesperado que causa medo ou temor. De um modo geral, o pânico ocorre quando as pessoas se sentem em grande perigo, e as rotas de fuga são poucas. Um início de incêndio em um cinema lotado, por exemplo, pode desencadear com facilidade o pânico nas pessoas, pois o número de indivíduos concentrados no local é grande e as saídas são limitadas. Por isso, mesmo que a possibilidade de um incêndio catastrófico seja mínima, o pânico pode transformar um acidente menor em uma tragédia de grandes proporções.

## 21.4 Os movimentos sociais

**Movimento social:** Grupo de indivíduos organizados em um esforço comum para promover ou resistir a mudanças na sociedade ou no grupo do qual faz parte.

Um movimento social caracteriza-se como um agrupamento de indivíduos envolvidos em um esforço organizado para promover ou resistir a mudanças na sociedade ou no grupo do qual fazem parte.

Os movimentos sociais diferem das formas elementares de comportamento coletivo, como as 'turbas' (uma multidão atuante, inclinada a praticar um ato destrutivo e agressivo), porque são organizados e têm um período de vida mais longo. Como já estudamos, turba é a massa de indivíduos que depredam trens por causa de atrasos, incendeiam coletivos, invadem armazéns em bandos para saquear comida ou promovem o linchamento de um bandido.

A diferença principal entre o movimento social e a 'instituição social' é que a instituição possui natureza permanente, formando elementos estáveis em uma cultura. Os movimentos sociais são altamente dinâmicos e de duração temporária; duram o tempo necessário para atingir o objetivo proposto. Exemplos: movimentos por moradia, por melhorias nos serviços públicos, ecológicos, feministas, de homossexuais etc.

Os movimentos sociais se desenvolvem mais onde os partidos políticos não conseguem fazer chegar ao Estado as reivindicações dos diversos grupos que compõem a sociedade. No Brasil, o movimento dos sem-terra cresceu, se organizou e tem obtido repercussão porque os partidos políticos não contemplavam, em sua prática ou até mesmo em seus programas partidários, a necessidade de reforma agrária. A carência de habitação popular tem feito crescer nos grandes e médios centros urbanos o movimento dos sem-teto, que promovem invasões de terras — com prioridade às terras públicas.

De modo geral, os movimentos sociais têm como característica comum o fato de possuírem clareza de objetivos, programas visando atingir esses objetivos e uma ideologia. Hoje, há uma tendência à globalização dos movimentos sociais em função das facilidades propiciadas pelas novas tecnologias, tecnologias essas que facilitam a mobilização e multiplicam a capacidade de intervenção.

## 21.5 Princípios dos movimentos sociais

Segundo Alain Touraine, há três princípios que devem ser encontrados em todo movimento social — os princípios de identidade, de oposição e de totalidade (veja Figura 21.2).

**Figura 21.2** Os princípios dos movimentos sociais, de acordo com Alain Touraine

Princípios dos movimentos sociais (Alain Touraine) → Identidade / Oposição / Totalidade

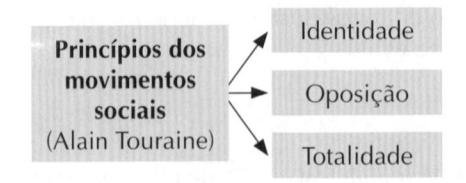

1. O princípio de identidade.
   Em um primeiro momento, o movimento social deve escolher uma identidade, dizendo quem é, o que representa, em nome de quem fala, quais são os interesses que protege ou defende. O movimento dos sem-terra representa os trabalhadores rurais que não têm propriedade rural; o movimento sindical, os trabalhadores organizados; o movimento estudantil, os estudantes; o movimento feminista, as mulheres que desejam emancipação, e assim por diante.

2. O princípio da oposição.
   O movimento social luta sempre contra uma resistência ou um bloqueio; busca vencer a oposição, a apatia ou a indiferença. Sem oposição, ele deixa de existir como movimento social, podendo, então, se transformar em um partido ou em uma organização não governamental. O movimento dos sem-terra luta contra o latifúndio improdutivo; o movimento sindical, contra a exploração do trabalhador; o movimento estudantil, contra a má qualidade de ensino; o movimento feminista, contra a sociedade machista etc.

3. O princípio da totalidade.
   Um movimento social, mesmo que represente ou defenda os interesses de um grupo em particular, afirma fazê-lo em nome de valores e realidade universais, reconhecidos pela coletividade como um todo. Desse modo, um movimento social, para motivar sua ação, pode invocar razões como: a saúde de todos, os direitos humanos, o interesse nacional, a ordem desejada por Deus, a história, o bem-estar coletivo etc. O movimento dos sem-terra afirma lutar por justiça social; o movimento sindical, pelos direitos sociais; o movimento estudantil, pela melhoria da qualidade do ensino; o movimento feminista, pela igualdade de direitos.

## 21.6 Alguns tipos de movimentos sociais

Há vários modos de caracterizarmos os movimentos sociais. Vamos fazê-lo, aqui, no que diz respeito à sua relação com a sociedade e, desse modo, podemos caracterizá-los como conservadores, reformistas ou revolucionários.

### 21.6.1 Movimento conservador

É aquele que tenta preservar a sociedade de mudanças. Os indivíduos que apoiam esse tipo de movimento pretendem manter a sociedade sem alterações. O movimento conservador também é conhecido como 'movimento reacionário', embora muitas vezes essa denominação se aplique aos conservadores mais radicais. Aqueles que se envolvem em um movimento conservador veem os problemas da sociedade tendo como referência, de um modo geral, os valores de um passado que é tido como ideal, e buscam, portanto, uma volta ao que eles julgam terem sido tempos melhores. Os movimentos conservadores tendem a simplificar ao máximo a solução dos problemas sociais.

A 'Marcha da Família com Deus pela Liberdade', em 1964, foi um movimento conservador organizado para resistir às reformas propostas pelo governo João Goulart. O movimento Tradição, Família e Propriedade (TFP) é contrário a qualquer mudança na sociedade, luta contra a reforma agrária e contra as modificações nos costumes.

### 21.6.2 Movimento reformista

É aquele que procura modificar alguns aspectos da sociedade sem transformá-la completamente.

É o tipo de movimento mais comum. Inclusos nessa classificação estão os mais diversos movimentos existentes hoje na sociedade, como: o ecológico, o dos sem-terra, o dos sem-teto, o feminista etc.

Há movimentos reformistas bastante radicais e que levam às últimas consequências suas reivindicações, chegando mesmo a constituir movimentos armados e organizando levantes e insurreições. É importante destacar esse aspecto, pois o que caracteriza um movimento é o conteúdo de suas propostas em relação à sociedade ou ao grupo social e não o seu meio de lutar para atingir os objetivos propostos. Para classificar um movimento como reformista, não nos importa se as pessoas lutarão por seus objetivos com um abaixo-assinado ou pegando em armas, e sim se suas propostas visam modificar a sociedade como um todo ou somente alguns (ou algum) aspectos dessa.

Na história do Brasil, tivemos movimentos que travaram grandes batalhas e, no entanto, eram reformistas.

O movimento de jovens oficiais das Forças Armadas da década de 1920, conhecido como tenentismo, foi um movimento reformista. Este, embora tenha provocado grandes batalhas, ocupado com muita luta a capital de São Paulo em 1924 e conduzido uma coluna invencível por grande parte do território brasileiro, a partir de 1926 tinha como objetivo moralizar os costumes políticos da Velha República, incluindo aí o 'voto de cabresto' (voto aberto).

A guerra paulista de 1932, de São Paulo contra o resto do Brasil, foi organizada e dirigida pelo Movimento Constitucionalista, durou três meses e causou muitas baixas em ambos os lados. No entanto, a luta tinha como objetivo a defesa da Constituição, tendo sido, portanto, um movimento reformista, embora muitos o chamassem de revolucionário.

### 21.6.3 Movimento revolucionário

É aquele que pretende modificar radicalmente a estrutura social. No movimento revolucionário, seus integrantes pretendem subverter completamente o sistema social existente, substituindo-o por outro.

O Sendero Luminoso é um movimento revolucionário peruano que tem como objetivo derrubar a sociedade capitalista e implantar uma sociedade marxista, do tipo maoísta, em seu lugar.

Os negros malês na Bahia, em 1835, constituíram um movimento que tinha por objetivo acabar com a sociedade dos brancos e instaurar um reino negro.

Os bolcheviques, na Rússia de 1917, constituíam um movimento revolucionário que visava à queda da monarquia e do sistema capitalista para a implantação de um regime comunista. A revolução de outubro de 1917 concretizou esse objetivo do grupo, quando seus integrantes tomaram o poder e instalaram o primeiro regime comunista da história.

Como conclusão, devemos assinalar que qualquer definição de movimento social tem sentido somente em relação àquele determinado país em que ocorreu. A tipologia dos movimentos utilizada neste trabalho foi elaborada tendo como referência o sistema social brasileiro. Um movimento conservador aqui no Brasil seria considerado revolucionário em Cuba, por exemplo.

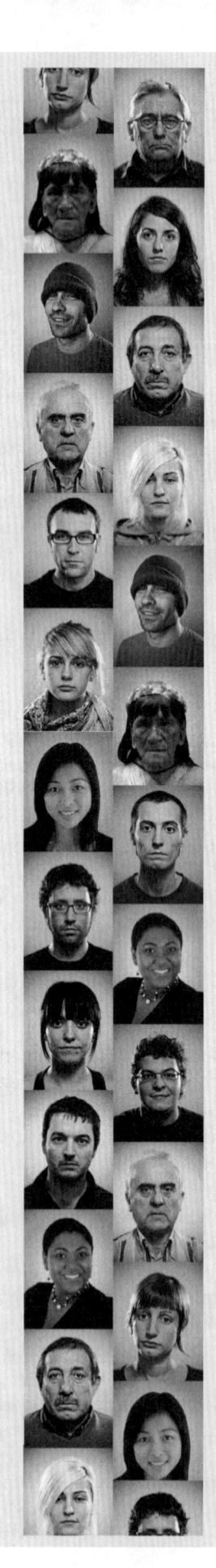

## RESUMO DO CAPÍTULO

Ao longo deste capítulo, vimos que o comportamento coletivo é imprevisível, eventual e irracional, portanto, muito difícil de ser controlado. Entre os principais tipos de movimento coletivo estão o público e a multidão.

O público é formado por pessoas fisicamente separadas que partilham um interesse comum, o que dá aos membros um senso de unidade e uma identificação recíprocos. E é esse interesse específico que identifica o público. Podemos, assim, ter um público voltado para o meio ambiente, o esporte, a eleição presidencial etc.

A multidão, por outro lado, é formada por um grupo temporário, desorganizado, de indivíduos que apresentam uma certa proximidade física e que sofrem influência uns dos outros. Ela se caracteriza por se formar espontaneamente, ser temporária e, de um modo geral, desorganizada. Os laços entre as pessoas são fracos; os indivíduos que a compõem assumem a condição de anonimato, os relacionamentos são casuais e a impessoalidade entre os diferentes grupos é que predomina. A multidão pode se comportar de várias formas, entre as quais se destacam a audiência, a arruaça ou conflito, a orgia e o pânico.

O movimento social, por sua vez, caracteriza-se como uma coletividade de indivíduos envolvidos em um esforço organizado para promover ou resistir a mudanças na sociedade. A característica principal dos movimentos sociais — e que os diferenciam de outras formas de comportamento coletivo — é que eles são organizados e têm um período de vida mais longo. Tais movimentos possuem alguns princípios comuns que são: identidade, oposição e totalidade. São tipos de movimentos sociais: o conservador, o reformista e o revolucionário.

O movimento conservador procurará manter o *status quo*, ou seja, uma sociedade sem mudanças. Já o movimento reformista procurará fazer mudanças em alguns aspectos da sociedade. Quanto ao movimento revolucionário, este buscará a modificação radical da estrutura social.

## PERGUNTAS

1. Quais as características do comportamento coletivo?
2. O que é o público? Exemplifique.
3. O que é a opinião pública?
4. Defina multidão. Exemplifique.
5. Cite algumas características da multidão.
6. O que são turbas? Exemplifique.
7. Cite algumas das formas de comportamento da multidão.
8. O que é orgia relacionada com multidão?
9. O que é uma audiência? Exemplifique.
10. O que é um movimento social?
11. Quais são os princípios que um movimento social deve ter?
12. Explique o princípio da totalidade. Exemplifique.
13. Qual a característica de cada tipo de movimento social? Exemplifique.

# CAPÍTULO 22

# A mudança social

## APRESENTAÇÃO

Neste capítulo, veremos que todas as sociedades estão permanentemente em processo de mudança — a velocidade com que ela ocorre é que varia — e que existem diversos fatores que influenciam a mudança. Veremos, também, que a preocupação com a mudança social envolveu os principais sociólogos. Abordaremos, ainda, a relação entre as mudanças e os problemas sociais gerados, bem como o resultado cumulativo das mudanças sociais, que denominamos 'evolução social'. E, finalmente, contemplaremos no contexto da evolução social a ideia de progresso e de desenvolvimento.

## TÓPICOS PRINCIPAIS

22.1 Conceituando mudança social
22.2 Natureza da mudança social
22.3 A mudança social e a mudança cultural
22.4 Causas da mudança social
22.5 Teorias da mudança social
22.6 Mudança social e problemas sociais
22.7 A evolução social

## OBJETIVOS DE APRENDIZAGEM

Compreender:

- que a mudança é um processo inerente e inevitável em qualquer sociedade.

- que há momentos nos quais há um aceleramento do processo de mudança social, e que eles são revolucionários.

- que o processo cumulativo de mudanças ao longo de um período é o mais comum, também conhecido como evolução social.

- que há um número enorme de causas para a mudanças sociais, envolvendo aspectos físicos, econômicos, tecnológicos, políticos, entre outros.

- a ideia de progresso e de desenvolvimento, no contexto da evolução social.

## 22.1 Conceituando mudança social

Denominamos 'mudança social' todas as variações históricas nas sociedades humanas, quer essas ocorram rápida e abruptamente, quer ocorram passo a passo em um longo período. A abordagem da mudança social envolve estudos das tendências demográficas, das alterações na estrutura familiar, na estrutura da estratificação social, entre outras. A discussão sobre desenvolvimento e progresso está inserida no contexto dos estudos de mudança social.

As sociedades humanas sofrem constantes modificações ao longo do tempo, sendo essa sua característica mais marcante. Não é a estabilidade social que caracteriza a humanidade, mas sua capacidade de mudar constantemente. Seu poder adaptativo na realidade é notável, pois o ser humano consegue se movimentar e habitar em praticamente qualquer lugar da face da Terra e até mesmo no espaço, como temos visto. Desse modo, os estudos sobre mudança social deveriam estar situados em um patamar superior, pois envolvem uma característica fundamental do ser humano.

No entanto, os estudos de mudança social mantêm-se em uma abordagem secundária nos currículos escolares, e a própria sociologia não destaca esse aspecto essencial. A explicação poderia ser tentada, então, tendo como viés uma importante característica das instituições de ensino. Afinal, essas instituições procuram manter os valores fundamentais das sociedades em que estão inseridas e reproduzir os paradigmas vigentes em um processo de transmissão cultural que busca a continuidade do grupo social que a controla. Sob esse ângulo, os estudos de mudança social seriam subversivos na medida em que justificam a necessidade de mudança contínua como forma de assegurar a permanência do grupo social, ou seja, uma abordagem oposta, que permeia como senso comum as instituições de ensino e seus profissionais.

Como consigna de um sociólogo, um ponto essencial para nortear sua vida acadêmica deveria ser a premissa de que o que é constante na vida social é a mudança, e não a estabilidade. Nessa perspectiva, é importante que sejam conhecidos os mecanismos pelos quais se processam as mudanças — tanto as revolucionárias como as evolucionárias (veja Figura 22.1). Visto assim, o método histórico de pesquisa científica assume um papel primordial, pois as sociedades humanas devem ser abordadas com um processo permanente de mudança, ou seja, sua compreensão passa por uma análise de seu passado.

Ao longo de sua história, a humanidade apresentou um processo de mudança social bastante lento. Nas ocasiões em que ocorreram mudanças sociais, motivadas por guerra, fome ou epidemias, as adaptações a uma nova realidade foram motivo de inquietação, e provocavam uma reação de retorno à normalidade anterior (veja Figura 22.2).

Com o desenvolvimento da agricultura e com o estabelecimento de aldeias e vilas permanentes, as mudanças começaram a ser mais significativas, configurando-se a primeira das revoluções científico-tecnológicas. Os animais foram domesticados, a roda foi inventada, surgiram as primeiras escritas e a utilização do metal se tornou comum. A partir desse momento, a história se vê permeada de modificações a todo instante: ascensão e queda de civilizações, invasões, invenções e

**Figura 22.1**  Os tipos de variação histórica nas sociedades humanas

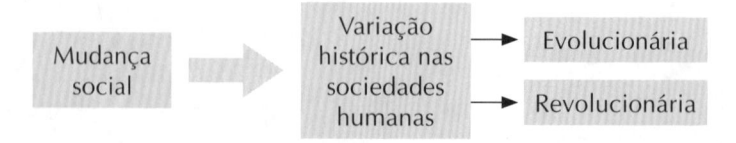

Mudança social → Variação histórica nas sociedades humanas → Evolucionária / Revolucionária

**Figura 22.2** As causas da mudança social

```
                    Geográfica          Cultural

        Epidêmicas  ←  Causas da  →  Socioeconômica
                        mudança
                         social

                    Políticas    Tecnológicas
```

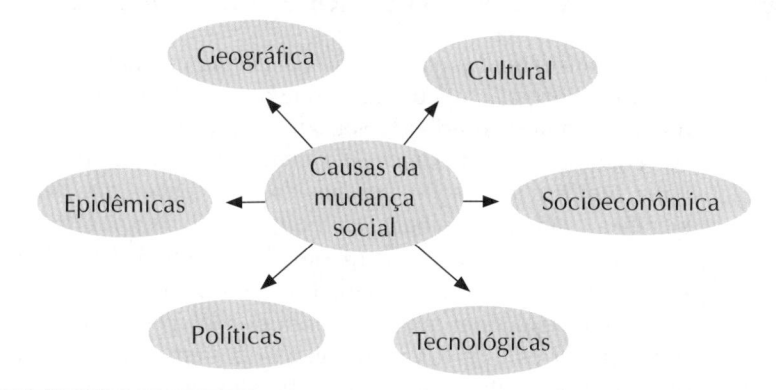

novas ideias. O processo de mudanças foi acelerado, chegando até o século XVIII, quando um novo surto de grandes descobertas precipitou um novo salto com mudanças ainda mais significativas. É o processo conhecido como segunda revolução científico-tecnológica ou Revolução Industrial.

Com a Revolução Industrial, o processo de mudanças se tornou avassalador, constituindo-se em um aceleramento brutal em termos de inovações e novas ideias. Isso provocou uma importante ruptura com o passado agrícola da humanidade, desenvolvendo-se uma nova sociedade baseada na produção em larga escala. Esse processo começou na Inglaterra no século XVIII e perdurou até o fim do século XX, quando, então, teve início um processo ainda mais rápido de mudanças sociais — o qual denomina-se terceira revolução científico-tecnológica ou Revolução do Conhecimento.

## 22.2 Natureza da mudança social

A dinâmica social se refere aos movimentos que ocorrem nas sociedades humanas — tanto àqueles movimentos entre indivíduos e grupos ou mesmo entre vários grupos, quanto àqueles de grupos humanos ao longo de determinado espaço geográfico. Há, ainda, as constantes mudanças que ocorrem nas diversas sociedades humanas provocadas pelos mais diferentes motivos: tecnológicos, revoluções sociais, guerras etc.

Durante o século XX, as mudanças foram significativas em todos os sentidos. Houve grandes movimentos migratórios, a mobilidade social aumentou com a consolidação do sistema de classes sociais em muitas regiões do mundo, as revoluções sociais foram numerosas, e as guerras estiveram sempre presentes.

Do ponto de vista da sociologia, a complexidade da vida social aumentou, fazendo surgir muitos problemas sociais novos e que ainda necessitam de explicações. No fim do século, a velocidade das mudanças tecnológicas vem sendo acompanhada por profundas alterações nos costumes e nas práticas cotidianas.

O período que estamos vivendo no início do milênio se caracteriza por mudanças tão profundas que não se encontra outro igual ao longo da história da humanidade. As mudanças ocorrem rapidamente no âmbito tecnológico, refletindo-se de imediato na sociedade, mudando hábitos de trabalho, de consumo e mesmo de relacionamento. A revolução científico-tecnológica desse começo de milênio parece conter várias revoluções, pois um processo supera o outro em um prazo muito curto de tempo. Inserir esse processo de mudanças constantes no estudo tradicional de sociologia é um desafio que deve ser enfrentado, abordando-se os novos processos de um ponto de vista crítico e com a mente aberta e afastada de dogmas que engessam o raciocínio.

## 22.3 A mudança social e a mudança cultural

As sociedades humanas estão em constante mudança. Seja por motivos sociais, políticos, geográficos, culturais ou econômicos sempre ocorrem modificações que afetam a vida dos indivíduos e alteram a história da humanidade. Em algumas sociedades, tais modificações ocorrem com rapidez; em outras, lentamente. Podem variar também as direções em que elas ocorrem — mas nem sempre uma mudança significa avanço tecnológico ou político e social, por exemplo.

Com a globalização e a revolução científico-tecnológica, as mudanças estão ocorrendo em maior velocidade e afetando um número mais significativo de pessoas do que qualquer outra anterior que tenha ocorrido no planeta. Não pretendemos esgotar os motivos pelos quais ocorrem essas modificações na sociedade, apenas apontar alguns fatos para que eles sirvam como referência para reflexão e debate contínuos.

Há inúmeras teorias diferentes de mudança social, que, no entanto, não seriam úteis de imediato para nosso estudo. Desse modo, optamos por privilegiar o estudo das condições, processos e fatores que determinam as mudanças sociais.

Existe uma distinção entre mudança cultural e social. Denominamos 'mudança cultural' toda transformação de valores ou padrões sociais relativamente permanentes. Nós nos referimos à 'mudança social' quando ocorrem mudanças nas estruturas e nos relacionamentos sociais.

O fato é que quase todas as mudanças importantes que ocorrem nas sociedades humanas envolvem aspectos sociais e culturais. Na prática, a distinção entre uma e outra não é importante. Assim, neste nosso trabalho, ao longo do texto, as utilizaremos alternadamente sem precisá-las.

## 22.4 Causas da mudança social

Há diversos fatores que contribuem para a mudança social. Entre eles, podemos destacar: os geográficos, os socioeconômicos, os culturais, os tecnológicos, os políticos, e aqueles relacionados a epidemias.

### 22.4.1 Fatores geográficos

Aqui se incluem os cataclismos naturais, particularmente os geológicos e climáticos — inundações, erupções vulcânicas, terremotos, secas, ciclones e outros —, que podem modificar de maneira transitória ou permanente a organização ou a estrutura de uma sociedade. As mudanças provocam alterações no estilo de vida das pessoas, e uma maior disponibilidade ou ausência de recursos naturais pode determinar o tipo de vida de determinados grupos humanos.

No Brasil, a seca no Nordeste provocou muitas mudanças sociais que se refletiram em todo o País. Nos Estados do Sul e Sudeste, o perfil da população sofreu profundas alterações pela vinda de migrantes do Nordeste. Essa migração acabou alterando a composição étnica de suas populações. A capital de São Paulo, por exemplo, sofreu forte influência nordestina. Isso fez com que fossem modificados hábitos e costumes que eram fortemente marcados pela presença da imigração europeia, principalmente a italiana.

Muitas regiões do Nordeste foram despovoadas, alguns vilarejos desapareceram e os Estados afetados pela seca não acompanharam o processo de industrialização concentrado principalmente no Sul e no Sudeste.

## 22.4.2 Fatores socioeconômicos

São as mudanças que envolvem processos sociais e econômicos que afetam a organização social, modificando-a.

No exemplo anterior, a seca foi utilizada como causa das mudanças sociais. No entanto, podemos utilizá-la de outra forma — como consequência das mudanças provocadas pelo homem. Durante a colonização, a superexploração das terras do Nordeste com as plantações de cana-de-açúcar provocou o desmatamento e a desertificação, resultando em um aumento substancial da seca na região.

As modificações no ambiente físico provocadas pelos homens — como construção de barragem, desvio de um rio, ampliação (ou construção) de uma rodovia — podem provocar mudanças significativas nos agrupamentos humanos. Muitas populações têm de ser removidas quando da construção de barragens, pois suas terras serão inundadas. A duplicação de uma rodovia fará aumentar o tráfego de veículos, facilitará o escoamento de produtos e, consequentemente, levará muitas empresas a se fixarem próximas a ela, o que provocará a mudança do perfil social das cidades que se situarem às margens da estrada.

Com incentivo fiscal, a implantação de indústrias em uma determinada região provocará a concentração de pessoas naquele local, modificando o perfil da população e elevando até mesmo o número de habitantes. A vinda de pessoas de outras regiões poderá modificar o modo de vida dos ali residentes, que, assim, passarão a ter um outro ritmo, além de outras perspectivas.

As motivações sociais importantes que provocam a mudança social são: as guerras, as invasões, as conquistas e as revoluções. A Revolução Francesa provocou mudanças tão profundas na história da humanidade que seus efeitos perduram até os dias de hoje. Do mesmo modo, a Revolução Russa alterou a vida de muitos povos a partir de 1917. As conquistas promovidas pelos povos europeus ao longo dos séculos XV a XVIII mudaram o desenvolvimento de muitas civilizações do Novo Mundo, da África e da Ásia.

A guerra é um fator de profundas mudanças sociais. Nos últimos tempos, a Guerra da Rússia na Tchetchênia tem despovoado essa região, provocando um êxodo de sua população, que foge dos combates e dos bombardeios. Na guerra de Kosovo, essa província da antiga Iugoslávia teve sua composição populacional modificada por duas vezes. Em um primeiro instante, grandes massas de kosovares (de origem albanesa) fugiram dos sérvios e se instalaram na fronteira no lado albanês e outros países. Em um segundo momento, com a entrada na guerra da Aliança Ocidental liderada pelos Estados Unidos, os sérvios foram expulsos, e a maioria albanesa voltou, então, a habitar a região.

A concentração de indústrias em determinadas regiões ou cidades provoca mudanças sociais que afetam a própria cidade onde está o parque industrial e aquelas que se encontram mais ou menos próximas. Essas cidades, então, acabam assistindo a uma diminuição de sua população, que migra em busca de trabalho. A cidade de Birigui, no Estado de São Paulo, especializou-se na produção de calçados infantis. Com o passar dos anos, surgiram ali bairros inteiros habitados por pessoas de uma mesma cidade, que migraram em busca de trabalho. Foi o caso, por exemplo, da cidade de Rinópolis. Em 1990 ela quase ficou vazia, pois 2 mil famílias se mudaram para Birigui atrás de melhores oportunidades nas indústrias de calçados infantis. O bairro em que essas famílias se instalaram, Toselar, na época passou a ser conhecido como Birinópolis, justamente por causa dessa migração.

## 22.4.3 Fatores culturais

Dizem respeito às transformações nas ideias e valores, ao desenvolvimento da filosofia e à difusão de religiões e de ideologias. Incluímos aqui as mudanças de paradigmas — importantes processos culturais que podem causar profundas transformações sociais.

O comunismo é uma ideologia que se desenvolveu a partir do *Manifesto comunista*, de Karl Marx e Friedrich Engels, publicado em 1848, e do livro *O capital*, de Marx, no qual ele analisa profundamente o sistema capitalista e demonstra a exploração vivida pela classe operária. Ao longo do século XX, o comunismo se tornou o conjunto de ideias adotado por um terço da humanidade, que passou a viver sob governos que se declaravam comunistas. As ideias de Marx revolucionaram inúmeras sociedades, alterando profundamente suas estruturas sociais (veja Quadro 22.1).

## A difusão

A 'difusão' é um dos fatores mais importantes de mudanças. Trata-se do processo de adoção de elementos culturais por outra cultura. A difusão cultural provoca tantas modificações quanto as invenções propriamente ditas. As histórias narradas, as religiões praticadas, os objetos de uso cotidiano, a língua, o papel, a moda, a culinária etc. influenciam e modificam comportamentos, atitudes, modos de pensar e de ver o mundo. A difusão do uso do biquíni para o banho de mar, por exemplo, provocou mudanças nos costumes de muitas nações. A culinária do continente europeu, por sua vez, sofreu importantes transformações com a introdução de alimentos encontrados no Novo Mundo, como o tomate, a batata e o milho.

A difusão do islamismo tem provocado profundas mudanças nos países que o adotam, como ocorreu com o Irã e com muitos países asiáticos e das antigas repúblicas russas. Já a difusão do catolicismo junto aos povos indígenas americanos modificou sua cultura e suas tradições.

### 22.4.4 Fatores tecnológicos

Invenções e inovações tecnológicas podem produzir amplas mudanças na sociedade.

A tecnologia é parte da cultura de uma sociedade, e pode ser definida como o conhecimento e as ferramentas utilizadas para manipular o meio físico para atingir determinados fins.

Toda sociedade humana detém algum tipo de tecnologia que contribuiu para

---

**QUADRO 22.1** A primeira revolução comunista

O primeiro país a ter um movimento para implantar as ideias de Marx foi a Rússia. Em plena Primeira Guerra Mundial, a Rússia era castigada por derrotas militares e por falta de alimentos. Nesse cenário, em fevereiro de 1917, explode um movimento revolucionário, o qual depõe o czar Nicolau II e implanta um novo governo chefiado pelo socialista Alexander Kerenski. Uma das medidas mais esperadas do novo governo era tirar a Rússia da guerra. Mas isso acabou não acontecendo, mantendo-se a insatisfação de amplas camadas da população. Em outubro de 1917, sob a bandeira de 'Paz, pão e terra', militantes comunistas, conhecidos como bolcheviques, foram liderados por Vladimir Lênin e tomaram o poder. Lênin restaura, então, a paz em separado com a Alemanha, acaba com a propriedade privada e suprime a religião. Após uma guerra civil que dura três anos, consolida-se o domínio comunista, e a Rússia passa a se chamar União das Repúblicas Socialistas Soviéticas (URSS). (Devemos destacar aqui que tropas estrangeiras participaram dessa guerra civil, lutando ao lado dos contrarrevolucionários aglutinados no exército branco, que combatia contra o exército vermelho dirigido por Leon Trotski.)

A União Soviética modernizou-se rapidamente; e a educação e a saúde passaram a ser gratuitas. No entanto, o regime totalitário que se instituiu foi o responsável pela morte de milhões de pessoas por causa de expurgos sangrentos, prisões em massa, experiências econômicas malsucedidas e campos de concentração na Sibéria. A disputa ideológica entre a União Soviética e os Estados Unidos dominou o cenário político mundial durante a segunda metade do século XX. Isso provocou inúmeras guerras localizadas — como a da Coreia, a do Vietnã, entre outras — e ameaçou levar o mundo à destruição com uma guerra nuclear. O símbolo maior dessa divisão bipolar do mundo foi o muro de Berlim, que separava a Alemanha em duas partes: a Ocidental (capitalista) e a Oriental (comunista). O muro foi derrubado em 9 novembro de 1989, terminando simbolicamente com um período conhecido como Guerra Fria. Poucos anos depois, era formalizado o fim da URSS, com seu último líder Mikhail Gorbachev renunciando em 25 de dezembro de 1991.

sua manutenção. Pode ter sido um pedaço de osso utilizado como instrumento cortante; um pedaço de pedra de determinado tipo que ajudou a produzir o fogo; uma vara utilizada para abrir buracos no chão para o plantio etc. Até os mais simples instrumentos tornaram (e em muitos casos ainda tornam) possível a subsistência de sociedades humanas.

Muitos povos antigos utilizaram tecnologias que até então são desconhecidas. A construção de pirâmides — tanto as do Egito quanto as que foram construídas pelos povos no atual México ou Guatemala — ainda hoje é um mistério. Assim também como a execução e o transporte das gigantescas estátuas encontradas na Ilha de Páscoa. As construções dos incas, no Peru, eram feitas com o encaixe perfeito de pedras enormes, fato até agora não explicado.

A moderna tecnologia se desenvolveu a partir da industrialização, que teve início na Inglaterra no século XVIII. Posteriormente, no século XIX, espalhou-se pelo resto da Europa e Estados Unidos. A tecnologia moderna difere das tecnologias anteriores por ser científica, ou seja, ela se desenvolve por meio do uso de métodos especiais de obtenção e uso de informações.

A industrialização significou uma mudança profunda nos métodos de produção, organização econômica e na vida social, substituindo o uso da força humana e animal pelo uso de energia com origem em fontes naturais.

Há mais de 500 anos um ourives alemão, Johannes Gutenberg, criou um método de impressão revolucionário que foi utilizado pela primeira vez em 1445 e se espalhou com incrível rapidez. Estimativas indicam que em 1500 já circulava pela Europa meio milhão de livros. A imprensa de Gutenberg contribuiu para acelerar o Renascimento, para o surgimento do protestantismo, e para as revoluções políticas e industriais dos séculos seguintes. A leitura — que, anteriormente, era exclusividade de pequenas elites de nobres e sacerdotes — passou a atingir um número impressionante de pessoas, graças à diminuição do custo dos livros, popularizando o saber.

No momento atual, profundas mudanças são motivadas pelo avanço da tecnologia da informação, como o demonstra o Quadro 22.2.

### QUADRO 22.2 Tecnologia e mudança

O setor de tecnologia da informação (TI) é o segmento que mais cresce na economia indiana, tanto em números de produção quanto de exportação.

Mas o boom que, nos últimos dez anos, cravou o país definitivamente no mapa da tecnologia eletrônica mundial criou um paradoxo: enquanto cidades como Bangalore, no Sul, experimentam um desenvolvimento acelerado e a criação de milhares de empregos, a maior parte do país segue imersa na pobreza. Para alguns estudiosos, o surto tecnológico só ampliou as diferenças sociais.

O governo diz estar tomando todas as providências para tornar a Índia uma 'superpotência tecnológica global' e fez dessa bandeira uma de suas prioridades.

"Enquanto a educação e os negócios por meio da TI se expandiram enormemente, a educação primária para as massas pobres ainda é precária em termos de qualidade e oferta", diz o professor de ciência política Manoranjan Mohanty, da Universidade de Déli. "Isso também vale para a saúde nas zonas rurais e tribais e nas favelas em grandes cidades."

Saúde e educação, segundo os especialistas, são os dois tópicos mais relegados no país.

"O boom de TI e o baixo desempenho em desenvolvimento humano são, em alguns casos, dois lados da mesma moeda", afirma Nagaraj, lembrando que, enquanto o PIB *per capita* no país dobrou nos últimos 20 anos, o investimento em educação e saúde teve um aumento discreto. "Para cada dólar gasto em educação primária, três são gastos em educação de terceiro grau."

Mohanty concorda com a relação. "Os obstáculos vêm da estratégia de desenvolvimento, que, nos últimos anos, retirou incentivos de áreas básicas e não adequou a infraestrutura de desenvolvimento nas regiões pobres."

Como é de praxe em momentos de grande transformação econômica, a Índia assiste, com o boom da indústria de TI, ao nascimento de um novo grupo de milionários — algo especialmente impactante em um país em que a divisão da sociedade em castas ainda vigora.

"Este novo grupo é pequeno, mas deve, no longo prazo, se tornar mais influente", diz o professor Geoff Walsham, da Universidade de Cambridge (Reino Unido), citando a dificuldade da estrutura política indiana em absorver mudanças como a razão para a demora da nova elite em adquirir maior poder.

"Há uma nova classe empreendedora, de espírito competitivo e perfil global, pronta a transpor as fronteiras culturais do país", acrescenta R. Nagaraj, do Instituto Indira Gandhi de Pesquisa para o Desenvolvimento.

Mas a professora Sunanda Sen, da Academia de Estudos do Terceiro Mundo da Universidade Jamia Milia, vê o impacto desse novo grupo na sociedade como pouco relevante: "A reação da sociedade vai da curiosidade à apatia".

A limitação do poder e mesmo do tamanho do grupo também guarda relação com o fato de muitos desses novos milionários e novos talentos acabarem deixando o país — a maior parte dos quais rumo aos Estados Unidos, que hoje domina 70% do mercado mundial de TI.

"Não há muitas medidas para reduzir a fuga de cérebros nem estímulo para manter essas pessoas no país. Mas a Índia acabou se beneficiando", diz Nagaraj.

A contramão do fenômeno é que o boom de TI começou exatamente com indianos que, após viverem no exterior, retornaram ao país com uma forte rede de contatos, promovendo o investimento.

*Fonte*: Adaptado de COELHO, Luciana. "Boom tecnológico amplia abismo social na Índia". *Folha de S.Paulo*, 21 set. 2003, p. A-27, fornecido pela *Folhapress*.

### 22.4.5 Fatores políticos

Uma mudança governamental, com a eleição de uma liderança carismática, um golpe militar, ou outras alterações que podem ocorrer no sistema político podem provocar mudanças significativas na estrutura social.

Em janeiro de 1933, Adolf Hitler tornou-se chanceler da Alemanha e instituiu um regime extremamente cruel, responsável pelo genocídio de milhões de pessoas. Após seis anos no poder deflagrou a Segunda Guerra Mundial, que começou em 1939. Sob suas ordens, 6 milhões de judeus foram exterminados de várias formas — fuzilados, em câmaras de gás ou por trabalhos forçados. Hitler também exterminou um número aproximado a esse de ciganos, homossexuais, socialistas, comunistas, eslavos e outros considerados indesejáveis ou de raça inferior. No final, foram 17 milhões de combatentes de guerra e 60 milhões de civis mortos.

### 22.4.6 Fatores relacionados à saúde

Grandes epidemias provocaram mudanças substanciais no desenvolvimento de muitas sociedades, alterando hábitos e costumes das populações atingidas e até mesmo o rumo dos acontecimentos.

A Peste Negra, também chamada 'peste bubônica', chegou à Europa transmitida por pulgas de ratos que vinham em navios da Ásia e foi a responsável por eliminar um terço da população da Europa na metade do século XIV. A força de trabalho europeia foi destruída, metade do clero na Alemanha e na Inglaterra morreu. Como não se tinha ideia de onde ela vinha, a doença foi considerada uma punição de Deus aos pecadores. Quando padres também caíram doentes, o controle da Igreja Católica ficou enfraquecido, e abriu-se uma oportunidade para o surgimento do protestantismo. Os médicos, por sua vez, abandonaram os dogmas e começaram a dissecar os corpos humanos em busca de uma explicação, levando ao aperfeiçoamento do método científico. As pessoas começaram a ver o mundo de modo diferente após a peste, e o caminho para novas descobertas foi aberto.

## 22.5 Teorias da mudança social

Numerosas foram as teorias de mudança social propostas ao longo da história. Para o nosso estudo, porém, citaremos aquelas que, a nosso ver, tiveram maior repercussão nos meios científicos e na sociedade de modo geral e que foram expostas em parte por Bottomore (1978, p. 268-273). A seguir, elas são expostas de forma bastante sucinta.

### 22.5.1 A teoria de Comte

O teórico francês, que criou a palavra 'sociologia' e o positivismo, explica a mudança social como o resultado do desenvolvimento intelectual do homem. Esse desenvolvimento é formulado na 'lei dos três estágios' como um progresso que parte dos modos de pensamento teológico, passa pelo modo metafísico de pensar, e atinge o modo positivo representado pela ciência atual. Tal progresso intelectual foi acompanhado por mudanças nas instituições sociais e no desenvolvimento moral, com o predomínio do altruísmo sobre o egoísmo.

### 22.5.2 A teoria de Spencer

A teoria de Spencer foi de tal forma influenciada pela teoria da evolução de Darwin que também é conhecida como 'social darwinismo'. Ao discutir o curso da evolução social, Spencer considerou como característica importante a crescente diferenciação de função dentro das sociedades. Para ele, as sociedades evoluíam de uma homogeneidade indefinida e instável para uma heterogeneidade definida e estável. Embora propusesse que as sociedades evoluíam linearmente, não demonstrou como elas poderiam estar dispostas de forma sistemática.

### 22.5.3 A teoria de Marx

Na teoria marxista, dois elementos da vida social se destacam: o desenvolvimento das forças produtivas (tecnologia) e as relações entre as classes sociais. Para Marx, cada fase do desenvolvimento das forças produtivas corresponde a um modo particular de produção e a um sistema de relações de classes, em que coexistem uma classe dominante e uma classe dominada fundamental. O desenvolvimento das forças produtivas modifica as relações de classe e as condições em que se dá o conflito entre elas. Já a classe dominada pode derrubar o modo de produção superado e o sistema de relações sociais existente, e, ainda, pode estabelecer uma nova ordem social.

## 22.6 Mudança social e os problemas sociais

Problemas sociais constituem situações indesejáveis, inaceitáveis, que devem ser corrigidas para manter a sociedade integrada e harmonizada de acordo com os valores aceitos. Toda sociedade em mudança desenvolve problemas, seja pela modificação das condições ambientais (excesso de população, erosão do solo, poluição, desmatamento etc.), ou pela modificação dos valores que passam, então, a definir situações anteriores como inaceitáveis (trabalho infantil, pobreza, racismo, falta de instrução etc.).

Neste início do século XXI, as mudanças sociais estimuladas pelas novas tecnologias provocam muitos problemas sociais. Entre eles, o fenômeno do desemprego estrutural é um dos maiores. Muitas funções da sociedade altamente industrializada do século XX estão deixando de existir, sendo substituídas pelo uso de equipamentos sofisticados, por robôs ou programas de computador que executam as mesmas tarefas que os humanos sem necessidade de descanso. Há uma tendência irrefreável de diminuição e mesmo eliminação das tarefas cansativas e repetitivas que demandam muito esforço físico, passando a ser exercidas por máquinas e equipamentos informatizados.

As pessoas que perdem o emprego não conseguem compreender como, de um momento para o outro, a sua função que era tão importante perde seu lugar e até mesmo desaparece. Acontece que elas não têm uma visão do todo, não percebendo que as modificações profundas são motivadas pela revolução científico-tecnológica. Por outro lado, acostumadas com um determinado paradigma de trabalho, essas pessoas não percebem que as mudanças que ocorrem valorizam e redefinem outras funções que passam a ter importância. Dessas surgem novas posições que devem ser ocupadas para, assim, manter o funcionamento harmônico da sociedade.

## 22.7 A evolução social

Consideramos a 'evolução social' como o resultado cumulativo de mudanças sofridas pela sociedade no decorrer de um certo período e orientadas em uma mesma direção. Nesse sentido, nem toda mudança social pode ser ligada a um processo de evolução social.

A evolução é um processo muitas vezes quase imperceptível de mudanças que ocorrem sempre em uma mesma direção. Pode ser um processo de aperfeiçoamento contínuo das interações e das relações sociais sem mudanças que venham a alterar a estabilidade social, em uma velocidade tal que permite que as pessoas se adaptem à mudança.

As mudanças de paradigmas contribuem para o processo de evolução social permanentemente. Isso à medida que a substituição de velhos paradigmas por novos é sempre um processo não traumático e gradativo — aqui considerado o todo, pois, para aquele que está preso em um velho paradigma e se vê obrigado a enfrentar o novo, o quadro é necessariamente traumático —, e constitui-se em auxiliar importante do processo evolutivo.

No século XX, a ideia de evolução social esteve ligada ao interesse pelo futuro dos países em desenvolvimento, que se lançaram na trajetória da industrialização. Desse modo, as sociedades evoluídas seriam aquelas mais tecnologicamente avançadas. Essa ideia de evolução social está intimamente ligada à concepção de progresso.

### 22.7.1 A ideia de progresso

Segundo Lenski (1970, *apud* Horton e Hunt, 1980), a ideia de progresso está associada à elevação da capacidade da sociedade humana em mobilizar energia e informação no processo de adaptação. Essa é uma definição de progresso associada ao aumento do domínio sobre o meio ambiente e à capacidade de transformar e controlar a natureza.

Tal ideia é relativamente recente, está intimamente ligada ao desenvolvimento da ciência moderna, à luta pela liberdade política e religiosa, e à rápida transformação industrial ocorrida a partir da Revolução Industrial e do século XVIII.

Podemos ainda definir progresso como o aumento da capacidade humana de suprir suas próprias necessidades, melhorando sua qualidade de vida — o que envolveria fatores políticos, econômicos, sociais, entre outros.

Qualquer que seja a definição, porém, é importante destacarmos que o progresso sempre conterá um juízo de valor, pois pressupõe uma mudança em uma certa direção que é desejada por uma determinada cultura, por um determinado conjunto de valores. Do ponto de vista exclusivo das sociedades hindus, por exemplo, talvez o progresso não seja aumentar o processo de industrialização, que é imposto sobre a sociedade indiana pelas necessidades de sua inserção na economia mundial.

### 22.7.2 A ideia de desenvolvimento

A ideia de desenvolvimento pode ser localizada nos primórdios do surgimento do capitalismo. Os iluministas, no período da Revolução Francesa de 1789, defendiam o progresso como um remédio para os males da humanidade. Com o progresso, viriam as riquezas, as quais seriam utilizadas por todos para o bem comum. De fato, com o progresso gerado pela industrialização foram obtidas mais riquezas do que a humanidade jamais sonhou. Porém, o progresso também concentrou essa abundância em mãos de poucos como nunca havia sido visto.

A ideia de progresso como meta a ser perseguida pelas nações interiorizou-se de tal modo nas mentes e nos corações daqueles que viviam sob a égide do capitalismo que seu conteúdo não foi questionado até o final da primeira metade do século XX.

A ideia de progresso, agora conhecido como 'desenvolvimento', mantinha-se, mas havia uma maior preocupação com a alocação dos recursos, que continuavam escassos admitindo-se a enorme concentração da riqueza produzida. Essa preocupação está presente da primeira metade do século XX até os dias atuais, com a palavra 'desenvolvimento' sendo acompanhada de outras que pretendem qualificar seu grau e sua capacidade de alocação dos recursos. Assim, então, foram acrescidas ao termo 'desenvolvimento' as seguintes denominações: social, humano, sustentável, responsável etc.

## RESUMO DO CAPÍTULO

Neste capítulo, vimos que em todas as sociedades ocorrem variações ao longo da história que podem ser rápidas e abruptas ou, então, lentas. Em qualquer dos casos, porém, estamos falando de mudanças sociais. E, embora tenha importância, a mudança social é pouco estudada nos currículos escolares. Ao longo do século XX, as mudanças tornaram-se mais significativas, pois ocorreram grandes movimentos migratórios, a mobilidade social aumentou e houve numerosas revoluções sociais e guerras ao longo de todo o período.

Entre as diversas causas das mudanças sociais, destacamos os fatores geográficos, socioeconômicos, os essencialmente culturais, tecnológicos, políticos e os relacionados à saúde humana.

Vimos, entre as teorias de mudança social, as de Comte, Spencer e Marx. A teoria de Comte baseia-se nos três estágios do pensamento positivista, pelo qual a humanidade evolui do pensamento teológico, passando para o metafísico, chegando ao racional ou positivo. A teoria de Spencer fundamenta-se nas teses de evolução de Charles Darwin, e propõe que as sociedades evoluem linearmente. Já para Marx, as sociedades, para evoluir, devem passar necessariamente pelo conflito social, na superação de determinadas relações sociais de produção.

Finalmente, abordamos a evolução social e as ideias de progresso e desenvolvimento como propostas de mudanças sociais gradativas e cumulativas ao longo de um período histórico.

## PERGUNTAS

1. Como definimos mudança social?
2. O que é constante na vida social, a mudança ou a estabilidade?

3. Qual a relação entre mudança cultural e mudança social?
4. Cite os principais fatores de mudança social.
5. As invenções podem provocar mudanças? Exemplifique.
6. O que é difusão cultural? Exemplifique.
7. Como os problemas de saúde, como as epidemias, podem provocar mudanças sociais? Exemplifique.
8. Quais as principais teorias de mudança social que abordamos?
9. O que é evolução social?
10. Explique o significado da ideia de desenvolvimento.

# Glossário

## A

**ABSENTEÍSMO** — Termo utilizado para designar o número de faltas ou a porcentagem de ausências dos empregados ao trabalho.

**ABSOLUTISMO** — Uma forma de governo em que a autoridade do monarca investe-se de poderes absolutos, confundindo-se com o próprio Estado. No absolutismo, não há controle sobre as ações do chefe do Estado.

**ABSTINÊNCIA** — É uma privação voluntária da satisfação de um desejo — sexual, alimentar etc. — por motivação religiosa, moral, social ou outra.

**AÇÃO SOCIAL** — Qualquer ação empreendida por um grupo social, ou qualquer esforço combinado ou coletivo para modificar as instituições econômicas e sociais.

**ACOMODAÇÃO** — O processo de interação social com o qual duas ou mais pessoas ou grupos envolvidos em um conflito concordam em suspender ou cessar as hostilidades, temporariamente.

**ACULTURAÇÃO** — Processo contínuo de mudanças culturais que envolve dois ou mais grupos quando em contato direto e permanente. Esses contatos implicam a troca de elementos da cultura de um e de outro grupo.

**ADHOCRACIA** — Termo que designa uma forma de organização capaz de sobreviver em ambientes instáveis e executar tarefas complexas. É uma organização flexível que se adapta às mudanças.

**AFRO-AMERICANOS** — Nome politicamente correto dado aos negros nos Estados Unidos.

**AGENDA 21** — Documento elaborado pelos governos durante a ECO-92. Trata-se de vários compromissos assumidos pelos países quanto ao meio ambiente válido para os próximos anos.

**AGREGAÇÃO** — Qualquer número de indivíduos que se encontram próximos uns dos outros em um determinado momento.

**AL FATAH** — A mais importante organização que integra a OLP, da qual faz parte o presidente da Autoridade Nacional Palestina, Mahmoud Abbas.

**ALTRUÍSMO** — Designa o sentimento oposto de egoísmo. O altruísta, como pessoa que apresenta comportamento oposto do egoísta, não é individualista e pensa mais nos outros que em si mesmo.

**ANARQUIA** — Ausência de controle estatal, originada pela desintegração das instituições político-administrativas.

**ANARQUISMO** — Corrente ideológica que defende um sistema social sem Estado ou qualquer tipo de governo.

**ANOMIA** — Ausência de normas sociais, que conduz à desorganização social.

**ANTROPOCENTRISMO** — Opinião que sustenta ser o homem o ponto de referência de todos os seres. A visão antropocêntrica orienta-se tendo o homem como referência fundamental e predominante nas relações com a natureza.

**APARTHEID** — Política racial adotada pela África do Sul desde os anos 40 até 1994, quando foi revogada. Consistia em rígida segregação racial entre brancos e negros, sendo proibido qualquer convívio entre raças diferentes em qualquer local público.

**APARTHEID SOCIAL** — Expressão originada da palavra 'apartheid', que significa a segregação socioeconômica da maioria da população.

**ÁRABES** — Originalmente designa os habitantes da Arábia; hoje, essa denominação é utilizada para todos os povos de origem árabe espalhados pelas regiões vizinhas, em particular pelo norte da África.

**ARIANOS** — Palavra utilizada pelos teóricos do racismo alemão, identificando os europeus de raça supostamente pura, descendente dos árias, sem ascendência judaica. Ariano é o nome dado, também, ao indivíduo que pertence aos árias.

**ÁRIAS** — Povo asiático considerado o mais antigo antepassado da família indoeuropeia.

ARISTOCRACIA — Camada social que monopoliza o poder em uma determinada sociedade. Pode ser utilizado para designar camadas privilegiadas no interior de um mesmo grupo social.

ARTESANATO — Forma de produzir essencialmente individual, em que o trabalhador é dono dos meios de produção. Embora a atividade artesanal seja encontrada em toda a história humana, ela tomou grande importância na Idade Média europeia a partir do século XII, sendo uma atividade de destaque dos homens livres que viviam nas cidades.

ASCENSÃO SOCIAL — Processo social que consiste na passagem do indivíduo ou do grupo de uma posição social inferior para uma superior.

ASSIMILAÇÃO — O processo de interação social pelo qual dois ou mais indivíduos ou grupos culturais unem-se formando um único grupo cultural.

ASSOCIAÇÃO — Uma organização formal na qual um grupo de indivíduos trabalha junto, visando a determinado objetivo comum.

ATITUDE — Uma tendência, que foi aprendida por um indivíduo, a responder a um estímulo específico, de um determinado modo.

AUTOCRACIA — Diz-se de um governo despótico, no qual não vigoram as garantias individuais, e a vontade do governante é lei.

AUTORIDADE — Forma de controle social baseada no poder atribuído a determinados cargos ou posições. A autoridade constitui uma liderança institucionalizada.

## B

BANDO — Grupo social pouco organizado. Sua utilização não tem grande valor científico pela variedade de uso do termo.

BARREIRA SOCIAL — Forma de impedir ou tornar difícil o acesso a um grupo ou a uma camada social.

BENS — Tudo que possui uma utilidade, podendo suprir uma necessidade ou uma carência. As principais distinções entre os diferentes tipos de bens são: bens de consumo (alimento, roupa); bens duráveis (uma casa, um sítio); bens de capital ou de produção (máquinas e equipamentos); bens de consumo duráveis (geladeira, automóvel).

BIGAMIA — É uma forma de casamento em que um homem convive com duas mulheres, ou uma mulher com dois homens.

BOICOTE — Uma forma de sanção social negativa que consiste na suspensão de relações sociais. Ao aplicar o boicote, um grupo se propõe a forçar a mudança de determinadas atitudes de outros grupos ou indivíduos. Um grupo de consumidores de determinado produto pode deixar de consumi-lo, fazendo assim um boicote para forçar uma mudança. Um outro exemplo de boicote consiste em isolar, política e economicamente, pessoas ou grupos. O boicote econômico é uma forma de sanção aplicada com uma certa frequência pelas potências quando desejam impor condições sobre países mais fracos.

BOLCHEVIQUE — Termo de origem russa que quer dizer 'maioria'. Relaciona-se com a votação que ocorreu no Segundo Congresso do Partido Social-Democrata Russo que se reuniu em 1903, e na qual a ala esquerda obteve maioria sob a direção do líder revolucionário Vladimir I. Lênin.

BRAMANISMO — Nome dado à religião indiana. O nome 'bramanismo' se deve ao fato de essa religião ter-se constituído em torno da casta sacerdotal dos brâmanes. Deve-se, também, à palavra 'brāhman', que significa o 'absoluto' na tradição indiana.

BURGO — Durante a Idade Média, dizia-se do castelo ou do mosteiro e dos seus arredores cercados por muralhas. Posteriormente, muitos burgos vieram a se transformar em cidades.

BURGUESIA — Classe social que surgiu na alta Idade Média na Europa e que se dedicava particularmente ao comércio e à usura. O nome originou-se do fato de seus membros habitarem os burgos. Atualmente, a expressão designa os proprietários do capital e que vivem dos rendimentos por ele gerados.

BUROCRACIA — O termo era inicialmente aplicado ao conjunto dos funcionários públicos. Hoje em dia, diz respeito a qualquer organização que apresente uma rígida organização hierárquica e de especialização de funções, tanto no setor público quanto no privado.

## C

CACIQUE — Chefe indígena, cuja autoridade é inquestionável e muitas vezes absoluta. Na política, o termo 'cacique' designa um chefe incontestado de um grupo político ou de um partido.

CAMADA SOCIAL — Estratos sociais que compõem uma estratificação social.

CANIBALISMO — Prática de comer carne humana. Os índios brasileiros, na época de Cabral, praticavam o canibalismo para assimilar as qualidades do inimigo. Ainda hoje, em guerras no oeste da África, pratica-se o canibalismo.

CAPITALISMO — Sistema econômico e social caracterizado por uma divisão social na produção em que os trabalhadores que dispõem apenas da sua força de trabalho a vendem em troca de um pagamento (salário); e os capitalistas proprietários dos meios de produção contratam os trabalhadores para produzir mercadorias, que são vendidas para a obtenção do lucro.

CARISMA — Conjunto de qualidades excepcionais de um líder, e que, por isso, consegue exercer uma influência extraordinária sobre as pessoas. O líder carismático é aquele que possui carisma. Ele pode ser um líder religioso, político, revolucionário ou um grande orador.

CASAMENTO — Um ou vários atos simbólicos aceitos por uma sociedade e destinados a estabelecer uma união matrimonial.

CASTA — Grupo social bastante fechado em que não ocorre mobilidade social. Seus membros nascem e morrem na mesma casta. Forma de estratificação social existente na Índia.

CATEGORIA — Qualquer número de indivíduos com determinadas características comuns.

CAUDILHO — Governante que se acredita possuidor de qualidades excepcionais de liderança, e a exerce de forma mais ou menos arbitrária.

CEPAL — Comissão Econômica para a América Latina. Órgão da ONU encarregado de estudar e propor políticas de desenvolvimento para a América Latina e o Caribe.

CERIMÔNIAS — São atos padronizados, por meio de gestos ou palavras, aos quais se associa um determinado significado. A cerimônia se refere a certos acontecimentos, pessoas, símbolos ou divindades, em torno dos quais um determinado grupo deseja desenvolver, fixar ou conservar atitudes padronizadas. A execução de cerimônias contribui para a institucionalização e o estabelecimento de tradições.

CHOQUE CULTURAL — Contato violento entre duas ou mais culturas em um primeiro encontro. Choques culturais ocorrem com mais intensidade entre culturas com grande disparidade no desenvolvimento tecnológico. Uma tribo de índios isolada e o homem branco, por exemplo.

CIÊNCIA — Um conjunto de conhecimentos obtidos por meio do uso de um conjunto de processos denominado 'método científico'.

CLÃ — Grupo de indivíduos que se consideram parentes uns dos outros por descenderem de um ancestral comum.

CLASSE SOCIAL — Grande aglomerado de pessoas dentro de um sistema de estratificação social que possui status socioeconômico e chances semelhantes no mercado.

CÓDIGO — Um conjunto de normas socialmente aprovadas e garantidas por um sistema de sanções. Há códigos sancionados pelo direito — escritos portanto — e outros ritualizados pelos costumes — informais. Podemos falar em código moral, código profissional, códigos jurídicos (código civil, penal, ambiental, comercial etc.).

COLONIALISMO — Forma de dominação praticada, principalmente, pelos países europeus em que os países do terceiro mundo (colonizados) não possuíam independência política e eram meros produtores de matéria-prima para as metrópoles.

COMISSÃO BRUNDTLAND — Nome pelo qual ficou conhecida a Comissão Mundial para o Meio Ambiente e Desenvolvimento. Liderada pela primeira-ministra da Noruega, Go Brundtland, foi ali produzido, em 1987, o relatório *Nosso futuro comum*. Esse relatório serviu de base para as discussões da ECO-92 e conceituou a expressão 'desenvolvimento sustentável'.

COMPETIÇÃO — Processo de interação social pelo qual duas ou mais pessoas tentam obter a posse de alguma coisa que não existe disponível em quantidades suficientes para satisfazer a todos os interessados.

COMUNIDADE BRITÂNICA (COMMONWEALTH) — Associação dos Estados Independentes formada pela Inglaterra e suas antigas colônias. O objetivo da comunidade é promover a colaboração entre os seus membros visando a alcançar o desenvolvimento econômico e social.

COMUNISMO — Doutrina que defende o fim da divisão da sociedade em classes sociais, a abolição da propriedade privada dos meios de produção e o fim do Estado (após um período de transição, o proletariado exerceria o governo, submetendo a burguesia sob o seu domínio — a essa fase transitória os comunistas chamam de 'socialismo'). O lema que exprime com clareza a doutrina é 'de cada um segundo sua capacidade, a cada um segundo sua necessidade'.

CONCUBINA — Mulher que se torna parceira sexual de um homem, e é socialmente reconhecida como companheira dele, seja pelo costume ou pela lei. A concubina pode morar com o homem em duas situações: no lugar ou junto da esposa legítima. O concubinato é uma instituição aceita na maioria das sociedades, incluindo o direito de ser mantida e considerando seus filhos como legítimos.

CONFLITO — O processo de interação social pelo qual duas ou mais pessoas lutam para prejudicar, ferir ou destruir a outra.

CONFLITO DE PAPEL — Situação vivida por um indivíduo que está desempenhando papéis com exigências contraditórias.

CONFORMIDADE — Tendência a manter os padrões estabelecidos por um grupo.

CONFUCIONISMO — Visão filosófica do mundo e código de conduta de origem chinesa baseado nos ensinamentos de Confúcio (551-479 a.C.).

CONSCIÊNCIA COLETIVA — Modo de pensar e sentir comuns aos membros de um grupo social em determinado momento histórico.

CONSENSO — Acordo coletivo tomado por um grupo do qual todos os membros concordam sem necessidade de votação.

CONSENSO DE WASHINGTON — É o nome dado a uma estratégia de estabilização econômica proposta pelo governo norte-americano, pelo FMI e pelo Banco Mundial, e que tem como propostas centrais a redução do tamanho do Estado pelas privatizações, pelo fim do déficit das contas públicas e pela abertura dos mercados nacionais. Seu objetivo com isso é a captação de investimentos externos que alavancariam o desenvolvimento.

CONTEXTO CULTURAL — Linguagem, papéis, valores e normas que caracterizam uma sociedade.

CONTRATO SOCIAL — Teoria elaborada por Jean-Jacques Rousseau (1712-1778), segundo a qual a sociedade se origina de um acordo (pacto) entre os homens, o que possibilitaria a convivência comum. O arbitramento das disputas ocorreria por intermediação de um governo cujo poder se origina da soberania popular que lhe delegou essa função.

CONTROLE SOCIAL — Processo pelo qual uma sociedade ou um grupo social procura assegurar que seus membros sigam os valores e as normas existentes e aceitas pela maioria.

CONURBAÇÃO — Ocorre quando dois ou mais núcleos urbanos se fundem em um único aglomerado, inexistindo áreas pouco povoadas entre eles. As áreas metropolitanas são criadas por causa da profunda intersecção de núcleos urbanos para facilitar o desenvolvimento de políticas públicas entre cidades diferentes que formam um todo único.

CORPORAÇÃO — Agrupamento constituído por indivíduos que possuem a mesma profissão, ocupação ou ofício.

CORPORAÇÕES TRANSNACIONAIS — Nome atualmente utilizado para denominar as multinacionais.

COSTUME — Norma social não escrita nem imposta por qualquer autoridade e que se caracteriza por ser reproduzida durante um grande período de tempo por um grupo social.

COSA NOSTRA — Nome pela qual é conhecida a máfia norte-americana.

CRIME — Ação contrária às normas sociais juridicamente estabelecidas, e que é punida com sanções estabelecidas de conhecimento geral.

CRISE SOCIAL — Enfraquecimento dos padrões e normas culturais estabelecidos.

CRUZADAS — Expedições militares de caráter religioso feitas na Idade Média contra os muçulmanos.

CULTURA — A totalidade das habilidades, crenças, conhecimentos, bens materiais etc. que são compartilhados por um grupo de pessoas e transmitidos aos seus filhos.

# D

DALAI LAMA — Líder religioso do Tibete.

DARWINISMO — Teoria sobre a origem e a evolução das espécies criada por Charles Robert Darwin. Baseia-se na evidência de que as espécies atualmente existentes são o resultado de uma longa e gradual adaptação evolutiva ao meio de espécies mais antigas. Um princípio fundamental do processo evolutivo proposto por Darwin é a seleção natural, que faz com que o mais forte — ou mais apto — sobreviva na luta pela vida.

DARWINISMO SOCIAL — Escola do pensamento filosófico europeu do século XIX que associa a teoria de Darwin à vida social, particularmente a teoria da seleção natural. Nessa, os menos aptos seriam suplantados pelos mais fortes e mais capazes. Do ponto de vista econômico, essa teoria é contra a intervenção do Estado na economia. Seu principal teórico foi Herbert Spencer (1820-1903).

DEMOCRACIA — Governo controlado pelo povo. É a expressão da vontade da maioria. Atualmente, a ideia de democracia está associada à escolha periódica dos governantes por meio de eleições livres e com a participação de vários partidos.

DEPENDÊNCIA — Situação em que um indivíduo carente de meios para sua própria subsistência busca e aceita ajuda na forma de assistência pública ou privada. A relação de dependência tem relação direta com a dominação.

DESEMPENHO DE PAPEL — O comportamento real do indivíduo quando ocupa um determinado papel social.

DESENVOLVIMENTO ECONÔMICO — É o crescimento econômico associado a uma melhoria do padrão de vida da população. Seu objetivo é a eliminação ou a diminuição da desigualdade social.

DESENVOLVIMENTO SUSTENTÁVEL — Desenvolvimento econômico associado a preocupações ambientais, visando à manutenção dos recursos naturais. O desenvolvimento sustentável implica considerar as limitações da utilização dos recursos naturais e sua capacidade de regeneração para que eles possam ser utilizados pelas gerações futuras.

DÉSPOTA ESCLARECIDO — Monarca absolutista europeu que, no século XVIII, procurava realizar algumas das reformas propostas pelos iluministas.

DETERMINISMO ECONÔMICO — Teoria sociológica que considera as manifestações sociais como tendo origem econômica. Muitas das críticas que o marxismo sofreu foram em decorrência de seu determinismo econômico.

DETERMINISMO GEOGRÁFICO — Teoria que defende que a sociedade tem seu desenvolvimento e sua constituição determinados pelo ambiente geográfico.

DISCRIMINAÇÃO SOCIAL — Tratamento desigual dado a determinados indivíduos ou grupos sociais nas sociedades. A discriminação em função de sua origem pode tomar vários nomes: discriminação racial, sexual, política etc.

DITADURA — Denominação de um governo discricionário dominado por uma pessoa ou por um pequeno grupo dentro da sociedade.

DOGMA — Ponto fundamental e indiscutível em uma doutrina religiosa ou em qualquer teoria.

DOGMÁTICO — Diz-se do indivíduo que se apega aos dogmas considerando-os verdades indiscutíveis.

DOMINAÇÃO — Diz-se da possibilidade de se encontrar obediência a determinada ordem, independentemente da reação dos indivíduos que a recebem. A dominação é o efetivo exercício do poder, e constitui-se de relações de subordinação entre indivíduos ou grupos.

DOUTRINA — Conjunto de princípios que servem de base a uma religião, a uma teoria filosófica, política, econômica ou científica.

DUALISMO CULTURAL — Quando vigoram duas tendências culturais diferentes em um determinado grupo social.

# E

**ECONOMIA** — Parte da cultura que tem por objetivo a produção, a distribuição e o consumo de bens e serviços.

**ECONOMIA INFORMAL** — Parte da economia constituída de indivíduos ou empresas dedicadas à venda de mercadorias ou à produção de serviços. Esses possuem como característica comum não desempenharem suas atividades de acordo com as leis, não recolhendo impostos nem registrando seus empregados.

**ECO-92** — Nome pelo qual é conhecida a Conferência das Nações Unidas para o Meio Ambiente e Desenvolvimento Mundial do Meio Ambiente (CNUMAD). Foi realizada em 1992 no Rio de Janeiro.

**EDUCAÇÃO** — Compreende todos os processos, institucionalizados ou não, que visam a transmitir aos jovens conhecimentos e padrões de comportamento com o objetivo de garantir a continuidade da cultura da sociedade.

**EFEITO ESTUFA** — Expressão que descreve o isolamento térmico do planeta pelo efeito da concentração de determinados gases na atmosfera, provocando o aumento do aquecimento global. Entre os principais causadores do efeito estufa está o gás carbônico ($CO_2$) proveniente da queima dos combustíveis fósseis (petróleo e carvão) e das florestas.

**ELITE** — Minoria dominante em determinado grupo social detentora de poder originado de qualquer meio, seja político, econômico, de conhecimento etc.

**EMIGRAÇÃO** — Diz-se do ato de emigrar. Mudança voluntária de um país para outro. A emigração de brasileiros para os Estados Unidos tornou-se volumosa nos últimos anos.

**EMPIRISMO** — Teoria em que o conhecimento depende da experiência, e não da razão.

**EMPRESA** — Unidade produtiva, característica do sistema capitalista.

**ENCICLOPEDISTAS** — Nome pelo qual são conhecidos os filósofos que elaboraram ou apoiaram a *Enciclopédia*, publicada na França entre 1751 e 1780, com 35 volumes. Ela foi editada por Diderot e D'Alembert, havendo contribuições de Rousseau, Montesquieu, Voltaire, entre muitos outros.

**EQUIDADE SOCIAL** — Expressão que compreende o sentido de que não devem ser colocadas barreiras formais ao direito das pessoas de participar da atividade política e econômica. Além disso, contém o direito de contar com os meios de subsistência e acesso a um conjunto de serviços públicos que permite manter um nível adequado de vida.

**ERA DO CONHECIMENTO** — Período histórico no qual, segundo alguns autores, o mundo está entrando. Nessa era, a criação, a armazenagem e o uso do conhecimento tornam-se a principal atividade econômica.

**ESCRAVIDÃO** — Diz-se do sistema econômico em que o trabalhador é propriedade de quem o comprou, estando à sua disposição e recebendo comida e moradia suficientes apenas para manter sua capacidade de trabalho. Esse tipo de instituição social deixou de existir legalmente no Brasil no fim do século XIX.

**ESTADO ABSOLUTISTA** — Estado em que o soberano está investido de poderes absolutos, não prestando contas a ninguém de seus atos.

**ESTADO AUTORITÁRIO** — Estado em que o governante possui grande poder. Quando não é investido do poder legislativo, ele apresenta poderes suficientes para influenciar as decisões do Legislativo e do Judiciário.

**ESTADO CORPORATIVO** — Estado baseado nas corporações profissionais, semelhante ao criado por Mussolini em 1924, na Itália.

**ESTADO DE BEM-ESTAR** — Também conhecido pela sua expressão em inglês, 'Welfare State'. Trata-se de uma forma de Estado capitalista que mantém o sistema econômico da livre empresa, mas com o Estado assumindo significativamente a promoção social, assegurando um padrão de vida mínimo aos cidadãos.

**ESTADO TOTALITÁRIO** — Estado que intervém em todos os setores da vida social, tanto no econômico quanto no cultural e em outros aspectos.

**ESTEREÓTIPO** — Uma generalização exagerada ou bastante simplificada, de um modo geral distorcida da realidade, e que é empregada a todos os membros de um grupo social.

**ESTRUTURA SOCIAL** — Sistema social em que há uma interação e uma interdependência dos elementos de tal forma que a modificação de um deles pode acarretar modificações nos demais.

**ESTRUTURALISMO** — Teoria social ligada à antropologia que privilegia o estudo das estruturas sociais, procurando identificá-las em qualquer fenômeno social. O estruturalismo tenta compreender o social não pelo seu aspecto exterior, mas, sim, pelo que ele possui e que efetivamente determina sua essência e que se encontra dentro da estrutura.

**ETA** — Movimento guerrilheiro que prega a independência da nação basca da Espanha. Constitui-se em um dos movimentos mais ativos da Europa. Suas ações caracterizam-se pelo uso da violência e do terrorismo.

**ETNIA** — A etnia, ou grupo étnico, é formada por grupos de indivíduos que se identificam por compartilhar elementos culturais ou raciais comuns e, ao mesmo tempo, implicando um sentimento de distinção em relação aos outros grupos.

**ETNOCENTRISMO** — A tendência de se utilizarem as normas e valores de sua própria cultura como um padrão para o julgamento de atitudes e comportamentos das pessoas que compõem uma outra cultura.

# F

**FACÇÃO** — Grupo que se forma dentro de outro grupo maior. Geralmente é pouco organizado, podendo marcar uma fase de transição para um grau maior de organização. Partidos políticos de modo geral são constituídos por muitas facções. O antigo MDB era formado por muitas facções, que, mais tarde, formaram outros partidos políticos. Torcidas organizadas apresentam facções que constituirão suas próprias agremiações com o tempo.

FASCISMO — Diz-se do regime implantado na Itália em 1922, por Benito Mussolini, quando se formou um regime político totalitário caracterizado por partido único, forte conteúdo nacionalista, antiliberal, anticomunista e estatizante, com uma acentuada presença do aparelho policial. O uso da expressão generalizou-se, caracterizando governos que apresentam as mesmas características totalitárias.

FAO — Organização das Nações Unidas para a Agricultura e Alimentação, que tem por objetivo o combate à fome no mundo.

FARC — Forças Armadas Revolucionárias Colombianas. Grupo guerrilheiro da Colômbia em atividade desde a década de 1960. Prega a realização de reformas que conduzam a sociedade colombiana a uma situação de maior justiça social. Originalmente, uma organização revolucionária que pregava a instauração de um Estado marxista. Controla boa parte do território colombiano e promove ações de grande envergadura contra o exército regular.

FEMINISMO — Movimento social que, em linhas gerais, tem por objetivo dar à mulher os mesmos direitos e status que o homem em diferentes sociedades.

FETICHE — Objeto no qual acreditamos possuir poderes sobrenaturais.

FETICHISMO — Crença na existência de fetiche nos objetos.

FEUDALISMO — Organização social e econômica característica do período conhecido como Idade Média. Apresentava um sistema de feudos (extensas propriedades rurais) pertencentes à nobreza e ao clero. Nelas trabalhavam os servos, formando uma economia autossuficiente. Além de trabalharem gratuitamente nas terras do senhor em determinado período (sistema conhecido como corveia), os servos tinham que destinar uma parte de suas próprias colheitas ao senhor. Os habitantes das cidades também pagavam imposto ao senhor feudal.

FÍSICA SOCIAL — Nome que Auguste Comte deu primeiro à ciência social, antes de adotar o termo 'sociologia'.

FMI — Fundo Monetário Internacional. Ele foi criado em 1944, na Conferência de Bretton Woods, Estados Unidos. É uma agência da ONU criada com a finalidade de promover a correção monetária do sistema capitalista, por meio de fundos levantados entre seus membros e que são utilizados para socorrer aqueles que se encontram em dificuldades.

FOLCLORE — Conjunto de tradições, conhecimentos ou crenças populares, que se expressam por meio da música, de relatos pessoais, danças, lendas e costumes.

FUNCIONALISMO — Teoria que procura compreender as instituições sociais e os valores culturais por meio das funções que desempenham no sistema social. De acordo com essa teoria, a existência de um costume em uma determinada sociedade deve ser esclarecida por uma investigação que determine qual o propósito individual de sua existência naquela dada estrutura (qual a sua função). Desse modo, o funcionalismo vê as sociedades como sistemas equilibrados e que não tendem a mudanças, pois gerariam crenças, valores, instituições que as fariam 'funcionar' melhor, diminuindo as possibilidades de conflito.

FUNDAMENTALISMO — Movimentos ou correntes religiosas que pregam um retorno aos princípios e práticas considerados fundamentais. De modo genérico, eles pregam uma interpretação literal dos textos sagrados.

## G

GANGUE — Turma, grupo. Normalmente associada a bandos urbanos de garotos.

GENOCÍDIO — Extermínio intencional e sistemático de uma população, por motivos étnicos ou raciais. A ONU não considera o genocídio um assunto de segurança interna do Estado, mas, sim, de interesse da comunidade internacional. A ONU estabelece que aqueles que praticam o genocídio, mesmo cumprindo ordens superiores, são igualmente responsáveis pelo crime.

GERONTOCRACIA — Diz-se de um governo exercido por anciãos.

GLOBALIZAÇÃO — Palavra que designa a constituição de uma economia mundial, caracterizada pelo enfraquecimento dos Estados-nação e pela interdependência cada vez maior entre as diversas regiões do planeta.

GOLPE DE ESTADO — Ato de substituição de governantes que é executado por órgãos ou funcionários do próprio Estado, de forma súbita. Hoje em dia não existe golpe de Estado sem a participação ativa de pelo menos um grupo de militares ou da neutralidade de todas as Forças Armadas.

GOLPE MILITAR — Golpe de Estado em que um grupo de militares, ou as Forças Armadas em seu conjunto, apodera-se dos órgãos de governo com uma ação repentina.

GRÃ-BRETANHA — União político-administrativa que compreende a Inglaterra, País de Gales e a Escócia.

GREENPEACE — Organização não governamental ambientalista internacional que promove campanhas mundiais em defesa do meio ambiente. Foi fundada no Canadá em 1971.

GREVE — Interrupção continuada e intencional do trabalho feita por trabalhadores. Ao longo dos séculos XIX e XX, as greves mais constantes foram as realizadas pelos operários. Há uma greve geral quando essa é realizada por uma ou por todas as categorias profissionais de um país, ou, mais realisticamente, pela maioria dos trabalhadores de um país, de uma região ou localidade.

GRUPO DE REFERÊNCIA — Um grupo de pessoas que fornece um modelo de comportamento para um indivíduo ou grupo social.

GRUPO DE STATUS — Extenso aglomerado de indivíduos em um sistema social que os estratifica de acordo com honra e prestígio. Seus membros têm estilos de vida semelhantes.

GRUPO EXTERNO — Grupo com o qual um indivíduo não se sente identificado, ao qual não quer pertencer e do qual não espera nenhum reconhecimento ou lealdade.

GRUPO INTERNO — Grupo com o qual o indivíduo se identifica, ao qual faz sentido pertencer e do qual são esperados reconhecimento e lealdade.

GRUPO PRIMÁRIO — Um grupo pequeno que consiste em duas ou mais pessoas que apresentam um relacionamento pessoal, íntimo e durável.

GUERRA — Conflito armado entre sociedades politicamente organizadas.

GUERRA FRIA — Expressão que identifica o período de polarização mundial entre os países liderados pela União Soviética e pelos Estados Unidos. Iniciou-se logo após a Segunda Guerra Mundial e terminou com a queda do muro de Berlim em dezembro de 1989.

GUERRA SUJA — Denominação utilizada para descrever a violenta repressão policial do governo militar argentino aos grupos opositores armados ao regime.

GUERRILHA — Tática de combate utilizada por pequenos grupos que evitam se expor em campo aberto.

GUETO — Área de uma cidade na qual se fixou uma minoria étnica. Os *guetos* eram bairros nas cidades medievais onde ficavam os judeus — que levavam uma vida isolada do resto da população.

GUILDA — Era uma associação medieval de produtores, comerciantes ou artesãos com a finalidade de se proteger e de aprovar regulamentos que estabeleciam um monopólio em suas respectivas esferas de atuação.

# H

HÁBITO — Um modo padronizado de pensar, sentir ou agir que foi adquirido por um indivíduo e se tornou, com o tempo, muitas vezes inconsciente e automático.

HAMAS — Movimento de Resistência Islâmica. Movimento palestino fundamentalista de resistência à ocupação israelense que se opôs a qualquer acordo com Israel, rivalizando com a OLP que aceitou os acordos. A palavra 'Hamas' significa ardor e é formada com as iniciais de Movimento de Resistência Islâmica.

HEREDITARIEDADE — As características transmitidas geneticamente dos pais para os filhos.

HERESIA — Atitude ou opinião não aceita pela autoridade estabelecida.

HIERARQUIA — Ordem de cargos ou posições de uma organização.

HIPPIES — Movimento social que surgiu nos Estados Unidos no início dos anos 1960. Composto principalmente por jovens com menos de 25 anos, que reagiam aos costumes e ao padrão social estabelecidos. Eles eram contrários aos valores tradicionais e às instituições e popularizaram o consumo de drogas e a liberalização sexual. Os hippies procuravam viver em comunidades, com longos cabelos e roupas coloridas.

HIPÓTESE — Uma teoria que não foi provada.

HIZBOLLAH — Grupo radical islâmico do Líbano. Ataca Israel por sua fronteira ao Norte. É apoiado e financiado pelo Irã.

HOLOCAUSTO — Palavra que designa a matança de 6 milhões de judeus pelos nazistas durante a Segunda Guerra Mundial.

# I

IDADE CONTEMPORÂNEA — Período histórico que se inicia com a Queda da Bastilha em 14 de julho de 1789, durante a Revolução Francesa.

IDADE MÉDIA — Período histórico que se inicia no ano de 395 com a divisão do Império Romano entre Oriente e Ocidente e se encerra com a Queda de Constantinopla em 1453.

IDEALISMO — Denominação dada às teorias segundo as quais a existência da realidade física depende da mente humana.

IDEOLOGIA — Sistema de ideias que compreendem uma doutrina política ou social seguida por um partido ou grupo social.

ÍDICHE — Língua usada pelos judeus da Europa, derivada do alemão. As comunidades que a utilizavam foram desmanteladas pelo nazismo durante a Segunda Guerra Mundial, declinando daí a sua utilização.

IGREJA — Grupo religioso organizado e institucionalizado.

IMIGRAÇÃO — Movimento de grupos humanos com origem em outra áreas, que entram em determinada região com o objetivo de permanecer definitivamente ou por longo tempo. A imigração de italianos no início do século forneceu mão de obra para a nascente indústria brasileira.

IMPEACHMENT — Ato pelo qual se substitui, mediante deliberação do Legislativo, um ocupante de cargo no governo que praticou crime de responsabilidade. No Brasil, o presidente Fernando Collor de Melo foi afastado do cargo por ato desse tipo.

IMPERIALISMO — Constitui-se uma política de dominação exercida por uma nação sobre a outra, assumindo o aspecto de controle territorial ou econômico ou de ambos ao mesmo tempo. Define a relação dos países desenvolvidos com os subdesenvolvidos. O conceito de 'imperialismo' passou a ser utilizado e difundido em fins do século XIX com a expansão da Inglaterra.

INCESTO — Relação sexual entre parentes, que, de acordo com os costumes de uma determinada sociedade, não podem se casar entre si.

INDUSTRIALIZAÇÃO — Processo bastante complexo que compreende principalmente a expansão de máquinas industriais, a produção em grande escala baseada na racionalização e a divisão técnica do trabalho, além de formação de um proletariado urbano.

INQUISIÇÃO — Tribunal eclesiástico que existiu durante a Idade Média até o século XVIII. Esse tribunal combatia as heresias, e foi oficializado em 1231 pelo papa Gregório IX. Os hereges, quando se recusavam a se retratar, sofriam punições e castigos que iam da prisão, multas e confisco de terras até tortura e morte por estrangulamento e fogueira. Aos acusados não era permitido saber quem os tinha acusado, mas, em contrapartida, era possível delatar quem quisesse, assim, a pessoa passaria a gozar de regalias. O nome oficial da Inquisição era Tribunal do Santo Ofício.

INSTINTO — Um padrão de comportamento não aprendido, invariável, determinado biologicamente, comum a todos os membros de uma espécie.

INTEGRALISMO — Movimento nazista brasileiro da década de 1930, liderado por Plínio Salgado e que tentou um golpe em 1938. Os integralistas marchavam vestidos com camisas verdes e, por isso, eram chamados pelo povo de 'galinhas verdes'.

INTERAÇÃO HUMANA — Processo que ocorre sempre que os seres humanos reagem às ações de outros.

INTERNET — Rede mundial de computadores criada nos Estados Unidos em 1968, com objetivos militares (manter as comunicações em caso de uma guerra atômica) e que, hoje, não tem controle de governo algum.

INVENÇÃO — A combinação de um modo novo de elementos existentes na cultura. Tem como finalidade realizar trabalhos de forma mais eficiente ou atingir novos fins.

IRA — Irish Republic Army — Exército Republicano Irlândes. Movimento guerrilheiro que luta contra os ingleses na Irlanda do Norte pela anexação dessa à República da Irlanda. Esses guerrilheiros representam a minoria católica. Seu braço político que atua de forma legal nas eleições é o Sinn Féin. O movimento é reconhecido mundialmente por suas ações terroristas na Inglaterra.

ISLÃ — Conjunto de povos da civilização islâmica que segue o islamismo.

ISLAMISMO — Religião fundada por Maomé (570-652).

## J

JUSTICIALISMO — O mesmo que peronismo.

*JUS PRIMAE NOCTIS* — Expressão latina que significa 'o direito à primeira noite'. Era o direito que os senhores feudais possuíam de ficar com a noiva de qualquer habitante do feudo na primeira noite de seu casamento.

## K

KHMER VERMELHO — Organização comunista cambojana, formada em 1970, que dominou primeiro as zonas rurais. Em 1975, ela assumiu o controle da capital, Phnom Penh. Liderados por Pol Pot, seus integrantes eliminaram técnicos e profissionais liberais, a maior parte dos funcionários do governo e dos monges budistas. Eles enviaram uma significativa parte da população urbana para trabalhar no campo, onde a maioria morreu. Em 1978, o Vietnã invadiu o Cambodja derrubando o regime de terror implantado pelo Khmer Vermelho.

KU-KLUX-KLAN — Organização secreta criada no sul dos Estados Unidos, no fim da Guerra Civil americana. Seu objetivo é lutar pela manutenção da supremacia branca. O grupo se veste com roupas brancas e capuzes, queimando cruzes durante suas reuniões. Responsável por inúmeros linchamentos ao longo de sua existência, ainda tem presença nos Estados do sul dos Estados Unidos.

## L

*LAISSEZ-FAIRE* — Em português, 'deixar fazer', expressão cunhada por filósofos franceses no século XVIII, assumida como lema fundamental pelo liberalismo econômico, significando a completa liberdade de produção e comercialização das mercadorias. A expressão completa é *laissez-faire, laissez-passer* (deixar fazer, deixar passar).

LATIFÚNDIO — Propriedade rural muito extensa e com pouca expressão econômica.

LENINISMO — Corrente marxista cuja teoria e prática foram elaboradas por Vladimir Ilich Lênin (1870-1924). Deve-se a essa corrente e ao seu líder a tomada do poder na Rússia em 1917, e a construção da União Soviética.

LEIS — Regras de comportamento juridicamente aprovadas, com sanções estabelecidas para violações.

LIBERALISMO — Ideologia que se propagou durante os séculos XVII e XVIII na Europa e que correspondia às necessidades da burguesia em ascensão. O liberalismo pregava a ampla liberdade do indivíduo, o direito à propriedade, democracia representativa e o *laissez-faire*.

LIMPEZA ÉTNICA — Ações empreendidas por grupos de uma etnia procurando eliminar os membros de outra etnia, em uma ação de genocídio. Na guerra ocorrida no antigo território iugoslavo, os sérvios promoveram grandes ações de limpeza étnica. E, por isso, o Tribunal de Haia os julgou e os considerou culpados de genocídio.

LINCHAMENTO — Execução de um indivíduo por uma multidão. Quem pratica o linchamento julga estar fazendo justiça com as próprias mãos.

**LINGUAGEM** — Todos os símbolos utilizados na comunicação entre os seres humanos.

**LOCAUTE** — Termo derivado do inglês 'lock-out', que significa 'fechar a porta a alguém'. É uma espécie de greve do empregador. Esse fecha o local da empresa e se recusa a continuar o trabalho enquanto o problema que deu início a tal atitude não é solucionado.

**LÓGICA** — Um sistema de pensamento dirigido à compreensão dos relacionamentos e empregado pelos cientistas para estudar as ligações entre os fenômenos.

**LUDITAS** — Denominação dada aos grupos de operários ingleses que, em fins do século XVIII e início do XIX, saíam às ruas destruindo as máquinas operadas nas indústrias, pois as julgavam culpadas de os terem levado à ruína. Em 1812, uma severa lei punia os luditas na Inglaterra com a pena de morte e a deportação.

**LUTA DE CLASSES** — Conceito marxista que considera inevitável o conflito entre as diferentes classes que se opõem na sociedade.

# M

**MÁFIA** — Organização criminosa italiana que nasceu na Sicília e posteriormente se espalhou por toda a Itália. Possui rígidos códigos de honra que são seguidos pelos seus membros.

**MAGIA** — Crenças e práticas relacionadas com a produção de efeitos, por meio dos quais se pretende atuar sobre a natureza e sobre as pessoas.

**MAGIA NEGRA** — Magia destinada a causar danos a outras pessoas.

**MALTHUSIANISMO** — Corrente sociológica em que predominam análises que se referem aos problemas sociais e econômicos causados pela superpopulação do mundo.

**MANUFATURA** — Modo de produzir em que a técnica é artesanal, mas o trabalho é executado por grande número de pessoas, sob a direção de um empresário. A manufatura sucedeu o artesanato como forma de produção e organização do trabalho. Teve seu apogeu nos séculos XVII e XVIII na Europa.

**MAOÍSMO** — Corrente marxista, cuja teoria e atuação prática foram elaboradas pelo revolucionário chinês Mao-Tsé-Tung (1893-1976). Sua teoria privilegia a ação política e revolucionária dos camponeses em detrimento dos operários urbanos. O maoísmo tomou o poder na China em 1949.

**MAQUIAVELISMO** — Procedimentos políticos carregados de má-fé, traiçoeiros, e baseados na frase "os fins justificam os meios". Considerado uma forma de exercer o poder com astúcia.

**MARXISMO** — Corrente de pensamento surgida em fins do século XIX, fundada por Karl Marx (1818-1883) e Friedrich Engels (1820-1895). Ela está baseada na luta de classes como força motora da história, que se desenvolverá até o advento do socialismo.

**MASSA** — Agregado social que se caracteriza pelo grau extremamente baixo de coesão e de organização. As massas formam-se espontaneamente sob influência de um interesse qualquer.

**MATRIMÔNIO** — Instituição social que regulariza a convivência íntima e duradoura entre pessoas de sexo diferente, estabelecendo-se normas de obrigações recíprocas.

**MATRIARCADO** — Organização social em que a descendência e a transmissão de poder eram feitas pela linha materna.

**MENONITAS** — Seita reformista fundada no século XVI por Mennon Simons (1496-1561). O menonitas pregam a simplicidade. Vestem-se todos iguais — os homens de macacão, as mulheres de vestidos longos e estampados — e são contra a tecnologia. Eles evitam o uso de energia elétrica em casa, e os pneus de borracha nos tratores e carros. Não têm telefone ou automóveis. A maioria de seus membros se encontra nos Estados Unidos, existindo um grupo importante na Bolívia.

**MERCANTILISMO** — Denominação dada a uma política econômica seguida por Estados europeus durante o período da Revolução Comercial (séculos XVI-XVIII). O mercantilismo é caracterizado pelo acúmulo de metais preciosos e pelo comércio exterior baseado no monopólio e no protecionismo.

**MESSIANISMO** — Movimentos religiosos cujo objetivo é a transformação da ordem vigente. Em geral, eles são dirigidos por um líder carismático, considerado pelas pessoas como sendo de origem divina, e que surgiu com o objetivo de tornar o mundo perfeito e voltado para o sagrado.

**METRÓPOLE** — Cidade que domina economicamente uma região. Muitas vezes essa dominação se estende para outros aspectos — como o cultural, político, tecnológico etc.

**MIGRAÇÃO** — Deslocamento de grupos humanos, de caráter permanente ou temporário, em decorrência de diversos fatores: climáticos, econômicos, religiosos, militares, políticos etc.

**MOBILIDADE SOCIAL** — Movimentação dos indivíduos de uma camada da sociedade para outra.

**MODA** — Constantes variações de pouca duração que ocorrem na forma de alguns elementos culturais, como no vestuário, na habitação, na fala e na recreação.

**MONARQUIA** — Governo em que o soberano exerce o poder por tradição ou por posição constitucional, sendo designado por um sistema hereditário.

**MONARQUIA ABSOLUTA** — Quando o monarca exerce todos os poderes.

**MONARQUIA CONSTITUCIONAL** — Quando o monarca tem poderes limitados pela Constituição.

**MONARQUIA PARLAMENTAR** — Quando o governo é exercido pelo Parlamento por meio de um Gabinete ou Conselho de ministros.

MONOPÓLIO — Exclusividade de exploração, comércio, produção, posse ou direito sem concorrência.

MORAL — Conjunto de normas de conduta não impostas por qualquer autoridade, que vigoram em um grupo social.

MORES — Um termo alternativo para hábitos populares.

MOVIMENTO AMBIENTALISTA — Movimento constituído para lutar pela melhoria das condições do meio ambiente.

MOVIMENTO CARISMÁTICO — Movimento de renovação espiritual entre os católicos, de recente origem norte-americana. Esse movimento apresenta muitos traços com o pentecostalismo protestante, como a invocação do Espírito Santo. Uma prática muito comum, considerada como manifestação direta do Espírito Santo, é o dom de falar línguas.

MOVIMENTO DE LIBERTAÇÃO — Movimentos que proliferaram na África e na Ásia, nas antigas colônias europeias, particularmente durante os anos 1950 e 1960, buscando a separação da métropole.

MOVIMENTO DE MASSA — Movimentação de um grande número de pessoas. Em geral, elas são motivadas por alguma insatisfação, e passam a agir emocionalmente, muitas vezes seguindo sem restrições alguma liderança. Os movimentos de massa podem ser de vários tipos: religiosos, políticos ou sociais.

MOVIMENTO ECOLÓGICO — O mesmo que movimento ambientalista.

MOUROS — Povos que habitavam a Mauritânia, norte da África. Denominação dos muçulmanos que ocuparam a Península Ibérica na Idade Média.

MUÇULMANO — Seguidores de Maomé (570-652); o mesmo que maometano.

MULTIDÃO — Grupo de duração curta, sem nenhuma organização, cujos membros apresentam reações imprevisíveis e geralmente emocionais.

MUNDIALIZAÇÃO — Apresenta o mesmo significado que globalização.

MUTIRÃO — Nome dado no Brasil à reunião de pessoas para a execução de um trabalho coletivo não remunerado e que obedece à regra da reciprocidade. É uma prática mais comum entre vizinhos. Teve origem no meio rural, onde ainda é realizado com frequência.

# N

NARCOTRÁFICO — Denominação dada ao tráfico de drogas controlado por organizações criminosas.

NAZISMO — Do alemão 'nazismus', forma abreviada do Partido Nacional-Socialista dos Trabalhadores Alemães. Doutrina política criada por Adolf Hitler, que defende a pureza racial — crença na superioridade da raça ariana — , o racismo e o antissemitismo. Do ponto de vista político, o tipo ideal de governo é totalitário, em que a política do Estado é estabelecida por um líder carismático. O nazismo vigorou na Alemanha entre os anos 1933 e 1945.

NEOLIBERALISMO — Teoria que surgiu após a Segunda Guerra Mundial em reação às políticas de Estado intervencionista e de Bem-Estar Social. Seu texto de origem é *O caminho da servidão*, de Friedrich Hayek, escrito em 1944. Tem por princípio acabar com qualquer limitação nos mecanismos de mercado por parte do Estado.

NEONAZISMO — Designação dos movimentos que se inspiram nos nazistas e que pregam o ódio aos estrangeiros, o racismo, e atacam os imigrantes — principalmente na Europa.

NEOLUDITAS — Diz-se das pessoas que não aceitam novas tecnologias.

NEOMALTHUSIANISMO — Doutrina social que defende a limitação da população como a melhor forma de prevenir a fome.

NEPOTISMO — Prática de favorecer parentes próximos, facilitando-lhes a ascensão social, profissional ou política. O emprego de parentes no serviço público no Brasil é uma prática bastante difundida, constituindo-se um forte exemplo de nepotismo.

NORMA — Regra que estabelece padrão de conduta aceito pelo grupo social (legítima).

# O

OBSERVAÇÃO PARTICIPANTE — Técnica utilizada no método de pesquisa de estudo de caso, em que o pesquisador se associa intimamente às pessoas que estão sendo testadas. Com isso, ele espera obter a confiança delas e, assim, compreender as suas atitudes e comportamentos.

OLIGARQUIA — Monopólio do poder por um grupo pequeno, bastante fechado e que detém certos privilégios.

OLIGOPÓLIO — Tipo de monopólio exercido por um grupo de empresas capitalistas que detém o controle da maior parcela do mercado em um determinado ramo de produção.

OLP — Organização para a Libertação da Palestina. Foi criada em 1964 e, até os acordos de paz de 1993, promoveu guerrilha, insurreições e atos terroristas com o objetivo de expulsar os judeus e construir o Estado Palestino. Era liderada desde 1969 por Yasser Arafat, que pertencia à principal facção da organização, a Fatah.

OMC — Organização Mundial do Comércio criada por acordo assinado em Marrakech, Marrocos, em 1995 por 97 países. Tem como objetivo tornar-se a instituição encarregada de regulamentar o comércio internacional.

OMS — Organização Mundial da Saúde. Organização ligada à ONU encarregada da saúde pública, de financiamento a pesquisas e de dar informação e assistência técnica aos Estados membros. Foi criada em 1948 e tem sede em Genebra, Suíça.

ONG — Organização não governamental. Expressão criada pela ONU na década de 1940, abrangendo as organizações sem fins lucrativos que realizam serviços no espaço público sem pertencer ao Estado. De modo geral, são monotemáticas, ou seja, dedicam-se a um único tema: direitos humanos, crianças de rua, ecologia, Aids etc.

ONU — Organização das Nações Unidas. Organização criada no fim da Segunda Guerra Mundial, e que tem por objetivo estabelecer as bases de convivência entre as várias nações do mundo para a paz, a segurança e a cooperação internacional. Integram a ONU, hoje, 191 países que possuem controle sobre o seu território. Somente fazem parte da ONU Estados reconhecidos pela comunidade internacional.

OPAS — Organização Pan-Americana de Saúde. Organização com as mesmas atribuições da OMS, circunscrita às Américas.

OPINIÃO PÚBLICA — Juízo coletivo adotado e manifestado por um grupo. Havendo um consenso generalizado, a sociedade toda torna-se portadora da opinião pública.

ORGANICISMO — Teoria social que considera a sociedade uma unidade viva, semelhante aos organismos vivos, com funções parecidas ao organismo humano. Desse ponto de vista, os indivíduos seriam comparados a células de um corpo e essas, por sua vez, se associariam à sociedade. O pioneiro dessa teoria foi Herbert Spencer (1820-1903).

OSTRACISMO — Atitude de indiferença ou desprezo a que os membros de um grupo submetem um indivíduo.

## P

PADRÃO CULTURAL — Regularidades no comportamento, crenças e relacionamentos sociais dentro de uma sociedade.

PAPEL SOCIAL — Diz-se do comportamento esperado por um grupo social de qualquer pessoa que ocupa um status social.

PARADIGMA — Qualquer conjunto de crenças, valores, técnicas, regras e regulamentos partilhados pelos membros de uma determinada comunidade — seja ela local, uma empresa, um país, ou o conjunto da comunidade humana. Estabelecem-se procedimentos, padrões e rotinas que limitam o horizonte de análise de seus integrantes, impedindo-os de ver além dos limites determinados pelo paradigma. A mudança de paradigma implica mudanças de valores consolidados, provocando profundas alterações nos procedimentos, padrões e rotinas admitidos em uma comunidade determinada.

PÁRIA — Indivíduo pertencente à mais baixa escala social no sistema de castas indiano. O termo foi ampliado no sentido de designar os membros desprezados de qualquer camada social.

PARLAMENTARISMO — Sistema de governo em que esse é exercido pelo Parlamento por meio de um Gabinete ou Conselho de ministros, presidido por um primeiro-ministro.

PARTIDO POLÍTICO — Organização voluntária de pessoas que se identificam por um programa comum, e que objetivam a conquista ou a conservação do poder político.

PATERNALISMO — Forma de dominação e de proteção que se assemelha àquela exercida por um pai sobre um filho menor. Ocorre paternalismo em várias áreas. O paternalismo político é muito comum no Brasil. Na indústria, particularmente no início do século, havia muito paternalismo — permanecendo significativo até os dias atuais.

PATRIARCADO — Organização social em que predomina a ascendência masculina do mais velho.

PERONISMO — Movimento de massas identificado com o presidente argentino Juan Domingo Perón e que deu sustentação a seu governo. O movimento peronista tinha como espinha dorsal a CGT (Confederação Geral do Trabalho) e conseguiu arregimentar um grande contingente de trabalhadores por causa da política social seguida por Perón, que, na década de 1950, conseguiu elevar o nível de vida dos trabalhadores. O movimento peronista considerava-se distante do capitalismo e do comunismo. Constitui, ainda hoje, importante força política na Argentina. O mesmo que justicialismo.

PERSONALIDADE — A soma das tendências de comportamento aprendidas por uma pessoa e adquiridas no processo de socialização.

PESQUISA — Uma investigação científica executada sob condições controladas, com observações cuidadosas, objetivando determinar as relações entre diversos fatores.

PLUTOCRACIA — Governo com predominância de homens ricos, capitalistas.

PODER — Segundo Max Weber, a capacidade de um indivíduo ou grupo social de impor sua própria vontade, mesmo que haja resistência.

POLIANDRIA — É o casamento de uma mulher com mais de um homem ao mesmo tempo.

POLIGAMIA — Tipo de casamento em que um homem casa com várias mulheres (poliginia), ou uma mulher casa com vários homens (poliandria) simultaneamente.

POLIGINIA — Casamento de um homem com várias mulheres ao mesmo tempo. Tipo de casamento comum entre os muçulmanos.

POLITICAMENTE CORRETO — Atitude intelectual surgida nos Estados Unidos e que procura evitar qualquer tipo de discriminação social das minorias raciais e sexuais.

PRECONCEITO — Atitude emocionalmente condicionada, baseada em crença, opinião ou generalização, determinando simpatia ou antipatia em relação a indivíduos ou grupos. É uma manifestação fortemente etnocêntrica. Há vários tipos de preconceito: racial, étnico, de classe, nacional etc.

PRESIDENCIALISMO — Regime político em que o governo é comandado por um presidente da República, mantendo-se a independência e a harmonia dos três poderes (Executivo,

Legislativo e Judiciário). Nesse tipo de governo, o presidente da República, além de chefe de governo, é também chefe de Estado.

PRESTÍGIO — Qualidade pessoal que provoca em todas as relações sociais atitudes de subordinação, admiração ou respeito. As fontes principais de prestígio são o carisma e o sucesso (dependendo da sociedade: esportivo, científico, profissional etc.).

PRIVILÉGIO — Posição de superioridade, sancionada ou não por lei ou costume, e que se origina com a distribuição desigual do poder político ou econômico.

PROLETARIADO — Denominação dada à classe social que não possui os meios de produção, devendo, por isso, vender sua força de trabalho para sobreviver. Teve origem na palavra 'prole' (filhos). Isso porque os primeiros operários tinham um grande número de filhos por sua origem rural, em que a família numerosa constitui importante fator de produção.

PROLETARIZAÇÃO — É uma queda de status de pessoas ou grupos pertencentes às classes médias ou superiores ao nível do proletariado. É utilizado com muita frequência para designar uma queda de status de profissões liberais, cujos membros são obrigados a ter vínculo empregatício como trabalhadores assalariados. Exemplos: médicos e advogados.

## R

RAÇA — Denominamos 'raça' o conjunto de características físicas transmitidas por meio da herança genética, e que distingue um conjunto de indivíduos dos demais.

RACISMO — Doutrina que acredita na superioridade de uma raça sobre outras.

REACIONÁRIO — Diz-se do indivíduo muito identificado com as autoridades constituídas e contrário a uma maior liberdade.

REFORMA PROTESTANTE — Movimento do século XVI que tinha como objetivo reformar as doutrinas e práticas da Igreja Católica e que resultou na criação de igrejas reformistas ou protestantes. O ano de 1517 é considerado o início da Reforma, quando Martinho Lutero, um teólogo alemão, lançou seu protesto contra a corrupção do papado e da Igreja.

REGIÃO — Uma área geográfica que constitui uma unidade econômica e cultural.

REGIME POLÍTICO — Forma de governo que apresenta variações em função da estruturação dos principais órgãos de governo — Executivo, Legislativo e Judiciário. Por exemplo: parlamentarismo e presidencialismo. Pode ser também a forma que assume a relação entre governantes e governados. Por exemplo: democrático e autoritário.

RELATIVIDADE CULTURAL — O princípio de que cada cultura tem seus próprios valores e padrões, e de que nenhuma cultura pode ser utilizada como um modelo no julgamento de qualquer outra.

RELIGIÃO — Instituição social criada em torno da ideia de um ou vários seres sobrenaturais e de sua relação com os seres humanos.

REINO UNIDO — União política formada pela Grã-Bretanha (Inglaterra, País de Gales e Escócia) e a Irlanda do Norte.

REPÚBLICA — Forma de governo em que o chefe de Estado é eleito pelo voto direto ou escolhido pelo Parlamento.

RENASCIMENTO — O termo significa restauração dos valores do mundo clássico. Expressa o movimento de renovação intelectual e artístico iniciado na Itália no século XIV atingindo seu apogeu no século XVI. O renascimento permitiu um aumento do conhecimento humano, e do espírito investigativo, propiciando a descoberta de novas técnicas que contribuíram para as grandes navegações de fins do século XV ao XVI.

REVOLUÇÃO — Mudança social violenta, brusca e radical das estruturas da sociedade ou do Estado. A revolução causa uma mudança radical de valores culturais básicos e na estrutura social.

RITO — É uma ação repetitiva realizada por um indivíduo. Um conjunto de ritos forma um ritual.

RITUAL — É um tipo de cerimônia em que à maneira de agir, aos gestos e aos símbolos usados são atribuídas virtudes que podem produzir determinados efeitos ou resultados. O ritual é formado de diversos ritos, e aparece em todas as esferas culturais. Exemplos: ritual nupcial, de iniciação, de puberdade, de purificação, de passagem.

## S

SAGRADO — Diz-se das qualidades e poderes sobrenaturais que são creditados aos objetos, animais ou pessoas determinados.

SANÇÃO SOCIAL — Recompensa ou punição que o grupo ou a sociedade atribui ao indivíduo em função do seu comportamento social. É um importante instrumento de controle social.

SECULARIZAÇÃO — Constitui a substituição do controle mágico e religioso por formas de controle racional.

SEGREGAÇÃO — Processo social que consiste em isolar indivíduos ou grupos do contato físico e social com os outros membros.

SEGREGAÇÃO RACIAL — Consiste em isolar os indivíduos de uma raça considerada diferente. É uma forma extrema de preconceito racial.

SENDERO LUMINOSO — Movimento guerrilheiro rural peruano, surgido no início da década de 1980 e que tem como objetivo implantar um Estado comunista. Empreende ações terroristas nos centros urbanos. Após a captura de seu principal líder, Abimael Gusmán, perdeu muito a influência que chegou a ter.

SEPARATISMO — Movimento que visa à separação completa de um grupo étnico, cultural ou político de um Estado. Os movimentos separatistas têm ressurgido com vigor ao redor do mundo, reestruturando os Estados-nação em função de origens étnicas, ou raciais.

SERVIDÃO — Forma de trabalho predominante na Idade Média, em que o servo era obrigado a prestar serviços e pagar tributos ao senhor feudal. A servidão é uma relação de dependência entre camadas sociais distintas.

SETOR PRIVADO — Diz-se do setor da economia que abrange as empresas privadas, sem nenhum vínculo com o Estado, e que se pautam pela busca do lucro.

SETOR PÚBLICO — Nome pelo qual é conhecido o setor da economia que compreende as empresas públicas, ligadas ao Estado.

SETORES DE PRODUÇÃO — Compreende três setores em uma economia. O *setor primário,* que reúne as atividades agropecuárias e extrativas (vegetais e minerais). O *setor secundário,* que engloba a produção industrial. E o *setor terciário,* que abrange os serviços de modo geral.

SÍMBOLO — Qualquer expressão verbal ou não verbal que pretenda representar alguma coisa e é utilizada para transmitir significado do emissor para o receptor.

SINERGIA — Trata-se de uma manifestação de cooperação inconsciente entre indivíduos ou grupos sociais, que, mesmo buscando os seus próprios interesses, contribuem para a manutenção de determinada ordem social.

SIONISMO — Trata-se de um movimento político e cultural judaico nacionalista. Teve início no século passado, e objetivava a construção de um Estado judaico na Palestina, o que foi conseguido em 1948.

SKINHEADS — Expressão inglesa que significa 'cabeças raspadas', e serve para designar os membros de grupos neonazistas que atacam os estrangeiros e as minorias raciais.

SOBERANIA — O conceito de 'soberania' foi exposto por Jean Bodin, em 1576, no *La Republique.* Bodin queria uma soberania absoluta, perpétua, indivisível e inalienável. A soberania assim entendida buscava determinar como e onde deveria mandar um poder monárquico de posse de um território de Estado. O Estado devia poder decidir a guerra e a paz, nomear funcionários e juízes, cunhar moeda, decidir e suprimir impostos, conceder perdão e julgar em última instância.

SOCIAL-DEMOCRACIA — Corrente de tendência socialista que propõe a mudança da sociedade capitalista por reformas gradativas. Na Europa, essa corrente foi responsável pela implantação de Estados de Bem-Estar Social modelos. A social-democracia existe desde 1875, quando foi fundado o Partido Social-Democrata Alemão.

SOCIALISMO — Compreende doutrinas e movimentos políticos que têm como objetivo uma sociedade em que não exista a propriedade privada dos meios de produção e que se identificam na defesa dos interesses dos trabalhadores.

SOCIALISMO CIENTÍFICO — Tipo de socialismo identificado com o marxismo baseado no determinismo econômico. Para os marxistas, o socialismo é uma etapa de transição à sociedade comunista.

SOCIOMETRIA — Processo de estudo dos fenômenos sociais em que são combinadas a estatística e a investigação social. Consiste em medir as relações individuais e grupais e em analisar os pequenos grupos naquilo que eles apresentam de espontâneo. As atrações e repulsas existentes no grupo são representadas graficamente por um *sociograma.*

SOLIDARIEDADE — Laço social que une os membros de um grupo social, estabelecendo-se uma interdependência entre eles. É o nome de um movimento criado na Polônia e que contribuiu para a derrubada do comunismo no país. Seu líder mais conhecido é Lech Walesa, que chegou à Presidência.

STATUS SOCIAL — Posição que o indivíduo ocupa em um determinado sistema de estratificação social.

*STATUS QUO* — É uma expressão latina que significa o estado atual em que se encontram as coisas.

SUBDESENVOLVIMENTO — Expressão utilizada para designar os países que não atingiram o estágio de desenvolvimento dos países do primeiro mundo. Tem sido substituída pela expressão 'países em desenvolvimento'.

SUNITAS — Muçulmanos que aceitam, além do *Corão,* outro livro, chamado *Suna.* Os sunitas são maioria no Oriente Médio.

SUPREMACIA — Diz-se do poder exercido por um indivíduo, grupo social ou sociedade em relação a outros.

# T

TABU — Diz-se daquilo que não pode ser violado. Constitui uma norma moral forte que proíbe certos tipos de comportamento.

TALEBAN — Milícia fundamentalista islâmica organizada por estudantes afegãos exilados no Paquistão. Eles conquistaram a capital do Afeganistão em 1996, impondo aos moradores de Cabul inúmeras medidas contrárias aos valores estabelecidos, e baseados no estrito cumprimento do Alcorão. Proibiram as mulheres de trabalhar, de sair às ruas sozinhas, e, ainda, as obrigaram a se vestir da cabeça aos pés. Aos funcionários públicos, eles estipularam um prazo de 45 dias para deixarem a barba crescer. As televisões foram quebradas em público, além de outras medidas rigorosas.

TECNOCRATA — Aquele que privilegia o excesso de racionalidade e o uso de técnicas mecânicas na análise e no trato dos problemas sociais, mantendo em um plano inferior as influências políticas e sociais.

TEOCRACIA — Governo exercido por religiosos, ou sob forte influência de sacerdotes. No Irã, com a tomada do poder pelos muçulmanos xiitas, instalou-se um governo teocrático.

TEORIA — Um conjunto de conceitos agrupados de forma a explicar alguns fenômenos, ou a relação entre estes.

TERCEIRO MUNDO — Expressão utilizada para designar os países que, durante o período de Guerra Fria, não pertenciam nem ao primeiro mundo — países desenvolvidos contrários ao comunismo — nem ao mundo comunista — países relacionados com a antiga União Soviética.

TERRORISMO — Ato violento produzido por grupos sociais ou pessoas que buscam provocar impacto emocional na população, desencadeando a insegurança e desacreditando os governos.

TIRANIA — Governo exercido por pessoa injusta, cruel, opressora e que abusa de sua autoridade.

TOTALITARISMO — Um tipo de organização social em que o Estado, além de monopolizar o poder político, interfere em todas as esferas da sociedade civil. O controle totalitário é exercido diretamente pelo Estado ou pelo controle dos grupos e instituições existentes. A Alemanha nazista e a Itália fascista são os melhores exemplos de Estados totalitários.

TRADIÇÃO — Transmissão cultural de valores, usos e costumes que passam de geração para geração, por meio da herança social, formando o patrimônio social de uma determinada cultura.

TRIBO — Grupo social formado por várias famílias que consideram ter uma mesma origem. Elas apresentam uma cultura comum, fixadas em um território e com um chefe reconhecido.

TRADICIONALISMO — Aceitação automática e acrítica de uma parte da cultura herdada dos antepassados. O tradicionalismo valoriza a herança social transmitida e tende a recusar os aspectos culturais novos, que não se encaixam nas experiências do passado.

## U

UNIÃO EUROPEIA — Bloco europeu criado pelo Tratado de Maastrich, em 1992, formado por 15 países que se comprometem à unificação, inclusive monetária. A antiga nomenclatura da Comunidade Econômica Europeia foi substituída por essa, mais abrangente. As bases em que se assenta a unificação são: o mercado interno, a união monetária e a política externa comum. O tratado passou a vigorar a partir de 1993.

UNESCO — Organização educacional científica e cultural das Nações Unidas.

URBANIZAÇÃO — Processo de concentração da população nas cidades em detrimento das áreas rurais. Sempre vem acompanhada de mudanças socioculturais importantes. Por exemplo, há um aumento da predominância de relações secundárias em relação às primárias. As formas coletivas de vida são substituídas por um maior individualismo.

UTOPIA — Diz-se de um conjunto de ideias ou práticas propostas que se julgam irrealizáveis. A construção de utopias é muito comum do ponto de vista de doutrinas que propõem saídas para a desigualdade social.

## V

VALOR SOCIAL — Opiniões e atitudes favoráveis que vão se formando pelas interações sociais em relação a ideias, normas, conhecimentos, técnicas e objetos materiais. O valor social varia de uma sociedade para outra e ao longo do tempo em cada uma delas.

## X

XAMANISMO — Compreende um sistema de práticas mágicas, comum entre os povos considerados 'primitivos'. Xamã é o indivíduo da tribo que costuma colocar-se em comunicação direta com seres sobrenaturais.

XENOFOBIA — Aversão a pessoas e coisas estrangeiras.

XIITAS — Muçulmanos que procuram cumprir as regras da religião integralmente e aceitam apenas o *Corão* como livro sagrado. Têm caráter fundamentalista. Representam a maioria dos muçulmanos no Irã.

## Z

ZAPATISTAS — Nome pelo qual são conhecidos os militantes do Exército de Libertação Nacional Zapatista (EZLN). De origem mexicana, eles iniciaram um levante armado contra o governo desse país, no dia 1º de janeiro de 1994. Os zapatistas são formados essencialmente por indígenas do Estado de Chiapas.

# Bibliografia

ANDERSON, Walfred A. *Uma introdução à sociologia*. 3 ed. Trad. Álvaro Cabral. Rio de Janeiro: Zahar, 1974.

AURAS, Marli. *Guerra do contestado: a organização da Irmandade Cabocla*. Florianópolis: Ed. UFSC, 1984.

BARROS, Alexandre de S. C. "A formação das elites e a continuação da construção do estado nacional brasileiro". In: *Revista de Ciências Sociais*, n.15. Rio de Janeiro: Iuperj, 1977.

BELCHIOR, Procópio G. D. *Planejamento e elaboração de projetos*. Rio de Janeiro: Companhia Editora Americana, 1974.

BLUMER, Herbert. "A natureza do interacionismo simbólico". In: MORTENSEN, C. David (org.). Teoria da comunicação: textos básicos. Tradução de: Nelson Pujol Yamamoto. São Paulo: Editora Mosaico, 1980, p. 119-138.

BOBBIO, N.; MATTEUCCI, N.; PASQUINO, G. *Dicionário de política*. Brasília: Ed. UnB, 1993.

BORJA, J. "A participação citadina". *Espaço e debates*, n.24, São Paulo: NERU, 1988.

BOTTOMORE, T. H. *Introdução à sociologia*. 7 ed. Rio de Janeiro: Zahar, 1978.

BRAVERMAN, H. *Trabalho e capital monopolista: a degradação do trabalho no século XX*. 2 ed. Rio de Janeiro: Zahar, 1980. p. 379.

BROOM, Leonard; SELZNICK, Philip. *Elementos de sociologia*. Rio de Janeiro: Livros Técnicos e Científicos, 1979.

CARSON, Rachel. *Primavera silenciosa*. São Paulo: Melhoramentos, 1968. [1962].

CARVALHO, Irene Mello. *Introdução aos estudos sociais*. 3 ed. Rio de Janeiro: FGV, 1964.

CARVALHO, José Murillo de. "República e cidadania". In: *Revista de Ciências Sociais*, n.2, v. 28. Rio de Janeiro: Iuperj, 1985.

CARVALHO, José Murillo de. *Cidadania no Brasil: o longo caminho*. 3 ed. Rio de Janeiro: Civilização Brasileira, 2002.

CARVALHO, Nanci Valadares (org.). *Leituras sociológicas*. Vértice. Ed. Revista dos Tribunais, 1987.

CASSAR, M. *Organizações, administração e suas teorias*. In: DIAS, R.; ZAVAGLIA, T; CASSAR, M. *Introdução à administração: da competitividade à sustentabilidade*. Campinas: Alínea, 2003.

CASTELLS, Manuel. *Movimientos Sociales Urbanos*. México: Siglo XXI, 1977.

CASTRO, Celso Antonio Pinheiro. *Sociologia e direito*. São Paulo: Ed. Atlas, 1979.

CATANI, Afrânio Mendes. *O que é imperialismo*. São Paulo: Abril Cultural/Brasiliense, 1985. (Coleção Primeiros Passos).

CHAUÍ, Marilena. *Conformismo e resistência: aspectos da cultura popular no Brasil*. São Paulo: Brasiliense, 1986.

CHINOY, Ely. *Sociedade: uma introdução à sociologia*. Trad. Octavio Mendes Cajado. São Paulo: Cultrix, 1999.

COELHO, Teixeira. *O que é indústria cultural*. São Paulo: Brasiliense, 1980.

COHEN, Bruce Jerome. *Sociologia geral*. São Paulo: McGraw-Hill do Brasil, 1980.

COMISSÃO MUNDIAL PARA O MEIO AMBIENTE E DESENVOLVIMENTO. *Nosso Futuro Comum*. 2 ed. Rio de Janeiro: FGV, 1991.

COMTE, Auguste. *Curso de filosofia positiva e outros textos*. São Paulo: Ed. Abril, 1973. (Coleção Os pensadores).

CONSELHO SOCIAL E ECONÔMICO DAS NAÇÕES UNIDAS. *Relatório do Trabalho de grupo na violência contra a mulher*. Viena: ONU, 1992.

COOLEY, Charles Horton. *Social Organization: a study of the larger mind*. Nova York: Charles Scribner's Sons, 1909.

COSTA, Maria Cristina Castilho. *Sociologia: introdução à ciência da sociedade*. São Paulo: Ed. Moderna, 1987.

COULSON, Margaret A.; RIDDELL, David S. *Introdução crítica à sociologia*. Rio de Janeiro: Zahar, 1979.

DAWBOR, Ladislaw. *A formação do terceiro mundo*. 11 ed. São Paulo: Brasiliense, 1989.

DEANE, Phyllis. *A revolução industrial*. 3 ed. Rio de Janeiro: Zahar, 1975.

DECOUFLÉ, André. *Sociologia das revoluções*. São Paulo: Difel, 1970.

DELORENZO Neto, A. *Sociologia aplicada à administração: sociologia das organizações*. São Paulo: Atlas, 1978.

DIAS, Reinaldo. *A questão ambiental e o exercício da cidadania: o movimento contra a Usina Termoelétrica em Mogi Guaçu, S.P.* Campinas: IFCH/UNICAMP, 1995.

_____. "Mercosul: desenvolvimento e meio ambiente". In: *Desenvolvimento sustentável: teorias, debates, aplicabilidades*. Campinas: IFCH/ UNICAMP, 1996. (Textos Didáticos).

_____. *Fundamentos de sociologia geral*. 2 ed. ampl. e atual. Campinas: Alínea, 2000.

_____. *Sociologia aplicada ao comércio exterior*. 2 ed. rev. e ampl. Campinas: Alínea, 2000.

_____. *Sociologia & administração*. 2 ed. rev. e ampl. Campinas: Alínea, 2001.

_____. *Turismo, identidade e folclore*. Revista Turismo e Desenvolvimento, ano 1, n.1, p. 11-20, 2001.

_____. *Sociologia do turismo*. São Paulo: Atlas, 2003.

_____. *Cultura organizacional*. Campinas: Alínea, 2003.

DICIONÁRIO GLOBO DE SOCIOLOGIA. 8 ed. Porto Alegre/ Rio de Janeiro: Editora Globo, 1981.

DICIONÁRIO DE SOCIOLOGIA: *guia prático da linguagem sociológica*. Rio de Janeiro: Jorge Zahar, 1997.

DONATO, Hernâni. *Dicionário das batalhas brasileiras*. São Paulo: Ibrasa, 1987.

DRESSLER, David; WILLIS JR., William M. *Sociologia: o estudo da interação humana*. Trad. Aloysio de Moraes. Rio de Janeiro: Interciência, 1980.

DRUCKER, Peter F. *A sociedade pós-capitalista*. 6 ed. Trad. Nivaldo Montingelli Jr. São Paulo: Pioneira, 1997. (Novos Umbrais).

DURKHEIM, Émile. *As regras do método sociológico e outros textos*. São Paulo: Ed. Abril, 1973 (Coleção Os pensadores).

_____. *As formas elementares da vida religiosa*. São Paulo: Abril, 1973. p. 505-547. (Coleção Os pensadores).

_____. *O suicídio*. São Paulo: Ed. Abril Cultural, 1974. (Coleção Os pensadores).

DUVIGNAUD, Jean. *Sociologia: guia alfabético*. Rio de Janeiro: Forense, 1972.

ENGELS, Friedrick. *Anti-duhring*. Lisboa: Minerva, 1970.

FALCON, F.; MOURA, G. *A formação do mundo contemporâneo*. 4 ed. Rio de Janeiro: Campos, 1981.

FAORO, Raimundo. *Os donos do poder*. Porto Alegre/São Paulo: Ed. Globo/Ed. da Universidade de São Paulo, 1975. 2 v.

FEIJÓ, Martin Cézar. *O que é herói*. São Paulo: Brasiliense, 1984.

FERNANDES, Florestan. *A sociologia no Brasil: contribuição para o seu estudo e desenvolvimento*. Petrópolis: Vozes, 1976.

_____. *A natureza sociológica da sociologia*. São Paulo: Ática, 1980.

FERRARI, Alfonso Trujillo. *Fundamentos de sociologia*. São Paulo: McGraw-Hill do Brasil, 1983.

FUKS, M. "Natureza e meio ambiente: a caminho da construção de um consenso social". In: *Ecologia, ciência e política*. Miriam Goldenberg (coord.). Rio de Janeiro: Revan, 1992.

GALLIANO, A. Guilherme. *Introdução à sociologia*. São Paulo: Harper & Row, 1981.

GARCIA, Paulo. *Cipriano Barata ou a liberdade acima de tudo*. Rio de Janeiro: Topbooks, 1997.

GAZENEUVE, Jean; VICTOROFF, David. *Dicionário de sociologia*. Lisboa/São Paulo: Verbo, 1982.

GIDDENS, Anthony. *Mundo em descontrole: o que a globalização está fazendo de nós*. Rio de Janeiro: Record, 2000.

GIDDINGS, F. H. *Principles of sociology*, 1896.

GINSBERG, M. *Sociology*. London, 1924.

HENDERSON, William Otto. *A revolução industrial: 1780-1914*. São Paulo: Verbo/Ed. da Universidade de São Paulo, 1979.

HERNÂNI, Donato. *Dicionário das batalhas brasileiras*. São Paulo: Ibrasa, 1987

HOBHOUSE, L. T. *Social development*. London, 1924.

HOBSBAWN, Eric. *A era dos extremos: o breve século XX, 1914-1991*. São Paulo: Companhia de Letras, 1995.

HORTON, Paul B.; HUNT, Chester L. *Sociologia*. Trad. Auriphebo Berrance Simões. São Paulo: McGraw-Hill, 1980.

HOUAISS, Antonio; VILLAR, Mauro Salles. *Dicionário Houaiss da língua portuguesa*. Rio de Janeiro: Objetivo, 2001.

HUBERMAN, Leo. *A história da riqueza do homem*. 21 ed. Rio de Janeiro: Ed. Guanabara, 1986.

HUGON, Paul. *História das doutrinas econômicas*. 14 ed. São Paulo: Atlas, 1980.

HUNTINGTON, Samuel. *O choque das civilizações? Política externa*. São Paulo: Paz e Terra, 1994. v. 2.

IANNI, Octavio. *A sociedade global*. São Paulo: Civilização Brasileira, 1992.

_____. *A era do globalismo*. Rio de Janeiro: Civilização Brasileira, 1996.

INKELES, Alex. *O que é sociologia?* São Paulo: Pioneira, 1967.

JACCOUD, Luciana de Barros. *Desigualdades raciais no Brasil: um balanço da intervenção governamental*. Luciana de Barros Jaccoud e Nathalie Beghen. Brasília: Ipea, 2002.

JOHNSON, Allan G. *Dicionário de sociologia: guia prático da linguagem sociológica*. Trad. Ruy Jungmann. Rio de Janeiro: Jorge Zahar, 1997.

KOENIG, Samuel. *Elementos de sociologia*. 5 ed. Rio de Janeiro: Zahar, 1982.

KONDER, Leandro. *Marx: vida e obra*. São Paulo: Paz e Terra, 1976.

KUHN, Thomas S. *A estrutura das revoluções científicas*. 3 ed. São Paulo: Ed. Perspectiva, 1995.

LAKATOS, Eva Maria. *Sociologia geral*. São Paulo: Atlas, 1982.

LARAIA, Roque de Barros. *Cultura: um conceito antropológico*. 11 ed. Rio de Janeiro: Jorge Zahar, 1997.

LENHARD, Rudolf. *Sociologia Geral*. São Paulo: Pioneira, 1980.

LENSKI, Gerhard. *Human Societies*. Nova York: McGraw-Hill, 1970.

LUNA, Luiz. *O negro na luta contra a escravidão*. 2 ed. rev. Rio de Janeiro: Cátedra, Brasília: INL, 1976, p. 356.

MACHADO Neto, A.L.; MACHADO Neto, Zahidé. *Sociologia básica*. São Paulo: Saraiva, 1978.

MacIVER, R. M. *Society*. Nova York, 1937.

MALINOWSKI, B. *Uma teoria científica da cultura*. Lisboa, Portugal: Edições 70, 1997.

MALTHUS, Thomas Robert. *Primer Ensayo sobre la población*. Madrid: Alianza Editorial, 1970. [1798].

MARQUES, Martins; LOPEZ, Luiz Roberto. *Imperialismo: a expansão do capitalismo*. Belo Horizonte: Editora Lê, 2000.

MARSHALL, T. H. *Cidadania, classe social e status*. Rio de Janeiro: Zahar, 1967.

MARTINS, Carlos Benedito. *O que é sociologia*. São Paulo: Brasiliense, 1982.

MARX, Karl. *Manuscritos econômico-filosóficos e outros textos escolhidos*. São Paulo: Ed. Abril, 1974. (Coleção Os pensadores).

MARX, Karl; ENGELS, Friedrich. *Manifesto do partido comunista*. São Paulo: Ed. ALFA-OMEGA, 1977. v. 3. (Coleção Textos).

MARX, Karl. *O capital*. Trad. Reginaldo Santána. 13 ed. Rio de Janeiro: Editora Bertrand Brasil, 1989. v. 1, p. 579.

MASI, Domenico de. *Desenvolvimento sem trabalho*. 6 ed. Trad. Eugênia Deheinzelin. São Paulo: Esfera, 1999.

MEADOWS et al. *Limites do crescimento*. São Paulo: Perspectiva, 1973.

MEGGINSON, Leon; MOSLEY, Donald; PIETRI JR., Paul H. *Administração: conceitos e aplicações*. 4 ed. Trad. Maria Isabel Hopp. São Paulo: Harbra, 1998.

MENDRAS, Henri. *Princípios de sociologia: uma iniciação à análise sociológica*. Rio de Janeiro: Zahar, 1975.

MERTON, Robert K. *Elément de theorie e de méthode sociologique*. 2 ed. Paris: Plon, 1965, p. 515.

MILLS, C. Wright. *A imaginação sociológica*. 3 ed. Rio de Janeiro: Zahar, 1972.

MINERVINI, Nicola. *O Exportador*. 3 ed. São Paulo: Makron Books, 2001.

MONTESQUIEU. *Do espírito das Leis*. São Paulo: Abril Cultural, 1973. (Coleção Os pensadores).

MORRISH, Ivor. *Sociologia da educação*. Rio de Janeiro: Zahar, 1975.

MUESSIG, Raymond H.; ROGERS, Vincent R. *Iniciação ao estudo da sociologia*. Rio de Janeiro: Zahar, 1976.

OLIVEIRA, Pérsio. *Introdução à sociologia*. São Paulo: Editora Ática, 1995.

PARK, R.; BURGESS, E. W. *Introduction to the science of sociology*. Chicago, 1921.

PRADO JR., Caio. *Esboço dos fundamentos da teoria econômica*. São Paulo: Ed. Brasiliense, 1957.

RADCLIFFE-BROWN. *Estrutura e função na sociedade primitiva*. Petrópolis: Vozes, 1973.

REX, John. *Problemas fundamentais da teoria sociológica*. Rio de Janeiro: Zahar, 1973.

RIOUX, J. P. *A revolução industrial (1780-1880)*. São Paulo: Pioneira, 1975.

ROBBINS, Stephen P. *Administração: mudanças e perspectivas*. Trad. Cid Knipel Moreira. São Paulo: Saraiva, 2000.

ROCHER, Guy. *Sociologia geral*. Lisboa: Editorial Presença, 1989.

RODRIGUES, José Honório. *Aspirações nacionais*. Rio de Janeiro: Civilização Brasileira, 1970.

ROQUE, Atila P. *O papel das ONGs na diplomacia mundial: políticas governamentais*. n. 77. Rio de Janeiro: Ibase, 1992.

RUMNEY, Jay; MAIER, Joseph. *Manual de sociologia*. 5 ed. Rio de Janeiro: Zahar, 1966.

SACHS, I. Estratégias de transição para o século XXI. In: BURSZTYN, M. (org.) *Para pensar o desenvolvimento sustentável*. 2 ed. São Paulo: Brasiliense/ENAP/IBAMA, 1994.

SANTOS, Joel Rufino et al. *História nova do Brasil: a revolução brasileira*. São Paulo: Editora Brasiliense, 1965.

SEDEH, Salim. *Princípios de sociologia geral*. 6 ed. São Paulo: Edicel, 1968.

SELL, Carlos Eduardo. *Sociologia clássica*. 2 ed. rev. e ampl. Itajaí: Ed. Univali, 2002.

SHIGUENOLI, Myiamoto. A questão ambiental e as relações Internacionais. *Revista de Informação Legislativa*, ano 28, n.112. Brasília: Senado Federal, 1991.

SILVA, C. E. L. "A conscientização ecológica do público". In: *Ecologia e Sociedade*: uma introdução às implicações sociais da crise ambiental/Carlos Eduardo Lins e Silva (coord.). São Paulo: Edições Loyola, 1978.

SICHES, Recásens. *Tratado de sociologia*. Trad. João Baptista Coelho Aguiar. Porto Alegre: Editora Globo, 1968.

SIMMEL, G. *Soziologie*, 1908.

SMITH, Adam. *A riqueza das nações*: investigação sobre sua natureza e suas causas. Trad. Luiz João Baraúna. São Paulo: Abril Cultural, 1983, v. 1 e 2. (Coleção Os economistas). [1776].

SOUTO MAIOR, Armando. *Quebra-quilos: lutas sociais no outono do império*. Brasília: Ed. Nacional, 1978.

SROUR, Robert Henry. *Poder, cultura e ética nas organizações*. 5 ed. Rio de Janeiro: Campus, 1998.

STEWART, E. W.; GLYNN, J. A. *Introdución a la sociologia*. Buenos Aires: Editorial Paidos, 1977.

TIMASHEFF, Nicholas S. *Teoria sociológica*. 4 ed. Rio de Janeiro: Zahar, 1973.

TOMIC, T. "Participación y médio ambiente". *Revista de La Cepal*, n.48. Santiago do Chile: CEPAL, 1992.

TÖNNIES, F. *Introduction to sociology*, 1936.

TORRE, M. B. L. della. *O homem e a sociedade*. 8 ed. São Paulo: Editora Nacional, 1980.

TRALDI, M. C; DIAS, R. *Monografia passo a passo*. Campinas: Alínea, 1998.

VITA, Luiz Washington. *Antologia do pensamento social e político do Brasil*. São Paulo: Editorial Grijalbo, 1968.

YOUNG, Kimball. "Transmissão de cultura". In: CARVALHO, Nanci Valadares. *Leituras sociológicas*. São Paulo: Ed. Revista dos Tribunais, 1987. p. 138-139.

WALLERSTEIN, Imamanuel. "Para que serve o conceito de Revolução Industrial". In: *Economia & Desenvolvimento*. São Paulo: Cortêz, ano 1, n.2, 1982.

WEBER, Max. *Parlamentarismo e governo numa Alemanha reconstruída*. São Paulo: Ed. Abril, 1974. (Coleção Os pensadores).

\_\_\_\_\_. *Conceitos básicos de sociologia*. São Paulo: Editora Moraes, 1987.

\_\_\_\_\_. *Economia e sociedade*. Brasília: Ed. UnB, 1991.

WOLFE, Marshall. "Perspectivas sobre la equidad". *Revista de La Cepal*, n.44. Cepal. Santiago do Chile, 1991.

# Biografia

**Reinaldo Dias** é sociólogo, mestre em ciência política e doutor em ciências sociais pela Unicamp. Especialista em ciências ambientais pela USF. Professor do Centro de Ciências Sociais e Aplicadas da Universidade Presbiteriana Mackenzie (UPM)/SP e do mestrado em turismo e meio ambiente do Centro Universitário UNA/MG. Foi professor e coordenador de cursos em várias instituições de ensino. Autor de inúmeros livros nas áreas de metodologia de pesquisa, sociologia, administração e turismo. Pela editora Pearson, é coautor de *Fundamentos do marketing turístico* e *Gestão de hotelaria e turismo*.

# Índice remissivo

Abismo racial, 215
Abordagem funcionalista, 35
Absenteísmo, 357
Absolutismo, 357
Abstinência, 357
Ação direta, 172
Ação social
    afetivo, 15
    definição, 14
    exemplo, 15
    fundamentos, 15
    racional referente a fins, 15
    racional referente a valores, 15
    tradicional, 15
Ação social, 357
Acomodação, 114, 357
Aculturação, 115, 357
Adhocracia, 357
Afro-americanos, 357
Agenda, 181
Agentes de socialização, 127
    escola, 128
    família, 127
    grupos de referência, 128, 363
    grupos de status, 123, 363
    pequenos grupos, 127
Agregação, 163, 357
Al-Fatah, 357
Alcorão, 12
Alimentos
    na religião judaica, 313
    no islamismo, 314
Altruísmo, 353
Ambiente cultural, 64, 74
Ambiente físico, 117
Ambiente natural, 64, 74
Ambiente rural, 23
Ambiente urbano, 23
Ameaças, 172
Análise dos dados, 55
Anarquia, 357

Anarquismo, 357
Anomia, 144, 146, 357
Antropocentrismo, 357
Antropologia, 66
Apartheid, 189, 216, 357
Apartheid social, 357
Apresentação dos resultados obtidos, 47
Apropriação diferenciada da cultura global, 99
Arianos, 357
Árias, 357
Aristocracia, 358
Artesanato, 358
Ascensão social, 358
Assimilação, 115, 216, 358
Associação Britânica de Pesos e Medidas, 136
Associação, 358
Atentados suicidas, 12
Atitude, 358
Atividade institucionalizada, 240
Atividade não institucionalizada, 240
Autocracia, 358
Autoridade
    burocrática/racional-legal, 286-297
    carismática, 289
    definição, 287
    tradicional, 287
Autoridade, 44, 286

Banco Internacional para Reconstrução e Desenvolvimento (Banco Mundial-Bird), 197, 204
Bando, 358
Barreira social, 358
Barreiras sociais, 189
Batuque de umbigada, 56-58
Bens, 358
Bigamia, 358
Biofísica, 11
Bird (Banco Internacional para Reconstrução e Desenvolvimento), 197

Blocos econômicos regionais, 293, 295, 298, 327
    Asean, 296
    Estados Unidos, 295
    Mercosul, 296
    Nafta, 295
Boicote, 358
Bolchevique, 343, 350
Bom-senso, 44
Bramanismo, 358
Burgo, 358
Burguesia, 358
Burocracia, 176, 358

Cacique, 358
Caiumba, 56
Camada social, 358
Camicases, 12
Canibalismo, 358
Capacidade de trabalho, 24, 231, 303
Capitalismo, 32, 79, 358
Características da cultura, 73
Características das instituições, 241-242
Carisma, 358
Casa Grande e senzala, 38
Casamento
    arranjado, 250, 252
    endogâmico, 250
    exogâmico, 249
    por amor, 249
Casamento, 359
Casta, 359
Castas sociais, 193
Categoria, 164, 359
Catolicismo, 72
Caudilho, 359
Cepal, 359
Cercamentos, 25
Cerimônias, 359
Choque cultural, 359
Cidadania ambiental ativa, 331-333

Cidadania, 154
Ciência, 45-47, 359
    definição, 45
Ciências físicas, 53
Ciências sociais, 52
Cientista social, 23, 32, 47, 52, 53, 55
Civilização, 151
    natureza da, 152
Clã, 359
Classe operária
    características, 306
    crianças, 301-308
    formação, 306
    identidade, 306-309
    imigrantes, 308
    problemas, 308
    resistência, 308
Classe social, 359
Classes sociais, 190, 191
Clube de Roma, 324-329
Código, 359
Coerção, 114
Coletividade, 163
Colonialismo, 79, 86, 197, 199, 201, 202, 359
Comissão Brundtland, 359
Competição, 112, 359
Complexo cultural, 75
Comportamento coletivo, 335-343
    definição, 336
    flash mobs, 337
    novo tipo de, 336
Comportamento institucionalizado, 243
Compromisso ou acordo, 114
Comunidade Britânica (*Commonwealth*), 359
Comunidade, 170
Comunismo, 359
Conciliação, 115
Concubina, 359
Concurso público, 220
Condições objetivas, 303
Condições subjetivas, 303
Confinamento e anomia, 145
Conflito de papel, 126
Conflito, 114, 359
Conformidade, 359
Confucionismo, 359
Congregação, 265
Conhecimento científico
    características, 46-48
    construção do, 46
Consciência coletiva, 359
Consenso, 359
Consenso de Washington, 359
Conservador, 29

Constituição brasileira, 155
Constrangimento, 138
Consumo, 330
Contato físico, 110
Contato social, 110
Contexto cultural, 359
Contracultura, 81
Contrato social, 359
Controle de natalidade, 224
Controle social, 132, 133, 139-140
    econômico, 139
    físico, 139
    social, 139
Controle social, 360
Conurbação, 360
Conversão, 115
Cooperação, 112
Corporação, 360
Corporações transnacionais, 360
Cosa nostra, 360
Costume, 360
Crescimento populacional
    abordagens sob, 324
    negativo, 327
    segundo Malthus, 324-333
Crime, 131, 360
Crise de identidade, 100-101
Crise social, 360
Cruzadas, 360
Culto, 258,265
Cultos do candomblé, 268
Cultura
    brasileira, 65
    características da, 73-74
    conceito, 66
    de massas, 70
    dominante, 75
    global, 95-97
    indígena, 76
    nacional, 92
    oficial, 71
    organizacional, 65, 86
    origens da, 63, 66
    popular, 71-73
    urbana, 62
Cultura, 360
Curso de filosofia positiva, 30

Dalai Lama, 360
Darwinismo, 360
Darwinismo social, 360
Democracia, 284, 360
Demografia, 321
Dependência, 360
    comercial, 202
    financeira, 203

    política, 203
    tecnológica, 203
Descolonização, 203
Desempenho de papel, 360
Desenvolvimento econômico, 360
Desenvolvimento sustentável, 360
Desigualdade
    de gênero – masculino e feminino, 222-224
    de gênero e de idade, 221-234
    de raça e de etnia, 209-220
Desigualdade mundial, 198
Desigualdade na América Latina, 203
Desigualdade social no Brasil, 204
Desigualdade social
    entre sexos, 222
    idoso e a, 229-231
Desigualdade social, 188-189, 197
Déspota esclarecido, 360
Desvio social, 131-146
Determinismo econômico, 33
Determinismo geográfico, 360
Deveres e punições, 81
Diferença entre opinião comum e norma, 139
Diferenças sexuais, 231
Difusão, 350
Dinheiro, 172
Direitos ambientais, 12, 330
Direitos comuns, 25
Direitos humanos, 62
Discriminação social, 360
Discriminação
    ação de, 213
    ato de, 212
    combate, 212
    definição, 212
Distância social, 166
Distribuição, 300
Ditadura, 284, 360
Diversas faces da cultura global, 95-97
Diversidade cultural, 91-106
    construção de uma nova, 97
Divisão sexual do trabalho, 223
Divisão social do trabalho, 275, 276, 306
Divisão técnica do trabalho, 306
    evolução da, 308
    reflexos da, 309-311
Dogma, 360
Dogmático, 360
Dominação
    carismática, 289
    definição, 289
    legal, 289
    segundo Max Weber, 288
    tradicional, 289

Doutrina positivista, 29, 30, 31
Doutrina, 360
Dualismo cultural, 360

Ecclesia, 254
ECO-92, 361
Economia e trabalho, 299-312
Economia, 361
Educação, 273-281
    como instituição, 274-275
    definição, 274
    funções da, 275-280
    no Brasil, 280-281
Educação, 361
Efeito estufa, 361
Elemento cultural exógeno, 95
Elementos culturais, 71-79
    complexo cultural, 75
    padrão cultural, 78
    subcultura, 75
    traço cultural, 74-75
Elite, 290, 361
Emigração, 361
Emigrantes, 326
Empirismo, 361
Empresa, 361
Empresário industrial, 24
Enciclopedistas, 361
Enclosures, 24
Endogamia, 249
Enfraquecimento do Estado-nação, 86, 103
Ensino formal, 276, 277
Entidades ambientalistas, 330
Envelhecimento
    definição, 229, 230-231
    dimensão biológica do, 231
Equidade social, 188, 361
Era do conhecimento, 361
Escambo, 300
Escola Objetiva Francesa, 31
Escravidão, 361
Espaços de sociabilidade, 5, 7
Estabilidade social, 346
Estado absolutista, 292, 361
Estado autoritário, 361
Estado corporativo, 361
Estado do bem-estar, 361
Estado positivo, 30
Estado totalitário, 361
Estado, 291
Estado-nação
    definição, 293
    função, 295
Estamentos, 192-193
Estereótipo, 166, 361
Estereótipos sexuais, 223

Estética, 70
Estratificação social, 149, 185-195
    conceito, 189
    em Karl Marx, 189
    em Max Weber, 184
    lumpemproletariado, 191
Estrutura burocrática, 176
Estrutura da cultura, 82
    crenças, 82
    idioma, 82
    normas, 82
    sanções, 82
    símbolos, 82
    tecnologia, 82
    valores, 79
Estrutura educacional, 275
Estrutura familiar, 248-255
Estrutura organizacional, 176-179
Estrutura social, 147-159, 361
    grupos sociais, 146
    instituições sociais, 148
    organização social, 148
    papéis sociais, 148
    status, 148
Estruturalismo, 361
ETA, 361
Etapa do imperialismo, 201
Etapa do mercantilismo, 199
Etnia, 361
    conceito, 210, 218
Etnocentrismo tropical, 79
Etnocentrismo urbano, 79
Etnocentrismo, 78-81, 361
    tropical, 79
    urbano, 79
Evolução social, 354
Exogamia, 249
Expansão industrial, 21

Facção, 361-362
Família, 247-255
    conjugal, 252
    consanguínea, 252-253
    definição, 248
    estereótipo da, 248
    extensa, 254
    industrialização e, 253-254
    monogâmica, 248
    nuclear, 252-253
    poligâmica, 248
    tipos de, 252
    urbana industrial, 253
FAO, 362
FARC, 362
Fascismo, 80, 362
Fato folclórico, 73

Fator disciplina, 24
Fatores
    culturais, 349
    geográficos, 348
    políticos, 352
    relacionados à saúde, 352
    socioeconômicos, 349
    tecnológicos, 350
Fatos sociais, 32
Feminismo, 362
Fenômeno
    climático, 7
    dos terroristas suicidas, 12
    físico, 13, 30, 46
    natural, 15, 30, 46
    social, 7, 14, 15, 32, 45, 143, 264
Fetiche, 362
Fetichismo, 362
Feudalismo, 362
Filosofia positiva, 30
    astronomia, 30
    física social, 30
    física, 30
    fisiologia, 30
    química, 30
Filosofia sintética, 34
Filósofos, 26, 29, 31, 35
Física social, 362
Flash mobs, 337
FMI (Fundo Monetário Internacional), 362
Folclore, 72, 362
Folk-lore, 72
Fontes da verdade
    autoridade, 44
    bom-senso, 45
    ciência, 45
    intuição, 44
    tradição, 44
Força, 285
Forças sociais, 13
Formas de comportamento, 340
    arruaça, 340
    audiência, 340
    orgia, 340
    pânico, 340
    turba, 340
Formas de governo, 284
Formas de integração, 216-217
Formas de perseguição étnica e racial, 214-215
Formulações de questões, 47
Função da família
    assistencial, 250
    biológica, 250
    econômica, 250
    social, 250

Função institucionalizada, 240
Funcionalismo, 35, 362
Funções da religião, 260-263
    na coesão social, 262
    na sociabilidade grupal, 262
    na sociabilidade, 262
    no conflito social, 262
    no controle social, 262
    no processo de socialização, 261
    psicológica, 260-261
    sob instituições sociais, 261
    sociais, 261-263
Funções
    da família, 250
    das instituições econômicas, 244
    das instituições educacionais, 244
    das instituições políticas, 244
    das instituições religiosas, 244
Fundamentalismo, 362
Fundamentos da ação social, 14-16
Fundo Monetário Internacional (FMI), 362

Gangue, 362
Gastronomia, 93
Gênero
    conceito, 222
    estudos de, 222
    hierarquia de, 223
    na biologia, 222
    papéis de, 222
Genocídio
    definição, 214
    exemplos de, 214
Gerontocracia, 362
Globalização cultural, 92-93, 97, 102
Globalização e localização como processo, 102-103
Globalização econômica, 93
Globalização, 91-106, 204
    como processo, 102
    cultural, 92, 97, 102
    e a função social do estado, 293-295
    e o Estado-nação, 295-297
    econômica, 92
    significado de, 92
Golpe de estado, 362
Golpe militar, 362
Governo, 291
Greenpeace, 362
Greve, 362
Grupo minoritário, 211-212, 218
    conceito, 211, 218
    exclusão, 214
    exemplos de, 214
    extermínio do, 214
    ponto de vista sociológico, 211, 218

Grupos de interesse, 171-172
Grupos de referência, 166, 363
Grupos étnicos
    expulsão, 214
    preconceito contra, 210
    separação, 215
Grupos ocupacionais, 243
Grupos primários, 84, 363
Grupos religiosos, 274
Grupos secundários, 84
Grupos sociais, 61, 62, 69, 71, 79, 80, 100, 109, 113, 116, 126, 128, 132, 134, 141, 161-184, 329
Grupos, 161, 162
    como surgem os, 181
    de interesse, 171-172
    externos, 164, 165, 166
    informais, 179-182
    de dentro, 164
    não grupos, 164
    pessoais, 164
    primários, 168, 169, 363
    principais características, 163
    secundários, 168, 169
Guerra, 363
Guerra Fria, 363
Guerra suja, 363
Guerrilha, 363
Gueto, 363
Guilda, 363

Hábito, 363
Hábitos alimentares, 70
Hamas, 363
Herança biológica, 117
Hereditariedade, 363
Hierarquia social, 119-120
Hierarquia, 177, 363
Hipótese, 363
Hippies, 363
Hizbollah, 363
Holocausto, 363
Homogeneização, 24
    cultural, 92, 97, 103
    ou fragmentação, 92-95, 102
IBGE (Instituto Brasileiro de Geografia e Estatística), 214
Idade contemporânea, 363
Idealismo, 363
Ideia
    de desenvolvimento, 355
    de progresso, 354
Identidade cultural global, 103
Identidade cultural, 86-87, 100
Identidade nacional e as guerras, 88, 92
Ideologia, 363

IDH (Índice de Desenvolvimento Humano), 197
Ídiche, 363
Idoso
    aumento da porcentagem de, 229
    morte de, 230
    preconceito contra, 230
    tratamento diferenciado, 231
Igreja, 363
Iluministas, 28, 29
Imaginação sociológica, 8-9, 16
    conceito, 8
    segundo Mills, 8-9
    definição, 8-9
Imigração, 363
Impeachment, 363
Imperialismo, 79, 199, 363
Impessoalidade e imparcialidade, 177
Incesto, 364
Índice de Desenvolvimento Humano (IDH), 197
Indivíduo e as interações sociais, 109
Indústria cultural, 71, 72
Industrialização, 19, 364
Influência mútua, 99-119
Influência, 287
Inquisição, 364
Instinto biológico, 63, 64
Instinto natural, 63
Instinto, 364
Instituições democráticas, 241
Instituições econômicas, 241, 244
    funções, 300
    limitações, 313
    ponto de vista sociológico, 300, 312
Instituições educacionais, 241
    função explícita das, 278-279
    funções da, 275-280
    papel das, 275
    papel na sociedade das, 280
    transformação das, 279
Instituições familiares, 242
Instituições políticas
    a estrutura das, 284
    definição, 242, 244, 283
Instituições religiosas, 242
Instituições sociais, 237, 245
    a importância das, 238
    associação ligada às, 240
    básicas, 243, 344
    conceito de, 238-240
    definição, 243, 244
    econômicas, 244
    educacionais, 244
    família, 244
    não reconhecidas, 244

políticas, 244
religiosas, 244
Instituto Brasileiro de Geografia e Estatística (IBGE), 214
Integração global, 104-105
Integralismo, 364
Interação humana, 364
Interação social, 68, 109
Internet, 364
Intuição, 44
Invenção, 364
Investigação científica, 46, 47
seis passos da, 46-47
IRA, 364
Islã, 364
Islamismo, 364

Jogo do bicho, 238
*Jus primae noctis*, 364
Justicialismo, 364
Khmer vermelho, 364
Ku-klux-klan, 364
Latifúndio, 364
*Layssez-faire*, 364
Lei dos três estágios, 353
Lei Saraiva, 155
Leis, 364
Leninismo, 364
Levantamento dos dados, 47
Liberalismo, 364
Limite abstrato, 54
Limpeza étnica, 364
Linchamento, 364
Linguagem, 68, 364
Línguas faladas no Brasil e no mundo, 69
Linhas de produção, 304
Lobby, 171-173
Locaute, 365
Lógica, 365
Luditas, 26, 27, 365
Luta de classes, 365

Máfia, 365
Magia negra, 365
Magia, 365
Malthusianismo, 322, 365
Manifesto capitalista, 190
Manifesto Comunista, 350
Manufatura, 365
Maoísmo, 365
Maquiavelismo, 365
Marginalidade, 143
Marxismo, 32, 365
Marxista, 32, 36
Matriarcado, 365
Matrimônio, 365

Meio ambiente, 61, 62, 63, 74, 88, 319-333
Meios de comunicação de massa, 92, 128
Mercado de trabalho, 24
Mercantilismo, 365
Messianismo, 365
Método científico, 44, 45, 46, 47-48
Método comparativo, 49
Método de estudo de caso ou monográfico, 50-52
Método de investigação, 47
Método dialético, 33
Método estatístico ou matemático, 50-51
Método histórico, 49
Método sociológico, 11
Metrópole, 365
Migrações, 325-328, 365
bolivianas em São Paulo, 295
definição, 325
estudo das, 333
europeias, 325
internas, 325
por motivos políticos, 325
Mobilidade social, 365
Mobilizações instantâneas, 336
Moda, 365
Modalidades de organização religiosa, 264-266
Monarquia, 284, 365
Monarquia absoluta, 365
Monarquia constitucional, 365
Monarquia parlamentar, 365
Monogamia, 248
Monopólio colonial, 200
Monopólio, 366
Moral, 366
Mores, 366
Morte por apedrejamento, 229
Mouros, 366
Movimento
ambientalista, 366
carismático, 366
conservador, 342-349
de libertação, 366
de massa, 366
ecológico, 366
reformista, 343
revolucionário, 343
Movimento dos luditas, 26-27
Movimentos populares de Canudos e Contestado, 85
Movimentos sociais, 335-344
"Guerra do Contestado", 277
desenvolvimento dos, 341
diferença entre instituição social, 341
ocultação dos, 277

princípios, 341-342
Mudança cultural, 348
Mudança social, 348-356
causas, 348-352
conceituando, 346-347
e a mudança cultural, 348
e problemas sociais, 353-354
natureza da, 347
processo, 346-347
teorias da, 352-353
Mudanças na sociedade, 20-21
Mudanças nos costumes, 249
Mulçumano, 366
Mulheres
agressões contra, 255
direito de voto, 226
nas sociedades pré-capitalistas, 225
nas universidades, 225-226
prefeitas, 225, 226
sob o regime do Taleban, 227, 228
violência contra a, 228
Multidão, 338-340
características, 338-340
definição, 338
formação, 339
formas de comportamento, 340
Mundialização, 366
Mutilação feminina
em Serra Leoa, 233-234
na Somália, 233
no Egito, 232
no Quênia, 233
Mutirão, 366

Nação, 291
Narcotráfico, 366
Natureza das civilizações, 152
Nazismo, 34, 80, 366
Necessidade de uma ciência social, 19-41
Neocolonialismo, 79
Neoliberalismo, 366
Neoluditas, 366
Neomalthusianas, 324, 366
Neonazismo, 366
Nepotismo, 366
Neutralidade, 54, 56
Normas de cortesia, 137
Normas e costumes, 134
Normas e grupos de referência, 138
Normas formais, 135-136
Normas informais, 138
Normas, 366
de cortesia, 137-138
diferença entre opinião comum e, 139
e grupos de referência, 138
formais, 135-136

informais, 135-136
Novas maneiras de organização social
    características fundamentais, 22-24
    divisão do trabalho, 23
    mudanças culturais no trabalho, 23
    novos papéis sociais, 24
    produção de bens em grande quantidade, 24
    substituição do trabalho humano por máquinas, 22

Objetividade, 52, 53, 54
Obrigação social, 135
Observação etnocêntrica, 62
Observação participante, 366
Observador, 52, 53
Oligarquia, 284, 366
Oligopólio, 366
OLP (Organização para Libertação da Palestina), 366
OMC (Organização Mundial do Comércio), 197, 366
OMS (Organização Mundial de Saúde), 366
ONGs, 156-159, 367
ONU (Organização das Nações Unidas), 156, 197, 198, 214, 216, 229, 231, 233, 292, 314, 325, 329
OPAS (Organização Pan-Americana de Saúde), 367
Operário, 23
Opinião pública, 367
Ordem e progresso, 31
Organicismo, 367
Organização das Nações Unidas (ONU), 156, 197, 198, 214, 216, 229, 231, 233, 292, 314, 325, 329
Organização Mundial do Comércio (OMC), 197, 366
Organização para Libertação da Palestina (OLP), 366
Organização SOS Mata Atlântica, 156
Organizações não governamentais (ONGs), 156-159, 367
    atores nas, 294
    desempenho, 294, 351
Organizações, 161-184
    definição, 174
    e a sociedade, 175
    estrutura organizacional, 176
    formais, 173, 180
Origens da cultura, 63-66
Ostracismo, 367

Padrão cultural, 78-79, 367
Países desenvolvidos, 320
Países em desenvolvimento, 320

Papéis ocupacionais, 241
Papéis sexuais, 223, 225
Papéis sociais
    do estudante, 278
    do professor, 279
    função explícita, 279
    função implícita, 279
Papel social, 1-24, 225, 231, 243, 367
    aprendizagem do, 125
    conflito de, 126
    conjunto de, 126
    desempenho de, 126
Paradigma, 367
Pária, 367
Parlamentarismo, 367
Partido político, 367
Paternalismo, 367
Patriarcado, 367
Patrimônio social, 84
Pensamento científico, 45
Pensamento holístico, 11
Pensamento não científico, 45
Peronismo, 367
Personalidade, 117, 118, 367
    normal, 118
    social, 118
Perspectiva de vida, 320
Perspectiva feminina global, 227
Perspectiva sociológica, 3-17
Pesquisa bibliográfica, 48
Pesquisa descritiva, 48
Pesquisa experimental, 48
Pesquisa, 367
Peste negra, 352
Pluralismo cultural
    definição, 217
    na Suíça, 217
    no Canadá, 217
Plutocracia, 367
PNUD (Programa das Nações Unidas para o Desenvolvimento), 214
Pobreza e as crianças do mundo, 206
Poder coercitivo, 13, 14
Poder
    conceito, 285
    exercício, 285
    segundo Max Weber, 285
Polícia multicultural, 248
Poligamia
    definição, 248, 367
    poliandria, 248, 367
    poliginia, 248, 367
Política colonial, 201
Política educacional conservadora, 277
Politicamente correto, 367

Poluição
    no Brasil, 330
Pomerânios, 76, 210
População, 319-333
    brasileira, 323
    crescimento da, 320-321
    jovem, 321
    mundial, 321
    um problema social, 322
    urbana, 323
Posição, papel social e status, 119-124
Posições e responsabilidades, 177
Positivismo, 29-31
Positivistas, 31
Postos de trabalho
    características, 312
    eliminação, 311
    modificação, 311, 312
Povo, 290
Preconceito, 367
    definição, 212
    e a discriminação, 212-214
Presidencialismo, 367-368
Pressão do grupo, 140
Prestígio ou honra, 192
Prestígio, 368
Primeira industrialização, 24
Primeira revolução científico-tecnológica, 20, 21
Primeira revolução comunista, 350
Primeira Revolução Industrial, 20
Principais componentes do poder, 285-298
    autoridade, 286-287
    força, 285-286
    influência, 287-288
Princípios tayloristas, 311
Privilégio, 368
Problema Ambiental
    abordagem, 328
    consciência sob, 328
    enfrentando o, 328
    industrialização, 328
    surgimento, 328-330
Problema populacional no Brasil, 322-328
Processo de institucionalização, 237
Processos sociais básicos, 111-115
    acomodação, 114
    assimilação, 115
    competição, 113
    conflito, 113
    cooperação, 112
Produção feudal, 301
Produção independente, 128
Produção, 300
Programa das Nações Unidas para o Desenvolvimento (PNUD), 214, 323

Proletariado industrial, 25, 28
Proletariado, 190-191, 368
Proletarização, 368
Público, 337-340
    definição, 337
    membro, 337
    tipos de, 338-341

Questão social, 24-26

Raça
    conceito, 210-211, 368
    definição biológica, 210
    definição social, 210, 218
Racionalistas, 28
Reacionário, 368
Recurso humano, 305
Reforma protestante, 368
Região, 368
Regime político, 368
Regras do método sociológico, As, 32, 40, 52
Regras, 177
Relação social, 110
Relações econômicas, 110
Relações educacionais, 110
Relações esportivas, 110
Relações familiares, 251-254
Relações familiares, 110
Relações religiosas, 110
Relações sociais, 239
Relatividade cultural, 79-81, 368
Religião, 70, 257-271, 368
    a importância da, 258
    e estado, 264
    e intolerância, 263
    segundo Durkheim, 264
    sentido da, 258
    significado da, 261
Religiões no Brasil
    adventista, 268
    budismo, 268
    candomblé, 268
    catimbó, 268
    católica, 268
    espiritismo kardecista, 268
    judaísmo, 268
    messiânica, 268
    mórmons, 268
    pentecostais, 268
    protestantismo histórico, 267, 274
    santo daime, 268
    seicho-no-iê, 268
    tambor de mina, 268
    testemunhas de Jeová, 268
    umbanda, 268
    xangô, 268
Renascimento, 368
República, 368
Reserva de vagas, 214
Resistência, 305
Revista Année Sociologique, 31
Revolta dos alfaiates, 85
Revolução agrícola, 20, 21, 150, 219
Revolução Francesa, 19, 27, 28, 29, 193, 293, 349, 355
Revolução Industrial, 19, 20, 21, 22, 23, 26, 27, 40, 71, 137, 150, 170, 201, 219, 220, 302, 306, 307, 320, 328, 347, 354
Revolução Russa, 349
Revolução, 368
Rito, 368
Ritual, 368

Sabotagem, 172
Sagrado, 368
Sanção social, 368
Sanções
    formais, 141
    informais, 141
Secularização, 368
Segregação, 368
Segregação racial, 368
Segunda Revolução Industrial, 307
Seita "O Templo do Povo", 13
Seita Ordem do Templo Solar, 13
Seita, 265
    amish, 265
    ludita, 267
    menonitas, 266, 365
    quackers, 266
Selecionar um tipo de pesquisa, 46
Selo Kosher, 313
Sendero luminoso, 343, 368
Senso comum, 45-46
Senso crítico, 45-45
Separatismo, 368-369
Ser humano como ser social, 108-109
Servidão, 369
Setor privado, 369
Setor público, 369
Setores de produção, 369
Símbolo, 369
Símbolos e processos de socialização, 134
Símbolos sociais e heróis, 126
Símbolos
    culturais, 241
    familiares, 241
    institucionais, 241
    sociais, 276
Sincretismo religioso, 72, 266-271

Sinergia, 369
Sionismo, 291, 369
Sistema de referências global, 98
Sistema econômico
    capitalismo, 302
    escravista, 301-302
    feudalismo, 302
    socialismo, 302
Sistema educacional, 274, 277
Sistema
    comunal, 25
    definição, 9
    educacional, 9
    social, 9, 35
Skinheads, 369
Soberania, 369
Sobrados e mocambos, 38
Sociabilidade, 241, 243, 250
Social Darwinismo, 353
Social-democracia, 369
Socialismo, 369
Socialismo científico, 369
Socialização, 67, 68, 73, 84, 107-130, 140
    agentes de, 127
    processo de, 134, 243, 254, 277
    símbolos e processos de, 134
Sociedade, 115, 132-133, 147-159
    agrária, 171
    capitalista, 27-29
    civil, 152-154
    complexa, 118
    conceito de, 148-150
    de caçadores-coletores, 149
    de horticultura e de pastoreio, 149-150
    endogâmica, 249
    exogâmica, 249
    igualitária, 187
    industrial, 32, 151
    política, 152, 153
    pós-industrial, 150
    religiosa, 159
    secular, 259
    tradicional, 151
Sociologia moderna
    bases de constituição, 31-34
Sociologia
    aplicada, 34
    como ciência, 52-56
    como disciplina científica, 53
    compreensiva de Weber, 53
    crítica, 40
    da administração, 47
    da religião, 47
    desenvolvimento da, 27-29
    do cotidiano, 38

e a busca da verdade, 43-58
empírica ou sociografia, 34
estudo, 6
existencial, 38
no Brasil, 37-40
objetivo, 4
objeto de estudo, 14
positivista, 32
pura ou teórica, 34
ramo das ciências humanas, 4
segundo Giddings, 6
segundo L. T. Hobhouse, 6
segundo M. Ginsberg, 6
segundo MacIver, 6
segundo Park e Burgess, 6
segundo Simmel, 6
segundo Spencer, 31
segundo Tönnies, 6
segundo Von Wiese, 6
segundo Ward, 6
segundo Weber, 15
Sociólogo, 4, 11, 33, 38, 39, 46, 54
Sociometria, 369
Solidariedade, 369
Status, 119-124
    atribuído e adquirido, 121-122
    grupos de, 123
    importância do, 122
    principal, 122
Status social, 369
Subculturas, 64, 69, 74, 82
Subdesenvolvimento, 369
Subsistema
    econômico, 10
    educacional, 10
    político, 10
    religioso, 10

turístico, 10
Sufrágio feminino, 226
Suicídio
    altruístico, 12
    anômico, 13
    coletivo, 13
    egoísta, 12
    explicação sociológica do, 12
    fatalista, 13
    indígena, 13
    tipos de, 12
Sunitas, 369
Supremacia, 369

Tabu, 369
Taleban, 369
Taxa de crescimento, 322
Tecnocrata, 369
Teocracia, 369
Teoria da evolução social, 34
Teoria dos três estágios, 30
Teoria, 369
    de Comte, 353
    de Marx, 353
    de Spencer, 353
Terceiro mundo, 370
Terceiro setor, 158-159
Terras comuns, 25
Terrorismo, 370
Terroristas suicidas, 12
Tipo de problema a ser investigado, 47
Tipos de pesquisa, 48-49
    bibliográfica, 48
    descritiva, 48
    experimental, 48
Tirania, 370
Tolerância, 114

Totalitarismo, 370
Trabalho
    características, 304-306
    conceito, 304
    condições de, 312
    exigências, 311
    exploração do, 312
    intelectual, 311
    manual, 311
    significado, 303-306
Traço cultural, 57-58
Tradição gastronômica chinesa, 119
Tradição, 44
Tradicionalismo, 370
Transmissão de cultura, 84-86
    meios formais de, 85
Tribo, 370
Unesco, 370
União europeia, 136, 137, 325, 370
Urbanização, 317-333, 370
Utopia, 370
Valor social, 370
Valores comuns, 239
Valores estéticos, 70
Variabilidade genética, 211
Vida material, 68, 69, 70
Visão conservadora, 29
Visão holística, 11
Visão sistêmica, 9-11, 16
    exemplo, 9
Visão sociológica, 6
Xamanismo, 370
Xenofobia, 327, 370
Xiitas, 370
Zapatistas, 370

# Índice onomástico

Abbott, M. L., 137
Almeida, C. J. B., 86
Angelo, C., 321
Arafat, I., 366
Auras, M., 277

Batista, C. R., 267
Bizzarri, G., 270
Bobbio, 153, 190
Bodin, J., 369
Bottomore, 353
Brand, A., 13
Braverman, 304, 306, 310
Breitinger, J., 181
Burgess, E. W., 6
Burke, P., 72

Cabral, O., 326
Candido, A., 57, 58
Canecchio, O., 106
Carson, R., 329, 333
Carvalho, 114
Cassar, 175
Catani, 201
Chauí, M., 72
Cruz, L., 212
Cimieri, F., 260
Cockburn, A., 301
Coelho, L., 71, 352
Comte, A., 31, 40, 353, 355
Cruz, N. H., 326

Darwin, C. R., 355
Deane, 26, 41
Dias, E. C., 58, 67, 89, 216
Dias, M., 58
Dias, R., 317
Dressler, 145
Drucker, P., 93, 174
Durkheim, 11, 12, 13, 14, 16, 17, 19, 31, 40, 52, 144, 146, 258, 264, 269

Engels, F., 21, 32, 33, 41, 190, 350
Escóssia, F., 215, 220
Faoro, R., 193
Farah, P. D., 229
Ferrari, L., 205, 207
Ferraz, E., 234
Figueiredo, T., 260
Florestan, F., 19, 37, 39, 40, 54, 55
Freyre, G., 19, 37, 38, 40

Garcia, P., 86
Giddens, 92, 93, 94
Giddings, 6
Ginsberg, M., 6
Gorbachev, M., 350
Grinbaum, R., 314
Gutenberg, J., 351

Henderson, 20
Hernandez, J. C., 251
Hobhouse, L. T., 6
Horton, P., 44, 264, 354
Houaiss, 11, 258
Huberman, 291
Hunt, C., 44, 345, 354

Ianni, 94, 298

Johnson, A. G., 66
Jones, J., 13

Katz, R. S., 227
Kervasdoué, J., 230
Kliejunas, J., 321
Konder, 41
Krauss, C., 249

Laraia, 63, 64
Lênin, V. I., 350
Lenski, 354
Lupinacci, H. H., 268

Lutero, M., 368
MacIver, 6
Maier, 6
Maisonnave, F., 101
Malinowski, B., 35, 67
Malthus, T. R., 319, 322, 324, 328, 333
Mandela, N., 216
Marshall, 154-155
Marx, K., 19, 21, 24, 31, 32, 33, 36, 40, 179, 187, 188, 189, 190, 191, 194, 195, 302, 304, 310, 350, 353, 355
Matteuci, 153
Mayo, E., 179
Meadows, 324, 325, 329
Megginson, 174
Melo, M. F., 334
Merton, R., 35
Mills, C. W., 8, 9, 10, 13
Minervini, 138
Mohanty, M., 351
Morin, E., 93, 97, 106
Mosley, 174

Nahass, D., 171
Natali, J. B., 230, 234

Park, R. E., 6
Pasquino, 153, 190
Penh, P., 364
Pietri, 174
Prado Jr., C., 55
Prandi, R., 266, 268, 271

Queiroz, C. P., 226

Radcliffe-Brown, A. R., 35
Raffarin, J. P., 230
Rhodes, C., 201
Robbins, 174
Rousseau, J. J., 359
Rumney, 6

Sachs, 325
Santos, 25
Sen, S., 352
Silva, C. A., 133
Simmel, 6
Simons, M., 266, 365
Smith, A., 23
Soliani, A., 326
Spencer, H., 31, 34, 35, 353, 355
Srour, 174

Tada, C. K., 266
Taylor, F., 309
Toffler, A. H., 220
Tönnies, F., 6, 34, 170
Touraine, A., 341, 342
Tung, M. T., 365

Von Wiese, 6

Wallerstein, 41

Walsham, G., 352
Ward, 6
Weber, M., 14, 15, 16, 17, 19, 31, 33, 40, 52, 56, 123, 176, 178, 187, 188, 189, 191, 192, 193, 195, 283, 285, 286, 287, 288, 289, 291, 294, 297, 298, 367
Willens, E., 89
Willis, Jr., 145, 148
Wolfe, 188